나이듦에 관하여

나이듦에 관하여

—

2020년 2월 5일 초판 1쇄 발행
2024년 8월 12일 초판 16쇄 발행

—

지은이 루이즈 애런슨
옮긴이 최가영
펴낸이 김관영

—

책임편집 유형일
마케팅지원 배진경, 임혜솔, 송지유, 장민정

—

펴낸곳 (주)로크미디어
출판등록 2003년 3월 24일
주소 서울시 마포구 마포대로 45 일진빌딩 6층
전화 번호 02-3273-5135
팩스 번호 02-3273-5134
편집 02-6356-5188
홈페이지 http://rokmedia.com
이메일 rokmedia@empas.com

—

ISBN 979-11-354-5914-6 (03330)
책 값은 표지 뒷면에 있습니다.

—

• 비잉(Being)은 로크미디어의 인문 도서 브랜드입니다.
• 잘못 만들어진 책은 구입하신 서점에서 교환해 드립니다.

Elderhood

나이듦에 관하여

루이즈 애런슨 지음 / 최가영 옮김

Being

일러두기

- 대사와 직접인용문 중 대사에 준하는 것은 " ", 강조는 ' '로 표시했다.
- 잡지, 논문 등의 출판물 제목은『』, (출판물의)글 제목이나 내용은「」로 표시했다.
- 에세이나 소설 등의 책과 노래 제목은《 》, 영화, 연극, 라디오 등 방송 제목은〈 〉으로 표시했다.

저자 소개

루이즈 애런슨

루이즈 애런슨은 노인의학전문의이자 미국 캘리포니아 대학교 샌프란시스코 캠퍼스UCSF, University of California, San Francisco 의과대학의 교수이다. 대표 저서로는 차 우타 쿠아상Chautauqua Prize과 PEN 아메리카 신인 문학상 최종 후보에 오른 《의료차트 그리고 그 안에 담긴 환자들의 이야기A History of the Present Illness》와 2019년 출간되자마자 언론의 주목을 받으며 뉴욕타임스 베스트셀러에 등극한 《나이듦에 관하여》가 있다. 하버드 의과대학을 졸업하고 워런 윌슨 칼리지Warren Wilson College에서 문예창작으로 예술학 석사학위MFA를 받았다. 아놀드 P. 골드 재단이 수여하는 인본주의 교수상, 올해의 캘리포니아 홈케어의사상, 미국 노인의학학회가 수여하는 올해의 현역 임상교육자 상을 비롯해 다수의 수상을 통해 의학 및 문학 등 다방면에서 공로를 인정받고 있다. 루이즈 애런슨은 맥도웰MacDowell 콜로니 펠로십을 수상하고 푸시카트 문학상 최종 후보에 네 차례 지목되었다. 현재 〈뉴욕 타임스New York Times〉, 〈뉴잉글랜드 저널 오브 메디슨New England Journal of Medicine〉, 〈랜싯Lancet〉, 〈벨뷰 리터러리 리뷰Bellevue Literary Review〉 등 다양한 매체에 논문과 기사를 꾸준히 발표하고 있다. 애런슨의 관심 연구 분야는 노인의학 교육 및 자기 성찰을 통한 건강증진이며 이밖에도 건강 분야에서 사회정의를 구현하는 활동을 활발히 펼치고 있다. 대중을 상대로 한 의학 글쓰기에도 관심이 많다. 현재 UCSF에서 학생들을 가르치며 보건 인문학 및 사회정의 프로그램의 책임자로 활동하고 있으며 오셔 통합의학 센터Osher Center For Integrative Medicine에서 성공적인 노화 방법에 대한 연구를 이끌고 있다. 일터에서 질병과 죽음에 관해 다양한 사람들과 이야기를 나누며 그들이 성공적으로 늙어 갈 수 있도록 도와주는 데 큰 보람을 느낀다. 현재 가족들과 함께 자신이 태어난 샌프란시스코에 거주 중이다.

최가영

서울대학교 약학대학원을 졸업하였다. 현재 번역 에이전시 엔터스코리아에서 과학 및 의학 분야 출판 전문 번역가로 활동하고 있다.

주요 역서로는 《뉴 코스모스》, 《한 권의 물리학》, 《한 권의 화학》, 《IQ 148을 위한 멘사 탐구력 퍼즐》, 《더 완벽하지 않아도 괜찮아》, 《과학자들의 대결》, 《다빈치 추리파일》, 《The Functional Art》, 《차 차 Tea (차 차 차)》, 《커피 중독Coffee Obsession》, 《꿀꺽 한 입의 과학》, 《맨즈헬스 홈닥터》, 《슈퍼박테리아》, 《배신의 식탁》, 《핸드백뷰티》, 《복부 비만 없애는 식습관의 비밀》, 《건강을 위한 최고의 밥상》, 《당신의 다이어트를 성공으로 이끄는 작은 책》, 《버자이너》가 있다.

어머니와

제인에게

이 책을 바칩니다

죽는 날까지 스스로를 지키고 제 권리를 행사하며
자주권을 잃지 않는 노인만이 존경받을 수 있다.

키케로Cicero

목차

잉태

사람의 몸은 단순히 나이 듦에 따라 세포와 장기 기능이 쇠퇴해 가는 몸뚱이에 불과하지 않다. 일생 동안 그 위에 문화적 의미가 새겨지고 끊임없이 덧입혀지기 때문이다.

마이크 페더스톤Mike Featherstone과 앤드류 워닉Andrew Wernick

저자의 말

처음에는 단순히 노년을 얘기해 보자는 생각이었다. 그런데 하다 보니 그 이상의 얘기를 이 책에 담게 됐다. 의학이란 무엇인지, 나아가 인류에게 의학은 어떤 의미가 있는지에까지 생각이 미쳤기 때문이다.

현대에 들어 의학의 위상 변화는 천지개벽처럼 급작스러웠다. 직업이 의사인 데다 의학 발전 덕에 곱게 늙어 가고 있는 당사자 중 한 명인 나조차도 신기해할 정도다. 그래서 오늘날의 의학은 종합 선물 세트 같다. 전통적인 동시에 반문화적이고, 사실과 소문이 뒤섞여서 어느 장단에 춤춰야 할지 종잡을 수가 없다. 자비의 결정체인 듯 보이다가도 돌연 독선의 끝판왕을 보여 주기도 하며, 한쪽에서 전진을 울부짖을 때 또 한쪽에서는 자성의 목소리가 들려온다. 이런 현대 의학에 의탁해 반평생을 노인으로 살 생각을 하자니 즐겁기도, 두렵기도 하고 궁금했다가 화가 나기도 한다. 그러다 마침내는 희망을 걸어 보기로 한다.

이 책에 실린 얘기들은 내가 쥐어짤 수 있는 대로 짜낸 최선의 기억을 바탕으로 재구성한 것이다. 그런데 같은 얘기라도 누구에게 들었는지에 따라 감흥은 완전히 달라진다. 의사와 환자 사이의 입장 차는 말할 것도 없고 간호사와 병원 행정 직원과 환자 보호자도 각각 조금씩 다른 시각으로 세상을 보니까. 그뿐이랴. 본디 기억이란 불완전하고 왜곡투성이에 몹시 주관적이기 마련 아닌가. 내가 어느 편에 서 있는지, 나는 어떤 사람인지, 그 일에서 어떤 역할을 했고 어떤 가치관을 갖고 있는지에 따라서도 사람의 기억은 180도 다른 색채를 띤다.

사건이 현재진행형일 때가 이런데, 하물며 이야기가 여러 입을 거쳐 간 뒤에는 오죽할까. 그런 까닭에 내 얘기가 진실이라고 감히 장담하지는 못하겠다. 그래도 내 생각과 감정을 더도 덜도 말고 있는 그대로 표현하고자 최선을 다했다. 다만 환자의 이름은 모두 가명으로 바꿨고 가급적이면 환자 가족이나 친구의 이름이 언급되지 않도록 신경 썼다. 환자의 사례를 소재로 사용하기 전에 당사자나 가족에게 미리 허락을 구했지만 그러지 못한 경우에는 세부 사항을 과감하게 생략했다. 이렇게 한 건 의학의 도덕 원칙과 개인정보 보호법을 지키기 위해서이기도 하지만 날 믿어 준 많은 분들에게 조금이나마 보답하기 위해서이기도 하다. 그분들은 내게 치료를 받았다고 말하겠지만 실은 내가 그분들에게 배운 게 훨씬 많았다. 노인으로 산다는 게 어떤 건지, 바람직한 노년의 모습은 무엇인지,

그리고 그것은 상황에 따라 어떻게 변모할 수 있는지까지. 전부 그분들이 가르쳐 주신 셈이다.

과거와 현세의 수많은 학자와 저술가들에게도 빚을 졌다. 토머스 콜Thomas Cole이나 팻 테인Pat Thane 같은 역사학자, 샤론 코프먼Sharon Kaufman, 베카 레비Becca Levy, 캐럴 에스테스Carroll Estes 같은 인류학자와 심리학자와 사회학자, 로버트 버틀러Robert Butler, 빌 토머스Bill Thomas, 뮤리엘 길릭Muriel Gillick 같은 의사 등등. 위대한 노인학 사상가들이 남긴 방대한 연구 자료는 오늘날 고령화 현상을 예측하고 그에 적합한 사회정책을 세우는 밑거름이 되고 있다. 그런 의미에서 조심스럽게 소망하는 바 중 하나는 우리 독자들이 내 책을 통해 그들의 저술에도 관심을 갖게 되는 것이다. 말미에 따로 자세하게 정리했으니 주석과 참고 문헌 단원을 참고하면 좋겠다.

페이지를 넘기기 전에 마지막으로 하나만 더 알아야 할 게 있다. 읽다 보면 이야기 전개가 좀 뒤죽박죽이라는 느낌이 들 수도 있다. 나는 분위기에 맞게 자연스럽게 생각이 흐르는 대로 글을 썼다. 독자들의 의식에도 이 책이 그렇게 자연스레 스며들길 바랄 뿐이다.

탄생

인간성은 우리가 평생 짊어지고 가야 할 짐이다. 그것을 뜯어고치려 애쓰지 말고, 몹시 힘들겠지만 있는 그대로 받아들여야 한다.

제임스 볼드윈James Baldwin

01 생명

노인과 어르신

내가 의대에 간 가장 큰 이유는 내 동료 대다수가 그렇듯 사람들을 돕고 싶어서였다. 의대생이 되고 얼마 지나지 않아 나는 의학교육이 화학, 생물학, 질병, 신체 장기와 같은 단편적 지식을 넘어 인류와 치유를 다루는 훨씬 고차원적인 일임을 깨닫게 되었다.

첫 1년의 절반 정도를 적응하느라 정신없이 보내고 여유가 생기니 다른 대학원 학과들이 눈에 들어오기 시작했다. 공중보건학과 의료인류학은 물론이고 영문학, 정치학, 심리학까지 다 재미있어 보였다. 그럴 만도 했다. 학부 때 역사를 전공한 나는 수학이나 과학을 필수과목으로 들을 필요가 없었기 때문에 기본 소양을 갖춘 의대생과는 거리가 한참 멀었다. 다만 내게는 신념이 있었다. 의사가 되면 의학만이 할 수 있는 방식으로 사람들의 삶을 변화시킬 수 있을 거라는. 그래도 2학년 때까지는 기숙사 방에 대학원 안내 책자를 고이 숨겨 두었다. 그러고는 틈날 때마다 사탕 가게에 풀어 놓은 어린아이처럼 두 눈을 반짝이며 남몰래 정독하곤 했다. 이 소심한 일탈 행위는 나로 하여금 의학 교재나 의대 강의 따위는 알려 주지 않는 세계관을 갖게 했다. 아, 우리 대학은 인간을 세포, 조직, 화학 반응으로 쪼개는데 이런 교육 프로그램과 이런 직업들은 사람의 개성과 복잡성을 있는 그대로 인정해 주는구나. 나는 감탄하지 않을 수 없었다.

3년 차에 접어들자 드디어 병원 실습이 시작되었다. 실습은 끔찍했다. 매일 매일이 시련과 굴욕으로 너덜너덜해지는 나날의 연속이었다. 좀 익숙해지려 하면 실습 장소나 사수 혹은 전공과가 휙휙 바뀌었다. 마치 누군가 작정하고 우리를 괴롭히려고 일부러 일정을 정신없게 짠 것 같았다. 우리는 바깥 공기를 쐬거나 깨끗한 옷으로 갈아입는 것은 언감생심이고 잠을 자지도, 제대로 먹지도, 제때 화장실을 가지도 못하면서 일만 했다. 너무 바빠서 두려움이나 혐오감을 곱씹을 겨를도 없었고 눈물 흘릴 시간조차 아까웠다. 인간적으로 참 잔인한 시기였다. 그럼에도 개인적으로는 그때가 앞선 두 해보다는 훨씬 나았던 것 같다. 실재하는 사람들의 진짜 얘기를 배우는 하루하루였으니까 말이다.

환자들의 사연은 내가 다섯 손가락 안에 꼽으며 아끼는 소설들만큼이나 매력적이고 심금을 울렸다. 병원 실습은 마치 훌륭한 문학 작품처럼 내게 인간을 한층 깊이 이해하고 나아가 도움이 필요한 사람들에게 내 쓸모를 보이는 소중한 기회가 되었다. 진짜 환자들과 직접 접촉하면서부터 비로소 의학은 내가 그토록 소망하던 바로 그 형태로 내게 다가오기 시작했다. 적성이 받쳐 주지도 않는 전공을 굳이 고집스럽게 택한 게 다 이것 때문이었던 것이다. 나는 매일 밤 오늘도 보람찼다는 기분으로 하루를 마무리했다. 내가 세상에 한 일은 하잘것없을지라도 내 인생은 오늘 하루만큼 더 중요해졌다는 생각에 가슴이 따뜻했다. 정말 벅찬 느낌이었다.

그로부터 근 30년이 지난 지금도 나는 의사 노릇을 하는 게 참 즐겁다. 그런 동시에 의학이 타 전공 분야가 주목하는 사안들은 경시함으로써 직무 태만의 과오를 밥 먹듯 저지른다는 사실을 모르지 않는다. 복잡다단한 인생사를 하나의 잣대로만 그리 쉽게 잘났다 못났다 평할 수는 없을 텐데.

과학과 기술이 인류에게 값어치를 매길 수 없는 귀중한 정보를 제공하고 무한한 발전 동력이 되어 주는 것은 사실이다. 하지만 이해가 걸려 있는 극소수 엘리트 집단의 의지에 질질 끌려간다는 게 문제다. 게다가 맞춤의학부터 무병장수에 이르기까지 인류의 오랜 소망들을 시원하게 해결하기에는 둘 다 아직 갈 길이 멀다. 그런데 건강하게 오래 살고 싶은 마음은 환갑을 기점으로 사람이 나이를 먹으면 먹을수록 간절해지니 골치가 아프다. 60세는 한 사람을 노인의학의 수혜 대상으로 인정하기 시작하는 공식적 기준 나이다. 전공 특성상 평생 이 연령대만 상대해 온 덕분에 나는 환자들로부터 많은 가르침을 얻을 수 있었다. 사람이 나이를 먹어 감에 따라 진정으로 중요한 것은 무엇인지, 사람이 어떻게 해야 더욱 의미 있게 잘 살아갈 수 있는지 같은 것들 말이다.

***

안개가 자욱하던 2015년의 어느 날 아침, 나는 캘리포니아 대학교 버클리 캠퍼스에 도착했다. 가이 미코Guy Micco 교수와 약속이 되어 있기 때문이었다. 교수가 매년 가을, 의대 신입생들을 대상으로 하는 어떤 실험에 관한 소문을 듣고 내 눈으로 직접 확인하고 싶었던 것이다.

강의실은 푸릇푸릇한 학생들로 발 디딜 틈 없이 북적였다. 이때 미코 교수가 연단에 올랐다. 교수는 한쪽에 모여 앉은 열여섯 명 정도로 이루어진 그룹에게 누군가를 노인이라는 표현으로 지칭한다고 할 때, 머릿속에 가장 먼저 떠오르는 단어를 적어 보라고 말했다.

"고르지 말고 생각나는 그대로 적으세요."

교수가 덧붙였다.

인중을 두껍게 덮은 백발의 콧수염과 정수리를 중심으로 사방팔방으로 부스스하게 뻗친 머리카락 탓인지 그의 외모는 언뜻 알베르트 아인슈타인Albert Einstein을 연상시켰다. 천재 과학자 이미지는 앞으로 두 시간 동안 그가 보여 줄 넘치는 호기심과 다소 산만한 강의 방식 때문에 한층 짙어질 터였다.

교수가 지목한 큼지막한 회의용 책상은 의과 대학과 보건 대학의 대학원 협동 과정 1학년들이 점령하고 있었다. 즉, 끓는 열정으로 세계인의 건강 향상에 평생 이바지하겠다고 대놓고 선언한 이들이 바로 오늘 실험의 주인공이었다. 많아야 20대 중반인 이 젊은 이들이 품은, 가히 비현실적인 이상은 입학시험을 치를 때 제출한 자기 소개서에서도 고스란히 드러났다.

책상에는 곧바로 수거해 집계하기에 편리하도록 미코 교수가 미리 준비한 메모지가 놓여 있었다. 교수의 지시가 떨어지자마자 학생들은 단어를 휘갈겨 적기 시작했다. 그렇게 1분이 흐르고 교수는 메모지를 걷었다. 그러고는 새로운 지시를 내렸다. 다른 내용은 다 똑같고 불리는 호칭만 어르신으로 바뀌었다.

이때 몇몇 학생이 고개를 가로저었다. 자신이 시험당하고 있다는 사실을 눈치챈 것이다.

미코 교수는 이 실험을 벌써 몇 년째 해 왔다. 강의실에서 마주하는 얼굴들은 매번 달라지지만 이 2단계 연상 테스트의 답안은 해마다 판에 박은 듯했다. 학생들이 나이 든 사람에 대해 가지고 있는 선입견은 예나 지금이나 변함이 없었다. 적어도 교수가 실험을 시작한 후 지금까지는 말이다.

노인이라는 단어를 듣고 학생들이 주름살, 굽은 허리, 굼뜬 움직임, 대머리, 백발을 떠올렸을 때 그는 조금도 놀라지 않았다. (한 학생은 '진심으로 죄송해요, 교수님'이라는 사과 메시지를 남겼다). 쇠약함, 힘이 없음, 기력 없음, 골골거림이라고 적은 학생도 있었다. 또, 조부모는 기본이고 부모를 가리키는 다양한 표현이 적힌 메모지도 심심찮게 나왔다. 의대 신입생의 부모 정도면 대개 40대 후반에서 60대 초반 사이임을 감안할 때 기껏해야 중년일 텐데 말이다. 지혜로움이라는 응답도 소수 있었지만 우울함, 답답함, 꼬장꼬장함, 궁상맞음이라 적힌 메모지들에 금세 묻혔다. 심지어 '좀약과 퀴퀴한 담배 연기 냄새가 남'이라고 적은 학생도 있었다.

반면에 어르신이라는 표현에 대한 학생들의 반응은 조금 달랐다. 지금까지 가장 많이 나온 응답은 지혜로움이라고 했다. 그 밖에 존경, 리더십, 경험, 권력, 재력, 지식이라는 답변도 있었다.

지금 미코 교수의 강의를 듣고 있는 학생들은 길고 긴 여정의 첫 발을 겨우 뗀 상태였다. 4년 의대 교육과 레지던트와 펠로우를 합해 3년 내지 길게는 10년의 실전 수련 과정에서 예비 의사들은 사람의 일생이 크게 소아기와 성년기의 두 단계로 나뉜다는 가르침을 받는다. 그렇게 강의실과 병원 곳곳에서 반복되는 훈련을 통해 생리학, 사회적 행동, 건강상 취약점 등의 면에서 두 연령기가 어떻게 다른지 머리에 새기고 나면 양 갈래 갈림길이 그들을 기다리고 있다. 소아 전문 의사가 되어 어린이 병원에서 일할 것인지 아니면 성인 전문 의사가 되어 일반 병원에서 일할 것인지 선택해야 하는 것이다. 오늘날 늙은 성인의 비중은 전체 인구에서는 16퍼센트지만 입원 환자들만 따지면 40퍼센트가 넘는다. 또, 의료 과실이 발생할 때 최대의 피해자는 65세 이상 노약자다. 의사가 되려는 사람이 이 두 가지 현실을 어쩌다가라도 일찌감치 알게 되면 다행이다. 그러나 다 그때뿐이다. 의학계는 오로지 극적인 구명(救命)과 완치 같은 기적에만 찬사를 보내고, 스승과 선배들은 한 목소리로 "다 큰 어른 똥기저귀나 치우는 게 진심으로 좋은 게 아니라면 시간 낭비하지 말라"고 충고하니 말이다. 이런 상황에서 노년층은 늘 예비 의사의 관심사 밖으로 밀릴 수밖에.

미코 교수가 이 실험을 하는 이유는 노년층이 의사로서 시간과 공을 들일 가치가 있는 상대임을 제자들에게 알려 주기 위해서가 아니다. 그는 이것이 처음부터 이길 수 없는 싸움임을 잘 알고 있었다. 문제는 학생들이 어리다는 것도 미숙하다는 것도 아니라고, 몇 달 뒤 어느 화창한 겨울날 아침에 함께 커피를 마시면서 그가 내게 말했다. 그는 병원의 동료들은 물론이고 의학과 완전히 무관한 일을 하는 친구들에게도 똑같은 실험을 해 봤다고 한다. 그중 상당수는 본인이 충분히 노인으로 불릴 법한 연령대였다. 교수가 내린 결론은 "노인이라는 단어는 이제 가망이 없다"는 것이었다. 사람들이 이 단어를 계속 사용하기에는 부정적인 이미지가 너무 강하기 때문이란다.

교수는 종이 냅킨 한 장을 내 앞으로 쓱 밀었다. 그런 다음 주머니에서 꺼낸 펜으로 그 위에 간단한 그래프를 그리기 시작했다.

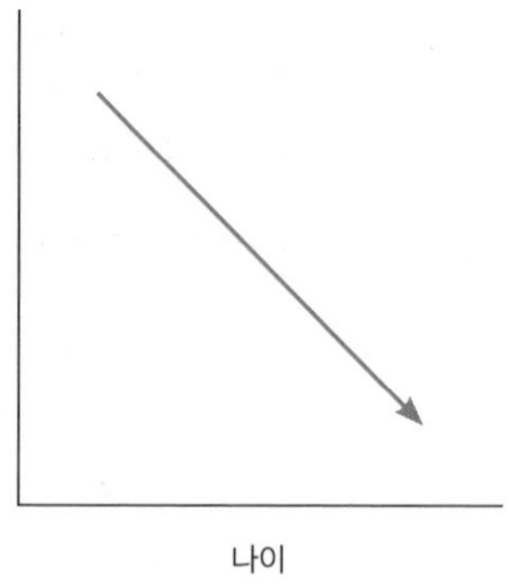

"흔히 사람들이 나이 든 사람을 어떻게 바라보는지를 보여 주는 그림입니다."

"이 세로축은 뭔가요?"

내가 물었다. 사람이 나이 들수록 어떤 면에서 점점 떨어진다는 통념이 우리 사회에 있느냐는 뜻이었다.

"뭐든지요."

교수가 내 눈을 똑바로 바라보며 말했다.

"모든 면에서 그렇죠."

반박의 여지가 없는 대답이었다. 이 시각이 절대적으로 옳다고는 말할 수 없겠지만 대부분의 사람들이 이런 생각을 가지고 있는 것은 사실이다. 본인이 노년층에 속하는 이들을 포함해서 말이다. 이상주의 성향이 강한 의대 신입생들과 의사를 친구 혹은 동료로 둔 상냥한 성격의 사람들조차도 문화적 선입견 때문에 노인이라는 표현을 부정적으로 받아들이지 않는가. 현재 이것은 전 세계적인 추세다. 그럼에도 포기하기엔 이르다. 아직 희망의 여지는 있다.

사람들은 노인의 동의어인 어르신에는 긍정적인 반응을 보인다. 그들이 직접 포착한 어르신의 긍정적 덕목들 역시 진짜이기 때문이다. 이처럼 두 동의어 사이에는 묵직한 단절감이 존재한다. 이것은 그들이 — 그리고 우리들이 — 늙는다는 것은 무엇인가를 생각할 때 뭔가 중요한 것을 놓치고 있음을 암시한다. 혹시 사람의 일생을 이등분이 아니라 삼등분하는 게 맞지 않을까. 만약 그렇다면 노년기를 인생의 제3막으로 볼 수 있을 것이다. 앞의 두 차례 무대에서 보여 주었던 것에 조금도 뒤지지 않는 고민과 호기심과 열정 충만한 또 하나의 시작이라고 말이다.

미코 교수의 강의를 참관하러 가기 직전에 나는 요즘 많은 의사들이 그러하듯 벌써 몇 달째 심한 무력감에 빠진 상태였다. 스스로가 한심해 속이 너무 상하고 화도 났다. 그래서 더욱더 권력을 탓했다. 모든 게 환자와 의사, 그리고 의료 제도 전반을 호구로 보는 극소수 특권 세력 때문인 것만 같았다. 서양 의학은 20세기에 들어 인류의 건강과 행복 증진에 힘쓰는 대신 미용과 재난 구호처럼 티 나는 영역에만 모든 자원이 집중되는 기형적 성장세를 보였다. 그러다 21세기의 문이 열리자 이번에는 최첨단 의료기기, 유전자, 신경세포, 심장, 암이 새로운 화두로 등장한다. 하지만 건강한 노화를 위한 노력은 여전히 뒷전이었다. 의료계는 사람들이 별 탈 없이 온전한 정신으로 잘 먹고 잘 걸어 다니면서 늙어 가든지 말든지 별로 개의치 않는다. 현대 서양 의학에서는 미성년과 노인보다는 생산 연령의 성인이 훨씬 중요하다. 또, 각 가정과 동네 의원보다는 대형 병원과 집중치료실의 환자들이 우선이다. 예방보다는 치료에, 전체보다는 부분에, 돌봄보다는 고침에, 환자 한 명 한 명보다는 평균에 더 큰 우선순위를 두며 최신 기술이라면 사족을 못 쓴다.

편파적 의료 제도를 벗어날 수 없는 노인의학 전문의로서 내게는 하루하루가 전쟁이다. 내 환자에게 필요한 자원을 충분히 얻어

내기에 공권력의 문턱은 너무 높다. 담당 의사로서도, 그냥 인간적으로도 내가 아끼고 걱정하는 사람들이 가장 큰 효과를 보는 프로그램들은 정작 보험 청구 항목에서 늘 제외되고(이건 병원 입장에서 민감한 사안이다) 주치의 근무 시간으로 인정되지도 않는다(이건 내게 중요하다). 내게는 노인이라고 불리기에는 아직 어색한 환자도, 누가 봐도 분명한 노인인 환자도 있고 큰 지병 없이 건강한 환자도, 병환 중인 환자도 있다. 어떤 환자는 아직 정정하고 또 어떤 환자는 비실비실 위태롭다. 다들 젊은 사람들과 달리 하나같이 병원을 제집 드나들듯 다닌다. 투석, 기본 신체 기능 복구를 위한 수술, 별 성과는 없는, 몇 달에 걸친 화학요법 치료, 오랜 집중치료실 입원, 최첨단 영상 검사 등등을 위해서다. 그런데도 돈만 더럽게 많이 들 뿐 나아지는 기미는 없다.

노인들의 만성질환 관리와 삶의 질을 향상시킨다는 점에서 훨씬 값어치 있는 것은 차라리 보청기, 주치의와 느긋하게 나누는 대화, 체조 교실 같은 것들 쪽이다. 병원 침대에 묶여 있을 때보다 몸도 마음도 더 편하고 내가 내 몸 갖고 할 수 있는 게 더 많으니 말이다. 그 덕분에 보다 건강하고 행복한 생활을 누리는 것은 말할 것도 없다. 만약 환자가 어떤 치료 기술의 장단점을 운운하는 연구 데이터를 해석할 줄 알거나, 한 인간을 자원이자 연구 주제로 취급하는 의학의 태도를 납득해 준다면 또 모를까.

의사들 사이에서는 조직과 조직의 시스템에 의문을 품는 것이 금기다. 설령 그랬다간 바로 반동분자로 낙인찍힌다. 내가 그동안 환자들을 위해 혹은 의료 제도의 실효성을 높이기 위해 이런저런 점은 개선하면 좋겠다는 생각이 들어도 웬만하면 입 다물고 꾹 참아 온 것도 그래서였다. 그러다 2015년 무렵 드디어 내 몸도 하나둘 고장 나기 시작했다. 눈이 침침해지고, 괜히 초조하고, 온 뼈마디가 쑤셨다. 이러다 제 몸뚱이 하나 건사 못 하게 되는 거 아닌가 겁이 날 정도였다. 마음의 준비도 하기 전에 몸만 먼저 아무 짝에도 쓸모없는 쭈그렁 할망구가 되어 버릴까 봐 불안감이 날로 커져갔다. 그러나 현실의 새 국면에 조금씩 적응되자 마음의 눈은 오히려 예리해져서 세상의 경제, 문화, 정치에 녹아 들어가 있는 의학의 내면을 더 깊이 투시하는 능력을 얻게 되었다. 아직 대체로 건강하지만 앞으로 많은 난관이 예견되는 지금의 내가 젊은이와 노인 사이의 딱 중간 지점에 서서 양쪽을 모두 조망하고 있음을 불현듯 깨달았기 때문이었다.

바로 그때였다. 노인의학이 지금까지 어떤 취급을 받고 있었는지 적나라하게 드러나 보인 것은.

보험료를 꼬박꼬박 내면서도 늘 가장 먼저 소외되던 노년층의 모습을 유심히 살펴보면 우리 사회의 의료 제도가 얼마나 허점투성이인지를 잘 알 수 있다.

동서고금을 막론하고 사람들은 불로불사(不老不死)를 바라 왔다. 이 헛된 소망은 완벽한 완성품 기준에 미달하는 인간은 바로 폐기물 취급당하는 문화 풍조를 낳았다. 그런 사회의 울타리 안에서 운용되는 '치료 지상주의' 의료 제도가 환자를 보듬는 의술과 충돌하지 않는다면 그게 더 이상하지 않을까.

2,000년 전, 아리스토텔레스Aristotle는 모든 것은 시작, 중간, 끝으로 하나의 전체가 된다고 말했다. 극작법 이론을 통해 그는 한 드라마의 3부 각각이 다채로운 에피소드로 알차게 구성되면서 저마다의 목적을 충실히 수행함을 실증해 보였다. 사람의 인생도 이와 비슷하다. 인생은 환경을 조성하는 서론, 사건들이 왕성하게 벌어지는 본론, 그리고 마무리 결론의 순서로 펼쳐진다. 그런데 인류 역사를 통틀어 최근까지만 해도 한 사람의 드라마가 1막 한중간에 뚝 끊겨 버리는 일이 다반사였다. 2막을 시작도 못 해 보고 세상을 하직하는 목숨이 대부분이었던 것이다. 인구 태반이 천수를 누리지 못하고 사고나 돌림병으로 절명하는 탓에 인간의 평균수명이 30~40세이던 시절 얘기다. 그러던 것이 오늘날 우리는 평균수명 80세를 넘어 100세 시대를 바라본다. 공연 시간이 늘어난 만큼 에피소드도 많이 추가되고 마지막 3부까지 무대에 올리는 게 당연한 것이 되었다. 이제 대다수 현대인은 유년기와 성년기를 거쳐 환갑이나 고희를 기점으로 앞으로 몇 년일지 몇십 년일지 알 수 없는 노년기를 알아서 준비해야 한다. 이 3부 무대는 1부나 2부의 단순한 반복이 아니다. 인생은 드라마와 같다는 말처럼, 그동안의 모든 노고가 치하되고 갈등이 해소되고 동요가 가라앉는 대단원이다.

그런데 바로 그 사실이 나는 두렵다. 우리는 모두 자신의 노년기가 길기만 한 게 아니라 의미 있기를 바란다. 그러나 다들 체면 때문에 어린 시절의 그 무모한 패기로 도전하기는 주저한다. 사회 초년생 시절 나는 내가 노인들을 잘 안다고 생각했다. 그래서 내 환자들이 안락하고 의미 있는 인생 제3막을 맞도록 누구보다도 잘 이끌 거라고 자신만만했다. 그런데 내 부모님이 80고개를 넘고 나 자신도 50대에 접어들어서야 비로소 깨달았다. 모든 게 나만의 착각이었음을. 인생의 변곡점이 목전에 다가온 세상의 모든 이가 늙어 감을 생각할 때 드는 복잡미묘한 온갖 감정이 내 마음속에서도 스멀스멀 피어났던 것이다.

그전까지 나는 노인의학에 모든 답이 있다고 굳게 믿었다. 하지만 만약 정말로 노인의학이 고령화 사회의 모든 문제를 해결할 수 있다면, 의료계를 비롯해 많은 사회 부문에서도 진작 노인의학의 원리와 실제를 채택했어야 했다. 현실은 어떤가. 노인의학은 스스로 노인을 위한 의학임을 천명하고 있다. 그런데 의료계는 노인의학이 필요하긴 하지만 지금 상태로는 부족하다고 응수한다. 내가 뭘 놓친 걸까, 나는 궁금했다.

이 책은 한마디로 이런 이상과 현실 사이의 괴리를 메우기 위한 내 노력의 산물이다. 나는 과학과 의학은 물론이고 역사, 인류학, 문학, 대중문화까지 다방면의 자료를 수집했다. 우리는 누구이고, 현대 의학은 무엇에 가장 큰 가치를 두면서 어떤 원칙을 따르는지 제대로 이해하기 위해서다. 수록된 일화 대부분은 나이 든 환자들의 사연을 재구성한 것이다.

기본적으로 이 책은 인생을 얘기한다. 나의 노년이 상상하기도 삶은 구차한 생명 연장과는 다른 모습이길 원한다면, 오늘날 노인 의학의 현주소를 직시할 필요가 있다.

대부분의 현대인에게 인생 3막은 길고도 다채로운 무대가 될 것이다. 주인공인 우리들 각자에게 이번 무대가 어떻게 느껴질지는 전적으로 우리 자신의 태도에 달려 있다. 부정적 선입견만 가득한 기존 통념의 틀을 깨부수고 한층 밝아진 눈으로 세상을 조망하면 새로운 선택지가 우리 앞에 펼쳐진다. 더욱 의미 있고 풍요로운 노년을 만들 수 있는 다른 길이 열린다.

유년기

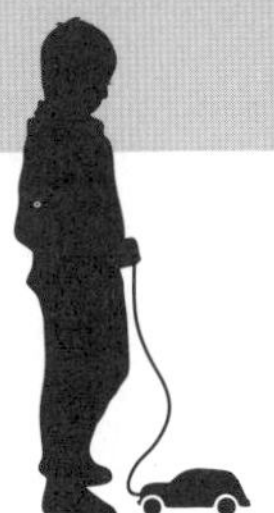

우리는 모두 평생 늙어 가는 법을 연습하며 나이를 먹어 간다.

조앤 린Joanne Lynn

02 영아

증조할머니의 가슴과 광란의 질주

기억

노인을 생각할 때 내게 떠오르는 가장 오랜 기억 중 하나는 외증조할머니의 가슴이다.

그 일은 히치콕의 영화 〈현기증(고소공포증이 있는 주인공이 살인사건을 조사한다는 내용의 1950년대 스릴러 영화_옮긴이)〉에서 여배우 킴 노박Kim Novak의 집으로 나왔던 것과 흡사한 언덕배기 건물의 8층에서 일어났다.

영화가 개봉하고 12년이 흐른 어느 날이었다. 외증조할머니가 입고 있던 실내복을 대수롭지 않게 훌러덩 벗어 버리자 고작 여섯 살이었던 나는 너무 놀라 숨이 멎을 뻔했다. 가벼운 몸이 된 할머니는 이 옷 저 옷 수북하게 걸쳐 놓은 옷방 앉은뱅이 의자에 앉았다. 거울 달린 벽장이 따로 있었지만 옷방은 온갖 잡동사니로 미어터지기 일보직전이었다. 저물어 가는 햇살은 작은 창을 가린 블라인드 틈새를 비집고 들어와 방 안을 노랗게 물들였다. 그래서인지 공기에서 달콤하면서도 구수한 냄새가 났다. 마치 아주 오랫동안 바깥 구경을 하지 못한 고서적처럼. 할머니는 방금 목욕을 마친 게 분명했다. 할머니가 거대한 가슴을 한쪽씩 브래지어 캡에 집어넣고 끈을 당겨 올려 어깨에 탁 내려놓는 동안 나는 여동생의 손만 꼭 잡고 있을 뿐 감히 할머니를 올려다보지 못했다. 정작 본인은 그 와중에 평소와 똑같이 수다를 쉬지 않는데. 그 순간이 왜 그렇게 불편했는지는 지금도 잘 모르겠다. 아마 외증조할머니가 알몸이라는 사실에 충격을 받았거나 가슴의 크기에 압도당해서였을 것이다. 아니면 노인의 쭈글쭈글한 몸이 낯설었거나.

당시 외증조할머니는 여든이 넘는 연세였던 걸로 기억한다. 꼬꼬마의 어린 생각에 조부모조차 노인네라고 여겼으니 그분들보다 한 세대 위인 할머니는 거의 원시 조상이나 다름없었다. 크게 보면 아는 게 많고 아이들에게 명령을 내릴 권한이 있다는 점에서 내 조부모와 증조부모는 모두 어른의 범주에 속했다. 그런데 같은 어른이라도 부모님이나 그 연배 분들과 이분들은 느낌이 확연히 달랐다. 일단 외모부터 주름투성이 얼굴에 머리카락은 거의 없거나 있어도 완전히 하얗게 세지 않았는가. 게다가 옷차림이나 행동거지, 소지품 등에서도 뭔가 더 케케묵은 격식이 묻어났다. 일요일에 근처 공원으로 함께 소풍이라도 가면 우리가 잔디에 아무렇게나 펼친 담요에서 뒹구는 동안 원피스나 롱스커트 차림의 할머니들은 꼭 일부러 챙겨 온 접이식 의자에 다소곳이 앉곤 했다. 자고 가는 날 밤 잠옷으로 갈아입을 때나 해변에서 수영복을 입고 물놀이를 하는 때만 빼면 할아버지들 역시 항상 깃 세운 폴로 티나 단추를 채우는 점잖은 셔츠 차림이었다.

집 안 풍경도 집주인을 닮아서, 가족 식사 모임 때문에 조부모님 댁에 갈 때마다 나는 그냥 밥 한 끼 먹는다기보다는 오래된 호텔이나 무슨 유적지에 현장학습을 왔다는 기분에 휩싸였다.

어릴 때 우리가 살던 집은 언덕 꼭대기에 자리한 외증조할머니 댁에서 고작 한 블록 떨어진 곳에 있었다. 언덕은 경사가 가파르기로 악명이 높았다. 그래서 할머니 댁에 갈 때 동네 사람들은 무리하다가 엔진과 브레이크가 망가질까 봐 일부러 멀리 돌아가는 길로 차를 몰았다. 단, 우리 할아버지만은 예외였다. 게다가 손녀들을 태운 날이면 할아버지의 운전은 오히려 더 과격해졌다.

하루는 차이나타운에서 저녁 식사를 마치고 후식을 먹으러 외증조할머니 댁으로 가는 길에 할아버지는 우리를 태운 채 오르막길을 과감하게 직진하다가 차를 구렁에 빠뜨리고 말았다. 그런데 할아버지는 당황한 기색이 없었다. 오히려 핸드브레이크를 푼 다음 두 손을 허공으로 번쩍 올리고는 핸들을 마음대로 돌아가게 내버려 뒀다. 우리는 그 과정을 빠짐없이 지켜보면서 할아버지의 움직임 하나하나에 괴성을 지르다가 숨죽여 긴장하다가 신이 나 깔깔거리기를 반복했다. 우리에게는 광란의 질주로 느껴졌지만 사실 할아버지는 발을 계속 브레이크 페달에 올려 둔 채 속도를 주시하고 있었다. 안 그랬다면 여기저기서 자동차 경적이 울리고 동네 사람들이 다 뛰쳐나와 구경하고 난리도 아니었을 것이다. 어린 시절 우리에게 할아버지와 함께하는 늦은 저녁의 외출보다 더 신나고 기대되는 놀이는 또 없었다.

이런 추억들 때문에라도 나는 노인을 보통 사람들보다 더 잘 알았어야 했다. 하지만 나는 한심할 정도로 아무 생각이 없었다. 거대한 가슴에 집착하느라 외증조할머니의 살결이 얼마나 부드러운지, 품에서 얼마나 좋은 냄새가 나는지, 집 안 꾸밈새가 내 성장기에 어떤 영향을 미쳤는지는 한 번도 돌이켜 보지 않았다.

그 밤의 광란의 질주 얘기가 나오면 낄낄거리기만 했지 할아버지가 나이에 비해 얼마나 재치 있는 분이었는지는 깨닫지 못했다. 세상에 그런 멋쟁이 할아버지는 또다시 없을 텐데.

뭣보다 나는, 같은 어른이라도 세대에 따라 허락되는 권력의 반경이 다르다는 점이나 오직 남자들에게만 여유를 즐기면서 맘껏 밖으로 나돌 자유를 허락하는 당시 사회의 불합리한 요소들을 한 번도 심각하게 고민해 본 적이 없었다. 외증조할머니가 두 번째 남편을 여의고 다시 과부가 되었을 때 내 나이 고작 세 살이었다. 아직 한창 때였으니 할머니도 맘만 먹으면 또 결혼할 수 있었을 것이다. 그렇지만 사회 규범을 어기면 천벌이라도 받는 줄 알았던 할머니는 나이 든 과부답게 여생을 홀로 조용히 보냈다. 가끔 가족 모임에 참석하거나 가벼운 운동을 하거나 혼자 여행을 다니는 게 다였다. 아마 일상에 지장을 주지 않는 소소한 연애 사건도 종종 있었을 것이다. 할머니는 이런 생활에 꽤 만족하는 것 같았다. 어린 내가 보기에도 항상 여유롭고 건강하셨으니. 그럼에도 할머니는 늘 어린아이들을 긴장시키는 존재였다. 할머니는 옳고 그름이 명확해서 훈계할 때는 몹시 단호했다. 할머니 댁에 가는 날은 늘 단정하게 차려 입어야 했고 가서는 제대로 된 가구에 숙녀다운 자세로 얌전히 앉아 있어야 했다. 한번은 무슨 스포츠 경기를 주제로 대화를 나누다가 온몸이 땀에 흠뻑 절었다는 얘기를 하게 됐다. 그러자 할머니가 끼어들어 내 말을 바로잡았다. 숙녀는 땀에 저는 게 아니라 물광이 도는 거라며. 한시도 긴장을 놓지 못하게 만드는 외증조할머니의 이런 면 때문에 어린 나는 사실 할머니가 진짜 우리 가족이 아닐 거라는 의심을 버리지 못했다.

외증조할머니는 아흔을 넘기고 얼마 지나지 않아 돌아가셨다. 외증조할머니의 딸, 그러니까 내 할머니는 아직 일흔여덟이었지만 이미 여러 해 전부터 알코올 중독에 빠져 있었다. 무병장수가 내력인 집안이라고 해서 안심할 건 못 되는 모양이다.

할아버지는 장모님, 그러니까 외증조할머니와 사이가 좋지 않았다. 두 분은 오랫동안 서로 얼굴을 보려 하지 않았다. 가운데 낀 할머니는 당신이 세상에서 제일 사랑하는 두 사람이 만날 때마다 얼굴 붉히고 고성을 주고받는 모습을 평생 참고 견뎌야만 했다. 자식들은 벌써 다 장성해서 자리를 잡았지만 그때는 여자 혼자 이혼이며 취직이며 심리치료 따위를 도모할 수 있는 시대가 아니었다. 탈출구는 딱 하나, 술에 의지하는 것뿐이었다. 술은 매일 들이붓다시피 마실 경우 약물치료에 버금가는 위력을 발휘한다. 술에 절어 있으면 아픔이 가시고 잠시나마 평온이 찾아온다. 실상은 인생과 건강을 망치는 지름길임에도 말이다.

나는 저녁 식사 중, 목에 음식이 걸려 숨을 쉬지 못하던 할머니의 모습을 지금도 선명하게 기억한다. 할머니는 창백해진 안색으로 온몸에 땀을 뻘뻘 흘리면서 숨이 막혀 몹시 괴로워했다. 두 눈동자는 금방이라도 튀어나올 것 같았다. 그런데 당시 식탁에 함께 앉아 있던 어른들은 그런 할머니를 그냥 본체만체했다. 내가 그때 정확히 무슨 일이 있었고 어른들이 왜 그런 식으로 행동했는지 물어볼 용기를 낸 건 세월이 한참 흐른 뒤의 일이다. 어른들은 할머니가 취해 있었다고 말했다. 그러니 그 사고는 자초한 거라고. 나는 어른들이 할머니를 방치한 것이 자신들을 실망시킨 딸에 대한 처벌임을 알았다. 그렇다고는 해도 눈앞에서 사람이 죽어 가는데 어떻게 그렇게 침착하게 앉아 있을 수 있는지는 도저히 납득되지 않았다. 할머니가 질식했을 때 식당은 일순간 얼음장 같은 정적에 휩싸였다. 필사의 고군분투 끝에 할머니는 직접 입안에 손을 넣어 음식 조각을 토해 낸 뒤 그대로 일어나 방을 나가 버렸다. 식당에서는 마치 아무 일도 없었던 것처럼 저녁 식사가 계속됐다. 늙고 힘없는 여자가 겪는 삶의 시련은 종종 나이와 아무 상관도 없다.

여자들에 비하면 남자들의 삶은 훨씬 편했다. 내 할아버지는 환갑을 넘기자 공식적으로는 퇴직했지만 시간 활용이 보다 자유로운 파트 타임 자리를 금방 또 구했다. 새 직업은 할아버지의 순수한 취미인 가구와 여행에 맘껏 심취하면서도 지난날 40년 넘게 직장을 다니며 쌓은 노하우와 사교기술을 십분 활용할 수 있는 것이었다. 신체 건강하고 배울 만큼 배운 데다 더 이상 돈 걱정할 처지가 아니기에 가능한 일이었지 싶다. 할아버지는 70대 후반에 홀아비가 되었다. 하지만 할아버지의 생활은 종전과 다름없었고 여전히 분주하고 유쾌했다. 웬걸, 할아버지의 연애 대운이 생애 말년에 몰려 발복한 듯했다. 원래 밝고 적극적인 성격도 한몫했겠지만 그 연령대에 유독 심한 여초 현상은 대머리에 땅딸보 늙은이를 초절정 인기남으로 등극시켰다. 할아버지는 맘만 먹으면 매일 저녁 상대를 바꿔 가며 데이트를 즐길 수 있었고 실제로도 그렇게 했다.

당시는 요즘만큼 오래 사는 사람이 많지 않던 때라 세상은 노인들에게 주목하지 않았다. 그레이 팬서(노인 복지와 권리를 확대하고자 1970년에 설립된 미국의 비영리단체_옮긴이)가 뭐 하는 곳인지 모르지 않았지만 내 심장을 훨씬 더 뜨겁게 달구는 것은 여전히 흑인 인권운동이나 페미니즘이었다. 그때는 노인 관련 뉴스가 매일같이 나오지도 않았고 어느 누구도 고령화 사회를 걱정하지 않았다. 하지만 요즘은 모두가 실버 쓰나미를 두려워한다. 유례없이 길어진 인간 수명과 그로 인한 인구 초고령화 현상이 우리 사회를 쓰나미처럼 한 순간에 무너뜨릴 거라는 의미의 상징적 표현이다. 이 두 단어는 1980년대에 처음 사용된 이래로 오늘날 『포브스Forbes』, 『이코노미스트Economist』, 『워싱턴포스트Washington Post』 같은 언론지나 『뉴잉글랜드 저널 오브 메디슨New England Journal of Medicine』 같은 학술지는 물론이고 정부 문서에까지 하루가 멀다고 등장한다.

그런데 잠깐 인류의 4대 문명이 탄생한 태곳적을 돌이켜보자. 아니, 한참 양보해서 미국 건국 초기나, 그도 어렵다면 지난 70년대라도 되짚어 보자. 뭔가 머릿속을 울리는 게 없는가? 놀랍게도, 쓰나미까지 운운하는 근래의 수선스러움은 사실 전혀 새로울 것 없는 역사의 반복에 지나지 않는다.

교훈

1992년 6월에 나는 보스턴을 떠나 샌프란시스코로 이사했다. 따끈따끈한 의학 박사 학위증을 품에 안고 닥터라는 호칭의 부름에 응하기 위해. 모든 면에서 가진 것 없이 배짱만 두둑한 치기 어린 시절이었다.

의대를 졸업했다고 곧장 환자를 진단하고 치료할 완벽한 지식과 기술을 갖추는 것은 아니다. 레지던트 과정이 그래서 존재하는 것이다. 의사는 면허를 따고서도 짧게는 3년에서, 길게는 8년에 걸친 임상수련을 또 해야만 주체적으로 의술을 펼칠 만한 능력을 그럭저럭 갖추게 된다.

내가 고향에 돌아온 것도 샌프란시스코 종합병원의 일반내과 레지던트 과정에 들어가기 위해서였다. 나는 아무 경험도 없는 초짜 의사였지만 별로 불안하지 않았다. 첫 순회 근무지였던 응급의학과에는 숙련된 간호사와 의사들이 한가득이었기 때문이다. 진짜 걱정되는 것은 매주 화요일 오후마다 돌아오는 외래 진료 시간이었다. 외래 병동 건물 4층에 있는 자그마한 진료실에 꼼짝없이 갇혀 침침한 조명 아래 앉아 있으면 열아홉부터 아흔까지 다양한 연령대의 환자들이 진찰을 받겠다고 찾아와 초보 의사의 혼을 쏙 빼놓고 돌아가곤 했다.

우리 병원에서는 이수가 임박한 레지던트부터 신입 인턴까지 전체적으로 전담 진료과를 3년마다 대대적으로 갈아엎는데, 특정 질병 혹은 특정 환자 유형이 꼭 누군가에게 쏠리곤 한다. 이게 어느 정도나 의도적인지 그 속사정은 아무도 모른다. 가령 종양내과 전문의를 희망하는 수련의가 입원한 담당 암 환자를 자신의 외래 진료 시간에 와서 사후 관리를 받도록 손을 쓴다는 소문이 있긴 하다. 또, 어떤 의사에게 특정 질병을 앓는 환자들 혹은 공통 특징을 가진 환자들만 편중시키는 기준이 무엇인지도 확실하지 않다. 누가 뭘 잘하더라는 입소문 때문일 수도 있고 인종과 언어 능력을 고려한 배치일 수도 있다. 그도 아니면 순전히 일정 짜는 담당자의 감일지도 모른다. 어느 쪽이든 우리 조의 경우는 패턴이 분명했다. 알린에게는 당뇨병 환자들이, 새미에게는 마약중독자들이, 라파엘에게는 스페인어가 영어보다 편한 환자나 HIV 환자들이, 대니에게는 복잡한 심장질환 환자들이, 게르다에게는 여자 의사를 선호할 만한 환자들이 집중적으로 배정되었다. 그리고 나는 노인 환자 전담이 되었다.

당시 나는 20대였고 그때의 내 눈에는 나이 든 사람들이 지금의 내가 보는 것과 완전히 다르게 보였다. 나는 동료들에 비해 80대 노인 환자를 확실히 더 많이 담당했지만 개중에는 60대나 70대 초반인 분들도 있었다. 요즘 같으면 아직 중년으로 분류될 나이였다. 20대의 내게 '노인'은 뭉뚱그려 '이즈음의 나이에 이런 외모에 이런 몸가짐을 보여 주는 사람들'이라는 단조로운 이미지의 집합명사에 불과했다. 누군가 묻는다면 65세와 90세 사이에는 엄청난 차이가 있다고 대답하고 싶었지만 매일 산더미 같은 일과가 정신없이 휘몰아치던 당시의 내게 솔직히 60대와 90대는 별반 다르지 않았다. 둘 사이에는 무려 한 세대의 격차가 있는데도 말이다.

바로 그럴 때 나는 앤 로를 만났다. 89세의 앤은 누가 봐도 부인할 수 없는 노인이었다. 그녀를 처음 만난 그날은 따사로운 어느 화요일 오후였고 내가 레지던트 과정을 시작한 지 한 달쯤 지났을 무렵이었다. 앤은 황갈색 비닐의자에 둥지 틀듯 쪼그리고 앉아 있었다. 바닥에 닿지 않는 두 발을 아이처럼 앞뒤로 흔들면서. 본인이 할머니 신발이라고 부르는 구두를 신은 그녀는 발랄한 무늬의 원피스 차림이었다. 나중에 알게 된 건데 뒤틀린 손가락으로는 입고 벗기가 힘들어서 단추나 지퍼가 달린 것 말고 이렇게 머리에 뒤집어쓰면 끝인 원피스를 좋아한다고 했다.

다소 서먹한 안부 인사를 나누면서 앤은 노안용 렌즈를 끼운 안경의 금테 너머로 나를 훑어보기 시작했다. 그녀는 등이 굽어 항상 웅크리고 있는 것처럼 보였고 머리는 곱슬기가 있는 완벽한 백발이었다. 활짝 웃으면 벌어진 입술 사이로 비뚤배뚤한 치아가 드러났다. 그녀가 물었다.

"예전 의사는 어떻게 됐누?"

"다시 동부로 이사 갔어요."

나는 환자의 기분이 상하지 않게 하기 위해 최대한 머리를 짜내 대답했다.

선임 레지던트가 환자들에게 담당 의사가 곧 바뀔 거라고 미리 언질을 주었을 거라는 기대는 보기 좋게 빗나갔다. 담당 주치의가 사라졌다는 소식을 들으면 환자들은 크게 상심하기 일쑤다. 그런데 앤의 경우는 병원 돌아가는 일을 덤덤히 이해하고 받아들이는 듯했다. 다행히 이번에는 환자의 병력과 현재 몸 상태를 바로 물어봐도 괜찮을 것 같았다. 그녀의 상태는 나이를 감안하면 평이했다. 혈압이 높고 관절염, 알레르기, 변비가 있고 가끔 속 쓰림으로 고생한다. 그리고 길고 긴 처방약 목록.

신체검사를 위해 다음 준비를 하는 동안 그녀가 내게 물었다.

"무슨 이름이 그러우, 애런슨이라고?"

"유태인이라 그래요."

내가 대꾸했다.

"제 아버지가 어릴 때 발음하기 힘들다고 이렇게 바꾸기로 어른들끼리 결정했대요."

그녀가 활짝 웃었다. 알고 보니 그녀에게도 비슷한 가족사가 있었다. 1990년대 초에 동유럽에서 벌어진 집단학살을 피해 미국으로 도망쳐 왔다는 것이다. 다만 주인공이 그녀의 조부모가 아니라 그녀 본인이라는 점이 달랐다. 그녀의 가족은 1906년에 세 살이었던 그녀를 데리고 벨로루시를 떠났고 우여곡절 끝에 노스다코타주에 정착했다.

결국 나는 하루 만에 앤의 인생사를 거의 다 꿰게 되었다. 홀로 외래 진료를 본 첫날부터 나는 나이 든 분들과 대화를 나누는 것이 얼마나 즐거운 일인지 깨닫기 시작한 셈이었다.

앤은 파란만장한 삶을 살았다. 여러 대륙을 떠돌며 전쟁 후 세상이 기적처럼 재건되는 모습을 직접 목격했다. 그 와중에 개인적인 인생의 굴곡도 당연히 있었을 것이다. 어느 누가 안 그렇겠는가. 그녀와 얘기하는 것은 매혹적이지만 분량이 엄청나 엄두가 나지 않는 소설의 발췌문을 오히려 돈 받고 낭독을 듣는 것이나 다름없었다.

성인이 된 앤은 교사 자격증을 딴 뒤 해외 취업에 성공해 노스다코타주를 벗어나는 데 성공했다고 한다. 몇 년 뒤 그녀는 영국인 예술가와 사랑에 빠져 결혼까지 했다. 결혼 생활이 계속되었다면 아들에게 더 좋은 엄마가 되어 주었을 텐데. 그러나 그녀는 믿음직하지 못했던 남편과 헤어질 수밖에 없었고 푸에르토리코와 미시건주에서 학생들을 가르치며 홀로 생계를 꾸려 갔다. 흑인 인권운동이 한창이던 시절, 미시시피주에서 지냈던 시절 얘기나 형제자매 근처에 있으려고 샌프란시스코에서 은퇴하게 된 사연은 아마도 이날 미처 다 하지 못했을 것이다. 하지만 그녀가 가장 최근에 얻은 직업 얘기는 확실히 첫날에 들었던 것으로 기억한다. 앤은 요즘 친언니 베스의 간병인 일을 한다고 했다. 어쩌다 보니 자연스럽게 얻게 된 일자리다. 하나는 이혼했고 하나는 사별한 두 자매가 한 지붕 아래 사니 그럴 수밖에.

당시 나는 간병일이 얼마나 어렵고 육체적으로나 심리적으로나 건강을 해치는지 알지 못했다. 의대에서는 이런 걸 가르치지 않았다. 의대에서 건강의 사회적 측면과 개인적 측면 따위는 중요하지 않았다. 의사는 병을 고치기만 하면 그만이었다.

우리 병원에서는 레지던트 1년 차 때 의무적으로 외래 진료 내용을 선배 의사에게 검사받도록 되어 있었다. 혹시라도 햇병아리 의사가 실수한 게 없는지 확실히 하기 위해서였다. 그런데 병원 일이 점차 손에 익자 나는 요령이 생겨서 선배의 조언이 필요한, 혹은 그렇다고 생각하는 환자의 차트만 골라 보여 주곤 했다. 그러면 사수는 내가 환자를 제대로 진료했다고 칭찬하고 현장에서 필요한 각종 노하우를 알려 주었다. 의사는 임상 평가와 치료 방법을 신속 정확하게 결정해야 할 뿐만 아니라 때로 논리적 추론까지 동원해야 한다. 이런 것들을 알아 가는 과정은 늘 즐거웠다.

가령, 앤을 돌보면서 나는 나이 80이 넘으면 혈압 조절 목표치를 다르게 잡아야 한다는 사실을 체감할 수 있었다. 관절염 치료제가 아무리 저렴하고 효과 좋기로 유명해도 고령 환자에게 권할 때는 늘 조심해야 한다는 사실 역시 앤을 통해 배웠다. 처방전 없이 약국에서 쉽게 살 수 있는 약도 앤 같은 고령 환자에게는 자칫 신장부전이나 내출혈을 일으킬 수 있다. 젊은 사람이야 약 때문에 내장 기관 핏줄이 터지는 일이 드물지만 노인들에게는 비일비재한 사고다. 물론, 나이 불문하고 모든 성인에게 심각한 부작용을 일으킬 우려가 있는 약은 애초에 일반의약품으로 풀리지 않는다. 그런데 아무 일반의약품이나 골라 사용설명서를 꼼꼼히 읽어 보면 어린이, 임산부, 특정 질환자에게는 조심하라고 경고하면서 고령자에게 위험할 수 있다는 언급은 어디에도 없는 경우가 적지 않다.

병원의 선배 의사들과 지도 교수들은 젊은 성인과 늙은 성인은 다르다고 처음부터 단단히 강조하면서 내 담당 환자들을 위해 의료계의 최신 표준 지침에 따라 치료 전략을 짜도록 도와주었다. 그런 까닭에 나는 내가 연세 지긋한 환자들을 잘 돌보는 데 필요한 모든 것을 제대로 배워 가고 있다고 자신했다. 불행히도 얼마 지나지 않아 그건 나만의 착각이었음을 깨닫게 되었지만. 완벽한 교수진의 가르침에도 내가 저지른 실수로 앤은 결국 병원에 입원하는 신세가 되고 말았다. 그냥 안 좋은 게 아니라 생명이 위태로웠다. 이 사건은 내게 냉혹한 현실의 민낯을 일깨우는 결정적인 계기가 된다. 바로, 의료계와 우리 사회가 중요한 의사 결정을 할 때마다 노년층은 항상 찬밥 신세라는 사실이다. 사람들은 각종 사회문제를 걸핏하면 구세대 탓으로 돌린다. 하지만 현실이 부조리한 것은 어리석은 선택과 뒤떨어진 제도 때문이지 저들의 나이가 많아서가 아니다.

***

앤을 조금씩 알아 가면서 내가 가장 좋아한 것 중 하나가 바로 그녀의 미소였다. 그녀는 두 눈동자를 반짝이면서 낯가죽 전체를 치켜 올려 활짝 웃곤 했다. 뭔가 그녀를 웃겨 까무러치게 만들면 박장대소를 하느라 고개가 뒤로 넘어갔다. 몸이 전체적으로 쪼그라든 탓에 목이 짧고 등 윗부분이 솟아 있어서 몹시 불편해 보였지만 그런 유머와 교감의 순간만큼은 그녀의 얼굴에서 유쾌함과 환희 말고 다른 것은 엿볼 수 없었다. 예약이 잡힌 화요일마다 나는 그 미소를 보려고 그녀를 기다렸다. 진료실 문을 열고 그녀와 눈을 맞출 때, 우리 둘 중 누군가가 농담을 던질 때, 통짜 원피스를 훌러덩 벗고 어디서 파는지도 모를 요상한 디자인의 속옷 차림으로 자신에게는 너무 높은 진찰용 침대를 그 왜소한 체구로 기어 올라가다시피 할 때 등등 모든 순간이 웃음 포인트였다.

그런데 어느 겨울날 얼굴에서 미소가 사라진 채로 그녀가 나타났다. 나는 뭔가 잘못되었음을 직감했다.

"잘 지내셨어요?"

바퀴 달린 의자를 그녀 쪽으로 당기며 내가 물었다. 그러면서 속으로는 바보 같은 질문이라고 생각했다. 어떤 답이 돌아올지 뻔했기 때문이다. 들릴까 말까 할 정도로 작은 목소리로 그녀가 내뱉은 답은 이랬다.

"베스를 요양원에 보낼 수밖에 없었다우."

두 눈가가 평소보다 어둑어둑했다. 곧 눈물이 뺨에 깊게 팬 주름을 타고 흘러내렸다. 나는 책상에서 티슈 상자를 가져와 그녀에게 내밀었다.

"난 언니를 들어 올릴 수가 없잖우. 몸을 씻길 수도 없고. 내 몸뚱이 하나 간신히 버틸 힘밖에 없는데."

곧 아흔을 바라보는 연세에 키가 고작 142센티미터인 앤이 어떻게 침대에만 누워 있는 사람을 돌보겠냐는 말이 턱 끝까지 올라왔지만 간신히 꿀떡 삼켰다. 그 대신 나는 그녀가 친언니를 거의 10년 동안 헌신적으로 돌봤으며 어느 누구도 그렇게까지 하지 못했을 거라고 위로했다.

절망에 빠진 환자를 위로하고 안심시켜 다시 일으켜 세우려고 애쓰는 것은 모든 의사의 본능이다. 그러나 지금 같은 상황에서는 그런 시도가 약이 아니라 독이 될 수 있었다.

어떤 말로도 그녀를 위로할 수 없었기에 결국 나는 입을 다물었다. 대신에 앤이 하는 얘기를 가만히 들었다. 마지막에야 나는 우울증과 자살 성향이 걱정되어 몇 가지 질문을 했다. 그런 다음 사수를 찾아갔다. 비통함과 우울증이 어떻게 다른지 짧은 토론을 나눈 뒤 사수는 내게 앤이 확실히 깊은 슬픔에 빠진 것 같다고 말했다. 하지만 내 소견으로는 우울증 역시 강력하게 의심됐다.

"환자에게 약 처방이 필요하다고 생각해요?"

사수가 물었다. 나는 정상적인 슬픔의 감정에 약까지 쓰고 싶지 않았다. 또 그렇다고 우울증을 방치할 수도 없었다.

나는 일단은 그냥 귀가시키고 한 주 더 지켜보기로 결정했다. 그러나 다음 예약일에도 앤의 표정은 어두웠다. 그녀는 근래에 잘 먹지도, 제대로 자지도 않는다고 말했다. 만사에 의욕을 잃은 듯했다.

약물 치료가 필요한 시점이었다.

나는 앤에게 조곤조곤 말했다. 우리는 운이 좋다고. 옛날 우울증 치료제들은 죄다 부작용이 엄청나게 심한데 요즘 나오는 약들은 많이 순해져서 몇 주 뒤면 부작용이 대부분 사라진다고. 이 설명을 할 때 나는 스스로 상당한 자신감을 가지고 있었다. 외래 진료를 대비해 틈틈이 공부하는 동안 최신 논문들에서 본 내용이기도 하고 우울증치료제로 성공적으로 호전된 다른 환자 실례들을 직접 봐 왔기 때문이었다. 나는 앤에게 처방전을 써 주고 한 달 뒤로 다음 예약을 잡았다. 곧 안부 전화를 드리겠다는 약속도 잊지 않았다.

그런데 다음 주에 전화를 받은 것은 그녀가 아니라 자동응답기였다. 나는 약이 잘 들어서 그녀가 기운 차리고 바깥 볼일을 보러 나간 것이기를 소망하며 메시지를 남겼다. 속으로는 차라리 전화 연결이 안 되어서 다행이라는 마음도 있었다. 하필 앤을 걱정하는 마음만큼이나 내 코가 석자인 시기이기도 했기 때문이다. 그래서 그녀가 괜찮아졌다면 직접 대화를 나누기보다는 자동응답기에 메시지를 남기는 편이 내 입장에서도 훨씬 덜 번거로웠다. 일단 음성을 녹음했으니 대화를 이어 나갈지 말지의 결정권은 그녀에게 넘어간 셈이었다. 이제는 오늘의 할 일 목록에서 'A. R.에게 전화하기'를 지우고 맘 편히 다음 업무로 넘어갈 수 있었다.

그달에는 입원 환자 진료도 맡은 데다가 우리 조 전체가 내 외래 진료일 오전 8시부터 다음 날 오전 8시까지 당직을 서야 했다. 보통 때는 나도 외래 일을 좋아하지만 그날처럼 36시간 넘게 깨어 있는 미친 스케줄 한중간에 이런 안부 전화 한 통은 성가시기 그지없었다. 그날 오후 내 목표는 외래 진료를 최대한 빨리 무사히 마치고 의국으로 복귀하는 것뿐이었다.

누군가 이 일을 현대 의학 교육이 실패했다는 증거라 손가락질한다면 할 말은 없다. 하지만 어떤 면에서는 살인적인 업무량에 시달리는 일반의들의 현실과 환자를 위해 옳은 일이 심각하게 불일치한다는 점을 보여 주는 좋은 예라고도 볼 수 있다. 임상 현장에 있는 의사는 앤 같은 요주의 환자에게 안부 전화를 하고, 때맞춰 처방전을 재교부해 주고, 환자의 질문에 응대하고, 환자를 병원에 오게 해 직접 볼 필요가 있는지 판단해야 한다. 그뿐 아니다. 입원 환자가 퇴원 후 외래 치료에 자연스럽게 적응하도록 돕는 것, 보호자와 가족들에게 주의사항을 확실히 전달하는 것 역시 의사의 몫이다. 이런 일들은 환자의 회복을 위해 필수적인 요소인 데다가 길게는 몇 시간씩 걸리지만 어느 하나 의사의 공식 업무로 인정되지 않는다. 그렇기에 임상 현장 최전방의 의사들은 늘 만성피로와 과로사의 위협에 시달린다. 환자들의 기대와 의사들의 요구는 늘 충돌하고 의료 제도의 목적과 실제 사이에는 엄청난 괴리가 존재한다. 모두가 아는 병폐지만 워낙 뿌리 깊어 어느 누구도 손대려고 나설 엄두는 내지 못한다.

2주 뒤, 막 출근한 나를 간호사가 불러 세웠다.

"긴급진료 환자예요. 아까부터 선생님을 기다리고 있어요."

넘겨받은 차트에는 앤의 이름이 적혀 있었다.

"지금 아드님이 옆에 계세요."

진료실 의자에 힘없이 앉아 있는 앤은 어느 때보다도 훨씬 작아 보였다. 앤과 판박이지만 다부진 체격을 가진 중년 남자가 초조한 듯 진료실 안을 서성이고 있었다.

"한 번도 이러신 적이 없는데."

잭이 말했다.

"지금 어머니가 제 정신이 아니세요."

나는 앤과 대화를 시도했다.

"지금 기분이 어떤지 말씀해 보실 수 있겠어요?"

그녀는 내가 진료실에 들어설 때부터 내내 내 눈도 맞추지 않고 있었다.

"무슨 말씀인지 모르겄수."

그녀가 평소의 절반 속도로 느릿느릿 대답했다. 제대로 알아듣기 위해 나는 귀를 바싹 갖다 대야 했다.

"어느 부분이요?"

"전부 다."

그녀는 긴장증 증세를 보이고 있었다. 사수와 나는 앤을 신경

정신과 병동에 입원시키기로 결정했다. 필요한 서류를 작성하고 나서 그쪽 의료진을 호출했다. 잠시 후 휠체어를 끌고 온 간호사가 앤을 싣고 옆 건물을 향해 멀어져 가는 모습을 나는 착잡한 심정으로 지켜봤다.

그날 하루는 완전히 엉망진창이었다. 모든 일과가 한 시간씩 밀렸고 하필 그날 나와 약속이 잡혀서 불평을 토하는 환자들에게 일일이 사과해야 했다. 시곗바늘이 6시를 가리킬 때 다른 의사들은 모두 진료를 마감했고 나머지 주간 근무 직원들은 퇴근 준비를 했다. 하지만 나는 그럴 수 없었다. 호출기에 신경정신과 내선 번호가 뜨면서 요란하게 울려 댄 것이다. 나는 좋은 소식이기를 바라며 그 번호대로 전화기의 숫자 버튼을 눌렀다.

그쪽 레지던트의 목소리는 아침보다도 차가웠다. 지금은 내게는 어쭙잖은 농지거리도 아깝다는 투였다.

"나트륨 수치가 121이에요. 그가 말했다. 이걸 놓쳤다니 믿을 수가 없군요. 우리 과로 보내기 전에 임상 검사부터 했었어야죠."

앤은 우울증에 빠진 게 아니었다. 더 정확하게 표현하면, 단순한 우울증이 아니었다. 너무 낮은 혈중 나트륨 수치가 그녀를 긴장한 것처럼 보이게 만들었던 것이다. 그리고 애초에 그녀가 침울해하기 시작한 것 역시 이 문제 때문이었다. 나는 베스가 요양원에 들어가기 직전에 앤의 고혈압약 처방을 바꿨었다. 나트륨 수치를 낮출 가능성이 있는 새 조합의 처방이었다. 표준 지침에 따라 혈액 검사를 딱 한 번 하긴 했지만 검사를 다시 돌려 볼 생각은 꿈에도 하지 못했다. 그래 놓고 앤이 우울증에 빠진 것은 그럴 만한 타당한 이유가 있어서라고 내 맘대로 확정해 버린 것이다.

참담한 심정으로 나는 여기저기 필요한 연락들을 취하기 시작했다. 그러는 중에 호출기가 또 한 번 울렸다. 이번에는 행정 직원이었다. 급히 전화 한번 달라는 환자 보호자의 전언 때문이라고 했다. 잭은 화가 머리끝까지 치솟아서 내게 뭘 알긴 알면서 환자를 본 거냐고 물었다. 내가 할 수 있는 일은 진심으로 사과하는 것밖에 없었다.

병원에서 예상치 못한 일이 일어나고 그 피해가 환자에게 돌아갈 때 의료계는 그 사건을 자신들의 실수를 발견하고 더 실력 있는 의사가 되기 위한 배움의 발판으로 삼는다. 앤의 일이 있고 나서 우리 과 전문의들과 레지던트들은 혈액 검사의 필요성에 관해 많은 얘기를 나눴다. 투약 중인 배경 약물이 많은 환자의 건강 상태가 갑자기 변하면, 더 강력하게 의심되는 다른 원인이 있어도 반드시 혈액 검사를 병행하자고 말이다. 또, 우리는 고령 환자가 내가 앤에게 처방했던 것과 똑같은 우울증 치료제를 복용한 뒤 나트륨 수치가 극도로 낮아진 최근 사례가 더 있다는 것도 알아냈다. 문제의 약은 선택적 세로토닌 재흡수 저해제라는 계열의 약제였다. 이 계열은 요즘에야 제약 시장의 베스트셀러로 자리 잡은 지 오래지만 당시에는 신약에 속했다.

그러나 이런 자성의 노력에도 우리는 여전히 핵심을 놓치고 있었다. 그때 우리는 무슨 근거로 80대 노인과 젊은 성인의 우울증 치료 방법이 같을 거라고 단정했을까. 아흔이 다 된, 일반 성인의 반 토막만 한 할머니에게 몸무게 70킬로그램의 서른아홉 청년과 똑같은 용량을 처방해 놓고 난 도대체 무슨 정신으로 합병증이 전혀 없을 거라고 믿어 의심치 않은 걸까.

하늘이 우리 편이었는지, 이번 일은 나와 앤 모두에게 좋은 쪽으로 잘 해결되었다. 앤은 병원에서 꾸준히 호전세를 보여 아들의 부축을 받으며 무사히 퇴원했다. 나는 5년 뒤 앤이 세상을 떠날 때까지 내내 그녀의 주치의를 맡았다. 이제는 잭이 당시 어머니의 나이가 되었고 우리는 지금도 연락하고 지낸다. 살다 보면, 의사에게 받는 치료보다 더 많은 것을 의사에게 선사하는 환자들을 가끔 만난다. 앤은 나를 노인의학이라는 신세계로 인도했다. 정작 나는 이쪽으로 넘어온 지 여러 해가 지난 뒤에야 그 사실을 깨달았지만 말이다.

03 유아

노인의학의 걸음마

역사

기원전 800년부터 약 100여 년 동안 그리스, 로마와 이집트의 고대 철학은 노화를 주제로 다양한 이론을 쏟아 냈다. 일부는 맥락이 연결되었지만 또 몇몇은 서로 모순되는 등 전체적으로는 대중없었다.

히포크라테스Hippocrates는 노인병에는 의학이 해 줄 수 있는 게 없다고 여기면서 노인만 걸리는 병을 추려 일람표를 만들었다. 반면에 이집트 사람들은 생각이 달랐다. 기원전 600년경 의학서의 한 구절에 노인을 약관의 젊은이로 되돌리는 방법에 관한 비서秘書가 언급된 것이 그 증거다.

한편 플라톤Plato의 국가론은 귀족 세팔루스의 집에서 벌어지는 토론 장면으로 시작한다. 본인이 노년기에 접어든 이 귀족은 노인도 노인 나름이라며 사람들이 있지도 않은 문제를 나이 탓으로 돌리는 일이 얼마나 많은지 지적한다. 또, 아리스토텔레스는 이른바 프네우마pneuma라는 영혼 이론을 발전시켜서 노화를 해석했다. 즉, 생명력은 유한해서 시간이 흐를수록 줄어드는데 바로 그 때문에 사람이 나이를 먹을수록 생기와 방어력이 떨어져 병에 걸리고 결국 죽게 된다는 것이다. 이와 달리 키케로는 《노년에 관하여》에서 [자연은] 인간의 일생이라는 드라마를 시기별로 딱 맞게 다 계획해놨기 때문에, 마지막만 허투루 썼을 리가 없다고 적고 있다. 그러면서 노인은 젊은이도 잘할 수 있는 일을 굳이 하지 않을 뿐, 실은 더 큰 재능과 권력과 뛰어난 판단력을 가지고 더 훌륭한 일들을 더 잘해낸다고 말했다. 그런데 또 갈레노스Galen는 노화가 자연스러운 과정이라고 보고 진짜 질병만 병리학의 맥락에서 해석했다. 그래서 그는 식단 조절과 행동요법을 통해 자기관리를 철저히 하면 노화를 늦출 수 있다고 가르쳤다.

그 이후 인류는 새천년을 벌써 두 번이나 맞았다. 그럼에도 '나이 든다는 것은 무엇인가'라는 질문에 오늘날 우리의 대답은 그때와 크게 다르지 않다. 인터넷 검색도, 정부 학술 기관도, 기타 굵지의 연구 단체들도 고대 이집트 조상들의 말을 앵무새처럼 반복하며 '노화에서 완전히 해방될' 궁리만 한다.

저승에서 히포크라테스의 칭찬이라도 받으려는 것처럼 영국은 2018년에 노년층을 더 세심하게 보살피자며 '고독부'를 신설해 장관을 새로 임명했고 미국은 고령 가족 부양자에게 보조금을 지급하는 법안을 통과시켰다. 그러나 여전히 노인을 위한 의료 서비스는 대부분 주먹구구식이고 비인기 분야라 인력도 턱없이 부족하다. 마치 아리스토텔레스의 숙명론(필연적으로 일어날 일은 반드시 일어나기 마련이므로 순응하며 사는 것이 올바른 삶의 태도라는 철학_옮긴이)을 받아들여 일찌감치 결론을 내려 버리기라도 한 듯하다.

그래도 희망은 있다.

학계에 연구 데이터의 폭과 질을 향상하려면 연구 대상 집단의 남녀 비와 인종 구성을 다변화해야 한다는 요구가 벌써 몇십 년 전부터 있어 왔던 것에 비하면 늦어도 너무 늦었지만, 노년층에 대한 같은 맥락의 배려를 강제하는 법안이 2018년에 드디어 통과되었다. 아무리 비싼 치료라도 기꺼이 지갑을 열어 의료 시스템이 활발히 돌아가게 해 주는 존재는 젊은이가 아니라 바로 이들이다. 그뿐만 아니다. 건강한 노년기 혹은 성공적인 노년기라는 말이 유독 자주 들려오는 요즘이다. 마치 키케로의 이론과 갈레노스의 이론을 절묘하게 섞은 것처럼 나이 듦을 긍정적으로 바라보는 시각이 빠르게 확산되고 있다. 건강하고 즐겁게 사는 젊은 노인과 속까지 시들어 꺼져 가는 진짜 노인을 구분하는 신조어들이 하루가 멀다고 생겨나는 것 역시 같은 맥락이다.

이제 진짜 이야기가 시작되려 하고 있다.

역사를 문자로 기록하기 시작한 이미 그 옛날부터, 노화의 생물학적 원리에 관해서는 단결이 잘되는 이들 사이에서도 현상의 해석을 두고는 또 이견이 분분했다. 가령, 고대 그리스의 의사들은 고령자 역시 성인 집단의 구성원이며 고령은 진단과 치료법을 결정할 때 고려하는 수많은 변수들 중 하나에 불과하다고 봤다. 그러면서도 한편으로는 고령 환자를 몸이 차다는 이유로 젊은 성인과 구분 짓고 오히려 '습성濕性이 강한' 어린이나 여성과 같은 범주로 묶었다. 말하자면 고대 그리스 의학의 기준에서 온전하게 건강한 인간 부류는 젊은 성인 남성뿐이었다. 나머지는 모두 타고난 체질 탓에 완벽하게 건강하지도, 그렇다고 확 앓아눕지도 않은 어중간한 (그리고 법적으로도 사회생활을 하기에 능력이 딸리는) 상태에 있었다. 최초 문명의 기록이 이랬으니, 어쩌면 그전부터 인류는 노인을 기능적으로 부족한 인간으로 간주해 온 셈인지도 모르겠다.

그리스의 시대가 저물고 새롭게 의학 발전을 주도한 것은 중동 국가들이었다.

10세기 아라비아의 학자 알지자르Algizar가 대표적인 인물이다. 그는 노년기에 건강을 유지하는 방법을 주제로 여러 권의 책을 집필했는데, 불면증과 건망증을 노화 때문에 걸리는 병이라고 기술했다.

11세기에는 그 유명한 페르시아의 대학자 이븐시나Avicenna가 등장했다. 현대 의학의 아버지로도 일컬어지는 그는 저서 《의학정전》에서 운동, 식이요법, 양질의 수면, 그리고 특히 변비 관리를 통해 건강을 유지할 수 있다고 설파했다. 이것은 갈레노스의 위생학 이론을 그대로 계승하는 것이어서, 1,000년도 더 된 그리스 고전이

12세기 후반에 뒤늦게 재발견되게 하는 기현상을 낳았다. 그렇게 건강양생법(원제는 라틴어인 Regimen Sanitatis)이라는 뜻의 제목을 내세운 갈레노스의 저서는 240개 언어로 번역되어 유럽과 중동 전역에 퍼져 나간 베스트셀러가 되었다.

이븐시나와 갈레노스의 가르침을 바탕으로, 13세기 가톨릭 사제이자 의사였던 로저 베이컨Roger Bacon은 사람이 늙는 것은 몸에서 열이 빠져나가기 때문이라는 갈레노스의 가설에 살을 붙였다. 이것이 바로 오늘날까지도 지지를 받는 이른바 '마모 이론'이다. 더불어 그는 종교인답게 몸가짐이 인간의 수명을 결정한다는 기독교적 가설을 내세웠다. 그가 쓴《노화 치료와 젊음 보존법The Cure of Old Age and the Preservation of Youth》은 400년 뒤 영어로 번역되어 꽤 많은 이에게 읽혔다.

이처럼 유럽에서는 노인의학이 한동안 제자리만 맴돌았다. 여러 가지 원인이 있겠지만, 무엇보다도 본디 인간은 영생의 존재였으나 죄의 값으로 죽음을 감당하게 되었다는 종교 이념에 발이 묶인 탓이었다.

그러다 15세기와 16세기에 들어 유럽은 새로운 시도를 한다. 귀납법과 실증주의를 의학에 도입한 것이다. 학자들은 다양한 노인 유형을 관찰한 뒤, 태도 교정과 생활 습관 관리를 통해, 노화를 완전히 막지는 못해도 진행을 늦출 수는 있다는 결론을 내렸다. 그러면서 노화와 죽음은 인간의 필연적 운명임을 마침내 인정했다. 일례로, 1489년에 이탈리아에서 발간된 가브리엘레 제르비Gabriele

Zerbi의 《노인돌봄지침서Gerontocomia》를 보면 피부에 주름이 지는 것부터 숨이 자주 차는 것까지 사람이 늙으면 일어나는 다양한 생리적 변화를 자세히 기술하고 있다. 한마디로 노화를 커다란 신체적 · 생리학적 과정으로 본 것이다.

사업가이자 철학자였던 이탈리아의 루이지 코르나로Luigi Cornaro 역시 80대의 나이에 자신의 경험을 바탕으로 비슷한 결론에 도달한다. 사전적으로 노쇠senescence라는 단어는 생물학적 고령 자체와 그에 따른 세포 손상을 뜻하지만, 코르나로는 스스로를 '노쇠의 사도Apostle of Senescence'라 칭하면서 노년기를 평생의 약속을 성실히 지킨 자가 보상을 받는 시기로 해석했다. 그는 평소에 절제와 중용의 생활 습관을 유지하며 살다 보면 늙었을 때 건강으로 보상을 받는다고 주장했다. 그런 내용을 담은 자전적 저작 《절제적 생활에 관한 담론Discorsi della vita sobria》은 1540년대에 고국에서 처음 출간되었는데, 1630년에 영어로 번역된 뒤로 1700년대와 1800년대에 걸쳐 무려 열다섯 차례나 개정될 정도로 오래도록 국경을 초월한 인기를 누렸다. 코르나로 본인이 실제로 100세까지 살았으니 그의 말에 믿음이 더 가는 게 당연했을 것이다.

한편, 이웃나라 영국으로 가면 프랜시스 베이컨Francis Bacon은 장수한 사람들의 사례를 모아 그들의 특징을 분석했다. 그런 뒤에 식단, 환경, 성격, 유전적 체질 등 다양한 인자들이 노화와 수명에 영향을 준다는 결론을 내렸다. 이 연구는 상당히 논리적이어서, 오늘날까지 비슷한 맥락의 그 어떤 후대 연구도 베이컨의 가설을 보강하면 보강했지, 뒤집지는 못하고 있다. 또, 1594년에 발표된 《시력 감퇴, 우울증, 관절염, 그리고 노령에 관한 담론Discours de la conservation de la veuë: des maladies melancoliques: des catarrhes, & de la vieillesse》 역시 다양한 번역본과 수차례의 개정본이 나올 정도로 대중의 큰 지지를 얻은 서적이었다. 지은이는 프랑스인 의사 앙드레 뒤 로랑스Andre du Laurens다. 제목에서 알 수 있듯, 그는 이 책에서 노년기에 흔한 고민거리인 시력 저하, 우울증, 관절염을 집중적으로 다루고 있다.

이처럼 장수하게 해 준다는 이런저런 양생법에 관한 서적이 19세기까지 꾸준히 발간될 정도로 건강하게 오래 사는 것은 모든 이의 한결같은 관심사였다. 뜨거운 열기를 반증하듯 그 와중에 찬물을 끼얹는 인물도 꼭 한 명씩 있었고 말이다. 설마 100년 상수上壽를 누린 사람이 진짜로 있었겠느냐며 《장수의 진실과 허상Longevity in Man: Its Facts and Fiction》을 낸 윌리엄 톰스William Thoms처럼.

이어지는 16세기와 17세기를 가장 잘 정의하는 한 단어는 아마도 과학 혁명일 것이다. 이때는 의료계에서 해부학과 병리학이 크게 발달한 시기이기도 하다. 시체뿐만 아니라 살아 있는 환자를 대상으로도 해부와 절개 수술이 널리 용인된 덕분이다. 그에 따라 노화에 따른 신체 변화의 묘사가 한층 정밀해진 것은 당연했다.

르네 데카르트René Descartes와 프랜시스 베이컨을 비롯해 당대를 주름잡던 철학자들은 마치 요즘 과학자들과 다를 바 없이 의학 연구로 검증된 권장 생활 규칙들을 평생 실천한다면 수명을 연장하고 온갖 질병을 뿌리 뽑을 수 있다고 믿었다. 한술 더 떠, 마르키 드 콩도르세Marquis de Condorcet는 과학이 보건 수준을 크게 향상시킬 것이라고 날카롭게 통찰했고 나폴레옹Napoléon은 언젠간 인류가 본인의 불사 여부를 선택해 조작할 수 있는 날이 올 거라고까지 예견했다. 참고로, 이 아이디어를 모두가 열렬히 환영한 건 아니다. 토머스 멜서스Thomas Malthus는 인구 과밀화 문제를 지적했으며, 조너선 스위프트Jonathan Swift는 《걸리버 여행기》에서 불사의 존재인 스트랄드브럭Struldbrug을 감정도 영혼도 없이 하루하루 연명해 가는 종족으로 묘사하며 풍자했다.

과학의 위상이 몰라보게 달라진 16~17세기였지만 한편에서는 갈레노스가 그랬듯 고령을 건강 상태와 병환 상태 사이 어디쯤의 질병 정도로 보는 시각이 여전했다. 프랑스의 프랑수아 랑칭François Ranchin이 바로 그런 인물들 중 하나였다. 단편 의학 논문 시리즈 『오푸스쿨라 메디카Opuscula Medica』의 하나로 1627년에 발표된 그의 원고를 보면 랑칭은 온기가 빠져나가 일어나는 '자연적 노쇠'와 병이 일으키는 '우발적 노쇠'를 구분하고 있다.

비슷한 맥락으로 독일의 야코프 후터Jakob Hutter가 1732년에 출간한 저서는 제목부터 강렬하다. 《노쇠한 것 자체가 건강하지 못한 것이다Qva Senectvs Ipsa Morbvs Sistitvr》에서 그는 노인은 나이를 충분히 많이 먹었기에 죽는 것이라고 주장하며 고령이 곧 병환임을 설명하는 독자적인 가설을 세웠다. 그 내용인즉, 나이를 먹을수록 체내 섬유 조직들이 점점 딱딱하게 굳는데 결국 혈관이 막히고 피가 썩을 때 죽음에 이른다는 것이다.

그럼에도 유럽에서 노화의 생물학에 대한 이해는 18세기 무렵에 또 한 번 크게 도약했다. 그래서 이제는 정상적인 노화와 질병이 별개이며, 건강한 노후를 보내는 듯 보이는 어르신들의 몸속에서도 겉으로 드러나지 않는 퇴행성 변화들이 계속 진행된다는 게 점차 상식으로 자리 잡게 되었다. 이런 인식 변화는 매우 중요하다. 만성질환을 다른 질병들과 구분해 부각시키고, 노인은 같은 병에 걸려도 다른 증상을 보일 수 있다는 사실을 각인시키는 계기가 되었기 때문이다. 이제는 노인의 죽음이 생명력이나 온기가 바닥나서가 아니라 특정 질환 혹은 겹겹의 병환 상태 탓임을 의사가 아닌 일반 시민들도 알 정도가 되었다. 늙는 것 자체는 병이 아님을 이제야 인정받은 셈이다.

나이가 들수록 만성질환이 하나 둘 쌓인다. 그런 상태로 몇 년 혹은 십몇 년을 아무 증상도 없이 모르고 지내는 일이 허다하다. 그런 현실을 1761년에 조반니 모르가니Giovanni Morgagni가 《질병의 병소와 원인에 관하여De sedibus, et causis morborum》에서 거의 최초로 공식적으로 언급했다.

뒤이어 1892년에는 독일의 하인리히 로신Heinrich Rosin이 "신진대사 능력이나 각종 장기의 기능이 떨어지는 노년기는 한평생 일어나는 신체 변화의 단계들 중 하나일 뿐이다. 그러니 노인은 병이 없어도 병약한 게 당연하다"라는 내용의 글을 투고하기도 했다. 의사나 의학 교수가 아니라 뜻밖에도 법학 교수였던 그가 이런 통찰력을 보였다는 점이 흥미롭다.

한편, 미국의 벤저민 러시Benjamin Rush는 1793년에 환자와 그 치료 사례들로 알아본 《노년기의 심신 상태에 관하여Account of the State of the Body and Mind in Old Age, with Observations on Its Diseases and Their Remedies》에서 단지 나이가 많다는 이유만으로 세상을 떠나는 노인은 거의 없다고 지적했다. 여기까지만 보면 저자가 좀 깨인 사람인가 싶은데 뒤로 가면 갈수록 그렇지만도 않다. 러시는 최신 동향을 반영하긴 했지만 건강하게 늙어 가게 해 준다는 전통적 양생법들을 여전히 큰 비중으로 다뤘다. 더불어, 유전자의 영향을 언급하면서 결혼해 가정을 꾸리는 것과 차분한 성품을 기를 것을 권고하기도 했다.

19세기는 노화의 개념이 크게 재정비되었다는 점에서 의미 있는 시대다. 과학 발전의 공도 있지만, 이번에는 사회 개혁의 기여가 더 컸다. 이 근대에는 빈부와 국가 보건 정책이 중요한 변수라는 인식이 확산됨에 따라 우리 사회의 연로한 시민들을 지자체와 중앙정부가 협력해 부양해야 한다는 목소리가 높아졌다. 특히, 인생은 긴 여행과 같으며 무엇보다도 개개인의 처신이 중요하다는 기성세대의 사고방식은 19세기 후반에 신흥 근대주의 세력으로부터 도덕적으로 정당한 인격체가 아니라 품위 있는 겁쟁이만 양산한다며 맹렬한 비난을 받았다. 결국, 20세기 초로 넘어오면 미국을 필두로 서구사회 전체가 노화에 관한 기존의 종교적, 형이상학적, 우주 철학적 해석을 모두 내던진다. 그러고는 대신에 인간의 노화가 어떻게 — 왜가 아니라 — 일어나는가를 오로지 생명과학의 관점에서 파헤치기 시작한다. 지금 급한 것은 노화가 왜 일어나는지를 아는 게 아니었다. 일단 노화의 배경 기전을 밝혀내면 노화를 통제하는 것은 시간문제일 터였다. 그렇게만 된다면 왜는 중요하지 않다는 게 20세기 선구자들의 생각이었던 것이다.

그런데 이렇게 과학계와 사회 전반이 요동칠 때 정작 칼을 쥔 당사자인 의료계는 홀로 태평세월을 누리는 듯했다. 바깥세상에서 아무리 떠들어도 노인은 어차피 다 저러다 돌아가실 운명이라는 의료계의 선입견이 그만큼 뿌리 깊었던 것이다. 노화의 병리학적 성격만 확대해서 보는 19세기의 시선과, 확실한 완치만을 진짜 의학으로 인정하는 20세기의 사고방식이 만민에게 평등해야 할 노인 의료를 의술의 사각지대로 몰아넣은 셈이다. 그런 가운데 예외도 있었다.

독일의 알로이스 알츠하이머Alois Alzheimer와 에밀 크레펠린Emil Kraepelin(스승의 이름을 따 알츠하이머병이라는 용어를 만들었다)이나 영국의 일부 의사들이 바로 그랬다. 그들은 치매라는 질환의 특징을 상세하게 분석했다. 그러면서 예리하게도 젊은 시절의 생활 습관이 노년기 건강에 어떤 영향을 주는지, 노년기에는 여러 가지 질환을 동시에 앓는 것, 즉 다중이환 탓에 어떤 어려움이 있는지에 주목했다. 하지만 이런 노력에도 정상적 노화와 병적 노화 사이의 경계는 여전히 모호했다.

오늘날이라고 크게 다르지는 않지만, 20세기 의료계의 지배적

견해는 치료가 더 쉽고 보정 효과가 더 가시적인 젊은 성인들과 달리 노년층에게는 의료 자원을 투입하는 것이 아깝다는 것이었다. 그런 까닭에 노인 환자에게 의사들이 흔히 취하는 전략은 바로 웬만하면 무시하는 것이었다. 신경 쓸 일도 안 생기고, 돈도 안 들고, 꾀병 환자까지 막을 수 있으니 일석삼조였던 것이다. 20세기의 병든 늙은이는 사회생활도, 사교활동도 포기하고 병상에 누워 지내는 것밖에 달리 도리가 없었다. 그저 비바람 피할 방 한 칸이라도 있고 배곯지 않는다는 데에 감사할 뿐이었다. 그러니 고령 집단에서 우울증, 비만, 근육위축, 욕창의 발생률이 유독 높았던 것은 당연하다. 그러다 1930년대에 분위기가 반전되기 시작한다. 영국 노인의학계의 대모라 불리는 외과 의사 마저리 워런Marjory Warren이 고령 환자를 위한 재활 물리치료의 필요성을 주창하면서부터다.

레지던트 1년 차에 배정받은 환자 714명의 목록을 보고 워런이 받은 첫인상은 환자 분류가 엉망진창이라는 것이었다. 그래서 그녀는 일단 고령 환자들을 따로 추렸다. 그런 다음 그들만 여러 진료과가 공동 운영하는 재활 프로그램에 투입했다. 이것은 당시로서는 선례를 찾을 수 없는 참신한 시도였다. 그런데 프로그램을 시작하자마자 그녀는 그 안에서도 또 치료 경과가 하늘과 땅 차이로 달라질 수 있다는 점을 발견한다. 일례로, 고령 환자들은 자신과 대등한 지적 능력을 가진 사람의 간병을 받을 때 호전 속도가 가장 빨랐다. 그러면서 워런은 환자가 스스로 할 수 있는 일은 굳이 해줄 필요가 없다고도 주장했다. 편이便易라는 명목하에 자꾸 다 해 주면 무기력과 의존성만 키울 뿐이라는 건데, 실제로 오늘날 도처에서 목격되는 이른바 '학습된 무력감' 현상은 그녀의 예측이 정확했음을 증명한다.

워런은 이미 널리 인정되는 표준 재활 치료 지침이 존재하는 뇌졸중 환자들을 모델로 자신의 새로운 전략을 분석했다. 그 결과, 친절한 사람들이 가득하면서 활기 넘치고 희망적인 환경에서 재활 훈련을 한 노인 환자들은 대부분 금세 예전의 생활로 돌아가는 것으로 나타났다. 의미가 있기에 보고서의 한 대목을 발췌한다.

「퇴원 가능할 정도로 회복하는 [노인] 환자의 수는 그때그때 다른데, 의료진이 환자들에게 투자하는 시간과 매번 들이는 정성의 농도에 비례하는 것 같다. 흔히 완전 회복이 불가능하다는 낙인이 찍힌 채 들어온 환자로부터 눈에 띄는 변화를 이끌어 내려면 아무리 내공이 높은 전문가라도 상당한 인내심과 요령, 그리고 무엇보다도 강철 같은 체력이 필요하다.」

워런의 열변에도 실상은 100년 전이나 지금이나 크게 달라진 게 없다. 현대의 의료 시스템 아래에서 병원은 고장 난 부위를 빨리 고쳐서 환자를 집으로 돌려보내지 않으면 무능하다는 손가락질을 받는다. 환자는 최소 며칠 전에 겨우 예약을 잡아도 의사와 마주하고 얘기를 나누는 시간은 10분을 넘으면 감지덕지다. 생의 마지막을 준비하는 특별한 환자들을 보살피는 요양 병원 직원들은 노인의학 전문 훈련을 먼저 이수하는 게 마땅하지만 그럴 시간도 없고 그런 프로그램이 있는지조차 확실치 않다. 이 모든 요소는 악순환을 일으켜 사태를 점점 키운다. 결국 어르신들만의 고충을 배려하지 않는 눈먼 의료는 노인이 치료받을 가치가 없는 존재라는 세상의 그릇된 선입견만 더욱 굳힌다.

미국에서 노인의학은 1970년대까지도 공식 전공으로 인정받지 못했지만 노년층을 향한 의료계의 관심은 이미 20세기에 들어서면서 잊을 만하면 한번씩 끓어오르기를 반복하고 있었다. 어떨 때는 의학의 발전이 계기가 되었고 또 다른 때는 시대사조에 동조한 자연스러운 변화였다.

1910년대와 1920년대 초에 최초로 노인의학이 이슈화된 것은 병리학과 해부학이 동반 발전하면서다. 이는 의학의 성격이 예방 중심에서 치료 중심으로 변하는 전환기와 때를 같이하는 것이기도 하다. 이 시기에 노인의학에 관심을 둔 의사들은 유명 언론에 건강과 노화를 주제로 논평을 기고하기 시작했다. 노인들은 그런 기사를 읽고 최신 치료와 의료계 동향에 밝아졌고 나이 탓에 생긴 어려움들을 덜 방도가 없겠냐고 물으러 온 노인들로 의사들이 바빠진 것은 당연했다. 노인의학의 2차 유행은 한 세대를 쉬고 1960년대에 찾아왔다. 미국 의료계가 마침내 노인의학을 공식 전공 분과로 포용한 것이 바로 이때부터다.

노인학의 역사를 딱 한 문장으로 요약하면, 같은 논제를 두고 5,000년 넘게 이어진 기나긴 토론이라 표현할 수 있다. 노인을 바라보는 세상의 시각은 그 시대의 경제 상황, 사회적 우선순위, 의학 지식과 과학 기술 수준, 삶과 건강을 해석하는 인류의 철학에 따라 다른 색조를 띠었다. 오늘날 우리는 노화를 과학에 근거해 실존적으로 이해하려고 노력한다. 동시에 간혹 누군가는 여전히 전설의 불로천不老泉을 찾아 헤맨다. 그렇게까지는 아닐지라도 가능하면 늙지 않으려고 발버둥치는 현대인은 사방 천지에 널렸다. 그런 가운데 정상적 노화와 병적 노화를 명쾌하게 구분 짓는 기준이 무엇인지나, 노화가 과학 기술로 완치될 수 있는 성질의 것인지 여부는 여전히 불분명하다. 다만 확실한 한 가지는 의학의 역사는 노인학의 역사를 투영하는 거울이라는 것이다. 그런데 노인학의 역사는 말한다. 오늘날 혁신적이라고 극찬받는 전략들이 실은 대상과 명분을 그대로 갖다 쓴 고릿적 유행의 재탕이라고. 바뀐 건 실행 방법과 주체뿐이라고.

환자가 되다

아홉 살 때 의사 덕분에 목숨을 건진 일이 있다. 무려 두 번이나. 배에 아직도 남아 있는 흔적이 그 증거다.

나는 콜로라도주에서 며칠을 단체로 숙식하면서 진행되는 캠프에 가 있었다. 그런데 하필 그때 배가 살살 아파 왔다. 혼자 집을 떠나서 보내는 첫 여름방학이었기에 양호 선생님은 내가 향수병에 걸린 거라고 말했다. 하지만 지극정성으로 돌보는데도 나을 기미가 없자 선생님은 장염을 의심하기 시작했다. 마침내 내가 먹지도 걷지도 못하자 각각 열 살, 열두 살, 열네 살이던 사촌들은 이러다 잘못되는 거 아니냐며 대성통곡을 했다. 양호 선생님은 그제야 나를 의사에게 데려갔다. 내 배를 여기저기 만져 본 의사는 심각한 얼굴로 양호 선생님을 쳐다봤다. 나는 엄마가 보고 싶었다.

천사 같은 목소리에 어울리지 않게 엄청난 행동파인 캠프 대장 사모님이 엽총을 멘 양호 선생님과 함께 이미 맹장이 터져 버린 나를 차에 태웠다.

그해 여름 최악의 폭염이 기승을 부린 그날 로키산맥 굽이굽이를 질주해 동네에서 가장 큰 병원에 도착하기까지는 몇 시간이 걸렸다. 손가락 하나 까딱할 기력도 없던 나는 가는 내내 차 뒷좌석에 깔린 군청색 줄무늬 매트에 누워 있었다. 이때가 1972년이었는데, 차 연식이 내 나이보다도 오래된 탓에 울퉁불퉁한 산길의 충격이 몇 배로 증폭되어 내게 전달됐다. 배 속에 고름 덩어리가 가득한 응급 환자에게 적합하다고는 절대로 말할 수 없는 승차 조건이었다.

창문이 열려 있었음에도 차 안은 찜통 그 자체였다. 그날 바깥 기온은 39도였고 내 체온은 그보다 조금 더 높았다. 꿈이라도 꾸듯 열기에 흐늘거리는 야자나무며 수영장의 물결이며 코끼리, 개, 뱀 따위가 눈앞에서 행진을 벌였다. 이 광경을 앞자리의 어른들에게 말해도 믿을 것 같지는 않았다. 양호 선생님은 수시로 다정한 말을 건네며 내 상태를 체크했다. 차 안의 긴장감은 한낮 태양의 열기만큼이나 무겁고 위압적이었다. 사모님은 뒤에 아픈 아이를 눕혀 놓은 차를 몰고 좁고 험한 산길을 가능한 빨리 벗어나기 위해 최선을 다하고 있었다.

내 나름대로 나는 그날의 많은 순간들과 '사실'들을 정확하게 기억한다고 믿고 있다. 하지만 어쩌면 모든 게 시간이 지나고 나서 그날에 대해 나눈 얘기들의 기억에 지나지 않을지도 모른다. 어쨌든 이 일로 내가 꽤 특별한 아홉 살 꼬마가 될 수 있었던 건 분명하다.

첩첩산중을 헤쳐 가며 아픈 꼬마를 병원으로 데려간 사람이 왜 하필 사모님이었는지는 잘 기억나지 않는다. 그때는 누군가 아프면 그 자리에서 살을 째든 누군가에게 데려가든 결정은 항상 남자의 몫이고 여자는 옆에서 간호만 하던 시절이었는데.

차가 나뭇가지나 돌멩이 혹은 구렁을 지나느라 덜컹거릴 때마다 누가 내 배 속에 활활 타오르는 불막대기를 쑤셔 넣는 느낌이었다. 몹시 고통스러웠지만 소리를 지르기는커녕 끙끙거릴 기운조차 없었다. 눈물이 계속 흘렀고 나는 입술을 깨물며 참았다. 견딜 수 없이 덥고 죽을 것처럼 아팠다.

어른들은 수술이 끝나고 마취에서 깨어나면 엄마가 옆에 와 계실 거라고 말했다. 그러나 엄마는 없었다. 그때는 친부모조차도 면회 시간 이외에는 아픈 자식을 만날 수 없었다. 게다가 시간 안에 콜로라도에 당도하기에 캘리포니아는 너무 멀었다. 그날 밤 나는 무섭고 아픈 가운데 입원실에서 홀로 자다 깨기를 반복했다. 그저 엄마 생각뿐이었다. 엄마가 이미 도착했고 근처 모텔에서 내 걱정에 나처럼 겁에 질려서 뜬눈으로 날이 밝기만을 기다리고 있기를.

며칠 뒤, 친절하게도 부축해 주겠다며 손을 내미는 양호 선생님에게 나는 깔깔 웃으며 대꾸했다.

"벌써 아홉 살인걸요. 걷는 방법은 저도 잘 알아요."

하지만 일어서서 한 발을 떼려는 순간 나는 앞으로 꼬꾸라졌고 그런 나를 선생님이 잽싸게 받았다. 그날과 그다음 날, 선생님은 내게 걷는 방법을 다시 한번 차근차근 가르쳐 주었다.

그렇게 7월 4일 독립기념일을 나는 병원에서 보냈다. 해가 저물고 의사들 대부분이 퇴근하고 없는 한가한 시간에 당직 간호사 언니들이 어린이 환자 몇몇을 휠체어에 태워 산책을 나갔다. 그래봤자 어린이 병동 건물 현관까지였지만 엄밀히 따지면 규칙 위반이었다. 여름밤의 공기는 싱그러우면서도 담요처럼 따뜻했다. 저 멀리 밤하늘을 수놓는 불꽃놀이를 구경하는 동안 나는 곧 사라질 지금 이 순간의 자유를 온 국민이 나라의 독립만큼이나 크게 축하해 주는 듯한 착각에 빠졌다.

그 주 주말에 나는 고대하던 퇴원을 했다. 덴버 공항에서 사람들은 나를 태운 휠체어를 밀고 가는 엄마를 다들 한 번씩 돌아봤다. 나는 사람들에게 내가 몸 어디가 망가진 애가 아니라는 걸 보여 주고 싶어서 화장실에는 걸어 들어가겠다고 고집을 부렸다. 원래는 완전히 멀쩡한데 작은 사고로 잠깐 조심하는 거라고 스스로도 확인하고 싶었던 것 같다. 그런 한편으로 마음이 조급하기도 했다. 사람들의 시선이 이렇게 따가운데 당장 휠체어에서 벌떡 일어나 보이지 않는다면 끔찍한 장애를 가진 불쌍한 아이로 평생 낙인 찍힐 것만 같았다.

가족이 있는 집에 들어섰을 때 나는 동생과 익숙한 내 방을 다시 보게 되어 날아갈 듯 기뻤다. 그러나 불과 15분 뒤, 나는 분노에 휩싸였다. 다시 병원에 입원해야 한다는 청천벽력 같은 말을 부모님이 그제야 꺼낸 것이다. 알고 보니 벌써 며칠 전에 다 결정된 일이었다. 그러니까 나는 집이 아니라 집 근처 병원에 들어가려고 샌프란시스코로 돌아온 셈이었다.

아직까지 생각나는 그해 여름의 마지막 두 기억은 모두 샌프란시스코 병원에서 있었던 일이다. 사건의 맥락을 제대로 이해하게 된 것은 그로부터 무려 15년이 흘러 나 자신이 의대생이 되고 나서였지만.

우선 첫 번째 기억에서 나는 들것에 실려 수술실로 실려 가는 중이었다. 녹색 수술복, 흰 가운, 종이 위생모, 의료용 마스크 등등 의료 관계자임을 단번에 알 수 있는 차림을 한 사람들 한 무리가 나를 빙 둘러싸고 있었다. 내 머리 위에서는 수액 주머니가 달랑거리고 있었고 삐죽빼죽한 선들이 흘러가는 이름 모를 기계의 화면 한쪽 구석에서는 숫자가 깜빡였다.

우리는 수술실로 내려가려고 엘리베이터를 탔고 곧 문이 닫혔다. 그런데 우리를 실은 거대한 금속 상자가 위로든 아래로든 출발하기도 전에 — 희미하게 기억하기로는 그렇다 — 어디선가 비명이 들리고 문이 다시 열렸다. 그때 엘리베이터가 다른 층에 섰었는지 아닌지, 엘리베이터가 왜 멈췄는지, 무엇이 모두를 공포에 빠뜨렸는지 정확히는 모른다.

아무튼 우리는 어찌어찌 수술실이 있는 층에 와 있었다. 수술방 밖 복도의 천장이 새하얬던 건 기억한다. 그때 내 몸에는 정신을 혼미하게 만드는 약물이 머리맡의 수액 주머니를 통해 주입되고 있었다. 그래서인지 조명이며 주변 풍경이며 모든 게 환상적으로 느껴졌다. 건강한 사람이 약물 중독자의 상태를 이해하고자 할 때 이 주사를 맞으면 될 것 같았다.

나 자신이 의대생이 되어 병원에서 누군가의 자살 시도를 목격하고 나서야 나는 엘리베이터 장면의 진실을 납득할 수 있었다. 1972년의 그 여름날, 엘리베이터 안에서 내게 코드 블루가 발령되었고 심폐소생술로 되살아났던 것이다. 그 길로 나는 수술실로 옮겨졌다. 의사는 내 배를 열고 1차 수술 때 깨끗하게 제거하지 않아 남아 있던 고름을 다 걷어 냈다. 그러고는 이번에는 확실히 하기 위해 배농관까지 달았다.

두 번째 기억의 배경은 저녁 무렵의 병실이고 부모님이 등장한다. 나는 임신한 여자처럼 배가 불룩했고 어찌 된 영문인지 속이 계속 아팠다. 로키산맥 산길을 달리는 차 뒷좌석에서 느낀 충격은 예고편이었다는 듯 통증은 오히려 점점 심해졌고 훌쩍임은 곧 통곡으로 변했다. 간호사들은 이 약 저 약 실어 나르며 쉴 새 없이 내 병실을 들락날락했다. 하지만 고통은 내 인내심의 한계를 넘어서고 있었다.

거리에 땅거미가 짙게 깔리고 병원에 정적이 감도는 늦은 저녁 즈음에 날 수술했던 의사가 나타났다. 수술복 차림도, 그렇다고 정장 차림도 아니고 운동복 바지에 티셔츠만 걸친 채였다. 의사는 부모님과 내게 짧은 인사말을 건네고는 내 배를 살폈다. 그러더니 장마비가 온 것 같다고 말했다. 위장을 다시 움직이게 만들어야 한다고, 그러려면 산책 겸 천천히 걸으면서 좀 돌아다녀야 한다는 처방이 내려졌다.

나는 완강하게 거부하며 더 크게 울어 젖혔다. 엄마는 참을성 있게 날 어르고 달랬고 의사 역시 단호했다. 결국 나는 의사 선생님이 시키는 대로 할 수밖에 없었다. 우선은 천천히 한쪽으로 누웠다가 반대쪽으로 돌려 눕는 동작부터 시작했다. 다음은 침대 위에서 하는 엎드려뻗쳐 자세였다. 의사는 나를 걸음마 배우는 돌쟁이처럼 다루고 있었다. 그러고는 그대로 침대에서 기어 내려오게 하더니 간호사 언니의 부축을 받아 복도를 몇 바퀴 돌고 오라고 했다. 그때였다. 방귀가 터진 것은. 마치 평생 뀔 방귀를 오늘 다 폭발시키는 것만 같았다. 그리고 그날 밤, 어른들은 자기 집으로 돌아가고 나는 꿀잠을 잘 수 있었다.

가끔 혼자 그런 생각을 한다. 꼬꼬마 시절 고작 한두 달 새에 벌어진 몇몇 사건이 사람의 장래를 결정할 수 있을까? 그럴 수 있을 것 같다. 의사 가운을 입고 소아과 병동에 첫 발을 들여 놓던 순간, 나는 십몇 년 전으로 시간여행을 한 듯한 초현실적 감각에 옴짝달

싹할 수 없었다. 그런 동시에 오랫동안 잊고 있던 기억들이 눈앞에서 생생하게 되살아났다. 냉기가 도는 병동 복도, 낯선 어른들, 각종 약품의 알싸한 냄새, 축 처진 몸뚱이들. 쉬지 않고 삑삑대며 신경을 건드리는 기계음과 신음 소리도, 속삭이는 목소리들도, 태어나서 처음 겪는 통증도, 기약 없이 영원할 것만 같던 입원실에서의 외로운 밤들도 바로 지금 벌어지는 일 같았다.

그해 여름의 투병생활 덕분에 나는 중요한 교훈을 여럿 얻었다. 의사로서 환자 돌봄의 진정한 정의가 무엇인지, 1등만 떠받드는 작금의 사회에서 환자 혹은 장애인으로 살아가는 것이 어떤 건지 그 어린 나이에 고민하기 시작했으니까. 없앨 수만 있다면 악마에게 영혼이라도 팔 수 있을 것 같은 극심한 통증이 있다는 사실도 그때 알았다. 약자로 산다는 것, 친절의 이면에 숨은 잔인함, 부모의 내리사랑, 문제와 해결책이 찰떡궁합으로 만났을 때 의학이 어떤 마법을 발휘하는지도 깨달았다. 특히 평생 건강하게 살아가는 것만큼 멋진 일은 없다는 점을 절감했다. 큰 트라우마를 겪고 나면 좋은 쪽으로든 나쁜 쪽으로든 사람이 달라진다.

넘겨짚기

베로니카 호프만은 의사들의 습성을 잘 안다. 샌프란시스코 종합병원 인사과에서 잔뼈가 굵어 책임자 자리에까지 올랐으니 충분히 그럴 만하다. 의사들은 만사에 강박적이고 항상 일찍 일어난다. 일요일도 예외는 아니다. 틀림없이.

그래서 그녀는 아직 8시도 안 됐음에도 이 정도면 충분히 기다렸다고 생각한다. 곧 팔순을 앞둔 엄마를 잠깐 들여다본 뒤 전화기 버튼을 누른다.

그 시각, 나는 커피를 리필하고 호출기의 배터리를 확인하던 참이다. 주말 당직 근무가 불안할 정도로 고요하게 흘러가고 있다. 나는 놓친 연락이 없나 해서 호출기를 연신 꺼내 본다. 그런데 마침 그때 호출기가 징징거린다. 녹색 화면에는 환자의 이름과 등록번호, 연락처, 전화를 건 사람의 번호, 호출 사유 등이 뜬다. 다른 과의 경우, 호출자는 대부분 환자 본인이다. 하지만 노인의학과는 상황이 다르다. 자식이나 손자손녀, 간병인, 친구, 혹은 방문 간호사가 연락하는 일이 태반이다. 그런데 지금 이 호출 건은 호출자가 환자의 딸이라는 점 말고 특이한 점이 하나 더 있었다. 호출 사유가 '엄마 제정신 아님. 걱정됨'이라고 찍힌 것이다.

호출기가 알려 주는 번호로 전화를 걸자 베로니카가 기다렸다는 듯 냉큼 받았다.

"바로 연락 줘서 고마워요."

절제되고 정중한 인사말이었지만 다급함과 불안감이 목소리에 묻어 있었다.

"심각한 상황일지도 몰라서요. 어젯밤, 그러니까 오늘 새벽에 119가 왔다 갔는데 그 사람들은 별일 아니라고 말하더라고요. 어쩌면 제가 과민한 걸 수도 있어요."

나는 그 정도로 마음에 걸리는 게 있으면 주말이라도 의사에게 연락하는 게 좋다며 찬찬히 말해 보라고 그녀를 다독였다.

"어제는 엄마랑 특별한 계획이 있는 날이었어요. 엄마는 한 주 내내 어제만 손꼽아 기다리셨죠. 시도 때도 없이 그 얘기만 했고요. 무슨 옷을 입을지, 몇 시에 출발할지까지 다 정해 놨으니까요. 그런데 막상 어제 아침에 엄마가 침대에서 나오질 않는 거예요. 완전히 의욕을 잃은 것 같았어요. 정말 이상하더라고요."

나는 여전히 대화에 집중하면서 컴퓨터 화면에 차트가 뜨기를 기다리는 동안 집히는 대로 빈 종이를 찾아 펜으로 베로니카의 말을 빠르게 적어 내려갔다. 몇 마디 듣지 않았지만 베로니카의 판단이 옳았다는 서늘한 예감이 벌써부터 들기 시작했다.

"결국 몸을 일으키긴 하셨는데, 하루 종일 평소와 너무나 달랐어요. 아프시냐고 물어봐도 아니라고만 하고. 취소된 외출 얘기는 한 마디도 꺼내지 않고요. 병원에 가 보자고 달래면 싫다면서 그럴 필요가 없다고, 가고 싶지 않다고 손사래를 치셨어요."

이때 내가 참지 못하고 끼어들었다.

"평소에는 어떠신데요? 건강한 편이세요?"

이 질문을 한 데에는 이유가 있었다. 만약 어머니에게 지병이 있다면 바로 거기서 그녀의 상태를 하루아침에 변하게 만든 요인을 찾을 수 있지 않을까 기대했던 것이다. 베로니카의 대답에 따라서 문제의 원인뿐만 아니라 치료 방법까지 180도 달라질 수 있었다.

"어우, 완전 정정하시죠."

그녀가 말했다.

"문제가 아예 없진 않지만 어느 하나 심각한 건 아니에요. 혈압, 심장, 관절염 뭐 그런 것들요. 그래서 정기적으로 주치의에게 보이는 거지, 그 밖에는 정신도 육체도 매우 건강하세요. 제가 엄마와 함께 사는 것도 엄마에게 보호자가 필요해서가 아니라 우리가 너무 친해서예요."

이 말에 나는 미소를 지었다. 그러면서도 몇 가지 민감한 질문을 추가로 해야 하나 말아야 순간적으로 고민했다. 때로는 무엇이 중병이고 무엇이 잔병인지의 기준이 환자 가족과 의사 사이에 다르기 때문이었다. 이론적으로는 컴퓨터로 환자의 차트 파일을 열어 필요한 병력 정보만 쏙쏙 뽑아내면 간단하게 해결될 고민이다. 그런데 현실에서는 그렇지가 않다. 환자의 차트에 접근하려면 비밀번호로 막힌 방어막을 몇 겹이나 뚫어야 하는 것이다. 하지만 느려 터진 병원 컴퓨터는 세월아 네월아였다. 그런 가운데 나는 실낱 같은 정보만 가지고 지금이 응급 상황인지 아닌지 빠르고 정확한 판단을 내려야 하는 상황이었다.

나는 베로니카에게 얘기를 좀 더 해 달라고 부탁했다.

"평소 일과는 어떻게 하고 계시죠? 식사는요? 걸을 수는 있으세요? 말씀하시는 건 어떤가요?"

"어제 아침, 점심은 잘 챙겨 드셨어요. 저녁은 가볍게 때우셨는데 피곤하셔서 그런 거예요. 오후에 좀 걸었거든요. 고대하던 약속을 취소해 놓고 산책은 하고 싶다니 이상하다는 생각이 들었어요."

나는 약간 안도했다. 진짜 위중했다면 입맛도 뚝 떨어지고 두 발로 걸어 다닐 힘도 없었을 테니까.

이때 베로니카가 덧붙였다.

"단지 평소보다 느리세요. 좀 멍하고요."

나는 다시 머리털이 곤두서는 것을 느꼈다.

"전에도 그러신 적이 있나요?"

"아뇨."

이쯤에서 뇌에 문제가 생긴 건지 아니면 그냥 섬망증인지 분명히 할 필요가 있었다. 흔히 혼자 엉뚱한 망상에 빠져 있거나 괜히 흥분해서 헛소리하는 사람을 두고 섬망 상태라고들 말한다. 그러나 의학에서 섬망증은 완전히 다른 의미를 갖는 엄연한 병명이다. 섬망증 치료에는 시간과 돈이 많이 들지만 열에 아홉은 합병증이 뒤따르고 잘 낫지도 않는다. 게다가 고령의 섬망증 환자는 입원 기간이 길어질수록 육체적으로도 정신적으로도 위축된다. 그러면 결국 내 집이 아닌 요양원으로 보내지거나 그대로 병원에서 생을 마감하기 일쑤다. 섬망증은 병환 중인 환자라면 나이 불문하고 누구에게나 발병할 수 있지만 노인들에게 가장 흔하다. 노인인데 치매가 있다면 더더욱 피해 갈 수 없다. 원인은 다양하다. 단순한 감기 증상으로 나타날 수도 있고 알레르기나 불면증을 해결하려고 약국에서 약을 사 먹고 나서부터 그럴 수도 있다. 때로는 크고 작은 감염, 수술, 골절, 특정 약, 환경 변화 등등이 섬망증을 일으키기도 한다. 사실상 모든 게 섬망증의 원인이 될 수 있다.

나는 어머니가 하시는 말씀에 조리는 있는지 베로니카에게 물었다.

"119 대원이 본인 이름과 나이, 제 이름, 오늘 날짜, 집 주소 같은 것들을 꼼꼼하게 물었는데 모두 제대로 대답하셨어요. 의사소통도 완전히 멀쩡하게 되고요. 단지 말이 조금 느릴 뿐이에요. 걸음걸이도 느려졌고요."

같은 병이라도 증상은 연령대에 따라 다를 수 있다. 그래서 노인 환자의 경우 일상 활동의 변화에서 유용한 정보를 더 많이 얻는다. 소아과 의사가 아이가 어떻게 먹고, 어떻게 자고, 배변은 어떻게 하고, 놀기는 잘 노는지 캐묻는 것과 마찬가지다. 노인의학에서는 앞의 세 항목에 거동, 통증, 기분, 행동, 하루 일과에 관한 질문이 추가된다는 점만 다르다. 이때 주의할 점이 있는데, 절대로 노인 환자를 어린애 취급하면 안 된다. 노년기에 모든 생물학적 기능이 다시 아기처럼 미숙해지는 것은 사실이지만 아파서 기능이 떨어지는 것이지 진짜로 아기가 되는 것은 아니기 때문이다. 병이 정면으로 쳐들어오는 젊은 시절과 달리 노년기의 병은 기본 신체 기능을 조금씩 떨어뜨리면서 밤손님처럼 몰래 찾아오는 경우가 대부분이다.

일흔아홉인 베로니카의 어머니는 신분증 나이로도 신체 나이로도 아직 초고령자에 속하지는 않았다. 하지만 보호자 겸 딸의 대답에서 나는 석연치 않은 기운을 감지했다. 뭔가 심각한 일이 아주 천천히 진행되고 있는 게 틀림없었다. 재앙이 닥치기 전에 빨리 조치를 취해야 했다.

"어젯밤에 특히 안 좋으셨어요."

베로니카가 말했다.

"잘 준비를 하던 중이었는데 잠옷 바지를 입지 않고 멀뚱멀뚱 서 계시는 거예요. 집 안에서도 벗은 몸으로는 절대로 돌아다니지 않는 분이시거든요. 밤 10시쯤, 저도 자러 가는 길에 욕실에 불이 켜져 있는 걸 봤어요. 그러고는 새벽 1시에 깼는데 그때도 불이 켜져 있더라고요. 가 봤더니 엄마가 가만히 서 계셨어요. 방향감각을 잃은 것 같았어요. 어쩌면 밤새 그러고 계셨겠다 싶었죠. 그래서 119를 부른 거예요."

그녀는 꾸지람을 기다리는 아이처럼 말을 멈췄다. 나는 키보드를 두드리던 손을 멈추고 말했다.

"더없이 옳은 행동을 하신 겁니다."

"119 사람들은 그렇게 여기지 않던데요."

"그들이 틀린 거예요."

"119 대원들이 엄마를 간단하게 진찰하더니 특이 소견이 없다고 했어요. 혼란스러워하시는 것 같다고 말했더니 그러더군요. '어머니 연세가 여든에, 지금 한밤중이잖아요. 뭘 기대하세요?' 순간 얼마나 당혹스럽던지. 꼭두새벽에 쓸데없는 일로 고급 인력의 귀한 시간을 낭비한 꼴이 되어 버렸죠."

욕을 한 바가지 쏟아 내고 싶었지만 나는 꾹 참고 프로답게 행동하려고 애썼다. 내 화를 돋운 건 처음에는 구급대원의 잘못된 대응이었다. 하지만 노인을 귀찮아하는 우리의 썩어 빠진 의료 제도가 근본적인 문제였다. 벌써 나는 구급대원들에게 노인의학 교육을 하겠다는 제안서를 접수하려면 시청 어느 부서에 연락해야 하나 머리를 굴리고 있었다. 공무원들은 그런 교육은 불필요하다느니, 바빠서 시간이 없다느니 온갖 핑계를 댈 게 보나마나 뻔했다.

"베로니카는 조금도 잘못한 거 없어요."

보호자에게 수치심을 느끼게 하다니 프로로서 어떤 상황에서도 용납될 수 없는 짓이다.

"그러고 나서 어떻게 됐어요?"

베로니카는 엄마의 약들을 샅샅이 뒤졌다고 말했다.

현명한 조처였다. 수많은 의심 요인들 중 약물은 적중률이 꽤 높은 섬망의 원인이니까. 실제로 새 약을 투약하기 시작하거나 기존 약을 갑자기 끊을 때 드물지 않게 섬망 증세가 발생한다. 때로는 몇 년 동안 내내 멀쩡하다가 신진대사 능력이 변하면서 새삼스럽게 반응을 보이기도 한다.

나는 컴퓨터 화면의 차트를 스크롤 다운해서 환자의 약 처방 기록을 찾았다. 병원 기록과 환자가 실제로 복용하는 약이 다를 수도 있기에 베로니카에게 어머니가 무슨 약을 드시고 계신지, 최근에 바뀐 내용이 있는지 다시 물었다.

그녀는 목록을 쭉 읊고는 이렇게 덧붙였다.

"119 사람들이 약병을 다 확인하고는 우울증 치료제 빼고 다 드신 것 같다고 했어요. 한 3주 전부터 빼먹었다는데 저는 전혀 몰랐어요. 그 사람들이 그러더군요. 그게 문제였다고요. 그러고는 엄마에게 우울증치료제 한 알을 드시게 하고는 우리 둘 다 잠을 자 두는 게 좋겠다고 했어요. 그때가 오늘 새벽 2시 반이었죠."

절로 깊은 한숨이 나왔다. 물론 우울증 치료제 복용을 갑자기 중단한 뒤에 부작용이 나타날 수도 있다. 그러나 금단현상이란 건 서서히 진행되는 것이지 조용하다가 3주 뒤 갑자기 짠 출현하는 게 아니다.

"오늘 아침 어머니 상태는 좀 어떠세요?"

"아직 졸려 하세요. 여전히 정신은 딴 데 가 계시고요."

환자가 70대 후반치고 신체 건강한 편이었고 일상 활동에 관한 질문들 전부 무사통과했기 때문에 이제는 증상을 본격적으로 검토할 차례였다. 흔히 외래 진료를 볼 때 의사는 제일 먼저 환자에게 어디가 어떻게 불편해서 오셨는지 묻는다. 그런 다음에 구체적인 정보를 수집하고 놓친 부분이 없는지 점검할 목적으로 검토하는 게 바로 증상 목록이다. 순서도 있다. 정수리에서 발가락의 방향으로 조사하는 게 원칙이며, 장기와 조직을 위치나 생리학적 기능에 따라 묶어 분류한다. 눈, 귀, 코, 목구멍 안을 한 분류로 보거나 심혈관계와 신경계를 구분하는 식이다.

이 경우, 유선상이라는 특수한 상황을 고려해 내 질문과 어머니의 답을 중간에서 베로니카가 전달하는 식으로 진행됐다. 몇몇 질문만 그녀가 직접 대답했을 뿐이다. 수화기 너머로 드문드문 아니라고 읊조리는 노인의 목소리를 희미하게 들을 수 있었다. 열도 없고 기침이 나지도 않고 숨이 차지도 않다. 소변량이 늘지도 않았고 요실금이 생기지도 않았다. 심장을 쥐어짜는 느낌도 없다. 팔다리가 약해지지도, 보고 말하는 게 달라지지도 않았고 목 삼킴이 힘들지도 않다. 아랫배가 아프지도 않고 속이 메슥거리지도 않는다. 실제로 토한 적도 없다. 지난 한 달 동안 설사를 몇 번 하긴 했지만 그 정도는 정상이다. 대변에 피가 섞여 나오지도 않았다.

그러다 마침내 하나가 내 레이더에 걸린다. 두통이었다. 평범한 그냥 두통이 아니다. 태어나서 그렇게 심한 두통은 처음이라고 했다. 10점을 만점으로 1부터 10까지의 숫자 중에서 하나를 골라 보라고 했을 때 환자가 매긴 통증 점수는 10점이었다. 그런 와중에 딸에게는 계속 아무렇지 않은 척한 것 자체도 또 하나의 심각한 이상 징후로 봐도 좋았다.

나는 베로니카에게 어머니를 당장 병원으로 모셔 오는 게 좋겠다고 말했다.

"저도 진작 어제부터 그러고 싶었지만 어쩌죠, 본인이 가지 않으려고 하시는데."

"지금 어머니에게는 스스로 판단할 능력이 없어요. 그냥 지금 상황을 솔직하게 설명 드리세요."

베로니카는 당장 앰뷸런스를 부르고 그동안 나는 병원에 미리 호출을 넣어 놓기로 했다. 전화를 끊기 직전에 마지막으로 나는 그녀에게 내게 전화해 주어서 얼마나 고마운지 모른다고, 그녀의 직감은 적확했다고, 당신같이 현명하고 속 깊은 딸을 둔 어머니는 복이 많은 분이라고 말했다. 그 구급대원에게 이번 일에 대해 피드백을 주겠다는 약속도 잊지 않았다. 그들은 적어도 세 가지만큼은 반드시 알아야 했다. 늙었다고 죄다 정신이 오락가락하는 건 아니라는 사실, 급작스러운 혼란 증세는 늘 더 큰 문제의 경고 신호라는 사실, 그리고 무엇보다도 걱정하는 가족의 말을 무시하는 사람은 의료인으로서 실격이라는 점을 말이다.

몇 시간 뒤, 나는 베로니카 어머니의 뇌 스캔 결과를 확인하려고 컴퓨터에 다시 접속했다. CAT 영상은 누가 흰 도화지에 검은색 잉크를 잔뜩 쏟은 듯한 모양새였다. 금요일 밤부터 이튿날 아침 딸의 재촉에 겨우 몸을 일으키기 전, 정확히 언제인지 모를 순간부터 그녀의 뇌는 줄곧 피를 흘리고 있었던 것이다. 일요일 아침, 결국 노인은 출혈성 뇌졸중으로 쓰러졌다.

3개월 뒤, 나는 새 메일함에서 베로니카의 이름을 발견했다. 메일에서 베로니카는 더 일찍 연락하지 못해 미안하다며 감사 인사를 했다. 반가운 소식도 있었다. 어머니가 마침내 퇴원하셨다고 했다.

「오늘 오후에 무사히 돌아왔어요. 오는 내내 조마조마했지만 말이에요. 우리는 집에 들어오자마자 부둥켜안았답니다. 이제 예전처럼 엄마에게 저녁에 뭐 드시고 싶으냐고 물어볼 수 있어요. 9월 팔순 잔치 계획도 다시 짤 수 있고요.」

이후 모녀의 생활이 뇌졸중 발병 전과 완전히 똑같을 수는 없었다. 하지만 노인의 하루하루는 여전히 기쁨과 삶의 의미로 넘쳐나고 있었다.

그럼에도 베로니카는 구급대원에게 받은 마음의 상처가 여전히 아프다고 말했다. 물론 악의 없이 한 말이었을 것이다. 어쩌면 지침서에 나온 응대법 예시문을 고대로 읊은 건지도 모른다. 사유지에 무단침입하거나 폭행 시비에 휘말린 치매 환자가 신고를 받고 출동한 경찰에게 체포되는 일은 전국적으로 비일비재하다. 그런데 실은 길을 잃고 발길 닿는 대로 흘러가다가 그리 되었다든가, 억지로 어딘가로 끌고 가려던 낯선 이가 알고 보니 환자의 가족이란다.

노인에게 안전지대는 어디에도 없다. 귀가 어두워 명령을 알아듣지 못하거나 관절염 때문에 무릎을 꿇을 수 없는 노인들은 반항적이라는 이유로 총을 맞는다. 감옥 안뿐만 아니라 시내 우범지역 곳곳에서도 심심찮게 벌어지는 광경이다. 심지어 없던 치매를 덮어쓰는 것은 약과요, 설사 진짜 치매 환자라도 사소한 일로 치매라는 이유 하나만으로 도를 넘어 손가락질을 받기 일쑤다. 나는 이런 현실과 의학 교육 사이의 괴리를 좁히고 싶었다. 그래서 의료 종사자 대상 노인의학 교육 프로그램을 구상하고 명망 있는 한 개업의에게 이메일을 통해 조언을 구했다. 그런데 그가 한다는 말이, 다 좋은데 이 프로그램으로 덕을 보는 수혜자가 아무도 없다는 거였다. 의사들 대부분은 노인 환자를 돌보는 것은 직업상 도의적 의무여서 기본만 하면 그뿐이며 소아 환자나 암 환자의 치료 원칙과 완전히 별개라고 믿는다.

하지만 시대가 변하고 있다. 노인에 대한 이해 부족으로 우리 사회가 늙은 어른들에게 저도 모르게 해를 끼치고 있다는 자성의 목소리가 점점 커지는 추세다. 경찰서 같은 치안기관들을 필두로 곳곳에서 교육 프로그램도 실시된다. 그들의 노력은 언젠가 반드시 결실을 맺을 것이다. 최근에 전해 들은 미담이 하나 있다. 서던 캘리포니아의 한 경찰관이 은행의 신고를 받고 출동했다. 그러나 그는 난동을 부리던 90대 노인을 체포하는 대신 만료된 운전면허증을 갱신해 주고 다시 은행까지 동행해 수표를 현금으로 바꿔 받을 수 있게 도와주었다고 한다.

04 소아

진퇴양난

가정교육

어린 시절, 내 장래희망은 하루에도 몇 번씩 바뀌었지만 그중에 노인을 돌보거나 흰 가운을 입고 병원에서 일하는 것은 없었던 것으로 기억한다. 어릴 때 우리 집은 온통 책 천지였다. 새 책, 중고책, 문고본, 양장본 등등. 책장은 온갖 책들로 무너지기 직전이었고 거실 바닥에도 식구들의 침대 머리맡 탁자에도 책들이 위태롭게 탑을 이뤘다. 엄마가 탐독하는 장르는 소설과 사회학이나 정치 관련 인문서였다. 다 크고 나서야 소수인종 문학임을 알게 된 몇 권은 엄마가 내게 물려주어서 내 가치관 형성에 큰 영향을 미쳤다. 한편, 환자를 보지는 않는 연구 전문 의사인 아빠는 소설, 논픽션, 의학 논문집을 주로 읽었다. 정치든 스포츠 경기든 뭔가에 대해 평을 내릴 때 아빠는 항상 그런 책이나 논문에서 본 사실과 숫자를 성경 구절이나 되는 것처럼 경건하게 인용하곤 했다. 자연스럽게 나는 나도 모르게 매사를 과학자의 시각으로 보고 생각하는 아이가 되었다. 내가 인류학자가 되기로 결심했을 때도, 그 꿈이 편집자로, 또다시 영어 선생님으로 바뀌었을 때도 이 사고방식만은 그대로였다.

10대 시절까지 내 최대의 관심사는 사람들, 문화, 이야기였다. 작동 기전을 이해하거나, 가설을 검증하거나, 고장 난 부분을 고치는 것 따위는 안중에도 없었다. 고등학생 때 입시를 앞두고 추천 대학교 목록을 받았을 때 제일 처음 한 일은 수학이나 과학을 필수 이수 과목으로 요구하는 학교들을 지우는 것이었다. 그때의 나는 구체적으로 어떤 직업을 갖고 싶은지 스스로도 몰랐지만 미적분이나 물리학, 화학, 생물학 같은 과목과는 절대로 상관없을 거라고 굳게 확신했다. 대학생이 되어서는 비판적으로 읽고 생각하는 방법을 배우는 데 집중했다. 나는 이 세상과 세상 사람들을 보다 잘 이해하고 싶었다. 그래서 졸업은 복수전공으로 했다. 역사 주 전공에 인류학, 심리학, 문학, 민족학 강의가 이것저것 뒤섞인 자유 선택 주제가 부전공이었다.

그런데 나는 인류를 공부한다면서 노인들은 그 구성원으로 염두에 두지 않고 있었다. 새파란 20대의 눈에 노인들은 내 평생 얽힐 일 없는 사람들 같았다. 학교 때문에 할머니, 할아버지 곁을 떠나 멀리서 혼자 살다 보니 이제는 길에서, 식당에서, 때로는 강의실에서 스승으로서 나이 든 어른들을 마주쳐도 심드렁했다. 나의 이런 태도에는 학교 분위기도 큰 몫을 했다. 당시 우리 대학에서 가장 뜨거운 화두는 단연코 어린이였다. 자원봉사 활동, 수업, 전공, 취업 등등 가릴 것 없이 모든 면에서 그랬다. 어린이의 양육, 교육, 복지, 의료는 여성의 취업에 관대한 몇 안 되는 업종에 속했기에 본받고 싶은 인생 선배 여성들이 넘쳐났다. 그들을 동경한 나는 비는 시간에 도심 초등학교의 보조 교사로 아이들을 가르쳤고, 자폐아동 프로그램에 자원봉사자로 참여해 아이들의 왕언니가 되어 주었으며, 여름방학 동안 심리학과 교수의 아동발달 연구를 돕기도 했다. 그때 나는 내가 어린이를 위해 헌신하는 직업으로 먹고살게 될 줄 알았다. 어릴 때 받은 작은 도움이 종종 인생 전체를 바꾸기도 하지 않는가. 그보다 더 가치 있는 일이 또 어디 있을까.

3학년 1학기부터는 동남아 난민을 위한 의료 지원 단체에서 자원봉사를 하기 시작했다. 이곳에서 나는 내 인생을 바꾼 중요한 두 가지를 배운다. 첫째는 어느 나라에서 살고 있는지가 그 사람의 건강을 결정한다는 것이고, 둘째는 힘이란 진짜 능력만큼이나 지위와 사회적 기대로부터도 나온다는 것이다. 난민캠프는 간호사들과 구호요원들이 상주하는 가운데 의사 한 명이 한 달에 한 번 방문해 한두 시간 머물며 큰 안건들만 결재하고 가는 식으로 운영됐다. 나는 궁금했다. 의사의 두뇌와 권력을 상주 직원들의 열정과 합칠 수는 없을까. 전쟁과 집단학살에서 간신히 살아남았는데 세상은 자신을 반기지도, 이해하려 하지도 않는 현실을 마주해야 하는 난민들이 안타까웠다. 그런 생각을 하다 나는 깨닫게 되었다. 내가 가장 절실하게 원하는 것은 사람들의 삶을 변화시킬 수 있는 전문 기술과 위치라는 걸. 그럴 수만 있다면 어떤 직업이어도 좋았지만 가장 빠른 길은 바로 의사가 되는 것이었다. 게다가 의사라는 직업에는 안정적인 직장, 높은 수입, 사회적 지위까지 덤으로 따라올 터였다. 내게 의사가 되는 것은 뉴욕으로 날아가 출판업에 뛰어들거나 이상을 좇는 비영리단체에 들어가는 것보다 훨씬 쉬운 일 같았다. 그렇게 나는 늘 비겁했다.

나는 졸업하자마자 의대를 준비하는 학사 학위자를 위한 학점 인정 과정에 등록했다. 공들여 요리조리 피해 온 수학과 과학 과목들을 뒤늦게 채워 넣기 위해서였다. 그로부터 15개월 뒤, 마침내 의대 지원 서류를 접수한 나는 봉사활동을 하러 태국과 캄보디아의 접경 지역으로 떠났다.

카오이당 캠프의 난민들은 다양한 이유로 의사를 찾아왔다. 아픈 몸은 물론이고 마음의 고민, 사회적 어려움, 실존적 문제까지 온갖 것들이 다 상담 주제였다. 이때의 경험은 내게 의사 일이 넓은 의미로 1인 기업이나 다름없다는 개념을 심어 주었다.

캠프 주민들은 폭격이나 기아, 강제노동수용소, 혹은 추방에서 살아남은 생존자였다. 이곳에 정착하기까지 사랑하는 가족과 친구들의 죽음을 수없이 목격했을 그들의 심정은 감히 헤아리기 어려웠다. 그런 지난날은 그들의 건강 상태뿐만 아니라 치료와 삶 자체를 향한 의지에까지 영향을 미쳤다. 마침 의대에 입학하기 전에 이 교훈을 얻은 덕분에 나는 대다수 의대생과는 조금 다른 시각을 갖고 있었다. 나는 과학과 의학이 만능은 아니라고 생각했다. 같은 병이라도 증세는 사람마다 다르다는 사실도 대강 알았다. 죽음이 가까워 오면 사람의 마음부터 시든다는 것, 몸뚱이를 고친다고 마음의 고통까지 사라지는 건 아니라는 것도 익히 봐 왔다.

그래서 나는 이런 경험이 내 의학 교육에 보탬이 될 거라 기대했었다. 그러나 정작 의대에서 나를 기다리고 있던 것은 현대 의학의 이상과 실제 사이에 엄청난 간극이 있다는 씁쓸한 현실 자각이었다. 당시 의대 교육은 거의 전적으로 학문에 치중해 있었다. 그 밖의 주제들은 그나마 언급이라도 되면 감지덕지였다. 치료가 효과를 보이지 않을 때 당시의 의학은 환자를 탓하거나 그 환자는 포기하고 원하는 반응을 보이는 다른 환자에게 집중했다. 사회, 문화적 배경과 환자의 개인사 혹은 치료법 자체의 특장점과 한계점이 변수가 될 수 있다는 생각은 하지 못한 채 말이다. 그러고는 말한다. 환자가 말을 안 듣는다 혹은 그 환자가 치료에 실패했다고. 가망이 없다는, 더 이상 우리가 할 수 있는 게 없다는 말도 또 다른 단골 멘트다. 이런 말들은 대놓고 그러든, 은근히 그러든 대상이 상대하기 버거운 집단일 때 특히 자주 등장했다. 노숙자, 정신질환자, 고도비만 환자, 만성질환자, 소아 환자의 소심한 부모, 고령 환자의 성난 자녀들처럼.

하지만, 진심으로 당부하는데, 어떤 경우에도 사람을 동네북 취급해서는 안 된다. 호전될 가망이 남들보다 적다면 더더욱. 그럼에도 의료계는 특정 유형의 환자 혹은 질환들을 편애했다. 특히 선호도가 가장 높은 것은 골절, 담낭염, 심장병, 암처럼 눈에 띄는 성과를 낼 수 있거나 약이 잘 듣거나 치료 방법이 많은 병명들이었다. 연구에 따르면, 의사 대부분은 본인도 충분히 겪음 직한 상황의 환자를 치료할 때 가장 좋은 성과를 낸다고 한다. 이 진실을 인지하고 있는 의사는 세상에 몇 없었다. 나 역시 적어도 병아리 시절에는 주변 분위기에 물들어 깨닫지 못했고 말이다.

어느 조직에서나 살아남으려면 가재는 게 편이 될 수밖에 없다. 그러나 나는 더더욱 매사에 과학자처럼 생각하고 판단하게 하는 가정교육을 받고 자랐음에도, 도무지 1990년대 초 보스턴과 샌프란시스코의 의학 교육 풍조에 완전히는 동화될 수 없었다. 의료계와 사회의 정책이 환자들의 치료 경과를 좌우하는 현실도 보이지 않는 척 무시하려고 했지만 결국 실패했다. 에이즈 환자들이 점점 늙어 간다는 점도, 젊은 환자들에게 흔히 쓰는 방법들이 고령 환자들에게는 효과가 떨어지거나 고령 환자들이 가장 가려워하는 부분을 긁어 주지 못한다는 점도 자꾸 마음에 걸렸다. 특히 인종차별주의, 성차별주의, 동성애혐오주의를 지양하자는 데에는 다들 목소리를 높이면서 노인 차별에 양심의 가책을 느끼는 의사는 거의 없다는 게 나는 언짢았다.

새뮤얼 솀Samuel Shem은 반半자전적 소설 《주의 성전The House of God》에서 노인을 대놓고 '안 반가운 영순위 환자'를 줄인 안영자(원어인 영어로는 'gomer'. 'get out of my emergency room'의 두문자어다)라 부른다. 이 말에는 '사람대접을 받기에는 모자라는 인간'이라는 의미가 담겨 있다. 의학과 의학 교육을 주제로 다룬 이 소설은 40년 넘게 인기를 구가 중인 스테디셀러다. 인기의 비결은 오늘날 의학의 현주소를 일찍이 1970년대 초에 정확하게 예견했다는 점이다. 지금 다시 돌이켜보면 저자가 보여 준 가장 놀라운 통찰은 이것이 아닐까 싶다. 글의 화자는 고령 환자들을 돌보면서 교훈 하나를 얻는데, 그 내용인즉 의학의 규칙을 성실하게 지켜 검사며 시술이며 다 실행하면 환자는 반드시 죽는다는 것이다. 셈은 규칙을 어기는 것으로 이 결과가 불러오는 공포심을 극복하고자 한다. 그리고 결코 옳은 대처방법은 아니었지만, 더 이상 환자들에게 정성을 쏟지 않기로 한다. 소설의 화자는 말한다.

「주의 성전 앞에서 맹세하건대 나는 진심으로 노인들을 사랑했다. 이제 그들은 노인이 아니다. 그들은 단지 안영자일 뿐이며 나는 더 이상 그들을 사랑할 수 없게 되었다.」

소설에서 화자와 다른 젊은 의사들은 노인을 사람 이하 취급하는 의학의 실체와 처음 맞닥뜨린 뒤 점차 그런 현실에 둔감해진다. 이런 현상은 결국 사회 전반으로 확산되어 악순환이 심화된다.

이 나라에서 그래도 알아주는 종합병원 여러 곳 — 그중에는 《주의 성전》의 실제 무대였던 곳도 포함되어 있다 — 을 순회하며 보냈던 의대생 시절, 나는 노년층 기피 현상이 최고 지성 집단인 의료계라고 예외가 아님을 두 눈으로 직접 확인할 수 있었다. 소아의학, 그러니까 소아과 전공에는 너도나도 지망하는 데 비해 노인의학은 지원은커녕 존재 자체를 모르는 의대생이 태반이었다. 학부 때도 노화와 사회 노년층을 분석하는 노인학이 늘 정원 초과인 아동학과 대비를 이뤘었는데, 그런 면에서 캠퍼스나 병원이나 다를 게 없었다.

노인의학이 따돌림을 당하는 데에는 여러 가지 원인이 있지만 가장 큰 문제는 이 분야 전문의들이 갈수록 의료계의 규칙을 따르지 않는다는 데 있었다. 이들은 다른 의사들처럼 생리학 연구, 질병다운 질병, 완치에 최우선순위를 두지 않고 변두리 정보에 더 눈을 돌렸다. 환자의 거주지, 의지하는 지인, 독립성을 유지하기 위해 스스로 필요로 하는 것들, 건강관리와 생활 유지에 가장 중요하다고 환자 본인이 생각하는 것들을 비롯해 식사, 수면, 움직임, 배설, 감정 상태, 사고능력 수준 등등. 이런 부수적 요소들이 환자의 건강과 행복을 결정적으로 좀먹을 수도 있다고 여기는 것이었다.

그때 우리 예비 의사들은 과학 탐구에 이 한 몸 희생하겠다는 결의로 청춘을 불태우고 있었다. 굳어 가는 머리로 입에 붙을 때까지 외계어 같은 의학 용어들을 달달 외운 것은 그래서였다. 그 즈음 우리는 신체 장기와 질병, 병을 일으키는 병원균, 치료약들 등등 의사로서 기본적으로 알아야 할 건 대충 다 알고 있었다. 폼 나는 최첨단 의료 기기들의 사용법과 주요 시술법들도 웬만한 건 다 숙달했다고 우리는 자부했다. 이제 주위를 대충 둘러보면 의술이란 무엇이며 어떤 게 바람직한 의학의 모습인지 단번에 파악되는 경지가 된다고 믿어 의심치 않았다. 미국 국민의 건강 상태가 갈수록 다른 나라들에 비해 나빠진다는 통계 조사 결과가 나왔지만, 우리는 개의치 않았다. 어차피 미국이 이끄는 서양 의학이 최고라는 걸 온 세상이 알고 있기 때문이었다. 미국은 최첨단 의료 기기 대부분을 보유하고 있었고 활발한 연구 개발 활동은 몇 배의 수익을 창출해 고국에 안겼다. 그런데도 노인의학은 가끔 맛만 보고 갈 뿐 이런 꿀단지를 아쉬워하지 않는다. 우리 햇병아리들은 호기심이 치솟았다. 저러면 본인들도 지루하지 않나? 도대체 왜 저러는 거지?

부활

내가 병실에 들어섰을 때 그는 눈을 감고 가만히 누워 있었다. 방금 새 주치의를 맡은 이 환자는 70대 후반이었음에도 여전히 풍성한 흑발에 모델 부럽지 않게 날카로운 턱선을 자랑했다. 디미트리 사코비치는 바로 어제 우리 요양 병원의 치매 병동에 들어왔다.

디미트리의 입원 문서는 병력과 약 처방 목록 뒤로도 추가 첨부 페이지가 한 보따리였다. 나는 이 자료를 꼼꼼히 읽고 그가 파킨슨병 말기 환자이며 그 연령대에 흔한 몇 가지 만성질환과 치매까지 앓고 있다는 사실을 파악할 수 있었다. 현재 복용 중인 약은 열 가지였고 하루에 여러 차례 나눠 투약해야 했다. 치매 병동 수간호사인 이리나가 귀띔해 준 바로, 지금까지는 아내와 장성한 딸이 함께 살면서 그를 돌봐 왔지만 더 이상 감당할 수 없어서 이리로 오게 되었다고 했다.

나는 환자의 이름을 불렀다. 하지만 묵묵부답이었다. 다시 팔을 건드려 봤지만 미동도 없었다. 그래서 이번에는 어깨를 살살 흔들면서 더 큰 목소리로 여러 번 반복해서 이름을 불렀다. 그러자 마침내 그가 눈을 떴다. 이리나는 러시아어로 내 소개를 대신 해 주고 지금 상황을 쉽게 설명해 주었다. 그가 이해했는지 어쨌는지 확인할 길은 없었다.

이리나가 해 주는 통역의 도움을 받아 나는 환자에게 두 가지 질문을 했다. 하나는 이름이 뭐냐는 것이었고 나머지 하나는 어디가 어떻게 불편하시냐는 것이었다. 파킨슨병 환자에게 질문의 답을 들으려면 참을성 있게 기다려 주어야 한다. 파킨슨병은 사람을 느리게 만들기 때문이다. 나는 속으로 생일축하 노래의 후렴구를 반복하면서 시간을 쟀다.

내 첫 번째 질문에 디미트리는 입술을 움찔거렸지만 거기서 어떤 단어가 튀어나오지는 않았다. 두 번째 질문에는 대답할 시도조차 없었다. 그래서 우리는 바로 신체 검진으로 넘어갔다.

파킨슨병 탓에 한 발은 질질 끌고 한 손은 부들부들 떠는 것만 빼면 그의 몸은 상당히 강건한 편이었다. 근육량은 충분했고 관절도 튼튼했다. 각종 장기들도 외관으로 보나 기능으로 보나 여전히 멀쩡하게 가동하고 있었다.

나는 간호사 데스크 구석에 자리를 잡고 앉아 목록의 약들을 하나하나 살폈다. 우리 요양 병원은 새로 입원한 환자라도 웬만하면 기존 약 처방을 바꾸지 않고 그대로 받아 이어 간다. 적어도 환자를 완벽하게 파악해서 처방 변경이 불가피하다는 확신이 들기 전에는 말이다. 디미트리의 경우 처방 목록에 특별한 점은 없었다. 하나하나 그의 지병에 알맞게 흔히 쓰이는 약들이었다. 여기까지는 순조로웠다. 그러다 두 가지 약이 내 감시망에 걸려들었다. 미국에서 노약자에게는 부적절할 수 있다고 경고하고자 국가 차원에서 만든 의약품 목록(즉, Beers Criteria)이 있는데, 여기에 그 두 가지가 들어 있었던 것이다. 고령자가 목록의 약을 투약할 경우 부작용이 더 심하게 나타날 수 있다. 부디 의사들이 알아서 정신 바짝 차리고 이런 약들을 70세 이상 노인에게 처방하기 전에 한 번 더 생각하기를, 그리고 가능하면 더 안전한 대체 약제로 변경하기를 바랄 뿐이다.

나는 이리나에게 그의 가족 중에 영어를 할 줄 아는 분이 있는지 물었다.

"따님이 할 줄 알아요."

이렇게 말하면서 이리나는 내게 양해를 구하는 표정을 지어 보였다. 내가 고개를 끄덕이자 그녀는 내 품에서 차트를 빼 가더니 다른 페이지를 펼쳐서 그곳에 적힌 무언가를 손가락으로 가리켰다. 전화번호였다.

연결음이 몇 번 반복된 뒤 수화기 너머로 젊은 여자 목소리가 들려왔다.

"알료."

여차하면 통역을 시키려고 이리나를 옆에 붙잡아 둔 채로 나는 상대에게 내 소개를 했다.

"아, 안녕하세요, 선생님."

여자가 영어로 말했다.

"아빠를 돌봐 주셔서 감사합니다."

나는 이리나에게 엄지를 척 들어 보였다. 수신호를 이해한 그녀는 씩씩하게 자기 할 일을 하러 돌아갔다. 나는 스베틀라나에게 아버지 얘기를 자세히 듣고 싶다고 말했다. 그녀는 아버지가 구소련 시절 엔지니어였다는 과거를 알려 주었다. 지금 가족은 재혼으로 꾸려진 가정이라는 말도 했다. 디미트리는 지금의 아내와 41년 전에 결혼해 스베틀라나를 낳고 살다가 8년 전에 미국으로 건너왔다. 딸이 묘사하는 아버지의 근래 건강 상태는 파킨슨병 말기 환자의 전형적인 이미지를 크게 벗어나지 않았다. 맘대로 손가락 하나 까딱하지도, 하고 싶은 말 한 마디 똑바로 하지도 못한다. 늘 혼란스럽고 불안해한다. 특히 최근에는 거의 먹지도 않고 항상 반쯤 잠에 취해 있다며 딸은 걱정이 태산이었다. 나는 다른 동반질환이나 투약 중인 약들과 같은 나머지 정보까지 모두 그녀에게 확인을 받았다. 그런 뒤 마지막으로 혹시 병원에서 알고 있어야 할 특이사항이 있냐고 물었다.

"아뇨. 이게 다인 것 같아요."

다른 상황 같으면 보호자 면담이 여기서 끝났겠지만 내게는 아직 물어볼 게 남아 있었다. 노인의학은 개개인의 건강 상태, 기능 수준, 가치관, 선호도를 세심하게 반영해 한 명 한 명에게 맞춤형 의료 서비스를 제공하는 것을 목표로 한다. 이미 병을 앓고 있는 환자에게는 물론이고 아직 건강한 어르신에게도 예외는 없다. 그렇더라도 보통 입원 첫날 모든 정보를 캐지는 않는다. 하지만 디미트리는 식음을 전폐한 상태였기에 나는 마음이 급했다. 천만다행으로 그가 오늘내일 하는 게 아니더라도, 새 안식처가 될 우리 병원에 그가 하루빨리 적응하도록 도우려면 그에 대해 하나라도 더 알아 둬야 했다.

사람들이 자신의 생과 사를 정의하는 잣대는 열이면 열, 다 다르다. 살고자 하는 의지가 있는 환자라면 최대한의 의학적 지원을 할 것이고 살기를 포기한 환자라면 연명치료를 시작할 것이다. 그런데 디미트리의 경우 아직은 앞으로 어떻게 하자는 얘기를 환자 가족 앞에서 꺼낼 때가 아니었다. 그러기 전에 환자가 어떤 상태인지부터 정확하게 파악해야 했다.

"아버지 상태를 어디까지 이해하고 있는지 설명해 주실래요?"

얘기를 들어 보니 모녀는 환자의 상태가 얼마나 심각한지 잘 알고 있는 듯했다. 나는 두 사람이 마지막이 될지도 모르는 환자의 의중도 꿰뚫고 있기를 소망하며 다시 물었다.

"아버지가 더 이상 스스로 의사 표현을 할 수 없게 되면 무엇이 아버지에게 가장 중요할지 혹시 가족끼리 얘기해 본 적 있으세요?"

누군가 뭐라 뭐라 하는 소리가 희미한 배경음으로 들렸기에 나는 처음부터 어머니가 옆에서 우리 대화를 듣고 있었나 보다고 짐작했다. 마침내 또렷한 젊은 여자 목소리가 말했다.

"아뇨, 그런 얘기는 안 했어요."

이런 경우가 드물지는 않다. 그래서 나는 이럴 때 대신 써먹는 비장의 카드를 꺼냈다. 더 윗세대의 추억을 떠올리게 해 환자의 호불호를 유추해 내도록 환자 가족들을 은근슬쩍 도와주는 것이다. 그런데 디미트리의 양친과 조부모까지 전부 심장병이나 감염 같은 갑작스러운 우환으로 젊은 나이에 돌아가셨다고 했다. 안타깝지만 실패다. 환자 본인의 의향은 무엇보다도 중요했기에 나는 끈질기게 3차 시도에 도전했다.

"아버지에게 파킨슨병이나 치매에 걸렸거나 뇌졸중으로 쓰러져 본 친구 혹은 가족이 있으세요?"

몇 달, 아니 몇 년 전에라도 그가 속마음을 한 번쯤 내비치지 않았을까 싶어서였다.

"어쩌면요."

한참 침묵하던 스베틀라나가 마침내 입을 열었다.

"사실 잘 모르겠어요. 엄마에게 물어봐야 할 것 같아요."

나는 그래 주면 정말 고맙겠다고 말하고 내 전화번호를 알려 주었다. 그녀도 내게 전화를 주어 고맙다고 인사했다.

"마지막으로 하나만 더요."

전화를 끊기 직전에 내가 말했다. 똑같이 가망 없어 보여도 어떤 환자는 며칠 안에 세상을 뜨는 한편 또 어떤 환자는 그 상태로 몇 년을 연명한다. 나는 디미트리의 경우 어느 쪽일지 감이라도 잡고 싶었다. 그래서 2주 전, 2개월 전, 6개월 전, 1년 전에 각각 아버지가 어떠셨는지 말해 달라고 스베틀라나에게 부탁했다.

스베틀라나가 얘기를 절반쯤 풀어냈을 때였다. 나는 자리에서 벌떡 일어나 손에 잡히는 대로 펜을 들었다. 그리고 5분 뒤, 성의껏 통화를 마무리한 다음에 바로 디미트리의 동네 약국에 전화를 걸었다. 그가 투약 중인 모든 약의 최초 처방 날짜를 알려 달라고 요청하기 위해서였다. 나는 약사의 말을 빠짐없이 받아 적었다. 그러고는 수화기를 내려놓는데, 병동 일이라면 모르는 게 없는 귀신 잡는 수간호사 이리나가 불쑥 나타나 한 마디 툭 던졌다.

"무슨 일이에요?"

"1년 전에는 더할 나위 없이 건강했대요. 몸도 정신도요. 6개월 전 역시 걷고, 말하고, 신문을 읽고 하는 데 아무 문제 없었고요. 이게 다 약을 잘못 써서 일어난 일이지 싶어요."

"하느님 맙소사."

나는 환자가 가지고 온 약들 중 여덟 가지는 당장 끊도록 조처하고 나머지 두 가지는 단계적으로 감량하기로 했다. 또, 당분간 이 환자를 예의주시하라고 간호사들에게도 당부했다. 내가 틀렸다면 빨리 다른 길을 찾아야 했으니까.

결국, 내 판단은 옳았던 것으로 확인됐다. 그 주 주말께 디미트리는 허리를 일으켜 앉을 수 있게 되었다. 곧 말도 했다. 처음에는 속삭이는 수준이었지만 하루가 다르게 목소리가 우렁차고 빨라졌다. 식사량이 나날이 늘고 움직임이 훨씬 좋아지자 나는 물리치료를 처방했다. 혈압이 좀 높기에 보다 안전한 다른 혈압 약을 쓰기 시작했다.

약국 기록은 스베틀라나가 들려준 환자의 악화 과정을 정확하게 반영하고 있었다. 디미트리는 연쇄 처방의 늪에 빠진 희생자였던 셈이다.

모든 것은 고혈압 약 하나에서 비롯되었다. 아마 다른 환자들도 많이 복용하고 있고 효과도 좋다는 말에 안심했을 것이다. 하지만 세상에 부작용 없는 약은 없는 법. 디미트리의 경우 이 약의 부작용은 통풍 악화였다. 그런데 그의 담당 의사는 혈압 약을 바꾸는 게 아니라 통풍을 치료한다며 센 소염제를 추가한다. 그 결과로 디미트리는 속 쓰림 증세를 새롭게 얻는다. 이런 식으로 한 약의 부작용이 새 약을 부르는 악순환이 되풀이되었던 것이다. 게다가 상태가 좋아져도 투약을 중지하지 않은 것이 상황이 더욱 심각하게 만들었다. 청년 못지않은 체력을 뽐내던 디미트리가 불과 몇 달 만에 요양 병원 신세로 전락하게 된 사연은 이랬다.

노인의 파킨슨병, 치매, 급격한 신체 기능 저하는 대부분 그 배경에 다른 주범이 있지만, 약물 과잉처방 때문인데 모르고 넘어가는 일이 예상보다 흔하다. 내가 아는 의사들 중에도 디미트리와 같은 사례를 경험해 보지 않은 노인의학 전문의는 한 명도 없다. 동네 개업의들 역시 아마 그럴 거다. 의사 혹은 약사가 디미트리의 처방전을 유심히 살펴보고 환자의 나이나 동반 질환들과 별개로 귀찮더라도 병력 조사에 좀 더 힘썼다면 어땠을까. 그랬다면 일을 이렇게 키우는 불상사는 막을 수 있지 않았을까.

작금의 의료 제도 아래에서 가장 비싼 자원은 시간이다. 병원 입장에서는 수지를 맞추자니 새파란 레지던트고 베테랑 교수고 할 것 없이 일정량 이상의 진료 실적을 할당할 수밖에 없다. 다들 저 살기 바쁘니 물어보고 상의할 선배나 스승을 찾기도 힘들다. 그러니 이례적인 증상이 경고 신호를 보내도 그저 환자의 나이와 지병 탓이라 단정하고 싶어지는 게 당연하다. 실은 경솔한 치료가 불러온 인재人災인데 말이다.

치매 병동에 들어온 지 6주째가 되던 날, 디미트리는 생활 보조사가 상주하는 주거동으로 거처를 옮겼다. 한번은 복도에서 그를 지나치는데 못 알아볼 뻔했다. 그가 지팡이도 없이 성큼성큼 걸어갔기 때문이다. 가족이 기다리는 집으로 돌아가도 될 정도로 회복한 지 오래였지만 그는 여기 생활에 상당히 만족하는 것 같았다. 이곳에서 그는 미술을 배우기 시작했고, 반상회 임원으로 뽑혔으며, 새 여자친구도 사귀었다. 그에게는 이미 아내가 있었기에 한때 온 병원이 이 스캔들로 떠들썩했다. 물론 그는 개의치 않았다.

착각

의사가 되기 전에 나는 노망이 노화의 당연한 일부분이라는 생각을 갖고 있었다. 사람이 너무 오래 살면 기억력이 떨어질 수밖에 없다고, 그때의 나는 굳게 믿었었다. 노망이 치매의 속된 표현이라는 것은 한참 뒤에 알게 되었다. 그러니 치매의 원인이 밝혀진 것만 70가지가 넘는다는 사실을 알았을 리는 더더욱 만무했다. 하지만 미리 알든 모르든 이런 원인들에 노출되지만 않는다면 사람은 맑은 정신으로 80년은 물론이고 90년을 넘어 100년까지도 살 수 있다. 그럼에도, 바람과는 달리 여기저기서 치매 얘기가 점점 더 자주 들려오는 요즘이다. 특히 알츠하이머라는 단어는 귀에 못이 박일 정도다. 20년 전만 해도 이러지 않았는데. 물론, 가족사를 고려할 때 내가 치매를 남들보다 더 정확하게 알고 있었어야 하는 것은 맞다. 우리 할머니, 그러니까 외증조할머니는 아흔에도 정정하게 살아 계셨는데 절대로 당신의 잘못을 인정하는 법이 없었다. 86세에 돌아가신 외할아버지와 모두 70년 넘게 살다 가신 양측 할머니들도 마찬가지였다. 이렇게 정신 말짱한 어른들만 바글바글한 집안에서 그들을 직접 보고 겪었음에도 나는 아무 생각 없이 치매와 노화를 동의어로 여기고 있었던 것이다.

이런 선입견을 가진 것은 나뿐만이 아니었다. 미국 질병관리센터CDC, Centers for Disease Control는 주기적으로 전 국민의 건강 실태를 조사해 보고서를 발표한다. 그런데 전체 미국인의 사망 원인 상위 10위 안에 치매가 들어간 적은 1933년부터 1998년까지 단 한 번도 없었다. 이 목록에 치매 관련 단어가 처음 등장한 것은 1994년으로, 여성 사망 원인 8위로 알츠하이머가 지목되면서부터다. 그나마 남성이나 남녀 전체 통계에서는 1999년까지도 치매 소식이 잠잠했다.

치매는 21세기가 다 되어서야 주목받기 시작했다. 이것은 에이즈나 지카 바이러스(신생아의 소두증을 유발하는 바이러스. 1947년에 처음 발견되었다_옮긴이)처럼 사람에게 유행한 전례가 없거나 병원균이 최근에 밝혀졌기 때문이 아니다. 어느 정도 영향은 있겠지만, 그렇다고 단순히 인간 수명이 길어졌기 때문만도 아니다. 이것은 다소 고지식한 의학 교육을 받고 의사가 되어 환자의 사망 진단서에 멋들어진 서명을 휘갈기던 바로 앞 세대들이 이제는 본인의 이름이 이 진단서에 적힐 날을 걱정하는 나이가 되면서 생긴 변화다. 그들의 왕년에는 치매가 화젯거리 축에도 못 꼈다. 한 번이라도 언급된다면 그건 노망 얘기지, 치매는 아니었다. 의대 강의에서 치매는 잠깐 언급하고 지나가는 주제에 그쳤다. 두 눈을 부릅뜨고 의학서란 의학서는 모조리 뒤져도 생사가 오락가락하는 감염병만큼 비중 있게 치매를 다루는 부분은 한 군데도 없었다. 치매가 정말로 노화의 한 과정이라면 그래도 됐을 것이다. 하지만 사람의 몸과 마음이 피폐해지고 화목하던 가족이 누더기가 되는데 이게 의술이 보살펴야 할 병이 아니면 달리 무엇일까.

일반적으로 의사들은 의대에서 자세히 배우지 않은 병명을 사망 진단서에 사망 원인으로 적지 않는다. 그러니 의료계도 정부도 치매와 노화가 무관하지 않다는 짐작만 할 뿐, 치매를 심장질환이나 암만큼 심각하게 여기지 않은 것은 당연했다.

그러다 2007년에 이르러 알츠하이머는 미국 국민 사망 원인 순위에서 6위에 등극했다. 80세 이상 고령자만 따지면 등수는 남성의 경우 5등, 여성의 경우 3등으로 올라간다. 그런데 이게 정확한 통계는 아니다. 지난 20세기부터 내내 미국 CDC는 심장질환, 악성 암, 사고(의도하지 않은 신체 손상) 등등 넓은 범주 중심으로 사망 원인 목록을 작성해 왔다. 이 방식의 문제점은 여러 가지 질병이 전부 하나의 범주로 묶이는 바람에 전체 사망자 수가 부풀어 버린다는 것이다. 가령 심장 발작, 심부전, 부정맥, 기타 심장질환은 제각각 가르면서 암은 종류 불문하고 죄다 한데 묶는다고 치자. 이 경우 심장질환은 1위 자리를 암에게 내어 줘야 할 것이다.

한편 만약 암 역시 유방암, 폐암, 피부암, 전립선암, 대장암, 혈액암 등과 같은 식으로 유형별로 세분한다면 왕좌의 주인은 또 바뀐다. 그럼에도 CDC가 알츠하이머를 다른 치매 유형들과 함께 하나의 큰 분류에 넣지 않고 따로 떼어 주목하는 이유는 뭘까. 원칙대로라면 알츠하이머도 혈관성 치매, 루이소체 치매, 전두측두엽 치매, 그 밖에 드문 나머지 유형들과 함께 그냥 '치매' 사례로 집계해야 마땅하다. 쪼잔하게 뭐 그런 걸 따지냐는 사람도 있겠지만 이건 중요한 문제다. 이런 목록에서 어떤 질환이 몇 등에 올랐느냐에 따라 의학 교육의 내용과 진료과별 예산 분배비는 물론이고 대중의 인식과 정부 정책을 포함해 우리 사회 전체가 흔들릴 수 있기 때문이다.

중환重患은 늘 사람을 안타깝게 변화시킨다. 다행히 내 아버지는 84세를 일기로 눈을 감을 때까지 체통을 잃지 않았다. 그럼에도 그의 생애 마지막 몇 년이 내가 기억하는 젊은 아빠의 모습과 상당히 달랐던 것은 사실이다. 특유의 진행 경과 때문에 우리는 흔히 치매를 환자 가족에게 두 배의 상실감을 안겨 주는 병으로 묘사한다. 치매로 기억을 잃어 가는 환자는 사랑하는 사람들의 얼굴을 하나 둘씩 낯설어한다. 이때가 첫 번째 상실을 겪는 시점이다. 그로부터 몇 년 뒤 환자가 세상을 떠나면 마침내 가족들은 모든 것을 잃게 된다.

《아이리스를 위한 노래Elegy for Iris》는 작가로서 영국의 지성을 대표했던 아내 아이리스 머독Iris Murdoch을 그리워하며 남편이 써낸 회고록이다. 이 책에서 존 베일리John Bayley는 아내의 치매가 상당히 진행된 말년의 나날을 애통한 심정으로 다음과 같이 묘사했다.

「알츠하이머는 음흉한 안개와 같다. 언제 오는지도 모르게 다가왔다가 물러가고 나서야 모든 게 사라지고 없다는 사실을 깨닫는 것이다. 그러고 나면 안개 없는 세상이 존재할 수 있음을 믿을 수 없게 된다.」

이 감상이 아내를 향한 것인지, 아내를 돌보느라 고생한 자기 자신을 향한 것인지, 아니면 둘 다인지는 확실하지 않다. 베일리는 이 부분을 의도적으로 애매하게 남겨 두고 있다.

내 아버지는 막장까지 가기 전에 돌아가셨다. 최후의 순간을 제외하면 여전히 붙임성 좋게 모르는 사람과 농담을 주고받을 정도였다. 그럼에도 잊을 수 없는 기억이 하나 있다.

그 즈음 어느 날엔가 엄마가 장염으로 비틀대다 기절하는 바람에 응급실에 실려 갔다. 간호사는 엄마가 누워 있는 환자용 침대 쪽으로 다가와 아빠에게 서류를 주며 서명하라고 했다. 서류에는 당시의 아빠가 더 이상 이해할 수 없는 내용이 잔뜩 적혀 있었다. 알고 보니 엄마 머리의 상처는 꽤 심한 편이었다. 그날 엄마를 맡았던 응급실 당직 의사—탁월한 재능과 열정을 가지고 후학 양성에 힘쓴 공로로 이런저런 상을 여러 차례 받은 사람이라고 했다—는 서류 접수에 시간이 걸린다며 나더러 일단 돌아가 있으라고 말했다. 의사가 아빠의 횡설수설하는 말본새를 귀담아듣지도, 엄마가 돌봐 주지 않아 꼬질꼬질한 차림새를 눈여겨보지도 않았다는 걸 딱 봐도 알 수 있었다. 이 두 가지만으로 충분히 치매를 의심할 수 있는 상황이었는데 말이다. 결국 나는 직접 나서서 아빠 대신 내가 엄마 옆에 있어야 한다고 말해야 했다. 아빠는 누군가의 도움 없이는 화장실에 가거나 한 층 위에 있는 식당을 찾기는커녕 엄마 침대의 위치를 기억하지도 못할 게 뻔했다.

치매 초기의 증상은 워낙 미묘해서 오직 노련한 전문가나 기민한 사람만이 알아볼 수 있다. 프랑스 소설가 아니 에르노Annie Ernaux의 글은 이 부분에서 좋은 참고 자료가 된다. 모친이 마침내 알츠하이머 진단을 받기까지 몇 개월을 함께 지내면서 어머니의 상태를 유심히 살피고 자세히 기록해 둔 것이다.

엄마가 달라졌다. 식사 준비를 시작하는 시간이 점점 빨라졌고 짜증이 늘었다. 연금공단에서 안내문이 오면 어쩔 줄 몰라 했다. …… 유독 엄마에게만 사건사고가 줄이었다. 엄마가 기다리는 기차는 이미 출발한 뒤였고 장을 보러 나가면 가게 문이 닫혀 있었다. 이놈의 열쇠는 자꾸 도망을 다녔다. …… 엄마는 홀로 보이지 않는 적과 싸우는 것 같았다.

알츠하이머병은 치매 중 가장 흔한 유형으로, 서서히 발현하는 것이 특징이다. 그런 까닭에 첫 증상이 시작되고 여러 해를 넘긴 뒤에야 진단이 내려지곤 한다. 초기에는 징후가 너무나 미세하기에 나이 혹은 부주의 탓으로 돌려지기 십상이다.

"나도 늙나 보다."

어른들은 깜빡깜빡할 때마다 이렇게 말하며 겸연쩍은 웃음으로 불안감을 숨긴다. 조사에 의하면 미국인이 암 다음으로 무서워하는 병이 바로 치매라고 한다. 세월은 뇌를 녹슬게 하고 각종 질병은 치매를 유발한다. 우리에게는 일상인 많은 일들이 치매 환자들에게는 쉽지 않은 도전이다. 예전에는 누워서 떡 먹기였는데 생활비 관리하기, 약 챙겨 먹기, 장 보기, 요리하기, 운전하기 등등 어느 하나 쉬운 게 없다. 머리가 둔해지고, 기억이 잘 안 나고, 집중력이 떨어지는 것은 그저 불편한 것이지 병적인 기능장애라고 볼 수 없다. 단순한 그림을 똑같이 따라 그리지 못하거나 1분 동안 동물 이름을 한두 개밖에 대지 못하는 것과는 근본적으로 다르다. 뇌가 건강한 노인은 여전히 많은 일을 할 줄 안다. 눈이 침침하고 손이 둔한 탓에 느릿느릿 돌아갈 뿐, 결국 스스로 해내긴 한다.

현재 미국의 치매 환자 수는 상당하다. 2015년 기준으로 530만 명이 치매를 앓고 있는데 이것은 에이즈 환자보다 네 배 넘게 많은 수다. 혹자는 병원에 가지 않아 드러나지 않은 환자들까지 합하면 실제 치매 환자의 수는 통계치의 두 배로 늘어날 거라고 추측한다. 노년기 내내 또렷한 정신으로 보내다 생을 마감하는 노인이 훨씬 많긴 하지만, 고령은 분명한 치매의 위험인자이다. 75세 이상 노인이 전체 치매 환자의 80퍼센트를 넘을 정도다. 그런데 또 70세 이상 노인 인구 중 치매 환자의 비중은 14퍼센트밖에 안 된다. 치매는 백인보다는 흑인에게 더 흔하고, 라틴계 인종은 그 중간 어디쯤이다. 미국에서 치매에 가장 덜 걸리는 인종 집단은 아시아계인데, 민족까지 따지고 들어가면 그 안에서도 편차가 벌어진다.

알츠하이머로 진단받고 당장 어떻게 되는 건 아니다. 대개는 그로부터 8~12년을 더 산다고 한다. 사망하더라도 대부분은 나머지 동년배들과 마찬가지로 심장병이나 암 탓이다. 치매는 원래 빠르게 진행하는 게 보통이지만 약, 감염, 뇌졸중 등에 의해 더 급작스럽고 현격해지곤 한다. 이런 외부적 요인 때문인 경우는 치료가 가능하다. 안타깝게도 치매의 진단과 치료에 절대 기준은 전무인 실정이다. 그런 가운데 기댈 곳 없는 환자 가족들의 하루하루는 다큐, 멜로, 코미디, 액션, 비극이 뒤죽박죽된 롤러코스터가 따로 없다.

솔직히 치매 환자들에게는 모든 분과가 총출동한 전방위적 관리가 필요하다. 그럼에도 치매를 비중 있게 다루는 진료과는 얼마 전까지만 해도 신경내과, 신경정신과, 노인의학과 정도에 그쳤다. 그나마도 다 따로 놀아서 가르치는 내용이 제각각이었다. 가령, 신경내과는 뇌 병리학 소견을 보고 진단하는 요령과 약물 치료에 집중하는 데 비해 신경정신과는 불안감, 우울증, 정신이상 증세에 더 주목했다. 한편 노인의학과는 환자의 전반적 건강 수준, 사회적 상황, 물리적 환경을 유기적으로 관리해 환자 본인뿐만 아니라 가족들의 삶의 질까지 최대한 보존하는 것을 목표로 삼았다. 신생 분과인 데다 인기도 없어 머릿수가 한참 딸리는 주제에 참 거창하기도 했다. 요즘 의사들은 전공을 막론하고 치매를 어느 정도씩은 다 알고 있다는 게 내게 위안이 된다. 암 같은 무시무시한 병들의 유명세를 따라 잡으려면 아직 한참 멀었지만 말이다.

1980년대부터 정기적으로 업데이트되는 여러 추적 관찰 연구들에 의하면, 확실히 중년에 진입하지 않은 한 환자가 젊을수록 의사들이 치매 진단을 놓치고 지나가는 일이 잦다고 한다. 내 일터이기도 한 캘리포니아 대학교 샌프란시스코 캠퍼스UCSF의 주도로 실시된 한 연구에서는 2018년 기준으로 65세 이상 성인 중 고작 3퍼센트만이 공식기록상 어느 유형이든 인지장애를 갖고 있는 것으로 조사됐다. 보통 우리가 이 연령대를 떠올리면서 막연하게 예측하는 숫자를 크게 밑도는 통계치다. 그 이유를 최근 한 연구팀이 조사했다. 그들은 개업의들의 배경지식과 경험 부족을 원인으로 지목했다. 그런데 어떤 연구팀은 환자들에게 가장 큰 책임이 있다고 봤다. 어차피 마땅한 치료법이 없으니 진단을 받고 안 받고는 중요하지 않다는 것이다. 한편 또 다른 연구팀은 치매 진단을 어렵게 만드는 것은 과도한 업무량과 예산 부족 두 가지 모두의 탓이라고 분석했다.

치매는 무엇이 사람을 사람답게 만드는가를 생각하게 한다. 만약 우리가 치매 환자도 나와 똑같은 사람이라고 여긴다면 우리는 기본 인간성마저 무너뜨리는 이 병에 보다 담대하게 맞설 수 있을 것이다. 더불어, 우리가 흔히 생각하는 의학 치료의 범위가 한층 넓어질 것이다. 그러면 치매 관리자로서의 기본 소양을 갖춘 개업의가 훨씬 많아지겠지. 거기에 제도와 규정까지 발맞춰 진화하면 금상첨화다. 그렇게 민관이 하나 되어 치매 환자들의 다양한 요구에 부응할 수 있게 될 미래를 기대해 본다.

2010년에 내게 강연 요청이 들어왔다. 평생교육 프로그램의 맥락에서 기획된 것으로, '지난 한 해를 돌아본 노인의학'이라는 제목의 행사였다. 각 발표자는 지난 열두 달 동안 자신의 전공 분야에서 발표된 최신 연구들 중 가장 중요한 것만 추려서 비전문가인 청중에게 쉽게 풀어 설명해야 했다.

그런데 기획안을 제출한 바로 다음 날, 운영위원장으로부터 전화가 걸려 왔다. 주제 선정에 문제가 있다는 거였다.

"치매는 안 돼요. 벌써 누가 하기로 했거든요."

그 누군가는 바로 유명 뇌기억 연구소의 소장직을 맡고 있는 세계적인 치매 권위자였다. 마침 그 연구소에서 그의 진두지휘하에 진행되는 한 연구 프로그램에 세계의 이목이 집중되어 있던 터였다.

“하지만 내용물은 완전히 다를 거예요.”

내가 할 얘기는 환자와 임상에 관한 것인데 신경학자는 과학에 치중할 거라는 확신에서였다.

위원장의 목소리에서는 불안한 기색이 역력했다.

“내용이 겹치지 않게 하는 게 저희 입장에서는 매우 중요하거든요.”

이쪽과 그쪽은 관점이 분명히 다르다. 게다가 새로 발표된 치매 논문이 지난 한 해에만 1,700건이 넘는다. 그럴진대 우연하게라도 중복되기가 더 어려운 일일 터였다.

“이러면 어떨까요?”

내가 아이디어를 냈다.

“제가 그분에게 강의 개요나 요약 슬라이드를 보여 달라고 부탁드리겠습니다. 비교해 보고 겹치는 부분이 있으면 제가 양보하는 거로 하죠. 반대로 그렇지 않으면 저도 지금 기획안대로 갑니다.”

이런 사연으로 나는 통화를 마치자마자 신경학자에게 이메일을 보냈다.

그로부터 몇 주 뒤, 상냥한 안부 인사를 곁들인 슬라이드 파일이 내 받은메일함으로 들어왔다. 예상대로 그가 하려는 얘기는 치매가 발병하면 체내 분자가 어떻게 변하는지, 치매 유형별로 치료

약이 어떤 분자를 표적 삼아 작용하는지 같은 것들이었다. 그의 슬라이드는 『네이처Nature』를 비롯해 여러 학술잡지에서 발췌한 환자 뇌 사진들로 가득했다. 적나라한 실사가 아니라 뇌의 전기 활성이나 자기장 강도를 보여 주는 알록달록한 사진들이었다. 치매의 최신 생물학 정보라니, 청중이 어려워할 법도 한데 구성을 잘했구나 싶었다.

내 경우는 치매 이야기를 하기 위한 참고문헌으로 임상 연구 논문 세 편을 골랐다. 첫 번째는 치매 전구증상, 즉 경증 인지장애의 진단 기준에 관한 논문이었고 두 번째는 치매 위험인자들의 평가 및 관리법 가이드라인을 소개하는 논문이었다. 세 번째 논문에는 중증 치매 환자들의 삶의 질과 입원 실태를 조사한 대규모 연구의 결과가 실려 있었다.

확인을 마친 나는 노심초사하고 있을 운영위원장에게 이메일을 썼다. 겹치는 내용이 없으니 이대로 진행해도 되겠다는 소식을 전하기 위해서였다.

과학은 의학을 이해하고 발전시키는 밑거름이 된다. 하지만 과학 발전이 환자를 위한 혜택으로 직결되는 사례는 거의 없다. 의사가 전두측두엽 치매로 사망한 환자의 뇌 조직을 전자현미경으로 뚫어지라 들여다본들 그의 궁금증이 그 자리에서 해소되는 일은 없다. 이 치매가 다른 유형의 치매와 어떻게 다르며 왜 그런지의 답이 동그란 렌즈 반경 안에서 번쩍 튀어나오지는 않는다. 마찬가지로, 낯 뜨거울 정도로 민망한 행동을 하는 치매 환자를 자제시킬 참신한 방법을 보호자들에게 알려 주는 것도 아니다. 이런 기초과학 연구는 전두측두엽 치매 환자를 더 잘 진단하고 치료하려면 앞으로 뭘 어떻게 해야 할지 대강의 힌트만 제시한다. 반면에 병세가 꽤 진행된 치매 환자의 남은 수명이 전이암 환자나 말기 심부전 환자의 그것과 비슷하다는 사실을 알아 두면 당장에 쓸모가 있다. 환자의 마지막 가는 길에 환자와 가족 모두 불안감도 고통도 없이 최대한 평온하고 만족스러운 이별을 준비하도록 도울 수 있다는 점에서다.

이메일로 받은 슬라이드 요약본을 다시 훑어보니 신경학자의 강연은 본인의 연구 관심사만이 아니라 의료계 전반의 동향을 동시에 보여 주고 있었다. 각종 검사와 분석, 방사선영상 기술, 외과시술, 갖가지 기전의 의약품들은 의학 발전에 기여만 한 게 아니라 20세기부터 의학의 어엿한 중심축으로 자리 잡았다. 의학이 처음 생겨날 때부터 이런 모습이었다는 착각마저 들 정도다. 그런데 의료계의 이런 분위기가 치매 같은 질병을 치료하는 데에는 크나큰 걸림돌이 된다. 진단 기술이 나날이 발전해 조기 발견이 흔해졌고, 큰 효과는 없을지언정 치료약들이 많이 나와 있긴 하다. 그러나 치매 같은 병을 앓는 환자들을 잘 돌보기 위해 요구되는 지식과 기술 대부분은 요즘 대세인 첨단기술 말고 저 구석에 처박힌 다른 도구상자에 들어 있다. 그러니 삽질만 하는 것처럼 보일 수밖에.

치매 환자를 담당하는 의사는 무엇보다도 환자들이 실생활에서 맞닥뜨리는 어려움을 잘 넘기고 내가 치매 환자라는 실존적 고뇌를 극복하도록 이끌 수 있어야 한다. 치매 유형별로 혹은 인지장애 정도에 따라 상태가 천차만별인 환자들과 막힘없이 소통할 줄도 알아야 한다. 가족의 고충을 감지하고 적절히 덜어 주는 능력도 필요하다. 대개 치매 증상은 약물로 다스린다고들 알고 있지만 부작용은 거의 없으면서 훨씬 더 효과적인 비약물 요법도 많다. 증상을 유발하는 개인적 혹은 사회적 배경 요인을 공략하는 것이다. 진정한 치매 전문가라면 당연히 그런 것들을 달달 꿰고 있어야 한다. 그뿐만 아니다. 치매가 진행됨에 따라 피해 갈 수 없는 갈등과 아픈 결정의 순간들에 가족들을 대비시키는 것 역시 담당 의사의 몫이다.

자백하자면, 그로부터 몇 년 뒤, 나는 내가 이 신경학자의 통찰력을 과소평가했음을 깨달았다. 요즘 이 연구소는 여전히 최첨단 과학 기법을 십분 활용하면서도 연구든 교육이든 임상 의료든 가릴 것 없이 노인의학 중심의 전략을 밀고 있다고 한다.

***

치매라는 병은 예방도 완치도 불가능하다. 다만 흔한 치매 유형에 한해 위험인자를 최대한 피함으로써 발병을 늦출 수는 있다. 그런데 그 지침이라는 게 토씨 몇 개 빼곤 심장질환이나 뇌졸중, 몇몇 암 등에 안 걸리려면 지켜야 한다는 주의사항과 완전히 겹친다. 규칙적으로 운동하고, 건강한 식습관을 유지하고, 체중을 관리하고, 금연하라는 것이다. 문제는 가난하거나 교육 수준이 낮거나 생의 의지가 없는 사람일수록 이 주의사항을 귓등으로도 듣지 않는다는 것이다. 이것은 치매 유병률의 지역 차를 벌리는 여러 가지 요인 중 하나다. 대대손손 빈곤하면서도 음식이나 명절 행사 같은 전통이 뿌리 깊은 사회집단의 일원이라면 고집을 꺾기가 더더욱 힘들어진다. 건강에 나쁜 시대착오적 풍속이기에 앞서 그들의 혼이 담긴 문화인 까닭이다. 순전히 개개인의 그릇된 선택과 방만이 불러오는 병이 있는 한편, 환경적으로 위험인자에 더 많이 노출된 탓에 특정 집단이 유독 잘 걸리는 병도 있다. 치매의 경우는 대부분의 다른 질환들처럼 후자에 가깝다. 사회 불평등이 건강 악화를 부르고 불필요한 의료 자원 소모를 초래하는 것이다.

치매는 여러 가지 면에서 노년을 바라보는 현대 서구화 사회의 전형적인 시각을 보여 준다. 우리는 언제 어떻게 치매를 대화의 화제로 꺼내는가. 치매가 사람의 인생에 어떤 영향을 미치는지 우리는 어디까지 이해하고 있는가. 최근 반세기 동안 사회 전반에서든 의료계 안에서든 우리가 해결한 문제는 무엇이고 해결하지 못한 과제는 무엇인가. 이렇게 몇 번만 자문자답해 보자. 그러면 노화라는 더 큰 주제를 대하는 우리 사회의 현주소가 정확하게 조망된다. 방금 전에 치매를 겨냥해 던졌던 질문들을 고령이라는 주제에도 똑같이 되물을 수 있기 때문이다. 완전히 딴 사람이 된 이 늙은이는 누구인가? 고령자는 우리 사회에서 어디쯤에 자리하며 다른 사회 구성원들과 어떤 관계를 맺고 있는가? 어떤 노인들은 더 이상

마라톤을 하지는 못해도 가게 카운터를 보거나, 대법원 상석에서 망치를 두드리거나, 방과후 아동 돌봄 봉사를 하거나, 차량공유업체의 호출 운전기사로 일하거나, 박물관 도슨트로 활동하거나, 병원을 운영한다. 반면에 또 어떤 노인들은 자기 집에 가는 길을 잊어버리거나 손자손녀 이름을 기억하지 못한다. 똑같이 백발이라도 이 둘은 하늘과 땅만큼이나 다르다. 그러나 모두 관심과 배려가 필요한 인격체라는 점에서는 둘을 구분할 수 없다. 전자는 언제든 후자가 될 수 있고 후자 역시 한때는 전자였다. 같은 이치다. 그들은 우리의 미래이며 우리는 그들의 과거다.

표준화

본인이 의사 출신인 퍼트리샤 가보우Patricia Gabow는 종합공공의료 조직인 덴버 헬스Denver Health의 최고경영자로 오랜 세월 재직했다. 보편적인 안전망 의료 시스템을 구체적 질환에 특화시키는 기술이 당시 가보우의 대표 업적 중 하나다. 이 전략은 환자들에게 의료 서비스를 제공함에 있어 문화적 선입견과 의사의 편향을 배제시키는 가장 효과적인 기법으로 평가된다. 분명한 목표를 제시하면서 증거에 입각해 꼭 필요하다고 분석된 조치들만 순서대로 안내함으로써 모든 의사가 표준을 따르도록 권고 혹은 강제하는 것이다. 그동안은 많은 환자들이 저학력, 저소득, 피부색부터 정신질환, 약물중독, 이미 복잡한 배경 병력까지 다양한 이유로 소외되어 왔었다. 하지만 가보우의 혁신적 시스템은 덴버 헬스 산하 병원에서 그런 환자들도 세심한 의료 서비스를 받도록 함으로써 지역 보건의 질을 높이는 큰 성과를 거뒀다. 가보우는 자신의 작품이 자랑스러울 만했다.

그런데 치매를 앓는 94세 노모가 넘어져 다치고 나서야 가보우는 표준화가 만능은 아님을 깨닫는다. 여전히 유연한 변용이 가능하긴 해도 정작 본인의 어머니에게는 해당되지 않았던 것이다. 이 시스템이 모친에게 효과가 없을까 봐 걱정되는 것도 있지만 어머니를 아프게 할 걸 알았기에 마음이 동하지 않았다. 그래서 그녀는 모친의 법정 대리인 자격으로 자신이 개발한 시스템이 권장하는 치료들 대부분을 거절했다. 목 깁스, 심장 모니터기, 정맥수액, CT 스캔, 정형외과 수술, 입원까지 모조리 말이다. 대신에 팔 상처를 봉합하는 것, 뼈가 조각 난 손목에 부목을 대는 것, 그리고 골반 골절 교정을 위해 자택에서 물리치료를 받는 것에는 동의했다.

병원 의사들은 특히 이 마지막 항목에 불만을 표시했다. 수술이 훨씬 빠르고 확실한 방법이라고 주장하면서. 그러나 가보우는 의사이자 병원 대표로서가 아니라 의사지만 딸로서 다르게 생각하고 있었다.

어머니가 수액을 보면 바늘을 빼려고 할 게 틀림없었어요. 그러면 또 그걸 막으려는 의료진과 실랑이가 벌어지겠죠. 그러다 결국 진정제를 놔야 할 거고 그다음은 걷잡을 수 없을 겁니다. 이 모든 과정 하나하나가 어머니에게는 고문일 거예요. 저는 옆에서 그걸 다 지켜봐야 하고요.

그렇게 그녀가 택한 대안은 휴가 중이던 정형외과 과장에게 개인 번호로 연락해 집에 들러 달라고 부탁한 뒤 모친과 함께 귀가하는 것이었다. 그로부터 불과 일주일 뒤, 어머니는 물리치료사의 부축을 받아 1미터 남짓을 걸었다. 가보우는 모친의 생명뿐만 아니라 약 15만 6,000달러의 국가 예산까지 구해 낸 것이다. 잔인하지만 가보우에게 배경지식과 권력 그리고 무엇보다도 정부의 복지제도에 손을 벌리지 않아도 되는 재력이 있기에 가능한 일이었다.

절약된 예산액 계산이 어떻게 나왔는가 하면, 권장 목록에서 가보우가 거절한 치료와 시술들만 추리고 그녀가 다른 결정을 내렸다면 모친의 건강보험이 각 항목에 지급했을 수가를 합했다. 얼마 전까지만 해도 그녀는 자신이 개발한 표준화 시스템이 어째서 모든 환자를 만족시키지는 못하는지 이해하지 못했다. 그런데 지금은 분명히 알 수 있었다. 시스템은 같은 병을 앓는 환자라면 누구나 똑같은 치료로 효과를 본다고 가정했는데 이게 결정적인 실수였던 것이다. 이런 표준화는 편리하다. 하지만 질병 하나하나에만 집중할 뿐 한 사람이 동시에 앓는 여러 가지 병이 서로 영향을 미칠 수 있다는 사실은 간과한다. 병과 치료 모두 환자의 나이에 따라서도 환자의 건강 수준에 따라서도 다르게 진행된다는 사실 역시 시스템은 놓치고 있다.

의사이자 인류학자인 아서 클라인만Arthur Kleinman이 《질병 이야기The Illness Narratives》에서 지적했듯이, 우리 보건 의료 시스템 안에서는 여전히 질환 치료만 중요하고 환자의 병세 관리는 뒷전이었다.

가보우 모친의 사례에서 쓸데없는 지출을 막을 수 있었던 요인은 가보우의 결단 말고 두 가지가 더 있다. 사고가 나기 전에 평소에도 가보우는 당신의 건강 상태에 대해 그리고 어머니가 생을 어떻게 마무리하고 싶은지 미리 스스로 결정할 수 있도록 당사자와 많은 대화를 나눴다. 사고가 났을 때 어머니를 대신해 어머니 입장에서 모든 결정을 내릴 수 있었던 것은 모두 그런 사전지식 덕택이었다. 또, 두 사람의 모녀관계가 유별나게 돈독했다. 딸은 다들 말리는 이례적인 결정을 내리고도 당당하고, 구십 노인은 기력과 위엄을 되찾겠다고 알아서 이 악물고 노력한 걸 보면 알 수 있다. 이런 탄탄한 신뢰가 없었다면 가보우는 깊은 고민 없이 수술 동의서에 서명했으리라. 그리고 이어지는 소위 표준 치료들은 십중팔구 노모를 살리기보다 더 시들게 만들었을 것이다.

대중은 생명공학 기술의 진취적인 행보에 잔뜩 매료되어 있다. 그런 가운데 의사들은 유독 말을 아낀다. 첨단기술이 때로 사람에게 해를 끼치기도 함을, 상황에 따라 더 나은 대안이 얼마든지 있음을 알면서도 환자들에게는 알려 주지 않는다. 가보우가 제 주머니를 털어 모친을 집에서 치료받게 한 덕에 정부 입장에서는 돈이 굳었다. 이 경비 절감 효과가 결코 무시할 게 못 된다는 걸 꼭 알아야 한다.

보호자들은 의사 말이라면 무조건 믿는 경향이 있다. 하지만 의료계 종사자 대부분은 특정 부문에만 재정 지원을 몰아주는 이상한 시스템의 결과물이자 중개인이다. 그런 치료가 건강을 되찾아 주기보다 고통만 연장시킬 공산이 클 때도 편애는 여전하다. 알 만한 관계자들은 죄다 나 자신, 혹은 내 가족에게는 그런 치료를 받게 하지 않겠다는데도 말이다. 개업의들이 노인 환자를 맡기 꺼리는 이유 중 하나는 득보다 실이 큰 치료를 제안하도록 강요받을 때 양심의 가책이 크기 때문이라고 한다.

늙어서 최상의 의료 서비스를 받기 위해 자식을 의사로 키워야 할 필요는 없다. 어차피 이것은 의사 개개인의 선을 벗어나는 문제다.

현재 우리 사회의 의료 제도는 각종 시술의 필요성에 의문을 제기하지 않는다. 그런 시술 때문에 노쇠한 고령 환자에게 합병증이 발생해도 청구된 의료비를 또 군말 없이 병원에 지급한다. 반면에 가보우 모친의 사례처럼 고령 환자를 보다 안전하고 맘 편하게 귀가시킬 수 있는 치료에는 아무 보상도 하지 않는다. 비슷한 상황에서 만약 보호자가 가보우 같은 능력자가 아닌 보통 사람일 경우, 결과는 둘 중 하나다. 모친을 입원시켜 약에 절게 하든가 아니면 어머니를 위해 내 직장을 포기하는 것이다. 15만 6,000달러라는 금액은 결코 넉넉잡은 게 아니다. 장기입원, 요양원 입소, 병원 재입원까지 생각하면 고만고만한 고령 노인에게 이 정도는 보통이다.

분명 누군가는 가보우의 모친이 받았던 것 같은 수준의 의료 서비스를 감당할 형편이 되는 사람이 몇이나 되겠냐고 항의할 것이다. 그러나 그건 진실을 모르고 하는 소리다. 이미 우리는 별 도움도 안 되면서 비싸기만 한 치료에 막대한 예산을 낭비하고 있다.

선 긋기

이변이 없는 한 현대인 대부분은 어르신 소리를 들을 때까지 오래 살 것이다. 그러면 이런 생각이 들지 모른다. 노인들에게는 '난 됐어'라든가 '나랑은 상관없어'라는 냉대가 다른 사회집단들보다는 비교적 줄어들 거라고. 하지만 애초에 나이는 성별이나 인종과는 완전히 다른 성질의 것이다. 최근에 변수가 생기긴 했지만 대체로 성별과 인종은 사람이 태어날 때 영구적으로 결정된다는 점에서다. 그렇다고 또 암이나 심장질환과 동류로 볼 수도 없다. 요즘에 암과 심장질환이 흔하긴 해도 모든 사람이 걸리는 것은 아니다. 게다가 내가 어느 부류에 속할지는 지나 봐야 알 수 있다. 반면에 사람은 죽지 않는 한 언젠가 반드시 늙은이가 된다. 나이는 신념이나 외모, 국적, 종교와도 다르다. 물론 안 그러는 사람도 많지만 정치 이념이나 헤어스타일은 사람이 맘만 먹으면 살면서 언제든 바꿀 수 있다. 그렇다면, 온 세상이 대동단결해 노년층에게 못되게 구는 것은 아무리 생각해도 노화가 무차별적이라는 점 때문 같다. 대통령도 노숙자도 사람이라면 누구나 나이를 먹으니까.

젖먹이 시절은 예외로 치고, 아이가 청년으로 성장해 감에 따라 한 인간이 발휘하는 물리적인 힘과 사회적인 힘은 비례해서 커진다. 인생 전체를 볼 때 다시 오지 않을 전성기이기에 이 젊음이 더욱 소중할 수밖에 없는 것이다. 그런데 그렇게 생각하지 않던 시절도 있었다. 미국 전역을 청교도가 지배하던 시절에는 노인들이 인간이 덕을 쌓아 최고 경지에 오른 산 증거로 온 마을의 존경을 받았다. 그런데 오늘날은 어떤가. 대중은 어린 모델, 동안 배우, 젊은 운동선수에게 병적으로 열광한다. 70억 세계인의 일상생활을 떡 주무르듯 하는 억만장자 IT 천재들까지.

그런데 노인 따돌림 현상에는 보다 근본적인 원인이 따로 있을 수도 있다. 본디 사회 정체성이란 관계 속에서 정의되는 것이니 말이다. 모든 인간은 자신을 타인과 비교함으로써 자아를 파악한다. 시몬 드 보부아르Simone de Beauvoir가 설명했듯, "타자성otherness은 인간 사고에 존재하는 기본 개념이다. 따라서 비교 대상으로 삼을 남이 없다면 우리도 있을 수 없다."

노인들과 선 긋기를 하며 보낸 젊은 시절의 대가는 수십 년 뒤 부메랑이 되어 자신에게 돌아온다. 시도 짓고 수필도 쓰는 80대의 원로 문인 도널드 홀Donald Hall이 이 딜레마를 잘 표현했다.

사람 나이 80대에 접어들면 자신이 이방인임을 실감하게 된다. 무심코 자리에서 일어나려는 순간 무릎이 찌릿하다. 혹은 젊은이의 시선과 눈이 마주쳤는데 나를 머리나 촉수 따위가 한두 개 더 달린 녹색 피부의 외계인 보듯 한다. 그럴 때 잠깐 잊고 있었던 진실이 나를 엄습한다. 바로 내가 늙은이라는 것. 나이 든 사람을 보면 혹자는 냉담하고 혹자는 친절하다. 어쨌든 무시당하는 기분이 드는 것은 어느 쪽이든 매한가지다.

사람이 늙으면 갖가지 현실적인 문제가 따라온다. 하지만 그런 문제들은 노인으로 살아가는 것을 힘겹게 만드는 여러 가지 요인 중 일부일 뿐이다. 노인을 가장 괴롭히는 것은 그들을 바라보는 세상의 시선이다. 생물학적 시간이 노년을 정의하는 유일한 기준은 아니다. 만약 그랬다면 청교도 장로들이 온 동네 사람들로부터 극진한 효도를 받을 수 없었을 것이다. 개개인의 업적, 사회 배경, 문화 역시 노인의 삶을 정의하는 중요한 요소로 작용한다. 우리는 자연의 시계와 사회의 가르침 양쪽에 모두 동시에 순응하며 나이를 먹어 간다.

나이 때문에 선 긋기를 당하는 것은 노인에 국한되지 않는다. 사실 인간은 우리와 남을 구분하는 행위를 훨씬 어릴 때부터, 그것도 자주 한다. 항상은 아니지만 대개는 남을 나보다 낮추려는 의도다. 세라 망구소Sarah Manguso가 본인의 인생사를 집약한 회고록 《현재진행형Ongoingness》을 보면 이런 구절이 있다.

「어린아이에게 엄마는 바위처럼 불변하는 고정된 존재다. 아이들과 마찬가지로 여러 가지 면에서 변해 가는 한 인간이 아니라 말이다.」

이걸 어린아이의 뇌 발달이 미숙하다는 의미로 해석하는 사람도 있을 것이다. 하지만 타자의 개념이 아주 어릴 때부터 이미 정립되어 있으며 인간은 본능적으로 타자를 뭔가 추상적인 것으로 구분 지어 자신과 멀리 떨어뜨리려 한다는 뜻도 된다. 시대와 지역을 막론하고 인류는 이런 선 긋기를 통해 목숨을 연명해 왔다. 부족, 국적, 인종, 종교, 성별, 성적 취향, 능력, 정치, 계급, 직장, 업종, 거주지, 복장, 행동거지 등등. 무엇이든 선 긋기의 기준이 될 수 있었다. 타자는 한 명의 인격체가 아니라 어떤 집단의 대표로 비친다. 그런데 또 그 집단은 진짜 사람 구성원들로 이루어진 실체가 아니다. 이 집단 자체가 나와 다름을 표현하기 위해 단순하게 만들어진 추상적 개념이기 때문이다. 선 긋기의 기준이 되는 특질 중에는 사람이 통제할 수 있는 것도 있고 그럴 수 없는 것도 있다. 그리고 자신이 현재 속하지 않은 다른 연령대를 폄하하는 경향이 생각보다 강하다. 젊은 사람들은 누군가를 '퇴물'이라 부르고 나이 든 사람들은 이에 질세라 한숨을 푹푹 쉬며 '요즘 애'들을 탓하는 식이다.

이 현상이 어느 인간 사회든 보편적임을 감안할 때 타자화는 확실히 인간의 본성인 듯하다. 그렇지만 불평등과 몰인정, 나아가 자멸을 초래하는 사회문제는 고쳐야 마땅하다. 그 첫 걸음은 바로 문제를 인정하는 것이다. 해결책을 찾을 수 있을지 없을지 장담할 수 없더라도 말이다. 노화와 관련된 사회문제들을 해결하고자 할 때 어떤 전략으로 접근하든 항상 염두에 두어야 하는 사실이 하나 있다. 인간의 겉모습은 변해 가지만 자아는 젊을 때나 늙어서나 거의 그대로라는 것이다.

"거울을 보면 웬 할머니가 나를 뚫어지라 쳐다보고 있어요. 노인네가 어떻게 그 안에 들어갔는지 도무지 모르겠다니까요."

셰어Cher가 일흔의 나이에 〈투데이 쇼Today Show〉에 출연해 한 이야기가 오직 유명 가수만 겪는 특별한 일은 아니다.

그렇다면 인종 부분은 어떨까. 극작가 클라우디아 랭킨Claudia Rankine은 그들과 자신의 관계를 깊이 살피지 않고 누군가에 대한 글을 쓰는 것은 이미 그 자체로 문제이거나 또 다른 문제를 일으킬 것이라고 말한 바 있다.

랭킨은 흑인과 백인의 구분은—여기에 내 입맛대로 첨언하면 젊은이와 늙은이 역시—대부분 날조된 것이라고 지적한다. 이 작가의 말마따나 우리 모두 문화가 빚어 낸 고정관념에 갇히고 만 것이다.

한편 이 얘기도 생각해 볼 만하다.

시인 몰리 매컬리 브라운Molly McCully Brown은 태어날 때부터 뇌성마비가 있어서 생애 대부분을 휠체어에 의지해 살아간다. 그런 그녀가 인터뷰에서 말했다.

"나 자신과 다른 사람들에게 나를 언어로 설명할 방법은 무궁무진합니다. …… 내 몸과 내 머리가 왜 그리고 어떻게 작동하는

지 혹은 남들처럼 작동하지 않는지 알려 주는 과학적 설명들이 많이 나와 있어서 얼마나 감사한지 몰라요. 하지만 이 말도 꼭 하고 싶어요. 그런 언어 표현들이 사람의 자아 인식에 영향을 준다는 걸요. 제 경우, 장애 때문에 어릴 때부터 가장 많이 들어 온 말은 죄다 뭔가 잘못됐다는 뉘앙스의 단어들이었어요. 아니면 사람들이 내게 하는 행동은 날 지금보다, 음…… 말하자면, 나아지게 해 주려고 하는 거라는 뜻이거나요. 저는 그런 언어 표현이 뒤틀린 자아정체감을 형성시킨다고 생각해요."

사람들은 이 세상은 고사하고 내 인생조차 내 맘대로 못 한다는 데에 분노하고 낙심한다. 선 긋기와 정형화는 이런 현대인의 불안 심리를 잘 보여 주는 현상이다. 선 긋기와 정형화는 나와 저들, 그리고 세상을 이해할 기준을 간단명료하게 제시한다. 지난 문명들이 경험과 공감을 통해 서서히 스미도록 공통의 가치를 더 큰 규범, 이상(理想), 혹은 신화에 꽁꽁 숨겨 두었던 것과는 정반대다. 선 긋기와 정형화는 현상을 인식하는 게 아니라 그저 바라보게 한다. 이 둘 사이에는 엄청난 차이가 있다. 무언가를 바라보려면 시선을 고정하기만 하면 된다. 반면에 인식한다는 것은 영혼의 눈으로 행간을 읽는다는 뜻이다. 그런 이유로 19세기 후반에, 사람들이 육체를 신의 선물이 아니라 기계로 보기 시작했을 때 노인을 바라보는 시선도 함께 달라진 것이다. '인식'이 아니라 '구경'으로 말이다. 얼마 전까지만 해도 신에 가까운 존재로 숭상되던 사회의 어른들은 산업화의 렌즈를 낀 현대인의 두 눈에 아무 짝에도 쓸모없는 고물에 지나지 않았다. 나이가 많다는 말은 젊은 사람에 비해 떨어진다는 의미와 동일시되었다. 또, 사람들은 고령은 곧 기능 저하와 노후라는 근거 없는 방정식을 들이대며 가능한 한 노년층과 거리를 두려고 애썼다. 이렇듯 인간을 기계로 취급하여 그 가치를 정의하는 풍조는 지금까지도 식지 않고 있다.

05 10대 초반

문제를 인정하는 것이 최선의 돌파구다

정상은 정상일까

의대생 시절 교수님들은 먼저 정상이 어떤 건지 알지 못하면 어떤 병도 알아채거나 이해하지 못할 거라고 말씀하셨다. 입학하고 며칠 지나지 않아 들뜬 기분이 채 가시기 전에 우리가 배운 정상인의 표준 모델은 바로 체중 70킬로그램의 건강한 남성이었다. 아무도 입 밖으로 꺼내지는 않았지만 이 남성은 백인에, 여자랑만 연애하고, 화목한 중산층 가정에서 자란, 너무 어리지도 늙지도 않은 딱 적당한 나이의 청년일 게 분명했다. 여기서 인종을 뺀 나머지 특징들은 어디에도 까놓고 언급되지는 않았지만 누구든 쉽게 유추할 수 있었다.

일단, 배아발생학 과목과 소아기 혹은 노년기에 특별히 호발하는 몇몇 질환을 제외하고, 당시 의대에서 가르치는 내용은 전부 성인 환자를 기본 가정으로 깔고 있었다. 게다가 증례 연구 논문들을 보면 젊은 성인이 정상의 요건에 미달하는 경우 언제나 임신이나 겸상적혈구빈혈, 에이즈, 뇌졸중처럼 그의 사회적 배경을 짐작케 하는 제삼의 요인이 있었다. 또, 비만이 사회문제로 부상하기 전인 그 시대에 체중 70킬로그램의 정상인은 절대로 어린이일 수 없었다. 아이들은 다음 학기 혹은 다음 학년에 배울 완전히 다른 인종이었다.

그때의 나는 인류 구성원 대다수를 비정상으로 여기게 하는 이 사고 틀에 의문을 제기하지 않았다. 그렇게 따지면 우리 모두가 비정상인데 말이다. 그래도 나는 어린이가 정상 인간 모델에서 크게 벗어날지언정 의학에서 중요하지 않은 존재라고는 생각하지 않았다. 실수 연발인 가운데 그나마 잘한 일 중 하나다.

1학년 때 우리는 세포 하나가 어엿한 인간의 형태를 갖출 때까지 전 과정을 순서대로 따라가며 몇 주에 걸쳐 강의를 듣고, 조를 짜서 토론을 하고, 현미경으로 조직 검체를 관찰했다. 자궁을 벗어나서는 신생아가 유아가 되고 다시 소아기와 청소년기에 이를 때까지 신체가 어떻게 변해 가며 어떤 사회심리학적 발달이 일어나는지도 배웠다. 모두 2학년 때 소아기에 앓게 되는 각종 선천적, 후천적 질환들을 본격적으로 배우기 위한 준비운동이었다. 여기에 입원 환자들을 대상으로 한 달 내내, 그리고 외래 병동에 한 주에 한두 번 띄엄띄엄 있었던 3학년 소아과 실습까지 더하면 모든 의대생은 졸업 전에 어린이에 대해서만 몇 달에 걸쳐 배우는 셈이었다. 언뜻 보면 이 정도도 이미 훌륭한 것 같다. 그런데 생각해 보라. 소아기는 사람 일생의 4분의 1을 차지한다. 그에 비해 몇 달은 의대 교육 과정 전체에서 몇 퍼센트나 되는가. 그렇게 따져 가면 궁금해진다. 의학에서 우선순위는 어떻게 정해질까. 또, 한 연령 집단의 의료시스템 의존도가 의대 교과 과정 비중에 제대로 반영되지 않는 이유는 뭘까. 그런데 당시의 나는 왜 그랬었는지 이런 의심을 단 한 번도 품지 않았다.

우리는 과학 지식은 객관적인 것이라고 생각한다. 그러나 실은 같은 사회 구조 안에서도 그 사회를 이끄는 세력이 누구냐에 따라 다른 색깔을 띤다. 서양 의학의 역사를 통틀어 어린이와 어른의 치료가 달랐던 적은 거의 없었다. 이 태도는 어린이를 바라보는 당대 사회의 시각과 정확하게 일치한다. 얼마 전까지만 해도 어린이는 체구만 작을 뿐 어른과 별반 다를 바 없는 똑같은 사람이었다. 그래서 옛날 사람들은 자식이 걸음마만 떼면 바로 일을 시켰다. 그렇게 부모 손에 일터로 등 떠밀리는 아이들은 오늘날에도 존재한다. 지난 수백 년 동안 미술작품에서도 어린이는 어른처럼 옷을 입은 자그마한 어른으로 묘사되었다. 게다가 화가가 미술해부학 공부를 어떻게 한 건지 작품 속 어린이들은 하나같이 어른과 똑같은 신체 비율을 가지고 있었다. 그러다 1800년대 중반에 영국과 일부 유럽 국가에서 아동노동법이 통과되면서 전환점을 맞는다. 이 사건을 기점으로 소아기는 인생에서 독자적인 하나의 구간으로 인정받게 되었다. 사회상을 반영하듯 소아과 전공도 발맞춰 빠르게 성장했다. 그러나 미국의 의사들은 요즘 뜨는 전공이 있다는 소문만 간간이 들을 뿐 큰 관심을 두지 않았다. 그 시절 잘 썼다 싶은 논문들은 죄다 바다 건너 유럽에서 나왔기 때문이었다.

미국에서는 여전히 의학은 남자의 영역이요, 어린이는 여자의 영역이었다. 1800년대 후반에 미국에도 최초의 소아과 병원이 생겼지만 여전히 소아과는 비인기 전공이었다. 제1차 세계 대전이 발발할 때까지는 말이다. 전쟁은 온 국민에게 큰 깨달음을 주었다. 소아 사망률을 낮추면 더 많은 군인을 양성할 수 있다는 깨달음 말이다. 그 이후 소아과학은 역사상 많은 전례가 그랬듯 두 세력의 견인에 힘입어 오늘에 이르렀다. 하나는 인간으로서 마땅히 해야 할 일을 한 위인들이고 나머지 하나는 자신의 기득권을 지키는 데 도움이 되기에 적극 나섰던 소수 특권층이다.

한편, 의료계에 진출하는 여성이 점점 늘어나 남성 전문 인력의 수와 맞먹게 되면서는 여성의 건강이 새롭게 조명되기 시작했다. 여성 질환에 관한 논문이 쏟아져 나왔고 산부인과를 지망하는 수련의와 개업의가 급증했다. 연구비와 재정 지원이 늘어나 산부인과 실력이 특출하기로 소문난 병원도 생겨났다.

나보다 1년 선배인 1991년 졸업생들은 하버드 의과 대학 역사를 통틀어 남녀 성비가 1 대 1이 된 최초의 학번이 되었다. 이게 벌써 거의 30년 전 일이다. 그럼에도 여전히 우리는 그냥 건강과 여성 건강을 구분해 얘기한다. 마치 둘이 완전히 별개의 주제이고 건강이라는 영역의 원래 주인은 오로지 남성인 양 말이다.

인종 역시 별반 나아진 건 없다. 지구촌 인구의 대다수를 구성하는 것은 노란 피부나 까만 피부의 사람들이고 미국 안에서도 백인이 아닌 사람이 훨씬 많음에도, 그들은 여전히 소수자 취급을 받는다. 21세기에 이르러 상급학교 학생들의 인종 구성이 전체 사회의 모습과 엇비슷해지자, 보건 영역 내 인종차별 문제가 수면 위로 떠올랐고 이에 관한 연구와 사회운동에 수많은 후원자가 지갑을 열었다. 오늘날에는 미국 내 대부분의 의대가 다양성 센터를 운영하며 국립보건원NIH, National Institutes of Health은 산하에 소수집단의 건강과 건강 불평등을 연구하는 국립연구조직을 두고 있다.

그런데, 절실했기에 그만큼 더 고맙고 유용한 이런 노력들이 모순적으로 더 이상의 전진을 가로막고 있다. 소수집단임을 강조하는 것은 본질을 바로 짚는 게 아니라 차별을 오히려 강화하는 셈이기 때문이다. 백인이 아닌 사람들이 인구의 대다수를 차지하는 캘리포니아 같은 지역에서조차 말이다. 그가 갖고 있지 않은 성질을 가지고 사람을 정의하려 들 때 모든 문제가 생긴다.

사회력social force(사회를 움직이는 힘_옮긴이)과 문화적 명분은 당대 의학 연구의 주제와 의료의 우선순위를 결정한다. 의학의 역사를 통틀어 수많은 혁신적 발견, 생명을 구하는 치료법의 개발, 국민건강 향상이 이 사회기제와 맞물림으로써 이루어질 수 있었다. 하지만 때로는 역으로 보건 수준 악화, 각종 사고와 부상, 환자들의 죽음으로 이어졌다. 이런 안타까운 과거사 중 일부는 전혀 의도하지 않은 결과였지만 나머지는 고의성이 다분했다.

특정 집단을 대놓고 조롱하거나 악의적으로 무시하는 풍조가 사회 전반에 전염병처럼 퍼져 있을 때 꼭 일이 벌어졌다. 알래스카 주에서는 흑인 남성에게 매독균을 주입해 인체 실험을 실시했으며, 아이가 자폐증을 앓으면 무조건 엄마가 부족한 탓이라 손가락질당했고, 극빈층과 장애인에게 동의도 받지 않고 불임수술을 시키는 일에 정부가 앞장섰던 일도 있었다. 이 사례들은 빙산의 일각에 불과하고 더구나 그리 먼 과거의 사건도 아니다. 가치관을 틀어쥐고 한 사람을 평생 조종하는 편견은 똑같이 과학계와 의학계에도 시나브로 침투해 과학자들과 의사들의 자주권을 침탈한다.

우리는 사상, 행동, 감정, 우선순위 등을 스스로 결정하고 행동하려고 해도 부분적으로만 그럴 수 있을 뿐이며 그것도 두 눈 부릅뜨고 정신을 바싹 차렸을 때만 해당되는 얘기다. 의학사 전체를 돌아볼 때 힘없는 다수 인간 집단이 건강하게 살아가기 위해 필요한 관심과 재정 지원, 존중, 보살핌을 순순히 제공받은 적은 단 한 번도 없었다. 그들이 연루된 전국적 재난이 터지거나 그들 스스로 목소리를 내기 전에는 말이다.

내가 아직 의대생일 때 정상인의 여자 버전은 강의 시간에 아주 가끔 등장했다. 체중 60킬로그램의 이 여자 정상인이 자주 언급되지 않은 것은 당시 의대 교육 과정의 또 다른 암묵적 규칙이었다. 수업에서 여자 정상인이 거론되는 것은 반드시 여자의 몸이어야만 하는 주제, 즉 성 기관, 호르몬, 생식 기능을 배울 때뿐이었다. 한편, 중간중간에는 특정 인종 혹은 민족 계통이 유난히 잘 걸리는 질환에 대해 토론하는 시간도 있었다. 그때마다 늘 화살은 모든 비유럽계 후손들에게 쏠리곤 했다. 우리는 여자 정상인과 그냥 정상인 사이의 차이점이 무엇인지를, 그리고 피부색이 더 진한 사람들은 정상인과 어떻게 다른지를 배웠다. 이 차이 탓에 의학 연구와 환자 치료가 여간 복잡해지는 게 아니었다. 가령, 정상인에게 효과적인 어떤 고혈압 치료제는 흑인에게는 유독 맥을 못 춘다. 이런 흑인 특유의 둔감성은 뇌졸중 위험을 높이는 요인이 된다. 비슷하게, 여자 환자의 심장 발작 증세는 정상인의 그것과 다른 경우가 흔하다. 그래서 여자 환자를 처치할 때 정상인을 기준으로 작성된 매뉴얼을 따르다가는 진단과 치료의 골든아워를 놓치기 십상이다. 이처럼 성별, 인종, 민족 기원이 다르면 병이 진행되는 양상부터 약의 효과, 치료 방법, 치료 결과, 사망률까지 모든 게 달라진다. 당시에도 이것은 이미 기정사실이었다. 그래서 참 다행히도, 내가 임상 현장에 투입될 때쯤에는 질병 치료법을 찾겠다면서 인구의 대다수를 차지하는 사람들을 임상 연구에서 배제하는 것은 바람직하지 않다는 인식이 점차 확산되는 추세였다. 결국, 우리가 배운 정상인이 모든 이의 눈에 정상인 건 아니었다.

근본적인 문제가 해결된 것은 아니지만, 오늘날의 의료계는 30년 전에 비하면 확실히 달라졌다. 요즘 의대생들과 이 정상인에 대한 애기를 하면 학생들은 내 말을 다 알아듣고 고개를 끄덕이면서 미소를 짓는다. 우리 때와 달리 요즘 의대는 생물학적으로 다양한 인간 유형에 대해 폭넓게 가르치는 까닭이다. 그런데 이에 비해 노인의학 교과는 여전히 빈약하기 짝이 없다. 그럼에도 여기에 의문을 제기하는 의학도는 찾아보기 힘들다. 개인적으로 이런 현실이 탐탁스럽지 않지만 이해는 된다. 나와 내 동기들도 똑같았으니까.

미국의과 대학협회AAMC, Association of American Medical Colleges가 의대 졸업생을 대상으로 해마다 실시하는 설문 조사에 언젠가 이런 문항이 나왔다. 바로, 의대에서 노인의학을 충분히 배웠다고 생각하느냐는 것이다. 누군가 의대생 시절의 내게 똑같이 물었다면 나는 그렇다고 말했을 것이다. 통계를 보면 실제로 나처럼 대답한 졸업반 학생이 전체 응답자의 4분의 3을 차지했다. 이론과 실기를 통틀어 이 청년들이 받은 노인의학 훈련의 양은 우리 때와 별반 다르지 않음에도 말이다.

어떤 주제에 대해 무지하다는 것의 진짜 문제는 내가 뭘 얼마나 심각하게 모르는지를 정확히 모른다는 데 있다. 그런데도 잘 모르는 한 사회집단이 다른 집단들보다 덜 중요하다는 시각이 있다면 그 바탕에는 그 집단을 잘 몰라도 별 상관없다는 태도가 반드시 깔려 있다. 강의실을 꽉 채운 미래의 의사들이든 병원 현장에서 활약하는 장성한 의사들이든, 태반이 노인의학은 간만 보면 충분한 주제라고 생각한다. 아마 어느 해부턴가 AAMC 설문지에서 노인의학, 노년, 고령 이 세 단어가 완전히 사라진 것도 바로 그런 이유에서일 것이다. 다른 인구 집단들은 참 세심하게도 전공과별로 하나하나 짚어 주면서 말이다.

우리 학번 동기들은 스스로를 환자들과 공감할 줄 아는 사려 깊고 깨인 세대라고 생각했다. 우리는 의료 사각지대에 있는 빈곤층의 복지 향상을 주장하고 여성과 성소수자에게 관심을 갖자고 목소리를 높였다. 하지만 이 모든 논의에서 한 사회집단이 여전히 빠져 있다는 사실은 조금도 눈치채지 못했다. 그 정도로 노인 환자를 맡는 것은 어느 의사에게든 당위성이 느껴지지도, 내키지도 않는 일이었던 것이다.

그렇다고 그 시대 의학이 고령 환자들을 완전히 무시한 건 또 아니었다. 고령자는 여성과 마찬가지로 같은 병이라도 완전히 다른 증세를 보이곤 한다. 또, 어린이라서 취약한 소아기 질환이 있듯이 고령 환자들이 앓는 병은 노화 탓인 경우가 태반이다. 이런 사실들은 그때도 의사라면 누구나 다 알고 있었다. 그러나 어린이와 일반 성인은 전공과는 물론이고, 병원 자체가 특화되어 따로 운영되는 반면 노인에게는 요양원이 고작이다. 그나마도 엄밀히 따지면 의료 시설이라 볼 수 없다. 게다가, 요양원은 의료계가 인심 써서 장만해 준 부속시설이 아니라 원래 오래전부터 존재했다. 운영도 설립 목적에 충실하게 잘되어 왔고 말이다. 사람들은 제 스스로 할 수 있는 게 거의 없을 때, 즉 마지막이 가까웠을 때 이곳으로 옮겨졌다. 요양 병원에서 치료를 이것저것 많이 하지 않는 것은 놀랄 일이 아니었다. 내가 일하고 있는 요양 병원과 협업해 본 레지던트들 중 다수가 입을 모아 하는 말이 있다. 생명을 살리고 병을 완치시킨다는 의학의 야심 찬 포부가 고령 환자들에게는 무용지물이거나 오히려 역효과를 내는 것 같다는 것이다. 이 문제를 명쾌하게 해결할 대안은 아직 없는 실정이다. 그런 까닭에 현재로서는 고령 환자가 실려 오면 급한 불만 끄고 되도록 빨리 요양원으로 돌려보내는 게 병원 입장에서는 최선이다.

의대에 다닐 때 노인의학을 얼마나 많이 배웠냐는 질문을 진짜 의사 노릇을 몇 년 한 뒤에 다시 받았다면 생각이 달라졌을까? 만약 노인의학 전공으로 전문의를 따고도 여러 해 더 경력을 쌓았을 때쯤의 나라면 이번에는 아주 조금이라고 대답했을 것 같다. 책에도 인격이 있다면 적어도 의대 교재 몇몇은 화를 버럭 낼 만한 답이다. 섬망증, 요실금, 낙상 등 노년기에 흔한 몇몇 주제를 상세히 다루는 부분이 분명 있긴 있으니까. 그러나 현실에서는 나이 많은 환자의 생사가 이런 문제들로 갈릴 수도 있다는 중대성에 비해 교육적 관심은 여전히 턱없이 부족하다. 설령 운 좋게 의대 수업에서 다뤄지더라도 의료계에서 공통의 이해와 관습을 바탕으로 당연시하면서 얼렁뚱땅 넘어가는, 이른바 '숨겨진 교과과정'으로 치부될 뿐이다. 이처럼 고루한 시스템 안에서 노인들은 만년 2등 시민으로 머물 수밖에 없다.

내가 버리지 못하고 쌓아 둔 낡은 의대 교재들 중에 문진(의사가 환자에게 직접 질문해 진단과 치료에 필요한 정보를 얻는 것_옮긴이)과 신체 검진 요령을 자세하게 다루는 책이 있다. 고동색 표지의 이 1987년 출간본은 당시 이 주제에 관한 한 비교불가의 역작으로 명성이 자자했었다. 옛날 생각이 나서 돌연 내용이 궁금해진 나는 색인 페이지를 펼쳤다. 그러고는 요즘 노인들에게 가장 큰 화두인 '치매'를 찾아봤더니 '인지기능'과 '치매'라는 두 단어에 각각 딱 두 줄과 세 줄이 할애되어 있었다. 반면에 중년기와 노년기 모두 흔한 '심장질환'의 분량은 무려 아흔 줄이 넘었다. 그것도 원인, 평가 기준, 검사법 등등 목차 분류도 훨씬 자세했다. '치매dementia' 항목과는 너무나 대조적이었다. '치매'와 함께 알파벳 D로 묶인 다른 의학 용어 하나도 해설은 세 줄로 끝이었다. 바로 '드루젠drusen'인데, 이것은 사람이 나이를 먹으면 안구 안에 축적되어 노란색 혹은 흰색 점처럼 맺히는 물질이다. 드루젠은 종종 심각한 안과질환인 황반변성과 동시에 생기지만, 드루젠과 치매의 비중이 같은 걸 보면 이 책이 나왔을 때는 그 사실이 밝혀지기 전이었던 게 틀림없었다. 한편, 나는 D로 시작하는 또 다른 핵심 단어는 아예 누락되어 있다는 것도 발견했다. 바로 '사망death'이다. 그 시절만 해도 사망 사례가 여전히 흔했기에 사소한 신호 하나라도 놓치지 않도록 미리 신체 검진을 면밀하게 하는 게 중요했을 텐데도 말이다.

그런데 이런 식의 과감한 축소와 생략이 20세기 의학 교육에서는 다반사였다. 모든 전공과목을 통틀어 이 시절 의대 교재들을 인지도 순으로 나열할 때 상위 50위에 드는 서적 모두 질병 유형에 따라서만 단원이 나뉘어 있고 노년기 돌봄의료에 관한 내용은 그 어디에서도 찾아볼 수 없다. 우리는 모두 언젠가 죽는다. 이변이 없는 한 그 원인은 대부분 병일 것이다. 그리고 그런 병으로 인한 죽음은 보통 오랜 시간에 걸쳐 서서히 다가온다. 21세기에 진입한

지도 어언 20년이 된 현재는 죽음과 죽어 가는 과정을 다루지 않는 의학 교재가 오히려 더 드물어졌다. 그럼에도 노인 인체생리학과 노인성 질환들 그리고 노년기의 삶에 대한 의학 교육은 여전히 수박 겉핥기에 머물고 있다.

이 책임을 꼭 누군가에게 돌리고 싶다면 역사를 탓해야 할 것이다. 전염병이 전국을 휩쓸면서 며칠 만에 인구 몇 분의 몇을 몰살시켜 나라 하나가 없어질 위기라더라는 따위의 얘기는 옛말이 된 지 오래다. 의학 기술의 눈부신 발전 덕분이다. 심한 외상과 암은 물론이고 각종 감염질환, 난산, 장이 막히는 폐색증, 너무 높은 혈당치나 혈압, 심장부전과 신장부전 등등. 먼 과거에는 걸리는 즉시 사형선고나 다름없었지만 이제는 치료만 잘 받으면 완치도 거뜬한 질환은 일일이 헤아릴 수 없다. 그뿐만 아니다. 20세기 후반에는 막힌 동맥을 뚫어 심장마비와 뇌졸중을 미리미리 예방하고, 제대로 기능하지 못하는 필수장기를 이식수술을 통해 건강한 새것으로 교체하고, 암세포만 공격하는 최첨단 약물로 암을 치료하는 수준에 이르렀다. 그야말로 '현대 의학의 기적'이 아닐 수 없다.

그런데 방심은 금물이라고, 인간 수명 연장에 따라 그런 완치법이 예상치 못한 또 다른 결과를 낳고 있음이 갈수록 분명해지고 있다. 당장 목숨을 빼앗는 건 아니지만 서서히 심해지면서 사람을 괴롭히는 각종 만성질환이 만연하게 된 것이다. 세포는 산 세월에 비례해 복제 실수를 더욱 자주 일으키고 유해물질에 노출될 일도 더 많아진다. 그런 잔고장들은 뇌, 심장, 폐, 간, 소화관, 신장과 같은 장기들에 평생에 걸쳐 축적된다. 혹은 내부 장기는 멀쩡한데 귀, 눈, 관절, 발 같은 곳이 닳아 일상생활이 몹시 불편해지기도 한다.

서양 의학은 오늘날을 만성질환 전성시대 혹은 고령화 질환 유행시대라 정의한다. 그러면서 이게 현행 의료 제도가 당면한 최대의 과제라며 잔뜩 긴장한다. 그러면서도 각종 만성질환과 그 단골 고객인 노년층 그리고 그들을 위한 노인의학에 대한 실질적 지원은 여전히 만년 2순위다. 언행불일치도 이런 언행불일치가 또 없다.

다름과 틀림

내게 에세이를 검토해 달라고 부탁하면서 그 레지던트는 자신이 생사가 오락가락하는 환자에게 단 15분밖에 시간을 내지 않게 된 사연을 설명했다. 다음 환자도 위중한 고령 여성이라고 하기에 비슷하게 위중한 앞 순서 환자부터 처치를 마쳤다고 한다. 그러고서 가 보니 환자 상태 자체는 신체적으로도 정신적으로도 그가 예상한 그대로였다. 그런데 할머니라고 알고 있던 환자의 나이가 40대였다는 것이다. 그때서야 그는 자신이 시간 배정을 완전히 잘못했음을 깨달았다고 한다. 원고 끝부분에 그가 너무나 속상한 나머지 몇몇 동료에게 자신의 실수를 털어놓는 얘기가 나왔다. 대부분은 비슷한 경험이 있어 동병상련의 심정이었을 것이다.

젊은 의사들은 다들 이 이야기에 공감하는 것 같았다. 하지만 다른 게 아니라 인수인계 받는 의사가 일정을 더 잘 짤 수 있도록 차트에 환자 나이를 더 부각시켜 표시하는 게 중요하다는 점에서였다.

「마지막 부분은 아직 안 됐어요?」

내가 이메일로 물었다. 그러자 완성되었다는 답장이 날아왔다.

「결론 부분에 교훈을 넣었어요. 편집부에서 그런 걸 원할 것 같아서요. 아닌가요?」

보아하니 그는 자신이 똑같이 목숨이 경각에 달린 두 환자의 임종 전 마지막 시간에 서로 다른 값어치를 매긴 꼴이라는 사실은 자각하지 못하는 게 분명했다. 나는 갑자기 등골이 오싹했다. 그런데 만약 이 사실을 자각했더라도 걱정이었을 것이다. 그 상황에서는 그럴 수밖에 없었다고 합리화한다면 그 또한 도덕적으로 문제가 있는 것일 테니.

50여 년 전, 하버드 대학교의 심리학자 고든 올포트Gordon Allport는 역작 《편견의 심리》에서 '자신이 편견을 가지고 있음을 알고 창피해하는 사람은 이미 그것을 없애려는 노력을 시작한 것'이라고 말했다. 이 말은 곧 자신의 편견을 인지하지 못하면 부끄러운 줄도 모른다는 뜻도 된다. 의료계 사람들은 나이 많은 사람을 깎아 내리는 게 분명한 말들을 너무나 자주, 아무 생각 없이 내뱉는다. 알면서 아무 거리낌 없이 그러는 경우도 부지기수다. 이게 가능한 것은 세상 사람들도 다 그러기 때문이다. 노인 무시 사례는 거의 사회관습 수준으로 도처에서 목격된다. 특별한 계기가 없어도 그런 말과 행동이 습관처럼 그냥 나오는 것이다. 때로는 사회계층, 인종, 지역, 심지어 연령대까지 불문하고 모든 사회 구성원이 노인 무시 태도로 대동단결하는 기현상이 벌어질 정도다.

연령차별주의ageism라는 용어는 1960년대에 미국인 의사 로버트 버틀러가 최초로 고안했다. 그가 내린 연령차별주의의 정의는 '피부색과 성별을 잣대로 삼았던 인종차별주의나 성차별주의와 다를 바 없이, 사람들을 단지 나이가 많다는 이유만으로 정형화된 틀에 가두고 차별하는 것'이었다. 버틀러는 미국 정부 기관인 노화연구소National Institutes on Aging(노화 연구에 중점을 둔 미국 NIH 산하 정부출연 연구기관_옮긴이)의 설립을 위해 누구보다도 적극적으로 앞장섰다. 또, 미국 의과 대학 안에서 노인의학과가 최초로 독립해 나오는 데에도 큰 공을 세웠다. 한편 그가 1975년에 발표한 저서 《미국에서 노인으로 산다는 것Why Survive?: Being Old in America》은 퓰리처상 일반 논픽션 부문을 수상하기도 했다. 책이 출간된 지 벌써 40년이나 흘렀지만 그의 예측은 오늘날 무섭게 적중하고 있다.

이 책에서 버틀러는 말한다.

「사람의 일생 전체가 부모라면 노화는 미움받는 의붓자식과 같다. 우리는 …… 죽음을 제대로 알기 위한 연구를 시작하긴 했지만 노년이라는 긴 구간을 건너뛰고 바로 죽음으로 넘어가 버렸다.」

그는 꼬장꼬장하고 고리타분한 노망 난 늙은이라는 말처럼 노인을 부정적으로만 보는 사회풍조를 비판했다. 그러면서 노년기를 무시하는 태만이 모두 연령차별주의 탓이라고 해석했다. 사실, 사람의 일생에서 노년기만큼 개인차가 큰 시기는 또 없다. 같은 80대라도 누군가는 공직에 종사하거나 기계기술자로 활약하거나 마라톤에 출전할 때 또 누군가는 더 이상 스스로 제 몸을 가누지 못해서 혹은 기본적인 사리판단도 하지 못해서 요양원에 들어간다.

그런데도 사람들은 왜 노년을 오직 나쁜 이미지로만 떠올릴까? 여기에 대한 버틀러의 설명은 이렇다.

「연령차별주의는 젊은 세대로 하여금 연장자들은 자신들과 다른 종류의 존재라고 생각하게 만든다. 그런 까닭에 자신보다 나이가 많은 사람도 하나의 인격체라는 사실을 은연중에 부정하는 것이다.」

이 말도 일리는 있다. 하지만 유독 노년층만 지나치게 열심히 따돌리는 우리 사회의 집단적 아집을 설명하기에 충분하지는 않다. 가령, 사람들은 말라리아, 폐결핵 혹은 암에 걸린 환자를 보면 안쓰러워하면서도 속으로는 나 자신은 같은 일을 겪고 싶지도, 그럴 리도 없다고 생각한다. 나는 절대적으로 안전하다고 말이다. 그리고 실제로 그런 경우가 대부분이다. 그러나 사람이 나이 먹는 것에는 안전지대가 없다. 요절하지 않는 한, 나이 먹는 것은 모두에게 피할 수 없는 숙명이다. 심지어 어느 누구도 기꺼워하지는 않는다. 어떤 면에서는 이 중간 과정을 생략하고 바로 죽음으로 건너뛰는 게 낫다는 생각이 들 정도다. 그 편이 훨씬 간단하고 확실하지 않은가. 살아 있거나 죽었거나 둘 중 하나니까. 그러나 현실은 그렇지 않다. 노년기에 접어들면 하루하루가 고달프다. 죽음을 향해 가긴 가는데 차라리 점점 가속도가 붙으면 좋으련만 이건 갈수록 거북이 걸음이니 당장 죽는 것보다 더 괴롭고 지친다.

몇 년 전, 전미노화협회NCOA, National Council on Aging(노인복지 향상을 목표로 1950년에 설립되어 고령층의 목소리를 대변하는 미국의 비영리단체_옮긴이)가 독감 예방에 관한 공익광고 영상을 공개했다. 미모의 65세 여배우가 지나치게 동안이라는 이유로 병원에서 백신 접종을 거부당한다는 내용이었다. 또, 일주일 뒤에는 노화에 종지부를 찍는 데 가장 큰 기여를 한 연구를 뽑는 '팔로 알토 장수 경진 대회Palo Alto Longevity Prize'가 열렸다. 수상자들에게는 상금 100만 달러가 수여되었다. 앞의 사례에서 독감 백신 비디오의 큰 주제 자체는 유익한 것이었다. 그러나 여성의 매력과 65세 이상이라는 나이가 공존하지 못한다는 암시를 준다는 점은 분명 지적받을 만하다. 장수 경진 대회도 마찬가지다. 수많은 과학도의 연구 열의에 불을 지핀 것은 칭찬받아 마땅하다. 그러나 인간사의 자연스러운 한 단계를 굳이 '삭제하려고' 애쓰는 것이나, 아직은 꿈에 불과한 실존주의적 도전 과제를 오직 과학 기술로만 해결하려는 시도에 큰 상을 내리는 게 옳은 일인지는 더 고민할 필요가 있다.

두 사례는 나이에 대한 편견이 그대로인 한 아무리 좋은 의도도 우리 사회의 노화기피 현상을 심화시키는 결과를 낳을 수밖에 없음을 여실히 보여 준다.

현대 사회는 인종차별주의나 성차별주의는 — 적어도 공개적으로는 — 더 이상 손톱만큼도 묵인하지 않으면서 노년층을 홀대하는 태도만은 여전하다. 노년기는 삼등분한 인생의 마지막 단계다. 하지만 사람들은 나이가 많다는 것 자체를 무슨 병이나 문제점으로 취급한다. 그래서 세상의 모든 노인은 무조건 상대하고 싶지 않은 존재라고 치부한다. 보려 하지 않으니 보일 턱이 없다. 노년기에는 오래 산 자만이 누릴 수 있는 인생의 즐거움이 있다는 것도, 고령이 문제인 게 아니라 나이가 들면 특징과 가치가 달라지는 것이라는 것도.

나이에 대한 우리 사회의 편견은 워낙 심각해서 대상이 달랐다면 공분을 샀을 행동도 노인에게라면 묵인되는 일이 허다하다. 반면에 미모의 환자가 피부색을 이유로 백신 접종을 거부당하는 내용의 공익광고가 방영된다면? 부모들의 양육 부담을 줄여 주기 위해 소아기를 단축하는 연구에 상금이 걸리는 건 어떤가? 이런 일은 요즘 세상에 상상조차 할 수 없는 일일 것이다.

가끔 강연 요청을 받아 가면 나는 의대생들이나 현직 의사들에게 현재 미국에서 요양원에 거주하는 노년 인구의 비율이 얼마나 되는지 아느냐고 묻는다. 그러면 보통 20퍼센트와 80퍼센트 사이의 다양한 숫자가 대답으로 돌아온다. 그런데 실제 통계치는 3~4퍼센트에 불과하다. 노년층 전체가 이렇다는 얘기고 초고령층만 따지면 숫자가 올라가지만 그래도 13퍼센트에 그친다. 다시 말해,

65세 이상 미국인의 대부분은 제 한 몸 거뜬히 건사하면서 잘 살아가고 있다. 그런데도 세상은 노인들이 남은 인생을 얼마나 잘 즐기는지 깨닫지 못한다. 신체 건강한 많은 노인이 일을 하고 가족과 어울리고 취미와 배움에 적극적이고 봉사활동도 열심히 하며 활기차게 산다. 그럼에도 우리의 시선은 그들의 대머리, 굽은 등, 느린 발걸음, 주름 자글자글한 살갗, 지팡이, 보청기에만 머물 뿐이다. 더구나, 대개는 의식하지 못하는 것 같지만, 병원에서 의사가 만나는 노인들은 심하게 편중된 일부 표본 집단이다. 그래서 나이 많은 사람이 너무나 잘 지내거나 지병만 빼면 대체로 잘 지내는 경우 의사들은 무슨 엄청난 배려라도 해 주듯 내심 그를 중년의 범주에 넣는다. 그럼으로써 의사들이 생각하는 노인 범주에는 몸 구석구석 안 아픈 데가 없거나, 사지육신 어디든 망가져 못쓰게 되었거나, 아니면 거의 송장에 가까운 늙은이들의 이미지만 남게 된다. 이렇듯 편파적 이미지를 부추기는 가장 큰 요인은 아마도 사람의 겉모습을 눈에 띄게 변화시킨다는 노화의 본질적 특성일 것이다. 외모 변화는 아픈 노인뿐만 아니라 건강한 노인도 예외가 아닌데 말이다. 또한, 사람은 누구나 죽기 전에 어떤 식으로든 병들거나 망가진다는 점도 한몫한다. 하지만 그렇게 무슨 끔찍한 재난이라도 되는 양 비약하기에는 몇 년 내지 몇십 년에 걸친 노년기 내내 즐거운 일도 보람찬 일도 너무나 많이 일어난다.

영국의 인문주의 평론가 윌리엄 해즐릿William Hazlitt은 편견을 '무지함이 낳은 자식'에 비유했다. 맞는 말이다. 다만 지금 우리가 논하는 편견 유형에는 좀 어울리지 않는 듯하다. 누구나 사람에게는 부모와 조부모, 선배, 스승이 있다. 그들 모두 한때는 어린이였고 내 나이이기도 했다가 지금의 나이를 먹었다. 그 이치를 모르는 사람은 없다. 그런 걸 보면 때때로 편견은 무지함보다는 두려움과 공포로부터 태어나는 것 같다. 그래서 나는 볼테르Voltaire의 시각에 마음이 더 간다. 볼테르는 말했다. "모든 인간은 유약함과 오류의 결정체다. 그러니 서로 상대방의 어리석음을 눈감아 주자"고. 물론, 우리는 그보다는 더 잘할 수 있다.

편견 풍조를 당장 타파할 수는 없을 것이다. 그러나 최근 의료계와 사회 전반에 변화의 바람이 불면서 노년층에 대한 편견을 줄이고 처우를 개선할 돌파구가 하나 둘씩 열리고 있다. 어떤 사회문제든 해결을 위한 첫 걸음은 바로 문제를 인정하는 것이다. 올포트가 지적한 것처럼 인간이 새 증거를 받아들여 자신의 그릇된 기존 판단을 기꺼이 수정할 줄 안다면 [더할 나위 없겠지만]…… 단순한 오해와 달리, 편견은 어떤 증거가 자신을 끌어내리려 할 때마다 격렬하게 저항한다. 그래도 다행히, 이제 우리는 안다. 현대 의학에는 문제가 있고, 우리 사회 전체도 마찬가지라는 것을 말이다.

노인의 몸과 젊은 성인의 몸이 생리학적으로 다르다는 데에는 누구도 이견이 없다. 노년층은 건강 상태, 기능 수준, 인생의 우선순위, 선호하는 의학적 접근 방식 면에서 개인차가 가장 크게 벌어지는 연령 집단이기도 하다. 그런데 영국의 보건 정책은 고령은 곧 무능력이라는 단순한 가정을 바탕에 깔고 노년층을 단순히 나이 순서로만 줄 세웠다. 그러면서 기능 수준에 따라 건강과 독립성의 보존에 중점을 두는 의료를 부정했다. 이것을 불충분 치료 혹은 과소치료undertreatment라 하는데, 건강에 유익할 가능성이 매우 높은 치료를 받을 기회를 박탈하는 것을 말한다. 한편 미국은 정반대로 과잉치료overtreatment가 보편적이다. 노인 환자의 고령, 기저질환, 기능 상태, 예상 여명餘命(남은 수명_옮긴이)을 하나도 고려하지 않은 채 중장년 성인의 데이터만 가지고 개발된 약물과 기술을 그대로 갖다 쓰기 때문이다. 한마디로 노인과 대다수 성인을 똑같이 취급하는 셈이다.

성격은 극과 극이지만 과소치료도 과잉치료도 분명 잘못된 방법이다. 전자는 나이를 차별의 기준으로 삼고 후자는 나이의 영향을 완전히 무시한다. 그러면서 두 접근 방식 모두 심각한 획일화의 오류를 범하고 있다. 노년기에는 같은 나이라도 사람에 따라 건강 상태와 기능 수준이 천차만별로 다름에도 무작정 다 한 울타리 안에 때려 넣는 것이다. 둘 다 명백한 연령차별주의다. 나이 든 사람은 분명 젊은 사람과 다르다. 그런 면에서 노인을 위한 의료는 젊은이를 위한 의료와 달라야 할 것이다. 그렇다고 그것이 곧 노인에게는 최상의 의료 서비스를 받을 자격이 부족하다는 뜻은 아니다.

의료계에 만연한 연령차별주의의 심각성은, 이것이 더 큰 문제의 단편이라는 데 있다. 실버 의료 산업 종사자치고 시설이나 프로그램의 이름에 노화 혹은 노인이라는 단어를 넣는 것이 얼마나 치명적인 실수인지 모르는 사람은 없다. 사업장이 노년 고객들과 지갑 두둑한 후원자들로 북적이기를 바란다면 무조건 건강이나 무병장수가 들어가게 이름 지어야 한다. 당사자인 노인들은 물론이고 개인 및 기관 후원자, 고객을 소개해 줄 병원들, 정부 기관, 전문 의료인들까지 모두가 너무 직설적이라 부담스러운 단어보다는 완곡한 표현을 선호하는 경향이 우세하다. 노인의학계 안에서도 명칭을 둘러싼 논쟁이 벌써 몇 년째 이어지고 있다. 노인의학이라는 말이 부정적 어감을 준다면서 복합주의의학complexivist이라든지 이행의학transitionalist 정도로 바꾸자는 것이다. 그런데 노인을 전담하는 의사가 노인 관련 단어와 얽히기 싫어한다는 게 말이 되는가. 소아과 의사들이 애들과 거리를 두겠다고 전공명 교체를 주장하거나 외과 의사들이 스스로를 중재의학 의사라 고쳐 부른다고 상상해 보라. 생각만으로도 기가 찬다.

늙는 게 두려운 심정을 모르는 바는 아니다. 평생 건강과 활력을 유지하는 사람조차 나이를 먹을수록 점점 달리는 체력이나 나날이 푸석해지는 피부와 모발에 씁쓸해지는 건 어쩔 수 없으니까. 게다가 예외가 있긴 해도 대다수는 여기저기 아픈 데도 늘어 간다. 그러나 두려움이 우리의 눈을 가리게 두어서는 안 된다. 우리는 노년기가 인생에서 가장 긴 구간이면서 또 개인차가 가장 큰 시기이기도 하다는 진실을 기억해야 한다. 가령 누군가는 이미 60대부터 골골거릴 때 또 누군가는 노익장을 유지하다 100세 고지를 찍는다. 물이 반만 담긴 유리잔을 두고 두 가지 해석이 가능하듯 세상만사가 생각하기 나름이건만, 현대인은 나이 듦에 관해서만 유독 부정적이다. 분명, 신체의 노화는 서글프고 두려운 일이다. 하지만 모든 인생 단계에는 저마다의 장단점이 존재한다. 청년기의 미숙함은 이미 벗었고 조만간 직면할 노년기의 체력 저하는 달갑지 않은 중장년층은 그 사실을 누구보다도 잘 안다. 이 연령대의 수많은 성인이 스트레스 해소와 피로 회복을 위해서라면 주저 없이 지갑을 여는 게 바로 그래서다.

노년기가 힘든 것은 무엇보다도 우리가 늙어 가는 것을 자연스러운 수순으로 받아들이지 않고 있는 힘껏 거부하기 때문이다. 그러느라 노년기의 장점을 볼 짬은 없다. 사실, 나이 들어서 좋은 점은 한둘이 아니다. 가정과 직장에서 받는 스트레스는 줄고 만족감, 삶의 지혜, 결정권은 늘어난다. 그럼에도 종종 사람들은 — 특히 의료계 종사자나 고령 환자의 보호자들이 — 의료계와 사회의 비딱한 시선이 불러온 가슴 아픈 결과를 오로지 낡은 육신의 피할 수 없는 숙명 탓으로만 돌린다. 가끔은 정말 그럴 때도 있다. 그러나 항상 그런 것은 아니다.

06 10대

수상스키 타는 70대 회장님과 헬스클럽의 80대 미녀

진화

"왜 지금입니까?"

미국의 록 싱어송라이터 브루스 스프링스틴Bruce Springsteen이 회고록 발간을 기념해 2016년에 가진 한 인터뷰에서 〈뉴요커New Yorker〉의 데이비드 렘닉David Remnick이 물었다.

66세의 스프링스틴은 '에휴' 하고 긴 숨을 내뱉고는 싱긋 웃음 지으며 말했다.

"다 잊어버리기 전에 해 놓고 싶었거든요."

그의 대답에 당시 56세였던 렘닉이 껄껄거리며 웃었다. 라이브 쇼 형식으로 진행된 인터뷰를 지켜보던 청중은 박수갈채로 화답했다.

"딱 최근에 오락가락하기 시작하더라고요. 그래서 지금이 적기라고 생각했죠."

스프링스틴이 덧붙였다.

인터뷰를 위해 스프링스틴은 공연을 마치고 바로 달려왔다고 했다. 쉬는 시간도 없이 세 시간 넘게 노래도 하고 온 무대를 뛰어다니기도 하면서 혼자 말 그대로 꽉 채운 공연이었다. 전 세계 주요 도시들을 순회하는 이번 투어는 매진 행렬을 기록 중이었다. 한 달 뒤 그의 회고록은 출간되자마자 베스트셀러 목록에 올랐고, 스프링스틴은 또 새 투어를 기획해 길을 떠났다. 나이로 보나 무대에서 증명되는 체력으로 보나 스프링스틴은 아직 중년이라고 말해도 전혀 어색하지 않았다. 그럼에도 정작 본인은 자신이 늙어 가고 있다고 느꼈다. 그는 자신의 미래가 보였다. 설령 그게 진실이 아니더라도 꼭 그런 느낌이었다. 진행자는 새로운 정점에 올랐느니, 또 다른 재능의 발견이라느니 칭찬 일색이었고 인터뷰 내내 화기애애한 분위기였다. 그런데 그런 말들이 아이러니하게도 그를 내리막으로 끌어내린다는 것을 그때는 두 사람 다 전혀 눈치채지 못했다. 그도 그럴 것이, 수십 년 동안 대중음악가로 인기를 누리던 그가 이제 유명 작가로 새출발하려던 참이었고 이것은 누가 봐도 새로운 가능성과 기회를 의미했던 것이다.

작가는 무대에서 종횡무진 뛰어다니거나 환호하는 관객에게 달려들 일이 없다. 물론, 뮤지션이라면 응당 공연장에서 그래야 한다는 뜻도 아니다. 앉아서 피아노를 연주하거나 기타를 메고 높은 스툴에 기대거나 작은 조명 하나만 켜 놓고 마이크 앞에 서서 노래할 수도 있다. 오히려 그러는 게 청중이 뮤지션의 얼굴과 가사와 음률에 집중하기에는 더 유리하다. 다만, 이건 스프링스틴의 스타일이 아니었다. 만약 그가 지금 와서 갑자기 이런 식으로 공연한다면 팬들은 비난을 쏟아 낼까, 아니면 그저 색다르다고만 봐 줄까? 애써 쌓은 명성에 흠집을 내고 팬들을 실망시키는 짓이 될까, 아니면 자신의 다재다능함과 융통성을 증명해 보임으로써 더 많은 팬을 끌어들이는 효과를 낼까? 《터널 오브 러브Tunnel of Love》라는 발라드 앨범도 냈었는데 못할 것도 없지 않을까? 고민의 성격은 달랐지만 어쨌든 그에게도 보통 사람들과 마찬가지로 선택의 여지가 있었다. 기존 곡들을 새롭게 편집하거나 선곡 리스트 일부를 수정하는 대안도 생각해 볼 만했다. 아니면 공연을 뜯어고치느니 집구석에 틀어박혀 모니터와 키보드 혹은 종이와 펜으로 글을 쓸 수도 있었다. 녹음기를 활용하거나 대신 받아 써 줄 조수를 집으로 불러도 되고 말이다. 그런데 흔히 이런 변신은 세상 사람들의 눈에 퇴화로 비치곤 한다. 이것은 미래가 현재와 크게 다르지 않을 거라는 대중의 기대심리 때문이다. 하지만 한 인간의 일생 안에 놓고 이해하면 이 대중음악가의 변신은 오히려 진화에 더 가깝다. 무언가가 또 다른 형태로 서서히 변해 가는 과정인 것이다.

일흔까지 아직 몇 년 더 남긴 했어도 스프링스틴이 더 이상 젊은이가 아니라는 것은 명백한 사실이었다.

서양의 경우 소크라테스Socrates가 활약했던 고대 그리스 그리고 중동과 아시아의 경우 그보다 훨씬 전부터 지금까지 거의 3,000년에 가까운 세월 동안 인류가 인식하는 노년기의 시작은 늘 60세 혹은 70세 즈음이었다. 그러던 1935년, 미국에서 사회보장 프로그램의 창설을 기해 65세가 중년과 노년을 구분하는 기준 연령으로 공식화된다. 이 프로그램을 만든 대통령 직속 경제보장위원회가 경계선을 65세로 정한 이유는 통계적으로 가장 많은 미국인이 이 나이에 은퇴한다는 것과 주정부 재량으로 이미 시행 중인 연금제도의 기준 연령이 주 절반에서 이 나이라는 것이었다(나머지 절반 주들은 75세를 기준으로 삼고 있었다). 1930년대 이후 은퇴의 개념, 평균수명, 보험 통계치가 급변하고 있음에도, 65세는 장년이 노년기로 넘어가는 절대 기준으로 모든 이의 무의식에 말뚝처럼 박혀 있다.

사람들은 흔히 인생의 초년기, 중년기, 노년기가 칼로 자르듯 확연하게 갈린다고 여긴다. 현대인에게 신체적 퇴화와 기회 제한은 노년을 정의하는 기본 요소다. 그래서 사람들은 이런 특징이 확연하게 뚜렷해지기 전에는 본인이 늙었다고 자각하지 못한다. 젊은 사람들의 눈에 그들은 이미 더 없이 분명한 노인인데 말이다. 그러다 자신이 비로소 전형적인 노인의 이미지와 비슷해지면 사람들은 자기 자신을 낯설어한다. 그렇지만 스무 살을 넘기면 누구에게나 시작되는 것이 바로 노화다. 그렇게 모두가 수십 년에 걸쳐 늙어 가는 것이다. 변화는 긍정적 방향과 부정적 방향 모두로 일어나지만 우리는 후자에만 신경을 쓰고 있다. 그런 상실과 퇴화는 처음에는 감지할 수 없을 정도로 미미하다. 그러다 언젠가부터 거슬릴 정도로 커지지만 아직은 무시할 만하다. 여기서 더 발전하면 기본 활동까지 제약하고 마침내 한 인간을 무너뜨린다.

그의 발언으로 보아 스프링스틴은 자신의 외면과 내면에서 일어나는 부정적 변화를 인지하고 있었던 게 틀림없다. 사람이 어느 정도 나이를 먹으면 떠올리기조차 두려운 고민이 생긴다. 내 정신이 먼저 망가질까, 몸이 먼저 망가질까? 아니면 둘이 동시에 맛이 갈까? 운이 좋아서 둘 다 멀쩡할 수도 있을까? 망가진다면 언제, 얼마나 빨리 진행될까?

엄밀히 노화는 태어나면서부터 시작된다. 다만, 소아기에는 변화가 워낙 극적이라 유일하게 이 시기만은 삶이 곧 노화라는 등식이 적용되지 않는다. 아동 발달이라는 말이 왜 생겼겠는가. 그러다 청년기로 오면 사회 경력을 쌓느라 바빠서 내가 늙고 있다는 사실을 잊고 산다. 친구가 멀리 이사 가는 바람에 그의 핏덩어리 아이를 1년 만에 만났을 때 제 두 발로 걷는 걸 보고 깜짝 놀랐던 적이 한두 번이 아니다. 아동 발달의 단계들은 예측 가능하고 모든 문화를 통틀어 공통적이다. 중병에 걸리거나 장애를 안고 태어난 아이들을 제외하면 말이다. 그런데 소아기를 벗어나면 사람이 나이를 먹어 갈수록 단계들 사이의 경계가 점점 모호해진다. 생명의 출발점이 수정의 순간이냐 출산 시점이냐를 두고 논란이 있긴 하지만, 태아가 자궁에서 나와 처음 터뜨리는 우렁찬 울음과 함께 소아기는 시작된다. 생의 첫 단계를 시작하는 모습은 이렇듯 대부분의 사람들이 비슷비슷하다. 그러나 생의 마지막 모습은 그렇지 않다. 열

살이 어느 단계냐고 물으면 백이면 백 어린이라고 대답할 것이다. 그런데 열여덟 살은 좀 애매하다. 행동거지에 따라 10대가 되기도 어린 성인이 되기도 한다. 누군가는 10대에 이미 육체적, 정서적, 지적으로 완숙하고 또 누군가는 20대에야 이 과제를 완수한다. 대체로 여성이 남성보다 빠른 편이다. 어쨌든 분명한 건, 대부분의 사람들은 언제라고 정확하게 콕 집을 수는 없이 여러 해에 걸친 구간 안에서 언젠가 성인이 되어 있다.

20대가 되면 신체 발육의 기세가 확 꺾여 머리카락이 자라거나 빙하가 녹는 것처럼 거의 의식하지 못하는 수준으로 잦아든다. 그렇게 젖먹이에서 어린이로, 다시 10대를 거쳐 어엿한 청년이 되기까지 성장 단계별로 인간을 정의하는 특징적 변화들이 20대부터는 정체된 것처럼 보이게 된다. 하지만 눈에 띄지 않거나 느껴지지 않는다고 해서 아무 일도 일어나지 않는 것은 아니다. 변화는 숨이 붙어 있는 한 평생 계속된다. 신체 구조, 기능, 내면 심리 등 모든 면에서 말이다. 그러다 한참 뒤 중년의 울타리를 넘어가고 나서야 비로소 우리는 노화가 머지않은 현실임을 깨닫는다. 내적 발전은 반길 만하다. 노년기에는 자아를 더 편안하게 받아들이며 자신감이 한껏 높아지고 열심히 살아온 과거와 그렇게 이룬 현재에 어느 때보다도 큰 안정감을 느낀단다. 그러나 한편으론 걱정도 이만저만 아니다. 몸뚱이 여기저기가 하나 둘씩 녹슬고 고장 날 것이다. 그게 일정 수준을 넘어가면 삶 자체가 고되고 궁핍해질 게 틀림없다. 한 인간의 정체성 자체가 흔들릴 수도 있다는 소리다.

변화가 굼뜨고 심지어 거의 없는 것처럼 보이는 중간 수십 년 구간에도 수면 아래에서는 퍼즐 조각이 계속 맞춰지고 있다. 나는 10대 시절 보정기의 굴욕을 견디고 그 이후에도 치과를 문턱 닳도록 드나든 덕분에 30대까지만 해도 가지런하고 반짝반짝 빛나는 치아를 갖고 있었다. 그런데 40대 무렵부터 아래 앞니가 뒤틀리기 시작했다. 금속 교정기는 물론이고 헬멧형, 목걸이형, 고무줄형 보조기에 교정 후 유지 장치까지 온갖 시련을 극복한 지 얼마나 오래됐다고 말이다. 정렬이 틀어져 점점 더 벌어지는 틈으로 나는 30여 년간 거의 하루도 거르지 않은 모닝커피와 잊을 만하면 한 번씩 마셔 준 포도주가 찌든 흔적을 볼 수 있었다. 씹을 때 치아끼리 부딪히는 곳만 닳아 매끄러워졌거나 오랜 세월 음식물이 반복적으로 닿아 침식된 부분도 눈에 띄었다. 그럼에도 치과에서는 내 치아 상태가 여전히 훌륭하다고 했다. 양치질과 치실 사용을 얼마나 성실하게 하고 있는지 눈에 보인다는 칭찬까지 받았을 정도니까. 물론 치과의사가 한 말의 진짜 의미는 절대적인 기준에서 훌륭하다는 게 아니라 50대치고 관리가 잘되어 있다는 뜻이었다. 나는 너무나 잘 알고 있었다. 이제 사람들이 내게 하는 말에는 대개 조건절이 숨겨져 있다는 걸 말이다.

개인적으로 최근 부쩍 노화의 신호가 하나 둘씩 겉으로 드러나는 걸 실감한다. 그전까지는 딴 세상 얘기였던 노년기가 비로소 내게도 일어날 수 있는 일로 다가오는 것은 바로 이 시점이다. 요즘 날 가장 괴롭히는 것은 관절이다. 하나만 제멋대로 굴 때도 있지만 대개는 양쪽 다 삐걱거리는데, 굽혔다 폈다 할 때마다 아주 요란법석을 떤다. 눈도 시원찮다. 평소에 나는 다초점렌즈를 끼운 안경 세 개를 번갈아 사용하는데, 용도가 각각 다르다. 또, 내 유전자 하나는 선천적으로 생기다 말았고, 내게는 암 병력이 있으며, 살가죽에 훈장처럼 새겨진 수술 자국은 총 일곱 개다. 현재는 꼭 필요한 건 아닌 장기 몇 개를 남들보다 너무 일찍 떼어 내어 아쉬워하는 중이다.

요즘 나는 몸의 이상을 느낄 때면 그저 이걸 어떻게 고칠까만 생각하지 않는다. 고치는 게 아예 불가능하면 어쩌지, 단순히 혹 하나 더 붙이는 데 그치는 게 아니라 이 일로 골칫거리가 산사태처럼 불어나는 것 아닌지 등등 온갖 상상을 다 한다. 이상하게 그럴 때마다 어린 시절 좋아하던 동요 하나가 머릿속에서 자동 재생된다. 발뼈는 다리뼈와 이어지고, 다리뼈는 엉덩이뼈와 이어지고 어쩌고 하는 식의 노래다. 앞으로 나의 내리막길이 어떻게 펼쳐질지는 나도 잘 모르겠다. 고백하건대 나도 언젠간 명실상부한 노인이 된다는 사실을 받아들이는 게 한층 자연스러워졌다. 여전히 가끔은 그런 미래가 긴가민가해 화들짝 놀라긴 하지만 말이다.

겉모습의 변화가 노화의 가장 두드러지는 현상이긴 하지만 이야기의 전부는 아니다. 내 생각에 나머지 이야기의 가장 이상적인 전개는 이렇다. 내가 노년기에 확실히 들어가기에는 아직 시간이 많이 남은 편이지만, 나는 이미 노년기의 문화와 관습에 상당히 친숙한 편이어서 두려움보다는 내심 기대가 크다. 바라건대 운이 따라서 노년기의 대부분 동안 그래 주면 좋겠지만 그럴 수 없더라도 최소한 초반에는, 높은 자존감과 주체성 같은 중년의 장점 대부분을 그대로 유지할 수 있을 것이다. 더불어 공명심으로 착각하기 일쑤였던 허영심이 잦아들고, 마음이 관대해지고 남을 돌아볼 줄 알게 되며, 내가 내린 결정을 끝까지 밀고 나갈 추진력을 갖게 된다. 무엇보다도 새로운 인생 목표를 추구하는 여유와 깊이가 다른 삶의 만족감을 맛본다. 그런 노년을 나는 바라 마지않는다. 이 정서는 내 개인적 소회가 아니라 인구 고령화가 일으킨 전 지구적 변화의 바람이다.

찬란했던 성장기와는 너무나 대비되게 밍밍한 듯 평탄한 성년기의 전개가 처음에는 몹시 생소하고 대단한 전환인 것처럼 느껴지기 쉽다. 그 맛을 알아 가던 30대 후반의 한 지인은 체감으로는 자신이 어엿한 중년 같은데 그렇게 말하면 동료들이 장난으로만 받아들이는 걸 불만스러워했다. 솔직히 내 눈에도 그럴 만하긴 했다. 그는 아직 늙었다고 말할 수도 없고 그렇다고 또 마냥 젊은 것도 아니었으니까. 한마디로 이도 저도 아니고 어중간했다. 노년기 안에서도 또 몇 고개를 앞서 넘어간 인생 대선배인 내 어머니가 말씀하시길, 여든까지는 늙어 가는 게 그리 나쁜 경험이 아니라고 한다. 대신 여든부터는 거의 수직낙하를 각오해야 한다고 하셨다.

생전에 아버지가 요양원에 계실 때 간병하려고 함께 들어가 지내시던 시절이었다. 엄마가 이 말을 하던 순간에 우리는 구내식당에서 저녁 식사 중이었다. 그런데 몇 초 뒤, 우리는 물을 떠 오지 않았다는 사실을 깨닫고 온몸이 굳어 버렸다. 순간 엄마가 자리에서 벌떡 일어나더니 식탁 위의 빈 물 잔들을 품에 쓸어 담고는 식당을 최단거리로 가로질러 정수기를 향해 돌진했다. 당시 엄마의 상태는 상당히 진행된 상황이었지만 내 눈에 엄마는 돌이킬 수 없는 내리막길에 한참 전에 들어선 사람으로는 전혀 보이지 않았었다. 그럼에도 엄마는 당신이 정한 최후의 방어선이 이미 무너졌음을 감지한 모양이었다.

성인과 노인 사이는 경계가 애매한 편이다. 신체 건강하고 사는 형편이 넉넉한 사람은 최소 70대 후반은 되어야 본인이 노인임을 겨우 인정한다. 대조적으로 노숙, 가난, 수감 상태 같은 환경은 강력한 스트레스 요인으로 작용해 노화를 가속화시킨다. 이런 환경에 있는 사람들은 세포 나이 자체가 다르다. 그래서 50대만 되어도 액면가만으로 벌써 할아버지, 할머니 소리를 듣는다. 그뿐만 아니라 보통 사람들과 비교해 다양한 만성질환에 더 심하게 시달리고 수명도 크게는 수십 년이나 짧다. 그럼에도 우리는 신분증 나이가 아직 젊다는 이유만으로 그들에게 노인, 혹은 늙었다는 표현을 쓰는 걸 주저한다. 이 세상이 사람의 나이를 단순히 시간의 절대량으로만 정의하는 탓이다. 만약 생리학-심리학-사회학 3요소를 종합적으로, 아니 그중 두 가지만이라도 제대로 고려한다면 얘기는 달라진다. 이 논리에 맞추면 병상에서 골골대는 72세는 늙은이라 불려 마땅하지만 마라톤을 하는 72세 회장님은 늙은이가 아니다.

하지만 현실에서는 두 사람 모두 사람들의 눈에 노인으로 비친다. 회장님이 80대의 고령에도 수상스키를 타고 사이클로 전국 일주를 한들 세상 사람들이 보기에는 그저 대단한 노인에 지나지 않는다.

노화는 생명 탄생의 순간부터 시나브로 진행되는 과정이다. 그런 까닭에 노년기 진입 시 받는 심리적 충격은 이미 그전에 여러 차례 전환기를 거쳐 오면서 실망을 경험해 본 덕분에 상당히 완화된다.

30~40대를 보낸 지 얼마 안 되는 사람이라면 누구나 태어나서 처음으로 사장님 내지는 사모님 내지는 선생님으로 불렸던 순간의 어색했던 느낌을 아직 기억하고 있을 것이다. 이처럼 늙는다는 것은 대개 나이 마흔을 변곡점으로 돌연 현실로 다가온다. 그러다 내일모레 예순을 바라보는 나이가 되면 그동안 차곡차곡 쌓인 신체적 변화들이 슬슬 인생 3막을 예고하는 징조를 보이기 시작한다. 눈가에는 잔주름이 자글자글하고 머리가 티 나게 벗겨지고 무릎이 유독 시큰거린다. 암에 걸린 친구들의 소식이 하루가 멀다고 들려오고 동년배끼리 모이면 친척 어르신의 병환이나 장례식이 점점 더 자주 화제에 오른다. 명실상부한 내리막길의 시작인 환갑부터는 아무래도 그런 변화들이 피할 수 없는 숙명인 듯하다. 이제 남은 것은 가파른 내리막길뿐이리라. 어제와 오늘은 별반 차이가 없는 것 같겠지만 1년 전 혹은 10년 전과 비교하면 내 몸뚱이가 또 엄청나게 늙어 있음을 발견하게 될 것이다.

사실, 노인은 어느 시대나 존재했다. 기원전 2800년 이집트 상형문자에는 구부정한 등을 하고 지팡이에 기대 서 있는 사람의 형상이 있다. 또, 기원전 775년부터 그리스인들은 900년 넘는 세월 동안 노화에 큰 관심을 가지고 다양한 가설을 제시했다. 고대 그리스 유적은 당시 도시 전체에 하수 처리 시설이 얼마나 발달했는지를 잘 보여 주는데, 그만큼 고대 그리스 사람들은 위생을 중시했다. 반면에 육체노동은 모두 노예들의 몫이었다. 제대로 먹지도 못하고 하루 종일 더러운 환경에서 고된 노동에 시달리는 노예들이 귀족들보다 훨씬 더 빨리 늙는다는 것을 아리스토텔레스는 일찌감치 알아챘을 것이다. 그는 이 아이디어를 발전시켜 생명의 온기 혹은 영혼인 프네우마가 시간이 지날수록 점점 빠져나가면서 사람이 늙는 것이라고 여겼다. 프네우마는 유한하기에 나이 든 사람은 남아 있는 프네우마의 양이 적어 병에 더 잘 걸리고, 육체노동을 하는 노예들은 프네우마 소비 속도가 빠르므로 학자보다 더 일찍 늙는다는 것이다.

인류 역사를 통틀어, 사람이 늙는 게 눈에 보일 정도로 인간 수명이 길었던 시절은 거의 없었다. 그런데 요즘 사람들은 늙어 꼬부라질 때까지 살고 때로는 이미 다 큰 자식이 앞서 가기도 한다. 불과 한두 세기 전만 해도 소아청소년과 청년 인구에 비해 노인의 비중은 몹시 미미했다. 그래서 주택건설, 입법, 도시 설계, 노동력 육성, 의학 교육 등을 계획할 때 노인 집단을 고려할 필요가 없었다. 그러나 오늘날은 사정이 다르다. 선진국에서 아이가 태어나면 기본으로 최소 70~80년은 살 거라고 내다본다. 옛날에도 더 오래 사는 사람이 있었다니 충분히 그럴 만하다. 노년기는 점점 길어지는 추세다. 게다가 노년기 건강의 질 역시 점점 높아지고 있다. 아직 중장년인 현대인이 노년기에 들어가면 대부분은 젊은 시절에 하던 활동 대부분을 — 물론 그때 그 움직임이 나오진 않겠지만 — 그대로 즐길 수 있을 것이다. 그뿐만 아니라 경제적, 시간적 여유가 없어 엄두도 내지 못했던 새로운 취미를 추가로 갖게 될 수도 있다.

전통, 과거, 종교 안에서 자아가 결정되는 사회에서는 생의 시작은 성스러운 태곳적과 더 가깝고, 생의 끝자락에는 권위와 지혜가 신과 선조들의 경지에 이른 연장자일수록 온 사회 구성원의 신망을 받고 높은 사회적 지위를 차지했다. 반면 오늘날에는 노인이 왕년에 어땠는지 같은 이미 지난 얘기 따위에는 아무도 관심 없다. 또한, 죽음은 신과 조우할 기회는커녕 모든 것의 종말 혹은 영원한 심연으로만 비친다. 혹자는 고작 중년기 갖고도 치를 떤다. 이런 현대의 단상을 리디아 데이비스Lydia Davis가 《늙는 것의 두려움Fear of Ageing》이라는 제목의 한 문장짜리 단편을 통해 아주 잘 표현했다.

스물여덟의 나이에
그녀는 스물넷으로 돌아가기를 갈망한다

50대인 내가 잠시 스물네 살 때로 돌아간다는 상상을 하니 소름이 끼쳤다. 흔히 부유浮遊하는 20대는 무한한 잠재력이니 기회니 하는 번드르르한 말로 포장되곤 한다. 그러나 그 시절 불투명한 미래 때문에 받았던 엄청난 스트레스와 가식 덩어리였던 스스로가 나는 털끝만큼도 그립지 않았다.

젊음과 늙음을 구분 짓는 나이는 몇 살일까. 다양한 답안 보기가 있을 텐데, 모두 정답인 동시에 어느 하나 절대적인 답은 되지 못한다. 보는 관점에 따라 해석이 다르기 때문이다. 누구나 살다 보면 자신이 더 이상 마냥 젊지 않음을 자각하는 때가 온다. 그렇게 복잡하게 뒤얽힌 심정으로 충분한 세월을 더 살고 나서야 비로소 누가 봐도 확실한 노인이 되는데, 이 충분한 세월의 개념은 개개인의 사고방식과 문화에 따라 또 달라진다.

포르노 영화는 포스터 때깔부터 티가 나는 것처럼 초고령자가 노인인 것은 누구나 한눈에 딱 알아본다. 그런데 중년과 젊은 노인 사이는 좀 헷갈린다. 어떨 땐 전혀 구분이 안 가는 경우도 있다. 인종적 성향 혹은 타고난 체질뿐만 아니라 사회적 환경, 개개인의 생활 습관 등에 따라서도 겉보기 나이의 오차 범위가 종잡을 수 없이 넓어지기 때문이다. 문화는 노인이 되는 시점을 앞당기거나 뒤로 물리는 수많은 변수 중 하나에 불과하다. 그럼에도 성인이 노인으로 진화하고 있음을 알 수 있는 분명한 특징이 있긴 있는 듯하다. 이 신분 변화를 이미 경험한 당사자들은 성인과 노인 사이의 경계 지대에서 드러나는 그런 신호들을 여럿 꼽는다. 내 어머니는 정확히 환갑에 암 선고를 받자 바로 자신의 운명을 받아들였다. 당신은 이미 늙었고 사는 동안 행복했으니 괜찮다는 거였다. 그로부터 25년의 세월이 흐른 지금도 우리는 종종 그때를 떠올린다. 그러면 엄마의 사고방식도, 고령에 대한 오늘날 사회의 인식도 고작 20여 년 만에 얼마나 변했는지 새삼 놀라곤 한다.

잘못된 결정

은퇴한 지 얼마 안 된 72세의 클래런스 윌리엄스는 장신은 아니지만 다부진 체격의 소유자였다. 전직 변호사답게 그는 은퇴 후에도 늘 손에서 책을 놓지 않았다. 그런데 바로 전 주만 해도 씩씩하게 돌아다니면서 웃던 사람이 그다음 주에 내가 근무하던 병원 암 병동의 입원실로 들어왔다. 발병한 암이 최악의 유형은 아니었음에도 1992년 당시 그가 받아야 했던 치료 전 과정은 클래런스에게 너무 잔인했다고밖에 표현할 수 없다.

나는 클래런스에게 들르는 시간만을 손꼽아 기다렸다. 오전 회진 때는 정기적으로 볼 수 있었고 가끔 오후에 검사 결과를 알려주고 현재 항암제 투약 상황은 어떤지, 부작용이 심하지 않은지 확인하기 위해 들르기도 했다. 당시 나는 어리고 미숙한 데다가 여자라는 3대 악조건을 모두 갖췄기에 환자 입장에서 충분히 미덥지 않을 만한데도 그는 나를 친근하면서도 정중하게 대했다. 게다가 사람이 대담하고 너그럽기까지 하니 그를 인간적으로 좋아하지 않을 수가 없었다. 나는 지금까지도 그를 잊지 못하는 게 온전히 그의 인품 때문이라고 생각하고 싶다. 하지만 그러기에는 그가 병원에서 겪은 일이 너무 많았다.

주치의는 그가 입원하자마자 신속하게 화학요법 치료를 시작했다. 나는 지시에 따라 구토와 통증을 줄여 주는 약물과 감염을 막는 항생제를 투약했다. 체액이 쌓여 몸이 붓지 않도록 이뇨제도 투약해야 했다. 혈액 검사 결과가 나올 때마다 내가 할 일은 칼륨과 인을 보충하기 위한 수액을 재처방하는 것이었다. 항암제는 물론이고 항암제의 다른 부작용들을 줄여 주는 여러 가지 약제 역시 이 두 가지 필수 전해질 성분을 소실시키는 탓이었다. 등 쪽으로 갈비뼈 바로 밑에 한 쌍으로 자리 잡고 있는 신장은 중요한 해독 기관이다. 건강한 신장은 혈중의 각종 독소와 노폐물을 걸러 내 소변을 통해 체외로 배출시킨다. 그러면 다시 깨끗해진 피가 전신에 돌게 된다. 그런데 신장을 필터라고 할 때 항암 화학요법제는 거름망의 구멍을 크게 만드는 작용을 한다. 그러면 칼륨 같은 큰 분자가 그대로 통과해 빠져나가 버린다. 체내의 칼륨 수치가 너무 낮아지면 사람은 온몸 근육이 쑤시는 피로 증세를 느낀다. 심할 경우 생명이 위험할 정도로 심장 박동이 느려질 수도 있다. 그런 위험성에도, 항암 치료는 다양한 전해질을 줄기차게 클래런스의 몸에서 빼냈고 나는 또 그만큼 다시 채워 넣어 그를 버티게 하는 데 안간힘을 썼다.

그러는 동안 이번에는 그의 입안과 소화관 내벽에 궤양이 생겨 피가 나기 시작했다. 그래서인지 구역질, 설사, 통증을 가라앉히는 약이 잘 듣지 않았다. 피부 곳곳에 물집이 잡히고 살갗이 벗겨졌다. 안 그래도 진토제(구역질과 구토를 완화시키는 약물_옮긴이) 효과가 요즘보다 덜하던 시절이던 터라 그는 구토로 빠져나간 수분을 보충하기 위해 정맥 수액을 늘 달고 살아야 했다. 그런 날이 며칠에서 몇 주로 길어지자 그의 두 눈동자에서는 총기가 사라졌다. 안경 유리는 항상 손때와 먼지로 얼룩덜룩한 채였고 윤기 흐르던 흑갈색 피부는 푸석푸석한 잿빛으로 바래 버렸다. 그의 몸은 부종으로 점점 비대해져서 어느 날 침대 밑으로 가라앉아 버릴 것만 같았다.

주치의가 대장 내시경을 하자는 결정을 내린 것이 바로 그 즈음이었다. 의료진은 소장 내벽의 상태가 화학요법 치료를 조금 더 버틸 정도는 되는지 확인하고 싶어 했다. 의사는 다양한 이유로 검사 지시를 내릴 수 있는데 이건 양호한 편에 속했다. 다음 방향을 정할 단서를 주니까 말이다. 막내 인턴인 내게는 검사를 무사히 완료시키는 데 필요한 갖가지 자질구레한 일이 맡겨졌다. 문제는 요즘 클래런스가 일어나 앉아 있지도 못할 정도로 약해졌다는 것이었다. 먹고 마시는 것도 영 시원찮았다. 침대에서 고작 4~5미터 떨어진 화장실도 부축을 받아야만 다녀올 수 있었다. 그런데 대장 내시경을 하려면 먼저 시야 확보를 위해 위장관을 싹 비우는 특수 용액 4리터를 들이마셔야 한다. 이때 속이 부대끼는 그 불쾌감은 이루 형언할 수 없다. 하지만 다음은 더 가관이다. 쉬지 않고 우르릉 쾅

광대는 아랫배를 부여잡고 하루 종일 화장실을 들락날락해야 하는 것이다. 나는 힘없이 누워 있는 클래런스에게, 그런 다음 위압적인 크기의 검사용액 통에 차례대로 시선을 던졌다. 그러고는 생각했다. 이건 안 될 거야.

종양내과 펠로우 선생님도 나와 같은 의견이었다. 그래서 그가 떠올린 아이디어는 제 힘으로 음식을 먹지 못하는 환자에게 쓰는 영양 공급관을 이용해서 검사 용액을 바로 위장으로 집어넣자는 것이었다. 언뜻 보면 괜찮은 계획 같았다.

보통 대장 내시경을 준비하는 환자들은 매번 체인점 커피 숏 사이즈 분량의 약액을 10분마다 들이켠다. 그렇게 거의 세 시간 동안 총 열여섯 잔을 마시게 된다. 그러나 클래런스는 흔한 건강검진 환자가 아니었다. 평소 식사량도 주스 몇 모금 혹은 부드러운 음식 몇 입이 다였다. 항암 치료의 부작용으로 식욕이 완전히 사라진 데다가 식도가 계속 헐어 있어 목 넘김이 불편했기 때문이다. 만약 튜브를 이용한다면 검사 용액을 클래런스의 배 속에 확실히 집어넣을 수는 있을 것이다. 어느 병원이든 영양 공급관에 의존하는 입원 환자는 드물지 않다. 팀 막내인 나조차도 삽관쯤은 선배의 감독 없이 할 정도였으니. 그 목적과 이점이 익히 널리 검증되어 있음에도, 나는 이 영양 공급관이 몹시도 싫었다. 먼저 길고 말랑말랑한 고무관의 끝을 오므려 환자의 콧구멍에 삽입한다. 그런 다음 180도 회전시킨 뒤에 인후 뒷벽을 타고 내려가도록 밀어 넣는다. 적당히 가다 보면 식도 입구에 닿는 느낌이 온다. 근처에 기도 입구가 또 있으니 헷갈리지 않도록 주의해야 한다. 식도 입구만 잘 찾으면 위까지는 일사천리다. 클래런스의 경우, 이 지점에서 특히 집중 또 집중해야 할 터였다. 폐를 대장 검사 용액에 잠기게 만드는 사고를 치면 안 되니까 말이다. 환자들 대부분은 이 튜브가 콧구멍에 닿는 순간부터 목 안을 지나가는 내내 엄청나게 불편해한다. 그런 한편으로 또 유난히 쑥쑥 들어가는 환자도 간혹 있긴 하다.

당연히, 환자들 대부분은 나처럼 이 튜브를 다는 것을 질색한다. 자신이 밑으로 내려가야 할 운명임을 모르는 튜브는 초입에서 자꾸 고개를 쳐들면서 비강과 인후의 연조직을 건드린다. 다행히 튜브가 고분고분하게 내려가더라도 토하고 싶을 정도로 속이 거북해지는 건 매한가지다. 그래서 환자는 중간에라도 당장 잡아 빼내고 싶은 충동을 강하게 느낀다. 양팔이 침대에 묶여 있지만 않아도 정말 그랬을 것이다. 이쯤 되니 이 침상 구조의 본래 용도가 고문 비슷한 것을 하려고 환자를 결박하는 것 아닌가 의심스러워진다. 게다가 결정적으로 지금 이자들이 원래 내 몸의 일부가 아닌 것을 내 몸에 욱여넣는 게 엄연한 사실 아닌가. 그래서 환자는 온몸으로 말한다. 싫어, 싫다고! 클래런스도 그랬다. 그리고 억지로 이럴 수밖에 없는 나의 솔직한 심정 역시 마찬가지였다.

튜브가 콧구멍 입구에 막 걸쳤을 때부터 클래런스는 이미 콧구멍이 가렵다고 했다. 바로 점막 조직이 부어오르고 피가 나고 콧물이 흘렀다. 두 눈에서는 눈물도 뚝뚝 떨어졌다. 그는 튜브가 항암치료로 누더기가 된 인후를 긁고 지나가는 내내 숨 막혀 하는 동시에 견딜 수 없이 아파했다. 이걸 지나가게 놔둬야 한다는 생각과 고통을 참기 힘들어 빼 버리고 싶다는 마음 사이에서 갈등이 이만저만 아니었으리라. 튜브를 통해 검사 용액이 흘러 들어가기 시작하자 그의 배가 꾸룩꾸룩 소리를 내며 불룩해졌다. 메스꺼움 증세가 점점 심해져 그는 연신 헛구역질을 했다. 간호사는 주입 속도를 늦췄지만 완전히 멈추지는 않았다.

한 시간 뒤, 드디어 첫 배변 신호가 왔다. 만약 그가 막 50대에 접어든 건강한 중년이었다면 이런 생리현상쯤이야 혼자서도 거뜬히 품위 있게 처리할 수 있었을 것이다. 하지만 그는 올해 일흔넷에 온몸이 독한 항암 치료에 너덜너덜해진 상태였다. 몇 주째 누워만 있느라 탄탄했던 근육은 온데간데없었다. 설상가상으로 그를 안팎으로 잠식하는 암과 항암 치료의 위세가 정점에 달한 참이었다. 하필 이런 때에 클래런스에게는 화장실까지 부축해 줄 사람 아무나 한 명 곁에 두느니 차라리 지금 몸 상태로 마라톤에 출전하는 게 훨씬 쉬운 일이었다.

그는 다급히 비상호출 버튼을 눌렀다. 아무도 도우러 오지 않자 그는 맥없는 목소리로 낼 수 있는 가장 큰 소리를 지르기 시작했다. 그 결과는 어땠을까. 대형 종합병원에서 환자가 제 목소리로 사람을 오라 가라 할 때 의료진이 부리나케 달려오는 일은 드물다. 모두 할 일이 태산이고, 당장 생사가 위태로운 상황이 아닌 한 최우선순위 대상은 지금 눈앞의 환자이기 때문이다.

클래런스는 곧 자신에게 닥칠 상황이 눈앞에 선했기에 비통함을 느꼈다. 혼자 몸을 일으켜 어떻게든 해 볼까도 생각했지만 침대에서 떨어질 게 분명했고 그러다 심하게 다치면 지금까지의 투병 생활이 다 물거품이 되는 셈이었다. 그래서 그는 다른 전략을 택했다. 바로, 가만히 누워 바지와 매트리스가 뜨끈하게 젖어 들도록 내버려 두는 것이었다. 독한 항암제 때문에 거칠어진 얼굴이 화끈거렸다. 그는 두 눈을 감았다. 축축한 이부자리가 불편해서가 아니었다. 수치심 때문이었다. 철부지 어린애나 하는 짓을 내가 하는구나. 이 꼴을 보였으니 갈 데까지 다 갔네 다 갔어. 그는 생각했다. 아니, 정확히 표현하면 내 눈에는 그가 그렇게 자포자기하는 것으로 보였다. 그의 눈빛과 얼굴 표정이 내게 말하고 있었다. 자신은 이제 끝났다고, 결국 이렇게 생을 마감하는 거라고. 체면도 품위도 다 내버리고 외롭고 비참하게.

냉정하게 따지자면 대장 내시경은 가벼운 시술에 속한다. 그런데 당사자가 체감하는 이 '가벼움'의 무게는 개인차가 크다. 이는 모두가 한결같이 버거워하는 대수술과 대비되는 점이다. 이처럼 의학에서 외과 시술의 경중 분류는 대개 집도하는 의사 입장에서든 받는 환자 입장에서든 기술적 난이도만 따지고 개개 환자의 특이사항은 간과한다. 그런 까닭에 소위 가벼운 시술은 환자가 위중하거나 나이가 아주 많은 경우처럼 득보다 실이 많을 때도 빈번하게 권고된다. 의사가 최종 동의를 받기 전 환자에게 어떤 시술의 위험성과 효과를 설명하는 것은 진심에서 우러나 정확한 정보를 제공하고 협조를 구하고자 하는 마음보다는 그저 형식적 절차를 따를 뿐인 경우가 태반이다. 그래서 환자가 불편하지 않게 신속 정확하면서도 안전하게 완료하도록 이렇게 저렇게 하겠다는 안내보다는 이러저러한 부작용이 있을 수 있다는 경고에 더 큰 비중을 둔다. 그럼에도 어떤 시술을 집도하거나 받으면서 깨닫는 경험적 사실, 과정의 순간순간 환자에게 발생하는 외상, 또 그로 인한 정신적 후유증 등을 기록해 두는 체계적 장치가 아직까지 없으니 안타까울 뿐이다.

입원하던 날, 클래런스 윌리엄스는 나이를 속여도 될 정도로 건강하고 유쾌한 모습이었다. 그런데 병원에서 항암 치료를 고작 몇 주 받고 나서 전형적인 노인의 모습으로 팍삭 늙어 버렸다. 죽을 날을 받아 놓은 사람처럼, 생기나 삶의 의지라고는 눈 씻고 찾아볼 수 없고 하루하루 시들어 가고 있었다. 이런 변화를 빠짐없이 지켜보면서 솔직히 나는 겁이 났다. 그래도 명색이 의사였기에 일언반구 없이 맡은 일만 묵묵히 하며 버텨 나갔다. 가끔 우리는 의사와 환자 사이의 일상적인 대화를 마친 뒤에 몇 분 동안 가만히 마주 앉아 있었다. 둘 중 누구도 입을 열지는 않았다. 하지만 그때 우리 둘이 나눈 교감은 클래런스가 그 어느 의사와 가졌던 대화보다도 깊은 것이었다.

그 한 달 동안 나는 이 암 병동에서 나이도 병명도 제각각인 수많은 환자가 살아나는 것을 두 눈으로 목격했다. 같은 기간에 이곳에서 나는 나이도 병명도 제각각인 또 다른 환자들의 생의 불꽃이 꺼져 가는 것 역시 지켜봐야 했다. 이런 게 의학이고, 인생이다.

암보다도 더 고통스럽게 클래런스를 짓누른 그의 실존적 고뇌는 의사들 사이에서 단 한 번도 논의된 적이 없었다. 의료진은 환자의 화학요법 처방, 전해질 수치, 증상, 다음 시술 따위만 신경 쓸 뿐이었다. 그러다 언제부터인가 그를 언제 퇴원시키면 좋겠다거나 몸이 많이 약해졌고 예후가 불량하니 아무래도 요양원으로 바로 가야 할 거라는 얘기가 오갔다. 의사들은 그가 화학요법으로 몇 주 혹은 몇 개월 더 얻은 셈이기를 바랐다. 약물 치료를 시작한 후 오히려 더 쇠약해진 걸 봐서는 그랬을 것 같지 않지만, 지금도 어느 쪽이었다고 장담할 길은 없다. 같은 연령대 환자들로부터 검증된 이 화학요법 처방의 데이터가 없기 때문이다. 그럼에도 한 가지는 분명했다. 담당 의료진이 한 번도 입 밖으로 꺼내지는 않았지만, 항암 치료는 클래런스에게 예전의 즐겁고 활동적으로 생활하던 시절을 단 1분도 되돌려 주지 못했다. 어쩌면 클래런스도 다른 많은 환자들처럼 결국은 항암 치료를 계속 받는 쪽을 택했을지 모른다. 암 덩어리를 없애는 데 조금이라도 도움이 되는 것 같았다면 말이다. 아니면 처음에는 화학요법 치료에 동의했다가 심각한 부작용을 체험한 뒤 그만두고 싶어졌지만 돌이키기에는 이미 늦었던 걸 수도 있다. 혹은 주치의에게 다른 대안을 물어볼 생각도 하기 전에 지레 포기했는지도 모른다. 그도 그럴 것이, 지금이야 사형 선고나 다름없는 암에 걸리고도 아무 치료도 받지 않고 오히려 더 길고 행복한 여생을 보냈다는 환자, 특히 고령자들의 얘기가 꽤 유명하지만, 이때는 그런 사례가 알음알음 알려지기 한참 전이었으니 말이다.

다른 돌파구를 찾을 생각을 못 한 건 나도 마찬가지였다. 당시의 나는 그럴 위치가 아니었다. 일단 환자의 주치의는 그 종양내과 전문의였고 나는 그저 서열 최하위의 말단 보조에 지나지 않았으니까. 사실 내가 그러지 못한 진짜 이유는 따로 있었다. 대안이 존재한다는 사실, 그리고 그 대안을 환자들에게 현실적으로 안내하는 방법을 전혀 몰랐던 것이다. 암 병동에서 인턴들이 배운 거라곤 고작 항암제와 방사선 요법뿐이었다. 고령이 암을 유발하는 최대의 위험인자이고 수많은 목숨이 암에 희생되긴 하지만, 노인의학적 접근과 통증완화에 집중한 말기 환자 치료는 당시 종양내과 수련의 교육 과정에 포함되어 있지 않았다. 몇몇 분야만 빼면, 이 두 가지가 도외시되는 형편은 요즘도 별반 다르지 않다. 현대 의학의 교육을 받은 의사들은 진단이든 치료든 주도권을 쥐고 싶어 하지, 마냥 지켜보면서 그때그때 형편에 따르는 방식에 익숙하지 않은 까닭이다.

오늘날 환자에게는 의사가 탐탁지 않아 하는 치료도 당당하게 요구할 수 있는 권리가 있다. 그런 까닭에 자신의 몸을 망가뜨리거나 혹사시키거나 요상하게 변형시키는 게 뻔한 시술을 환자가 요구해도 의사는 끝까지 반대하기가 힘들다. 한때 신성불가침이었던 일이 고의로, 그것도 공공연하게 행해지는 것이 작금의 현실이다. 많은 건 아니지만 그런 사람들은 환자의 권리라는 명분으로 보기 좋지도 않고 상식적으로 불가능한 일을 의사에게 요구한다. 그럴 때 어떤 의사는 도전정신에, 또 어떤 의사는 그렇게까지 해서라도 나아지고 싶어 하는 환자를 외면할 수 없어 요청을 승낙한다. 하지만 그런 일이 반복되면 의사의 무른 성정은 조금씩 좀먹어 굳은살이 박이고 잇속과 불의에 둔감해진다. 이런 블랙코미디 같은 일들이 의료라 불리며 만연한 곳이 오늘날 우리가 사는 세상이다. 그리고 그것이 가능했던 것은 바로 소모적 기 싸움을 벌이기에만 바쁜 정치판과 지나치게 많은 현대 의료 제도의 사각지대 때문이다.

회춘

헬스클럽 그룹 레슨 시간에 내 뒤에 있던 여자는 꽤 예뻤다. 여든쯤 된 것 같은데 내 스무 살 시절보다 고와 보여서 자꾸 눈이 갔다. 머리를 염색했고, 성형수술도 꽤 한 것 같고, 화장으로 얼굴을 잘 덮긴 했지만 그래도 아주 젊은 나이는 아닌 걸 알 수 있었다. 그래도 그녀가 예쁜 건 사실이었다. 그런 그녀가 아령을 번쩍 들고 플랭크, 푸시업, 스쿼트, 크런치 같은 동작을 해낼 때는 나도 모르게 눈을 떼지 못했다. 다만, 완벽한 자세는 아니었다. 팔과 다리가 조금씩 구부정했던 것이다. 그럼에도 나는 생각했다. 와, 저 나이에 저렇게 몸이 탄탄하고 자세가 바르다니. 너그럽게 70대 후반까지도 볼 수 있을 것 같았다. 물론 80대 초반이 가장 유력하긴 했다. 나는 그녀가 운동을 나이 들어 뒤늦게 시작한 건지 아니면 규칙적으로 운동하는데도 근육이 짧아진 건지 그녀에게 물어보고 싶은 걸 꾹 참았다. 그로부터 40분 뒤, 매트에서 깔고 하는 동작 순서에서 나는 충격적인 장면을 목격했다. 매트에 누우면서 그녀의 앞머리가 뒤로 훌러덩 넘어갔는데 윤기가 좔좔 흐르는 진한 금발의 염색모와 속이 비쳐 보일 정도로 투명한 피부가 몹시도 어색하게 대비를 이뤘던 것이다. 그런데 이게 끝이 아니었다. 나는 머리선 정리도 하지 않고 얼굴 피부를 쭉 끌어당겨 두피에 고정시킨 자국을 발견하고 말았다. 아는 사람만 알아보는 성형외과용 피부 고정 장치가 중력에 굴복하지 않기 위해 홀로 처절한 사투를 벌이고 있었다. 순간 확 깬 나는 그때부터 그녀가 완전히 달라 보였다. 미인은커녕 어느 공포 영화에 나오는 마네킹 느낌이었다. 본래 미용 시술이란 적당해야 자연스럽지, 지나치면 사람을 괴물로 만든다. 병원에서 그녀에게 이런 경고를 해 주지 않은 게 틀림없었다. 어쩌면 그녀가 안 듣고 고집한 걸 수도 있었다. 요즘 사람들은 대개 아직 오지 않은 앞날보다는 현재를 중시하니 말이다.

인터넷 검색창에 '안티에이징'이라고 치면 4,600만 건 이상의 결과가 뜬다. 그중에서 처음 몇 페이지를 보면 각종 뷰티 팁과 (종종 의사가 추천한다는) 미용 제품에 관한 사이트들 그리고 나이가 당신의 몸과 마음과 피부의 젊음을 해치지 못하도록 보장한다는 성형외과와 피부과 광고로 죄 도배되어 있다. 가장 빈번하게 언급되는 단어는 예방, 역행, 보정이고 그다음은 검버섯, 호르몬, 주름이다. 동안, 재생, 생기, 활력 역시 인기 단어다. 사실 이런 언어들 대다수는 과학에서 차용해 온 것이다. 이렇듯 미용 산업 시장은 영리하게도 과학에 명분을 빌리는 마케팅 전략을 구사한다. 꿍꿍이는 지극히 상업적이면서 마치 과학인 척 진실되고 엄중하며 객관적이라는 분위기를 흘리는 것이다. 그런 동시에 노화는 나쁘고, 늙은이는 추하고, 노년기의 변화는 실패의 증거라는 선입견을 세상에 퍼뜨린다. 엄밀히 노화는 천지만물에게 태어나는 순간부터 시작되는 자연스러운 생명 반응인데 말이다. 그러면서 나이는 똑같이 먹더라도 육신만은 달갑지 않은 세월의 흔적을 피해 갈 수 있는 미래를 저희들이 선사하겠다며 대중을 꾄다.

21세기로 넘어오면서 학계에서는 한 번에 질병 한 가지씩만 해결해 인류의 건강을 도모한다는 것은 말이 안 된다는 견해가 대세로 떠오르고 있다. 설령 암, 심장질환, 치매, 당뇨병 등 현대 사회의 사망원인 순위 상위권에 자리한 모든 질환이 완치 가능해지더라도 그 결과로 인류가 버는 시간은 고작 몇 년에 불과하다. 육신의 마모와 고장은 그 몇 년만큼 더 진행될 테고 말이다. 오이디푸스가 말했듯 늙지도 죽지도 않는 것은 오직 신들뿐, 나머지는 모두 시간이라는 전능한 힘이 지워 버리는 것이다. 비교적 최근에 등장한 이 노화과학 가설은 노화가 병환, 쇠약, 죽음으로 직결되기 때문에 이런 문제들을 해결할 최선의 방법은 노화 과정 자체를 멈추는 것이라고 주장한다. 이를 통해 골다공증부터 당뇨병, 심장질환, 전신쇠약 등 다양한 노화 관련 질병과 기능 장애를 예방 혹은 지연시키는 동시에 치료할 수 있다는 것이다. 그 연장선상에 있는 실제 치료 기법도 이미 나와 있다. 고위험 고령 환자를 병에 덜 걸리는 체질로 돌려준다는 회복력 강화요법이나 염증분자를 분비하는 세포 자체를 제거해 주변 조직의 손상을 원천 봉쇄한다는 약물이 그 예다. 이런 치료 대부분은 단순한 수명이 아니라 사람의 일생에서 건강하게 사는 총 기간, 이른바 '건강 수명'을 늘리는 것을 목표로 한다. 물론, 둘 다 가져야 직성이 풀리는 사람도 있을 테지만 말이다.

인간이 불로불사를 꿈꾼 역사는 최소 기원전 3000년으로 거슬러 올라간다. 바빌로니아의 한 서사시에서 그 증거를 찾을 수 있다. 주인공 길가메시가 공적을 수없이 쌓고 신들에게 기도와 제물을 바친 자만이 장수할 수 있다고 말하는 부분이다. 그뿐만 아니다.

고대 중국에서는 평생 불로장생의 묘약에 집착한 황제가 한둘이 아니었다. 또, 훗날 힌두교 경전이 된 고대 인도의 고문서 《베다Vedas(산스크리트어 표기는 वेद. 지식 혹은 지혜라는 뜻_옮긴이)》에는 영생과 더불어 젊음까지 되찾아 주는 연금술의 비밀이 암시된 구절이 있다.

유럽에서는 수백 년 동안 이런저런 가설들이 지지를 얻었다가 소리 소문 없이 사라지기를 반복했다. 기원전 5세기에 고대 그리스의 역사가 헤로도토스Herodotus는 기록에서 120살까지 살았다는 한 사람을 언급했는데 장수의 비결이 특별한 샘에서 목욕한 것이라고 한다. 한편 중세 사람들은 영원히 늙지 않는 황금시대 내지는

지상낙원이 한때 실제로 존재했었거나 지금도 존재하지만 감춰져 있을 뿐이라고 믿었다.

젊음보다는 장수를 더 중시하는 관점도 있었다. 13세기에 영국의 로저 베이컨은 선악과를 먹기 전 인간은 본래 불사의 존재였다는 기독교적 사상을 바탕으로 행실을 바르게 하며 살면 길게는 150년까지도 살 수 있다고 주장했다. 더불어 그는 앞으로 이 양생법을 대대손손 꾸준히 실천해 간다면 인간 수명 300세 내지 500세까지도 바랄 수 있다고 제안했다.

불로불사와 원기 회복이라는 주제는 그 이후로도 살만 다르게 붙여져 여러 차례 재탕되었다. 하지만 전체적으로는 알맹이도 껍데기도 다 거기서 거기였다. 그런 까닭에 갈레노스의 생명력 이론에 뿌리를 둔 민간요법, 즉, 젊은이의 체액—가령 숨, 피, 정액—을 노인이 마시면 건강과 활력, 심지어 미모까지 회복할 수 있다는 믿음이 오랜 세월 대중의 지지를 받았다. 혹자는 이 논리에 기반을 두어 젊은 사람을 내 집에서 함께 살게 하거나 잠자리에 들여 온기를 보충하는 방법을 권하기도 했다(후자는 건강보다는 다른 이유로 인기가 높았을 것 같지만 말이다).

1888년에 이르면 프랑스의 저명한 의사 샤를-에두아르 브라운-세카르Charles-Édouard Brown-Séquard가 짐승의 고환에서 추출한 용액을 자기 자신에게 주입하고는 70대의 육체에서 회춘했다고 주장한 일이 있었다. 비슷한 시기에 현대 면역학의 아버지라 불리는 러시아의 노벨상 수상자 일리야 메치니코프Élie Metchnikoff는 생명 연장의 핵심이 호르몬이라는 의견을 내놨다. 1907년에 발표한 대표 저서 《생명 연장The Prolongation of Life》에서 메치니코프는 독일과 미국을 필두로 세계 곳곳에서 호르몬 주사가 인기를 끄는 현상을 언급하기도 했다. 이어지는 맥락으로, 세르게이 보로노프Serge Voronoff는 호르몬 분비 장기를 이식하고 원숭이의 호르몬을 주사했더니 노인이 젊어졌다는 연구 결과를 발표했다. 한동안 그는 프랑스 의학계로부터 업신여김을 받았지만 20세기 중반을 넘어가면서 상황이 급반전되어 세계적인 유명인사로 등극하게 되었다.

그리고 지금 21세기에도 여전히 인류는 장수를 꿈꾼다. 그런데 심상치가 않다. 일반적으로는 과학이 목표를 정하고 상세 경로를 결정하면 그때서야 활용할 기술을 선별하는 게 과학 연구의 수순이다. 하지만 오히려 기술이 대장 역할을 하는 주객전도 현상이 일어나고 있다.

효모 같은 작은 미생물부터 침팬지 같은 영장류에 이르기까지 다양한 생물이 섭취 칼로리를 제한하면 건강 상태가 확연하게 좋아지고 생존 기간이 크게 늘어난다. 체지방이 줄고, 면역계의 과민반응이 늦춰지고, DNA 손상을 복구하는 능력이 향상되는 등 칼로리 제한의 효과는 일일이 열거하기 입 아플 정도로 많다.

얼마 전 한 논문에 눈에 익은 모양새의 그래프 몇 개와 함께 흥미로운 사진 두 장이 실렸다. 사진 속 주인공인 두 마리의 원숭이는 똑같이 스물일곱 살이다. 그런데 평범한 식사를 한 녀석이 훨씬 더 늙어 보인다. 주름이 자글자글한 데다 양 볼과 눈 밑은 푹 꺼졌고 근육이 없어 온몸의 살이 처졌는데 털까지 듬성듬성 비어 있다. 반면에 칼로리 제한 식사를 한 쪽은 한층 젊고 건강한 모습이다. 혈당과 콜레스테롤 수치도 더 좋다. 논문에는 전체 수명 역시 이 쪽이 더 길었다고 적혀 있었다. 논문에 따르면, 앞의 대조군에서는 나이 서른을 넘긴 개체가 4분의 1에 못 미쳤지만 뒤의 칼로리 제한군에서는 무려 70퍼센트나 서른 살에 여전히 살아 있었다. 하루에 1,200칼로리만 섭취하는 장수 마을 오키나와 주민들의 사례처럼 칼로리 제한 식이요법이 사람의 몸에도 비슷한 변화를 일으킬 거라는 주장의 과학적 근거가 바로 여기에 있다. 스스로를 실험 대상으로 삼는 사람도 꽤 많다.

의사 출신의 설립자 본인은 고작 79년밖에 못 살긴 했어도, 국제칼로리제한협회의 회원 수는 벌써 수천 명에 이른다. 진짜 사람 집단을 추적 관찰하는 다수의 연구도 청신호를 보내고 있다. 데이터가 부족한 탓에 수명 연장 효과를 판단하기에는 아직 이르지만, 인슐린 수치가 낮아지고 스테로이드 호르몬 DHEA의 수치가 더 높게 유지되는 등 호르몬 수치 면에서 긍정적인 변화가 있다는 것은 일단 증명되었다. 이것은 반가운 소식이 아닐 수 없다. 대부분의 현대인에게는 먹는 양을 제한은커녕 정상 수준으로 유지하는 것만도 벅차다는 점만 빼면 말이다.

미국만 봐도 인구의 과반수가 과체중이다. 몸무게가 정상 범위 안에 들더라도 여전히 필요량 이상의 칼로리를 섭취하는 것은 똑같다. 맛있는 음식을 먹는 행위 자체의 즐거움 때문이다. 나 역시 그렇다. 조심해야 한다는 걸 잘 아는 데다가 먹고 나서 후회할 게 뻔한데도 멈출 수가 없다. 그런데 과학자들 중에도 나와 비슷한 사람이 많다. 그래서 그들이 한 일은 칼로리 제한의 생물학적 기전을 연구하는 것이었다. 그들은 생각했다. 어쩌면 이 식이요법의 다양한 효과가 어떤 단 하나의 분자를 매개해 나타나는 게 아닐까? 그럴 경우, 이 분자를 복사하거나 조작하거나 인공적으로 합성할 수 있다면 스트레스 받아 가면서 먹는 걸 참을 필요 없이 칼로리 제한 식이요법의 장점만 취할 수 있지 않을까?

그렇게 해서 노화 연구의 샛별로 급부상한 물질이 바로 식물 유래 성분인 레스베라트롤resveratrol이다. 신체 조직 일부의 세포 안에는 굵직굵직한 노화 관련 반응들을 조절하고 염증, 에너지 효율, 스트레스 저항 등 노화에 영향을 미치는 다른 경로들에도 관여하는 시르투인sirtuin이라는 단백질이 존재하는데, 이 시르투인을 바로 레스베라트롤이 활성화시킨다. 레스베라트롤은 수명을 늘리는 쪽으로 세포 변화를 유도한다. 초파리와 물고기 등 몇몇 하등동물을 이용한 연구에서는 수명 연장 효과가 실제로 증명된 바 있다. 실험쥐에게 레스베라트롤을 투여했을 때 역시 고열량 사료 섭취라는 불리한 조건에도 건강과 생존 기간이 개선되는 것으로 확인되었다. 이 연구들 말고도 포도주의 인기 증가 역시 레스베라트롤의 유명세에 한몫을 했다. 자고로 음식 문화란 당대에 유행하는 기호식품에 맞춰 변하기 마련인 것이다.

과학자들이 희망을 거는 후보 물질은 레스베라트롤만이 아니다. 학계는 칼로리를 제한할 때 그에 대한 반응으로 체내에서 만들어지는 다른 분자들에도 주목한다. 베타-수산화부티르산beta-hydroxybutyric acid, 일명 BHB가 그런 예다. BHB는 고지방, 저단백질, 저탄수화물의 케톤 생성 식이요법ketogenic diet을 할 때 체내에서 만들어지는 케톤체다. 노년기 포유류 동물을 이용해 최근 수행된 한 연구에 의하면, BHB가 기억력과 수명에 긍정적인 효과를 나타낸다고 한다. 논문은 BHB가 유전자 발현을 변화시키는 것이 이 효과의 비밀이라고 분석하고 있다. 연구진 중 한 명은 "우리는 신약의 표적을 찾고 있다. 궁극적 목적은 제한 식이요법에 구속되지 않으면서 BHB의 이점만 활용하는 방법을 알아내는 것"이라고 언급했다.

이 물질이 주는 혜택을 지금 당장 누리고 싶은 사람은 운동을 하면 된다. 운동은 체내 케톤체 생성을 독려하는 가장 자연스러운 방법이다. 실제로, 운동을 꾸준히 하면 머리가 맑아지고 더 건강하게 오래 사는 것이 다 이 케톤 생성 효과 덕분이라는 견해가 많다.

학계는 그 밖에도 다양한 방향에서 노화와 건강 연구에 접근하고 있다. 노화의 표식을 가진 늙은 세포만 골라 없애는 노화지연제, 즉 세놀라이틱스senolytics와 같은 세포 기반 요법이 그런 예다. 또, 아직 연구 단계에 있는 노화 지연 혹은 노화 정지 전략으로는 항산화물질을 영양제처럼 상시 복용하는 것과 라파마이신rapamycin이라는 약물을 들 수 있다. 남태평양 이스터섬의 토양 박테리아에서 발견된 라파마이신은 면역억제 활성 때문에 이미 이식수술 시의 보조약제로 사용되고 있지만 파리, 균류, 설치류 등 몇몇 동물 종의 수명을 연장시키는 것으로도 증명되었다. 한편, 사람의 체액을 활용하는 전략도 있다. 시대를 역행하는 듯 보이기도 하지만 벌써 몇몇 스타트업이 노인의 몸에 건강한 청년 지원자의 혈액을 주입하는 서비스를 개발 중이다. 말 그대로 늙은 피를 젊은 피로 통째로 갈아치우는 것이다.

현장 열기도 뜨겁고 향후 전망도 나쁘지 않지만, 이런 아이디어들이 임상 연구 단계까지 오려면 아직 한참 더 기다려야 한다. 줄기세포를 예로 들어 볼까. 줄기세포의 재생 효과는 수차례 검증된 바 있다. 하지만 수명 연장에 확실히 도움이 된다고 주장할 만한 단서는 아직 하나도 없다.

안티에이징anti-aging이라는 표현은 최근에 유명해졌지만 사실 그 바탕에 깔린 메시지는 조금도 새로운 것이 아니다. 의사가 안티에이징 사업에 깊게 관여하는 것 역시 어제오늘 일이 아니고 말이다. 동서고금을 막론하고 많은 의사들이 이 분야에 뛰어들었는데, 혹자는 인류의 삶의 질 개선을 소망해서였지만 혹자는 대중의 자기기만과 허영심을 이용하기 위해서였다. 그런 속셈을 가진 시장의 큰손들은 의학이 암, 약물남용, 에이즈 같은 주제를 다룰 때나 쓰는 선동조의 말투로, 일종의 군국주의 정신을 불러일으켰다. 노화에 '맞서 싸우지' 않는 것은 미련한 짓이며 현대 의학의 혜택을 스스로 포기하는 것이라는 뉘앙스를 풍기면서 말이다.

오늘날 시장에는 다양한 안티에이징 제품이 나와 있다. 그중에서 법에 명시된 각종 시험과 연구들, 공정한 검토, 안전성과 유효성 감시 등을 거쳐 의약품 혹은 의료 기기로 정부 승인을 받은 것은 극소수에 불과하다. 뭐 그건 그럴 수도 있다고 치자. 그렇더라도 사이비 과학이 교묘하게 진짜 과학의 탈을 쓰고 소비자를 미혹한다는 건 분명 문제다. 호르몬이나 혈액 같은 체성분 물질로 뭘 어떻게 한다는 것은 무려 140년 전 수법임에도 인기가 그때보다 더하면 더했지 조금도 덜하지 않다. 그뿐만 아니다. 안티에이징 시장은 남녀를 획일적으로 구분한다. 그래서 남성에게는 스태미나의 중요성을 강조하면서 보다 많은 지배계층 부자 남성으로 하여금 지갑을 열도록 유도한다. 한편 여성에게는 여성미를 강요하면서 외면의 아름다움만 중요하고 가치 있는 것이라는 편견을 심는다.

과학의 울타리 안에서 안티에이징이란 보통 노화를 늦추거나 완전히 정지시키는 것으로 정의된다. 이 용어를 지지한 찬성파는 안티에이징이라는 말이 세상 사람들에게 인류 역사상 가장 중요한 발명품 중 하나로 꼽히는 항생제antibiotics와 같은 무게로 인식되기를 바랐다. 그런데 안티에이징의 '안티anti-'는 자연의 섭리를 부정하거나 반대한다는 의미를 내포한다. 따라서 저항을 뜻하는 항생제의 항抗보다는 반체제antiestablishment나 반이민anti-immigration의 접두사 반反에 훨씬 더 가깝다. 게다가 안티에이징은 노인 집단과 노화의 특징을 거부하고 부정한다는 면에서 상당히 시대착오적인 표현이다.

미국 안티에이징 의학회American Academy of Anti-Aging Medicine는 다른 의학 단체들과 다르게 .org가 아니라 .com으로 끝나는 계정 주소를 쓴다. 이 말은 곧 이 조직이 순수한 학술단체가 아니고 영리 목적으로 운영된다는 것을 뜻한다.

2002년, 생명과학 분야의 명망 있는 과학자 52인이 뜻을 모아 공동성명을 발표했다. 여기에는 세포분열의 유한성을 증명하고 이를 헤이플릭 한계라 명명한 레너드 헤이플릭Leonard Hayflick과 인간 수명 한계 연구의 대가 제이 올샨스키Jay Olshansky도 포함되어 있었다. 성명의 골자만 발췌하면 다음과 같다.

"일명 안티에이징 의학이라는 영역이 최근 국내외를 통틀어 수백만 달러 수익을 내는 산업으로 급성장했다. 판매되는 제품 중 효능이 과학적으로 입증된 것은 하나도 없고 심지어 몇몇은 인체 유해성까지 우려됨에도, 그런 물건을 만들어 파는 업체들은 허위 정보를 과학으로 둔갑시켜 유포한다."

학계는 늘 그 어느 선대에도 이루지 못한 불로장생의 꿈을 저희가 실현하겠다며 자신해 왔다. 적어도 지난 150년 동안은 확실히 그랬다. 일례로, 1905년에 면역학자 아서 E. 맥팔레인Arthur E. McFarlane은 《인생의 전성기를 연장하다Prolonging the Prime of Life》라는 제목의 기고문에서 과학이 노년층에게 젊음과 건강을 되찾아 줄 것이라고 장담했다. 그로부터 100년도 넘는 세월이 흐른 지금, 맥팔레인의 약속은 아직 지켜지지 않고 있다. 수많은 과학자가 고지가 눈앞이라며 기대감을 숨기지 않지만 똑같은 대답만 벌써 몇백 년째인지 모른다. 오랫동안 성과가 지지부진한 것이 반드시 아이디어 자체가 틀렸다는 뜻은 아니다. 아마도 패인은 방법에 있었을 것이다. (인구 과밀화, 기후변화, 고도가공식품, 사회정책, 과학 기술 오남용 등 인류의 건강 증진과 수명 연장에 해를 끼치는 사회적 요인들은 일단 제쳐 두자.) 그럼에도 여전히 세상은 과학 기술이 유일한 희망이라 믿어 의심치 않는다. 그 결과, 당장 각종 질병으로 고통 받는 동시대 인류의 신음 소리는 묵살된다. 이런 지구촌 동포들의 고통을 덜어 주는 확실한 치료법이 여럿 있음에도 완치까지는 불가능하다는 이유로 이 역시 뒷전으로 밀려난다.

학계가 간과해 온 것은 또 있다. 바로 완치의 이차 효과다. 문제 하나를 고치면 새끼 치듯 새로운 문제 여럿이 다시 생기기 마련이다. 그런데 이 이차적 문제들을 해결하려면 처음보다 훨씬 더 많은 인적, 물적 자원과 시간이 든다.

예를 들어 볼까. 어떤 사람이 암을 극복했다. 그러면 얼마간은 잘 살겠지만 그에게는 다른 종류의 암부터 기타 신체 장기 질환까지 정확히 예측하기 힘든 부작용들이 뒤늦게 나타나기 십상이다. 또, 누군가는 심장마비 혹은 감염을 이기고 살아남아 계속 성실히 나이 먹어 간다. 대부분의 경우는 이게 좋은 일일 것이다. 하지만 사람이 오래 살수록 현대 사회와 의학 기술이 더 이상 뒷바라지하지 못하는 지경에 이를 확률도 따라서 높아진다. 이쯤 되면 본인이 체면을 포기한 것은 당연하고 가족친지의 동정심도 메마른 지 오래다.

혁신에는 늘 대가가 따른다. 인간의 기발한 상상력과 결합한 과학 기술은 인간 수명을 거의 두 배로 연장했지만 그만큼 사회가 돌봐야 할 생존자의 수도 몇 갑절로 늘어났다. 옛날 같으면 불치의 유전병으로 혹은 전쟁터에서 입은 부상으로 혹은 그냥 노환으로 일찌감치 세상을 떴을 이들이 오늘날에는 불편과 고통을 감내하면서 그냥저냥 살아가는 것이다. 이 적정 수명이라는 게 참 어렵다. 너무 낮추면 무고하게 희생되는 생명이 너무나 많은 것 같다. 그렇다고 또 너무 높이면 온 사회가 단체로 끙끙 앓게 된다. 게다가 사람마다도 저마다 생각하는 적정선이 다르니 머리가 복잡하다. 물론 보통은 웬만하면 더 살고 싶은 게 사람 마음이긴 하지만. 이런 성향은 본능일 수도 있지만 학습된 것일 수도 있다. 현대 의학의 여명기에 항생제와 신식 수술 기법이 민중의 뇌리에 거의 기적으로 각인되면서부터다. 그러나 지난 세기에 의학이 행한 이적과 오늘날의 의학이 노화 억제라는 신기술을 앞세워 가려는 길은 완전히 다르다. 많은 사람들이 혹 하나 떼려다 다른 혹 여럿을 붙인 채 살아갈 게 불 보듯 뻔한데도 그 사달을 부추긴 장본인인 의료계는 그걸 깨닫지도, 해결하려 나서지도 않는다. 특히, 자칭 국민 건강에 일조한다는 요즘 최고 인기 분야(즉, 안티에이징_옮긴이)가 실은 과학적 근거도 희박하고 구태의연한 구시대적 사고방식을 지향한다면 의료계의 모르쇠는 더욱 뻔뻔해진다.

언제가 될지는 모르지만, 그런 안티에이징 전략 한두 개는 성공을 거둘 것이다. 노화를 완전히 되돌리지는 못하겠지만 나쁜 쪽으로 일어나는 변화 몇몇을 막는 것 정도는 가능할 게 분명하다. 그렇더라도 두 갈래 갈림길 앞에 선 우리에게 아직 기회는 있다. 하나는 정책을 바로 세우는 길이고 다른 하나는 고객의 비위를 맞추는 데 충실하는 길이다. 어느 길을 선택하느냐에 따라 우리의 미래는 극과 극으로 달라질 것이다.

방치된 간극

어느 날, 하루 업무가 시작되기 전에 행정실 직원이 곧 환자 한 명이 새로 들어올 거라고 알려 왔다. 그런데 연세는 98세인데 이름이 키드Kid라는 거였다. 미리 전송받은 환자 파일을 검토하면서 나는 그와의 첫 만남이 기대되어 절로 미소가 지어졌다.

그러다 몇 분 뒤, 컴퓨터 화면에 뜬 믿기지 않는 내용에 나는 일순간 온몸이 얼어붙는 것을 느꼈다. 우리 사회는 발병 후 치료에 재정과 인력 대부분을 들이붓지만, 실은 치료보다 예방이 경제적으로나 의학적으로나 훨씬 나은 전략이다. 윤리적으로도 더 바람직하다. 애초에 아프지 않으면 병원에 올 일이 없을 테니 말이다. 그래서 보통 나는 예방을 적극 지지한다. 키드 어르신의 최근 의료 기록에는 그의 신경내과 주치의가 뇌졸중 예방을 위해 매일 복용하도록 아스피린을 처방했다는 메모가 있었다. 그런데 내 판단에 이번만큼은 이 예방 조치가 적절한 것 같지 않았다.

아스피린은 부작용으로 출혈을 일으킬 수 있는데, 아스피린의 출혈 부작용은 나이가 많은 환자일수록 심하게 나타나는 경향이 있다. 내출혈이 심하면 입원 혹은 사망에까지 이른다. 2011년에 발표된 한 논문에 의하면, 65세 이상 환자가 응급실을 찾는 약물 관련 원인 순위에서 아스피린이 4위 안에 드는 것으로 조사됐다.

키드는 65세를 넘기고도 30년을 더 사신 호호할아버지였다. 동년배의 99.99퍼센트가 이미 저 세상 사람이 된 이분에게 예방이 무슨 의미가 있을까, 나는 생각했다.

환자에게 최선을 다하려는 의도였겠지만 이 신경내과 주치의가 젊은 환자의 데이터를 90대 노인에게 그대로 적용한 것은 분명 잘못된 접근이었다. 그 이유로 크게 두 가지를 꼽을 수 있다. 첫째, 98세 노인을 대상으로 연구가 실제로 수행된 적이 없기 때문에 아스피린이 초고령자에게도 혈전 예방 효과를 내는지 여부는 확실하지 않다. 둘째, 우리는 다른 환자 사례들, 일반 상식, 연구 데이터 등을 통해 같은 약이라도 나이에 따라 약물 반응이 달라지며 나이가 많을수록 약물 부작용의 위험이 커진다는 사실을 잘 알고 있다. 솔직히 아스피린이 키드 어르신에게 도움이 될지 어떨지 확인할 길은 없었다. 하지만 한 가지는 확실했다. 이 약은 98세 노인을 내출혈과 신장부전을 비롯한 다양한 부작용의 위험에 노출시켰다.

오늘날 의료계에서는 청장년 성인에게는 효과가 검증되었지만 고령 집단에서는 부작용만 보고된 약제를 모든 연령대 성인에게 처방하는 것이 통상적 관행이다. 정작 당사자들은 참가 기회를 얻지 못한 임상 연구들에서 효과가 증명됐다는 이유로 처방이 결정되면 노인들은 묵묵히 처방전을 받아 들고 약국으로 향한다. 그 결과물은 급증하는 노년층 부작용 사례 보고뿐이다. 만약 의사가 증상을 환자의 지병, 나이, 혹은 아픈 늙은이답게 나날이 쇠약해지는 신체 상태 탓으로 돌려 버린다면 그마저도 소리 소문 없이 묻히겠지만.

날도 화창한 봄날의 어느 주말, 나는 90대 심방세동 환자의 손자에게서 메시지를 받았다. 손자는 얼마 전에 할머니의 순환기내과 주치의가 최근 허가된 혈전 용해제 신약으로 처방을 바꿨다고 했다. 임상 연구 데이터 역시 이 신약이 더 안전하고 간편함을 보여 주고 있었기에 누구라도 솔깃할 수밖에 없었을 것이다. 데이터대로라면 더 이상 혈중 약물 농도를 측정하기 위해 피를 뽑으러 병원을 다니지 않아도 될 터였다. 구십 노인을 모시고 다니면서 피검사를 받게 하는 것은 그야말로 하늘이 여러 사람에게 주는 시련이었다. 혈관을 찾기도 힘들뿐더러 시퍼런 멍이 남기 일쑤였다. 게다가 식단과 식사량이 항상 들쑥날쑥했고 약의 혈전 용해 작용을 방해하는 음식도 개의치 않고 드셨다. 그런 까닭에 이 환자에게는 피가 지나치게 묽어질 위험과 반대로 피가 여전히 찐득할 위험이 공존했다. 앞의 경우는 심각한 출혈을, 뒤의 경우는 뇌졸중을 초래할 우려가 있었다. 그런데 의사 말이 이 모든 골칫거리를 신약이 해결해 준다는 거였다.

손자의 얘기로 환자는 정신이 오락가락하는 상태였다. 그밖에 달리 아파 보이거나 평소와 다른 구석은 없다고 했다. 섬망 증세가 진짜 무슨 질환의 전조 증상일 수도 있지만 약은 고령층에게 이 증세를 유발하는 상습범이었다. 게다가 이제 슬슬 새로 바꾼 약의 반응이 나타날 타이밍이기도 했다. 그래서 나는 이 약 복용을 즉시 중지시켰다. 그러자 환자 상태가 바로 호전되기 시작했다. 그러나 월요일에 순환기내과 의사는 이 약 탓이 아니라며 환자에게 다시 복용을 지시했다. 결국 다음 날 저녁 섬망 증세가 재발했다. 나는 또 약을 끊게 했고 그러자 환자는 다시 평소의 그녀로 돌아왔다.

솔직히, 이 사건의 근원은 따로 있다. 심방세동은 대개 중년 이후 환자들에게 발생하는 심장질환이다. 그럼에도 이 경우처럼 고령층에 집중 발생하는 질환의 신약을 개발할 때 그런 임상 연구에 해당 연령층을 반드시 참여시키라는 의무 조항은 아주 최근까지만 해도 전무였다Inclusion Across the Lifespan Policy(말하자면 '전 연령대를 포함하는 연구 개발 정책'이 발효된 것은 2019년의 일이다). 꼭 나이 때문이 아니더라도 노인 열에 아홉은 혈액검사 수치, 장기기능, 혹은 다른 만성질환 제한에 걸려 연구 참여가 거부된다. 그렇게 정작 주인공은 배제한 채 실시된 임상 연구의 데이터가 세상에 공개되면, 의사는 같은 질환을 앓고 있지만 연구 데이터보다 나이가 더 많은 환자들에게 이 임상적으로 검증된 신약을 자신 있게 처방한다. 더 안전한데 효과까지 있을 거라 약속하면서.

임상의학에는 불문율이 하나 있다. 가능하면 환자의 증상, 신체

검진 소견, 혈액 검사나 체조직 검사 수치 모두를 설명하면서도 한 두 단어로 딱 떨어지는 진단명을 찾아야 한다는 것이다. 말하자면, 오컴의 면도날Occam's razor 규칙을 신봉하는 셈이다. 환자가 젊거나 대체로 건강하다면 이 전략은 상당히 효율적이다. 그런데 노년층의 경우는 규칙을 벗어나는 사례가 많다. 나이가 너무 어린 유소아나 아직 중년이라 하더라도 서너 가지 이상의 동반질환을 달고 사는 환자들도 마찬가지다. 그런데도 정부와 의료계가 소위 표준 치료 혹은 권장 평가 기준이라며 내놓은 지침들 대부분은 여전히 딱 그 질환만 고려한 것뿐이다. 하지만 어떤 건강 문제로 병원을 찾아온 환자에게는 둘, 셋, 혹은 그 이상의 또 다른 건강 문제가 이미 예전부터 있어 왔을 가능성이 높다. 이런 현실을 제대로 반영하는 지침은 몇 되지 않는다. 그러니 현실의 환자에게 의료계 지침들이 너무나 자주 모순되는 조언을 하는 것은 당연하다. 성실하게 그 조언을 따른 환자는 시간과 노력과 돈을 애먼 데 허비하는 셈이 된다. 그 결과로 홍수처럼 불어나는 위험 부담 역시 오롯이 환자의 몫으로 돌아간다. 약들의 상호작용으로 환자에게 새로운 부작용이 생기거나 기존 부작용이 심화된다. 아니면 전문가들로부터 그런 위험성 경고를 받아 이 처방 조합이 금지되거나, 지양 권고가 내려지거나, 보험 혜택이 사라져 약값이 훌쩍 뛰어 버린다. 이때 환자는 가장 비싸거나 부작용이 가장 심한 약부터 중단할 것이다. 그러나 그 즈음이면 빼 버린 약이 부작용의 주범이었는지 혹은 조무래기에 불과했는지 확인할 수 있는 기회가 이미 영영 사라진 뒤다.

사람이 나이를 먹으면 체내에 들어온 약물을 처리하는 해독 장기(주로 신장과 간)의 기능이 차차 쇠퇴해 간다. 그런 까닭에 고령 환자는 약물 부작용에 특히 취약하다. 늙은 몸은, 젊은 몸이 멀쩡히 넘어가는 약한 자극에도 예민하게 반응한다. 한편, 평소에 복용하는 약이 네 가지를 넘는 고령 환자는 낙상 발생의 위험이 현저하게 증가한다. 낙상은 이차적 질환, 신체장애, 나아가 사망까지 불러온다는 점에서 고령자에게 경계 대상 1순위인 위험인자다.

사실, 사람의 몸 어딘가에 문제가 생기면 다른 신체 장기들, 혹은 기분도 따라서 변하기 마련이다. 그런데 과학은 사람들에게 나머지는 다 떼어 버리고 연구 주제에만 집중할 것을 강권한다. 의학은 과학과 뿌리를 같이 하기에 의료계 역시 특정 장기 혹은 특정 질병마다 따로 전문가가 있다. 그리고 그들이 모여 각 전공과 의학 분과를 형성한다. 그런 조직에서 나온 지침들이 특정 장기 혹은 특정 질병만을 다루는 것은 당연하다. 이 찰나에 『미국의학협회저널 Journal of the American Medical Association』에 재미있는 논문 한 편이 게재되었다. 가이드라인을 잘 지키는 가상의 79세 여성 환자의 사례를 분석한 연구인데, 논문 저자는 이 환자가 당뇨병, 고혈압, 관절염, 골다공증, 만성폐쇄성폐질환을 동시에 앓고 있다고 가정한다. 이 모두를 동시에 앓는 사람은 실제로도 드물지 않다. 이 경우 가이드라인에 따르면 환자는 평균 열두 가지 약물 총 19회 투여분을 하루 다섯 번에 나누어 복용해야 한다. 그뿐만 아니다. 매일 적게는 14시간, 많게는 하루 종일 식이요법과 운동요법에 신경 쓰지 않으면 안 된다. 그렇게 환자가 건강을 위해 하는 활동만 하루에 26~36가지나 된다. 전일제 직장인의 일과와 맞먹는 수준이다. 이때 약물 상호작용과 다양한 부작용을 감수하는 것은 수고로 치지 않은 것이다. 하지만 환자는 잠시라도 방심할 수 없다. 그랬다가는 곧장 말 안 듣는 환자로 낙인찍힐 게 뻔하기 때문이다.

임상 연구에서 고령자를 배제하는 것은 말도 안 되는 짓이다. 예를 하나 들어 볼까. 골다공증은 70대 후반부터는 남녀 가릴 것 없이 99퍼센트라고 말해도 좋을 만큼 노년층에 흔한 질환이다. 골다공증은 살짝 부딪히거나 넘어져도 골절이 쉽게 일어나게 하는데 어떤 골절은 완전히 회복 가능하지만 어떤 골절은 평생의 장애로 남는다. 그럼에도 공신력 높은 생명과학 연구 데이터베이스인 코크란 라이브러리 데이터베이스Cochrane Library Database에서 골다공증 치료법에 관한 임상 연구 논문을 검색하면 연구 참가자들의 연령이 죄 평균 64세 정도로 나온다. 골다공증 환자들의 평균 연령이 85세로 집계된 현실의 통계와 상당히 차이 나는 숫자다. 말하자면, 임상 연구의 4분의 1이 진짜 이 병을 앓을 만한 나이의 환자들은 애초에 배제시키는 셈이다. 이는 35세 여성을 대상으로 폐경을 연구하겠다는 것이나 다름없다.

60대 중반부터 수십 년을 내다보는 노년기의 의료가 진정성을 띠려면 접근 방식 면에서도 평가 기준 면에서도 젊은 성인만 배려한 기존의 그것과 달라야 한다. 신분증에 적힌 생년월일 숫자만 따지는 게 아니라 현실을 보다 민감하게 반영하는 여러 가지 변수를 함께 고려하는 패러다임 수정이 그 어느 때보다도 요구되는 시점이다. 그러려면 평소 환자 본인이 느끼는 지병들의 무게, 환자의 신체 기능 수준(생리적 건강 상태를 더 정확하게 반영하는 현실적 지표다), 환자 개개인이 지향하는 건강 목표, 예상 여명과 같은 인자들을 모두 살펴 접근할 필요가 있다. 암 스크리닝이 포함된 통상적인 건강검진이든 정식 항암 수술이든 영역과 단계를 불문하고 늘 이런 자세로 임해야 한다.

노년기는 생물학, 면역학, 혹은 건강 위험성 측면에 따라 그 안에서 또 몇 단계로 세분될 가능성이 있지만 구체적인 부분은 현재 아무도 모른다. 우리는 노년기를 소아기나 성년기만큼 자세히 파고들어 연구해 본 적이 없기 때문이다. 부족했던 머릿수 탓을 하면 할 말은 없다. 과거에는 노인 인구 자체가 적어서 노인만의 임상 연구를 실행하기도 어렵고, 그 데이터를 알차게 활용할 데도 마땅히 없었다. 물론 그건 다 옛날 얘기고 요즘은 오히려 인구 고령화를 걱정하는 시대 아닌가. 그러니 이건 노인만 나무라며 어물쩍 넘어갈 문제가 아니다.

고령자를 대상으로 임상 연구를 실시하는 것은 솔직히 쉬운 일이 아니다. 어르신들은 요구 조건도 까다로운 데다가, 예를 들어 치매 같은 경우는 환자에게 직접 동의를 받는 것 자체가 불가능하다. 어떤 현상이 노화의 결과인지 아니면 질병 경과 내지는 약물 부작용인지 구분하기도 쉽지 않다. 무엇보다도, 가장 큰 장벽은 고령자 대상 연구는 일반 성인 대상 연구에 비해 자원 낭비라는 의견이 많다는 것이다. 하지만 사람 목숨이란 어디서 손해를 보면 반드시 또 다른 데서 그만큼 이득을 취해야 하는 제로섬zero-sum 게임이 아니다.

현대인 대부분은 이미 늙었거나 늙어 가고 있지만 보건 수준의 전반적 향상 덕택에 현재 이 게임에서 우리는 실점보다는 득점을 훨씬 더 많이 기록 중이다. 게다가 고령자를 참여시킨 임상 연구는 종종 젊은 성인에게도 유용한 정보를 제공한다. 가령, 최근 완료된 한 연구에서는 노년 집단을 소위 더 느슨하게 치료했을 때와 비교해, 고강도 대장암 치료를 받은 청년 및 중년 집단에서 치료 성과가 오히려 더 나쁜 것으로 드러났다. 언제든 섣부른 판단은 금물이다. 어느 누구도 모든 가능성을 고려하지 않고서는 저 증세가 그냥 나이 탓인지 아니면 정말 어디가 아픈 건지, 혹은 이 약이 저 약보다 더 나은지 아니면 그 반대인지 확신할 수 없다. 또, 그 약의 임상 연구에 같은 부류의 환자가 포함된 적이 단 한 번도 없다면 어떤 의사도 자기 환자에게 이 약을 처방하는 게 안전하다고 자신해서는 안 된다.

일곱 달 전, 아르투로에게는 처음에는 게실염(대장 내벽에 만들어진 주머니에 염증이 생기는 것_옮긴이)으로 그리고 두 주 뒤 다시 폐렴으로 입원했던 경험이 있었다. 그런데 퇴원해서 건강을 회복했다 싶을 때쯤 치매가 악화되고 불면증이 생겼다. 치매 탓으로 돌릴 수도 있었지만 무작정 그러기에는 좀 석연찮은 구석이 있었다. 물리치료사가 방문하는 날을 빼면 그는 낮이고 밤이고 침대에 누워만 있으면서 이불 속에서 한 발짝도 나오지 않았다. 방에는 창문과 TV가 있어서 혼자서도 무료함을 어느 정도 달랠 수 있었고 딸 테레사가 퇴근하면 음식을 들고 와 아버지의 식사를 챙기거나 말동무를 해 드리기도 했다. 그러나 매일 꼼짝도 않고 누워만 지내는 그에게는 칠흑 같은 밤은 곧 잠자는 시간이라는 등식이 성립하지 않았다.

테레사는 퇴원 후 몇 주 동안 아버지를 좀 주무시게 하려고 안 해 본 게 없었다. 따뜻하게 데운 우유를 드려 봤지만 별 도움은 되지 않았다. 아버지는 위스키가 더 낫지 않겠냐고 제안했다. 하지만 드시는 약도 많고 몇 주 사이에 기억력도 몰라보게 나빠진 터라 그녀는 딱 잘라 거절했다.

아르투로는 밤에 못 자는 만큼 낮에 더 많이 졸았다. 그래서 저녁 무렵에 제일 말똥말똥한 날이 허다했다. 가끔은 환영이 보이는지 거기 있지도 않은 사람을 부르곤 했다. 집이 작았기 때문에 옆방에서 아버지가 밤늦게까지 떠들거나 텔레비전을 보면 테레사는 늘 잠을 설쳤다. 간병을 핑계로 결근한 게 하루 이틀이 아니었고 출근을 하더라도 항상 초췌한 몰골로 나타나곤 했다. 그녀는 시도 때도 없이 생각했다. 아버지가 밤에 주무실 수만 있다면 아버지도 자신도 꼴이 훨씬 사람다워질 거라고.

어느 수요일, 테레사는 퇴근길에 약국에 들러 수면보조제 코너로 향했다. 그녀는 제품을 하나하나 살펴보면서 거의 반사적으로 뒷면의 주의사항부터 찾아 읽었다. 다행히 지금의 아버지에게 해당되는 건 없었다. 아버지는 더 이상 운전을 하지도, 중장비를 다루지도 않으니까. 어린이나 임신부는 더더욱 아니었으니 이것도 합격이었다. 그날 저녁, 아버지에게 한 알을 드시게 했더니 좀 효과가 있는 것 같았다.

그렇게 몇 개월이 평화롭게 지나갔다. 그런데 요즘 들어 부쩍 아버지가 눈이 잘 안 보인다는 말을 자주 하는 것이었다. 가족들은 모두 나이 탓이려니 했다. 손자는 더 큰 화면의 TV를 할아버지에게 선물했다. 그러던 어느 날 소변이 나오지 않기 시작했다. 그제야 가족들은 아르투로를 병원에 모셔 갔다. 비대해진 전립선이 소변 길을 막았고 신장부전까지 왔다는 진단이 내려졌다. 의사는 '이제부터 부친은 남은 평생을 소변 줄을 단 채로 살아야 한다'는 청천벽력 같은 소식을 테레사에게 전했다.

내가 아르투로를 처음 만난 것은 그다음 달이었다. 원래는 7개월 전에 게실염과 폐렴으로 일반 종합병원에 입원했을 때 접수가 됐지만 대기자가 이미 많았던 탓이다. 대기자 중에는 우리 요양 병원을 구경도 못 해 보고 돌아가시거나 집중치료실로 옮겨지는 분들이 종종 있었다. 우리 같은 전문 시설이 턱없이 부족하던 시절이었다. 게다가 자택에서 지내는 환자들과 그 간병인들은 여론을 모을 재주도, 시간도 없었다. 그런 탓에 우리 병원이 있던 샌프란시스코 지역에 건강보험료를 꼬박꼬박 내면서도 그 값어치의 의료서비스를 돌려받지 못하는 노인이 상당히 많다는 것을, 그리고 의학의 손길이 닿더라도 그 구성이 고령 환자에게는 적합하지 않은 일이 허다하다는 것을 아는 이는 거의 없었다.

전문 시설이 아닌 자택에서 요양하는 노인 인구는 미국에서만 약 500만 명으로 집계된다. 그들은 요양 병원 입소 환자들에 비해 22퍼센트 더 많이 응급실에 실려 가고, 57퍼센트 더 자주 입원한다. 그런데 왕진 서비스가 이 숫자를 기대 이상으로 크게 낮출 수 있다. 여기에는 의료 자원 절약이라는 경제적 효과와 환자 가족의 위로라는 심리적 효과는 덤이다. 실제로, 경제성 분석에 의하면 응급실 방문 1회에 드는 비용이 왕진 진료 10회와 맞먹는다고 한다. 작금의 미국 건강보험수가 정책이 얼마나 비생산적이고 편파적인지를 여실히 드러내는 대목이다.

아르투로의 병력을 묻고 신체 검진을 진행하는 동안 테레사는 아버지의 시력 감퇴와 배뇨 장애가 갑자기 생긴 문제라고 했다. 그래서 나는 옛날 문진 기록을 컴퓨터 화면에 띄워 놓고 그녀에게 전에 했던 것과 똑같은 질문 하나를 다시 물었다. 단, 이번에는 아버지가 지난 몇 달 동안 드셨던 약을 다 가져와 보라는 추가 요청과 함께였다.

역시 내 짐작대로였다. 범인은 냉장고 위에 숨어 있었다. 의사 처방전 없이 살 수 있는 일반의약품인 까닭에 처방 기록에서 드러나지 않았던 것이다. 문제의 알약은 아침, 점심, 저녁, 밤으로 칸칸이 구분된 투약 상자에 다른 약들과 함께 가지런히 정리되어 있었다. 대부분의 사람들이 착각하는 것처럼 테레사도 일반의약품은 전문의약품보다 순하니까 지시대로만 복용하면 안전할 거라고 믿었던 것이다.

한참이나 마음을 추스른 뒤 그녀가 말했다.

"그렇게 위험한 약을 아무나 막 살 수 있게 둬도 되는 거예요?"

좋은 지적이다. 그녀가 아버지에게 드린 수면보조제는 처방 접수창구 밖의 매대에서 팔렸지만 포장 어디에도 부작용이 자세히 기재되어 있지 않았다. 하지만 이 약은 아르투로의 전립선 문제를 악화시켜 비뇨기 기능을 정지시키고 신장부전까지 불러왔다. 이것이 다시 녹내장으로 이어졌고 말이다. 처음 며칠은 노인이 단잠을 잤을지 모르지만, 최종적으로는 섬망 증세가 악화되어 환영까지 보게 됐다. 그렇게 얼마 못 가 아버지도 딸도 뜬 눈으로 밤을 새우는 나날이 다시 시작되었다. 잠을 잘 자게 도와주는 알약 때문에.

테레사가 말하기를, 먼저 간 병원에서도 약에 대해 묻기에 그때도 수면보조제 얘기를 했다고 한다. 그런데 거기서는 별다른 말을 않더란다. 아마 그 사람들도 테레사처럼 일반약이라 안전하다고 단정했던 모양이다.

전직 간호사인 내 친구가 언젠가 한 말이 떠올랐다.

"그런 약을 항상 그렇게 쉽게 환자들에게 줬었어. 나도 복용했었고. 내 딸이 인터넷에서 그런 약이 위험하다는 글을 읽고 내게 알려 준 뒤에야 끊었지."

오늘날 어르신들이 일반의약품 때문에 겪는 약물 부작용 사고의 빈도를 염두에 두고 의약품 사용설명서의 경고란을 유심히 살펴보면 이런 데서도 노인 집단이 차별을 받는구나 싶다. 사람들은 노인이 아프면 다들 그럴 나이라서 그러려니 한다. 히포크라테스는 말했다. "환자의 병을 음식으로 낫게 할 수 있다면 약은 그냥 화학자의 시약병에 넣어 두라"고. 이 충고를 새겨들어야 할 사람은 바로 우리 현대인인 것 같다.

선택

의대 3학년은 답답한 강의실에서 벗어나 병원 실습을 시작하는 중요한 시기다. 각 주요 전공과를 돌면서 2~8주씩 실전 대비 훈련을 받게 된다. 일단 나는, 내가 외과 재목은 아니라는 것만은 확실히 알았다. 나는 태어날 때부터 왼쪽 눈이 거리감을 전혀 못 느낄 정도로 몹시 나빴다. 내가 환자라도 수술칼 끝이 대장에 가 있는지 동맥을 건드리는지 본인도 모르는 의사에게 수술을 받고 싶지는 않을 것 같았다.

그런 내가 첫 번째로 배정된 곳은 아니나 다를까 하필 외과였다. 첫 출근한 지 반나절도 안 되어 나는 수술실로 불려 가 개복수술 전 과정을 참관해야 했다. 레지던트 선배와 전문의 선생님 한 분이 환자의 배를 가르고 미리 상의한 대로 배 속 여기저기를 손보기 시작했다. 그렇게 몇 시간에 걸친 고된 작업이 끝나자 환자의 뱃가죽을 봉합하는 것으로 수술은 마무리되었다. 환자는 바로 그날 저녁에 의식을 찾았다. 아직 마취가 덜 풀렸고 배가 콕콕 쑤셨지만 확실히 몸이 가뿐하다고 했다. 수술의 효과는 정말 놀라웠다.

실습 이틀째에도 수술 참관은 계속되었다. 외과 레지던트 셋을 각각 한 번씩 따라 들어갔는데, 모두 남자였고 180센티미터가 넘는 장신이었다. 그렇게 반나절 만에 수술 세 건을 연달아 보고 나니 몸 속 생김새는 다 비슷비슷하다는 생각이 들었다. 가르고 지지고 다시 이어 붙이고 하는 절차 역시 시간만 엄청 잡아먹고 특별할 게 없다고만 느껴졌다. 물론, 다시 잇는 이 마지막 작업을 제대로 하는 게 실은 어마어마하게 중요하다는 걸 잘 몰랐던 햇병아리 시절의 얘기다.

"네가 직접 해 보면 얘기가 달라질걸."

그런 내색을 비치는 내게 그래도 개중 가장 인간적이었던 한 레지던트가 한 말이다. 외과에서 보내는 마지막 날, 절단 수술을 특별히 지켜보게 해 준 것도 그 선배였다. 절단 수술은 거리감이 없는 시력으로도 집도할 수 있는 몇 안 되는 수술이다. 나는 이 선배의 조언이 진심이었음을 나중에서야 깨달았다.

일정의 반 정도가 지났을 때쯤 나는 이곳에서 외과의 실제에 관한 여러 면면을 파악할 수 있었다. 그러고는 일찌감치 결심을 굳혔다. 설령 내가 완벽한 시력을 가졌더라도 나는 외과 의사가 되지 않았을 거라고. 외과 레지던트들은 거의 매일 아침마다 병원 식당에서 밥을 먹으면서 맡은 수술에 대해 상의했다. 이 아침 시간은 짧게는 15시간, 길게는 40시간 동안 이어지는 근무 중 끼니다운 끼니를 챙길 수 있는 유일한 기회였다. 이 시간만큼은 모든 긴장을 풀어도 좋았다. 그런 까닭에 외과 레지던트들은 여자 동료가 없는 환경에 익숙한 수컷의 본색을 드러내고 말도 행동도 막 하곤 했다. 게다가 나는 여학생인 데다가 외과에 가지 않겠다고 선언한 터라 이 그룹에서 투명인간 비슷한 독특한 지위에 있었다. 그래서 그들은 내가 보고하는 내용을 듣다가 불시에 질문을 던져 내 지식을 시험하면서 나를 괴롭히는 걸 즐겼다. 그 밖에는 내가 엿들어 귀에 익은 부분 말고는 잘 모르는 얘기만 저희끼리 열심히 떠들었다. 그렇게 한 달을 버티고 나니 그들이 눈 밖에 난 여자 투명인간에게 어떤 점수를 매겼을지 불 보듯 뻔했다. 확인할 길은 없지만 지금도 나는 그때 내가 억울하게 저평가받았을 거라고 생각한다. 아흐마드가 그나마 좀 친절했던 것은 아마 동병상련의 심정에서였을 것이다. 하지만 평점과 상관없이 이미 내 마음은 돌아선 뒤였다. 내게는 마취 상태의 환자의 배 속을 수리하는 것이 컴퓨터 하드드라이브나 진공청소기를 뜯어 내 고치는 것과 별반 다르지 않았다. 물론 탄탄한 의학 지식이 바탕에 깔려 있어야 하긴 하지만, 내가 보기에 외과수술의 8할은 물리학과 기계역학이었다. 나는 좀 더 지적이고 유기적인 전공과의 의사가 되고 싶었다.

3학년 첫 학기 내내 나의 희망 전공 1순위였던 소아과가 바로 그랬다. 그리고 6개월째에 드디어 나는 어린이 병원 유아 병동에 입성할 수 있었다. 그런데 아픈 아이들 눈에 의사는 사악한 괴물에 지나지 않는다는 걸 얼마 지나지 않아 알게 되었다. 나라고 예외는 아니었다. 경우에 따라서는 종합병원 의사도 간호사들만큼이나 환자 가족과 깊은 친분을 오랫동안 유지한다. 하지만 소아과의 경우는 이 관계가 보다 형식적이고 권력 서열에 따라 한쪽으로 기우는 경향이 있었다. 소아과 의사는 환자와 함께 보내는 시간도 더 짧았다.

어린이 병원의 꼬마 환자들은 하나같이 가슴 아픈 사연의 주인공이었다. 희박한 확률의 유전적 불운, 부모의 방만, 혹은 안타까운 사고와 같은 식이다. 그런 아이들이 주삿바늘 하나만 꽂으려 해도 온몸으로 저항하며 울어 젖히기 일쑤였다. 병원 일을 이해하기에는 너무 어린 것이다. 그런 반면에 소아과 외래를 먼저 돌고 있는 동기들은 아이들이 생각보다 너무나 건강하다면서 의학적 흥미가 떨어진다는 말들을 했다. 그렇게 두 번째 학기가 끝나 갈 무렵 나는 소아과 의사도 내 미래가 아님을 알게 되었다.

그 대신 나는 겨울방학에 들어가자마자 정신질환에 관한 책만 골라 읽기 시작했다. 다음 차례가 신경정신과였는데 상담이 주라는 부분이 맘에 쏙 들었다. 기분, 행동, 정체성, 이성과 같은 인간 정신의 기본 요소를 숙달하고 이런 개념을 환자 치료에 적용하는 고급 기술을 하루빨리 배우고 싶었다. 그리고 고대하던 첫날, 오리엔테이션이 끝나자 그룹 치료실로 가라는 지시가 내게 떨어졌다. 방문을 열고 들어갔을 때 환자들은 이미 둥그렇게 모여 앉아 뭔가를 하고 있었다. 20대부터 중년까지 연령대도 다양했다.

나는 방해가 되지 않도록 조심스럽게 두리번거리면서 내 사수를 찾았다. 하지만 도무지 모르겠기에 곧 포기하고 빈 의자로 재빨리 자리를 옮겨 오가는 대화의 내용으로 미루어 추리해 보려고 귀를 쫑긋 세웠다. 그러면서 속으로 생각했다. 입원 환자 그룹 치료였으면 훨씬 쉬웠을 텐데. 그렇게 30분이 흘렀다. 그런데 진행자임이 확실한 의사 한 명만 빼고 누가 환자이고 누가 의사인지는 여전히 오리무중이었다. 더 당혹스러웠던 점은 증세가 가장 심한 환자들을 대면하는 기간에 가끔 나도 모르게 '이 사람 완전히 미쳤어' 따위의 생각이 들었다는 것이다. 장소의 특수성을 생각하면 그냥 우스갯소리로 넘길 수도 있을 것이다. 그러나 나는 의사가 될 사람이었고 의사가 그런 생각을 품는 것은 도덕적으로 옳지 않았다. 그렇게 보낸 한 주의 끝자락에 나는 인정하지 않을 수 없었다. 내게는 좋은 정신과 의사가 될 자질이 부족하다는 것을 말이다. 그러고는 한 가지 깨달음에 또 소스라치게 놀랐다. 나는 지금껏 내가 동료들에 비해 과학 지식은 좀 부족해도 정서적 측면이 더 발달한 사람이라 자부해 왔다. 그런데 지금의 나는 최근 새로 습득한 지식과 기술을 뽐내기에 좋은 전공을 원하고 있었다.

그 뒤로도 신경내과, 산부인과 등등 진도는 착착 나갔지만 어느 것도 내 마음을 사로잡지는 못했다. 그러자 슬슬 지금 내가 비싼 학비만 축내고 있는 것 아닌가 걱정이 밀려오기 시작했다. 선택지는 하나씩 날아가는데 남은 시간은 얼마 없었다. 중간에 엄청난 실수를 한 건 아닌가, 나는 점점 불안해졌다. 어쩌면 애초에 의대에 오지 말았어야 했는지도 몰랐다. 나는 마음을 다잡고 아직 돌지 않은 진료과들을 더욱 신중하게 살펴봤다. 기본적으로 더 끌리는 쪽은 사람을 단순한 신체 장기의 합 그 이상으로 보는 과들이었다. 그 사람의 사회적, 문화적 배경을 중시하고 애매모호함이 생명의 본질임을 인정해야 마땅하다는 게 내 생각이었기 때문이다. 그러자니 피부과, 병리과, 방사선과, 마취과가 또 자연스럽게 탈락했다. 장기 하나, 세포 하나, 한 순간의 영상, 기계 장치의 비중이 크다는 점에서였다.

그러고 나니 마지막으로 딱 두 전공이 남아 있었다. 바로 가정의학과와 내과다. 그래서 나는 존 맥피John McPhee의 《가정의학의 계승자들Heirs of General Practice(미국 메인 주 시골에서 젊은 의사들이 남녀노소를 막론하고 모든 주민의 해결사 노릇을 하면서 쌓은 경험을 엮은 작품_옮긴이)》과 존 버거John Berger의 《행운아(한 시골 의사의 일상을 통해 다양한 철학적 가치를 묵직하게 풀어낸 소설. 작가 특유의 사회학적 시각을 잘 보여 준다_옮긴이)》를 봄방학 내내 정독했다. 나는 가정의학과의 개념이 꽤 맘에 들었다. 그러나 만약 이 전공을 택할 경우 환자를 제대로 돌보려면 소아과, 내과, 외과, 산부인과 등등 여러 영역에서 두루 전문의 수준의 실력을 갖춰야 할 테니 평생 불안감에 시달릴 게 뻔했다. 가정의학과의 넓은 시야는 좋았지만 그렇게까지 넓을 필요는 없을 것 같았다.

그렇게 해서 내 장래희망 목록에는 내과만 남게 되었다. 그런데 실습의 마지막 순서로 내과에 가서 직접 체험해 보니 이보다 더 내 적성과 찰떡궁합일 수가 없었다. 내과는 큰 수술만 빼고 성인 환자의 거의 모든 것을 다룬다. 환자들은 몸이 아파서, 정신적 문제로 혹은 두 가지 모두 때문에 내과를 찾는다. 내과 의사가 보는 환자 중에는 열여덟 살짜리도 있고 백 살 어르신도 있으며 대부분은 그 사이 어디쯤이다. 진료는 대화하듯 묻고 답하는 문진으로 시작한다. 그동안 머리로는 적절한 판단을 내려 자연스럽게 환자에게 가장 효과적일 치료법으로 넘어간다. 이 적당히 넓은 범위와 적당히 많은 가능성이 나는 참 좋았다. 게다가 실습한 병원의 내과 선배들은 왜 또 그렇게 똑똑하고 성격까지 좋은지. 실습 과정 전체를 통틀어 이런 팀워크를 보여 준 전공과는 손에 꼽았다.

내과로 가면 세부 전공은 세부 전공대로 갈고 닦을 수 있으면서 진로 선택의 폭도 넓을 것 같았다. 기본적 전방위 의료와 중환자에게 집중한 고강도 의료, 동네 의원과 종합병원, 국제보건, 예방의학, 노동위생에 이르기까지 내과 의사를 필요로 하지 않는 곳은 없으니까. 게다가 갖가지 내부 장기와 인체 질환을 각 인구 집단의 특징적 상황을 고려해 가며 배울 수 있었다. 역시, 나에게는 내과가 딱이었다.

성년기

우리는 스스로 선한 마음과 실력을 겸비한 의사라 자부하고 그렇게 되고자 노력하지만, 둘 다 아닐 수도 있다는 생각은 전혀 하지 않는다.

의학 박사 밸퍼드 마운트Balford Mount

07 청년

실수투성이 레지던트

트라우마

1992년 여름, 나는 샌프란시스코 종합병원 응급실로 출근한다. 그렇다, 인턴 딱지를 갓 뗀 나의 새 직장이 바로 이곳이다. 나는 지금 칙칙한 초록색 수술복을 입은 사람들이 여기저기서 동시에 고함치는 아수라장 한가운데 서 있다. 외상 처치실은 널찍한 직사각형의 공간에 마련되었다. 창문 하나 없이 사방이 흰색 페인트칠된 벽으로 막혀 있지만 형광등 때문에 자연 채광이 되는 방보다 훨씬 밝다. 한쪽 벽에는 응급처치에 필요한 장비들이 차곡차곡 쌓여 있고 반대편은 빈틈없이 늘어선 금속 캐비닛들 차지다.

의사는 아직 젊은 백인 여자다. 그런 의사에게 피부색이 어둡고 자신보다도 어린 남자 환자가 맡겨졌다. 일단 표면적인 상황은 이렇다. 나는 일반내과 전공으로 레지던트를 따기 위해 거의 대륙

하나를 막 횡단해 온 참이다. 그런데 소년티를 간신히 벗은 환자의 몸에는 총에 맞고 칼에 찔린 상처가 이미 한둘이 아니다. 피 흘리는 사람, 어디가 부러지거나 깨진 사람, 그 난리통에도 꾸벅꾸벅 조는 사람, 숨이 넘어갈 듯 헐떡이는 사람, 비명을 지르는 사람, 죽어 가는 사람 등등 가장 밑바닥 인간 군상만 모아 놓은 듯한 구역에서 자리 잡아야 하는 것은 그나 나나 마찬가지인 모양이다. 불행히도 병원 밖이든 안이든 이 도시는 결코 녹록한 상대가 아니다.

처치실에서 침상 자리는 제일 안쪽이다. 침상과 바로 마주 보는 벽면에는 좌우로 활짝 열리는 두 짝짜리 문이 나 있다. 들것에 실린 환자가 입구부터 침상까지 직행할 수 있도록 하기 위해서다. 내 환자는 당연히 이 침상 위에 누워 있고 나는 침상 발치에, 들것의 통로를 조금 침범해서 서 있다.

요즘 나는, 환자와 의사가 있으면 이제는 항상 내가 옷을 다 입은 건강한 사람 역할을 맡는다는 사실에 날마다 새삼스럽게 놀라는 중이다. 의사가 되니, 다른 상황이었다면 무례하다고 느껴질 수도 있는 질문을 초면에 막 하거나 아무리 친한 친구도 절대 건드리지 않는 신체 부위를 자연스럽게 만져도 다들 아무렇지 않아 한다. 환자의 눈에 나는 녹색 상하의를 맞춰 입고 분주하게 들락날락하는 이 응급실의 아무개 선생님들과 조금도 다를 바 없다. 하지만 나는 안다. 그저 곁에 가만히 서서 환자를 지켜만 보면서 나는 생각한다. 모두가 정신없이 바쁜 이 공간에서 아무것도 하지 않는 사람은 우리 둘뿐이라고.

주위를 둘러보니 의사들, 간호사들, 다른 레지던트들, 심지어 의대생들조차도 뭔가를 열심히 하고 있다. 환자의 호흡과 혈압을 점검하거나, 머리끝부터 발끝까지 기본적인 전신 신체검사를 하거나, 눈에 띄는 부상의 위치와 정도를 파악한다. 그밖에 잘 드러나지 않는 부위가 손상되지는 않았는지, 필수장기와 급소 동맥의 상태는 괜찮은지도 확인한다. 정맥 주사를 놓는 간호사도 있고 수액 주사, X-ray 같은 영상 검사, 삽관을 지시하는 의사도 있다. 혹자는 심상치 않은지 교수급 외과 전문의를 호출하고 또 한쪽에서는 수술실과 집중치료실 자리를 알아보느라 바쁘다. 능력 있는 수술팀을 섭외하는 일도 이들의 몫이다.

나도 이 단계들 하나하나를 이론적으로 배우긴 했다. 그래서 뭘 어떻게 해야 하는지 대강은 알고 있다. 그러나 인명을 다루는 의사에게 이 '대강'만큼 위험하고 부적절한 건 없다. 심각한 외상 환자를 다뤄 본 경험이 전무인 나는 응급 현장에서 일이 어떻게 돌아가는지 전혀 모른다. 여기 이 사람들처럼 잠깐 들여다보더니 어디까지 진행됐고, 이제부터 뭘 해야 하고, 자신이 치고 빠질 최적의 타이밍이 언제인지 딱 알아내는 초능력이 내게는 아직 부족하다는 소리다. 게다가 지금 이렇게 심각한 환자를 코앞에 두고도 조언을 구할 인맥 하나 없다. 그래서 나는 차라리 가만히 있고 말지 괜한 짓을 했다가 오히려 환자에게 해를 끼치는 게 더 두렵다. 어쨌든, 여기 실려 오는 환자들 자체가 속된 말로 죽으려고 환장한 사람들인 것이다.

"거기, 당신!"

누군가 이쪽을 향해 소리친다.

"흉관삽입술 준비해!"

순간 안도한 나는 통로에서 비켜 주고 환자의 심장 옆으로 이동한다. 내 좌우로 놓인 선반들에는 응급시술용 의료용품이 거의 완벽하게 갖춰져 있고 침상마다 사람들이 한 무리씩 매달려 있다. 그 가운데에서 나는 훤칠한 키에 중단발을 하나로 질끈 묶은 여자 의사를 발견한다. 알고 보니 내 의대 1년 선배인 그녀는 일반외과에서 수련 중이다.

소독약 병이 내 손바닥 위에 놓인다. 반사적으로 나는 거즈를 찾아 소독약에 적신다. 흉관삽입술은 교재에서 읽었고 누가 하는 걸 실제로 본 적도 있어서 어느 부위를 소독해야 하는지 나는 잘 알고 있다. 이것도 기억한다. 시술 부위를 소독할 때는 앞에 바른 게 마른 다음에 덧바르길 세 번 해야 멸균 효과가 극대화된다. 솔직히 방법을 조금 다르게 한다고 효과가 크게 차이 날 것 같지는 않다.

나는 환자의 겨드랑이를 벌리고 불과 몇 년 전에는 그 자리에 있지도 않았을 굵은 털 바로 밑부터 진한 포도주색 소독약을 펴 바른다. 거즈를 피부에 대고 연속 동작으로 원을 점점 크게 그리되, 가장자리가 겹치게 해야만 상처 감염의 위험을 최소화할 수 있다. 이 환자는 다치면서 폐가 찢어졌다. 폐와 내흉벽 사이에는 흉막이라는 공간이 있는데, 원래는 아주 얇은 이곳에 공기가 잔뜩 들어가 엄청나게 부풀어 오른 상태다. 터질 듯 빵빵한 흉막은 폐를 압박해 환자의 호흡을 힘들게 만들고 있다. 외흉벽을 깨끗하게 소독하고 나면 외과 의사가 와서 두꺼운 관을 흉막에 집어넣고 공기를 빼낼 것이다. 애초에 흉막은 공기를 머금는 장소가 아니다. 그러고 나면 폐가 평소처럼 부풀어 오를 것이다. 지금 이게 꽤 위급한 상황이란 걸 잘 알기에 내 손놀림은 분주하다. 하지만 동시에 나는 꼼꼼하게 제대로 하고도 싶다.

빨리 마르라고 손으로 부채질을 하며 주위를 둘러보니 사방이 온통 쓰레기장을 방불케 한다. 플라스틱 뚜껑, 종이 포장, 남은 붕대들, 가위로 자르거나 손으로 찢어 낸 환자의 옷가지들, 환자 몸에 내내 달려 있던 카테터의 부품, 모니터기 전극에서 떨어진 접착 패드, 굳어 가는 핏자국 등등 무슨 전쟁터가 따로 없다. 나는 혈흔이 예상보다 적다는 데 살짝 놀란다. 그나마도 대부분은 환자의 상처에서 흘러나오는 것보다는 시술 과정에서 불가피하게 생기는 출혈 탓이다.

바로 그때, 오른편에서 성난 여자 목소리가 들린다.

"지금 뭐 하는 거야?"

외과에 있다는 그 의대 선배다.

"그거 이리 내."

선배는 내 손에서 소독약 병을 채 가더니 뚜껑을 뜯어 버리다시피 열고 그대로 환자의 흉부에 들이붓는다. 마지막 한 방울까지 전부. 소독약이 흘러내리면서 매트리스며 바닥까지 전부 푹 익은 과

일주 색깔로 물들인다. 그동안 그녀는 뒤쪽 선반으로 손을 뻗어 흉관삽입 기구를 집어 든다. 응급실에서는 종종 시간이 원칙에 우선한다.

"환자 꽉 잡아."

불호령에 나는 찍 소리도 못 하고 시키는 대로 한다.

수술칼을 쥔 그녀의 손이 강단 있게 한 획을 긋자 칼날이 지나간 자취 그대로 선홍색 피가 스며 나온다. 그녀는 어느새 겸자를 찾아와 여기에 재빨리 끼우고 피부와 피하조직을 살짝 들어 올린다. 벌어진 틈새로 살짝 보이는 장기는 소름 끼치도록 창백하다. 환자의 옆구리를 타고 흘러내린 핏물은 침대 시트 위로 고여 작은 웅덩이가 된다.

그녀의 몸놀림은 놀랄 만큼 재다. 그녀는 상체를 숙이고 뭔가를 갖다 대더니 흉강까지 금속 보조기구를 넣기에 공간이 충분한지 본다. 그녀는 방금 자신이 만든 구멍에 중지를 둘째 마디까지 쑥 넣고는 이리저리 꼼지락거려 위치를 최종 확인한다. 나는 아무것도 못 하고 그 모든 과정을 옆에서 지켜만 본다. 그녀는 마치 추수감사절 만찬용 고기를 손질하는 사람 같다. 하지만 그녀의 작업 대상은 칠면조가 아니라 살아 있는 사람이다. 나는 지금 징그럽다는 게 아니라 대단하다는 말을 하는 것이다.

미친 듯 날뛰던 한 외상 환자를 기억한다. 납득이 안 되는 건 아닌데 생각할수록 그렇게까지 과잉반응할 일이었나 싶다. 솔직히 이 환자보다도, 의사 경력을 통틀어 내가 가장 생생하게 기억하는 외상은 바로 이날 나 자신이 받은 정신적 트라우마였다.

25년이 흐른 현재 나는 내 환자들에게 주사를 놓기 전에 그 옛날 응급실 청년의 옆구리에 그랬던 것과 똑같은 섬세한 손길로 환부를 소독한다. 그때 날 응시하던 외과 선배의 두 눈에 담긴 감정은 실망이 아니라 경멸이었다. 물론, 개인적 악감정은 전혀 없고 순전히 직업적 열의에서 비롯된 것임을 나도 안다. 그럼에도 내가 지금까지도 그해 여름을 유난히 길고 힘들었다고 기억하는 것은 하나같이 긴장감 넘치던 외상 사례들을 다 합친 것만큼이나, 그 순간 그녀의 눈빛 때문이기도 하다.

그 일을 겪고 수십 년의 세월이 흐르는 동안 나는 그날의 일을 어느 누구에게도 털어놓지 못했다. 나 자신이 너무나 한심했기 때문이다.

의대에는 다른 상황이었다면 수갑 차기 딱 좋은 짓을 의사 자격으로 사람 몸뚱이에 정당하게 해 보고 싶어 안달 난 인물이 꼭 있다. 그런 애들이 다 외과 의사가 되는 건 아니지만 추측컨대 외과 의사의 과반수는 대학생 시절에 딱 이랬을 것이다. 외과 의사들은 타고나야 한다고밖에 말할 수 없는 특유의 대담함으로 현장에서 맹활약했다. 한마디로 그들은 의료계가 원하는 이상적인 인재상이었다. 그러나 나는 아니었다. 환자를 해치게 될까 봐 무서워서 상급자의 지시와 허락만 기다리는 주제에 뭘 바라겠는가.

의사로서 자격미달이라는 좌절감과 더불어 또 내 심사를 어지럽힌 것은 기억 속의 다정한 선배가 사람 몸을 아무 감정 없이 정육점 고기 주무르듯 하는 사람으로 변했다는 사실이었다. 당시 정신적 충격이 얼마나 컸던지 더는 듣는 사람 기분 상하지 않게 할 완곡한 표현이 전혀 떠오르지 않을 정도였다. 그런데 불편한 이 마음 일부는 그녀가 나와 같은 여자라는 점 때문이기도 했다. 여성이 휘두르는 신체적 폭력에는 한계가 있기 마련이다. 하지만 사회학적, 생물학적 근거가 전혀 없는 얘기는 아니긴 해도 이런 시각은 분명 여성에게도 남성에게도 공평하지 않다. 그럼에도 나는 내심 매사에 이런 가정을 깔고 있었던 것이다.

당시 상황을 다시 요약해 보자. 흉관삽입술이 필요한 환자가 있었다. 외과 의사는 필요한 조치를 신속하고 정확하게 시행했다. 반면에 나는 유일하게 맡은 작은 임무조차 제대로 수행하기는커녕 이해조차 하지 못했다. 우리는 환자를 계속 지키다가 수술실로 올려 보내고 나서야 뿔뿔이 흩어졌다. 마치 여느 하루의 평범한 회사원들처럼. 실제로도 응급의학과는 이런 게 일상이었다.

이게 팩트[fact]다.

하지만 더 가까이 다가가면 다른 팩트도 분명 있었다. 금속관, 플라스틱 기구, 의사의 손가락이 환자의 몸에 나 있는 온갖 구멍으로 쑥쑥 들어간다. 필요하면 맨살에 새 구멍을 내기도 한다. 치료를 기대하고 찾아온 많은 환자들이 응급실에서 처음 겪는 일은 울고불고 발버둥 치며 힘껏 저항하는데도 삽입을 강요받는 것이다.

당사자는 금방이라도 숨이 넘어가겠는데 별로 바빠 보이지도 않는 이 많은 사람들 중 어느 누구도 환자 상태가 어떤지, 지금 환자 몸에 무슨 짓을 하는 건지, 그걸 왜 하는지 설명해 주지 않는다. 말해 준들 한 번에 알아듣는 환자가 몇 되지도 않긴 하지만. 응급실의 경우 환자마다 고정 주치의팀이 붙어 준비, 경과보고, 결과 고찰의 단계별로 토의하는 시스템 자체도 없다.

이런 상황은 여러 가지 팩트가 얽히고설켜 만들어 낸 복합적 결과물이다. 물론 몇몇은 어느 정도 폭력성이 불가피하다고 여겨진다. 반면 더 나은 대안도 분명 있다.

내가 이런 말을 자신 있게 하는 것은 공감, 소통, 응급시술, 위기관리 중심의 의료를 효율적으로 해내는 의사들을 익히 봐 왔기 때문이다. 노인의학 전문의는 이런 능력이 다른 전공의 의사들보다 뛰어난 편이다. 하지만 오늘날 대부분의 의사들에게 공감과 소통은 '잘하면 좋지만, 못 해도 그만'인 덕목이고, 응급시술과 위기관리야말로 의사로서 필수로 갖춰야 할 소양이라고들 생각한다. 이것이 현대 서양 의학의 보편적 시각이다. 그런데 이 우선순위가 윤리적으로 기우뚱한 시선에서 매겨진 것임을 아는 이는 몇 되지 않는다. 서양 의학의 눈에는 외과시술을 볼 때는 장점만 보이는 반면에, 공감력과 소통력을 볼 때는 의사들에게 가르치고, 권하고, 성과를 평가하는 게 어렵다는 단점만 보이는 것 같다. 그렇지만 이처럼 특정 지식이 다른 지식보다 더 가치 있어 보이는 것 역시 실은 인간의 선택이 불러온 결과다.

현대적 의료

20세기에 의학은 그야말로 눈부신 발전을 이뤘다. 혹자는 의학이 이 시대에 비로소 만개했다고 극찬했을 정도다. 병리학은 다양한 질환의 원인과 기전을 밝혀냈고, 생명과학 연구들은 심전도와 새로운 수술 기법부터 항생제, 호르몬 제제, 불치병을 고치는 기발한 신약까지 다양한 첨단 진단법과 치료제들을 세상에 쏟아 냈다. 특히 순환기내과학, 종양학, 투석, 관절치환 수술과 같은 영역의 발전은 50대 이상의 많은 중년 환자들을 살렸다. 이제 사람들은 옛날 같으면 바로 장례 준비를 해야 했을 상황에서 몇 년은 기본이고 몇십 년까지 더 목숨을 보장받게 되었다. 그리고 어쩌면 당연하게, 늘어난 수명만큼 만성질환과 잔병치레는 더 흔해졌다. 이런 노년기 질환들은 그 발생 배경이 과거의 불치병들과 엄연히 다르다. 그런데도 여전히 완치만이 살 길이라는 구시대적 잣대를 들이대면서 모든 게 어그러지기 시작한다.

젊은 성인에게 매우 효과적인 완치 중심의 치료 방식은 흔히 노인에게는 오히려 문제를 일으킬 수 있다. 그 결과로 전문요양기관 혹은 요양원 등으로 불리는 창고 같은 건물에서, 살아도 산 게 아닌 상태로 연명하는 환자만 점점 늘게 되었다. 그런 환자들에게는 기계가 대신 숨도 쉬어 주고 밥도 먹여 준다. 환자는 가뭄에 콩 나듯 찾아오는 방문객을 마음으로만 반갑게 맞으면서 밤낮으로 말 한 마디 없이 꼼짝 않고 누워만 있을 뿐이다.

20세기에 특정 질환과 그 치료법을 주제로 한 연구들 대부분은 청장년 혹은 못해도 중년을 대상으로 수행되었다. 물론 노인성 질환 연구가 전혀 없었던 것은 아니지만 그건 또 초고령자나 노인의 낙상, 극도로 노쇠한 노인처럼 대다수 의사들은 거의 관심을 두지 않는 극단적 주제에 치우쳐 있었다. 그런 까닭에 60대 후반 이후의 평범한 노인들은 일반 성인을 위한 의학과 일명 노인의학 사이의 무인지대에서 표류하게 되었다.

1930년대 후반과 1940년대에 출산율 급감과 인구 고령화에 충격을 받은 각 선진국 정부들은 재정 지원을 대폭 늘리며 노화와 노인의학 연구에 박차를 가했다. 덕분에 1950년대까지 유럽을 중심으로 거의 스무 개 국가에서 노인학 관련 연구자 모임과 학술잡지가 생겨나게 되었다. 한편, 의료계 안에서는 노인의학의 입지가 인기 순위 상위권에 뽑히는 정도는 아니더라도 최소한 비공식적 전공과로까지는 부상했다. 미국에서는 1953년에 전담 교수 세 명이 노인의학을 공식적으로 가르치기 시작했고 영국의 경우 1964년에 글래스고에서 최초의 노인의학 교수가 임명되었다.

안타깝게도 의료계의 이런 노력은 상아탑에만 머물고 진짜 환자들에게는 미치지 못했다. 노인의학 전문가가 귀하기도 했지만 그들이 뭔가를 시도할 때마다 번번이 기득권 세력에게 가로막혔기 때문이었다. 1950년대에 미국 노인의학 의사들의 가장 큰 불만은 종합병원이 노인 환자를 입원 병실에 들이는 데 지나치게 소극적이고 노인 환자 관리에 숙련된 간호사가 너무 부족하다는 것이었다. 비슷하게, 1956년 영국 정부 보고서에는 이런 대목이 있었다.

「현재 노인 집단은 대다수 소비자층과 달리 평균 이하의 의료 서비스를 받고 있다. 노인들에게 시급한 현안이 한두 가지가 아닌데도 말이다.」

보고서 저자는 의사들이 노인 환자의 병세를 모두 나이 탓으로 돌리는 안이한 태도를 버려야 한다고도 경고했다.

이 문제는 여전히 현재진행형이다. 나는 색안경을 고집스레 벗지 않는 이 사회와 나태한 의료계에 하고 싶은 말이 많지만 어느 90대 노인의 일침으로 대신하려 한다.

노인이 무릎 통증 때문에 의사를 찾아갔다. 환자에게 이것저것 물어보고 환부를 검사한 뒤 의사는 말한다.

"뭘 기대하세요? 95년을 쓴 무릎이잖아요!"

이에 노인이 대답한다.

"맞소, 하지만 똑같이 쓴 반대쪽 무릎은 조금도 불편하지 않은걸."

제2차 세계 대전 종전 후는 진단 및 치료법의 발전과 더불어 사회 전반에 새로운 움직임이 일었다는 점에서 차별화되는 시대다. 노인의 건강에는 기능수행도와 심리적 요소의 비중이 훨씬 크다는 인식이 널리 확산된 것이다. 일부 국가에서 치매나 몇몇 노인성 질환만 취급하는 전문 병원이 하나 둘 세워진 것도 이 시기부터다. 각국 정부들은 노인들이 아프더라도 값비싼 입원 치료나 요양원 입소는 가급적 피하고 (모두의 바람대로) 계속 자기 집에서 관리받을 수 있도록 의료와 복지를 결합했다. 그런 가운데 미국만은 모든 면에서 타당하고 합리적인 이 사회적 조류를 거스르며 완강하게 버텼다.

의료와 사회복지 사이의 경계를 결정하는 것은 생물학이 아니라 정치다. 유럽 국가들이 국고를 털어 노인들에게 돋보기안경, 보청기, 지팡이, 틀니를 지급하기 시작할 때 미국은 그런 것들은 의료기기가 아니라며 비용 전액을 당사자 혹은 가족에게 떠넘겼다. 그런 방관이 초래한 결과를 오늘날 우리는 매일 목격하고 있다. 최빈층이 공공의료보험이나 자선단체의 도움으로 필요한 물품 하나를 간신히 구할 때 부유층은 내키는 대로 지갑을 열어 백 개고 천 개고 사들인다. 양극단 사이의 평범한 국민들은 그저 자신의 불운을 탓할 뿐이다. 이런 계층 간 격차의 근원은 바로 약물 투여나 수술이 필요한 상태만이 의학적 문제라는 편협한 사고방식이다. 몸을 쓰는 게 불편해 일상생활이 곤란하고 삶의 질이 떨어지는데도 당장 약물 치료나 수술을 받을 정도가 아니라면 괜찮다는 것이다.

미국에서는 안구 질환을 호전시킬지 장담할 수 없는 레이저 치료에는 보험이 되지만, 시력은 좀 떨어지더라도 매일 활동할 수 있도록 안경을 맞춰 쓰려면 내 생돈을 털어야 한다. 또, 달팽이관 이식수술은 정부 도움으로 받을 수 있지만 보청기를 맞추겠다고 하면 정부는 땡전 한 푼 보태 주지 않는다. 미국의 의료 제도는 폼 나지만 비싼 시술만 의학이라고 하고 기능 보조에 더 중점을 둔 저렴

한 기기들은 의학이 아니라고 한다. 그렇게 탈탈 털린 절대다수 국민들의 쌈짓돈은 이익 창출이 최우선 목표인 제약기업들의 배로 들어가 정치 후원금 따위로 악용된다. 소위 국민의 목소리를 대변한다는 정치인들이 선거철마다 습관처럼 내거는 복지 강화 공약이 전부 재선을 겨냥한 빈말인 데에는 다 근거가 있다.

세뇌

펍메드PubMed는 방대한 의학 및 생명과학 논문 데이터베이스를 바탕으로 미국국립의학도서관National Library of Medicine이 운영하는 온라인 검색 엔진이다. 인터넷만 연결되어 있다면 세계 어디서든 이 데이터베이스에서 못 찾을 자료가 없다. 가령, 검색창에 폭력violence을 치면 관련 구절 수십 건이 주르륵 뜬다. 그런데 의사가 환자에게 휘두른 폭력 사례 얘기는 하나도 없다. 다시 검색어로 폭력violence과 의사doctors를 동시에 입력해 본다. 이번에는 의사에게 가한 폭력 혹은 의사에게 저항하다 일어난 폭력에 관한 논문만 줄줄이다.

현대 사회에서 폭력은 거의 일상이다. 뉴스에서는 폭력 사건이 하루도 거르지 않고 보도되고, 개개인의 주관적 판단에 맡기는 탓에 폭력의 필연성이 암묵적으로 인정된다. 여러 가지 인자의 복합작용으로 불평등이 가중될 때 특정 취약 계층이 폭력의 위험에 더 노출되는 것도 문제다. 그래도 다행히 검찰과 경찰, 정책 입안자와 국민 모두 반성이라는 걸 할 줄 안다. 우리 사회가 대놓고 행사하는 구조적 폭력에 자신이 의식적으로든 무의식적으로든 얼마나 기여하는지 돌아보는 자성의 시간을 갖는 것이다. 그러나 의료계만큼은 작금의 의료 행위가 얼마나 폭력적인지 재고해 볼 생각을 손톱만큼도 하고 있지 않다.

의사들이 현실을 외면해서가 아니다. 그보다는 힘과 특권을 가진 자의 시선으로 폭력을 바라보기 때문이다. 요즘 의사들은 인종차별주의 타파를 목이 터지라 부르짖고 폭력이 환자와 의료관계자 모두의 인생을 얼마나 심각하게 뒤흔드는지 아느냐며 열변을 토한다. 그러나 등잔 밑이 어둡다고, 정작 의사가 가해자가 되어 불필요한 폭력을 일상적으로 행사하는 의료 현장의 현실은 인정하지 못하겠나 보다. 그럴 때 의사들이 내세우는 레퍼토리는 매번 똑같다. 바로, 선택의 여지가 없다는 것이다. 결말이 뻔히 보이는데 다른 방법이 없었다고, 환자 목숨이 경각에 달린 순간에 폭력성 운운하며 시비를 거는 사람은 상황의 심각성을 헤아리지 못하는 것이라고 말이다. 법률가, 정치가, 교육자와 마찬가지로 의사들은 일종의 집단 환각에 빠져 있다. 의술을 행함에 있어 외부인은 모르는 고충이 있는데 의술의 도덕적 의무는 신성불가침이므로 이 고충을 대하는 우리의 가치관과 해결책은 정당하다는 환각이다.

'검색 결과 없음'이라는 펍메드 웹페이지를 바라보며 맥 빠져 있던 나는 정신을 추스르고 이메일을 쓰기 시작했다. 생명과학 연구

분야에서 저명한 연구자 한 분에게 보내는 것으로, 내가 핵심 검색어를 빼먹거나 중요한 논문을 놓치지는 않았는지 조언을 구하는 내용이었다. 얼마 뒤, 나는 이 주제를, 적어도 직접적으로 파헤친 연구는 아직 한 건도 없다는 답변을 받았다. 고맙게도 이 연구자는 문제 환자와 문제 의사를 주제로 한 연구는 이미 차고 넘치게 나와 있다고도 알려 주었다. 물론 이것도 의미 있는 연구거리다. 하지만 내가 알고 싶은 것은 문제가 아닌 평범한 의사들이 평범한 임무를 그럭저럭 잘해 나가는 과정에서 폭력이 어떤 식으로 일어나는가였다.

세계보건기구WHO, World Health Organization는 2002년 보고서에서 용인되는 행동과 가해 행동 모두 문화와 개인의 주관에 따라 달라지는 가변적인 것이므로 더 이상 폭력의 의미를 예전처럼 단순하게 해석해서는 안 된다고 언급했다. 그러면서 새롭게 제안한 폭력의 정의는 다음과 같다:

자기 자신, 타인, 혹은 특정 집단을 위협하거나 해당 대상에게 실질적으로 행사하기 위해 물리력이나 힘을 의도적으로 사용하는 것으로서, 상해, 사망, 심리적 손상, 발육불량, 박탈을 초래하거나 그럴 우려가 큰 행위.

그런데 놀랍게도 이 정의대로라면 의사의 폭력은 의료계 전반에 고질적인 현상이 된다. 의사와 환자가 마주하는 대부분의 상황에서 힘을 갖는 것은 의사 쪽이다. 때로는 진짜 물리력을 행사할 권한까지 주어진다. 실제로, 환자에게 손해나 외상을 전혀 입히지 않고 의사의 제안, 치료 결정, 시술, 처방이 실행되는 일은 거의 없다. 게다가 의사의 폭력은 이미 수련의 단계에서 시작된다. 경직된 병원 위계질서 안에서 보상도 보람도 없이 점점 가중되는 심리적 부담에 허덕이면서 저도 모르게 폭력에 익숙해지는 것이다. 그렇게 의사에게 폭력은 항시 곁을 맴돌다 틈만 나면 출몰하는 현실이 된다.

그런 가운데 WHO의 정의가 놓치고 있는 게 하나 있다. 바로 행위자의 의도다. 의료 현장에서 의사가 힘을 행사할 때 대개 그 목적은 환자의 건강을 향상시키거나 생명을 구하는 것이다. 그런 일이 전혀 없다고는 할 수 없어도 작정하고 환자를 해하거나 죽이려는 게 아니라는 뜻이다. 나는 의학의 폭력을 직접 경험한 당사자다. 어린 시절 맹장 파열로 급히 수술실로 실려 가는 엘리베이터 안에서 사람들은 내 팔다리를 맘대로 들었다 놨다 하면서 내 몸 여기저기에 주삿바늘을 푹푹 꽂고, 바로 귓전에 대고 고함을 지르고, 부탁하지도 않았는데 답답한 산소마스크를 얼굴에 덮어씌웠다. 또, 10대에 배구를 하다가 어깨가 탈구되었을 때는 한덩치 하는 정형외과 의사가 뼈를 맞춘답시고 무식하게 내 팔을 끊어지도록 잡아당겼다. 순간이었지만 나는 너무 아파서 기절할 뻔했다. 둘 다 다시는 떠올리기도 싫은 기억이지만 한 폭력은 내 목숨을, 다른 한 폭력은 내 어깨를 구했다는 것 역시 부인할 수 없는 사실이다.

그러나 의학에서는 어디까지가 불가피한 폭력이고 어느 수준을 넘어야 용인할 수 없는 폭력인지 종잡을 수 없는 상황이 너무나 많다. 장소가 응급실이라는 사실만으로 속전속결을 최우선시하는 게 정당화될까? 그래서 처치를 잘못해서 오히려 환자를 아프게 할까 봐 긴장하는 응급실 의사가 면죄부를 믿고, 변해도 되는 걸까? 그런 거라면, 할 일이 산더미라서 지금 눈앞의 이 환자를 빨리 마무리 짓고 싶은 마음뿐인 의사에게는 어떨까? 이 경우도 환자가 밀렸다는 이유로 일단 신속하게 처리한 후 태연하게 다음 임무로 넘어가면 되는 걸까? 현대 의학에서 이 기준선은 어디이며 바람직한 기준은 또 어떻게 잡아야 할까? 기준선이 환경이나 진료과에 따라 달라질까? 개개인의 태도와 조직 정책에 따라서는? 현재 파악되는 일부 사례는 전체 그림의 퍼즐조각 하나에 지나지 않는다. 피해자는 환자뿐만 아니라 의료진일 때도 있고 나아가 병원 조직 전체일 수도 있지만 이목이 집중되는 것은 환자 사례뿐이다. 게다가 늘 겉으로 드러나는 신체적 피해만 부각되고 언어폭력이나 정치적 폭력이 피해자의 마음과 인간관계에 낸 흠집은 묵과되기 일쑤다.

얘기하다 보니 의학이 폭력의 흔적을 제대로 보지 못해 환자를 제 발로 떠나보낸 실례가 떠오른다. 한 친구가 남편이 암에 걸렸다며 이메일로 내게 고민 상담을 해 왔다. 메일에는 남편이 어떤 치료를 받고 있는지 자세히 설명되어 있었다. 이론적으로는 확률이 높지는 않아도 완치까지도 기대할 만한 치료 구성이었다. 그런데 그녀는 화학요법 3개월 차 경과를 이렇게 묘사하고 있었다.

「수술 후 호전되던 기세가 주춤한 걸 넘어 아예 예전으로 되돌아가는 것 같아. 갈수록 피골이 상접해 가. 달리 무슨 말로 표현해야 할지 모르겠다.」

그로부터 두 달 뒤 친구는 남편이 화학요법을 중도 포기했다는 소식을 전해 왔다.

「그동안 너무 힘들었거든. 화학요법을 그만두고 나니 체력도 식욕도 돌아오고 살도 다시 붙기 시작했어. 확실히 훨씬 덜 고통스러워해.」

나는 이 마지막 문장에 시선을 고정한 채 한참을 생각에 잠겼다. 화학요법 치료가 상해, 사망, 심리적 손상, 발육불량, 박탈을 초래할 우려가 큰 행위였을 뿐만 아니라 사망만 빼고 나머지 결과들을 모두 실제로 불러온 셈이었다. 만약 환자가 치료를 중단하지 않고 끝까지 떠밀려 갔다면 마지막 항목마저도 어찌 되었을지 모르는 일이었다. 한마디로, 내 친구 내외가 이 고통을 겪느니 차라리 치료를 포기하겠다고 결심할 정도로 화학요법 과정이 폭력적이었다는 뜻이었다.

의학 교육을 받은 의료인이거나 어떤 식으로든 의료계와 얽혀 본 사람이라면 언젠가 한 번쯤은 의학의 폭력을 목격하게 된다. 맡은 역할이 환자나 환자의 보호자일 경우 그 확률은 배가 된다. 어떤 폭력은 불가피하지만 항상 그런 것은 아니다. 또, 어떤 폭력은 표가 나지 않아 긴가민가하거나 잠재적 폭력에 더 가깝다. 여기서 잠재적 폭력이라 함은 해부학에서 늘 그곳에 존재하긴 하지만 평소에는 감춰져 있다가 염증이 생겨 고름이 차거나 다쳐서 피가 고여야만 확연하게 드러나 보이는 공간 같은 것이다. 즉, 폭력은 지금 이 순간에도 곳곳에 잠재해 있다. 그러다 언제 어디서 표면화될지 모르는 채로. 그런 까닭에 남다른 눈썰미를 가진 특이한 사람들, 가령 나 같은 중년의 백인 아줌마 의사가 몇 주 전부터 눈에 불을 켜고 예의주시할 때 간신히 목격되곤 한다.

실은 다른 사람들의 눈에도 순간순간 눈에 띄는 의심스러운 정황이 있을 것이다. 다만 어쩔 수 없겠거니 하고 넘어가기에 매번 묵인될 뿐. 의료계 안에서도 전체 사회에서도 우리는 반대 의견을 경청하려고 애쓰고, 불가피한 폭력과 불필요한 폭력의 타당한 경계선을 찾기 위한 노력을 계속 이어 가야 한다. 만약 언젠가 이 경계선이 발견된다면 장담컨대 그것은 조수간만의 차가 큰 바다의 해안선과 비슷할 것이다. 해안선은 계절, 날씨, 하루 중 시각에 따라 단 한 번도 같은 모양인 적이 없다. 관찰자가 동네 주민일 때, 관광객일 때, 어부일 때, 해양학자일 때, 혹은 시인일 때 역시 저마다의 심상에 다르게 그려지고 말이다.

내 주변에 폭력이 일상적이라고 해서 타인의 곤경을 대하는 태도가 달라져서는 안 된다. 물론 그게 말처럼 쉽지는 않다. 사람 마음에도 타키필락시스tachyphylaxis가 일어나는 탓이다.

타키필락시스란 어떤 자극에 반복적으로 노출될수록 반응성이 급격히 떨어지는 현상을 말한다. 그런 면에서 폭력은 냄새나 마약과 흡사하다. 향수 냄새는 처음에는 매우 향기롭지만 조금만 지나도 향이 더 이상 느껴지지 않는다. 마약은 내성이 생기는 탓에 하면 할수록 점점 용량을 높여야 한다. 이처럼 타인의 고통도 자꾸 보면 무뎌져 별일 아니라고 생각되기 시작한다. 혹자는 이것이 위험하거나 흉사가 유독 잦은 특수한 근무환경에서 살아남기 위한 어쩔 수 없는 적응 기전이라고 주장한다. 완전히 틀린 얘기는 아니다.

연차가 높아질수록 의사들의 공감력이 떨어지는 것은 어느 의료 집단이나 보편적인 현상이라는 연구 결과가 많다. 의사들이 건강한 적응이라 믿는 것이 실은 악질 문화변용일 수도 있다는 소리다. 그런 문화에 완전히 동화된 의사는 환자를 더 이상 인격체로 보지 않고 기껏해야 업무의 연장선 혹은 걸림돌이나 골칫거리로만 인식한다. 한 직업군 안에서 적지 않은 구성원이 일 때문에 타자의 기본 인간성 침해에 무감각해진다면 그 직업 문화는 전체적으로 병든 것이다.

공감력을 좌우하는 가장 큰 두 요소는 맥락과 스트레스다. 전후 맥락은 언제나 중요하고 스트레스는 공감력을 증발시킨다는 점에서다. 맥락을 얼마나 아는가와 스트레스가 얼마나 심한가에 따라 같은 현상을 두고도 사람에 따라 보고 느끼는 바가 달라질 수 있다. 한 주를 시간으로 환산하면 168시간인데, 레지던트 시절 나는 거의 매달 주당 100시간씩 근무했다. 문화변용은 이렇듯 업무가 과중한 환경에서 보다 쉽고 빠르게 일어나기 마련이다. 여기에 먹고 마시고 배설하고 쉬고 싶을 때 쉬고 졸릴 때 자는 기본적인 욕구까지 제한될 경우, 거의 그냥 세뇌된다고 보면 된다.

수련의 시절에는 가족이나 친구보다 동료들과 보내는 시간이 압도적으로 더 많았다. 자연스럽게 병원의 규범이 곧 우리 개개인의 규범이 되었다. 특히 스트레스가 심하거나 두렵거나 화가 나거나 지쳐서 다 때려치우고 싶을수록 더더욱 이 규범에 기대 버티곤 했다. 그래도 레지던트 2년 차 즈음부터는 일이 손에 붙어 꽤 잘해내게 되었다. 내가 봐도 어느 모로나 의사다웠다고나 할까. 최근에야 확신하게 된 사실인데, 나는 내가 중요하고 힘 있고 자애로운 사람이라고 느껴질 때 스스로 의사답다고 자부했던 것 같다. 일의 일부일 뿐이라며 직접 휘둘렀거나 눈감아 준 폭력은 생각도 않고 말이다. 그러다 진정으로 눈을 뜬 것은 여유가 좀 생겨 다시 보통 사람들처럼 바깥세상에 나다니고 나서였다. 병원 안에서 얼마나 많은 폭력이 묵인되는지, 이게 얼마나 무서운 일인지 그제야 비로소 보이기 시작한 것이다.

그런데 진실을 아는 건 그다지 좋은 일만도 아니다. '양심이란 무엇인가'라는 고민이 머릿속에서 떠나지 않고 내가 또 언제 잘못된 문화규범에 굴복했었던가, 되새기게 되기 때문이다. 환자를 치료하다 보면 내 전공을 벗어나는 기술이 필요해 다른 과에 협진을 요청해야 하는 상황이 종종 생긴다. 레지던트 시절에도 그랬고 지금도 마찬가지다. 그럴 때 타과 의사들은 내게 국소마취 같은 전처치를 마무리할 시간을 충분히 주지 않고 혼자 피치를 올리곤 한다.

환자가 고통스러워 끙끙거리며 신음하든, 어떻게든 견디느라 주먹을 너무 꽉 쥔 탓에 피가 안 통해 손가락 마디마디가 새하얗게 질리든 조금도 개의치 않는다.

공감력이나 양심이 없는 사람에게는 폭력이 누워서 떡 먹기다. 하지만 그런 소시오패스가 아니더라도 보통 사람들 역시 상대적으로 폭력적인 부류와 폭력을 지양하는 부류로 갈라진다. 의료계에서는 외과 의사가 전자에 속한다. 외과 문화 자체도 다른 전공과들에 비해 더 거친 편이다. 이런 경향을 뒷받침하는 통계 자료도 있다. 이건 통계가 그러하니 어쩔 수 없다고 포기할 일이 아닐진대 의사들 대부분은 임상 현장에서 종종 목격하는 폭력에 의문을 제기하지도, 개선 방안을 고민하지도 않는다. 이게 더 심각한 문제다.

리베카 솔닛Rebecca Solnit은 《멀고도 가까운》에서 "공감은 상상의 행위이자 이야기꾼이 가진 기술이며 이곳에서 저곳까지 여행하는 하나의 방법"이라고 적고 있다. 이 정의는 모든 인간관계와 모든 의료 상황에 적용 가능한데, 이곳은 내가 되고 저것은 상대방이 될 것이다. 오래전부터 많은 의사들이 꾸준히 공감을 주제로 글을 기고하고 책을 써 내고 있다. 공감력을 계량하는 척도와 공감력 향상을 위해 개발된 훈련법도 이미 한두 가지가 아니다. 그럼에도 여전히 평범한 청년이 의사 이름표만 달면 공감력은 곤두박질을 친다. 전국적으로 10여 년마다 의대 교과 과정을 대대적으로 손봐 가며 이런저런 개선 시도를 하지만 아무 소용도 없다.

나는 현직 의사와 의대생에게 성찰적 글쓰기를 가르치면서 이 현상을 해마다 체감한다. 의대생의 글을 보면 의료계의 폭력을 목격했을 때 그들이 느낀 충격과 공포가 생생하게 묘사되어 있다. 의대생은 자신을 환자와 동일시하는 까닭이다. 반면, 똑같은 주제를 현직 의사에게 던져 주면 레지던트까지는 꾸준히 예리함을 보인다. 하지만 그 이후 어조가 확연히 둔해지더니 언젠가부터 죽음, 고통, 애착, 무력감, 환멸 등으로 아예 글감이 바뀌어 버린다. 폭력은 기껏해야 주제를 장식하는 작디작은 배경 소품으로 전락하는 것이다.

찾아보면, 부끄러운 과거를 고백하는 의사의 참회록은 셀 수 없이 많다. 바로든 나중에든 후회할 일을 본인이 직접 저질렀거나 다른 의사가 그러는 걸 방조 혹은 동조했다는 식이다. 이런 일화를 접하면 동종업계 사람들은 입에 올리는 것조차 수치스러워 모른 체하곤 한다. 의료계에서도 그렇게 수십 년씩 흐르는 일이 다반사다. 그런데 몇 년 전에 그런 유의 기사 하나가 온 세상을 발칵 뒤집었다. 한 남자 의사가 의대생 시절에 선배 의사의 부적절한 행동에 장단을 맞췄다는 내용이었다. 부적절한 행동이라 함은 분만 후 의식을 잃은 여성 환자의 질에 손을 넣어 장난을 치는 것이었다. 여기서 주목한 점은 의사들의 인터넷 커뮤니티를 넘어 『코스모폴리탄Cosmopolitan』부터 『뉴욕 타임스New York Times』까지 점령한 이 화제 몰이의 원인이 따로 있었다는 것이다. 처음에 이 글은 한 의학

학술지에 실렸는데, 이 학술지의 편집부가 저자가 익명으로 남아야 한다고 주장한 것이 소란의 도화선이 되었다. 사건이 일파만파로 번지자 편집장은 이 전례 없는 조치가 '이야기의 나머지 등장인물들, 특히 피해 환자들을 보호하기 위한 것'이라는 입장을 발표한다. 하지만 벌써 오랜 시간이 흘렀고, 이야기가 가명으로 각색된 데다가, 난산으로 출혈이 심해 기절해 있던 피해 여성이 하고많은 중요한 것들을 다 제쳐 두고 고작 의대생 하나의 이름을 기억하고 있을 리 없었다. 그런 까닭에 편집부가 보호하려는 대상이 실제로는 환자가 아닐 거라는 게 지배적인 여론이었다.

폭력의 문화는 여러 가지 경로를 통해 구축되고 강화된다. 그런 가운데 우리 모두 다양한 직간접적 방식으로 가해자가 되기도 피해자가 되기도 한다.

실수

의사도 사람인지라 때때로 실수를 저지른다. 다른 의사들도 그렇고 나도 마찬가지다.

의대생 시절, 환자에게 민감한 질문을 하는 요령을 배운 적이 있다. 교수님은 우리에게 '당신은 남자와 성관계를 갖습니까, 여자와 갖습니까 아니면 둘 다입니까?'라고 물어야 한다고 가르쳤다. 솔직히, 초면에 아무렇지 않게 남의 성생활을 캘 수 있는 사람이 세상에 몇이나 될까. 특히, 새파랗게 젊은 청년이 50대 중년이나 심지어 80대 어르신에게 한밤중에 침실에서 뭘 하는지 혹은 출장 갔을 때 회식 후 3차로 어디를 가는지 물어야 한다면 그런 가시방석이 또 없다. 아무리 청년이 의사 가운 차림이라도 말이다.

남은 수업 시간에 우리는 이 문진 요령을 서로에게 연습했다. 땀을 빼는 친구, 겁을 먹고 홍당무가 된 친구, 초조해 말을 더듬는 친구, 어색한 나머지 썰렁한 농담만 막 던지는 친구 등등 강의실 풍경은 실로 가관이었다. 연습을 시작하기 전에 교수님은 질문의 목적이 오직 환자의 생활 습관이 건강을 해치고 있는지 확인하는 것뿐임을 명심해야 한다고 당부했었다. 진짜로 환자의 사생활을 궁금해해서도, 무례하게 굴어도, 남의 비밀을 안다는 걸 즐겨서도 안 되었다. 우리는 곧 의사가 될 예정이었고 의사가 그런 질문을 하는 것은 환자의 건강과 안전을 보장하기 위해 필요할 때뿐이었다. 환자가 어떤 답을 내놓든 끝까지 의사답게 처신할 수 있도록 마음가짐부터 표정과 목소리까지 철저히 대비해 두어야 했다. 한 톨의 선입견도 없이, 어떤 가치판단도 하지 않고 환자가 하는 말을 있는 그대로 들어야 했으며 진술 속에서 환자의 안전과 행복에 연결되는 정보만 걸러 낼 수 있어야 했다. 그런 다음에야 전문가의 입장에서 의학적 조언을 정중하게 제안하는 것이다. 나머지는 의사가 알은척할 부분이 아니다. 상대가 미성년자이거나 성폭력 사건인 경우가 아닌 한 말이다.

인턴 시절에 케이트라는 환자가 있었다. 이때쯤 나는 첫 진료 시간에 이 얘기를 꺼내는 데 꽤 능숙해져 있었다. 케이트는 대학을 갓 졸업하고 서부로 이사 온 지 얼마 안 된 건강한 20대였다. 긴 갈색 머리는 살랑거렸고 미니스커트와 녹색 스타킹이 복고 스타일의 펌프스와 잘 어울렸다. 나는 늘 하던 대로 환자와 얘기를 이어갔고 드디어 성경험을 묻는 순서가 왔다. 나는 익히 들어온 대답을 예상하며 덤덤하게 질문을 던졌다.

"여자요, 여자랑만 해요."

이렇게 대답하면서 케이트는 고개를 약간 숙였다. 하지만 시선은 여전히 내게 고정한 채였다. 순간 나는 너무 놀라 감정을 얼굴에 그대로 드러내 버렸다. 언젠가부터 나도 모르게 케케묵은 고정관념에 묶여 있다가 방금 뒤통수를 호되게 맞은 것이다. 게다가 표정을 통해 이 부끄러운 진실을 자백한 셈이었다. 재빨리 정신을 가다듬은 나는 차분한 목소리로 다음 문항들을 이어 갔다. 케이트와 나는 아무 일도 없었던 척했지만 뭔가 불편한 기운이 목에 가시처럼 내내 허공을 떠돌고 있었다.

실수는 다양한 형태와 크기로 우리를 급습한다. 의사를 신뢰하지 못할 때 환자는 질문에 거짓으로 답하거나 개인적인 얘기를 피하려 한다. 나는 그날 케이트의 마음에 상처를 주었고 그 순간 우리의 관계에는 지울 수 없는 금이 가 버렸다. 만약 내가 그녀 입장이었다면 나는 담당 의사를 바꿔 버렸을 것이다. 그러나 그녀는 그러지 않았다. 케이트는 어렸으니 그래도 된다는 걸 아직 몰랐을 것이다. 아니면 어차피 의사들은 다 거기서 거기라고 생각했는지도 모른다. 내가 미천한 임상 경험만 가지고 속단했던 것과 똑같이. 그 이후 케이트가 발길을 끊을 때까지 몇 년 동안 나는 죄책감에 시달렸다. 그녀가 병원에 왔다 갈 때마다 이번에도 사과할 기회를 놓쳤다는 후회가 밀려오곤 했다.

내가 케이트에게 번번이 사과하지 못한 것은 그럴 수밖에 없는 우연이 겹쳤기 때문이 아니었다. 원래 나는 잘 챙기면 더할 나위 없이 좋겠지만 빼먹어도 치명적인 잘못은 되지 않는 일들을 할 때도 있고 안 할 때도 있었다. 검사 결과가 나오면 환자에게 알려 주기로 약속해 놓고 아무 이상 없음을 혼자만 확인한 뒤 외래 근무로 바빠서 연락하는 걸 깜빡 잊는다든가, 환자에게 배우자의 장례식을 치른 지 한두 달 뒤에야 안부 전화를 걸어 늦었지만 고인의 명복을 빈다고 입에 발린 소리를 하는 식이다. 그래 놓고 나중에 내가 생각이 짧았다는 후회가 들면 그때서야 전원 꺼진 전화기에 대고 혼자 주저리주저리 떠드는 것이다. 그럼에도, 내가 그런 일들을 깜빡 잊는 일은 지나치게 잦았다. 너무 자주 반복되는 실수는 더 이상 실수가 아니다. 그보다는 그 의사의 직관적 사고방식을 보여주는 더없이 확실한 증거다.

실수는 모든 의사에게 통과의례다. 아무리 교육을 잘 받았고 높은 뜻을 품었어도 예외는 없다. 중요한 것은 실수를 만드는지 아닌지가 아니라 어떤 실수를 얼마나 자주 하느냐다. 어떤 실수는 복잡한 문제를 해결하려 동분서주하는 과정에서 나오지만 또 어떤 실수는 기본적 소양의 부족에서 비롯된다. 다행인지 불행인지 전자가 후자보다는 흔하다. 거의 예외 없이, 나는 내 잘못을 인정하고, 사과하고, 그 경험으로 뭔가 배울 때마다 의사로서 한 뼘씩 성장하고 환자와 환자 가족들에게 더 가까이 다가갈 수 있었다. 사과는 환자와 의사를 더 단단하게 묶어 주는 보이지 않는 끈 역할을 한다.

정식으로 사과하는 의사는 고소를 덜 당한다는 통계도 있다. 환자들은 분명 뭔가 잘못됐는데 의사나 병원은 아닌 척할 때 가장 크게 분노한다. 일부러 어려운 전문용어만 골라 쓰는 변호인 군단 뒤에 숨어 절대약자인 환자의 고통은 무시한다고 느끼기 때문이다. 바로 그런 순간에 실망과 슬픔은 분노의 감정으로 악화되고 환자들의 법정 투쟁 의지를 불태운다. 게다가 내가 보기에 사과는 마음의 짐을 덜어 준다는 면에서 의사들에게도 유익하다. 그런다고 이미 일어난 일이 없던 게 되지는 않지만 훨씬 견딜 만해진다. 그렇게 과거의 실수를 성장의 디딤돌로 삼는 것이다.

레지던트 2년 차가 되자, 커지는 재량권만큼 책임도 막중해졌다. 외래 병동에는 내 명패가 달린 진료실이 생겼고 나를 사수라 부르는 수련의와 의대생들이 점점 늘어났다. 매일 사소한 것까지 과장님에게 보고하지 않아도 된다는 점도 편했다. 또, 졸졸 쫓아다니며 물어보느라 선배들을 괴롭힐 필요 없이 이제 웬만한 환자들은 혼자 처리할 수 있었다. 다만 그해 겨울, 마리아 칼데론이라는 환자만은 예외였다. 내가 뭔가를 놓치고 있는 게 분명한데, 그게 뭔지 도통 알 수 없었다. 숨은 문제를 보지 못하기는 선배들도 마찬가지였다. 내 설명만 듣고 처음부터 색안경을 끼고 봤으니 보이지 않는 게 당연했다. 두 눈을 가리던 안개가 걷힌 것은 내가 애초에 기준을 잘못 잡았다는 사실을 깨달은 뒤였다. 86세라는 환자의 나이는 생각 않고 의대 시절 배운 '정상인 모델'이 보일 만한 증상을 찾았던 것이다.

노화의 생물학 맥락에서는 병적 원인 탓이 아니라 자연적으로 일어나는 일련의 사건들을 정상적 변화라 말한다. 그런데 질병과 노화의 모든 원인을 다 아는 게 아니라면 정상과 비정상을 구분하는 게 쉽지 않다. 의학의 가치관이 문화와 시대에 따라 얼마나 갈팡질팡하는지를 감안할 때 심할 경우 귀에 걸면 귀걸이, 코에 걸면 코걸이 식이 될 수도 있다. 그뿐만 아니다. 다양한 질환이 나이 많은 환자들에게 더 흔하거나 더 심한 건 분명한 사실이다. 훗날 과학이 더 발전하면 지금은 순전히 노화 탓이라고 여겨지는 변화들이 실은 질병의 결과임이 드러나지 말란 법도 없다. 정반대로, 병인 줄 알았는데 알고 보니 그냥 노화의 징표일 수도 있다. 이 모든 변수를 고려하자니 머릿속은 더 뒤죽박죽이 된다. 결정적인 문제는, 정상적인 노화 반응이란 무엇인가가 아직 열린 질문이라는 것이다. 보통 우리는 불가피하고 보편적인 것을 정상이라고 부른다. 그리고 이 정상에서 벗어나는 것은 병적 변화로 분류한다. 그런데, 스무 살 청년과 80대 노인을 비교하는 게 과연 공정할까? 어떤 병이 노년층에서 더 흔하다는 통계가 있을 때 그것은 노인이 그 병을 앓는 게 정상이라는 뜻일까? 어려운 질문이다. 어려운 게 당연하다. 이런 질문들은 과학뿐만 아니라 철학적 의미도 내포하기 때문이다.

이렇듯 생각할 거리가 많은 주제임에도, 의료계는 참 뚝심 있게 1,000년 넘게 고령의 개념에 일관된 잣대를 적용해 왔다. 일찍이 히포크라테스는 노인의 발열 증상은 그리 시급하게 처치할 필요가 없다고 말했다. 아리스토텔레스는 사람이 나이 들수록 얼마나 병에 잘 걸리게 되고 어떻게 가벼운 병으로 죽기도 하는지 자세히 설명했다.

한편, 1863년에 영국인 의사 대니얼 매클라클런Daniel Maclachlan은 다중이환이라는, 현대 의학 용어의 기원쯤 되는 개념을 생각해냈다. 노인들은 여러 지병을 동시에 앓는 일이 많아 진단과 치료가 쉽지 않았던 경험에 주목한 것이다. 연결되는 맥락으로, 동시대에 가장 유명했던 프랑스인 의사 장 마르탱 샤르코Jean-Martin Charcot 역시 아픈 노인 특유의 특징들을 정리해 나열했다. 1866년에 남긴 기록에서 그는 아무리 심각한 중병도 노인에게는 유심히 봐야 간신히 눈에 띄는 증상으로만 표출될 뿐이라고 적고 있다. 샤르코 덕분인지 1990년대 초 무렵에는 많은 의사들이 이 점을 인지하게 되었지만 실상 노인 환자들의 삶은 별로 나아진 게 없었다.

* * *

마리아 칼데론에게는 지병이 이미 한 보따리였는데, 그중 최악은 단연 삼차신경통이었다. 안면신경의 통증을 참지 못해 자살하는 환자가 있을 정도로 삼차신경통은 고통스러운 질환이다. 내가 마리아의 주치의를 맡은 건 1년 반 전, 그녀가 휘청휘청하는 느낌을 호소했을 때였다. 환자가 어지럽다고 할 때 의사는 머릿속에서 무언가가 잠깐이나마 꽉 조여서 그렇다고 말해 주는 게 보통이다.

하지만 환자가 말하는 어지러움은 여러 가지 가능성을 내포한다. 눈앞이 빙빙 도는 현기증일 수도 있고, 그냥 속이 안 좋은 것일 수도 있고, 기절하기 직전의 기분일 수도 있고, 몸에서 혼이 빠져나가는 느낌일 수도 있다. 원인도 각양각색이다. 시발점은 귀일 수도 심장, 신경, 뇌, 눈일 수도 있고 심리적 동요 탓일 수도 있다. 아니면 뇌졸중이나 부정맥, 불안, 약물 부작용의 전조 증상으로 어지러운 증세가 나타나는 경우도 있다. 간혹 그러듯 그저 안경을 새로 맞출 때가 됐다는 신호라면 다행이고 말이다.

마리아의 병력과 처방전을 꼼꼼하게 검토한 뒤 유력한 원인만 추린다고 추렸는데도 한두 개가 아니었다. 나는 그녀가 이상하다고 한 왼쪽 귀를 소독하고 약 처방을 조정했다. 혈압이 너무 낮았나? 혈당이 좀 높았나? 삼차신경통 치료제가 부작용으로 어지럼증을 일으켰나? 나는 환자의 심장과 신경계 상태를 점검하고 또 점검했다. 하지만 아무 단서도 얻을 수 없었다.

그러다 나는 어영부영 휴가를 갔고 하필 그때 마리아가 집에서 넘어져 내 대타인 레지던트의 진료를 받게 되었다. 써니는 검사실을 향해 복도를 걸어가는 마리아의 모습을 지켜보고는 바로 파킨슨병이라는 진단을 내렸다. 너무 초기라서 혹은 노령 환자라는 선입견에 나도 감지하지 못한 걸 그녀는 단번에 알아챈 것이다. 어쩌면 써니야말로 수많은 후보 중에서 진짜 원인을 가려 낼 최고의 적임자였는지도 모른다. 마리아가 어떤 사람인지, 어떤 병을 앓고 있고 어떤 약을 복용 중인지 잘 모르기에 오히려 더 밝은 눈으로 마리아를 관찰할 수 있었을 테니 말이다. 휴가에서 복귀한 나는 사수에게 내 실수를 고백했다. 그러자 그는 자신에게도 10년 전 똑같은 경험이 있다며 나를 격려했다. 관절염 탓에 이미 한참 전부터 걸음걸이가 부들거렸던 86세 할머니보다는 정정한 60세에게 파킨슨병 증세가 훨씬 또렷하게 드러나는 게 당연하다면서.

몇 주 뒤 오랜만에 마리아를 만났을 때 그녀는 두 딸과 함께였다. 최근 추가로 얻은 병명과 기존의 모든 상태를 고려하면 조만간 새크라멘토의 딸네로 이사를 갈 게 틀림없었다. 나는 파킨슨병을 놓쳐서 미안하다고 모녀에게 사과했다. 그러자 세 사람은 놀란 기색을 보였다. 그도 그럴 것이 딸들 손에는 그동안 모친을 돌봐 주어 고맙다며 내게 주려고 준비한 선물이 들려 있었다. 마리아는 내가 보고 싶을 거라고 말하고는 두 손으로 내 얼굴을 감싸고 축복해주었다. 우리는 검사실 복도에서 포옹하며 작별 인사를 나눴다. 그게 내가 기억하는 그녀의 마지막 모습이다. 의사 일을 하다 보면 희로애락을 골고루 경험하게 된다. 이보다 더 멋진 직업이 세상에 또 있을까.

능력자

어느 날 아침, 나는 정기 왕진 일정이 잡혀 있던 집의 가파른 벽돌 계단을 올라 현관문 앞에 섰다. 초인종을 누르고는 잠시 기다렸다가 다시 한번 눌렀다. 초인종은 회칠해 마감한 벽면에서 떨어져 나오기 일보직전으로 달랑거리고 있어 수리가 시급했다. 코맹맹이 소리가 나지 않게 하려면 잘 잡고 정중앙을 겨냥해 제대로 가격해야만 했다. 나는 벨이 제대로 울렸는지 확인하고 다시 기다렸다.

이 집 주인은 거동이 몹시 느렸다. 그래서 보통 나는 그녀가 현관으로 나와 문을 열어 주기까지 기다리는 동안 이메일을 확인하고 경우에 따라 답장까지 할 수 있었다.

이날도 나는 이메일 몇 개에 간단히 답장한 뒤 병원 행정실에 전화를 걸었다. 오늘 내가 왕진을 올 거라는 사전 안내를 어제 오후에 환자에게 했는지 확인하기 위해서였다. 담당 직원은 했다고 말했다. 나는 생각했다. 이거 감이 안 좋은데. 치매 환자인 밀리는 알코올 중독이 있는 데다 한 시간 거리에 사는 조카가 가끔 들러 챙겨 줄 때 빼고는 혼자 근근이 지내는 형편이었다. 나는 밀리가 외출했을 리는 없다고 확신했다. 지난 몇 년 동안 한 번도 그런 적이 없는 데다가 현관 계단을 무사통과하는 것만도 그녀에게는 엄청난 난관이었기 때문이다. 휴대폰에 그녀의 집 전화번호를 입력하고 통화 버튼을 누르자 집 안에서 전화기가 울어 대기 시작했다.

나는 조카분과 119 중 어디에 먼저 연락해야 할지 잠시 갈등했다. 바로 그때, 안에서 무슨 소리가 들렸다. 소리는 잠깐 멈췄다가 다시 이어졌다. 무언가가 아주 천천히 이쪽으로 다가오는 것 같았다. 그래서 나는 기다렸다.

마침내 현관문이 안쪽으로 빼꼼 열렸다. 밀리의 모습이 보이지 않기에 나는 조심스럽게 문을 밀고 들어갔다. 그녀는 형편없는 몰골로 벽에 기대어 서 있었다. 머리는 산발한 채로 온몸이 식은땀 범벅이었고 안색은 창백하고 숨은 쉬는 것 같지도 않았다. 나는 얼른 소파의 쿠션을 가져와 그녀를 바닥에 눕히고 재빠르게 사태 파악에 들어갔다. 알고 보니, 그녀는 흉통을 비롯해 여러 심장마비 증세로 벌써 몇 시간째 이러고 있었다. 나는 턱에 괸 휴대폰으로 조카분과 통화하는 동안 화장실과 환자의 입안에서 아스피린 알약을 찾아냈다. 내가 119보다 보호자에게 먼저 연락한 것은 입원을 싫어하는 환자의 성향을 너무나 잘 알기 때문이었다.

우리는 환자를 응급실로 이송해 진단을 확실히 받고 빨리 응급조치를 취하는 게 급선무라는 데 의견 일치를 봤다. 그래야 환자 상태가 어느 정도인지, 앞으로 관리 전략을 어떻게 짤지 보다 정확하게 파악하고, 필요하다면 가정방문 간호사와 간병인을 섭외할 수 있을 터였다. 아이러니하게도 밀리는 지금 스스로 의사 결정을 할 수 없는 상태이기에 우리가 빨리 조치하면 건강을 회복할 수 있었다. 반대로 정신이 온전해 좋고 싫음을 표할 수 있었다면 응급조치가 어려워졌을 것이다. 이것은 모두 병원에 관한 그녀의 안 좋은 기억 때문이었다. 나를 만나기도 훨씬 전에 그녀는 알코올 금단 증상 때문에 병원을 찾았다가 바로 재활원에 들어가게 되었다. 하지만 술을 한 방울도 허락하지 않는 강압적 방식이 그녀에게 몹시 나쁜 인상만 남긴 것이다. 나는 계속 밀리 곁을 지키면서 119에 전화를 걸어 앰뷸런스를 요청했다.

10분 후 구급대원이 도착하자 그에게 환자를 인계한 다음 나는 상황을 미리 일러두려고 병원 응급실에 연락했다. 이미 오늘 일정 전체가 충분히 지체된 데다가 하필 긴급 방문 진료 건까지 예약 없이 추가된 참이었다. 그런데 응급실 왈, 담당 의사와 통화하려면 기다려야 한다는 거였다. 그래서 나는 그럴 시간이 없다고 말하고 내 설명을 받아 적게 해 메모로 남겼다. 그런 뒤, 남은 일정을 계속 진행했다.

그로부터 몇 시간 뒤, 나는 밀리의 상태를 확인하기 위해 병원에 전화를 걸었다. 그런데 아직도 대기 중이라는 거였다. 나는 어안이 벙벙했다. 그래서 담당 의사를 바꿔 달라고 해 직접 아침에 있었던 일을 설명했다. 그러고 나서야 비로소 밀리는 적절한 치료를 받을 수 있었다. 나중에 이 의사와 다시 연락해 무엇이 어디서부터 잘못됐던 건지 함께 되짚어 봤더니, 사건의 발단은 바로 엉성한 메모였던 걸로 드러났다. 애초에 임상 의학에 문외한인 행정 직원이 내 말을 허투루 받아 적은 메모가 축약에 축약을 거듭해 맥락을 알 수 없는 단어들의 나열로 전락해 버린 것이다. 그러니 의사는 동네 꼬마가 건 장난전화 취급하며 무시할 수밖에. 게다가 가는 날이 장날이라고 하필 이날 구급대원은 밀리를 내려 주자마자 바로 다음 호출 장소로 출동하느라 밀리의 서류를 인계하는 걸 깜빡 잊는 실수를 저질렀고, 응급실 역시 이날 유독 위중한 환자로 북새통이었다. 예진 전담 간호사가 기분이 어떠냐고 물었을 때 밀리는 훨씬 나아졌다고, 신경 써 줘 고맙다고 대답했다고 한다. 수송길 내내 구급대원이 처치를 잘한 것이다. 그래서 응급실에 도착했을 즈음 그녀는 더 이상 흉통이나 호흡곤란 증세를 보이지 않았고 최근 반나절 사이의 일은 기억에 없었다. 간호사가 여기 왜 실려 왔는지 아시겠냐고 물었을 때는 장염에 걸린 것 같다는 얘기를 지어냈다고 한다. 그런 사연으로 지금까지 내내 복도에 버려져 있었던 것이다.

외상처치실로 이동해 밀리의 몸에 연결한 심전도의 화면은 심장마비의 뚜렷한 흔적을 보여 주었다. 아마도 지난밤이었을 것이다. 만약 아침에 내가 의사나 간호사에게 통화가 닿기를 기다렸다면, 만약 구급대원이 서류를 빼먹지 않았다면 상황은 조금이라도 달라졌으리라. 혹은 고작 장염인 것치고 환자가 지나치게 초췌하다는 걸 누군가 한 명이라도 알아챘다면, 밀리는 바로 적절한 조치를 받을 수 있었겠지. 85세 이상 고령자가 치매 환자이기도 할 확률은 3분의 1 이상이기 때문에, 이 사례처럼 환자 진술과 정황 소견이 크게 불일치하는 상황에서는 간단한 인지기능 검사를 실시한 뒤 구급대원이나 주치의에게 연락해 환자를 병원에 보낸 이유를 묻는 게 올바른 순서다. 물론 치매가 아닌 노인이 치매 환자인 노인보다 훨씬 더 많은 게 사실이다. 그렇긴 해도 나이 많은 환자들에게는 그냥 점검 차원으로 기본 검사를 훅 해서 나쁠 건 없다. 하물며 밀리처럼 정신 멀쩡하고 자기 집도 있는데 머리끝부터 발끝까지 노숙자나 다름없는 몰골을 한 환자라면 더더욱 의심했어야 마땅하다.

***

노인에게 흔한 문제들은 양면성을 가진다는 점에서 동전과 비슷하다. 밀리가 응급실에서 겪은 일이 동전의 뒷면이라면 레이가 입원 병동에서 받은 대접은 앞면에 비유할 수 있다.

레이라는 이름의 100세 노인이 다리에 생긴 혈전 때문에 입원했다. 그의 주치의는 조만간 퇴원하고 나면 치료를 어떻게 진행하는 게 좋겠냐고 내게 상의해 왔다. 레이의 배우자는 몇 년 전에 먼저 세상을 떠났고 그에게 다른 가족은 없었던 것이다.

"당사자는 어떻게 하길 원하는데요?"

내가 묻자 주치의가 어색한 웃음을 터뜨렸다. 그러다 내가 진지하다는 걸 알아채고는 바로 대답했다.

"이런 결정을 직접 내리기에는 환자의 정신이 온전하지 않다는 게 우리 판단입니다."

의학에서 본인이 받을 치료를 스스로 결정할 능력이 있는 환자를 일컫는 용어는 두 가지가 있다.

첫째는 스스로 의사 결정을 할 수 있는 상태라고 법원이 인정한 사람이라는 뜻의 법률용어 능력자competence로, 이 법적 신분은 지적 기능이 크게 손상됐다는 증거를 대지 않는 한 유효하다.

둘째는 유능자capacity인데, 선택의 기로에서 각 선택지가 불러올 결과를 정확하게 유추할 수 있는 사람을 말한다. 이 용어의 특징은 그 기준이 상황에 따라 다소 주관적이라는 것이다. 또한, 최종 판정을 의사가 내리는 탓에 부탁받고 자문하러 온 신경정신과 전문의가 오히려 환자 주치의의 눈치를 보는 일이 흔하다. 그래도 일단 까다로운 심사를 거쳐 유능자로 선언되는 환자에게는 모든 결정권이 주어진다. 환자의 선택이 의료진이 권하는 것과 다르거나 심지어 모두가 뜯어말리는 것일지라도 본인이 원하면 상관없다.

레이는 법적으로도 임상적으로도 완벽한 능력자였다. 그러나 의료진은 그렇게 생각하지 않고 있었다.

"섬망 증세가 있나요?"

내가 물었다. 전에 인턴을 슬쩍 찔러 봤을 때는 그런 말이 없었다.

"아뇨, 상태는 쭉 안정적인 걸로 보여요."

이 말에 나는 어리둥절해졌다.

"죄송하지만, 제가 좀 헷갈려서 그러는데요. 환자가 정확히 어떻다고요?"

그런데 짧은 정적이 흐른 뒤 오히려 그가 내게 되묻는 것이었다.

"환자가 치매를 앓는 것 아닙니까?"

그제야 나는 일이 어떻게 돌아가는 건지 완벽하게 이해할 수 있었다.

"레이는 귀가 심각하게 안 들려요. 보청기를 끼고 있지 않던가요?"

80대 이상 고령 노인 십중팔구는 어느 정도씩 귀가 어둡다는 건 상식이다. 그런데도 의료진은 청력 저하 가능성을 염두에 두기는 커녕 100세 노인의 귀가 멀쩡할 거라고 아무 근거 없이 가정해 버린 것이다. 그러니 내 앞에 서 있는 이 의사가 지금 꿀 먹은 벙어리가 될 수밖에.

의료진은 질문에 자꾸 엉뚱한 대답을 하는 레이를 보고 환자에게 치매가 있다고 생각했다. 그러나 레이의 뇌는 완전히 멀쩡했다. 보청기를 집에 두고 온 것도 이 멀쩡한 뇌로 심사숙고해 나온 계산된 행동이었다. 예전처럼 비싼 보청기를 병원에서 잃어버리고 싶지 않았던 것이다. 며칠 뒤 레이는 내게 귀가 안 들리는 대신에 입술을 읽는 방법을 배워 보려 한 적이 있다고 말했다.

"근데 그쪽으로는 재주가 영 꽝인 것 같어."

이 말에 우리는 웃음을 터뜨렸다.

나는 레이의 주치의에게 간호사 비품실에서 포켓 토커pocket talker를 빌려 써 보라고 제안했다.

"포, 뭐요?"

그가 물었다. 곧 교수 임용까지 예정되어 있다는 의사가 포켓 토커를 모르다니 나는 적잖이 놀랐다. 포켓 토커는 의사가 마이크에 대고 말하면 증폭된 소리를 환자가 헤드폰을 통해 들을 수 있게 하는 개인용 확성기다. 왜곡을 보정하거나 배경 소음을 지우는 것 같은 고급 기능은 없고 작은 소리를 키우기만 할 뿐이지만 충분히 쓸모가 있다.

포켓 토커라는 천군만마를 얻은 레이는 의사 표현에 막힘이 없었다. 의료진은 말도 안 통할 정도로 치매가 심한 노인 환자의 양로원 예약을 취소했고 레이는 퇴원 후 자기 집으로 무사히 돌아갔다. 피가 끈적해지지 않게 하는 약을 6개월 동안 투여하는 후속 치료 역시 자택에서 아무 문제 없이 마쳤다.

수치심

내게는 잊고 싶지만 결코 잊히지 않는 서투른 새내기 시절의 기억이 또 있다. 샌프란시스코에서는 날이 좋으면 태평양 망망대해가 끝까지 다 보인다. 그런 가을날 초저녁에 서늘한 바람을 맞으며 수평선이 노을로 물들어 가는 장관을 보고 있으면 세상이 평평하다고 믿었던 옛날 사람들의 마음을 알 것도 같다. 하지만 그해 가을은 보통 직장인들처럼 퇴근 후 친구를 만나거나 운동을 하거나 밀린 잠을 자는 대신, 근로시간 상한제에도 안 걸리는 레지던트 2년 차다운 나날의 연속이었다. 기억 속에서, 그날 저녁 나는 유독 정이 가지 않는 환자를 살피러 가는 중이다.

환자의 병실은 간호사 데스크에서 그리 멀지 않은 복도 중간쯤에 있다. 조명은 어두운 편인데, 저녁이어서라기보다 그가 그 정도 밝기를 좋아하기 때문이다. 그는 요구사항이 많다. 붙임성 좋기로 소문난 나조차도 불평불만 대마왕인 이 환자에게만큼은 애정은커녕 손톱만 한 동정심도 느껴지지 않는다. 지금도 가능하면 말을 한마디라도 적게 하면서 환자 처치를 신속하게 끝내게 되기만을 간절히 바라며 걸어가는 중이다.

물론 이 환자는 오늘 내게 주어진 시련의 일부분에 불과하다. 의국에서 아까부터 계속 호출을 해 대고 있다. 앞으로 24시간 동안 전체 신규 입원 환자들과 중환자실 환자들을 우리 팀이 오롯이 책임져야 한다. 퇴근한 팀들이 복귀할 때까지 그들의 땜빵 역할을 하는 것도 우리의 몫이다. 오늘 함께 고생할 우리 팀에는 내 밑으로 인턴이 둘, 의대생이 셋 있다. 인턴 하나는 뛰어나지는 않아도 성실한 친구이고, 말발이 좋아 신경정신과 레지던트를 지망하는 다른 인턴 하나는 체질적으로 안 맞게 빡센 내과에 잘못 걸려서 진땀을 빼는 중이다. 의대생 셋 중 3학년생 하나는 내가 있는 힘껏 끌어주고 있지만 과락의 조짐이 보여 안쓰럽다.

오늘 우리는 해야 할 일을 끝내기 전에는 이 건물을 벗어날 수 없을 것이다. 일단은 새로 입원하는 환자들과 이미 입원해 있으면서 오늘내일 하는 중환자들에게 필요한 조치를 취해야 한다. 그렇데 이것만 한 바퀴를 다 도는 데에 우리가 다음 당직 팀에게 인수인계하고 나서도 족히 10시간은 더 걸릴 것이다. 이런 식이니 수련의 기간의 절정이자 고비인 이 4년 동안 못해도 사나흘에 한 번씩은 꼭 밤중에 불려 나오기 일쑤다.

내가 뭐 엄청난 삶의 여유를 바라는 건 절대로 아니다. 바깥세상 일들에 관심을 끊은 지는 이미 오래다. 하다못해 병원 레스토랑에서 저녁으로 햄버거 정식을 시켜 먹거나, 레지던트 휴게실에 있는 먼지구덩이 침대에 발 뻗고 누워 쉬거나, 코를 막고 멀리서 실눈으로 보면 좀 봐줄 만한 실내정원 분수대 옆에서 숨을 돌리는 것도 일찌이 포기했다.

이상하게 피곤하지는 않다. 몸도, 머리도, 감정도 예전과 다르긴 하지만 만성피로 상태에서 근무하는 게 호흡처럼 자연스러운 일이 된 것도 같다. 게다가 피곤해 죽으려고 하다가도 환자들에게 좋은 의사가 되기 위해 내 청춘을 통째로 바친다는 생각에 괜히 혼자 우쭐해지는 순간이 여전히 종종 있다. 그럼에도, 오늘은 여러모로 좀 힘든 날이다. 이럴 때 수련의들끼리는 기절하게 바쁘다고 말한다. 죽겠다거나 돌아가시겠다는 표현은 어감이 과해서 잘 쓰지 않는다. 한편, 신규 입원 건수를 기록하는 숫자가 하나씩 올라가면 또 한 대 맞았다고 표현하거나 입원 병동 업무량이 많으면 오늘 좀 아프겠다고 말하는 것은 늘 내 바람대로 풀리지는 않는 현실에 적응하려는 우리 나름의 생존 의지를 반영한다.

내 나이 이제 서른이고, 지금 만나러 가는 문제의 환자는 나보다 열 살 내지 열다섯 살 정도 더 많다. 같은 백인이지만 성별은 나와 다른 남자다. 1994년에 샌프란시스코에서 영업하고 있는 우리 병원에서 다수가 그렇듯 그 역시 에이즈 환자다. 그의 입원은 이번이 처음이 아니다. 촌각을 다투는 에이즈 환자들은 지정된 별도의 장소에 모은다. 같은 층의 다른 병실 여러 개와 두 층 아래의 중환자실이다. 그 밖에 1층 응급실에는 누군가 퇴원하거나, 다른 시설로 옮기나, 사망하면서 위층에 빈자리가 나기를 기다리는 환자들이 또 있다.

지금 환자에게는 열이 있다. 소변과 혈액 검체는 낮에 분석실에 보냈고 폐 X-ray도 찍었다. 피부, 귓속, 입안의 시진(육안으로 살펴 진찰하는 방법_옮긴이)과 복부 촉진(만져서 진찰하는 방법_옮긴이) 그리고 신경계 검사도 이미 마쳤다. 그런데도 열이 나는 이유를 찾을 수 없다. 프로토콜에 따르면 이런 경우 척수액을 뽑아 뇌 쪽이 병균에 감염된 게 아닌지 검사해야 한다. 척수액은 투명할수록 좋지만 이 환자는 상태가 상태인지라 탁하면서 누렇거나 뻘걸 공산이 크다.

나는 어리숙한 의대생 하나를 조수 삼아 요추천자를 하기로 한다. 환자를 일으켜 앉혀 바늘을 찌를 부위를 표시한 뒤에 다시 자궁 안의 아기처럼 웅크린 자세로 왼쪽으로 돌아눕게 한다. 내 조수가 커튼을 마주 보고 있는 환자의 등가죽에 소독약을 바른다. 병실에 들어오기 전에 나는 요추천자 전 과정을 학생에게 꼼꼼하게 예습시켰다. 지금은 한 발 뒤에 서서 조수가 잘하나 지켜보는 중이다. 환자의 성질만 저렇게 까칠하지 않다면 사진을 찍어 의대 교재에 싣자고 제안하고 싶은 광경이다. 환자가 비교적 젊은 데다 엄청 말라서 골격 구조가 선명하게 드러났기 때문이다.

조수는 손이 느리지만 제대로 하고 있다. 나는 무심한 척하며 계속 주변을 서성이고 조수는 중간중간 확인을 받으려고 눈을 들어 나를 본다. 우리는 손짓눈짓으로 천자침 삽입 지점과 각도를 협의한다. 드디어 조수의 손에 들린 굵은 요추천자용 바늘이 국소마취한 피부를 뚫고 척추뼈 사이의 좁은 틈을 향해 안으로, 안으로 들어간다. 바늘의 움직임은 매끄럽다. 병실에서 안도의 숨이 세 가지 음색으로 동시에 터져 나온다. 그동안 세 사람 모두 숨을 참고 있었던 것이다. 그러다 바늘이 들어가기를 멈춘다. 뼈에 막힌 것이다. 예습할 때 얘기한 적 있는 상황이다. 조수가 나를 쳐다본다. 내가 고개를 끄덕이자 그는 각도를 틀어 다시 시도한다. 그러기를 수차례. 몇 분을 허비하고 나서 나는 결단을 내린다.

나는 조수의 실수를 환자가 눈치채지 않도록 슬쩍 끼어든다. 환자의 자세를 다시 살피고 바늘 끝이 배꼽 방향을 향하도록 고쳐 잡는다. 나는 요추천자 실력이 좋은 편이다. 근 2년의 레지던트 기간 동안 단 한 번도 실패한 적이 없다. 지금까지는 말이다. 나는 바늘을 뒤로 살짝 뺐다가 아주 약간 위를 향하게 해서 다시 밀어 넣는다. 만약 천자침이 올바른 지점에 닿으면 고무처럼 빽빽한 저항감이 느껴진다. 거기서 조금만 더 힘주어 밀면 바늘이 순간적으로 폭 들어간다. 이때 바늘 안쪽에 끼워져 있던 철사줄을 뽑으면 새로 뚫린 길을 통해 척수액이 흘러나오게 된다. 그런데 손에 느껴지는 것은 고무가 아니라 돌처럼 단단한 뼈다.

나는 의기소침해진 학생에게 미안하다는 의미로 미소를 지어 보인다. 운전면허 시험 전날 엄마가 마지막으로 연습시켜 주겠다며 날 데리고 나갔을 때 비슷한 일을 당했었기에 지금 그가 어떤 기분일지 잘 안다. 내 경우는 아예 시동조차 걸지 못했다. 아무리 애써도 차는 콧방귀도 뀌지 않았다. 그냥 조용했다. 기다리다 지친 엄마는 자리를 바꾸자고 했다. 그런데 엄마가 핸들을 쥐었는데도 차는 꿈쩍도 않는 거였다. 결국 우리는 견인트럭에 매달려 집에 돌아왔다.

나는 다시 도전한다. 내 손끝에서 바늘이 움직일 때마다 환자도 긴장한다. 환자가 내게 지금 제대로 하는 거 맞느냐며 묻고 나는 환자가 믿지 않을 게 뻔한 답을 한다. 각도를 미세하게 조절해 가면서 재차 시도하자 바늘 끝 저항의 강도가 변하는 게 느껴진다. 척추와 척추 사이의 연조직층에 가까워진다는 증거다. 쪼그려 누운 환자의 몸이 팽팽하게 긴장하며 더 동그랗게 말린다. 온몸의 피부에 닭살이 돋아 있다. 환자는 숨을 참다가 넘어갈 듯 몰아 내쉬기를 반복한다. 그럼에도 몇 번은 더 천자침이 뼈에 가로막힌다. 바늘이 극도로 민감한 부위인 골막을 건드릴 때마다 환자는 거의 발작하려 한다.

나는 조수를 쳐다본다. 그는 병력 청취에도 신체검사 진행에도 재능이 없지만 그의 우람한 근육은 자신보다 나이는 두 배이면서 몸집은 절반인 병약한 환자를 붙잡고 있기에 안성맞춤으로 보인다. 파란색 수술복 겨드랑이가 땀으로 얼룩져 있다. 지금 이 상황을 그가 어떻게 생각하는지 얼굴 표정만 봐서는 잘 모르겠다. 다만, 어떻게든 하나라도 건져서 내 맘에 들고 싶어 하는 것만은 분명하다. 수재란 수재는 다 모인 의대에서 살아남아야 할 테니 내가 시키는 건 뭐든지 할 것이다.

"긴장 푸세요."

나는 최대한 부드러운 목소리로 환자를 달랜다. 하지만 속은 완전히 부글부글 끓고 있다.

'내가 요추천자에 실패하다니. 고도비만 환자도, 관절염으로 척추가 뒤틀린 환자도 한 방에 통과한 나인데. 성격만 비호감일 뿐 천자에 더 없이 이상적인 신체 조건을 갖춘 환자에게 나 같은 능력자가 거부당하다니 이건 말도 안 돼.'

나는 늘 시술 전 약물 처치, 시술 전후 진통제 조절, 환자용 요강 준비를 비롯해 환자가 입원해 있는 동안 편안하게 지내도록 하는 데 필요한 모든 것을 세심하게 챙긴다. 그런데 오늘 저녁만큼은 될 대로 되라는 기분이다. 지금도 환자가 괴로워하든 말든 천자침을 더 푹 찔러 넣고 싶은 충동을 간신히 억누르고 있다. 지금 여기서 발이 묶여 있을 때가 아니다. 이것 말고도 할 일이 태산이다. 주머니의 호출기는 아까부터 계속 징징거린다. 인턴들이 잘하는지도 짬짬이 들여다봐야 한다. 나머지 의대생 하나는 어디서 뭘 하는지 모르겠지만 벌써 세 시간 전에 맡긴 환자 입원 서류를 잘 넘겼기만을 바랄 뿐이다. 병원 어느 층을 가도 차트의 담당의사란에 내 이름이 적힌 환자투성이다. 이 병실에서 도망칠 수만 있다면 어떤 어려운 임무든 자원이라도 하고 싶은 심정이다. 뱃가죽은 등가죽에 들러붙을 지경이고 방광은 터질 것 같다. 지금 나는 가려워 미치겠는데 손이 닿지 않아 긁지도 못하는 딱 그런 상황이다.

정신 차려야 해. 나는 심호흡을 하고 다시 머리를 굴린다. 천자침을 끝까지 빼서 처음부터 다시 시작한다. 빨리 끝내기 위해 말 한 마디 없이 신속하게 움직인다. 바늘이 미끄러져 들어가니 환자가 숨을 내쉬는 소리가 들린다. 목표 지점 직전에서 바늘이 고무탄성으로 튕길 때는 숨소리가 끙끙 신음 소리로 바뀐다. 나는 조수가 건넨 튜브에 척수액을 받는다.

환자는 여전히 등을 내게 보인 채 옆으로 쪼그린 자세 그대로지만 몸을 부들부들 떨고 있다. 병실 공기가 꽤 쌀쌀한데 환자의 상체는 벌써 몇십 분째 맨몸이다. 하지만 환자가 몸을 떠는 것이 단지 한기 때문만은 아님을 나는 안다.

"됐어요."

내가 말한다.

"끝났어요, 이제 괜찮아요."

그러면서 옷을 끌어 올려 환자의 몸을 덮어 준다. 병실 안은 쥐 죽은 듯 고요하다. 밖에서 웅얼대는 사람 목소리와 삑삑거리는 기계 소리만 벽에 막혀 뭉개져 들린다. 담요를 턱 끝까지 올려 덮고 누운 환자는 전보다 훨씬 왜소해 보인다. 그를 내려다보면서 나는 깨닫는다. 의학이 불가피한 폭력을 행사해야 할 때 치료에 실패하는 것보다 훨씬 더 나쁜 결과가 초래될 수도 있다는 것을. 방금 나는 의사로서 마땅히 도와야 할 사람을 해쳤다.

그래 놓고 이제 와서 안심하라는 뜻으로 내가 어깨에 손을 얹자 그가 움찔한다. 그의 체온을 높이는 범인은 척수액 안에 숨어 있을 게 유력하다. 검체를 빨리 분석실로 보낼수록 필요한 약을 일분일초라도 일찍 처방할 수 있을 것이다. 나도 환자도 그 사실을 알고 있다. 하지만 그가 지금 이렇게 고분고분한 것은 그것 때문이 아니다. 병원 연차가 높아질수록 내가 점점 괴물이 되어 가는 느낌이 든다. 오늘 나는 힘과 지위를 악용해 물리력까지 동원해 가며 시술을 끝마치는 데에만 급급했다. 환자의 몸과 마음이 편한지 아닌지는 안중에도 없었다. 그렇게 나는 비열하게 환자를 무릎 꿇렸다. 그런 수치심은 태어나서 처음이었다.

색안경

소설가 조앤 디디온Joan Didion의 《화이트 앨범The White Album》에는 캘리포니아주 앨러미다군의 대배심에서 어느 간호사가 한 진술의 일부가 인용되어 있다.

문제의 그날, 블랙 팬서Black Panther(1965년에 결성된 급진적 흑인 인권 운동단체_옮긴이)의 창시자 휴이 P. 뉴턴Huey P. Newton이 복부에 총상을 입고 응급실로 실려 왔다. 상대편 경찰관 한 명은 현장에서 순직하고 또 한 명은 부상을 입었다고 했다. 뉴턴은 이 사건으로 정치적 순교자로 등극했고 (후에 번복되지만) 고의적 살인 혐의로 2년 내지

15년의 징역형을 선고받는다. 기록에 의하면, 당시 병원에서 뉴턴은 의사를 불러 달라고 요청했는데 법정에서도 그를 계속 '깜둥이 양반'이라고 부르던 간호사는 뉴턴에게 카이저Kaiser 체인 병원 회원인지만 반복해서 물었다고 한다. 급기야 뉴턴은 지금 여기 줄줄 흐르는 피가 안 보이냐며 소리를 질렀다. 하지만 간호사는 서류에 서명부터 하라고 고집했다. 이때가 1967년이었다.

백인인 디디온은 이른바 '두 문화의 충돌'을 보여 주는 사례로서 이 발췌문을 제시한다. 여기서 작가는 두 문화를 흑인과 백인뿐만 아니라 카이저 회원일 만한 사람들과 회원일 리 없는 사람들로도 해석한 듯하다. 그런데 반전이 있었으니 뉴턴이 실은 카이저 회원이었던 것이다. 이 사실을 알았을 때 작가는 그를 기존 질서에 저항하는 대표 아웃사이더라 상정했던 자신의 가설이 와르르 무너지는 기분이었다고 고백한다.

이 이야기는 부분적으로 병원을 배경으로 하기에, 의학의 개념을 빌려 재해석하는 것도 재미있을 것이다. 의학에는 '감별진단'이라는 게 있다. 환자 상태를 설명하는 원인 후보들을 목록으로 쭉 나열한 뒤 하나씩 제하는 기법이다. 디디온의 소설에 등장하는 뉴턴과 간호사의 대치 장면에는 다음과 같은 감별진단 목록을 작성할 수 있다:

- 개인의 품위와 선한 의료 위에 군림하는 관료주의.
- 간호사, 제도, 혹은 둘 다의 의식과 무의식에 깔린 인종차별

주의.

- 관점의 차이. 즉, 똑같은 출혈 장면을 두고 환자 본인은 "여기 핏물로 홍수를 이루는 게 안 보입니까?"라고 소리칠 때 간호사는 "고작 그 정도로 과장이 심하네요"라고 말하는 것.
- **문화의 충돌 1탄**: 간호사 왈, "그는 별로 힘들어하지 않았어요." 총을 맞았든, 심장마비가 왔든, 산고를 겪는 중이든, 뼈가 부러졌든, 방금 사랑하는 이를 잃었든 사람은 지금까지 어떻게 살아왔느냐에 따라 저마다 다른 방식으로 고통을 표현한다. 또한, 의사와 간호사가 아파하는 환자에게 반응하는 방식도 환자의 성별과 피부색에 따라 차이가 벌어진다고 한다.
- **문화의 충돌 2탄**: 또 간호사 왈, "나를 저속한 호칭으로 여러 번 불렀어요." 무례하게 구는 것이 칭찬받을 짓은 아니지만, 깊이 좌절하거나 몹시 분노하면 입에서 욕부터 나오는 사람이 있기 마련이다. 뉴턴이 극심한 통증을 간신히 견디며 피를 흘리는데도 관료 조직은 일부러 그를 나 몰라라 했으니 충분히 좌절감을 느낄 만하지 않았을까.
- **문화의 충돌 3탄**: 백인 간호사의 눈에 환자는 그저 하루가 멀다고 총상으로 실려 오는 수많은 흑인 남자 중 하나다. 흑인들 대부분이 우범 지대인 빈민가에 살고 있어서 총칼 자국 하나 없는 흑인이 더 드문 곳이니 그럴 수밖에 없다. 한편 흑인 환자의 눈에 간호사는 사방이 하얀 병원 건물에서 자신에

게 지시하고 탐문하는 여러 백인 중 하나다. 간호사는 말한다. 잠깐만 기다려요 다음에 침착해요 다음에 당신이 여기 소속인지 알아야겠어요 다음에 그건 내가 알아서 해요 다음에 여긴 따라야 할 규칙과 절차가 있고 피부색과는 아무 상관도 없어요라고.

- 의학이 사회와 별개도 아니고 사회 문제를 초월하지도 않는다는 증거.
- 제임스 볼드윈의 말이 맞았다는 증거. 미국 흑인의 역사는 미국 이야기지만 아름다운 이야기는 아니다.

감별진단을 통해 의사는 가능성 있는 모든 후보에서 출발해 사정거리를 좁혀 간다. 그러다 마지막에 가장 유력한 딱 하나만을 골라낸다. 이 기법은 오로지 질병 그 자체에만 집중할 때 최고의 적중률을 자랑한다. 하지만 보다 넓은 사회적 맥락에서 환자를 하나의 인격체로 바라볼 경우 하나로 다 설명되는 만능 원인 같은 것은 없다. 뉴턴의 사례를 예로 들면, 방금 전에 나열한 목록의 요인들 모두 사건의 배경을 어느 정도씩 설명할 것이다. 배에 총을 맞고 실려 온 것이 백인 남성이었다면 완전히 다른 대화가 오갔을 것이라는 의심이 안 들 수 없는 상황이다. 이 남성이 카이저 회원이든 아니든 상관없이 말이다.

어쩌면 이것 또한 나만의 편견일 수도 있겠지만.

휴이 P. 뉴턴이 배에 총을 맞은 지 42년 뒤, 앨러미다에서 20여 킬로미터 떨어진 우리 대학병원 응급실에 한 환자가 실려 왔다. 내 환자인 메이블이었다. 그녀는 어눌한 말투로 횡설수설했고 의식은 오락가락해서 어떨 때는 멀쩡하다가 또 금방 잠기운이 몰려와 대화가 불가능해지곤 했다. 곧바로 불법 마약류까지 염두에 둔 약물 검사를 포함해 여러 가지 검사가 시작됐다. 환자가 갑자기 정신이상 증세를 보일 때 그런 약물 검사를 하는 것은 통상적인 관례다.

여기까지는 특별할 게 없어 보인다. 그렇지 않은가? 문제는, 메이블이 아흔넷 호호할머니이고 5년 전 심각한 뇌졸중으로 쓰러진 뒤 지금까지 내내 침대에 누워 지내는 처지라는 것이었다. 환자가 자신의 상황을 스스로 설명할 만한 정신 상태는 아니었다지만 이동식 침상 그대로 응급실 복도를 지나오는 잠깐 동안 환자의 모습만 유심히 봤어도 기본적인 진단은 충분히 가능했을 것이다. 얼굴의 피부 상태는 원시인을 연상케 하고, 목과 왼팔은 부자연스럽게 뒤틀려 있고, 복부에 낸 구멍과 연결되는 영양공급 튜브 탓에 상의 한구석이 툭 불거져 나와 있었으니까. 아니면, 의사나 간호사가 환자의 나이와 기저질환이 굵은 글씨로 적혀 있는 차트를 한 번이라도 읽었거나 근심 가득한 표정으로 엄마 곁을 지키고 있는 환자의 딸에게 기본 정보 몇 가지만 물었더라도 좋았을 것이다. 이 세 가지는 각각 '전반적 외관', '차트 검토', '병력 청취'라고 해서 가이드라인에 필수 초진 항목으로 명시되어 있는 것들이다. 의료진이 셋 중 하나라도 제대로 실행했다면 환자의 급작스러운 상태 변화가 섬망증 탓이었음을 바로 유추할 수 있었을 터였다.

일반적으로 노인이 갑자기 정신 이상 증세를 보인다면 확실한 다른 증거가 나올 때까지는 섬망증으로 간주해야 마땅하다. 방금 전에 차에 치였거나 마약 현행범으로 잡힌 게 아닌 한 말이다. 그런데도 응급실 의사는 벌써 몇 년째 손가락 하나 제대로 못 가누고 누워 있는 94세 노인에게 약물 검사부터 지시한 것이다. 이해는 된다. 아마 습관적으로 그랬거나 환자 나이 따위 고려하지 않는 고지식하고 비현실적인 프로토콜을 따랐을 것이다. 그렇다고 해도 그건 변명이 될 수 없다. 메이블만큼 나이 들고 노쇠한 환자가 며칠 전 이 응급실에 들어왔을 때 어떻게 잘 처치를 받았는지 나는 또렷이 기억하기 때문이다.

내 아버지는 생애 마지막 10년인 70대 중반에서 80대 중반까지 병원 문턱을 넘을 때마다 거의 매번 섬망 증세를 보였다. 심장마비가 왔을 때, 무릎관절 수술이나 심장혈관우회술을 받기 위해 입원했을 때, 폐렴에 걸렸을 때, 알레르기 반응이 일어났을 때도 그랬고 방광 감염, 또 한 번의 정형외과수술, 그리고 두 번의 낙상 사고 때문에 병원을 찾았을 때 역시 마찬가지였다. 하지만 응급실 스태프가 아버지를 약물 검사실로 보낸 적은 단 한 번도 없었다. 약물 남용이 여성보다는 남성에게, 나이 든 사람보다는 젊은 사람에게, 그리고 집이 있는 사람보다는 노숙자에게 더 흔하기에 약물 검사를 보낸다면 그건 메이블이 아니라 우리 아버지였어야 더 말이 된다. 그런데 현실은 그 반대였다. 두 분의 증상이 매우 흡사했는데도 말이다. 의학적 관점에서 평가하면 두 분 모두 노쇠한 고령자였고 지병이 많았다. 사회적 측면을 따져 보면 두 분 모두 학력이 평균 이상인 배우자와 자녀들의 살뜰한 보살핌을 받았고 무엇보다도 두 분에게는 나라는 공통분모가 있었다. 메이블이 아버지보다 살짝 연장자에 거동이 더 불편했다는 점을 빼면 두 분의 가장 큰 차이점은 바로 피부색이었다. 아버지는 백인이었고 메이블은 흑인이었던 것이다. 메이블의 아담한 집은 몇 세대나 거슬러 올라가는 가족사진들과 그녀의 신앙심을 보여 주는 장식품들로 아름답게 꾸며져 있었다. 그러나 응급실 레지던트는 그녀가 어떻게 살아왔고 어떤 가치관을 가진 사람인지 털끝만큼도 관심 없을 게 분명했다. 그는 애초에 그런 것들과 아무 상관도 없는 기준으로 환자에게 적합한 치료를 결정하는 게 틀림없었으니까.

나라면 절대로 침상에 매인 94세 노인 환자에게 약물 검사를 시키지 않는다. 다만, 젊은 환자에게는 그럴 수도 있다. 그리고 솔직히 인정하자면 피부색을 보고 일순간 고민할지도 모르겠다. 하지만 만약 그런 마음이 든다면 나는 내 편견을 인정하고 머릿속에서 몰아낸 뒤 다시 객관적 판단을 내리려고 노력할 것이다. 그래야 발전할 수 있으니까. 안타깝게도 의료계의 편견을 조사한 연구에 따르면 그러한 노력은 아직도 턱없이 부족한 것 같다. 그런데 만약 현대의료 제도를 존립시키고 이끌어 가는 자들이 죄다 나 같은 사람들이라면? 아니, 더 심하게 그런 편견을 스스로 문제 삼지 않는 사람들이라면 어떨까? 이 경우 의료 사각지대에 방치된 시민들이 여전히 많다는 현실이 확 납득되지 않는가? 솔직히 따지고 들면 의료계가 색안경을 끼고 보는 범주 어느 하나에도 걸리지 않는 사람은 거의 없다. 설령 최종 관문까지 통과하는 극소수의 선택받은 자라 할지라도 갑자기 돌연사하지 않는 한 언젠가는 반드시 병에 걸려서든 나이가 많아서든 결함품으로 재분류될 운명이다. 요즘은 대여섯 살짜리 꼬마들조차 셋 중 둘은 나중에 커서 늙고 싶지 않다고 말한다. 이런 세상이니 한창 때 잘나가던 사람도 젊은 시절부터 밑바닥을 기던 사람도 모두 노년기에 진입하면 똑같이 찬밥 신세가 되는 게 당연하다.

메이블과 아버지의 사례에서 드러난 의료계의 편견은 상호교차성intersectionality이 중요함을 잘 보여 준다. 상호교차성이란 다양한 형태의 차별이 복잡하게 상호작용하면서 사회를 가동시키는 요소인 특혜와 억압, 그리고 포용과 배척의 기전을 끊임없이 변화시키는 성질을 말한다. 이 특징을 고려하면 어떤 경우에도 사람을 어느 한 범주에만 근거해 판가름할 수 없다. 가령, 메이블은 흑인, 여자, 노인이라는 세 가지 악조건을 모두 갖췄지만 한편으로 배려 대상인 신체 장애인이면서 이성애자, 고학력, 개신교도, 용모단정 등등 미국 사회에서 가산점을 받는 요소를 더 많이 가지고 있었다. 이런 요소들은 모두 한 사람의 일생을 넘어 여러 세대를 아우르는 긴 세월에 걸쳐 사회적 존재로서 인간의 경험이 쌓여 정립된다. 그런 까닭에 그 사람의 가치관뿐만 아니라 시대상과 지역색까지 모두 투영한다.

디디온은 처음에 카이저 병원 응급실에서 벌어진 소란의 배경을 단순하게 생각했다. 그러다 뉴턴의 사회적 지위가 그녀가 당연하게 속단했던 것보다 높았음을 알게 된 후 당황한다. 그런데 잘못은 그게 아니었다면 어떨까. 디디온이 뉴턴을 카이저 회원이면서 동시에 아웃사이더로 볼 수는 없었을까? 또, 감별진단 목록의 후보들이 전부 진실이라면? 작가가 저지른 최대의 실수는 가설이나 가정을 잘못 세운 게 아니라 인간 행동을 단 한 가지 이유만으로도 충분히 설명할 수 있다고 자신한 것 아니었을까?

편견의 형태를 일일이 언급하다 보면 설명이 궤변으로 전락하기 쉽다. 또 그걸 가지고 뭘 제안하면 잔소리 취급당할 것도 뻔하다. 그런 위험을 감수하고 나는 의사의 양심으로는 입에 올리기조차 부끄럽기 짝이 없지만 과학적 근거로 뒷받침되는 편견 유형을 단순히 나열해 봤다. 그 결과 인종차별, 계급차별, 성차별, 연령차별, 동성애 혐오, 외국인 혐오 그리고 종교, 모국어, 학력, 마약이나 알코올 중독 여부, 거주지 상태, 성적 취향, 의료진에게 보이는 태도, 신체적 및 정신적 동반이환 등에 기반을 둔 편견 등으로 추릴 수 있었다. 이런 의료계의 편견은 의료의 질을 떨어뜨리고 의사와 환자 간의 신뢰를 약화시키며 환자들에게 불필요한 고통을 안긴다. 그뿐만 아니다. 의료비가 쓸데없이 높아지고, 환자가 괜한 병을 더 앓고, 심지어 사망에 이르게 하는 데 이런 편견의 책임이 없다고 결코 말할 수 없다. 모든 의사가 편견 덩어리라는 소리가 아니다. 한번 선입견에 물든 의사는 끝까지 변하지 않는다는 뜻도 아니다. 그저 나는 의사 역시 불완전한 인간이기에 편견에 휩쓸리지 않고 늘 공명정대하기는 어렵다는 말을 하려는 것이다.

다른 점은 피부색뿐 나이와 용모와 사회적 지위는 같은 두 환자가 있을 때 심장마비가 동시에 온다면 갈색 피부의 환자보다는 흰색 피부의 환자에게 응급처치가 더 빨리 실시될 것이다. 이 백인이 남성이라면 더 볼 것도 없다. 또 다른 예를 들어 볼까. 피부색이 다른 여성 환자 두 명이 동시에 같은 원인으로 복통을 호소한다. 이 경우 간호사가 진통제를 더 먼저 가져다주는 것은 백인 여성 쪽이다. 백인 여성이 표준 영어를 유창하게 구사하는 반면 갈색 피부의 여성은 그렇지 않다면 더더욱 그럴 것이다. 두 예시 모두 눈살이 찌푸려지는 상황이다. 그런데 의사는 고의가 아니라는 게 문제다. 아무리 매사에 최선을 다해도, 초심을 잃지 말자고 다짐해도, 환자를 진심으로 이해하고 그들과 소통하려고 노력해도 의사가 저도 모르게 환자를 해치는 일은 여전히 일어난다.

더 우려되는 점은 시스템 자체, 다시 말해 정부 보건당국과 병원들과 무형의 거대 기업이나 다름없는 이 나라 의료계가 애초에 불평등을 조장하는 관념, 규범, 가치관을 바탕 기조로 삼고 있는 까닭에 보호해 주겠다고 맹세한 사람들을 오히려 위험에 빠뜨리고 있는지도 모른다는 것이다. 개개인의 경과를 살피지 않고 대충 뭉뚱그려 단순한 검사 수치 혹은 납득할 수 없는 판정 기준을 내세우면서 고령 환자들에게 잘못된 규칙을 갖다 대는 실례는 셀 수 없다. 대부분의 경우는 그런 규칙들이 고령 환자들의 나이를 제대로 고려한 것인지 아니면 왜곡된 병리학적 해석에 기반을 둔 것인지 그 누구도 장담하지 못한다. 내가 의대에 다니던 시절에는 청장년이나 중년의 혈압이 그렇다면 건강을 걱정하겠지만 노인에게는 혈압이 그 정도로 올라가는 게 정상적인 혹은 자연스러운 것이라고 배웠었다. 그러나 불과 몇 년 뒤, 혈압이 이른바 노년층에 정상인 범위 안에 드는 노인의 경우도 같은 조건의 청장년 혹은 중년과 마찬가지로 뇌졸중 발생 위험이 더 높다는 연구 결과가 공개됐다.

한편, 의료계의 규범은 종종 결과적으로 환자에게 해를 끼치는 방향으로 정책을 이끌기도 한다. 대표적인 사례가 보청기다. 미국 의료계와 보건 의료 제도는 청력 저하를 정상적인 노화 반응으로 간주함으로써 보험사들로 하여금 보청기 구입비용에 대한 보조를 당당하게 거부할 빌미를 제공하고 있다. 어린이였다면 성장, 학습, 사회적응을 돕는다고 진즉에 금고를 열었을 것을 노인에게는 그 연세에는 아직 괜찮다며 버티는 것이다. 그런데 청력이 떨어지는 노인에게는 귀가 밝은 노인에 비해 인지장애가 3년쯤 더 빨리 찾아온다는 것은 요즘 아는 사람은 다 아는 상식이다. 더불어 노인의 청력 저하 중증도가 경증, 중등증, 중증일 때 나중에 치매가 발병할 확률은 각각 2배, 3배, 5배로 높아진다. 더 근본적인 원인이 있을 수도 있기에 청력 저하가 정말로 치매를 일으킨다고는 단언하지 못하지만, 일단 막힌 귀부터 뚫어 놓는다고 손해 볼 일은 아닐 터다. 그뿐만 아니라 노인의 청력 저하는 인간 기본권의 상실과도 직결된다. 일상생활이 불편해지는 것은 기본이요 사회적으로 고립되며 가족 간 갈등 및 의료진과의 의사불통이 잦아진다. 그런 일들을 반복되면 우울증, 불안, 편집증이 생기기 십상이다. 이런 명백한 과학적 증거에도 미국 의료계와 정부는 노인의 청력 저하를 관리 대상으로 인정하는 데 여전히 소극적이고 보청기는 아직도 보험급여 목록에서 빠져 있는 것이 오늘의 현주소다.

편견과 선입견을 없애는 것은 만만한 문제가 아니다. 의사도 결국은 사람이다. 그런 까닭에 의사의 행동은 변덕스럽고 모순적이고 편파적이며 납득할 수 없게 복잡하다. 그런 맥락에서 문제 삼을 것은 의료계에 무슨무슨 차별주의가 존재하는가가 아니다. 그보다는 그것이 환자들에게 어떤 희생을 치르게 하면서 어떤 방식으로 표출되는가다. 이 대목에서 우리가 할 일은 현대 의료문화, 대형 병원, 소형 병의원, 개인 의사들이 유기적으로 얽혀 생동하는 이 의료 생태계에서 더 공정한 의료를 실현할 길을 찾는 것이다. 바로 그래서 구조적 접근이 반드시 필요하다. 조직과 제도는 인간의 편견과 결함을 공인할 수도 있고 완충할 수도 있다. 선택은 우리의 몫이다.

2014년까지 미국에서 신장이식수술은 무조건 신청한 순서대로였다. 언뜻 보면 꽤 공평한 규칙 같다. 아마 원래 의도도 그랬을 것이다. 그런데 전국 통계에 의하면 신부전 환자가 백인이 아닐 때 의사가 대기자 접수에 더 늑장을 부리는 것으로 드러났다. 심지어 아예 신청조차 하지 않는 경우도 있었다. 신청 접수가 늦으면 늦을수록 환자가 건강한 신장을 이식받을 확률은 낮아지고, 투석에 걸리는 시간은 더 길어진다. 그렇게 몇 시간씩 투석을 받고 나면 속은 부대끼고 온몸은 녹초가 된다. 투석이란 게 하루 이틀에 끝나지 않으므로 직장은커녕 평범한 일상생활도 유지하기 어렵다. 죽음의 그림자는 점점 더 짙게 드리우는데 말이다. 그러다 2014년부터 신청 시점이 아니라 환자가 투석을 시작한 시점으로 이식 대상자 선정 기준이 바뀌게 되었다. 이를 계기로 재차 지적되어 온 구조적인 인종차별 문제가 적어도 신장이식수술 영역 안에서는 다소 해소된다. 물론 역사, 사회, 의학이 복잡하게 얽힌 수많은 상호교차점들에서 앞으로 풀어야 할 현대 의학의 숙제는 여전히 산적해 있다.

때때로 체계적 불평등은 고의성을 띤다. 또 때로는 과학이 본질보다 현상에 더 무게를 두는 탓에 생기기도 한다. 환자가 심장마비로 실려 왔을 때 대개 의사는 환자가 병원에 도착해 카데터를 삽입할 때까지 소요된 시간, 특정 구명약 투여 여부, 사망 여부 등 정해진 지표에 집착한다. 하지만 열일곱 가지 지병을 가진 80대 노인이 심장마비에 걸리는 것과 평소에는 멀쩡하던 55세 중년이 조깅하다가 심장마비로 길거리에서 쓰러지는 것은 다르다. 두 사람 모두 똑같은 심장 혈관이 똑같은 지점에서 똑같은 정도로 막힌 게 심장을 멈추게 한 원인이라 할지라도. 고령 노인에게는 인지기능 회복, 기본 자기관리 능력과 독립성의 보존, 요양원 입소 필요성 여부 같은 지표가 훨씬 더 큰 의미를 갖는다. 그럼에도 현대 의학의 표준 지침서에서는 환자 나이가 많을 경우 이런 것부터 생각하라는 내용을 어디서도 찾을 수 없다. 환자가 인생의 어느 지점에서 어떻게 살고 있는 어떤 사람인지는 늘 중요하다. 그런 맥락에서 환자의 나이를 고려하지 않는 것은 또 하나의 편견이 될 수 있다.

08 장년

현대 의학의 자가당착

자각

2012년, 존스홉킨스 병원의 의사 몇이 의기투합해 《아무도 모르는 직업The Unknown Profession》이라는 제목으로 동영상 하나를 제작했다. 줄거리는 단순했다.

어느 겨울날 오후, 의사 두엇이 캠코더를 들고 볼티모어 시내를 돌아다니면서 시민들에게 묻는다. "노인의학 전문의가 뭔지 아세요?"라고. 인터뷰에 응한 시민들은 나이도, 혈통도, 피부색도, 학력도 제각각이었는데 대부분 이 말이 금시초문이라고 답했다. 개인적으로 나는 '아이스크림 퍼 주는 사람'이라는 대답이 제일 맘에 든다. 하지만 가장 기억에 남는 인터뷰는 따로 있다. 한 중년 여성이 노인의학이라는 단어의 음운이나 어원에서 힌트를 찾으려고 애쓰던 장면이다. 캠코더를 든 의사가 이 말의 진짜 정의를 알려 주자 여성은 진심으로 놀란 듯했다. 여러 해 전부터 노부모를 돌봐 왔지만 그동안 이런 단어는 한 번도 들어 본 적이 없다면서 말이다.

내가 의대에 입학한 때는 노인의학이 1978년에야 겨우 독립한 뒤, 딱 열 살이 된 시점이었다. 당시 의료계에서 노인의학 전문의는 말 그대로 희귀종이었고 노인의학을 장래희망 후보로 생각하는 의대생은 더더욱 드물었다. 그런 별종 의사가 실존한다는 얘기는 본과 4년을 통틀어 딱 한 번 들어 봤다. 소문에 그 여자 의사는 보스턴 외곽에 있는 한 중형 규모 병원에서 일한다고 했다. 우리 학교에서 종종 학생들을 실습 보내는 병원이었다. 나 역시 졸업반 때 이 병원 응급실에서 실습한 경험이 있다. 하지만 그녀에 대한 기억은 솔직히 가물가물하다. 다만, 나이 많은 환자가 들어오면 어찌할지 몰라 안절부절못하던 응급실 의사들이 호출을 받고 경쾌한 발걸음으로 걸어 들어오는 그녀를 보고서야 안도의 숨을 내쉬곤 했던 건 어렴풋이 생각난다. 그때 나는 그들을 지켜보면서 본능적으로 감지했던 것 같다. 노인의학 전문의는 의료계에서 겉도는 존재라는 것을 말이다. 과연 환자가 안전하게 귀가할 수 있을까? 평소 일상생활을 하는 데에도 도움의 손길이 필요한 환자였을까? 결정적으로 응급실에는 왜 오게 된 걸까? 노인의학 전문의는 실질적 의학 기술보다도 이런 사회적 가치판단의 문제들을 다루는 사람이었다. 그러니 기존의 의사들 입장에서는 그들을 인정할 수 없었을 것이다. 그때까지 내가 만난 교수님들과 선배들 역시 하나같이 그러셨다. 자고로 진정한 의사에게는 생물학과 질병과 그 치료법만이 전부라고 말이다.

그런 면에서는 샌프란시스코라고 보스턴과 다를 바는 조금도 없었다. 레지던트가 되어 내과에서 수련하는 3년 동안 누가 어느 세부 전공으로 가기로 했네 어쨌네 하는 소식은 늘 초미의 관심사였지만 이번에도 노인의학은 단 한 번도 언급된 적이 없었다. 슬슬 또 장래를 고민해야 할 레지던트 2년 차에 나는 막연하게 진정 도움을 필요로 하는 사람을 도우면서 전인의료全人醫療를 실천하는 전문가가 되고 싶다는 소망만 갖고 있었다. 이런 생각을 하는 수련의는 나 말고도 많았다. 그런 까닭에 대학병원에 남을지 아니면 개업할지, 일반내과 영역에서 경험을 더 쌓을지 아니면 세부 전공을 정해 전문성을 키울지 토론하고 상의하는 게 우리가 짬이 생길 때마다 하는 일이었다.

나는 내게 맡겨진 어르신 환자들과 잘 지냈지만 진짜 노인의학 전문의는 보스턴에서 보낸 학부 시절에 딱 한 번 만나 봤을 뿐이었다. 그러니 노인의학 전문의가 구체적으로 어떤 일을 하며 노인의학이 일반내과, 순환기내과, 혹은 류마티스내과와 정확히 어떻게 다른지 개념이 있을 리 없었다. 그런 탓에 나는 내가 원하는 조건을 모두 충족하는 세부 전공이 바로 노인의학과임을 한참 동안 알아채지 못했다. 그러고는 모든 연령대를 아우르는 성인 환자를 돌볼 수 있으니 일반내과가 내게 맞겠다고 스스로를 납득시켰다. 그러려면 개업하는 게 더 적절하겠지만 종합병원에 들어가도 상관은 없었다.

돌이켜 생각하면 내 시선은 처음부터 내내 고령 환자들에게 향해 있었다. 후배 하나가 말해 줄 때까지 내 진심을 스스로 깨닫지 못했을 뿐. 언젠가 중국계 할머니 한 분이 우리 병동에 입원했다. 할 줄 아는 영어는 몇 마디 되지 않았지만 그녀의 곁에는 늘 최소한 명 이상의 가족이 함께였다. 환자의 가장 큰 입원 사유는 호흡곤란이었는데, 먹는 것도 시원찮고 만사에 의욕이 없다고도 했다. 그런데 치료를 시작하고 폐렴과 심부전이 호전되자 사람이 180도 달라지는 것이었다. 두 눈은 반짝반짝 빛났고 오가는 모든 사람과 시선을 맞추며 이야기꽃을 피웠다. 언어의 장벽은 문제가 되지 않았다. 가족의 통역을 거쳐 이제 퇴원해도 된다는 소식을 전했을 때는 빠진 앞니가 부끄러워 한 손으로 입을 가리면서도 함박웃음을 지었다.

병실을 나와 복도에 멈춰선 나는 차트를 뒤적여 그날 이 환자를 맡을 인턴과 학생이 누구인지 확인했다. 그러고는 다음 회진을 위해 다른 층으로 이동했다. 그런데 시선이 느껴져 고개를 돌리니 내과 실습 중인 의대생 하나가 씩 웃으며 나를 보고 있었다. 작년에 다른 병원에서 같이 일한 적이 있기에 우리는 이미 안면이 있는 사이였다. 그런 그녀가 말했다.

"선생님은 나이 든 환자들을 참 좋아하시네요."

깜짝 놀란 나는 약간 방어적인 자세로 학생을 마주 봤다. 흡사 부끄러운 비밀을 방금 들킨 기분이었다. 진짜로 부끄러운 일이라고 생각한 건 아니지만, 노인을 놀림거리로만 여기는 인간들이 워낙 많던 시절이라 내가 노인 환자들에게 진심이라는 걸 아직은 세상에 알리고 싶지 않았던 것이다. 그런데 알고 보니 그게 아니었다. 학생이 웃은 것은 내가 먼저 미소를 짓고 있었기 때문이었다. 90대 노파의 환한 웃음과 그녀에게 피어난 새로운 희망이 나까지 행복하게 했던 것이다. 그뿐만 아니라 환자 가족들도 참 보기가 좋았다. 그들이 보여 준 가족애와 헌신은 존경심과 선망을 자아낼 정도였다.

하지만 내가 이 환자에게 특히 애틋함을 느낀 것은 솔직히 인정하기 싫고 입에 담기는 더 싫은 다른 이유에서였다. 그녀가 귀엽게 보였던 것이다. 어린 시절부터 나는 자그마한 것들에 무조건적으로 끌렸다. 그런데 이 환자는 원래 체구가 작은 데다 나이가 들어 더 쪼그라들어 있었다. 마치 짧은 백발 위에 밤색 비니를 씌운 정교한 중국 인형 같았다. 그런 그녀가 정확히 팔까지만 꺼내 놓고 아이보리색 담요를 한껏 끌어 올려 덮은 채 거대한 병원 침대에 누워 있다. 그러니 원래 작은 몸이 더 조그마해 보일 수밖에.

노인에게 귀엽다고 말할 때 당사자는 어린애 취급하거나 모욕하는 거냐며 기분 나빠하기 쉽다. 그런 일이 워낙 흔하기 때문이다. 그러나 샌디에이고에 본부를 둔 한 사회정의운동 단체는 웹사이트에서 '고령 여성을 향한 귀엽다는 표현은 섹시하다는 뜻이 아니'라고 분명히 밝히고 있다. 그보다는 '할머니가 뭔가 젊은 사람에게서나 나올 법한 말이나 행동을 했다는 의미'라고 이 단체는 정의한다. 노인을 비아냥거리는 언어폭력을 자주 목격하는 나는 어르신을 귀엽다고 표현하는 걸 안 좋게 여기는 현상을 늘 예의주시하고 있다. 그러다 든 궁금증이 하나 있는데, 사실 그런 사람들은 귀엽다는 말보다 나이가 많다는 점이 더 거슬리는 게 아닐까 하는 것이다.

귀엽다는 말은 예쁘다 혹은 잘생겼다는 표현과 확실히 다르다. 귀엽다는 것은 몸이 아니라 마음으로 상대에게 끌린다는 뜻이다. 예를 들어, 우리 가족은 나를 귀여워하고 나도 그렇게 귀염받는 것을 좋아한다. 또, 귀엽다는 말은 자그마한 물건 혹은 사람을 연상시키기에, 손주뻘 청년이 갈수록 아담해지는 어르신을 보면 자연스럽게 귀엽다고 생각하곤 한다. 나이를 먹을수록 몸이 쪼그라드는 것은 자연스러운 변화다. 발의 아치가 주저앉아 점점 평발이 되고 척추 마디마디 공간이 좁아져 키가 줄어든다. 그러면 근육과 관절도 따라서 수축한다. 언젠가 내게 이런 일이 일어날 때 나도 귀여워 보이면 좋겠다는 솔직한 바람이 있다. 단, 귀엽다는 말에 다른 뜻이 담기지 않는다는 조건하에 말이다.

오늘날 어르신 앞에서 이 단어를 입에 담는 것이 조심스러운 것은 그 배경에 사람을 상품화해 인간의 가치에 값을 매기는 기계론적 사상이 깔려 있기 때문이다. 이 왜곡된 가치관은 노인은 모두 쓸모없는 고물이라는 그릇된 인식을 심고 노화에 따른 자연스러운 변화조차 부정하게 만들었다. 즉, 노인들이 스스로를 비하하도록 교묘하게 유도한 것이다. 그럼에도 아직은 귀엽다는 말이 상대에게 호감을 표현할 때 쓰이는 경우가 훨씬 더 많다. 아이, 애완동물, 특정 행동, 사물 등등 적용 범위도 넓다. 노인에게 이 단어를 사용하는 속내가 애정과 호감을 표현하는 것이라면 그것은 모욕이 아니다. 그보다는 인생의 모든 단계에는 각각 특유의 매력이 있음을 인정하는 존중의 표현에 더 가깝다.

후배에게 본심을 들킨 그날 이후, 나는 내가 저절로 일에 빠져들고 또 그렇게 좋은 결과를 얻어 가장 큰 보람을 느끼는 게 언제인지 의식적으로 살피게 됐다. 그리고는 깨달았다. 후배의 말이 옳았다는 것을. 나는 몸 여기저기는 삐걱거리지만 한 분 한 분 살아있는 역사인 노인 환자들을 담당하는 게 힘들면서도 너무나 즐거웠다. 문제가 있다면 딱 하나, 우리 병원에 노인의학과가 없다는 것뿐이었다. 물론 다른 병원을 알아보면 그만이었다. 하지만 나는 웬만하면 샌프란시스코에 남고 싶었다.

그래서 나는 중대한 결심을 했다. 아직 생각도 않고 있는 병원 운영진에게 노인의학과를 개설하자는 기획안을 올리기로 한 것이다. 그러자면 연구 자료 분석, 대인관계 능력, 현실적 창의력을 총동원할 필요가 있었다. 이런 통합력은 노인의학 전문의에게 요구되는 필수 자질 중 하나이기도 하다.

말, 말, 말

미국 사회에서 노년층을 얘기할 때 가장 자주 언급되는 표현 세 가지는 '실버 쓰나미', '특출한 어르신', '성공적인 노년기'다. 첫 번째는 은유, 두 번째는 상징, 세 번째는 비유에 해당한다. 세 가지 모두 입에 잘 붙는 편이고 일단은 비슷비슷한 뜻으로 들린다. 그런데 더 깊게 들어가면 내포하는 의미 면에서 세 가지 표현이 분명히 다름을 알 수 있다.

첫 번째는 인구 고령화가 사회 불안정을 키울 것이라는 우려를, 두 번째는 늙으면 아무것도 못하게 되는 어르신이 태반이라 일상생활만 멀쩡히 해도 대단한 것이라는 빈정거림을, 세 번째는 질병과 죽음은 곧 실패의 증거라는 선언을 암시하는 것이다. 세 가지 모두 율동적으로 읽히고 귀에도 쏙쏙 들어오는 터라 거의 전 국민이 애용하는 중이다.

한편, '일흔은 두 번째 쉰'은 새롭게 뜨는 유행어다. '나이 먹음의 재해석'을 주제로 한 어느 학회에서 한 발표자가 이 표현을 사용했을 때 청중은 상당히 마음에 들어 했다. 어쩌면 노년층에게 생의 의지를 부추기는 데에도 꽤 도움이 될 것이다. 그런데 나는 이 표현에 전적으로 동의할 수가 없다. 살짝 뒤집으면 젊음이 언제나 더 좋은 것이고 일흔까지 나이 먹는 것은 전혀 권장할 만한 일이 아니라는 뜻이 되기 때문이다. 자타공인 세계적인 석학이라는 이 학자는 본인 역시 백발이 성성한 노인이면서 이 표어가 실은 노인을 우대하는 게 아니라 비꼬는 것임을 간파하지 못하다니, 당시 내가 느낀 실망은 이만저만 아니었다.

그 밖에도 나이와 관련된 속담과 격언은 수없이 많다. 그중에는 언제 들어도 좋은 것도 있지만 어릴 때는 멋모르고 써먹어도 나이 먹을수록 점점 싫어지는 것도 있다. 사람은 딱 자기가 늙었다고 생각하는 것만큼만 늙는다가 그런 것 중 하나다. 어슐러 K. 르 귄 Ursula K. Le Guin은 그런 격언들을 특유의 유쾌한 방식으로 반박한다.

"만약 내가 자신이 마흔다섯이라고 믿는 나이 아흔의 꼬부랑 할머니라면 목욕하고 혼자 욕조를 빠져 나오는 데에만 한나절은 걸릴 것이다."

그녀는 계속해서 지적한다.

"사람은 딱 자기가 늙었다고 생각하는 것만큼만 늙는다는 얘기를 정말로 늙은 사람 앞에서 할 때 사람들은 그게 얼마나 멍청한 짓이며 나아가 당사자에게는 어떤 상처가 되는지 짐작도 못 한다."

또 생각나는 표현 하나는 내 아버지도 자주 인용하셨던 "계집은 늙지 않는다"다. 이에 대한 르 귄의 논평은 이랬다.

"나이를 안 먹는 사람은 이 세상에 없다. 전사戰士도 나이를 먹고 계집도 나이를 먹는다. …… 건강한 사람도, 힘센 사람도, 용감한 사람도, 병든 사람도, 비실비실한 사람도, 겁 많은 사람도 모두 하루하루 늙어 간다."

사람들이 이런 관용어구를 인용하는 의도는 대부분 선하지만, 그런 사실과 별개로 80대 할머니에게 당신은 늙지 않았다고 위로하는 것은 교황에게 당신은 가톨릭 신자가 아니라고 말하는 것과 같다고 르 귄은 꼬집었다. 이야기를 마무리하면서 이 작가가 제시한 결론에는, 감탄을 자아내면서도 가슴을 저리게 만드는 통찰이 담겨 있다. 면전에서 내 노년기가 존재하지 않는다는 말을 듣는 것은 내 존재 자체를 부정당하는 것과 다르지 않다. 오늘날 노년기에 접어든 현대인들은 이미 지나온 다른 인생 단계들에서 그랬던 것과 마찬가지로 자기기만에 푹 빠져서 현실과 진짜 자아를 지워 버린 채 살아간다. 하지만 현실과 함께 다른 모든 기회도 날리는 것임을 우리는 명심해야 한다.

말에 힘이 실리는 것은 죽음과 관련된 표현들 역시 마찬가지다. 분위기만 좀 다를 뿐이다. 죽음에 대해서는 의사들끼리도 돌려 말하는 경향이 강하다. 하물며 보통 사람들은 누구누구가 죽었다는 직설법을 더더욱 잘 쓰지 않는다. 그 대신 돌아가셨다, 잃었다, 떠나보냈다, 사랑하는 아내 곁으로 가셨다, 더 이상 우리 곁에 계시지 않는다 등등 다양한 완곡어법이 사용된다. 소식지 부고란을 보면 '오랜 사투 끝에 급작스럽게', '자택에서 가족들 곁에서 평화롭게', 혹은 '끝까지 용감하게 맞서다가'라는 판에 박힌 문구를 자주 볼 수 있다. 점점 사라지는 추세지만 과거에는 '속세의 번뇌에서 벗어났다', '하세下世하셨다', '기세棄世하셨다'라는 표현도 종종 사용됐다. 신앙심이 유독 깊은 경우였다면 '조물주의 곁으로 돌아갔다', '천상계로 건너갔다', '열반에 들었다', '영원한 안식을 얻었다'라고 말하기도 한다. 또, 드물게 '골로 갔다', '뒈졌다', '황천으로 끌려갔다'라는 식의 경박한 농담거리가 되는 죽음도 있다.

한편, 노인이 되기 전에 세상을 떠난 사람을 두고 우리는 요절夭折했다고 말한다. 한자로는 어릴 요에 꺾을 절을 쓰는 이 단어는 사람이 다 성장하기 전에 일이 났다는 의미를 내포하기에, 마치 주인공이 생의 알맹이 부분을 놓쳤다는 인상을 준다. 그런데 오늘날 요절하지 않은 대다수 현대인은 오히려 이 나이까지 살아 있어 봐야 좋을 게 하나도 없다며 한숨만 푹푹 쉰다. 그러나 요절하면 뭔가를 놓치는 것도, 반대로 오래 살아야 좋은 꼴 못 보는 것도 다 사실이 아니다. 그럼에도 어쩌다가 모두 이렇게 믿게 된 걸까? 그리고 이런 편견은 왜 사라지지 않는 걸까?

여기서 잠깐 노인을 낮춰 표현하는 말들을 살펴보고 넘어가자. 대충 죽 나열하면 수다쟁이 노친네, 할망구, 따분하고 늙은 멍청이, 딱한 노인네, 영감탱이, 늙은 암캐, 노파, 영감태기, 망할 늙은이, 영감쟁이, 늙은 염소(젊은 여자에게 군침을 흘리는 늙은 남자), 고물, 낡은 주머니, 늙은 박쥐, 늙은 까마귀, 늙은 방귀쟁이, 옛날 사람, 퇴물, 늙은 수코뿔소(늙은 암캐의 반대), 쭈그렁바가지(추한 늙은 여자), 마녀 등등이 있겠다. 모두 노인을 모욕하거나 얕잡아 우스갯거리로 삼는 단어다. 그러면서 아직 늙지 않은 저희를 상대적으로 드높이고 세대 간 격차를 더욱 벌리는 것이다. 그들은 노인을 불쾌한 비정상인이라 대놓고 배척하지는 않지만 저희와 다른 타자로 분명히 선 긋는다.

1972년에 발표된 수필 《노화의 이중잣대The Double Standard of Aging》에서 수전 손택Susan Sontag은 미국이 세속적인 산업사회로 변모하면서 뒤따른 국민 정서의 변화를 날카롭게 지적했다. 즉, 체력과 식욕이 넘쳐나는 청춘이 행복의 상징으로 급부상한 것이다. 미국 경제 구조와 집권층은 오랜만의 국가 부흥기를 최대한 오래 이어 가기를 원했고 그러자면 넘치는 물자를 소진할 소비의 창출이 요구됐다. 그런데 대중의 지갑을 여는 데에는 새것이 무조건 좋은 것이라고 부추기는 것보다 효과적인 방법이 또 없었다. 그렇게 순식간에 새로움이 행복의 필수조건이 되어 버린 것이다. 아메리칸 드림을 꿈꾸며 넘어온 수많은 이민자들은 어쩔 수 없이 조국의 유구한 옛것들을 버리고 새것을 받아들여야 했다.

지금도 여전히 젊음은 긍정과 희망의 상징이지만 디지털 시대가 열리면서 의미가 또 변질되는 현상이 나타나고 있다. 과학 기술은 제조업과 종교를 밀어내고 우리 사회의 새로운 바탕 이념으로 자리했다. 그에 따라, 과학을 반박하고 조물주를 찬양하는 사람들에게조차 행복은 일단 성공해야만 쟁취할 수 있는 가치가 되었다. 젊음의 가장 큰 매력을 꼽으라면 날랜 속도와 생기 넘치는 아름다움, 그리고 높은 생산성을 들 수 있을 것이다. 이 특징들은 성취와 명성과 번영의 원천이 된다. 그래서일까. 더 빨라졌으면서 말끔하게 잘빠지기까지 한 전자기기의 출시일만을 시즌마다 목 빠지게 고대하듯, 우리는 사람들에게도 점점 더 날래지기를 기대한다. 세상이 청춘의 아름다움을 노래할 때 젊은 우리는 우쭐하지만 실상 그것은 우리 모두 생애 대부분을 실패만 반복하며 보낸다는 반증이다.

언젠가 제이지Jay-Z의 앨범 《4:44》를 분석한 음악 평론이 『뉴욕타임스』에 실렸다. 그 일부분을 여기 발췌한다.

「힙합에서는 '전통old school'이 아직 먹힌다. 올드스쿨 힙합은 선조들과 선대의 스타일과 역사를 인정한다. 그러나 그냥 '오래된 것'은 얘기가 다르다. '오래됐다'는 것은 곧 한물갔다는 뜻이다. 한물간 가수에게는 더 이상 사람들에게 들려줄 새 얘깃거리가 없다. 만약 있다 해도 그의 음악은 아무도 들으려 하지 않는다. 새로운 얘기를 옛날에 하던 방식 그대로 풀어낸다면 그것은 구식이 되기 때문이다. 즉, '오래됐다'는 것은 굳었거나 정체됐거나 갇혔다는 뜻이다.」

이 기사는 우리 사회에 만연한 이중 잣대를 보여 주는 것이기도 하다. 만약 『뉴욕 타임스』 평론가가 여성이나 흑인을 뜻하는 비슷한 맥락의 단어들을 사용했다면 과연 그 글이 신문에 실릴 수 있었을까? 바로 다음 날부터 일감이 끊어지지나 않으면 다행일 것이다.

1978년, 수전 손택은 병환의 은유적 표현들을 '진짜 지리적 국경이 아니라 국민 정서에 의해 경계 지어지는 영토 안에서 사람들의 고정관념이 가짜로 만들어 낸 감상적 자책의 판타지'라 정의했다. 단정하기에는 아직 이를지 모르지만 내가 보기에 노년기가 곧 병환 상태라는 공식은 21세기에도 여전히 유효한 것 같다. 이 표현은 노인의 몸이 망가진 기계나 오래된 소프트웨어와 같다는 인상을 불러일으킨다. 그뿐만 아니다. 노년기와 노화를 가리키는 은유는 예상보다 다채롭다. 일단 여행, 일주기, 계절, 타고난 운명 등이 있고, 보다 부정적인 어감을 가진 것으로 문제점, 부담, 질병, 저주,

한물간 퇴물 등을 들 수 있다. 또한, 패색이 짙은 전투, 서서히 느려지는 시곗바늘, 사다리를 오르는 과정, 은빛 혹은 회색빛 시간처럼 문학적인 표현도 있다. 이렇게 놓고 보니 진짜 자책과 감상에 빠진 게 맞는 것 같다.

말에는 힘이 있어서 단어 하나가 신분의 벽을 세우기도 허물기도 한다. 따라서 왜곡된 채 방치된 나이 관련 언어들에 하루빨리 본래 의미를 되찾아 줄 필요가 있다. 유년기가 각자 삶의 첫 무대를 뜻하듯, 노년기는 인생 제3막을 일컫는다. 노년기에는 상실과 박탈 말고도 훨씬 다채로운 이벤트가 우리를 기다린다. 우리가 노년기에 접어들었을 때 인간성을 스스로 포기하지만 않았다면 나이 듦을 묘사하는 다양한 말들이 아무리 우리를 시험해도 슬퍼하거나 애통해할 일은 없었을 것이다.

소명

레지던트 말년까지 내내 내 외래 진료실은 노인 환자들로 만원이었다. 환자에게 뭘 어떻게 해 줘야 할지 도저히 알 수 없을 때 나는 선배나 상사에게 도움을 요청했다. 하지만 어느 누구도 큰 의지가 되어 주지는 못했다. 졸업을 앞두고 나는 3년차 발표 주제를 치매로 정했다. 치매 환자가 요즘만큼 흔했음에도 치매에 대한 관심이 그리 높지 않던 때였다. 나는 발표를 무사히 마쳤고 이제 됐다는 생각에 안도했다. 그런데 그게 끝이 아니었다. 그저 레지던트 수료를 위한 필수 과정으로 준비했던 얘기를 이후에도 여러 해 동안 여기저기 불려 다니며 하게 된 것이다.

처음으로 외부의 대규모 청중 앞에서 하는 발표 일정은 미국내과학회American College of Physicians 연례 모임으로 잡혔다. 고작 레지던트가 이런 큰 자리에 연자로 초청받은 것은 순전히 주제 덕분이었다. 온갖 논문의 사례들을 바탕으로 치매를 규정하고 관리하는 보다 체계적인 방안을 새롭게 제안하는 게 내 연구의 골자였기에 학회 운영진이 나를 치매 전문가로 인정해 준 것이다. 주제가 치매가 아니었다면 이런 파격적인 대우는 꿈도 못 꿨을 것이다. 다른 질환들의 경우 연구로든 임상 경험으로든 나 같은 초짜는 발끝도 못 따라갈 쟁쟁한 전문가가 이미 널렸으니. 그런 까닭에 나는 발표하는 내내 마치 대선배들 앞에서 사기라도 치는 기분이었다. 질의응답 시간에 진지한 질문이 쏟아지는 걸 목격하기 전까지는 말이다. 이분들은 치매 환자를 잘 돌보기 위해 의사로서 뭘 주지해야 하는지 진짜로 아무것도 모르고 있었다. 노망이 노화의 당연한 일부분이라는 생각이 여전히 만연했기에 치매 연구 자료는 턱없이 부족했지만 현장의 의사들은 고령화 시대를 맞이하기에는 작금의 의학교육이 시대에 뒤처졌음을 본능적으로 느끼고 있었던 것이다.

그렇게 전문의 논문이 심사를 통과하기도 전에 순식간에 나는 치매 전문가가 되어 버렸다. 그만큼 이 영역의 정보와 전문가가 부족하던 시절이었다.

나는 레지던트를 마친 뒤 장학금을 받아 UCSF에서 1년 더 수련 기간을 가졌다. 지도 교수님은 지식을 더 쌓을 수 있는 전공을 택하라고 내게 조언했다. 그러면서 추천해 주신 과가 피부과, 산부인과, 류마티스내과, 정형외과였다. 거기다 대고 나는 노인의학을 파보고 싶다고 말했고 교수님은 의외로 흔쾌히 그러자고 하셨다. 금상첨화로, 내과 과장님은 UCLA에서 열리는 연례 노인의학 학회에 나를 전액 지원으로 보내 줬다. 12년 청춘을 병원에 바치고도 고작 연봉 3만 3,000달러를 받는 계약직 의사에게는 복권 당첨과도 같은 기회였다. 그런데 이 학회가 내게 유독 특별했던 이유는 따로 있다. 닷새에 걸쳐 진행된 이 학회에 참석하기 전까지 나는 노인의학이 다른 분과들과 어떻게 다른지, 사람이 나이 들면 인생의 우선순위가 왜 달라지는지 정확하게는 이해하지 못했다. 방금 전에 닷새라고 말했지만 실은 결정적으로 머릿속에서 종이 울리는 순간이 있었다.

당시 상황을 재현하면 이렇다. 평범한 비즈니스호텔의 창문 하나 없는 연회장에 탁자와 의자가 빼곡히 들어차 있다. 일정표를 보니 발표가 줄줄이인데 준비된 음료와 요깃거리는 빈약하기 짝이 없다. 배꼽시계는 하루 종일 꾸르륵대며 짜증을 부리고 허기에 머리는 멍하기만 하다. 시간이 흐를수록 운동을 하거나 쇼핑을 하거나 근처 사는 친구를 만나러 나간 사람들로 빈자리가 하나 둘씩 눈에 띈다. 그래도 나는 끝까지 자리를 지킨다. 과장님이 큰 결심하고 쏘셨는데 한 푼도 허튼짓에 낭비할 수 없다. 이 호텔이 해변에 있다는 사실이나 이번 주 로스앤젤레스의 낮 평균 기온이 섭씨 21도라는 사실은 잊기로 한다. 나는 모든 강연을 빼놓지 않고 경청한다. 바깥 공기를 쐬는 시간은 이른 아침, 강연 사이사이의 쉬는 시간 10분, 그리고 일몰 후뿐이다. 이렇게 재미있는 내용을 이처럼 며칠 안에 집중적으로 배우긴 처음이다.

또 긴 하루가 예견된 일정 중간의 어느 날, 백바지 차림에 턱수염이 덥수룩한 UCLA 교수 한 분이 연단에 선다. 켄 브럼멜-스미스 Ken Brummel-Smith 박사다. 일정표를 보니 박사의 강연 주제가 '재활'이라고 적혀 있다. 돌이켜보니 의대에 입학하고서 레지던트를 마치기까지 12년의 세월을 통틀어 재활의학에 대해서는 거의 배운 게 없다. UCSF에는 재활의학과 수련의 프로그램 자체가 없다.

브럼멜-스미스 박사는 뇌졸중, 심장마비, 골절, 수술 등 노인이 재활 치료를 받는 가장 흔한 사례들로 말문을 연다. 아, 벌써 감이 온다. 이런 사고 후 노인 환자의 뇌와 신경계 및 근골격계가 어떻게 변하는지는 나도 이미 잘 아는 내용이다. 그런데 이야기 흐름은 내 예상을 보기 좋게 빗나간다. 그러더니 다른 게 내 마음을 훅 치고 들어온다.

지난 7년 내내 선배들과 스승들이 내게 지겹도록 설교해 온 각각의 치료법을 구구절절 설명하는 대신, 그는 노인 환자가 행복하고 안전한 일상생활로 복귀하기 위해 가장 필요한 게 무엇인가를 청중에게 묻는다. 재활의학, 그리고 나아가 의술 전반이 환자에게 무엇을 제공해야 하는가가 바로 여기에 달려 있다고 그는 설명한다. 신체 기능을 완전히는 복구할 수 없는 경우라도 약간의 불편을 안고 해야 할 일을 환자 스스로 할 수 있는 정도로 만들어 주는 것까지는 해야 한다고도 강조한다. 보통 의대에서 가르치는 것과는 완전히 반대되는 내용이다. 박사의 설명대로라면 집 안의 가구 배치를 바꾸고, 몇몇 보조 도구를 들여 놓고, 환자가 평소 습관을 고치고, 평소 안 쓰던 신체 부위를 대신 사용해야 할 터다. 환자는 환자 나름대로 각자 포기할 수 없는 신체 기능을 어떻게든 되찾기 위해 익숙하지 않은 부위를 부지런히 단련하겠지만 아무래도 한동안은 몸과 마음이 따로 놀기 마련이다. 더불어, 기본적으로 기초체력이 받쳐 줘야 할 텐데 체력이 되더라도 풀어야 할 숙제가 또 산 넘어 산이다. 따라서 환자가 생활력과 독립성을 최대한 되찾도록 돕기 위해 의사는 그들의 주변 상황을 고려하고 사회관계망을 적극 활용하고 지역사회와 협력해야 한다. 상상력과 융통성도 요구된다.

나는 쌀쌀하다고 느껴질 정도로 냉방이 센 호텔 연회장 한구석에 앉아서 지금 돌이켜보면 어리석기 짝이 없는 생각에 잠긴다. 이렇게 혁명적이고 센스 있는 강연은 처음이야. 나는 아찔해 쓰러질 것 같다.

동시에 나는 깨닫는다. 현대 의학 교육은 의사들의 공감력만 말려 버리는 게 아님을. 세뇌로 상식적 사고력까지 박탈하며 살아 있는 기계로 만들고 있다.

노인의학이라는 용어가 최초로 고안된 때는 1909년으로 거슬러 올라간다. 당시 뉴욕 시립병원 내과과장으로 있던 오스트리아 태생 의사 이그나츠 내셔Ignatz Nascher에 의해서였다. 검색화면 가장 첫 줄에 뜨는 사진에서 떡 벌어진 어깨에 다부진 체격을 자랑하는 미국 노인의학의 아버지는 정면을 응시한 채다. 거의 다 벗겨진 정수리를 바싹 붙여 친 희끗희끗한 머리카락이 귀 뒤로 크게 한 바퀴 둘러싸고 있고, 푹 들어간 두 눈은 두툼한 입술, 강단 있어 보이는 턱과 함께 강렬한 느낌을 준다. 어두운 색 양복 코트 안에 잘 다린 셔츠를 받쳐 입고 줄무늬 넥타이를 단정하게 매고 있어서 마치 사업가처럼 보인다.

내셔는 노인의학의 기틀을 잘 닦기 위해 소아과학pediatrics을 모델로 삼았다. 소아과는 의학을 특정 연령 집단에 한정한 또 다른 의학 분과다. 노인의학geriatrics(게리아트릭스)이라는 신조어는 그렇게 노년기를 뜻하는 그리스어 geras(게라스)와 의료 혹은 의사의 일을 뜻하는 그리스어 접미사 -iatrikos(이아트리코스)가 합쳐져 탄생했다. 여기에는 두 분과가 협력하며 동반 발전하기를 바라는 내셔의 염원이 담겨 있었다.

훗날 저서 《장수와 회춘Longevity and Rejuvenescence》에서 밝혔듯, 그는 노령과 노인성 질환들이 성년기의 그것과 분명히 다름을 세상에 인식시키려면 노인의학이 확실한 이름을 가지고 독립할 필요가 있다고 여겼다. 여기서 그가 노령이라는 단어를 사용한 의도는 치매 등으로 노망 난 나이가 아니라 나이가 많은 상태 자체를 가리키기 위해서였다. 내셔는 병에 의한 병리학적 변화와 자연스러운 노화 과정은 분명히 다르다고 생각했다. 그는 나아가 질병을 노인의 경우 유독 심하거나 복잡하게 발현되는 것, 나이와 상관없는 특징을 보이는 것, 그리고 거의 노인에게만 집중 발병하는 것 이렇게 세 가지로 세분하기도 했다.

사실, 노년층만을 살피는 전문적 연구와 의술이 필요하다는 믿음은 내서 이전에도 훨씬 오래전부터 존재했다. 역사학자 팻 테인이 지적했듯 '그 세력은 늘 작고 미약'했지만 말이다. 1627년 작作《의학 소논문집Opuscula medica》이 그 증거물 중 하나다. 17세기 프랑스의 의과 대학 교수 프랑수아 랑신François Ranchin이 집필한 이 책 본문에는 모르고 읽으면 현대의 얘기라고 해도 믿길 구절이 나온다.

> 노년층의 건강관리와 질병 치료는 [중요한 연구 주제임에도] …… 선대는 물론이고 동시대 학자들에 의해서도 줄기차게 경시되고 있다. 이 주제를 논하는 담론들은 하나같이 부정적이고 비판적이어서 고결하기 그지없는 이 의학 분과가 장려되기는커녕 오히려 과하게 억눌리고 따돌림당한다는 기분마저 든다.

랑신은 이 저서에서 노화의 정상적 진행 양상과 함께 노년기에 더 흔하거나 거의 노년기에만 발병하는 다양한 질환들을 자세히 설명하고 있다. 하지만 정작 노인들은 랑신 같은 노인 전문 의사의 존재를 아예 모르거나 그들과 만날 기회를 잡지 못했다. 요즘 실정과 크게 다르지 않았던 셈이다. 이것은 팻 세인의 논평과도 일맥상통한다. 역사를 통틀어 노년층은 철학이나 의학의 논의 대상에서 대개 열외였고 언급되더라도 노년층의 삶이 속속들이 조망된 적은 단 한 번도 없었다.

그러던 18세기 중반, 마침내 유럽에 변화의 바람이 분다. 프랑스와 이탈리아를 주축으로 병리학과 미생물학이 발전하면서 프랑스식 노인병학인 제로코미gérocomie가 급부상한 것이다. 1800년대가 넘어가기도 전에 파리 시내의 어느 의학 교육기관에서든 노인병학 강의를 들을 수 있게 되었을 정도였다. 이 열기의 불씨를 지핀 것은 당시만 해도 극빈자와 정신질환자 수용 시설에 지나지 않았던 호스피스hospice였다. 더 이상 일을 할 수 없는 힘없고 빈곤한 수많은 노인들이 이곳에서 생애 말년을 보냈고 의사들은 그런 그들을 대상으로 연구를 시작했다. 초반에는 확연한 몇몇 신체 장기의 노인성 질환에 주목해 관찰했다. 성과라야 병리학 지식이 조금 늘어난 게 다일 뿐 안타깝게도 치료법 개발로 이어지지는 않았다.

당시의 의학은 폐렴, 암, 신경계 질환 등이 드리우는 죽음의 그림자로부터 노인들을 벗어나게 하는 데 아무 도움도 주지 못했다. 다만, 피를 빼거나 구토를 유도하는 구시대의 관행들이 얼마나 무식한 방법이었는지를 깨닫게 하는 데에는 크게 일조했다. 19세기에는 부러진 뼈를 붙이는 수술과 백내장 제거술이 개발되고 심장병 치료제로 디기탈리스가 약제화되는 등 의학 기술이 크게 도약하는데, 전부 이런 깨달음이 밑거름이 되었기에 가능했으리라.

단순한 보호관찰소 구실만 하던 프랑스의 호스피스는 19세기로 넘어와 비로소 종합의료 기관으로 거듭났다. 치료, 교육, 연구가 모두 이루어지면서 공익 성격이 짙다는 점에서 오늘날의 대형 국립 대학병원과 비슷하다고 보면 된다. 이제 이곳의 입주민은 노인 환자만이 아니었다. 물론 환자가 과반수를 차지했지만 그들을 돌보는 적지 않은 의사들이 함께 상주했다. 의사들은 노인뿐만 아니라 일반 방문 환자들도 두루 진료했기에 자연스럽게 노년기가 특별하다는 사실을 절감한다. 그에 따라 프랑스 의료계에서는 노년기의 의학médecine des vieillards을 따로 떨어뜨려 생각해야 한다는 목소리가 커지기 시작했다. 다만 당시는 이것 말고도 신생 분과가 한둘이 아닌 의학 전반의 부흥기였다는 게 문제였다. 그런 까닭에 프랑스에서 노인의학이 공식 의학 분과로 인정받은 것은 그로부터 무려 100년이나 더 지난 뒤의 일이다.

그래도 프랑스는 그나마 상황이 좋은 편이다. 다른 나라들의 경우, 뒤늦게 인정을 받더라도 소아과나 일반내과와 어깨를 나란히 하지 못했다. 가령, 1900년대 초에 내셔는 의대에서 노인 환자들을 가르치지 않는 미국의 현실을 수도 없이 개탄했다. 그로부터 대략 한 세기가 지난 2019년 기준으로 이제는 노인의학 강의가 개설되지 않은 의대가 없지만 임상 실습 과목에서는 노인의학과가 여전히 내키지 않으면 안 가면 그만인 선택 진료과 목록에 머문다.

미국 의대 순위에서 오랫동안 선두 자리를 양보하지 않고 있는 하버드의 경우, 1942년에 최초의 노인의학 강의가 개설되었다.

가장 최근인 2015년에 개정된 교과 과정을 보면 임상실습 지정필수 진료과 목록에 소아과, 산부인과, 외과가 있는 것을 확인할 수 있다. 정작 면허를 따고 나서 어린애를, 임신부를, 혹은 수술 환자를 전담하겠다고 나서는 의사는 일부에 지나지 않는데 말이다. 반면에 어느 전공과든 노인 환자를 맡을 일이 점점 더 많아지는 요즘 세상에 노인의학과는 이번에도 목록에서 누락됐다.

한편, UCSF는 이듬해인 2016년에 노인의학의 비중을 일곱 배 가까이 늘린 새 수강편람을 발표했다. 이렇게 말하니 무슨 엄청난 혁명처럼 들리지만 4년 전의 4시간에서 고작 27시간으로 늘린 것이다. 게다가 노년층의 정상과 병적 상태를 아직도 기존 성인 집단의 잣대로 가른다는 문제점과 임상실습에서 노인의학과가 아직 지정필수가 아니라는 사실은 여전하다. 의사가 전 연령대의 환자를 상대한다는 건 무슨 벼슬이 아니다. 그걸 자랑하는 게 얼마나 부질없는 짓인지 깨달을 기회는 생각보다 많다.

1940년에 내셔가 노인의학을 설문지에 올렸을 때 그가 귀에 못이 박이도록 들은 말은 그건 전공이 아니라는 것이었다. 그런데 오늘날 역시 웹사이트를 아무리 뒤져도 노인의학을 어엿한 진료과 중 하나로 목록에 넣어 놓은 의대나 종합병원은 찾아보기 어렵다. 백발이 성성한 재취업 희망자들이 인터넷 접수 중에 막혀 좌절하는 심정이 정확히 이렇지 않을까 싶다. 출생연도를 입력하라고 해서 보기 상자를 열었는데 목록의 첫 숫자가 자신이 태어난 해보다 몇 년 혹은 몇십 년 후임을 발견하는 것이다. 의학에서 노인의학의 위치는 본질적으로 우리 사회에서 노년층이 처한 상황과 비슷하다. 노인의학과 의사들은 이 사실을 크게 불쾌해하지는 않는다. 노인의학계는 이미 도덕적 자부심이 대단하기 때문이다. 영국의 노인의학 전문의 트레버 하월Trevor Howell이 설명한 것처럼, 노인의학은 한마디로 '환갑을 넘긴 환자는 의학적 흥미가 떨어지거나 치료해도 보람이 없거나 둘 중 하나라는 통념에 맞서는 의학 분과'라고 할 수 있다.

로스앤젤레스에서 머릿속에 종이 울리는 경험을 한 뒤 거의 25년이 흐르는 동안 의대 강의실과 임상현장의 교육이 옛날보다 개선된 것은 사실이지만 기대만큼은 아니다. 이런 현실에서 노인의학은 가장 늙고 가장 쇠약하고 가장 소외된 노인에게 최우선순위를 둘 수밖에 없다. 이런 환자 구성은 소아과나 일반내과에 비해 노인의학과를 작아 보이게 만든다. 즉, 스스로 쓴 굴레가 노인의학과를 누구나 무시하는 비인기 분과로 위축시키는 악순환에 빠져버린 것이다. 그 결과로 노년기를 제대로 아는 의사는 예나 지금이나 귀하디귀하다. 의료계에서는 아직도 의술이 노인 환자를 해치는 일이 일상이지만 언론과 사회 통계는 여전히 모르쇠다. 결국 그런 현실에 익숙해진 사람들은 아픈 노인이 죽을 때 모두 그럴 줄 알았다는 듯 눈 하나 깜짝하지 않는다.

거리

어느 화요일 오후 3시, 몇십 년 동안 연락 한 번 없던 고등학교 동창 앨런으로부터 이메일 하나가 날아왔다. 그의 81세 노모가 입원하자 부친이 어쩔 줄 몰라 몹시 불안해한다는 다급한 내용이었다. 노부부는 여전히 샌프란시스코에 계셨지만 아들 내외는 오래전에 L. A.로 이사해 두 자녀를 키우며 눈코 뜰 새 없는 나날을 보내고 있었다. 여동생은 동부에 살아서 거의 외국에 있는 것이나 다름없었다. 하필 이럴 때 일이 터진 거였다. 앨런은 그런대로 스탠포드 출신의 성공한 엘리트였음에도, 인터넷을 뒤지고 부모님의 주치의와 전화 통화를 한 뒤에도 여전히 이해할 수가 없었다. 부모님의 형편이 그 지경으로 어려워질 때까지 어떻게 주변에서 아무도 몰랐는지, 어째서 병원 치료가 어머니를 낫게 하는 게 아니라 오히려 더 아프게 한다는 느낌이 드는지, 아버지는 또 뭣 때문에 당신답지 않게 저러시는지 말이다.

내 전자우편 계정에는 목록 구독 서비스를 통해 다음과 같은 식으로 시작하는 이메일이 정기적으로 들어온다:

「혹시 [엘패소/보이시/아이오와시티/애선스/스케넥터디/산타로사 등등]에 괜찮은 노인의학 전문의를 아는 분이 계시면…….」 발신인은 친구일 때도, 친척일 때도, 건너 건너 얼굴만 아는 사람일 때도 있고 인터넷 검색이나 다른 의사의 추천으로 나를 알게 되었다는 완전 생판 남일 때도 있다. 질문공세는 오프라인에서도 멈추지 않는다. 파티장에서, 학회장에서, 학교에서, 헬스클럽에서 사람들은 내게 말한다.

"[우리 엄마/아빠/남편/언니/내] 일로 뭐 좀 여쭤봐도 될까요?"

목적은 언제나 같지만 언제 어디서 누가 내게 상담해 올지 몰라 나는 한시도 방심할 수 없다. 당연하다. 사람은 누구나 나이를 먹는다. 그런데 늙어 가는 내 부모, 내 형제, 내 남편, 내 친구, 그리고 나에게 필요한 도움을 어디서 어떻게 구할지 정확하게 아는 이는 소수에 불과한 것이 오늘날의 현실이니까.

실제로, 앨런과 흡사한 사례는 차고 넘친다. 앨런의 모친은 이런저런 소소한 병치레 과정에서 이런저런 치료약들을 중년 여성에게 응당한 용량으로 복용했다. 그러다 부작용이 생겨 결국 병원에 입원하는 신세가 되었는데, 병원에서 정맥 주사 부위의 감염, 한밤중에 침대에서 내려오다 떨어지는 사고, 그로 인한 팔의 골절 등 더 많은 부작용을 얻었다. 그렇게 아내가 병원에 발이 묶여 있는 동안 아버지에게도 악재가 닥쳤다. 건강검진을 성실하게 받아 왔음에도 몇 년 동안 잘만 숨어 있던 치매가 하필 이 순간에 실체를 드러낸 것이다. 일부는 그동안 앨런의 어머니가 내조를 지나치게 잘한 탓이기도 했다. 돌발 상황만 일어나지 않는다면 남편은 그녀의 보살핌 아래 꽤 잘 지냈다. 무엇보다도 그녀는 바쁜 자식들에게 걱정을 끼치고 싶지 않았다.

앨런은 아버지 칼이 전보다 허술하다는 걸 눈치챘지만 그저 나이 탓이려니 하고 넘겼다. 진짜 문제가 있다면 병원에서 벌써 진단을 내렸을 터였다. 모전자전이었는지 애초에 어머니도 비슷한 어림짐작으로 마음을 놓은 지 오래였다. 뭔가 조치가 필요할 정도로 확실해지면 담당 의사가 알아서 진단을 내려 주겠거니 여긴 것이다. 어머니도 아들도 의사들 대부분은 약, 수술, 재활훈련만 진짜 치료로 생각한다는 사실을 모르고 말이다. 이런 일차원적인 시각은 환자에게서 유용하고 때로는 결정적이기까지 한 치료의 기회를 박탈하곤 한다. 별것 아닌 것 같지만 식이요법, 물리요법, 증상 관리, 숙련된 간병인의 유무가 환자의 생사를 가르기도 하는 것이다. 현존하는 치매 치료제들은 기껏해야 병의 진행을 일시적으로 늦출 뿐이고 그나마 모두에게 효과가 있는 것도 아니다. 반면에 의사들이 소위 의학적으로 덜 전문적이라고 치부하는 전략들은 득을 보지 않는 환자가 없다.

칼은 치매 진단을 공식적으로 받지 않았다. 그렇기에 치료제는 물론 다양한 의료 자원 중 어느 하나도 이용할 수 없었다. 그뿐만 아니다. 칼은 손자들과 약속한 알래스카 여행을 몸이 성할 때 다녀오는 것부터 노부부의 재정 상태를 재설계하는 것까지 포함해 아직 할 수 있을 때 뭔가 조치를 취할 기회마저 잃었다. 그럴 수 있었다면 본인은 본인대로 치료를 받으면서 아내의 노후도 보장해 줄 수 있었을 텐데 말이다. 당사자가 이랬을 정도니 멀리 떨어져 소식도 뜸한 자식들이 오늘과 같은 위기에 미리 대비하지 못한 것은 당연했다.

그날 이후 우리는 며칠에 걸쳐 장문의 이메일을 주고받았다.

나는 앨런에게 어머니에 대해 병원에 이런저런 것들을 물어보라고 자세히 알려 주고 생활보조사가 상주하는 요양원으로 모시는 게 어떻겠냐고 제안했다. 그러면서 치매, 노인의 낙상 사고, 노인 간병, 재무 설계에 관한 정보를 얻기 좋은 링크들을 함께 보내 주었다. 우리 병원의 대기자 명단에 올려 드린 건 지난날의 우정을 생각해 얹어 준 덤이었다. 얼마 지나지 않아 노부부는 비슷한 분들을 위해 마련된 작은 공동체의 새로운 일원이 되었다. 새 보금자리에서 그들은 진정으로 필요한 현실적 지원을 받을 수 있었고 제2의 노후를 기분 좋게 시작했다. 이런 경우 처음에는 많은 어르신들이 살던 집에 계속 머무는 쪽을 선호한다. 하지만 더 안전한 주거 환경에서 덜 위협적인 의학적 보살핌을 받는다는 것을 확인하면 온 가족이 더없는 만족감을 표한다. 그럼에도 노인의학 전문의의 존재를 아는 사람은 손에 꼽히고, 안다고 해도 고급 전문주거시설 비용을 감당할 여유가 있는 이는 더더욱 드물다. 노인 환자와 그 가족들이 부와 인맥 없이는 필요한 지원을 받을 수 없다면 뭔가 단단히 잘못된 것이다.

욜란다에게는 딸이 셋 있는데, 모두 알파벳 C로 시작하는 이름을 갖고 있었다. 장녀 시나몬은 딱 한 번 만났고 멀리 사는 샤도네이는 전화로만 종종 연락했다. 서너 시간 거리에 산다는 막내딸 캔디의 경우, 샤도네이의 말로는 둘이 친하다는데 사실을 확인할 기회는 한 번도 없었다. 그래서 나는 한동안 세 자매를 의심했다. 바쁜 의사 입장에서는 시간 낭비할 필요가 없으니 고마운 일이지만 가족끼리 말을 맞춘 뒤 한 명을 연락책으로 정해 일임한 게 아닐까 하고 말이다.

그런데 한 주 전에 욜란다의 가정방문 간호사가 연락을 해 왔다. 일전에 우리 병원에 그녀의 입소를 신청해 둔 그 간호사였는데, 대기 순서를 앞당길 수 있는지 문의하기 위해서였다. 일찍이 간호사는 욜란다의 상황을 복지국에 보고했지만 정작 당사자가 딸이 곁에 있어서 아무 문제 없다며 정부 보호를 거절한 터였다. 캘리포니아에서는 아동과 달리 성인의 경우, 본인의 의지에 반해 공권력이 개입하지 못하도록 되어 있다. 당사자가 아니라면 그걸로 끝인 것이다. 그럼에도 간호사는 여전히 걱정되는 모양이었다.

"복지국이 과부하 상태인 건 저도 알아요. 하지만 복지사가 정말 노력이란 걸 하긴 했는지 의심스럽거든요."

내가 나서게 된 건 그런 경위에서였다. 내비게이션의 안내에 따라 나는 조깅과 산책길에 항상 지나다녀 눈에 익은 공영임대 주택단지로 들어섰다. 욜란다의 집은 탈산업화 양식의 주택들, 규격형 주택단지, 포스트모더니즘 양식의 고급 단독주택들이 교묘하게 어우러진 동네의 공원 근처에 있었다. 초인종을 눌렀지만 안에서는 아무 반응이 없었다. 그래서 나는 다시 눌렀고 벨소리가 들리지 않기에 노크를 했다. 문을 연 것은 시나몬이었다. 피부 결은 좋았지만 다크써클이 심했다. 그녀는 인사말도 자기소개도 없이 대뜸 손가락으로 좁은 복도의 끝을 가리키더니 다시 손목을 꺾어 그곳에서 돌아 더 들어가라는 신호를 보냈다.

나는 현관에서부터 악취를 감지할 수 있었다. 안으로 들어가면 더 심할 게 분명했다. 애초에 시나몬의 안내는 필요 없었겠다는 생각이 들었다. 후각이 나를 환자에게 인도하고 있었다.

시나몬이 꿈쩍도 안 했기에 나는 그녀를 피해 게걸음으로 현관을 통과해야 했다. 오른쪽에 작은 부엌이 있었고 정면의 거실에는 소파 하나와 TV가 마주 보는 가운데 보라색 천이 커튼처럼 창문을 가리고 있었다.

담당 의사로서 유용한 정보를 얻을 수 있을까 해서 관심 없는 척 매의 눈으로 구석구석 훑으며 어둑한 거실을 지나치는 내내 작은 동작 하나하나 주시하고 있는 시나몬의 따가운 시선이 느껴졌다. 코너를 돌아 안쪽 복도를 절반쯤 지나칠 때 드디어 화장실이 보였다. 나는 생각했다. 좋아, 이 근처에 침실이 있겠어.

욜란다의 방은 단순한 정사각형 구조로 되어 있었다. 사방이 하얗게 칠해진 데다가 창문이 그대로 노출된 탓에 방 안은 눈이 부실 정도로 밝았다. 이 밝기에 익숙해지자 방 안 풍경이 눈에 들어오기 시작했다. 싱글침대 두 개, 창턱에 놓인 의료용품 상자들, 그리고 왼쪽 침대에서 누워 있는 늙은 여인. 욜란다는 틀니인 게 분명한 지나치게 흰 치아를 드러내며 환한 미소로 나를 맞고 있었다.

우리는 악수를 나눴다. 그녀는 몸이 불편해 일어나지 못한다며 사과했다. 노인은 떡진 데다가 엉망으로 헝클어진 머리를 하고 더러운 얼룩투성이 이불을 덮고 있었다. 방 안은 청소는커녕 기본적인 정리정돈조차 안 된 지 오래였다. 방바닥에는 반창고 조각, 약병, 햄버거 포장지, 찌든 때가 잔뜩 묻은 빈 유리컵 따위가 뒤엉켜 굴러다녔다. 요일과 시간대별로 정리할 수 있는 약통이나 연명의료 의향서는 어디에도 보이지 않았다. 전달받은 내용이 정확하다면 그녀는 광범위하게 전이된 말기 암 환자이니, 환자가 의식을 잃거나 해서 의사소통이 불가능해질 때 이 의향서에 미리 표시해 둔 내용에 따라 연명치료를 이어 갈지 말지 결정해야 하는 순간이 언제든 찾아올 수 있었다. 내가 이 모든 것을 파악하는 동안 시나몬은 여전히 문밖에 기대서서 시선을 내게 고정한 채였다.

나는 아무것도 눈치채지 못한 척했다. 환자에게는 왕진하러 온 의사라고 내 소개를 소개한 뒤 기본 서류 몇 장을 작성하고 의례적인 질문을 좀 할 거라고 설명했다. 그래 놓고는 평소 초진 시 상황을 종합적으로 파악할 목적으로 환자에게 하는 말들을 다 넣어 두고 일부러 알맹이 없는 대화만 한가롭게 이어 갔다. 계속 뚱하게 있던 딸이 지루함을 못 견디고 나가면서 현관문을 쾅 닫는 소리가 들릴 때까지 말이다.

그날 오후 샤도네이의 고백으로 나중에 알게 되는데, 언니가 엄마의 보험금을 빼돌려 담배와 약을 산다는 것을 동생들은 알고 있었다. 샤도네이는 엄마가 몹시 걱정되지만 회사에 휴가를 내기가 쉽지 않고 시간을 낸다 해도 남편이 해외 파견 중이라 아이 셋을 봐줄 사람이 없어 꼼짝할 수 없는 형편이라고 했다. 캔디는 그나마 가까이 살지만 제부가 죽을병에 걸려 그 일만으로도 벅찰 거라고도 말했다. 멀쩡한 두 딸은 발이 묶였고 남은 딸 하나는 골칫거리인 셈이었다.

시나몬이 집에 없음을 확인한 뒤 드디어 나는 아까부터 계속 참고 있던 질문을 욜란다에게 던졌다. 요즘 가장 큰 고민거리가 뭐냐고 말이다. 그런데 돌아온 대답이 의외였다.

"기저귀일까나."

순간 나는 할 말을 잃었다. 처음에는 집 안에서 진동하는 냄새로 미루어 간호사가 복지국에 신고한 이유를 알겠다고 생각했다. 그런데 곧바로 눈앞의 이 노인이 섣부른 추측은 금물임을 깨닫게 하는 것이다. 사람들은 성인용 기저귀를 다양한 이유로 불편해한다. 순수하게 물리적인 것부터 실존적 고뇌까지 그 성격도 다양하다.

"생각만큼 오래가지를 않어."

노인이 말했다. 나는 오른쪽으로 고개를 돌려 어깨 너머 창가에 쌓여 있는 상자 더미를 흘끗 가리키며 하나 꺼내 봐도 되냐고 물었다. 상자 안에는 새 기저귀가 하나도 없었다. 이에 노인은 이불을 들춰 지금 차고 있는 것을 보여 줬다. 기저귀는 완전히 누레지도록 흠뻑 젖어 있었다. 얼마나 오래됐는지 이미 침대 시트로 줄줄이 샌 모양이었다. 적어도 이틀은 넘은 것 같았다.

"어쩌면 딸애가 새걸 구해 가지고 올 거유."

"아까도 그래서 밖에 나간 거예요?"

노인이 고개를 저었다.

"매번 당부는 하는데 보통은 저 좋아하는 담배만 사 오지."

나는 생각을 얼굴에 드러내지 않으려고 최선을 다했다. 하지만 속으로는 그 순간 내가 느낀 충격과 연민을 솔직하게 표현해야 할지 아니면 환자의 자존심과 모성애를 존중하기 위해 차분한 척 연기하는 게 나을지 심각하게 갈등하고 있었다. 환자가 자신의 삶의 질보다 모성 본능을 더 앞세우는 게 확실했다.

왕진을 다니다 보면 어떨 때는 병력 청취나 신체 검진을 전체적으로 하는 게 환자의 상태를 파악하는 데 더 편하다. 그 밖에는 숨가쁨 증세나 뇌졸중, 골절, 상처 감염, 발열, 너무 높거나 너무 낮은 혈압 등 특정 문제가 두드러지는 경우가 흔하다. 그리고 간혹 한 문제 때문에 찾아갔는데 파 보니 꼬리가 줄줄이 딸려 나오는 사례를 접하기도 한다. 이때 감지된 문제들은 거의 예외 없이 겉으로만 의료 분야에 해당할 뿐, 해결의 열쇠는 사회가 쥐고 있다.

이날 얘기를 나눈 한 시간 동안 욜란다는 잘 웃고 말도 잘했다. 유방암 전이, 종양 덩어리가 무시무시하게 커져 살을 뚫고 나온 바람에 상시 도사리고 있는 감염의 가능성, 위험할 정도로 높은 혈압, 매일 누워만 있는 탓에 엉덩이에 생긴 욕창, 요실금, 심각한 체중 감소 등등 수많은 의학적 문제를 안고 있으면서 말이다. 이런 의학적 문제들은 당대의 사회, 정치, 경제, 문화와 절대로 무관하지 않다.

욜란다는 이 바닥 의사들끼리의 표현으로 일명 이중 적격자였다. 메디케이드Medicaid(소득 최하위 계층에게 연방정부와 주정부가 함께 부담해 의료비 전액을 지원하는 미국의 공공의료보험_옮긴이)와 메디케어

Medicare(일정 기간 이상 보험료를 납부한 국민에게 65세부터 의료비를 지원하는 미국 노인의료보험_옮긴이) 모두 적용받는다는 뜻이다. 그녀는 주 6~7일 근무하는 고된 생활을 거의 50년 동안 했음에도 이런 사회적 지원이 필요할 정도로 늘 가난했다. 고등학교 졸업장은 있었지만 실제로 학교를 제대로 다닌 건 아닌 데다가 20세기 중반에 흑인 여성이 구할 수 있는 일자리라고는 4대 보험이 안 되는 저임금 노동직이 고작이었던 것이다. 뒤늦게 도입된 정부 보험제도는 그녀의 모든 문제를 해결해 주지는 못했지만 최소한의 병원비와 치료비는 대 주었다. 하지만 메디케이드가 걸려 있었기에 그녀를 담당하겠다고 나서는 의사는 몇 되지 않았다. 게다가 미국의 건강보험제도는 화학요법 청구서에는 주머니를 여는 데 지나치게 관대한 반면 이상하게도 임종을 앞둔 환자들의 의향을 배려하는 의료는 돈 받을 가치가 있는 의료로 보지 않는 눈치다. 당연히, 의사가 말기 암 환자에게 기저귀와 생필품을 지급하고 가족 갈등을 풀어 줄 방안을 강구하느라 들인 시간에 정부는 땡전 한 푼 보상하지 않는다. 그런 까닭으로 욜란다는 당장 기저귀가 없어서 그 고생을 하는 중에 여생을 고작 몇 주 연장하는 것 말고는 아무 쓸모 없는 화학요법 치료만 동네 병원에서 정기적으로 받아 오고 있었다.

나는 그녀에게 메디케이드에 기저귀 비용을 청구할 수 있다고 알려 주었다. 원하시면 집으로 배달되게 조처하겠다는 제안도 덧붙여서. 그녀는 방금 믿을 수 없는 뉴스나 말도 안 되는 농담을 들은 것 같은 표정으로 날 쳐다봤다.

"에에? 정말이우?"

그녀가 나지막이 물었다.

"정말이에요."

내 대답에 그녀가 진심으로 기뻐하며 활짝 웃었다.

급선무를 해결한 뒤 우리는 신체 검진과 나머지 절차를 이어 갔다. 상처 상태는 좋지 않았는데, 하루에 두 번 해야 하는 상처 소독을 도저히 시나몬에게는 믿고 맡길 수가 없었다. 욜란다에게는 종전과 다른 치료가 필요했다. 방문 간호사가 더 자주 찾아온다면 가능한 치료 말이다.

집을 나서기 전 나는 그녀에게 앞으로 가정방문 간호사와 내가 함께 그녀를 돌볼 거라고 얘기했다. 약 처방과 상처 같은 것들을 관리하려면 적어도 초반에는 일주일에 여러 번 들러야 할 터였다.

욜란다는 확연하게 죽어 가는 환자가 아니었지만 암의 진행도로 미루어 죽음은 그녀에게 언제든 일어날 수 있는 일이었다. 이 시점에는 상태가 나빠질 경우 병원에 가고 싶은지 아니면 집에 머물고 싶은지 당사자의 뜻을 알아야 한다. 또한, 환자가 호스피스의 의미를 진정으로 이해하고 있는지, 때가 되었을 때 호스피스 치료를 받을 의향이 있는지도 확실히 해 둘 필요가 있다. 현재 환자가 처해 있는 상황을 감안해 지금보다 더 쇠약해졌을 때 여전히 집에서 지내고 싶은지 아니면 요양 병원으로 옮기고 싶은지도 물어봐야 한다. 하지만 왠지 나는 처음 만난 날부터 그녀를 몰아붙이고 싶지 않았다. 차갑게 식은 오줌물로 흥건한 기저귀를 며칠째 차고 누워 있는 그녀에게. 만약 내가 그녀의 입장이라면 순간의 절망적 현실에 마음이 휩쓸려 나중에 후회할 판단을 내릴 수도 있을 것 같았다. 나는 욜란다에게 몸이 더 편안하고 쾌적할 때 여러 선택지를 충분히 숙고하고 나서 최종 결정을 내릴 기회를 주고 싶었다.

그녀가 내 손을 꽉 잡고 말했다.

"고마우이, 선생. 언제든 또 놀러 와."

그날 오후 병원으로 복귀하는 나를 행정실 직원이 붙잡았다. 욜란다의 딸이 전화를 했다는 것이다. 사무실 연락처인 듯한 메모의 번호로 전화를 걸자 샤도네이가 받았다.

내 얘기를 다 듣고 나서 그녀가 말했다.

"생각했던 것보다 더 나쁘네요."

그래도 차녀는 모친이 남은 나날 동안 뭘 원하고 뭘 원하지 않을지 저 나름대로 생각해 둔 바가 있었다. 상황을 고려할 때 그녀의 논리는 더없이 이치에 맞았다.

"어머니와 상의해 보셨어요?"

기도하는 마음으로 내가 물었다. 내가 10대 소녀였다면 아마 진짜로 기도손을 모았을지도 모른다.

"별로요."

"이런. 그럼 지금부터라도 좀 해 보시겠어요?"

나는 이렇게 말하고는 혹시라도 그녀의 답을 놓칠까 숨죽이고 귀를 더욱 바짝 댔다.

"네, 그럴게요. 어떻게든 노력은 해 볼게요."

우리는 환자의 새 치료 계획에 대해 좀 더 얘기를 나눴다.

"만약에 어머니를 뵙고 싶으면—."

슬슬 전화를 끊을 생각으로 내가 운을 뗐다. 텔레파시라도 통한 걸까. 그녀가 말했다.

"가능할지는 모르겠는데요…… 친구에게 애들을 맡기고 하루 이틀쯤 다녀올까도 싶어요. 확실해지면 따로 말씀드릴게요. 그리고 저희에게 모아 둔 돈이 조금 있어요. 많지는 않지만 남편에게 얘기했더니 필요하면 쓰자고 하더라고요. 엄마에게 힘이 될 수 있다면 보내 드릴게요. 계좌번호만 알려 주세요."

나는 노년기를 잘 보내기 위한 필수품이 뭐냐는 질문을 자주 받는데, 그때마다 써먹는 모범답안이 있다. 바로 우월한 유전자, 행운, 두꺼운 지갑, 착한 딸 하나다.

헤이스팅스 센터 생명윤리연구소가 '좋은 삶, 좋은 죽음Living Well, Dying Well'이라는 표제를 걸고 주최한 한 토론회 자리에서 노인의학의 대가 조앤 린 역시 비슷한 취지의 발언을 했었다.

"현재 우리 사회의 의료 시스템 아래에서는 …… 양로원에서 외로운 말년을 보내지 않으려면 딸이 셋은 있어야 한다."

린은 상황이 이 지경까지 온 가장 큰 이유 하나를 딱 꼬집어 지적했다. 즉, 50여 년 전에 병에 들면 보통은 며칠, 길어야 몇 주 안에 무조건 죽음으로 이어졌던 시절이 있었다. 그런데 의료 체계는 그때나 지금이나 별반 달라진 게 없는 반면 세상은 변해도 너무 변한 것이다. 오늘날 대부분의 현대인은 평소 잘 관리되던 만성질환이 노년기 막판에 악화돼 보통 2~4년 정도 심하게 앓다가 생을 마감한다. 이 마지막 투병 기간에 그들에게 의지가 될 만한 제도적 장치는 여전히 미비한 실정이다.

직업의 가치

내 직업을 밝혔을 때 사람들의 반응은 보통 둘 중 하나다. 방금 뭔가 역겨운 냄새를 맡은 것처럼 표정이 일그러지거나, 아니면 힘들 텐데 뜻깊은 일을 한다며 입이 마르도록 칭찬하거나. 전자에 속하는 사람들은 보통 그러고 나서 재빨리 화제를 돌려 버린다. 반면에 후자의 경우는 무슨 성자라도 영접하는 듯한 호들갑을 떠는 통에 몸 둘 바를 모를 지경이다. 하지만 상반되어 보이는 이 두 가지 반응의 본질은 하나다. 둘 다 정신이 제대로 박힌 사람이라면 하지 않을 일을 저치가 하고 있다는 뜻인 것이다.

실제로 의사들의 직업 만족도를 조사한 자료를 살펴보면 노인의학 전문의는 늘 선두를 다툰다. 나와 내 동료들이 자신의 일에서 더 큰 기쁨과 보람을 느끼는 이유는 여러 가지다. 특권, 권력, 명예, 높은 연봉을 모두 거머쥘 수 있는 직군에서 누군가 굳이 선호도 최하위의 직업을 선택한다면, 그는 직업의 겉모습보다 내용을 중시하는 인물일 공산이 크다. 이 일이 본인에게 아이디어와 추진력의 원천이 되고 그에게는 직업관이 곧 인생관이며 이 일을 통해 삶의 기쁨을 얻는다. 한마디로 너무 좋아해서 업으로 삼는 것이다.

그런 맥락에서 노인의학 전문의라는 내 직업에 사람들이 보이는 반응은 우리 사회의 가치관을 그대로 투영한다. 현대 의학은 스스로를 공평무사한 과학이라 자처하지만, 늘 자신이 고칠 수 있으면서 고쳐 줄 가치가 있다고 판단한 것에 더 높은 우선순위를 매긴다.

고식적 의료(병의 근원에 적극 대처하는 게 아니라 통증과 같은 증상만 누그러뜨리는 소극적 접근법_옮긴이) 단계적 이동(집에서 발병하면 병원에 입원했다가 요양 시설로 옮겨 후속관리를 함), 다중이환, 자택 요양, 고령자 친화적 병원 등은 원래 노인의학이 끌어들인 혁신적 개념이었지만 어느새 의료계의 일반적 관행으로 자리 잡았다. 그런데 만약 노인의학이라는 뿌리를 끊어 내지 않았다면 이렇게 빨리 이 지위를 획득하는 것은 불가능했을 것이다. 대중의 마음에 들려면 가급적 노인 이미지와 얽히지 않는 게 좋다. 이런 의료 서비스 보급의 목적은 더 많은 환자가 혜택을 받도록 하는 것일 때도 있고 연령차별이라는 지적을 피하는 것일 때도 있다. 하지만 근본적으로 세상이 변하고 있는 것 같다.

최근 발표된 한 논문에서 저자는 셰릴 샌드버그Sheryl Sandberg의 화제작 《린인Lean In》을 언급하면서 이제는 담론의 주제가 달라질 때라고 지적했다. 지금까지는 노인의학이 보통 의학과 '어떻게 다른가'를 얘기했지만 이제는 노인의학이 '어떤 의학인가를' 다루어야 한다는 것이다. 이 글을 읽고 내가 받은 첫인상은 영리한 마케팅 기술이라는 것이었다. 그런 한편으로, 어떤 집단에게 불가능한 것을 가능하게 만드는 급격한 변화 말고 그들이 이미 하고 있거나 여건이 된다면 할 수 있는 것에 힘을 실어 주어 돕는 쪽으로 해석한다면 이 전략을 인권운동에도 널리 적용할 수 있겠다는 생각이 들었다.

지금까지 노인의학의 발자취는 일종의 사교집단과도 같았다. 우리끼리는 열의에 불타지만 세상의 눈에는 별로 하는 일도 없는 것 같은 괴짜들에 지나지 않는 것이다. 우리는 우리가 아는 게 진실이라고 믿지만 사람들 생각은 다르다. 나는 본과 학생들을 대상으로 커뮤니케이션을 주제로 강의할 때 청중 대부분이 메시지를 이해하지 못한다면 십중팔구는 듣는 사람이 아니라 설명한 사람에게 잘못이 있다고 가르친다. 법률에 명시된 고령 연령 기준을 넘기는 베이비붐 세대 인구가 하루에 1만 명에 육박할 정도로 나라 전체가 빠르게 늙어 가는 작금의 추세에 노인을 전담한다는 의학 분과가 여전히 이렇게 동네 구멍가게 수준에 머무른다면, 노인의학은 분명 뭔가를 실수하고 있는 것이다. 이 대목에서 우리가 고민할 문제는 실수가 있느냐 없느냐가 아니다. 그보다는 앞으로 의학이 어떻게 달라져야 할 것인가를 자문해야 한다. 미래 사회에서는 연령 세부범주나 사회적 배경과 상관없이 노년기에 속하는 모든 이가 건강을 최대한 오래 보존하고 필요할 때 양질의 의료 서비스를 받을 수 있어야 할 것이다.

내셔는 오늘날 고전이 된 1914년 의학서 《노인의학Geriatrics》의 서문을 소아과학을 개척한 독일 의사 아브라함 야코비Abraham Jacobi에게 맡겼다. 내셔의 절친한 친구이자 동료였던 야코비는 이 글에서 묻는다.

「의과학과 의학의 다양한 분과에서 고조되는 관심이 노인성 질환들에는 미치지 못하는 이유는 무엇일까?」

지난 몇백 년 동안 드물게 노인 환자들을 그냥 지나치지 못한 의사들 역시 이와 비슷한 질문들을 받아 왔다. 같은 글에서 야코비가 내놓은 답은 이랬다.

「이 무관심의 원인은 노인을 바라보는 우리 모두의 마음가짐에서 찾아야 한다.」

한편, 내셔의 답은 좀 더 구체적이었다. 그만큼 무게 있게 다룰 가치가 있음이 확실해지고 노년기의 대사기능 변화가 더 자세히 밝혀질 때까지는 한 발 물러서 오직 경험을 바탕으로 노년기 질환을 신중히 다룰 필요가 있다. 다시 말해, 노인을 연구하지 않아 그들의 노인 신체의 생리학을 모르는데, 이 필수 정보가 없는 상황에서는 젊은 성인들에게 맞춰 짠 치료를 노인에게 그대로 처방할 수 없다는 것이다. 그 결과, 노인 환자들의 치료는 연구 데이터가 아니라 중구난방식의 관찰 경험에만 의존하는 수준에 머무르게 되었다. 의사들은 도대체 왜 어떤 방법은 효과가 있고 어떤 방법은 그렇지 않은지 궁금해도 어디서도 답을 찾을 수 없었다.

이와 더불어 내셔는 야코비가 언급한 마음가짐의 출처까지 구

체적으로 짚어 주었는데, 의사 집단을 포함한 현대인 대부분의 잠재의식을 완벽하게 꿰뚫은 듯하다:

> 노인은 사실상 어디에도 쓸모가 없다는 것은 모두가 잘 알고 있다. 그들은 본인과 가족에게는 물론이고 나아가 사회에도 짐만 되기 일쑤다. 용모가 그리 보기 좋은 것도 아니고, 행동거지는 눈살을 찌푸리게 할 뿐이라 인류애로 혹은 의무감에 부양을 결심한 후손들조차 가끔은 그들의 존재 자체가 악몽으로 느껴진다 …… 나라 경제에 보탬이 안 되는 자들을 위해 나서기가 꺼려지는 것은 인지상정이다. 또, 만약 나서고 싶어도 참는 게 마땅하다. 노인들의 운명은 불 보듯 뻔하다. 그런데도 당장 쌈짓돈 좀 벌겠다고 그들에게 의술을 행한다면 헛된 일에 시간과 자원을 낭비하는 것밖에 안 된다.

오늘날에도 자주 벌어지는 실수인데, 내셔는 초고령자 집단을 지나치게 부풀려 노년기 전체를 규정하고 있다. 그러면 극소수 노년층의 고달픈 하루하루가 모두의 일인 것처럼 확대되고, 나이 들어 오히려 더 좋은 수많은 장점들은 모조리 묻혀 버린다. 또한, 수명 연장은 의술의 궁극적 목표라는 편견을 바탕에 깔았다는 것이 그가 범한 두 번째 실수다. 내셔의 사상과 비교할 때 가장 두드러지게 구분되는 현대 노인의학계의 특징은 의학의 목표가 환자의 건강과 행복을 극대화하는 것이라는 신조로 의술을 행한다는 것이다. 이때 행복의 조건은 개개 환자마다 달라진다. 누군가에게는 오래 사는 게 행복이지만 또 누군가에게는 그렇지 않다.

사람들은 노인네들이 매사에 불평불만이라고 투덜대곤 한다. 하지만 사람은 누구나 각자 생활 영역 반경의 세상에 대해 얘기한다. 젊은 부모들은 육아가 고되다고, 학부형들은 사춘기 자녀가 제멋대로라고 걱정이 태산이다. 직장에서는 또 일이 안줏거리가 된다. 여기저기 더 다니고 이것저것 더 보는 사람은 말할 것도 많다. 반면 덜 움직이고 덜 보는 사람은 그 대신 자신이 사는 작은 세계 안 구석구석의 모습과 미묘한 진동에 주목한다. 자, 그렇다면 작은 세상이 황폐하기까지 한 걸까, 아니면 크기만 작은 걸까? 하루하루가 파란만장하지 않다고 해서 더 이상 인생이 아름답지 않은 걸까?

만약 어르신이 근래 들어 몸뚱이에 대해 우는 소리를 부쩍 자주 한다면, 그것은 늙은 육신이 지금은 해내지만 조만간 못 하게 될 일들 때문이다. 지금 이 순간 이것보다 심각한 문제가 또 없다는 심정에 최후의 발악 내지는 마지막 저항을 해 보는 것이다. 젊은 시절에는 무의식적으로 자연스럽게 나오던 동작들이 늙으면 온 정신을 집중하거나 젖 먹던 힘까지 짜내도 될까 말까 한 능력 밖의 묘기가 되어 버린다. 정신과 육체의 주종관계는 나이가 들면서 서서히 역전되는 셈이다.

가장 눈부셨던 청춘을 지나 중년으로, 그리고 다시 노년으로 저물어 가는 사람의 일생에서 능력이 쇠퇴하는 것은 단순히 생물학적 이유만은 아니다. 그것은 이 세상이 청년기와 중년기 위주로 설계되어 있기 때문이기도 하다. 노인을 위한 세상에는 각종 보조기구들과 도우미들이 필수지만, 현대 사회가 처음 조직될 당시에는 아무도 그런 것들을 고려하지 않은 것이다.

오늘날 우리 모두는 노화 과정에 따라 인체가 어떻게 변해 가는지 잘 안다. 유창하게 설명하지는 못해도 그런 외적 변화가 환경, 행운, 개개인의 습관 같은 후천적 요인들과 유전자의 복합적 결과라는 것도 이해한다. 그런데 그런 변화의 요소들 중에 여전히 청춘에 꽂혀 있는 사회의 이목을 노년 쪽으로 돌려 줄 만한 게 있을까? 우리는 그런 요소들을 객관적 관점에서 제대로 조사하고 있는 걸까? 노인들이 신세 한탄을 입에 달고 사는 것이 진짜로 고장 난 몸뚱이나 나이 들어 소심해진 성격 탓이 아닐 거라는 생각을 해 본 적이 있는가? 그러니까, 우리가 선의로든 악의로든 노인들을 큰 세상에서 몰아내고 그들의 생활구역을 작은 울타리 안으로 한정해 큰 세상으로 나오지 못하게 했을 수도 있다는 소리다.

노인을 위한 것이든 젊은이를 위한 것이든 의학이란 무엇이며 의술은 어떤 것이어야 하는가를 고민할 때, 나는 히포크라테스 선서 원문(오늘날 히포크라테스 선서라 흔히 알려진 것은 정확히는 현대적으로 편집된 제네바 선언문이다_옮긴이)의 한 구절을 곱씹는 방법을 추천한다. 바로, 가능하다면 완치까지 시키고, 때로는 치유하며, 돌보는 것은 늘 하겠노라는 부분이다. 다만, 노인 환자를 돌보는 것이 흥미롭고 보람된 일이라고 여기는 이유 면에서는 나도 내셔에게 한 표를 던진다. 어떤 연령 집단이 상대하기 힘들기로 유명한데 알고 보니 그들이 단체로 무시와 차별을 당하고 있다면, 갈등을 해소하고 보다 나은 미래를 만들 길은 한두 가지가 아니라는 점에서다. 탈수로 죽음의 문턱까지 갔던 노인 환자가 수액 주사 한 봉지에 쌩쌩하게 되살아나듯, 따뜻한 인사말 한 마디 혹은 단 1분이라도 진심으로 경청하는 대화 같은 간단한 실천조차 노인들에게는 그 무엇과도 비교되지 않는 강장제가 될 수 있다. 물론, 우리가 해야 할 일은 훨씬 더 많다.

노년기는 살아온 날들에 비해 앞으로 살날이 얼마 남지 않은 시기이다. 그렇기에 의학적 사안은 물론이고 중요한 결정을 내려야 하는 상황마다 생각이 꼬리에 꼬리를 물고 퍼져 나가 인생의 대전제와 미스터리, 나아가 죽음까지 닿곤 한다. 그런 까닭에 노인의학에서는 의술의 범위를 어느 한 진단명이나 한 장기에 국한시키기가 어렵다. 게다가 노인성 질환에는 대개 실존적 문제들이 따라온다. 어떤 환자들은 병 자체보다도 이 부록들을 더 증오할 정도다. 감염 하면 곧 항생제이고, 죽어 가는 세포 조직 하면 곧 수술이라는 등식이 지배하는 세상에서 존재의 의미를 묻는 철학은 혹자의 가슴에는 열정과 호기심을 불러일으키지만 나머지 대다수에게는 좌절감과 무력감만 안긴다.

이런 철학은 의사들의 장래 선택에도 영향을 미칠 수 있다. 의사가 애매모호함과 난해함을 어느 수준까지 용인할 수 있는지 그리고 생명과학과 통계학만큼 철학, 심리학, 사회학에도 흥미를 갖고 있는지에 따라 일다운 일이라고 믿는 의료 행위가 달라질 수 있는 것이다. 전공과에 따라 심하면 가장 중요하고 시간도 오래 걸리는 의료 행위에 정작 당사자인 환자가 반드시 동석할 필요가 없는 경우도 있다. 의사가 환자 몸에서 떼어 낸 장기 조직이나 병소를 촬영한 영상만 보고 결정을 내리는 것이다. 환자의 의식이 없는 상태에서 의료 절차가 이뤄지는 경우도 마찬가지다. 의사가 그런 방식을 선호한다면야 굳이 참견할 생각은 없다. 다만 이건 내 방식이 아니다. 나는 환자들에게 눈을 맞추며 말을 걸고 환자, 환자 가족, 환자 지인들과 두루두루 소통하는 게 더 좋다. 노인 환자 대부분은 기능적으로든 사회적으로든 반드시 여파가 남는 복수의 의학적 문제를 안고 있다. 그렇기에 늘 얘기가 깊이 들어가 삶의 의미, 목적, 자아정체성 같은 주제를 다루지 않을 수 없게 된다. 나는 이런 대화를 즐기는 편이다. 사람마다 사고방식이 제각각인 것도 흥미롭고 근무 시간을 이렇게 쓰는 게 가치 있다고 나는 생각한다. 하지만 모든 의사가 그런 것은 아니다. 최근에 노인 환자들을 바라보는 의대생의 사고방식을 조사한 연구가 있다. 그런데 인터뷰에 응한 본과 4학년 학생 하나가 이렇게 말했다고 한다.

"사람이 나이를 먹으면 온갖 문제가 생길 텐데 환자가 가져오는 그런 문제들을 의사가 다 해결하려면 보통 고통스러운 일이 아닐 것 같습니다."

이 학생은 문제 해결을 어렵게 만드는 것이 뒤처진 의료 제도일 수도 있음은 짐작조차 못 하는 게 분명했다.

환자를 돌보는 일의 가장 어려운 부분은 보통 사람들이 인생사에서 가장 부담스럽게 여기는 것들과 크게 다르지 않다. 살면서 제일 어렵거나 가치 있었던 경험이 뭐냐고 사람들에게 물으면 돌아오는 대답은 육아부터 사랑하는 이의 죽음까지 대부분 다 엇비슷하다. 고생 자체는 나쁜 일이 아니다. 고생이 나쁜 일이 되는 것은 문제를 해결하려고 개인이 아무리 고군분투해도 사회의 외면, 선입견, 관습, 무관심 탓에 실패로 돌아갈 때다. 그렇게 풀리지 못하고 남은 문제는 결국 사회 구성원 전체에게 직간접적으로 영향을 준다.

모든 인간은 서로를 인격체로 존중하는 게 지당하다는 사회가 있다고 치자. 그곳에서는 아흔 노인 역시 한 명의 인격체라는 지극히 단순한 이유로 사회의 보살핌을 받는다. 그런 세상에서는 모든 사회 구성원의 삶이 얼마나 넉넉하고 충만할지 한번 상상해 봄직하다.

영국의 외과 의사 마저리 워런이 수련의 시절 보인 태도는 앞에서 의대생이 고령을 고통의 근원으로 봤던 것과는 사뭇 달랐다. 병동 전체가 노인 환자 일색인 현장을 목격한 뒤, 워런은 절망하지도 뒷걸음치지도 않았다. 그녀는 그곳에서 불평등을 봤고 노인들의 도와 달라는 소리 없는 아우성을 들었다. 그래서 그녀가 한 행동은 부당함에 반대하고 불합리를 뜯어고치는 것이었다. 그런 노력의 흔적은 오늘날에도 의료 현장 곳곳에서 목격된다. 그럼에도 그녀로 하여금 행동하게 만들었던 사회의 편견은 예나 지금이나 여전하다.

만약 환자를 파악하고 돌보는 것에 슬픔과 두려움의 감정을 나누는 것도 포함되어 있다면, 나는 내 환자 한 명 한 명에게서 끈끈한 인간성의 증거를 발견한다고 자신한다. 그것은 용기나 유머일 때도 있고 때로는 분노의 형태를 띠기도 한다. 인간성이 일으키는 분노는 쉽게 식지 않고 환자의 현재 상황과 아무 상관도 없는 경우가 흔하다. 그럴 때는 지금 이 순간보다는 환자가 앞날을 미리 걱정한 탓에 나오는 반응일 확률이 높다. 이 사실을 기억한다면 늙는다는 게 그렇게 무서운 일만은 아닐지도 모른다. 제대로 보지도, 듣지도, 걷지도 못하는 100세 어르신도 있지만, 일은 계속하되 양을 좀 줄여서 여가시간에 평생 꿈꿔 왔던 새로운 취미에 도전하고자 하는 68세 현역도 있다. 노인도 노인 나름이라는 소리다.

누군가 왜 노인의학과 의사가 됐냐고 물으면 대개 나는 세 가지 중 하나로 대답하곤 했다.

"처음에는 그럴 생각이 없었지만 어쩌고저쩌고……."

"성적이 좀 안 좋았거든요. 그런데……."

"원래 어르신들을 좋아했어요. 그리고……."

어느 하나 거짓은 아니다. 그러나 사실은 이 세 가지 보기를 합쳐도 설명할 수 없는 부분이 훨씬 많다. 다 좋은 이유들인데 너무 많아서 무엇부터 얘기해야 할지 망설여질 정도다. 우리 사회에는 나이 든 환자를 상대하는 것이 젊은 환자를 치료하는 것보다 힘들고 우울하지만 보람은 더 클 거라는 선입견이 있다. 그런 생각으로 날 걱정해 주는 사람들을 만날 때마다 나는 옛날에 내가 전화 당직을 서던 어느 토요일 밤 — 아니 일요일 새벽이라고 하는 게 더 맞겠다 — 의 일을 들려준다. 전화 당직이란 집에 들어가긴 들어가는데 호출기가 울릴 때마다 바로바로 응대하는 것이다. 전화 당직을 서며 하는 일은 떨어진 약을 긴급 처방해 채워 주는 것부터 구급차를 호출해 환자를 응급실로 실어 보내게 하는 것까지 전방위적이다.

그날 호출기가 요란하게 울려 댄 새벽 2시경, 나는 한창 꿀잠을 자던 중이었다. 눈을 부비며 몸을 일으켜 독서등을 켠 뒤 병원에 전화를 걸자 담당자는 거두절미하고 내게 환자 정보부터 읊어 주었다. 다른 이상은 전혀 없고 클럽에서 춤을 추며 놀다가 어깨 통증이 느껴져 상담을 요청한 22세 남성이었다. 나는 전달받은 번호로 전화를 걸고 환자에게 내 신분을 당직의사라고 밝혔다.

"아하, 안녕하세요, 쌤."

그가 말했다.

"어떻게 지내세요?"

"잘 지내요, 고마워요."

대답하면서도 나는 의아했다. 오밤중에 전화로 인사치레라니, 그렇게 심하게 아프지는 않은 건가 아니면 원래 극기심이 강한 신사 스타일인가 감이 잡히지 않았다.

"팔을 다쳤다고 들었어요. 어떻게 된 건지 설명해 줄래요?"

"다친 건지는 잘 모르겠는데 확실히 아프긴 아파요."

나는 상대가 말을 잇기를 기다렸다.

"몸 좀 풀려고 클럽에 갔어요. 그게요, 불토잖아요. 이해하시죠?"

나는 긍정의 뉘앙스만 비치도록 얼버무리듯 대꾸했다. 실은 밤새 춤추며 노는 건 졸업한 지 오래고 내가 오후 10시에 침대와 한몸이 될 수만 있다면 세상 부러울 게 없는 이모뻘이라는 표를 굳이 내고 싶지는 않았다.

"음악이 완전 끝장이었어요. 그런데 거기에 맞춰서 왼팔로 격한 동작을 할 때마다 어깨가 무지하게 아픈 거예요."

나는 어쩌다 다쳤는지, 정확히 어떤 부상인지, 진단과 치료를 위해 어떤 조치가 필요할지 알아내기 위해 그에게 이것저것 묻기 시작했다. 어깨 탈구나 골절이면 당장 응급실에 가야 할 것이고 둘 다 아니라면 월요일까지 참았다가 병원에 내원해 천천히 검사를 받으면 될 일이다. 한밤중에 전화기를 붙잡고 있는 이 순간 제일 급선무는 이 둘 중 어느 쪽인지를 파악하는 것이었다.

"넘어지거나 뭐 그런 적은 없어요."

그가 말했다.

"언제부터 아팠는지는 잘 모르겠어요. 아마 한 달 전쯤?"

나는 눈을 깜빡였다.

"오늘 밤에 갑자기 심해진 건가요?"

"음, 그건 아닌 것 같아요. 그게요, 춤 출 때만 아파요."

그럼 지금 이 청년은 급작스럽게 악화된 것도 아니고 일상생활에 아무 지장 없이 한 달을 묵혀 왔으면서 그저 춤추는 데 방해가 된다는 이유로 상담하려고 꼭두새벽에 자는 사람을 깨운 건가? 의사가 밤을 새워 가며 생판 남의 전화나 기다리는 사람인 줄 아는 건가?

나는 내가 그를 오해하는 게 아닌지 확인하려고 몇 가지 질문을 더 던졌다.

하지만 그는 몇 번 잘 대답하다가 중간쯤 끼어들어 이렇게 말했다.

"저기요, 저는 친구놈한테 신경 쓰인다고 말했더니 걔가 병원에 가 보라고 해서 그냥 전화해 본 거거든요."

나는 그에게 전화 통화만으로는 진단을 내릴 수 없지만 친구가 좋은 충고를 했다고 말해 주었다. 괜히 병 키우지 말고 되도록 빨리 병원에 가서 검사를 받아 보는 게 좋겠다고. 그리고 이 전화는 응급 환자를 위한 서비스이니 월요일 아침, 병원에 전화해서 제대로 예약을 잡고 진료를 받아야 한다고, 일단 주치의에게 미리 연락을 해 놓겠다고도 안내했다.

전화를 끊고 겨우 다시 잠들기까지 나는 한참을 뒤척여야 했다.

원래 아침 일찍 일어나는 스타일인 나는 이튿날 오전 7시 2분에 이미 일요일자 신문을 읽던 중이었다. 바로 그때 호출기가 또 삐비빅 울었다. 이번 호출자는 왼쪽 몸이 움직여지지 않는다는 80대 할머니였다. 나는 즉시 환자에게 전화를 걸었다.

"좋은 아침이에요, 의사 선생님."

그녀가 약간 늘어지는 말투로 인사를 건넸다.

"주무시는데 제가 깨운 건 아닌지 모르겠네요. 일단 7시까지는 기다렸는데 좀 심각한 것 같아서 이른 시각에 전화 드리게 됐어요."

나는 그녀의 증상이 어떤지, 지금 안전한 상황인지 확인한 뒤 119에 앰뷸런스를 요청했다. 그러고는 병원 응급실에 뇌졸중 발작 환자가 곧 도착할 거라고 미리 일러 주었다. 커피는 이미 차갑게 식어 있었다. 나는 가만히 앉아 젊은 청년의 경솔함과 노인의 목숨을 담보로 한 사려 깊음 사이에서 생각에 잠겼다. 나이를 불문하고 모든 성인이 내 환자라는 게 내 직업관이었지만 유독 이 두 환자는 여러 가지 면에서 각자의 연령대와 세대를 전형적으로 대표했다. 내 마음이 둘 중 어느 쪽에 더 끌리는지는 고민할 필요도 없었다.

이 할머니 환자는 상황의 심각성을 감안할 때 꼭두새벽에라도 당장 전화했어야 했다. 야간 전화 상담 서비스는 애초에 바로 그런 분들을 위해 마련된 거였으니까. 하지만 내가 아직까지 그녀를 잊지 못하는 것은 그래서가 아니다. 당장 당신이 어떻게 될지 모르는 위기 상황에도 얼굴 한번 본 적 없는 나를 먼저 배려한 어르신의 태도 때문이다. 나를 단순히 최후의 구명줄로만 여기는 인사들 천지인 팍팍한 사회생활에서 존중받아 마땅한 동등한 인격체로 대우해 주는 상대를 만나는 것보다 기쁜 일은 없다. 만약 정서지능과 지혜 영역에 점수를 매긴다면 아마 노인들을 따라올 자가 없을 것이다.

그렇다고 의사와 환자가 진짜 친구처럼 마냥 가까워질 수는 또 없다. 환자를 돌보는 것은 의사의 일이지만 그 반대 방향의 보살핌은 환자의 역할이 아니기 때문이다. 적어도 원칙은 그렇다. 물론 현실은 이상과 달라서 의사가 아무리 아닌 척해도 사람인 티를 슬쩍슬쩍 내게 된다. 내 경우는 의사라는 직업에 끌린 계기가 처음부터 환자와 맺는 인간적 관계였다. 그렇기에 내가 노력하는 만큼 나를 막 대하지 않으면서 의사와 환자라는 직업적 관계를 존중할 줄 아는 사람들과 일하는 쪽을 선택하는 건 당연했다. 그런데 환자 입장에서 따지면 그렇게 간단한 문제가 아닐 수도 있다. 환자가 의사에게 거는 기대와 서구식 의료 시스템이 가진 능력의 한계 사이에 존재하는 괴리 때문이다. 특히 우발적으로든 의도적으로든 사회가 의료 사각지대에 몰아넣은 환자들에게는 이 괴리가 더욱 크고 깊어진다.

진실

크리스마스가 코앞으로 다가온 2011년의 어느 겨울날, 나는 차 문을 잠근 뒤 거의 두 블록 거리의 내리막길을 종종걸음으로 바삐 내려갔다. 목적지는 최근 보수한 종합병원 바로 옆의 허물어져 가는 작은 의원 건물이었다. 오른발로 땅을 디딜 때마다 느껴지는 통증은 내가 오늘 이 예약을 잡은 이유를 상기시켜 주고 있었다. 그래도 까딱하면 늦을 판이라 서두르지 않으면 안 됐다. 입구가 시야에 들어오자 나는 세월의 흔적으로 묵직한 위엄까지 느껴지는 건물 전경에 또 한 번 감탄했다. 반원형으로 움푹 들어가게 세워진 벽면을 따라 들어가면 유리로 된 양문형 슬라이딩 도어가 환자들을 맞았다. 앞뜰 기능도 하는 나머지 반달 모양의 인도는 한적한 골목으로 이어지고 있었다.

이 앞뜰에 들어서려는 찰나, 도로 경계석에 서 있는 한 여인이 내 눈에 띄었다. 그녀는 보행보조기에 지팡이를 걸쳐 놓고 실눈으로 도로 여기저기를 살피고 있었다. 시계를 보니 4시 반이었다. 일을 최대한 해 놓고 나오려고 안 그래도 마지막 시간에 예약을 잡은 터였다. 여인의 나이는 족히 80대는 되어 보였다. 위풍당당한 몸가짐이며 옷차림과 헤어스타일이며 주목받기 좋아하는 중산층 여사님인 게 분명했다. 한 손에 휴대폰이 들려 있는 걸 보니 누가 차로 데리러 오길 기다리는 모양이었다.

치료를 다 받고 5시가 넘어 밖에 나왔을 때는 이미 해가 넘어간 뒤였다. 그런데 사람 형체를 한 황갈색 코트와 알록달록한 머플러가 벽에 기대 서 있는 게 보였다. 화려한 옷차림이 아니었다면 모르고 지나칠 뻔했다. 여인은 여전히 휴대폰을 들고 있었지만 조금 전과 달리 어깨가 축 처지고 머리는 매서운 겨울바람에 다 헝클어진 상태였다.

나는 잠시 망설였다. 지금 이 도시 어느 곳에서는 나의 늙은 엄마가 컴퓨터를 고쳐 줄 다 큰 딸내미를 간절히 기다리고 있다. 또,

오늘은 강아지 산책을 시키는 날이고, 들어가면 바로 저녁을 준비해야 하며, 그러고 나서도 환자 차트 정리와 이메일 확인 등등 할 일이 또 산더미다.

나는 그녀에게 다가가 괜찮으냐고 물었다. 그녀가 그렇다고 했지만 나는 바로 돌아서지 않았다. 그러자 그녀는 곧 입술을 오므리고 고개를 가로저으며 말을 바꿨다.

"아뇨."

시선은 길가에 고정한 채였다.

"약속한 차가 오지 않네요. 이 전화기로 택시를 불렀는데 아파트로 갔나 봐요. 다시 이쪽으로 오라고 해야 하는데 친구에게 연락할 길이 없네요."

그녀가 내게 손에 들린 것을 보여 주었다. 배터리가 다 돼 전원이 꺼져 있었다. 나는 내 휴대폰으로 택시를 부른 뒤 그녀를 부축해 앉혔다. 날도 추운데 지쳐 있으니 여인은 그 잠깐 사이에 폭삭 늙어 버린 것 같았다.

나는 택시가 올 때까지 말동무를 해 드렸다. 에바는 시내에서 작은 가게를 하고 있었다. 아니면 했었거나. 지금은 은퇴를 준비 중이라고 했다. 최근 들어 몸이 아파 일하는 게 힘에 부친다는 거였다. 작년에만 두 번이나 입원했는데, 다 큰일은 아니었지만 특히 두 번째 입원으로 일상이 크게 망가졌다. 그 이후, 삶은 결코 예전과 같지 않았다.

내 안의 의사 본능은 에바의 청각에 문제가 있다고 반복해서 경고하고 있었다. 그뿐만 아니라 시력, 손가락 마디마디의 관절염, 오른쪽으로 기우는 절름발도 심각했다. 그럼에도 얘기를 나눠 보니 그녀는 여전히 총명했고 유머 감각도 풍부했다.

마침내 택시가 도착했다. 운전사는 내가 에바를 부축해 오는 내내 가만히 지켜보기만 했다. 한겨울에 내내 밖에서 벌을 선 탓에 뻣뻣해진 관절에다가 보행보조기와 주렁주렁 달린 짐들 때문에 에바가 택시까지 가는 데에는 한참 걸렸다. 그런데 내가 뒷좌석 문을 열어 드리려고 돌아서는 찰나, 택시가 그대로 내빼는 것 아닌가. 나는 어처구니가 없어서 택시 꽁무니만 하염없이 바라보다가 정신을 차리고 택시 회사에 전화를 걸어 항의를 했다. 그런데 정작 에바는 쾌활하기 짝이 없었다.

"맨날 이래요."

그녀가 말했다. 그때 다른 운수의 택시가 골목을 돌아 이쪽으로 향하는 게 보였다. 택시는 손을 뻗은 나를 보고는 속도를 늦추는가 싶더니 내 곁의 에바를 발견하자 곧 타이어 찢어지는 소리를 내며 급회전해 밤의 장막 뒤로 사라져 버렸다.

"젠장."

에바가 중얼거렸다.

택시들이 에바를 피하는 이유는 고민할 필요도 없이 명확했다. 병원, 관공서, 식당을 비롯해 어떤 업종의 사업장이든 노인이 보행보조기에 의지해 홀로 들어오는 걸 보면 다들 똑같은 생각을 할 것이다. 노인은 느려 터졌으니 효율적인 업무 처리 같은 것은 잠시 포기해야겠다고 말이다. 일을 더 망치지나 않으면 다행일까.

나는 결국 아까부터 마음에 담고 있던 말을 입 밖에 내고 말았다.

"제가 모셔다 드릴게요."

가다가 무슨 일이라도 생기면 그녀의 가족으로부터 소송을 당할 수도 있었기에 괜한 오지랖일까 해서 계속 망설였던 것이다.

"아유, 됐어요. 그렇게까지 폐를 끼칠 수는 없어요."

말로는 정중히 사양했지만 순간 에바의 얼굴이 환해졌다.

에바와 함께 차를 세워 둔 곳까지 가는 데만도 체감상으로는 동네 일주라도 하는 느낌이었다. 나는 그녀의 안내에 따라 차를 몰아 샌프란시스코의 유명한 급경사 언덕 중 하나에 위치한 작은 아파트 단지에 도착했다. 계단식 밭 모양으로 설계돼 전체적으로 기울어진 것처럼 보이는 쌍둥이 건물 두 채가 좁은 정원을 끼고 나란히 서 있었다. 건물의 1층 현관을 통과하려면 높은 계단을 몇 칸 올라가야 하는데 발치에 조명이 없는 탓에 어두컴컴했다. 알고 보니 에바는 또 하필 꼭대기 층에 살고 있었다. 본격적인 등반에 앞서 에바는 열쇠꾸러미를 내 손에 쥐여 주더니 먼저 실외용 보행보조기를 들여 놓고 차고에 있는 실내용 지팡이를 꺼내 와야 한다고 했다. 그런 다음 겸사겸사 우편물도 챙겨와 주면 정말 고맙겠다는 말을 덧붙였다.

나는 엄마에게 전화를 걸어 약속 날짜를 바꾸고 집에도 연락해 오늘 늦을 거라고 일러두었다. 에바에게 보조를 맞춰 계단을 오르는 데는 또 시간이 한참 걸렸다. 그런데 올라가면서 두런두런 잡담을 하다가 에바도 그날 오후 내가 갔던 그 병원에 다녀가던 길이었다는 사실을 알게 됐다. 그녀는 이제는 혼자 발톱을 깎기에도 힘이 부쳤던 것이다. 나는 그녀에게 내가 뭐 하는 사람인지 알려 주었다.

어르신들이 대개 그러듯 에바는 당신이 온갖 의사를 다 만나 봤다며 혹시 아느냐고 한 명 한 명 확인하기 시작했다. 얘기를 듣다 보니 날 잡아 우리 병원에 있는 모든 진료과를 한 바퀴 순회해도 될 정도로 그녀의 몸은 성한 데가 없는 것 같았다. 게다가 그녀의 책임 주치의를 비롯해 거론된 몇몇 전문의는 실제로 나와 안면이 있기도 했다.

다음 날 아침 내 동료에게 보낸 이메일에서도 언급했지만, 건물 밖에서 에바를 차에서 내려 주고 집 앞까지 같이 올라가 주는 데에만 꼬박 한 시간이 걸렸다. 그녀의 불편한 몸 탓이었다. 그녀는 몸에 힘이 하나도 없었고, 마디마디 뼈 스치는 소리가 들릴 정도로 관절염이 심했으며, 왼쪽 골반에서는 가벼운 경련이 자주 일어나는 게 눈에 보였고, 오른발은 질질 끌어 옮길 수 있었지만 왼발은 거의 쓰지 못했다. 한마디로, 나는 거의 그녀를 끌어 올리다시피 해야 했다. 평소에는 그녀가 어떻게 혼자 그 계단을 올라 다니는지 진심으로 궁금했다.

계단을 오르는 동안 에바가 숨 차 하고 다리 아파하는 게 보이면 바로바로 멈춰 쉬었다. 그럴 때마다 그녀는 이야기보따리를 하나씩 풀어냈다. 에바는 연애만 여러 번 했을 뿐 자식은 없었다. 그녀의 친구들도 이제는 대부분 늙고 병들었기에 옛날만큼 자주 만나지 못했다. 그녀는 1970년대 초부터 내내 여기서 살았는데 이 집이 맘에 쏙 들어서 이사할 생각은 꿈에도 한 적이 없다고 했다. 그녀는, 본인은 곧 완치될 거라고 굳게 믿는 혈액암을 앓고 있었고 그 밖에 천식, 몇몇 심장기능 이상, 녹내장과 황반변성도 그녀를 괴롭히는 골칫거리였다. 또, 최근에 폐렴으로 입원했을 때는 바로 퇴원하지 못하고 한동안 요양원에서 지내야 했다. 그 일을 떠올리면서 에바는 죽는 것도 당신 취향은 아니지만 그곳에 다시 가야 한다면 차라리 죽겠다고 말했다. 그녀는 자신이 더 이상 일을 할 수 없다는 사실을 끔찍이도 싫어했다. 은퇴할 날만을 기다리는 사람들을 도저히 이해할 수 없다면서 말이다.

에바와 함께 계단을 오르는 것은 즐거운 동시에 몹시 괴로운 일이었다. 출구 없는 덫에 갇힌 듯한 절망감이 시시때때로 밀려왔기 때문이다. 의사나 간호사라면 특히 공감할 텐데, 나는 내 주변에서만 시간이 느리게 흐르거나 아까운 시간이 옆으로 새는 것 같은 이 느낌에 익숙한 편이었다. 그래서 답답하다고 느껴질 때마다 나는 평소에 하던 그대로 속으로 되뇌었다. 이 어른을 막 알아 가기 시작했으니 지금 잘하는 거라고. 하지만 진실은 그게 아니었다. 나는 진심으로 즐겁다, 즐거운 것이다라는 자기암시에 숨은 진짜 의미는 '불쌍한 에바, 에구 내 신세야'였다.

병원에서 환자들을 상대할 때도 나는 비슷한 심정을 자주 느낀다. 나이 드신 분들이 모두 그런 감정을 불러일으키는 것은 아니지만, 정말 연로하신 분들은 약하고 느릴 뿐만 아니라 누군가 계속 주시하고 있어야 하는 것이 사실이다. 그런 까닭에 그분들은 현대 사회에 가장 부족한 자원 중 하나, 즉 시간을 본의 아니게 통째로 요구하곤 한다. 시계 초침 소리는 긴장감을 형성한다. 긴장을 푸는 가장 좋은 방법은 내 발목을 잡는 걸림돌을 없애고 다시 힘차게 전진하는 것이다. 나는 느리지 않다고, 꾸물거리느라 제 할 일을 다 하지 못하는 일은 내 사전에 없다고 당당하게 외치면서. 상대가 애든 어른이든 의사가 환자의 말을 처음 몇 마디만 듣고 마구 잘라먹고, 한겨울 다저녁에 길가에 나와 서 있는 노파를 발견한 택시 기사가 일찌감치 꽁무니를 빼고, 노인이 느릿느릿 마주 걸어오거나 마트 계산대에서 신용카드를 주섬주섬 꺼낼 때 사람들이 흘끔흘끔 곁눈질을 하는 게 다 그런 심리에서 비롯된 행동이다. 그런데 우리가 근본적으로 단단히 잘못 알고 있는 게 하나 있다. 바로, 효율성이란 조직과 시스템을 논할 때 가장 잘 어울리는 개념이라는 점이다. 사람이나 인간관계가 아니라 말이다.

우리는 1층에서 첫 발을 뗀 지 40여 분이 흐른 뒤에야 에바의 보금자리에 도착할 수 있었다. 안에 들어가니 거실은 아무렇게나 쌓아 놓은 책, 잡지, 우편물 더미 등으로 발 디딜 틈이 없었다. 아담한 주방도 어수선하긴 마찬가지였다. 환기를 잘 안 시키는지 퀴퀴한 냄새도 났다.

"빨리 문 닫아요!"

에바가 외쳤지만 이미 때는 늦었다. 검은 털 뭉치 같은 것이 벌써 내 다리를 휙 스치고 지나간 뒤였기 때문이다. 에바의 고양이 히스클리프는 눈 깜짝할 사이에 어둠 속으로 사라졌다.

에바는 고양이의 이름을 불렀다. 돌아오는 건 정적뿐이었다. 하는 수 없이 내가 직접 계단을 내려가 현관 밖까지 꼼꼼하게 뒤졌다. 하지만 어디에도 고양이는 없었다. 그렇게 수색하기를 10분이 흘렀지만 히스클리프는 그림자도 비치지 않았다. 에바는 녀석이 가출한 게 이번이 처음이 아니라고 말했다. 조금 전까지만 해도 더없이 따뜻했던 그녀의 목소리에서 어색한 냉기를 감지한 나는 애완 고양이가 한번 집을 나가면 돌아올지 아닐지는 장담할 수 없음을 알 수 있었다. 두툼한 현관문 손잡이를 붙잡고 버티던 그녀가 천천히 주저앉는 걸 보고 있자니 더욱 확신이 들었다. 갖가지 지병과 아파트의 위치 탓에 고립된 삶을 살던 그녀에게 히스클리프는 유일한 동반자였던 것이다.

나는, 머리로는 좀 더 머물며 고양이를 찾는 데 손을 보태야 한다고 생각했지만 내 몸은 그대로 뒤돌아 아파트를 나오고 말았다.

다행인 점은 그 정신없는 와중에도 그녀의 의료 기록을 열람하고 주치의에게 연락해 이런저런 제안을 해도 좋다는 허락을 받아놨다는 것이다. 죽 훑어본 결과, 에바의 차트는 흡사 미국 노인 사례의 견본 같았다.

차트를 보니 에바가 작년에만 우리 병원에 서른 차례 왔다 간 것으로 기록돼 있었다. 안과에 아홉 번, 방사선진단과에 다섯 번, 호흡기내과에 네 번, 요실금 때문에 네 번, 암 때문에 세 번, 순환기내과에 한 번, 그리고 책임 주치의 일반검진을 위해 한 번 예약을 잡아 진료를 받았고 다른 하루는 종양내과에서 간호사만 만나고 간 것 같았다. 응급실에도 두 차례 왔다 간 기록이 있었다. 차트 곳곳에 메모된 것처럼 '택시를 못 잡아서' 날린 예약까지 합하면 목록은 훨씬 더 길어졌을 것이다. 직접 걸음하지 않더라도 에바는 병원에 전화해 이런저런 상담을 자주 하는 거로도 유명했다. 현재 그녀는 최소 다섯 명 이상의 의사에게서 처방 받은 약 열일곱 가지를 복용 중이었다. 에바 같은 상황을 두고 사람들은 문제가 복잡하다, 다중이환 상태다, 노인병이다 등의 표현을 사용한다. 의료 제도의 맥락에서는 에바는 파편화된 의료, 진료과 간 단절, 그로 인한 의료비 상승의 상징과 다름없다.

차트 기록은 에바를 담당한 의료진이 모두 저마다의 전공 분야에서 더없이 신중한 판단과 조치를 내렸음을 말해 주었다. 그들이 에바를 제대로 파악했고 진심으로 걱정해 최선을 다했다는 게 내 눈에도 보였다. 그럼에도 그녀에게 당장 급한 최대 고민을 해결하는 데에는 그들의 풍부한 경험과 깊은 지식이 조금도 보탬이 되지 않았다.

에바와 함께 아파트 계단을 올라가는 잠깐 새에 나도 감지한 이 고충을 그녀의 의사들도 어느 정도는 알았던 것 같았다. 메모가 여러 군데에 있었으니까. 대충 관절통이 심각하고, 걷는 데 제약이 크고, 통원이 어렵다는 내용이었다. 나는 납득할 수 없었다. 이걸 눈으로 봤으면서 그 많은 의사들 중 어느 하나 어떻게 보행기능 검사와 관절통 치료를 시작하거나 사회복지사, 물리치료과, 노인의학과 같은 전문가들에게 조언을 구할 생각을 못 했을까.

한편, 차트에 아예 언급도 없었지만 바로 그 점에서 비등하게 심각한 문제가 또 있었다. 나는 에바가 몇 명의 의사에게서 몇 번씩 진료를 받았는지 전체적으로 집계된 숫자를 어디서도 찾을 수 없었다. 의료 파편화의 심각성과 절실한 통합 의료의 필요성을 동시에 보여 주는 부분이다. 게다가 열일곱 줄이나 되는 그녀의 처방약 목록을 타전공 의사들끼리 상의했다는 메모는 한 글자도 없었다. 전형적인 '다약제 병용polypharmacy' 사례인데, 어느 의약품이든 부작용이 있기 마련인지라 특히 노인의 경우 넘어지거나 입원하는 일이 허다하고 심하면 약물 부작용으로 죽음에 이르기도 한다. 모든 면에서 미루어 볼 때 의사들은 에바가 독거노인이라는 점, 사는 형편, 발톱 정리부터 식사 준비에 이르기까지 기본적인 자기관리도 점점 힘들어지는 현실을 방관만 한 게 분명했다. 무엇보다도, 삶의 우선순위가 무엇인지, 병원을 다니는 궁극적인 목적이 뭔지, 혹은 만약의 경우 그녀 대신 치료 결정을 내려 줄 대리인으로 누구를 지정하고 싶은지 아무도 묻고 기록해 두지 않았다는 게 나로서는 놀라울 뿐이었다. 에바가 지병이란 지병은 다 달고 사는데도 돌봐 줄 직계가족 하나 없는 80대 할머니임을 감안할 때 있을 수 없는 일이었다.

나는 그나마 가장 근접한 문서 하나를 최근의 입원 기록에서 간신히 찾을 수 있었다. 당시 담당 의사가 참 성실하게도 규정을 잘 따라 환자에게 질문하고 답변을 적어 둔 심폐소생술 거부 의향서Do Not Resuscitate, 일명 DNR 기록이었다. 그런데 현실적으로 환자와 그런 속 깊은 대화가 제대로 이루어질 수 없는 조건이라는 것 또한 분명한 사실이다. 아무리 의사와 환자 관계라도 처음 보는 사람들끼리 몇 시간 만에 이런 심각한 대화를 터놓고 나누기가 쉬울 리 없다. 또, 주어진 시간 안에 환자 스스로 신속 정확한 판단을 내리기에 환자 설명서의 정보는 지나치게 간결하다.

에바의 경우, 서류에는 만에 하나 심장이 멈춘다면 가능한 한 모든 소생 조치를 다 해 달라는 쪽에 표시되어 있었지만, 연령과 건강 상태를 고려할 때 심폐소생술이 성공할 확률은 높지 않다. 또, 만약 기적적으로 소생하더라도 이미 뇌신경이 심각하게 손상된 뒤라 몸을 거의 못 쓰게 되어 요양원 침상에 누운 채 여생을 보내는 신세가 될 게 뻔하다.

이처럼 드물게 얘기가 나와도 논의가 제대로 이루어지지 않는다면 그것 역시 여전히 심각한 문제라고 볼 수 있다. 이상적으로는 시간을 들여 환자의 건강관과 인생관을 꼼꼼히 검토해야 하지만 대개는 에바에게 그랬던 것처럼 초면에 최후의 질문 하나만 툭 던지고 돌아서는 게 실상이다. 이런 상황에서도 목숨만 붙어 있다면 어떻게든 살고 싶어 하는 환자가 있는가 하면 입원은 괜찮지만 중

환자실은 싫다는 환자도 있다. 또 혹자는 병원은 쳐다도 보고 싶지 않고 집에서 받는 간병으로 충분하다고 고집한다. 그런 가운데 현재 우리 의료 제도가 환자들에게 제공하는 서비스의 범위는 호흡기 튜브부터 입원, 항생제 투약, 관리사나 간병인 보조 정도까지다. 에바의 경우도 크게 다르지 않아서, 심장박동이 없을 때 심폐소생술을 원하느냐는 질문을 받은 게 고작이다. 한 인격체로서 그녀가 어떤 말년을 보내고 싶어 하는지 알고자 한 이는 아무도 없었다.

이메일을 통해 책임 주치의와 충분히 상의한 뒤, 나는 에바에게 전화를 걸었다. 앞으로의 계획을 알려 주기 위해서였다. 그런데 정작 당사자는 어떻게 치료를 받든 개의치 않는 것 같았다. 그런 것과 상관없이 그녀는 자신을 돌봐 주는 의사들을 그냥 좋아했다. 또, 다른 사람들처럼 그녀 역시 아픈 부위마다 각각 정해진 진료과에서 따로따로 치료받는 것을 당연하게 생각하고 있었다. 병원 방문은 매일 홀로 지내는 그녀에게 일종의 중차대한 사교행사였다. 거동도 힘드신데 발톱 다듬는 것 정도는 관리사를 집으로 불러서 해결하는 게 어떠냐고 권했을 때 그녀는 내가 무슨 못 할 말이라도 한 것처럼 버럭 소리를 질렀다.

"벌써 몇 년째 다니는 데란 말이에요. 그 사람들이 나한테 얼마나 살갑게 구는데요!"

나는 최대한 평온한 목소리 톤을 유지하려고 애쓰면서 다음 질문으로 넘어갔다. 질문의 내용은 혹시 이사할 생각이 있느냐는 것이었다. 평지에 위치해 있고 가파른 계단을 오를 일이 없으면서 상점과도 가까운 집에 산다면 그녀의 생활 반경이 훨씬 넓어질 터였다. 주머니 사정만 넉넉하다면 청소, 밥, 빨래까지 다 해 주면서 친구 사귈 기회도 널린 주거식 요양 시설이 에바와 비슷한 분들에게 최선의 해결책이 될 수 있었다.

"난 절대로 이 집을 안 떠나요."

그녀가 덧붙였다.

"죽기 전에는요."

에바의 고집은 스스로를 곤궁에 빠뜨리고 있었다. 물론 그런 행동이 전혀 이해 안 되는 것도 아니다. 그 집은 무려 수십 년 동안 그녀에게 안식처가 되어 주었기에 이제 그녀의 분신이나 다름없었다. 설혹 이사를 마음먹는다 한들 임대료상한제에 묶인 이 낡아 빠진 70년대식 아파트 시세의 어림잡아 대여섯 배는 되는 여유 자금이 있어야 실행 가능할 것이다. 지금 그녀가 가장 간절하게 바라는 것은 다른 대다수 노인들의 소망과 다르지 않았다. 바로, 여기저기를 보다 자유롭게 다니면서 더 많은 일을 스스로 처리하게 되는 것, 그래서 삶다운 삶을 지속하고 그녀가 혼자 힘으로 일군 이 보금자리를 계속 지키는 것이었다.

전화를 끊기 전에 나는 그녀를 우리 병원 노인의학과 대기자 명단에 올리고 싶은데 그래도 괜찮겠는지 물었다. 만약 그녀가 동의한다면 앞으로 새로 만나게 될 의사가 지금까지와는 완전히 다른,

보다 유기적인 방식으로 그녀를 살펴 줄 거라는 설명을 덧붙여서.

환자의 지병을 관리하는 측면은 다른 의사들과 차이가 없겠지만 노인의학 전문의는 에바 같은 노인 환자에게 여러 가지 혜택을 추가로 선사할 수 있었다. 가장 먼저, 환자와 함께 생활 전반 및 건강과 관련된 우선순위를 파악한다. 그런 다음 일상 활동과 외출할 때 가장 힘든 점들의 해결책을 찾는다. 또, 처방전과 타 진료과 예약들을 검토해 꼭 필요한 것만 가려낸다. 마지막으로, 이게 가장 좋은 점인데, 입원하는 일이 되도록 생기지 않게 몸 상태가 나빠질 경우 언제든 전화로 상담해 주거나 방문 진료를 해 준다.

내가 준비한 말을 다 마쳤는데도 수화기 너머에서는 한참 동안 아무 소리도 들리지 않았다. 그러다 갑자기 에바가 외쳤다.

"믿기지 않을 정도로 너무 좋은 소식이네요!"

에바의 고통은 털끝만큼도 의사 탓이 아니었다. 오히려 그녀를 담당한 의사들은 하나같이 다정하고 실력이 출중했다. 그녀의 각종 지병 역시 대체로 잘 통제되고 있었고 말이다. 그럼에도 에바는 나날이 시들어 갔다. 약속 날짜에 나타나지 않는 날이 늘어 갔고 몸 매무새나 집 안 꼴은 갈수록 엉망진창이었다. 그녀가 점점 추레해진다는 사실을 몇몇 의사가 눈치챘지만 아무도 나서지는 않았다. 당연했다. 특정 질환 하나를 고치려고 전반적 건강을 해치는 근시안적 철학을 가진 현대 의학의 틀 안에서 그들이 의대 학부와 수련의 시절에 보고 배운 게 그것뿐이었으니.

교육과 훈련을 통해 성장해 가면서 의사는 자연스럽게 각자 시야 안에 걸리는 전공 영역에 정착하게 된다. 그런데 질병과 그 완치법에만 매달리는 오늘날의 의료계 문화는 더 멀리, 더 넓게 볼 기회를 박탈해 의사의 시야 범위를 좁혀 버린다. 그 결과로 의사들은 각자 전공으로 택한 신체 장기 혹은 질환과 그 치료법이 다른 측면들, 나아가 한 인간의 삶 자체와 어떻게 얽히고설키는지 이해하지 못하게 되고 만다. 서양 의학의 교육을 받은 현대 의사들이 뒤늦게 환자별 맞춤 전인의료를 도입하려 할 때 적응에 힘겨워하는 것은 그들의 실력이 부족해서가 아닌 것이다.

사람들은 인생이 고달프고 몸이 아플 때 여전히 구청 사회복지과보다는 병원에 더 먼저 달려간다. 요즘은 정부의 복리후생 정책이 점점 좋아져서 잘만 활용한다면 병원 치료보다 나은데도 말이다. 본디 의술의 사명은 민중을 돌보는, 다시 말해 '누군가의 건강, 복지, 생활 유지, 보호에 반드시 필요한 것들을 제공하는(옥스퍼드 영영사전에 따른 영단어 'care'의 정의_옮긴이)' 것이다. 그런데 의료계는 여전히 오직 의학 기술만 환자를 위하는 것이라 자부하고 건강 증진에 실질적 효과가 있는 소위 바깥 영역의 프로그램들은 무시한다. 의학이 계속 독불장군처럼 구니 돌봄의 사명을 완수하지 못하는 건 당연하다.

현실이 이 모양이면 설령 의사들이 에바를 돕기 위해 적극 나섰더라도 의료 제도가 그것을 허락했을 리 없다. 에바처럼 복잡한 환자 사례를 들고 와서 분위기를 어지럽히는 의사들에게 현대 의료 제도는 낮은 평점, 근무 시간 연장, 지원 축소 등 다양한 방식으로 벌을 내린다. 이건 애초에 이길 수 없는 게임이다.

이런 식이다. 뇌졸중과 낙상 두 가지 모두 다섯 손가락 안에 드는 노인 사망의 직접적 원인이다. 사망에 이를 정도로 심하지 않더라도 어디가 부러지거나 긁히고, 몸 일부를 한동안 못 쓰게 되고, 항상 도움을 받아야 하고 그래서 매사에 주눅 들고 우울해지는 게 보통이다. 그런데 뇌졸중 클리닉을 따로 운영하는 병원은 많은 반면 낙상은 어디서도 비중 있게 다뤄지지 않는다. 뇌졸중은 혈전이나 출혈로 뇌에 피가 모자랄 때 일어난다. 뇌와 출혈과 혈전의 순환하는 삼각형 연결고리는 모든 의사가 학부 시절부터 귀에 못이 박이도록 들어 왔기에 꿈결에도 외울 정도다. 반면에 낙상의 원인은 엄청나게 다양하다. 각종 질병, 환자의 신체적 조건, 넘어지는 것에 대한 공포(무서워할수록 더 잘 넘어진다), 균형 감각, 근력, 조정능력(이건 의사보다는 물리치료사에게 맡길 문제다), 투약 중인 약물 등등 일일이 열거하기도 입 아프다. 또한, 뇌졸중의 경우 보험 청구 코드가 수십 가지로 세분되어 있는 데 비해 낙상의 코드는 불과 몇 년 전까지만 해도 저 끝에 돈 안 되는 상병 분류만 모아 놓은 카테고리 안에 딱 한 가지뿐이었다. 비슷한 맥락으로, 요즘 거의 모든 병원에서 쓰이는 전자 차트는 낙상을 비롯해 복잡다단한 문제를 안고 있는 환자를 전 방위에서 효율적으로 관리하기에는 불편하기 짝이 없는 포맷으로 되어 있다.

처음에 에바는 만나는 의사마다 다리가 불편하다는 고충을 토로했었다. 그렇지만 어느 누구도 적극 나서 주지 않자 차차 입을 닫게 되었다. 문제를 거론해도 해결될 기미가 안 보일 때 사람들은 해결책이 없는 거라고 단정한다. 의료계가 의사 소관이 아니라고 못 박은 문제를 환자가 입 밖에 꺼내는 일은 좀처럼 없다. 어떻게 해도 별 도움이 안 될 수준으로 심해지기 전에는 말이다.

한편, 노인들이 먼저 쉬쉬하는 문제도 있다. 괜히 얘기를 꺼냈다가 어떤 꼴을 자초하게 될지 뻔히 알기 때문이다. 에바는 지난번에 입원했을 때 호되게 당하고 난 뒤 몇몇 의사에게 발길을 뚝 끊었다. 요양원에는 죽어도 가지 않는다는 의지를 분명히 하기 위해서였다. 사실 이것은 전 세계에서 볼 수 있는 공통적인 현상이다. 병원이 자신을 죽일 거라고 믿어 의심치 않은 내 시어머니는 호흡곤란으로 고통스러워하면서도 아들 내외가 도착하기 전에는 어떤 치료도 받지 않겠다고 완강하게 버텼다. 또, 노르웨이 작가 칼 오베 크나우스고르Karl Ove Knausgaard의 작품 《나의 투쟁-1》을 보면 작가 본인의 조부에게 생애 마지막 몇 주가 결코 흡족한 시간은 아니었음을 알 수 있다:

> 틀림없이 할아버지는 뭔가 이상하다는 걸 전부터 느꼈을 것이다. 하지만 바로 병원에 가는 것은 주저하더니 어느 날 욕실에서 쓰러졌다. 다행히 우리는 너무 늦지 않게 할아버지를 발견해 병원으로 모실 수 있었다. 그렇게 그는 목숨을 구했다. 처음에는 그런 줄 알았다. 이 일로 순식간에 쇠약해진 할아버지는 하루가 다르게 수척

해졌다. 그러고는 결국 얼마 못 가 돌아가셨다.

이 일화에서 지적할 수 있는 문제점은 세 가지다.

첫째는 사회적으로 공인되는 의료의 범위가 너무 좁다는 것이다.

둘째는 노인 환자의 건강을 위해 정작 가장 절실하게 필요한 전문가는 영양학자, 물리치료사, 사회복지사일 텐데 사회는 의사의 이른바 '의료' 행위만 으뜸으로 친다는 것이다.

마지막은 혹시라도 강제로 끌려갈까 병을 숨길 정도로 노인들에게는 요양원이 무시무시한 곳이라는 것이다.

어느 나라든 노년층은 유별나면서 예산만 잡아먹는 집단이라는 인식이 팽배하다. 그래서 오늘날 의료 제도는 죄다 청장년과 중년에게 훨씬 유리하게 설계되어 있다. 융통성 없는 의료 정책은 각종 질환에 대해 오직 저희가 하는 것들만 치료로 인정하고 혜택을 몰아준다. 그런 까닭에 간절하게 원하는 관리 서비스와 보조 치료는 수많은 노인 환자들에게 다 그림의 떡이 된다. 그럼에도 그 결과로 국민 건강의 질이 떨어질 때 비난의 화살은 늘 노인들을 향한다.

한겨울에 길 한복판에서 처음 만난 지 거의 1년 뒤, 마침내 에바는 대기자에서 벗어나 우리 병원의 정식 왕진 의료 환자가 되었다. 첫 왕진을 간 담당 노인의학 전문의는 에바의 건강 상태를 꼼꼼히 체크하고 그녀가 노년기에 중요하다고 생각하는 삶의 가치들과 그 순서를 기록했다. 만약을 대비해 대리인 역할을 할 사람의 이름과 연락처도 받아 두었다. 에바가 관절염과 다리 통증을 최대의 골칫거리로 꼽았기 때문에 일단은 가장 아픈 관절에 스테로이드 주사를 놓고 노인에게 안전한 진통제를 처방하는 조치를 취했다. 혈압은 기존 차트 기록대로 꽤 높은 편이었다. 알고 보니 에바는 약 몇 가지를 복용하지 않은 지 오래였다. 다리 때문에 약국 가는 길이 부담스러웠던 것이다. 그런데 요실금에 안 좋다고 알려진 약 한 가지, 중년까지는 효과적이지만 80세 이상에게는 그렇지 않은 다른 약 한 가지, 그리고 복용하나 안 하나 별 의미가 없는 다른 약 몇 가지는 또 열심히 먹고 있었다. 그래서 그녀의 새 주치의는 이참에 꼭 필요한 처방만 추려 투약 일정을 훨씬 간단하게 다시 짰다. 그리고 약은 약국에서 집으로 배달되도록 조치했다.

이날 새롭게 알게 된 사실은 또 있었다. 그동안 에바가 관절염이 유독 심한 날 병원에 가려고 남의 손을 빌려 계단을 오르내리는 데 나간 인건비가 어마어마했던 것이다. 계산해 보니 내려올 때와 올라갈 때 각각 계단 한 칸당 3달러씩 지불한 꼴이었다. 계단이 총 마흔아홉 칸이니 병원에 한 번 다녀갈 때마다 총 300달러를 계단에 헛뿌린 셈이었다. 물론 택시비는 따로였다. 하지만 이제는 옛날만큼 자주 병원에 가지 않아도 되었다. 요실금과 호흡기 문제를 비롯한 만성질환 대부분은 노인의학 전문의가 왕진을 왔을 때 살피기로 했다. 암 추적 관찰도 이 자리에서 함께할 수 있었다. 다른 팀원들, 그러니까 간호사, 물리치료사, 사회복지사는 에바의 독립적 생활 관리, 운동과 사회활동, 주거 환경 개선을 책임지기로 했다. 안과 의사는 아직 더 알아봐야 했지만, 아끼는 교통비로 생활도우미를 고용할 수 있으니 이미 넘치게 받은 느낌이었다.

노인에게 간병인을 연결해 주고, 간병인에게 할 일의 범위를 구체적으로 정해 주고, 환자와 간병인의 합이 잘 맞는지 계속 주시하고, 간병인이 지나치게 스트레스를 받지 않도록 보장해 주는 것은 전통적인 관점에서 의료에 속하지 않으며 의사의 당연한 임무도 아니다. 하지만 이런 것들은 늙고 병든 환자의 기본권과 안전을 보장하고자 의사가 취할 수 있는 다양한 조치 중에서 가장 덜 위협적이면서 장기적으로 가장 효과적인 방책이 될 수 있다.

첫 방문 날 에바의 담당 의사는 노부인의 목마름을 해결할 간병인을 발 빠르게 알아봐 주었다. 의술이 아니기에 보상을 기대할 수 없음에도 환자의 건강과 행복을 위해 두 팔을 걷어붙인 것이다. 간병인은 에바를 위해 약국에서 약을 타다 주고(덕분에 택배비까지 굳게 되었다), 요리와 운동을 도와주고, 집 안 청소를 대신 해 주었다. 가끔 발톱을 정리해 주는 말동무 역할까지 겸한 것은 물론이다.

그로부터 3년 뒤, 에바는 아흔 번째 생일을 맞았다. 그런데 그녀는 처음 봤을 때보다 부쩍 쇠잔해져 있었다. 듣자 하니 그동안 에바 본인이 딱 전형적인 '상대하기 힘든' 환자처럼 굴었던 모양이었다. 간병인은 밥 먹듯 갈아 치우고, 운동은 끔찍이도 싫어하고, 때로는 의료진의 연락조차 성가셔했단다. 그럼에도 여전히 병원에 입원하는 것도 요양원에 들어가는 것도 거부하며 영원한 보금자리인 그 언덕배기 아파트에 살고 있었다. 고맙게도 마침내 일탈을 끝내고 돌아온 히스클리프와 함께.

생물학

16세기 희극 《뜻대로 하세요》를 보면 셰익스피어는 인간의 일생을 일곱 단계로 나누고 있다. 그중 다섯 번째 단계인 중년은 남녀를 불문하고 외우는 격언의 수만큼 뱃살도 함께 늘어나는 시기라 묘사된다. 그다음 단계는 '콧잔등에 돋보기를 걸친 수척한 노인'의 모습으로 그려진다. 그리고 마지막에는 이도 다 빠지고, 눈도 보이지 않고, 밥맛도 없고, "세상만사가 허무하구나"라는 한탄으로 다사다난했던 인생사가 마무리된다. 오늘날 노화가 과도한 오명을 쓴 것은 모두 이 마지막 단계 탓이다.

모든 생명체는 시간이 흐를수록 체내 세포와 분자들이 변해 가고 소모되면서 제어 능력과 회복 기능을 서서히 상실한다. 이런 미세한 변화가 축적되면 장기 기능 저하라는 해부학적 혹은 생리학적 증상으로 표출된다. 어떤 변화는 특정 세포 혹은 특정 기능 계열에 국한되어 나타난다. 예를 들어 유해 물질 침입을 감지하는 면역계의 수지상세포樹枝狀細胞, dendritic cell가 점점 둔해지는 식이다. 이와 달리 어떤 변화는 체내 여러 부위에 동시에 영향을 준다. 일례로, 피부와 연골과 뼈는 사이사이 연결고리 역할을 하는 효소 분자들을 통해 이리저리 얽히고설켜 모두 하나로 연결되어 있다. 그런 까닭에 효소 분자에 이상이 생기면 이 조직들이 죄다 뻣뻣해지고 삐걱댄다.

나이에 따라 사람에 따라 부위와 진행 속도는 다를 수 있다. 하지만 결국 모두 언젠가는 온몸 구석구석 노화의 증거가 없는 곳이 없게 된다. 그중에서 주름이나 새치는 초반부터 감지가 가능하다. 피부가 얇아지고 탄력을 잃어 가면서 주름이 하나 둘 늘어난다. 또, 모근에 멜라노사이트라는 색소 세포가 부족해지면 머리가 점점 허옇게 센다. 한편 어떤 노화 현상은 꿈에도 모르고 지내다가 눈에 띄게 심해지고 나서야 알게 되기도 한다. 혈관벽이 두꺼워지면서 딱딱하게 굳거나 뼈에서 무기질 성분이 빠져나가 구멍이 숭숭 뚫리는 것처럼 말이다. 많은 경우, 기능 저하는 크기나 양이 줄어드는 형태로 나타난다. 뇌는 쪼그라들고, 근육량은 줄고, 척추뼈 사이 디스크 공간은 좁아지고, 눈가는 움푹 꺼지고, 콩팥도 작아진다. 반대로 크기가 커지거나 양이 늘어나는 쇠퇴도 있다. 심장이 비대해지고, 귀가 커지고, 눈의 수정체가 두꺼워지는 것이 그런 예다.

흔히 사람들은 이런 변화를 나쁘게만 생각한다. 건강에 안 좋은 것은 물론이고 겉보기에도 흉하다고 말이다. 그런데 앤절라 모랄레스Angela Morales는 조금 달랐다. 조모의 임종 과정을 일기처럼 기록한 수필 《루스의 마지막 9일Nine Days of Ruth》에서 그녀는 이렇게 적고 있다.

「할머니의 피부를 쓰다듬는데 마치 갓 딴 버섯을 만지는 느낌이었다. 나는 벌써 부패가 시작된 건지 궁금했다. …… 찾아보니 세포가 스스로 분해되는 것을 '자가용해'라고 한다고 한다. …… 그렇게 생체는 재활용을 시작한다. 너무 신기하다. 순서는 거꾸로지만 말이다.」

실은 나도 어르신의 임종을 지키면서 비슷한 생각을 한 적이 있었다. 인간의 생사는 자연의 이치고 자연이 하는 일은 다 아름답다. 스러져 가는 생명에는 역동하는 젊음과는 다른 종류의 아름다움이 있다. 보다 정적이고 절제되어 있어서 눈여겨보지 않으면 알아채기 어려운 아름다움이다. 천수를 누리고 오늘내일 하는 어르신의 쭈글쭈글한 몸에 모든 감각이 그대로 살아 있다. 뭔가가 마침내 완벽한 대칭에 도달해 완성된 느낌이다. 아, 이래서 인간이 태어나서 죽을 때까지를 생명주기라고 부르나 보다 하고 그때 나는 생각했었다.

모든 생물종이 나이를 먹는 것은 아니다. 게다가 나이를 먹더라도 늙어 가는 과정은 생물종마다 제각각이다. 가령 염색체, 핵, 세포막으로 둘러싸인 소기관이 없는 원핵생물에게서는 노화의 징조를 찾아볼 수 없다. 박테리아 같은 미생물이나 남조류가 그런 예다. 한편, 진핵생물의 경우 단세포생물은 불사의 존재라는 증거도 있긴 있지만 나머지 다세포생물들은 식물이고 동물이고 가릴 것

없이 전부 늙어 죽을 운명을 타고난다. 여기서 다세포생물의 노화란 한마디로 체세포 분화, 즉 생식기능과 무관한 세포들이 각자 고유의 기능을 나눠 맡는 것을 말한다. 생체 시간은 생물종마다 다른 속도로 흐르기에 노화의 빠르기 역시 천차만별로 달라진다. 가령, 성충이 된 파리는 고작 2, 3주를 살고 죽어 버린다. 태평양 연어는 고향에서 알을 낳자마자 떼죽음하기로 유명하다. 인간을 비롯해 태반을 가진 수많은 포유류는 서서히 성년기에 이른 뒤 모든 신체 기능이 또 서서히 쇠퇴해 간다. 이와 달리 관목류와 파충류는 일단 다 자라면 단순 노환으로 죽지는 않는다고 한다.

최근에 인간의 노화 연구 부문에서 많은 진전이 있긴 했지만 노화가 왜 그리고 어떻게 일어나는지에 대해서는 여전히 대부분이 베일에 가려진 채다. 수십 가지 가설이 항간에 떠돌지만 어느 하나 거부할 수 없는 설득력을 가진 것은 없다. 접근 방식만 다를 뿐 진화학도, 사회심리학도, 생리학도 같은 주제에 이목을 집중하고 있다. 그런 면에서 인간이 늙는 이유를 가장 정확하고 납득할 만하게 설명할 방법이란, 여러 가설에서 인정할 부분은 적당히 인정하고 통합하는 것일지도 모른다.

우선, 진화학 가설은 크게 두 가지 유형으로 나뉜다. 하나는 자연선택이 개체의 유전자에 거의 영향을 주지 못한다는 것이다. 다른 하나는 노화를 유발하는 특질들이 번식에 필요한 핵심 특질들과 묶여 마치 끼워 팔기처럼 계속 대물림된다는 것이다.

한편 사회심리학 가설은 노화를 인간 행동과 연관 지어 설명한다. 사회심리학에서는 노년기를 세 가지 맥락으로 해석하는데, 첫째는 인간이 성숙해 가는 자연스러운 과정의 한 단계라는 것이고 둘째는 생물학적 변화에 대처하기 위한 일종의 적응 전략이라는 것이고 셋째는 과거의 가치관, 인간관계, 경력들을 적극적으로 증명하거나 거부하려는 반응이라는 것이다.

이 세 가지 해석은 따로따로가 아니다. 셋이 서로 조금씩 섞이기도 하고 심지어 노화를 세포 수준에서 해석하는 다른 생리학 가설과 연결하는 것도 가능하다. 마지막으로 생리학 영역에서는 우열을 가리기 힘든 다수의 가설이 팽팽하게 맞선다. 몇 가지만 꼽으면 노화가 방사선과 화학물질에 의한 유전자 손상 때문이라는 가설, 유전자와 단백질의 오류가 축적되어 일어난다는 가설, 필수 세포의 고갈이 원인이라는 가설 등이다. 물론, 그중 몇 가지가 동시에 작용했을 가능성도 없지 않을 것이다. 생리학의 관점에서 노쇠는 면역력 저하와 만성 염증 상태를 말한다. 몸을 오래 쓰고 유해인자에 수도 없이 노출시킨 결과로 자연스럽게 닳고 해진다고 보는 셈이다. 물론 유전적 요인도 단단히 작용했을 것이고 말이다.

늙는 속도와 크기는 사람에 따라 차이가 벌어질 뿐만 아니라 시기에 따라서도 달라진다. 노화의 생물학에는 삶의 과정이 그대로 투영되기 때문이다. 몸속 세포는 인체 내외부의 수많은 요인들에 반응하고 그 영향을 받아 변해 간다. 그 결과로 일어나는 노화는 공교롭게도 질병과 비슷하게 몸의 구조를 망가뜨리거나 기능을 떨어뜨린다. 동시에, 점점 더 다치거나 병에 걸리기 쉬운 체질이 된다. 그런 의미에서 노화의 본질을 가장 정확하게 꿰뚫는 정의는 아마도 '살아 있음을 알리는 생물학적 징후'가 아닐까.

여러 해 전 딱 좋다 싶게 선선했던 10월의 어느 하루, 나는 머리를 다듬으러 단골 미용실에 들렀다. 안으로 들어가자 담당 헤어디자이너가 미소를 지으며 반갑게 맞아 주었다. 그녀는 내 또래였지만 피부가 더 매끈하고 머리색이 검은 탓에 훨씬 어려 보였다. 당시는 내가 흰머리를 그대로 기른 지 석 달째에 접어든 차였다. 지난여름, 나는 어차피 나이 먹는 거 긍정적으로 받아들이자고 결심했었다. 내가 늙어 가는 흔적은 감추려 하면서 노인의 대변인이 되겠다니 무슨 위선인가 싶은 생각이 들어서였다. 그런데 마음먹은 김에 염색을 안 하면 머리가 어떻게 보이는지 궁금해진 것이었다.

원래는 암갈색인 머리에 새치가 돋은 것은 30대 초부터였다. 친가 쪽이든 외가 쪽이든 이렇게 빠른 사람은 나 말고는 아무도 없었다. 의대 공부가 그만큼 힘들었다는 뜻이리라. 하는 수 없이 나는 결혼도 하기 전인 서른넷부터 새치 염색을 해야 했다. 그 때부터 근 20년 동안 누군가 부분 하이라이트를 주거나 밝은 색으로 염색하는 걸 권해도 나는 예뻐지려고 물들이는 게 아니라고 말하며 사양하기 바빴다. 그저 내 또래로만 보이면 그걸로 족하다고. 그러다 50대에 들어서니 더 이상 이 변명이 먹히지 않았다. 웬만한 50대 중년치고 나만큼 머리가 희끗희끗하지 않은 사람이 거의 없었으니 말이다.

"자, 어떻게 해 드릴까요?"

뒤에 선 헤어디자이너가 거울 속의 나를 바라보며 물었다. 오늘은 미용실에 올 걸 생각해 일부러 새치커버 스틱을 바르지 않은 상태라 흰머리가 한결 도드라졌다. 새삼스레 새치커버 스틱의 위력을 인정하지 않을 수 없었다.

그러자 그녀가 발랄하게 말했다.

"손님은 꺾이려면 아직 한참 멀었어요."

나는 흰머리 자체가 보기 싫은 게 아니라고 재빨리 설명했다. 염색한 머리와 본래 머리가 너무 티 나게 경계 지는 게 거슬려서 그런다고 강조하면서. 지금 머리 꼴은 사람이 좀 엉성해 보이고 내게 어울리지도 않았다. 다른 여자들과 마찬가지로 나 역시 머리를 할 때마다 나이 들어 보이지 않을까 혹은 멍청해 보이지 않을까 하는 게 걱정이었다. 만에 하나 망해서 정말로 그렇게 되면 그 참혹한 심정은 이루 다 말할 수 없었다.

헤어디자이너는 경계가 자연스러워지도록 하이라이트만 살짝 넣는 건 어떻겠냐고 제안했다. 나는 좋다고 대답했다.

생물학으로 설명 가능한 노화는 큰 그림의 절반에 지나지 않는다. 나머지 절반을 차지하는 것은 후천적 요소들이다. 다시 말해 생물학은 노화의 선천적 측면인 셈이다. 사람이 언제 어떻게 늙어가며 그 과정에서 어떤 일들을 겪는지는 각자 처한 환경, 적응 방법, 건강 상태, 습관, 재정 수준, 성별, 사는 곳 등등에 따라 달라진다. 운도 어느 정도는 따라 줘야 한다. 생물분류상 인간종은 하나뿐인지라 인간이 태어날 때 부여받는 생물학적 수명은 모든 개체가 거의 똑같다. 여기에 후천적 요소들이 추가로 작용하면서 사람마다 각양각색의 모양새로 늙어 가는 것이다. 가령 부자 나라 모나코의 경우는 평균 기대 수명이 아흔에 육박한다. 즉, 모나코 사람들은 반세기 동안 늙어 가면서 수십 년을 노인으로 산다. 반면에, 최빈국에 속하는 차드 공화국(아프리카 중북부에 위치한 내륙 국가_옮긴이) 국민의 평균 기대 수명은 쉰 정도밖에 안 된다. 차드 사람들에게는 노화가 일찍 시작되면서 노년기가 더 짧다. 편차가 크게 벌어지는 현상은 멀리 왔다 갔다 할 것 없이 미국 국내만 따져도 목격할 수 있다. 예를 들어, 매사추세츠주에 거주하는 아시아계 미국인은 평균 89년을 사는 데 비해 사우스다코타주의 인디언 후예들은 평균적으로 일흔 전에 사망한다. 무려 거의 한 세대가 바뀌는 시간과 맞먹는 차이다. 생물학은 분명 중요하다. 하지만 생물학이 전부는 아니다.

2010년대 초, 동료 의사 한 명과 함께 교도소로 방문 진료를 다녀온 적이 있다. 우리는 50세 이상 수감자를 한 명 한 명 다 진찰했는데 뚜렷한 특징이 한 가지 있었다. 징역형이 처음이고 복역 기간이 몇 년 되지 않는 50~60대 수감자들의 건강 상태는 그다지 특별할 게 없었다. 다들 지극히 보통 중년 남성답고 노인병의 징후는 아직 없었다. 그러나 그동안 수도 없이 교도소를 들락날락했거나 아예 장기복역 중인 수감자들의 경우는 완전히 딴판이었다.

평생을 가난하게 살았거나 심각한 정신질환 혹은 신체질환을 앓고 있는 경우도 마찬가지였다. 실제 나이는 앞의 집단과 비슷하게 50~60대지만 신체 나이는 70대 혹은 80대로 측정된 것이다.

건강한 사람은 모든 신체 장기가 필요 이상으로 뛰어난 성능을 장착한 상태로 태어난다. 생물학에서는 이것을 잉여redundancy라고 하는데, 잉여는 모든 신체 장기에서 목격되는 현상이다. 예를 들어 눈, 귀, 폐, 콩팥, 난소 그리고 고환은 모두 잉여 장기다. 하나만으로도 그럭저럭 잘 살 수 있는데도 굳이 한 쌍으로 존재하기 때문이다. 짝이 없는 장기들은 또 나름의 방식으로 잉여성을 갖는다. 설정된 최대 출력은 훨씬 높지만 거기까지 달릴 일은 거의 없고 평상시에 적당한 수준만 맞추는 식이다. 그런데 이 '평상시의 적당한 수준'이 핵심이다. 본질적으로 노화란 스스로를 제어해 평정을 유지하는 능력이 감퇴하는 것, 다시 말해 항상성恒常性, homeostasis을 잃는 것이니 말이다. 잉여성은 우리를 방만하게 만든다. 넘어져 뼈가 부러졌는데 어릴 때였다면 며칠 만에 다 붙었을 것을 몇 주를 고생해 봐야만 뼈가 많이 약해졌음을 뒤늦게 깨닫는다. 심장도 마찬가지다. 나이 먹을수록 심장이 두꺼워지고 뻣뻣해진 탓에 펌프 성능이 예전만 못하지만 가만히 앉아 있거나 평지를 느긋하게 걸을 때는 전혀 모른다. 그러다 계단을 올라야 하거나 몸이 아프거나 해서 심장이 좀 더 부지런히 일해 줘야 하는 상황이 벌어지면 그제야 비로소 얼마나 나빠졌는지 실감한다.

가이 미코 교수가 종이냅킨에 그렸던 가파른 내리막길 그래프는 이런 노화의 생물학을 정확하게 보여 준다. 사람 몸에서 아무 부분이나 하나 골라 보라. 조직이나 장기도 좋고 생리학 기능단위도 괜찮다. 감각신경 세포나 근육섬유의 수, 콩팥을 넘나드는 혈액의 양, 혈중 성호르몬 수치, 침 분비량, 폐활량 등의 지표들은 모두 평생에 걸쳐 느리지만 꾸준하게 쇠퇴한다. 신경세포와 근육섬유는 점점 적어지고 혈류량과 침 분비량은 점점 줄어들고 호르몬 수치는 점점 낮아지고 폐는 갈수록 예전만큼 많은 양의 공기를 담지 못한다. 생각하면 할수록 무력감이 밀려온다. "노년은 전투가 아니라 대학살"이라는 소설가 필립 로스Philip Roth의 말에 절로 고개가 끄덕여질 정도다.

현대 의학이 노년층을 매몰차게 박대하는 것 역시 정확히 같은 이유에서다. 생물학 외의 다른 눈은 모두 감아 버린 현대 서양 의학은 큰 그림의 일부만 보고 있다. 하지만 평범한 사람들 대부분의 관심사는 온전한 한 인간이 뭘 어디까지 할 수 있는가다. 그 사람의 몸 속 장기 하나 혹은 세포 하나에서 무슨 일이 벌어지는가가 아니라 말이다. 세포 하나 혹은 신체 장기 하나와 달리 한 사람은 생물학만으로는 다 설명할 수 없는 사안이다. 인간의 변화에는 변수가 너무 많다.

어떤 기능 저하는 눈에 띄지 않게 서서히 진행되는 탓에 알아챘을 때는 이미 늦어 있다. 반면에 어떤 기능 저하는 초반부터 감지되기에 개인의 노력으로 늦추는 게 가능하다. 그런데 그런 노력의 기회가 공평하게 주어지지 않는다는 게 또 문제다. 경제적 여유가 있는 계층은 대체로 의료 자원 접근성과 학력도 비례해서 높은 경향을 보인다. 결국 그런 사람들이 보다 현명한 선택을 하는 건 자연스러운 수순이다. 더불어, 지방정부의 인식에 따라 지역차가 벌어지기도 한다.

정책 입안자 입장에서 가장 중요한 관건은 아마도 생물학과 무관한 외적 인자가 얼마나 큰 영향을 주는가일 것이다. 예를 들어, 평균적인 20세, 50세, 80세 모델의 청력 그래프를 그릴 경우 그것은 전형적인 내리막길 모양이 될 것이다. 그러나 현실에서는 나이뿐만 아니라 장소에 따라서도 청력이 크게 달라진다. 집이나 회사 사무실에서는 각 연령대를 대표하는 가상의 인물 세 명 모두 듣는데 아무 문제가 없을 것이다. 그런데 장소를 다소 북적이는 레스토랑으로 옮기면 얘기가 달라진다. 이때 80세 노인은 배경의 소음을 거르고 상대방의 말에 집중하기가 쉽지 않을 것이다. 이 상황에서 변한 것은 노인의 청력이라는 기능 자체가 아니다. 멀쩡하다가 집에서 혹은 사무실에서 식당으로 이동하는 그 잠깐 새에 청각신경섬유나 달팽이관 청각세포가 후두둑 죽었을 리는 없으니 말이다. 달라진 것은 바로 청력의 문턱값threshold(유효한 효과를 나타내기 위한 최소 기준치. 이 사례에서는 소리를 잘 듣기 위한 문턱값이 식당에서 갑자기 높아졌다고 해석할 수 있다_옮긴이)이다. 50세 중년도 예외는 아니다. 평소에는 30년 전이나 지금이나 세월의 흐름을 전혀 실감하지 못하겠지만 주변이 충분히 소란스럽다면 듣는 게 힘들 수 있다. 청력이 정점을 찍은 약관의 청년 역시 공사장이나 전쟁터처럼 몹시 시끄러운 곳에서는 마찬가지일 것이다. 그뿐만 아니라 건강한 귀를 한번 다친 사람은 훗날 귀가 먹게 될 확률이 높아진다고 한다. 즉, 늙은이든 젊은이든 생물학적 변화는 환경에 따라 상쇄될 수도 증폭될 수도 있다. 좋은 쪽으로도 나쁜 쪽으로도 말이다.

재주꾼 헤어디자이너의 마법 같은 솜씨에도, 결국 나는 내 머리카락이 애매하게 희끄무레한 흰색이라 구제불능임을 인정해야 했다. 차라리 광택이 돌거나 쨍한 흰색이었다면 일부러 흑백 대비를 주거나 고급스럽게 새로운 스타일을 시도했을 텐데 말이다. 이것은 단순히 미관상 떨어진다는 데서 그치는 게 아니라 사회생활에 감점 요인이 될 수 있었다.

40세 이상 구직자들이 받는 차별은 대부분의 고용시장에서 공공연한 비밀이다. 세상은 하얗게 센 머리를 무조건 저 사람의 나이가 많다는 신호로 해석한다. 문제는 현대 사회에서 나이 듦은 곧 시대에 뒤처졌다는 뜻이며 말라 가는 우물, 혹은 지는 별과 같다는 것이다. 당시 내가 바라는 건 그저 보통 사람으로 보이는 것이었다. 그런데 내가 속한 사회에서 신분증 나이가 노년의 법적 기준을 만족하기도 전에 백발이 되는 여자는 보통 사람의 범주에 들어가지 못한다. 빼어난 미인이 아닌 한 말이다. 우리는 늙지 않은 척하면서 사회의 지배 이념에 아무 저항 없이 순종한다. 선 긋기를 당하는 게 그만큼 두렵기 때문이다. 특히, 탈락자만 모은 기타 등등 카테고리가 온갖 안 좋은 선입견과 결부될 때는 나도 그들 중 하나로 취급당하는 것보다 무서운 일이 없다.

1974년에 한 유명 여권 운동가의 파티에서 있었던 일화가 이 암울한 현실을 재치 있게 압축해 보여 준다. 마흔 번째 생일을 맞은 글로리아 스타이넘Gloria Steinem이 마이크 앞에 섰다.

"한 기자님이 친절하게도 말씀하시더군요. '우와, 전혀 마흔으로는 안 보이시는데요'라고요. 그래서 제가 정수리를 들춰 보이며 그랬죠. '이게 마흔의 진짜 모습이랍니다. 이렇게 늘 사람들 눈을 속이고 있는데 어느 누가 알았겠어요?'라고요."

나는 추수감사절 연휴가 끝나기만을 목 빠지게 기다리다가 미용실에 전화를 걸었다. 예약 일정을 물으니 언제든 편할 때 들러도 된다는 확인을 받을 수 있었다. 내가 갔을 때 디자이너의 입가에는 역시나 예의 그 인위적인 미소가 걸려 있었다. 내가 곧 다시 올 줄 알고 있었던 듯했다. 백발은 영화로운 면류관이라는 성경 구절도 있지만, 시대가 변해도 너무 변했다.

그로부터 2년이 흐른 지금, 나는 다시 염색을 끊으려고 노력 중이다. 다행인 것은 이번에는 나 혼자가 아니라는 점이다. 우리 사회에서 머리 색깔과 스타일은 종종 정치와 사교의 도구로 쓰인다. 하지만 생물학은 쉰다섯이 마흔과 달라 보이는 게 당연하다고 말한다. 나는 매일 외모 때문에 고민하면서 한 살이라도 어려 보이려고 아까운 시간과 돈을 퍼붓지 않아도 되는 세상에서 살고 싶다. 그럴 여유가 있다면 모두가 생긴 그대로의 모습으로 더욱 행복하게 지내는 세상을 만드는 데 쓰고 싶은 심정이다. 그러면서도 시시각각 의구심이 든다. 나는 용감한 걸까 아니면 멍청한 걸까 하고 말이다.

목소리를 내는 것과 진상을 부리는 것

아빠가 심장 수술을 받고 나서 4주 동안과 방광 감염, 입천장 뒤쪽 부상, 심부전, 야간에 심해지는 착란 증세, 심박조율기 삽입, 영양공급관 삽입을 위해 입원했을 때 각각 3주 동안 그리고 또 매번 퇴원 후 2주씩 나는 부모님과 함께 지냈다. 그러던 어느 날 일흔다섯 연세의 아빠가 화장실에서 나오는 걸 도와 드릴 때였다. 갑자기 혈압이 떨어지면서 다리 힘마저 풀린 아빠가 주저앉는 거였다.

나는 온몸으로 아빠를 부축한 채 큰 소리로 엄마를 불렀다. 그러고는 의사의 본능으로 바로 아빠의 맥박을 짚었다. 맥은 규칙적이었다. 너무 빠르지도 처지지도 않았고 박동이 쉬는 적도 없었다.

아래층에서 저녁을 짓고 있던 엄마는 내 고함 소리에 화들짝 놀라 들고 있던 그릇을 떨어뜨렸다. 연세에 비해 건강한 편이었던 엄마는 일흔한 살의 나이에 계단을 한 번에 두 칸씩 밟아 부리나케 달려왔다. 내 목소리가 심상치 않았다면서.

우리는 아빠를 욕실 바닥에 눕혔다. 나는 아빠에게 계속 말을 시키고 말씀을 못 하시면 내게 알려 달라고 엄마에게 신신당부했다. 그런 다음 나는 전화기를 찾아 119를 눌렀다.

응급실에서 수액을 몇 팩 맞고 난 뒤에 아빠의 상태는 한결 좋아졌다. 엄마는 아빠 손을 한시도 놓지 않았다. 이 병원은 지난 몇 주 동안 아빠가 입원해 있었던 병원과 좀 다른 것 같았다. 그런 얘기를 하고 있는데 의사가 오더니 심전도나 피검사 수치에는 아무 이상 없고 다만 혈전용해제 수치가 좀 높게 나왔다고 알려 주었다. 탈수 때문에 그렇게 된 것 같다는 게 그의 추측이었다. 그는 아빠가 확실히 안정을 찾을 때까지 잠시 더 지켜보자고 했다.

기다리는 동안에는 엄마만 아빠 곁을 지켰다. 환자가 조용히 쉴 수 있도록 나를 포함해 나머지 사람들은 자주 들러 들여다보기만 하기로 했다. 그러다 혈압이 다시 떨어지기 시작했다. 나는 간호사를 불렀고 그녀가 환자를 볼 수 있도록 길을 터 주었다. 간호사는 모니터기의 알람을 끈 뒤 수액을 조정하고 혈압을 다시 쟀다. 아까보다는 나았다. 하지만 불과 30분 뒤에 모니터기 화면의 숫자가 세 자리에서 두 자리로 다시 뚝 떨어졌다. 빨간색으로 변한 숫자가 깜빡거리며 위험을 경고했지만 아까 간호사가 꺼 버린 알람은 침묵할 뿐이었다. 그래서 나는 비상호출 버튼을 눌렀고 간호사가 나타나자 담당 의사를 불러 달라고 요구했다. 한참을 기다려도 아무도 오지 않았다. 결국 나는 간호사 데스크로 직접 나가 모두 앞에서 공식적으로 이의를 제기했다. 병원 의료진의 말 한 마디 한 마디는 더없이 공손했다. 그러나 그들의 행동은 분명 항변하고 있었다. 환자가 당신 아버지 한 분만 있는 건 아니라고, 우리도 우리

나름대로 급한 일부터 최선을 다해 처리해 가고 있다고 말이다. 나 역시 그렇게 생각하면서 똑같은 레퍼토리로 환자나 보호자를 안심시키려 했던 적이 얼마나 많았던가 새삼 반성하게 되는 순간이었다.

나도 의사지만, 간병 기간이 길면 길수록 의사 노릇은 다른 사람에게 맡기고 딸 역할만 하는 게 맘 편한 것도 사실이다. 다만 내가 초반에 몸을 사렸던 건 단지 환자의 가족이라는 자리에 머물고 싶기 때문만은 아니었다. 무의식에 담아 둔 어떤 생각 때문이었다. 즉, 의사들이 제일 기피하는 진상 보호자로는 보이고 싶지 않았던 것이다. 그런데 지금 이 순간 바로 그걸 내가 하고 있었다. 하지만 지금 그런 이미지 관리는 사치였다. 아빠의 병력과 피검사 수치를 종합할 때 내출혈이 명백하게 의심되는 상황이었으니까.

나는 아빠의 팔에 손을 살포시 얹으며 말했다.

"아빠, 만약에 제가 직접 직장 검사를 하겠다면 많이 불편하시겠어요?"

때때로 의사들은 다른 상황이었다면 용인될 수 없는 많은 일들을 하게 된다. 의사의 수련은 본질적으로 그런 일들을 최대한 감정을 배제하고 무덤덤하게 해내는 데 익숙해지는 과정이나 다름없다. 그런 면에서 아버지의 직장 검사를 자식이 직접 하는 것은 생판 남인 환자를 상대할 때와 별반 다르지 않은 동시에 매우 특별한 경험이기도 하다. 다행인 점은 우리 아빠도 의사라는 것이었다. 내 입장을 누구보다도 잘 이해했던 아빠는 내가 이 정신 나간 제안을 했을 때 미소를 지으며 대답했다.

"딸아, 네가 해야 할 일을 하렴."

나는 의료용 장갑과 윤활액을 챙겨 왔다. 그런 다음, 아빠를 옆으로 눕히고 검사를 시작했다. 일을 마친 뒤, 나는 병원 사람들에게 내 의지를 분명하게 전달하기 위해 피투성이가 된 장갑째로 주먹만 문밖으로 내밀고는 손가락 하나를 들어 보였다.

간호사 데스크를 향해 피범벅이 된 장갑을 펄럭이는 게 프로다운 행동은 아니었지만 분명 효과는 있었다. 간호사 하나가 아빠 병실로 쪼르르 따라 들어온 것이다. 군데군데 덩어리진 핏물로 넘치려고 하는 환자용 요강을 든 채 겁에 질려 서 있는 엄마를 발견한 간호사는 바로 도움을 요청하러 달려 나갔다. 불과 30초 뒤, 병실은 의사와 간호사로 발 디딜 틈 없어졌다. 몇 분 뒤에는 인수인계 받을 집중치료실 팀까지 나타났다. 그제야 나는 한 발 물러나 다시 아빠 딸로 돌아갈 수 있었다.

지금 생각해도 신기한 점은 아빠의 직장 검사를 다른 의사의 손을 빌리지 않고 직접 할 때 의외로 전혀 어색하지 않았다는 것이다. 그래도 같은 의사로서 기본적인 예의를 지키고자 나는 속으로는 열불이 나는 걸 두 시간 넘게 꾹 참고 있었다. 나는 의료 종사자들이 소위 '까다로운' 가족을 어떻게 생각하는지 아주 잘 알았다. 그 두어 시간 동안 나는 내가 '의사가 직업인 좋은 딸'이 되는 것보다 우리가 남들 눈에 '착한' 가족으로 비치는 것을 더 중시했던 것이다.

다른 의사라면 같은 상황에서 다르게 대처했을지도 모르겠다. 하지만 내가 이 일로 이렇게까지 고민한 것은 분명 잘못임에도 선불리 거역하기 힘든 우리 의료 사회의 문화 탓이 크다. 흔히 환자나 보호자가 '착하다'는 칭찬을 받을 때, 혹은 적어도 '까다롭다'는 낙인은 피할 때, 그것은 얌전히 있어 준 데 대한 보상과도 같다. '착하다'는 꼬리표는 의사 말에 찬성하고 의사의 일과를 방해하지 않으며 의사에게 결정권을 넘겨준다는 의미가 담겨 있다. 다시 말해, 착한 환자가 된다는 것은 쌍방이 협력해 나가는 과정이라는 참된 돌봄의 원칙과 정면으로 배치되는 셈이다. 참된 돌봄을 통해 가장 바람직한 성과를 이끌어 내려면 주요 단계마다 환자와 환자 가족이 적극적으로 참여하는 것이 필수적이다. 진단의 단서가 되는 병력 청취부터 환자 관리 혹은 치유의 핵심인 치료법 결정까지 전부 다 말이다.

환자나 환자 가족이 예민하게 굴거나 요구사항이 많을 때 대부분의 경우는 환자를 아끼는 마음이 넘쳐흘러서 그러는 것이다. 이들을 의료인이 답답해하거나 귀찮아하는 현상은 달라져야 할 건 환자가 아니라 의료계임을 암시하는 반증이다. 그리고 그런 사고 전환으로 가장 먼저 혜택을 받는 것은 바로 최전방에서 의료계의 현실을 대변하는 의사와 간호사가 될 것이다. 예전에는 목소리만 크고 귀찮기 짝이 없던 환자 일당은 이제 알아서 적극적으로 참여할 뿐만 아니라 참신한 정보를 무궁무진하게 제공하는 중요한 정보원이 되는 것이다. 하지만 그러려면 의사가 환자나 그 보호자와 대화를 나누는 데 할애하는 시간을 의료 시스템이 가치 있게 여기고 적절하게 보상해 주어야 한다. 그런 제도적 장치가 확립되지 않는 한 의사와 환자 모두 의료의 주체가 되는 꿈같은 날은 영영 오지 않을 것이다.

이 일을 겪은 후 지난 지금까지도 내 기억에 생생하게 남은 이미지가 하나 있다. 차디찬 타일 바닥의 욕실에서 비틀거리던 아버지의 모습이나 선홍색 피로 가득한 환자용 요강일 거라고 짐작했다면 틀렸다. 정답은 만약 내가 그 자리에 없었다면 벌어졌을 상상 속 최악의 장면이다.

내 부모님은 쏟아지는 졸음을 못 이기고 병원 침대에 함께 눕는다. 머리를 가슴에 기댄 엄마를 아빠가 꼭 껴안는다. 두 분 모두 눈이 감겨 있고 얼굴은 평온하다. 그런데 원래 130정도여야 할 아빠의 수축기 혈압이 80이 된다. 그리고 곧 다시 70까지 떨어진다. 모니터기는 꺼져 있거나 금붕어처럼 아무 소리도 내지 못한다. 숫자만 깜빡일 뿐이다. 부모님은 잠깐 자고 일어나면 괜찮을 거라고 생각한다. 잠깐만 눈 붙이고 나면 집으로 돌아갈 수 있을 거라고.

효율을 위한 위탁일까 책임회피일까

내가 휴가에서 돌아왔을 때는 한발 늦어 있었다.

니타는 하필 내가 부재중이던 두 주 전에 크게 넘어지는 바람에 골반골절 수술을 받았다. 그렇게 그녀는 며칠을 입원해 있다가 전문 요양 시설로 옮겼다. 나라면 추천하지 않았을 곳이었다. 그곳 사람들은 니타의 섬망증을 다스리기 위해 진정제를 투약했다. 하루 24시간 비몽사몽 상태인데 제대로 된 영양공급이나 물리요법이 가능할 리가 없었다. 얼마 못 가 그녀는 만신창이가 되었다. 속으로는 영양 부족에 겉으로는 욕창이 심했고 상처 감염까지 있었다. 이제 그녀에게는 호스피스 병동으로 옮기는 것 외에 다른 길이 없었다.

골절 사고가 나지 않았다면 왕진을 다니면서 보았을 그녀가 곱게 늙어 가는 모습을, 이제는 보지 못한다는 게 벌써 슬퍼졌다. 내가 방문하면 그녀는 올해로 아흔두 살이 되었다며 아이처럼 자랑했을 것이다. 그렇게 아흔다섯, 아흔일곱 이런 식으로 숫자가 올라가다가 백 살이 넘어가면 나도 은퇴하겠지. 나는 그녀가 나를 '우리 예쁜이' 혹은 '우리 의사 선생'이라고 부르는 게 참 좋았다. 그녀는 내 이름은 깜빡깜빡 해도 내가 자신이 좋아하는 사람이라는 것만은 늘 기억하고 있었다. 나는 예약이 잡힌 날마다 그녀가 오늘은 또 어떤 농담을 준비했을지 기대에 부풀었다.

"경찰이 왜 허리띠를 체포했게?"

하루는 내가 채혈 준비를 하는 동안 그녀가 장난꾸러기처럼 웃으며 말했다.

"바지를 억지로 붙잡아 뒀거든!"

니타의 자녀들은 어머니가 죽어 간다는 소식에 억장이 무너지는 기분이었을 것이다. 모두 엄마라면 끔찍했다. 다들 코앞에 살면서 노모의 풀타임 간병비를 대느라 은퇴할 나이가 지나서도 일을 계속할 정도였으니까.

"어떻게 이런 일이 있을 수 있죠?"

내 전화를 받은 그녀의 아들이 말했다.

"입원 치료와 수술만 무사히 넘기면 다 괜찮을 줄 알았는데."

나는 어떻게 대답할까 잠시 고민에 빠졌다. 니타가 받은 치료와 관리는 모두 현대 의학에서 보편적이지만 그녀에게 딱히 필요하지는 않은 것들이었다. 쇠약한 고령 환자에게 적합한 것도 아니었고 말이다.

최근에는 고령 골절 환자들에게 정형외과학과 노인의학을 접목하는 병원이 점점 늘고 있다. 외과에서는 조각난 뼈를 붙이고 노인의학과에서는 동반이환 관리부터 환자의 사회적응과 정신건강까지 나머지 모든 부분을 맡는 식이다. 이를 통해 환자가 수술실에 머무는 시간과 불편한 각종 검사는 최소화하면서 퇴원을 하루라도 앞당길 수 있다. 골절을 겪기 전만큼 잘 걸어 다니면서 즐겁게 보내는 일상으로 복귀하기도 한결 쉬워진다.

니타의 경우, 병원에서 벌어진 일은 시작에 불과했다. 슬퍼하는 환자 가족 앞에서 나는 그러게 미리 경고하지 않았느냐는 말이 튀어나오지 않도록 입조심 하느라 안간힘을 써야 했다. 휴가 전에 그는 형제들 사이에서 근처 요양원에 어머니를 모시자는 얘기가 오가는 중이라고 내게 알려 주었다.

그때 그가 그랬었다. 출근 전과 퇴근 후에 들러서 어머니를 뵐 수 있으니 좋을 것 같다고.

거기다 대고 그 시설에 관한 나쁜 평판을 반복해서 언급할 수도 있었다. 그러나 그 대신 나는 더 좋은 다른 시설 두 곳을 추천했다. 하지만 그때 나는 더 독하게 밀어붙였어야 했다. 그런 곳에 어머니를 맡겨서는 안 된다고, 거기는 환자가 어떻게 되든 무조건 모든 수단방법을 다 때려 붓는 곳이라고 확실히 경고했어야 했다. 내 아버지도 수술 직후 요양원에 잠시 계셨던 적이 있다. 그런데 모든 면에서 훨씬 좋은 시설이었음에도 처음에는 엄마와 나만, 얼마 뒤에는 야간 전담 간병인을 추가로 고용해서 교대로 아버지를 지켜야 했다. 말하자면 나는 감시의 눈을 붙이지 않으면 사고 위험이 몇 배로 높아진다는 걸 알 만큼 병원도 요양원도 충분히 겪어 본 셈이다. 이런 얘기를 그때 그에게도 솔직하게 털어놨어야 했던 것이다.

설상가상으로 니타의 자녀들이 병원 사람들은 모든 걸 안다고 착각했다는 것도 큰 실수였다. 툭 터놓고 얘기를 나눠 보면 병원 의사들도 일단 요양원에 들어간 노인이 건강하게 살아서 퇴소하는 일은 드물다는 현실을 잘 안다. 큰 병원들은 저희가 보유한 고급 의료 서비스와 의료 자원 동원 능력이 아까워서 의사들에게 진단명에 따라 일정 기간이 지나면 환자를 적당히 퇴원시키라는 무언의 압력을 넣는다. 한편 병원 의사들 입장에서는 그동안 배울 기회가 없었기에 노인 환자의 외래 추적 관리, 노인의학을 고려한 접근, 통원의 어려움, 자택에서 주의할 점 등의 측면에서 현실감이 별로 없다. 그런 까닭에 바로 집으로 돌아갈 준비가 되지 않은 환자들에게는 웬만하면 요양원을 권한다. 문제는 의사들도 요양원이 어떤 곳인지 잘 모른다는 것이다.

이와 관련된 연구의 결과가 2017년에 한 의학 잡지에 발표되었다. 대형 병원에서 요양 시설로 전원轉院된 환자의 사례들을 살펴본 연구다. 논문에 따르면, 병원 의사들은 전문 간병시설을 일종의 '안전망'으로 활용해 병상 회전율을 높이라는 압력을 늘 받는다고 한다. 그 과정에서 환자의 요구나 개인적 상황을 반영하고 요양 시설 적격성을 꼼꼼하게 따지는 장치는 미흡하거나 아예 부재한다. 내가 미리 주의를 주었음에도 니타가 자식들의 기대를 저버리는 형편없는 시설에서 생을 마감하게 된 것은 이런 현실을 증명하는 수많은 사례의 하나일 뿐이다.

아니 에르노는《한 여자》에서 모친의 일상을 자세하게 기록함으로써 노인의 삶이 어떻게 변해 가는지 생생하게 보여 준다.

날 좋던 어느 하루, 기절해 쓰러진 작가의 어머니는 '양로원 부속 병원'이라는 곳에 입원한다. 웬만한 나라에는 존재하지 않는 특별한 의료 시설이다. 그곳에서 며칠 동안 잘 먹고 마시면서 보살핌을 받은 어머니가 웬만큼 회복하자마자 빨리 퇴원시켜 달라고 고집을 부렸다고 에르노는 적고 있다.

「엄마가 당장 집에 안 보내 주면 창문에서 뛰어내리겠다고 으

릅장을 놓았다. 의사는 더 이상 엄마를 혼자 두지 말라고 했다. 그러면서 양로원으로 모시는 게 어떻겠느냐고 내게 제안했다.」

작가는 모친을 집으로 모셔 온다. 그다음에 일이 어떻게 흘러갔는지는 다음 한 문장에 모두 압축되어 있다.

「엄마의 이야기는 바로 여기서 멈춘다. 더 이상 이 세상에 엄마가 설 자리가 없었기 때문이다.」

그러나 그렇지 않았다. 책의 페이지를 넘기면 작가의 모친이 착란 증세를 보이고, 작가가 교통사고를 당하고, 둘이 서로에게 불같이 화내다가 모친이 건망증, 환각, 식습관 변화를 거쳐 급기야 입원하게 되는 과정이 구구절절 기술되어 있다. 작가의 기록에 따르면 입원 후 엄마가 자꾸 탈출을 시도하는 바람에 간호사들이 엄마를 의자에 묶어 두어야 했다고 한다. 그녀는 병원에서 바로 근처의 요양원으로 보내졌다. 현대적 건물을 사용하는 이 시설은 꽤 체계적으로 운영되는 듯했다. 그러나 어느 날 그곳에서 작가는 고작 저녁 6시 반에 원피스형 속옷 차림으로 시트가 다 구겨진 침대에 가로로 누워서 꾸벅꾸벅 졸고 있는 모친을 발견한다.

「모친은 무릎을 세우고 있었기에 허벅지 안쪽이 훤히 다 보였다. 방 안이 무척 후끈했다. …… 평생 하늘을 찌르던 자존감은 불과 몇 주 만에 온데간데없어졌다.」

어쩌면 노인은 당시 약에 취해 있었을지도 모른다. 아니면 몹시 지루했거나. 스스로를 입주자나 환자라 여기지 않고 수감자라 생각하는 사람에게는 일분일초가 지루한 게 당연하다. 아무 요양원이나 골라 들어가 둘러보면 이처럼 복도마다 '그냥 있는' 노인들을 발견할 수 있다. 혹자는 졸고 있고 혹자는 못 보던 방문자를 빤히 구경한다. 간혹 소리를 꽥꽥 지르는 활발한 타입도 있다. 노인들이 지내는 방에서는 아무리 노력해도 정들지 않을 것 같은 냄새가 난다. 음식이라고 다르지 않다. 직원들은 유니폼을 입고 있다. 유니폼은 옷이 아니다. 요양원은 월급이 짜기로 유명하다. 드물게 돈 생각 없이 봉사하는 마음으로 즐겁게 일하는 직원도 있지만 대다수는 생계가 급급하다. 그나마 여기가 가장 나은 자리라 어쩔 수 없이 다니는 것이다. 거주자든 직원이든 그런 시설을 좋아하는 사람은 없다. 사회는 노인들을 수용소나 다름없는 시설로 내쳐 놓고는 말을 안 듣는 환자 혹은 상대하기 힘든 환자라며 적반하장이다. 원치 않는 치료를 거부하거나 내 집으로 돌아가려고 하는 것은 늙은이의 노망이 아니라 합당한 자기방어 반응일진대 말이다.

니타는 결국 요양원에서 숨을 거뒀다. 사실상 시설이 니타를 죽게 만든 것이나 마찬가지였다. 집 같은 안락함은 눈 씻고 찾아볼 수 없었고 오히려 망해 가는 병원에 가까운 곳이었다. 그곳에서 입소자들은 몸을 묶이거나, 비명만 질러 대거나, 무시당하기 일쑤였다. 항상은 아니어도 종종 그랬다. 그런데 이 종종은 얼마나 자주여야 지나친 걸까? 사랑하는 이를 비롯해 인간적으로 돕고 싶은 한 인간이 제대로 사람답게 보살핌 받기를 바라는가? 그렇다면 바로 앞의 질문에 단 한 번도 지나치다는 대답이 나와야 마땅할 것이다.

최근까지만 해도 노인을 집에서 자식들이 부양하는 게 일반적이었고 양로원은 현대의 시스템이라고 생각하는 사람들이 많다. 그런데 전반적 기본 관리 서비스를 제공하는 양로원 시설은 수천 년 전부터 존재했다. 그도 그럴 것이, 어떤 면에서 그런 시설은 요즘보다 옛날에 더 필요했을 것이다. 인류 역사를 통틀어 대부분의 시대에는 노인이 된다는 것이 종종 자기 자식보다도 오래 산다는 것을 의미했으니까 말이다. 운영 방식은 시대마다 달랐지만 노인을 위한 시설은 둘 중 하나의 이유로 절대로 사라지지 않았다. 이 두 가지는 바로 연민과 반감이다.

19세기 말 유럽과 20세기 미국에서 연금 제도의 도입과 함께 은퇴의 개념이 보편화되기 전에는 부양해 줄 자손이 없고 부자도 아닌, 즉 절대다수의 서민들은 평생 일을 해야 했다. 그러다 병이라도 들거나 늙어 버리면 바로 빈민 혹은 노숙자로 전락하는 게 흔한 수순이었고 말이다. 한때는 이런 사람들이 그대로 시름시름 앓다가 세상을 뜨는 게 당연하던 시절이 있었다. 그러다 어느 시대에는 정부가 이런 사람들을 모아 범죄자나 정신질환자와 함께 수용소 혹은 구빈원에 격리시켰다. 정부는 나이가 적든 많든 일을 못 하는 것을 부족한 성품의 증거로 여겼다. 그래서인지 수용 시설은 찬바람 쌩쌩 부는 돼지우리만치 열악하기 짝이 없었고 배급되는 음식 역시 허기만 간신히 달래는 수준이었다. 그러니 거리의 부랑자들이 제 발로 시설을 찾을 리 만무했다. 한편 또 어떤 시대에는 생계유지 능력이 없는 노년층을 도와야 한다는 동정적 여론이 일어 종교 단체와 정부가 함께 나섰다. 사실 이런 흐름은 근현대사에서만 목격되는 게 아니라 아주 오래전부터 되풀이되는 패턴이다.

거슬러 올라가면 이미 고대 로마제국부터 게로코메이아 gerocomeia라는 양로 시설이 콘스탄티노플(오늘날의 터키 이스탄불_옮긴이)을 중심으로 잘 발달해 있었다. 게로코메이아는 사회적 약자를 격리해 소외시키는 시설이 아니었다. 황제가 지지 세력을 확보하기 위해 해마다 잊지 않고 친히 방문할 정도로 이곳의 입주민들은 정치적으로 중요한 사회계층이었다.

기독교 시대에는 수도원이 바통을 이어받았다. 노인과 병약자에게 먹을 것과 쉴 곳을 제공하며 자선활동에 평생을 바친 기독교와 가톨릭의 수많은 성인이 오늘날에는 병원 이름으로 더 잘 기억되지만, 원래 수도원 부속 시설들에는 의학적 관리보다는 보호와 쉼터 제공의 목적이 더 강했다. 요양 병원 말고 일반 양로원을 생각하면 이해하기 쉬울 것이다. 이런 국지적 구호 노력이 발단이 되어 비잔틴 황제들, 교회들, 자선가들에 의해 수많은 요양 시설이 각지에 우후죽순 생겨나게 되었다. 덕분에 이 시대의 모든 제국 시민은 늙거나 병들거나 크게 다쳐 몸을 못 쓰게 되어도 어디서나 도움을 받을 수 있었다.

특히, 종교의 입김이 센 시대에는 나이가 들면 육신은 스스로 제 한 몸 못 가눌 정도로 약해질지라도 노인의 영혼은 더욱 특별한 힘을 갖는다는 믿음이 보편적이었다. 노인이 신에 가까운 존재로 여겨졌기 때문이다. 그러다 교회가 힘을 잃으면서 노인은 숭상받는 존재에서 순식간에 사회의 골칫거리로 전락한다. 새롭게 부상한 강한 정부는 통제 수단 혹은 일종의 형벌로 쓸모없는 노인들을 사회에서 격리시켰고 대개는 쏠쏠한 성과를 거뒀다. 비슷한 처지의 사회약자들을 한곳에 모아 두니 공공자원을 효율적으로 집중시킬 수 있었다. 비록 이 조치가 차별적인 집단 인간성 말살을 초래했더라도 말이다. 정부는 이들을 교화시켜야만 사회질서가 유지되고 시민 계급 전체가 안정을 찾는다고 국민에게 호소했다. 길거리에 더럽고 굶주린 거지와 늙은이가 넘쳐나면 그것은 정부가 실패했다는 증거였다.

영국과 프랑스의 수백 년 역사를 비교해 보면 정부 정책에 따라 노년층의 삶의 질이 어떻게 달라지는지를 분명하게 알 수 있다. 영국은 원래 신실한 가톨릭 국가였다. 그러다 정말 엉뚱한 이유로 왕이 국가의 기틀을 갈아엎는 바람에 노년층 전체가 된서리를 맞게 되었다. 헨리 8세가 종교개혁을 단행한 것인데, 이후 가톨릭 수도원들은 줄줄이 문을 닫을 수밖에 없었다. 자연스럽게 영국에서는 수도원과 함께 그 많던 양로 시설도 모조리 자취를 감췄다. 그렇게 수백 년이 흐른 뒤 빈민구제법이 다시 각 지역 교구에 책임을 분담시킬 때까지 영국의 모든 가난한 노인들은 마냥 방치되어야 했다.

이와 달리, 프랑스는 1600년대 중반 국왕의 칙령이 떨어지고 나서야 국가 차원에서 요양 시설을 마련하는 움직임이 일기 시작했다. 이때 영국은 있는 시설도 허물어 없애는 분위기였던 것과 비교하면 크게 뒤처진 행보다. 오늘날 호스피스의 어원이 된 이 프랑스 특유의 요양 시설은 처음에는 병원은 고사하고 환자나 치료 따위와는 아무 상관도 없었다. 그러다 1789년의 프랑스 혁명을 계기로 호스피스는 감옥이자 정신병원이자 노인뿐만 아니라 모든 무능력자를 수용하는 요양원까지 겸하게 되었다. 당시에는 노인을 범죄자, 정신질환자, 사회적 무능력자와 한 부류로 묶는 게 당연한 논리였다. 오늘날, 네 부류를 같은 물리적 공간에 두는 일은 없다. 한 사람이 둘 이상의 조건에 동시에 해당되지 않는 한은 말이다. 그럼에도 그들을 내심 비슷비슷하게 보는 시선은 예나 지금이나 별반 다르지 않다. 세상의 눈에 이들은 여전히 모두 똑같이 쓸모는 없으면서 세금만 잡아먹는 짐 덩어리일 뿐이다. 그런 까닭에 격리 조치가 과연 치료나 교화에 도움이 될 것인가를 두고 처음부터 이견이 분분했었던 게 사실이다.

보호소를 옹호하는 측은 정신질환자나 장애인을 보호소로 보내는 것은 정부의 손에 맡김으로써 가족들이 부담을 덜기 때문이고 범죄자를 격리하는 것은 국민 보호 차원에서 필요하다는 것을 주장의 근거를 들었다. 단, 정부가 그런 보호를 해 주는 세상은 하자 있는 사람들이 한 명도 존재하지 않는 환경에서 온전한 시민들이 안심하고 살아가는 형태여야 한다는 조건이 붙었다. 부족한 인간들이 마치 자신이 부족하지 않은 척하면서 눈앞에서 알짱거리는 꼴은 단 하루도 볼 수 없다는 것이다. 그런 식으로 정부 시설을 믿고 가족들이 완전히 손을 떼는 것은 서구사회 전반의 추세로 자리를 잡았다.

물론, 가족에게 버림받고서도 쉼터에 들어가는 것은 끝내 거부하는 사람도 간혹 있었다. 그런 소수는 결국 길거리로 나앉았다. 미국의 경우, 정신병원에서 공공연하게 일어나던 학대와 방임 문제가 1970년대에 크게 이슈화되면서 의료계가 한 시스템 자체의 해체라는 진통을 겪었다. 역사가 돌고 돌아 제자리로 돌아온 것이다. 샌프란시스코를 비롯한 미국 어느 대도시를 가든 길을 걷다 보면 지하도에, 인도에, 도로분리 화단에, 심지어는 도로 한복판에도 자리를 깔거나 텐트를 치고 통행을 방해하는 노숙자들을 심심찮게 볼 수 있다. 이것은 비단 현대에 국한된 것이 아니라 문명에 문명을 거듭하며 대물림되는 사회문제다. 그럼에도 아직까지 만족스러운 해결책이 나오지 않는 걸 보면 인류의 문제 접근 방식에 치명적인 오류가 있는 게 틀림없다.

20세기에 특히 진단과 치료 영역에서 의학이 괄목할 성장을 이루면서, 고령은 그 자체로 질병처럼 취급되기 시작했다. 이런 시각이 불러온 결과는 모든 노인을 '해결이 필요한 문제'로 바라보는 사고방식의 확산이었다. 이제는 빈곤층만 시설에 보내지는 게 아니었다. 딱 봐도 몸이 성치 못한 모든 노인이 시설로 직행했다. 하지만 간판만 구빈원에서 요양원으로 바꿔 달았을 뿐 시설의 건물 구조도, 운영 시스템도, 직원들의 태도도 수용소 시절과 별반 다를 게 없었다. 여론은 그런 시설들을 후원하는 데 회의적이었다. 아흔 줄의 한 어르신이 언젠가 내게 말한 것처럼, '이미 살 만큼 다 산' 노인들을 부양하는 게 무슨 의미가 있느냐는 식이었다.

그러다 기회가 한 차례 더 찾아온다. 요양 시설이 순수한 자선 사업에서 그치지 않고 수익사업이 될 수 있다는 발상의 전환 덕분이었다. 얼마 지나지 않아 사설 요양원의 수가 국공립 기관의 수를 크게 앞지르게 되었고 그 밖에 조합식 소규모 가족 부양 공동체부터 고급 주거형 요양 단지까지 다양한 대안 시설도 속속 등장했다. 그러면 그럴수록 구식 요양원에 대한 대중의 비호감도는 점점 더 커지기만 했다. 설상가상으로 정부 정책의 또 다른 한계점이 하필 이 요양원에서 뒤늦게 발견되었다. 병약한 초고령 노인들은 말년이 가까울수록 점점 더 많은 복지 자원을 소비하게 되는데 시설들은 그 점을 미처 대비하지 못한 것이다. 재정 부족은 입주자들의 생활을 곤궁하게 만든다. 간병은커녕 끼니를 굶지 않으면 다행이고 바깥세상과의 교류도 물자 지원도 점점 귀해진다. 그러다 바닥을 치면 그제야 메디케이드의 혜택을 받지만 이 제도가 제공할 수 있는 서비스의 범위는 그리 넓지 않다. 결과적으로 노년층 전체가 싸잡아 매도되지만 그 대가로 얻는 극소수 빈곤층의 소위 '경험의 탈사유화脫私有化, deprivatization' 특혜는 너무 짜다.

시설들은 종종 영화나 소설의 무대가 되고 시설의 수감자나 그 가족들 역시 이야기에 드물지 않게 등장한다. 그런데 무게가 시설에 실리든 사람에 실리든 공통점이 하나 있다. 약자는 늘 힘을 가진 권력자의 그림자에 가려진다는 것이다. 내 생애 말년이 이 그림자에 잠식된다는 공포는 나이가 들면서 일어나는 신체 변화만큼이나 큰 두려움의 대상이다. 더 무서운 사실은 이런 일이 누구에게도 예외가 아니라는 것이다. 실제로, 노인 방임과 학대는 사회계층, 인종, 지역을 막론하고 도처에서 목격되는 현상이다. 노후의 거처를 고심할 때 그 어느 시대보다도 많은 선택지가 우리 앞에 펼쳐지는 요즘이지만 그중에서 내 맘을 잡아끄는 건 여전히 몇 되지 않는다. 그럼에도 우리는 지인이나 가족이 늙고 병들면 눈과 귀를 닫고 그들을 외면한다. 그러다 나 역시 비로소 똑같은 처지가 되고 나서야 아등바등 발버둥 친다. 하지만 이미 때는 늦었다.

내가 강의에 자주 써먹는 사진이 한 장 있다. 요양원 복도에 휠체어 탄 할머니들이 쪼르륵 나와 앉아 있는 사진이다. 그런데 다들 하나같이 고개를 푹 숙이고 있다. 머리를 손으로 감싸거나 받치고 두 눈은 꼭 감은 채다. 노년기를 당사자인 노인들이 젊은 우리들보다 더 질색하는 것은 늙었다는 사실 자체 때문일까 아니면 이런 식으로 선동된 늙음의 이미지 탓일까?

내셔는 말했다.

"시설의 노인들은 가벼운 과제를 받으면 무슨 일이 있어도 끝까지 매달린다. 안 그러면 알 품는 닭처럼 벤치에 멍하니 앉아 있는 것 말고는 달리 할 일이 없기 때문이다."

웨스트 미들섹스 병원에서 수많은 노인 환자의 안타까운 현실을 목격한 마저리 워런 역시 비슷한 주장을 했다. 모든 인간은 자극과 흥밋거리가 풍부한 환경에서 더 나은 삶을 살 수 있으며 환자를 대할 때는 우선은 어떤 장애든 회복 가능성이 있다고 가정하고 출발해야 한다고 말이다. 이런 사고방식을 가진 그녀가 그렇게 많은 환자를 건강하게 회복시켜 보금자리로 돌려보낸 것은 당연한 결과다.

워런이 진료 방식을 확 바꾼 지 15년 뒤인 1950년, 영국 보건복지부는 다음과 같은 성명을 발표한다.

"구빈원의 시대는 끝났다. 각 지방정부는 진짜 집처럼 훨씬 안락한 신식 요양 시설을 앞다퉈 열고 있다. …… 그곳에서 노인들은 품위를 유지하면서 행복한 여생을 보낼 것이다. 기존의 간수와 수감자 관계는 호텔 지배인과 손님 관계로 변모하고 있다."

하지만 달도 차면 기우는 법. 정부가 짜낸 몇 안 되는 복안들은 얼마 못 가 결국 바닥을 드러냈다. 가령, 2016년 슈퍼볼 개최를 준비하던 샌프란시스코 시장은 도심 미관 개선을 핑계로 노숙자들을 교통도 불편한 교외의 별도 수용 구역으로 일제히 쫓아 버린다. 임시주택이라고 해도 사실상 천막이나 다름없었다. 바로 그해, 지역 신문사들은 일제히 고령 노숙자들의 복지 실태를 다룬 특집 기사를 냈다.

라디오 시사 프로그램 《히어 앤드 나우Here and Now》에서 진행자 로빈 영Robin Young은 언젠가 "요양원들이 소생 불가능한 고령 환자들을 돌보는 부담을 과도하게 떠안고 있다"고 지적한 바 있다. 그럼에도 요양원은 여전히 인기 만점이다. 그런 시설 때문에 나라에 낼 세금이 오르는 것은 억울해하면서도 우리는 사랑하는 가족을 요양원으로 보낸다. 그러면서 속으로는 나 자신은 그런 곳에 들어갈 일이 없기를 기도한다. 물론, 응당 집으로 모셔야 도리일 것을 돌아가시는 날까지 여생이 따분하고 불행할 줄 알면서도 시설에 돌려보내는 거냐 혹은 어르신 간병 때문에 저희들 인생을 포기할 수는 없어서 시설에 넣는 거냐는 비난을 들을 수도 있다. 하지만 이것은 개개인만 탓할 문제가 아니다. 크게 보면 훨씬 복잡하고 구조적인 근원이 숨어 있기 때문이다. 이 점을 고려할 때 로빈 영의 발언은 미완성이라 할 수 있다. 이 문장을 완성하려면 앞에 "우리 사회가 그런 노력에 힘을 보태는 데 얼마나 미온적인가를 감안한다면"이라는 구절을 더해야 한다.

열성분자

가끔은 동료 의사들이 정말 미워진다. 예를 들면 이럴 때다.

후안은 여든여섯의 나이에 암 진단을 받았다. 이미 심장질환, 관절염, 당뇨병, 초기 치매로 고생 중인 그다. 그뿐만 아니다. 언젠가 뇌졸중 발작을 겪은 뒤 한쪽만 팔다리가 말을 듣지 않는다. 그런데 종양내과 의사는 그에게 화학요법과 방사선요법을 처방한다. 계획된 치료기간 열 달을 채우고 나자 후안의 심신은 넝마가 된다. 그런데 고작 의사가 한다는 말이 암세포를 다 죽이지 못했고 더 이상 할 수 있는 게 없다는 거다.

한편, 요양원에서 지내고 있는 데버라는 얼마 전에 연명치료 동의서에 서명했다. 그런데 입주자 기록을 제대로 확인하지 않은 요양원 직원이 그녀를 그냥 앰뷸런스에 태워 병원 응급실로 보낸 것이다. 소식을 들은 가족은 당황해 데버라의 주치의에게 연락했고, 주치의가 다시 응급실에 전화를 걸어 상황을 설명한 뒤 환자를 집으로 돌려보내라고 요청하는 복잡한 상황이 연출됐다. 지금부터라도 호스피스팀이 맡으면 큰 문제는 없을 터다. 그런데 응급실 의사는 뇌졸중일지 모른다며 빨리 확인하고 혈액희석제를 투여하려면 CT를 찍어야 한다고 고집을 부린다. 이 의사는 또 저 나름대로 납득 못 하겠다는 반응이다. 왜 환자를 치료하지 못하게 막는 건지, 환자에게 아무것도 안 한다는 게 진심인지, 말년에 환자의 뜻대로 해 주는 게 어떻게 법적으로도 윤리적으로도 옳은 일인지 이해가 되지 않는다. 응급실 의사가 말한다.

"의사가 돼서 손 놓고 구경만 할 수는 없습니다."

그에게는 지정된 장소(즉, 병동이나 응급실)에서 뭐라도 하는 것(즉, 스캔검사나 약물 투여)이 의학이고 의료인 것이다.

다음 사연의 주인공은 앨버트다. 아흔넷 노인인 그는 보청기를 꼈음에도 거의 들리지 않아 친구가 다 떨어져 나간 지 오래다. 이제는 걷기 힘들 정도로 두 다리도 말썽이다. 대부분의 시간을 혼자 보내면서 건강한 때보다 아픈 때가 점점 더 많아지던 어느 날, 그는 외출에 나섰다가 넘어져 돌바닥에 머리를 박는다. 한 행인이

119를 불러 주며 병원까지 동행하겠다고 나선다. 하지만 봉합이 필요할 정도로 머리가 찢어지거나 한 게 아니기에 그는 호의를 거절한다. 구급대원은 혹시 뇌출혈이 있을지도 모르니 일단 병원에 가자고 노인을 구슬린다. 은퇴한 전직 의사인 앨버트가 거기다 대고 대꾸한다.

"그게 뭐 어쨌다고?"

병원에 가 봐야 자꾸 검사를 한다며 이리저리 끌려다닐 게 뻔하다. 지금 내 처지를 생각하면 그럴 바에야 차라리 내 집 내 침대에 편하게 누워 혼수상태에 빠져 죽어 가는 편이 백 배 천 배 낫다.

다시 집으로 올라간 그는 냉동식품을 전자레인지에 데워 저녁을 때우고 TV를 좀 보다가 침실로 들어간다. 그리고 실망스럽게도, 다음 날에도 살아서 눈을 뜬다.

사실, 앨버트는 특이한 경우였다. 마지막 순간이 가까워도 자신이 뭘 원하는지 혹은 어디까지 소망할 수 있는지 정확히 아는 사람은 세상에 몇 안 된다. 사람들은 의사의 말이라면 다 객관적 진실이라 믿으며 의사의 권고를 무조건 따른다. 그러나 의사는 완벽한 존재가 아니다. 그렇기에 때때로 그릇된 정보를 전달하거나 어리석은 판단을 내린다. 의사도 다른 모든 인간과 마찬가지로 시대와 사상의 합작품인 까닭이다. 고식적 의료라는 말을 만든 캐나다 의사 밸퍼드 마운트 역시 여러 해 전에 비슷한 맥락의 글을 쓴 적이 있다.

「오늘날의 의학은 칭찬받을 자격이 없다. 현대 의학이 할 줄 아는 건 아파도 찍 소리 한번 못 내는 환자들의 고통을 모른 체하는 것뿐이다. 죽은 자는 말이 없으니 말기 환자들에게 특히 공공연한 의학의 오만함은 폭로될 기회가 없다. …… 우리는 스스로 선한 마음과 실력을 겸비한 의사라 자부하고 그렇게 되고자 노력하지만, 둘 다 아닐 수도 있다는 생각은 전혀 하지 않는다. …… 그럼에도 환자들은 담당 의사가 모욕을 느끼거나 언짢게 여길까 봐 노심초사한다.」

20세기 들어 노화와 임종이 마치 반드시 의학적 조치를 취해야 하는 사건인 것처럼 인식되면서, 의학은 스스로를 죽음이라는 절대악에 대항하는 무기라 자처해 왔다. 그러나 사실 의학은 인간이 자연스러운 생의 단계를 보다 편안하게 넘기도록 돕는 사회적 수단이어야 마땅하다. 그러려면 의사들은 어려운 대화를 원만하게 이끌고, 나쁜 소식을 잘 전하고, 환자가 생각하는 삶의 우선순위를 파악하고, 말년의 증상들을 적절히 관리할 줄 알아야 한다. 하지만 의대에서 이런 내용을 정식으로 가르치기 시작한 것은 불과 2010년대의 일이다. 그나마 임상 현장에서는 여전히 잘 활용되지 않는 실정이다. 이런 업무들에 상대적으로 능숙한 노인의학 전문의나 고식적 의료 전문 의사에게 협진 요청이 들어오기도 하지만 항상 그런 것은 아니다. 지속되는 개혁 노력에도 의료인들의 생각은 달라질 기미가 안 보인다. 설상가상으로 예산은 정작 환자에게는 득보다 실이 많은 투석, 화학요법, 외과 시술 등에만 집중 지원된다.

그럼에도 현대 의학은 여전히 임종 관리를 고식적 의료 전문 시설에 떠넘긴 채 강 건너 불구경이다. 마치 환자의 죽음이 원래는 드문 일이라는 듯이.

09 중년

번아웃 증후군

단계들

인류 역사 전체를 돌아볼 때 중세까지만 해도 노년기는 한 자리를 당당히 차지하는 인생 단계였다. 고전 사상들은 인생을 보통은 3~6단계, 많게는 12단계까지도 나눴는데, 각 단계마다 행동과 건강 측면에서 독특한 특징을 가진다는 데에는 이견이 없었다. 또, 단계들 사이사이는 딱 언제부터 언제까지라고 규정하기 힘든 과도기로 이어진다고도 봤다. 아리스토텔레스는 성장기, 정체기, 쇠퇴기의 3단계설을 지지했는데, 특히 뒤의 두 단계가 각각 건강한 노년 및 쇠약한 노년의 개념과 연결된다.

한편, 성경의 시편 90편을 보면 특별한 숫자 7에 어떻게든 끼워 맞추려고 했던 건지 인간의 평균 수명을 70년으로 잡고 연령 집단을 총 일곱으로 나누고 있다. 이처럼 사람의 생이 착착 진행되는 단계들로 구성된다는 시각은 18세기까지 서구사회를 지배했다.

그러다 산업화 시대에 접어들면서 사회를 지탱하고 노동력을 제공하는 인구 집단이 그 어느 때보다도 중요해졌다. 그에 따라 유년기의 특정 구간과 성년기는 부각되는 반면 노년기는 대폭 축소된다. 은퇴한 부자와 빈곤한 퇴물을 대비시키는 씁쓸한 이미지만 각인시키면서 말이다. 성년기와 노년기 사이에 중년의 개념이 생긴 것은 더 나중의 일이다. 인간 수명이 길어져 젊은 성인과 늙은 성인 간에 나이 차가 수십 년이나 벌어지게 되면서 한창 때의 성인과 한풀 꺾인 성인을 구분할 필요성이 생긴 것이다. 이렇게 인생 단계가 추가될 때는 새로운 사회제도와 용어도 속속 등장했다. 사회사학자 태머라 해리븐Tamara Hareven이 이것을 명확하게 해설했다:

> 새로운 인생 단계를 '발견'하는 것은 그 자체로 복잡한 과정이다. 우선, 고유의 특징을 가지면서 다른 단계들과 뚜렷하게 구별되는 한 인생 단계를 인지하는 개인이 하나 둘씩 늘어 갈 것이다. 그렇게, 이 발견이 사회에 널리 전파되어 보편적 현상으로 널리 인정된다. 만약 여기에 묵직한 사회문제가 얽혀 있다면 복지나 치안을 담당하는 정부 부처가 바로 개입하게 될 것이다. 그러면 마지막 조건, 즉 제도화가 완성된다. 국회에서 법안이 통과하고 이 집단만의 사안들을 전담해 처리할 정부 기관이 창설되는 것이다.

사회는 이 전략을 통해 시민을 부양하기도 하고 국가의 부양 부담을 줄이기도 한다.

현대에는 노년기를 몇 단계로 세분하며 다시 비중 있게 다루는 새로운 이론이 다양하게 제안되었다.

심리학자 G. 스탠리 홀Stanley Hall은 유년기의 마지막을 청소년기가 장식하듯 노년기는 노쇠기로 끝난다고 제안했다. 그러면서 그는 "오직 세월만이 줄 수 있는 참된 지혜가 있다. 그런 지혜는 세상을 오래 살아 인간, 사물, 세상사와 그 이치를 꿰뚫는 안목을 갖게 된 노인에게만 허락된다"고 말했다.

한편, 본인이 노년기를 목전에 둔 당사자였던 심리학자 버니스 누가르텐Bernice Neugarten은 1974년에 나이를 기준으로 노년기를 젊은 노인과 고령 노인으로 나누는 방법을 제시했다. 이 분류에 따르면 55세부터 75세까지는 젊은 노인에 속하고 75세 이후는 고령 노인이 되었다. 그로부터 10년 뒤, 리처드 수즈먼Richard Suzman과 마틸다 화이트 라일리Matilda White Riley는 급증하는 85세 이상 고령 집단의 특징을 포착한 뒤 초고령 노인 범주를 추가해 누가르텐의 모델을 수정했다.

번외로 항간에 통용되는 비공식 기준도 있는데, 이 역시 노년기를 일명 막 가go-go, 속도 줄임go-slow, 무조건 멈춤no-go이라는 세 단계로 세분한다. 표현은 재미있지만 무례하게 들릴 수도 있다는 점은 주의해야 한다.

노년기를 여러 단계로 세분하는 것은 노인의학도 마찬가지지만 접근 방식이 조금 다르다. 가장 자주 인용되는 것은 질병과 기능 수준에 따라 나누는 4단계로 분류다. 즉, 노년기에 있는 사람을 건강한 노인, 만성적 유병 상태의 노인, 노쇠한 노인, 임종이 가까운 노인 중 하나로 구분하는 것이다. 한편, 관계에 더 초점을 맞춘 마크 프랑켈Mark Frankel의 5단계 분류는 노년기를 독립성/자기충분 상태, 간헐적 의존 상태(때때로 도움을 필요로 함), 의존 상태(일상생활에서 정기적으로 도움을 필요로 함), 위기(전문가의 보살핌을 필요로 함), 사망으로 구분한다.

사실, 노년기의 단계 분류는 간단한 일이 아니다. 대체로는 노화가 순행하지만 가끔은 역행하기도 해서 개인차가 심하기 때문이다. 이것은 노년기 이전에는 전혀 목격되지 않는 특이한 현상이다. 가령, 사고를 당하거나 심장 수술을 받거나 암으로 항암 치료를 받고 나서 불과 몇 달 만에 사람이 갑자기 확 '늙어 보이는' 경우가 종종 있다. 심하면 노화 과정의 한두 단계를 건너뛰고 바로 지팡이나 휠체어에 의지하는 상태로 넘어가 버린다. 그런데 또 그러다 몇 달 동안 물리치료를 꾸준히 받아 재활에 성공하면 다시 '젊어지'곤 한다. 노년기도 비슷하다. 고령 성인이 운동을 시작하거나 평생 소원하던 직업으로 재취업하거나 사랑에 빠지면 하루아침에 10년은 젊어 보이거나 심지어 '다시 태어난 기분'까지 든다. 이처럼 노년기의 세부 단계들은 유년기나 성년기 안의 변화들보다 훨씬 유동적이다. 중간에 건너뛸 수도 있고 앞으로 되돌아갈 수도 있다. 물론 유년기와 성년기처럼 가던 방향 그대로 쭈욱 가는 경우가 가장 흔하긴 하지만 말이다.

***

인생 궤적을 파악하는 것은 중요하다. 작은 몸으로 보호자의 손길을 필요로 하는 것은 초고령 노인들이나 어린애들이나 비슷하다. 이처럼 인생의 시작과 끝에 해당하는 유년기와 노년기는 몇 가지 특징을 공유하지만 근본적으로는 분명 다르다. 유년기는 백지 상태에서 창창한 미래를 향해 전진하는 시기인 데 비해 노년기는 반대로 저물어 가는 시기이기 때문만은 아니다. 이그나츠 내셔는 노년기가 두 번째 유년기라는 주장에 생물학을 근거로 들어 다음과 같이 반박했다:

> 유년기의 신진대사를 노년기의 신진대사와 비교해 보면, 두 시기에 비슷한 장기 조직이나 정신 기능 혹은 신체 기능을 단 하나도 발견할 수 없음을 알 수 있다. 유년기와 노년기는 활력, 대사 능력, 심지어 반사 기능조차 확연하게 다르다. 노화는 늘 순방향으로만 일어나며 신체발달 순서 역시 절대로 뒤집히지 않는다. 어느 한 조직만 앞 단계로 복귀하는 일도 없다.

그런 면에서는 생리학적으로도 발달학적으로도 19세기의 해석이 옳았다. 삶은 순환주기보다는 여행에 더 가까운 것이다.

내셔는 같은 맥락에서 노년기 건강관리법의 이상적 모델로 소아과학을 지목했다. 한때 어린이를 심리, 지능, 신체 장기 등등 모든 면에서 덜 자란, 이른바 미성숙한 성인으로만 보던 시대도 있었지만 더 이상은 아니다. 오늘날에는 성인에게라면 질병이나 장애의 징후에 해당할 신체 구조(몸집에 비해 큰 머리), 생리 기능(해당 연령대에 정상이라고 간주되는 수준의 근력과 맥박 수 등등), 외모, 행동이 유년기에는 지극히 당연하고 자연스러운 것으로 여겨진다. 노년기도 비슷한 관점으로 봐야 한다는 게 내셔의 충고였다.

그로부터 10여 년 뒤, 미국 심리학자 릴리엔 J. 마틴Lillien J. Martin은 1930년에 출간한 저서 《노인 구조하기Salvaging Old Age》에서 미국 노년층의 위기는 생물학적 문제가 아니라 관념적 문제라고 지적했다.

「우리가 노년기를 특정 신체 상태가 아니라 한 인생 단계로 보기로 했다면 다른 단계들, 즉 영아기, 유년기, 청소년기 등등과 마찬가지로 그 나름의 고충과 염원과 성취가 있는 하나의 시기로 간주해야 한다. 그리하여 그에 합당한 심층연구를 실시하는 게 마땅할 것이다.」

그래서 나는 사람의 일생을 이렇게 생각하기 시작했다. 유년기, 성년기, 노년기가 각각 삼원색이라고. 그러면 그 안의 작은 구간들은 빨강, 노랑, 파랑의 다양한 조합으로 만들어지는 새로운 색깔들이라 할 수 있을 것이다.

응답할 수 없는 구조 요청

오후 2시가 막 지났을 무렵, 주거식 요양원에 살고 있는 프랭크 카바글리에리로부터 긴급 호출이 들어왔다. 내가 사무실에서 밀린 서류 작업에 한창 빠져 있을 때였다.

"이런, 세상에."

나는 내용을 듣자마자 손으로 더듬어 왕진 가방을 챙겨 들면서 자리에서 일어났다.

"20분 뒤에 도착한다고 전해 줘요."

요양원 부지는 시야가 탁 트여서 도심 랜드마크 조형물까지 시원하게 조망되는 곳이었다. 노인들은 영국 교외 대저택 스타일로 근사하게 복원된 건물에서 생활하고 있었다. 방문을 열었을 때 나는 나이프가 전동 리클라이너 소파 옆에 떨어져 있는 것을 발견했다. 평소에 그는 나이프를 레몬 사탕이 들어 있는 유리병 옆에 두곤 했다. 프랭크가 워낙 단것을 좋아하는 데다가 입안이 마르는 문제도 있었기 때문에 이 병이 비지 않게 간수하는 것은 딸 수전의 중요한 임무 중 하나였다.

손등을 보니 2~3센티미터 길이로 벤 상처가 나 있었다. 피가 흘렀지만 그의 목적을 달성하기에는 한참 모자라는 양이었다. 깊이로는 거의 긁힌 정도라 봉합도 필요 없어 보였다. 손에 잡히는 대로 아무거나 써 보자는 심정이었나 본데, 하필 오래되어 날이 무뎌진 버터나이프밖에 없었던 모양이었다.

프랭크는 날 보며 어색한 웃음을 지었다. 늘 그렇듯 말끔한 차림새였다. 무늬가 있는 밤색 셔츠 위로 연회색 스웨터를 껴입고 있었고 백발은 단정하게 빗어 넘긴 상태였다.

"이제 이것도 안 되네."

그가 슬픈 듯 덧붙였다.

"나는 이제 맘대로 자살도 못 하나 보오."

나는 아무 말 없이 그의 손을 꽉 잡았다. 섣불리 이게 별문제 아닌 척해서 그의 기분을 상하게 하고 싶지 않았다.

프랭크의 말랑말랑한 손등에서 온기가 느껴지자, 주치의 체면도 없이 환자 앞에서 울먹이면서 내가 어르신을 얼마나 아끼는지 아느냐고 고백해 버리고 싶은 걸 참느라 혼이 났다. 돌아가실 날만을 고대하는 올해 연세 아흔둘의 이 사랑스러운 노인은 운명의 장난으로 하루하루를 의미 없이 버티는 중이었다.

3년 전 어느 날, 나는 담녹색 지붕의 아담한 단독주택 앞에 차를 세웠다. 창가 바로 아래에는 창틀 색에 맞춰 흰색으로 페인트칠한 직사각형 화분이 놓여 있었다. 꽃봉오리가 탐스럽게 맺힌 제라늄이었다. 나는 조수석에 던져 놓은 신규 환자 등록용 서류뭉치 두 세트에 눈길을 던졌다. 80대 후반인 부부는 무려 60년 동안이나 이 집에서 살았다고 했다. 길 하나만 건너면 바로 고속도로가 내다보이는 곳에 지어진 집이었다. 노부부의 보금자리가 있는 이 동네는 한때 노동자 계급이 모여 살던 서민 주택 지구였다가 최근 재개발로 하루가 다르게 변모하고 있었다.

당시 내 방문 목적은 단순히 상담뿐이었다. 이미 그들에게는 지정된 1차 주치의가 있었고 순환기내과, 신경내과, 족부의학과, 호흡기내과, 피부과 등등 각 분야별로 찾아가는 전문의가 또 따로 있었다. 그럼에도 부부의 딸 수전은 부모님에게 결정적으로 중요한 뭔가가 빠져 있다고 여기고 있었다. 그게 정확히 뭔지는 몰라도 말이다. 그녀는 노인 건강관리의 전문가인 의사가 부모님을 만나 보면 빠진 퍼즐 조각이 뭔지 알게 될 거라고 기대했다. 그녀의 눈에 두 분의 하루하루는 전혀 즐겁지도 분주하지도 않아 보였다. 이런 건 부모님답지 않았다. 늙으면 다 그런 거라고 다들 말하긴 하지만 말이다.

프랭크가 자살을 시도했을 때 그는 막 아내를 잃고 요양원 관내 오피스텔형 독실에서 기거하던 중이었다. 그의 집은 널찍하고 방향도 좋았지만 그래도 시설은 시설이었다. 집에서 쓰던 가구 몇 점과 사진 액자들을 옮겨 왔어도 여전히 내 집이라는 안락함은 없었다. 밥을 식당에 가서 먹으면 되고 다양한 운동과 여가활동 프로그램이 마련되어 있는 것은 편했다. 하지만 이곳에서 두 해 정도 지냈을 무렵 그는 미각도 청력도 거의 잃은 상태가 되었다. 아무리 비싼 보청기도 별 효과가 없었다. 그나마 흥미를 좀 붙이나 싶었던 카드 게임 모임에는 실수가 점점 잦아지면서 발길을 끊었고 음악 연주회가 열려도 더 이상 보러 가지 않았다. 이제는 두 발로 걷는 것만도 힘에 부쳤다. 자식들이 꾸준히 보러 왔지만 각자 직장에,

학교에 때 되면 가야 하는 휴가 등등 저희 인생이 또 있었다. 그런 까닭에 프랭크는 대부분의 시간을 방에서 홀로 보냈다.

요양원 직원들은 옷을 갈아입히고, 씻기고, 식사를 챙겨 줄 때만 잠깐씩 들렀다. 그들은 고기를 썰어 주고, 약 복용을 돕고, 하루 일과의 시간표를 자세히 설명해 주었다. 프랭크는 소파에서 휠체어로, 다시 휠체어에서 변기로 혼자 옮겨 가려다가 넘어지는 일이 잦았다. 본인이 그런 기본적인 것들은 스스로 하기를 원하기도 했지만 호출한 직원이 올 때까지 참고 기다리기가 힘들기 때문이기도 했다. 결국 그는 시설 관계자들의 강요에 가까운 권유로 마지못해 기저귀를 차기 시작했다.

그는 내게 차라리 죽고 싶다고 말했다. 나는 우울증 치료제를 처방했지만 별 도움은 되지 못했다. 우울증 약을 복용할 때마다 심리적 스트레스가 일시적으로 줄어들지는 몰라도 근본적 문제는 하나도 해결된 게 없었다.

프랭크는 최근 실시된 한 조사에서 죽음보다 나쁜 상태로 꼽힌 여섯 가지 문제 중 세 가지를 가지고 있었다. 바로 변실금과 요실금, 아침에 혼자 침대에서 일어나지 못하는 것(눈을 뜨긴 하지만 휠체어로 이동하려면 침대에 높이 및 각도 조절 기능이 있어야 하고 여기에 추가로 부축할 사람 한 명 이상이 반드시 필요했다), 그리고 24시간 간병의 필요성이다.

나머지 세 가지 중 두 가지, 그러니까 영양공급 튜브 삽입의 필요성과 호흡보조 튜브 삽입의 필요성은 앞으로도 걱정할 일이 아니었다. 그러나 마지막 한 가지인 하루 24시간 착란 상태는 의미

없이 숨만 붙어 있는 나날이 이대로 계속 이어진다면 언제고 충분히 가능성이 있었다. 이건 당사자도, 의사도, 신이 아닌 한 그 누구도 어떻게 해 줄 수 없는 부분이었다.

이런 무력감은 노년기를 두려워하게 만드는 중요한 요인 중 하나다. 이것은 단순히 기능 하나를 상실하는 것에 머물지 않는다. 그보다는 내 몸뚱이, 내게 일어나는 일들, 나아가 내 인생을 내가 통제할 수 없게 된다는 것을 뜻한다. 어느 인생이나 행운과 불운이 적당히 뒤섞인 게 보통이라 치고, 상당히 길어진 인간 수명을 고려할 때 이것은 생물학적으로 불가피한 결과라 볼 수 있다. 사람이 오래 살다 보면 무병장수라는 대길大吉의 기운이 전부 사라지고 없음을 돌연 깨닫는 순간이 온다. 그때부터는 못 쓰는 곳과 아픈 데만 계속 늘어나는 잔인한 현실과 함께 내리막길뿐이다. 이런 현실 자각 기간이 생애 마지막 며칠 내지 몇 주에 그치면 운이 좋은 편이다. 하지만 몇 년을 내내 이런 절망감에 빠진 채 시들어 가는 사람도 있다.

프랭크의 경우는 부자는 아니어도 꽤 유리한 조건에 있었다. 가족도 그런 장점 중 하나였는데, 그를 진심으로 사랑하는 자녀들은 정기적으로 그를 보러 와서 함께 시간을 보냈고 직접 방문해서 혹은 전화 통화로 얘기를 나눌 때마다 항상 그의 행복을 위해 해드릴 게 없는지 끊임없이 묻고 고민했다. 그럼에도 프랭크의 삶은 고달팠다. 꼬부랑 할아버지가 되어서야 두드러진 신체 변화들은 사실 훨씬 전에 시작되어 서서히 축적된 것이었다. 이런 미세한 변화를 본인이 감지하기 시작하는 시점은 보통 40~50대다. 처음에는 심각하기는커녕 기능과 활동에는 별 지장 없이 작은 발작처럼 있다 없다 하는 식으로만 느껴진다.

나는 닳아빠진 무릎과 점점 벗겨지는 머리를 두고 노부부와 농담을 주고받으면서 긴장을 풀다가 자연스럽게 내가 미리 준비한 화제로 다가갔다. 노화로 인한 그런 변화들은 분명 냉혹한 현실이다. 문제는 몇십 년 뒤 진짜 노인이 될 때까지 계속 진행될 더 큰 과정의 신호탄에 지나지 않는다는 것이다.

사람은 늙어 가는 성인을 거쳐 진짜 완전히 늙은 노인이 된다. 세상에 세월 이기는 장사는 없다. 몸은 인간의 마음을 보란 듯이 배신한다. 주름은 자글자글하고 살가죽은 축축 처지고 눈가와 볼은 푹 꺼진다. 관절 마디마디와 팔다리의 힘은 술술 빠져나가 돌아오지 않는다. 손발은 느려 터지고 균형감도 없어 뒤뚱거리기 일쑤다. 한때 당연하게 여겼던 체력이며 유연성 같은 것들은 당장 증명해 보일 수도 없는 소싯적 자화자찬이 되어 버렸다. 가끔은 마음도 몸의 기운을 따라 함께 꺼져 가는 것 같다. 갈수록 말도, 생각도, 논리적 사고도, 기억도 옛날만큼 명석하게 나오지 않는다. 몸은 또 왜 그렇게 점점 자주, 더 심하게 아픈지. 그런 식으로 점차 쇠약한 게 일상이 된다. 먹고, 씻고, 걷는 것 같은 가장 기초적이고 단순한 일상도 엄청 오래 걸리거나 겨우겨우 해내거나 심지어는 아예 시도조차 못 하게 된다. 목적도 의욕도 없는 인생은 무료하고 절망적이고 불쾌하기만 하다. 결국 노년기의 나라는 사람은 '주체적인 나'

가 아니라 '더 이상 나 자신이라고 말할 수 없는 내 껍데기'에 의해 정의된다. 노인이 된 나는 시시각각 죽음의 달콤한 유혹을 받으며 분투한다.

프랭크를 처음 만나던 날, 그의 딸 수전이 현관에서 나를 맞았다. 그녀의 안내에 따라 계단을 꽤 올라 들어선 거실에서 노부부가 나를 기다리고 있었다. 프랭크는 의자 팔걸이를 지지대로 활용해 몸을 일으킨 뒤 한 손을 내게 내밀었다. 완전히 하얗게 센 턱수염이 얼굴의 반을 덮었고 코는 크고 납작했다. 왜소하고 여윈 체형이었지만 악수할 때 보니 손아귀는 꽤 억셌다. 정중한 그의 태도에도 왠지 모를 어색한 공기는 이 자리가 딸의 부탁에 억지로 마련된 것임을 말해 주고 있었다.

노부인 역시 자리에서 일어났지만 딸이 부축하는데도 동작이 몹시 느렸다. 보송보송한 솜털처럼 살랑거리는 짧은 백발은 민들레를 연상시켰다. 그녀는 전형적인 파킨슨병 중기 환자가 그러듯 작은 목소리로 웅얼거리면서 말했다. 나는 그녀의 얘기를 알아듣기 위해 온 정신을 집중해야 했다. 그녀는 본명인 캐럴 대신 '쿠키'라고 불러 달라고 말했다.

자그마한 캐럴의 손은 마주 잡은 내 두 손 안에서 덜덜 떨리고 있었다. 다만 미소만큼은 백만 불짜리였다.

작은 키를 극복하고 현장 감독을 맡을 만큼 프랭크는 훌륭한 기술자였다. 그는 본인은 포기했지만 그 뛰어난 손재주로 자식들을 모두 대학에 보낸 성실한 가장이기도 했다. 창틀과 지붕널부터 식기세척기와 라디오 같은 전자제품까지 집 안의 어떤 죽은 물건도 그의 손만 닿으면 마법처럼 되살아나곤 했다. 그러나 마법은 영원하지 않았다. 뇌졸중으로 쓰러진 게 결정적이었고 쿠키가 파킨슨병 증세를 보이면서 점점 더 나빠졌다. 프랭크가 처음으로 자살을 시도한 것은 내가 부부의 집을 처음 방문하기 1년 전의 일이었다. 이 사실은 과거 입원 이력을 묻다가 알게 되었는데, 내내 진지함을 유지하던 프랭크는 내 얼빠진 표정이 재미있었는지 그 일이 있고 한동안 정신병동에 감금되어 있었다는 얘기를 한결 명랑해진 목소리로 하고 있었다. 중간중간에는 초탈한 자의 미소를 지어 보이기까지 했다. 내가 보기에 그에게 정신질환의 소견은 전혀 없었다. 그는 완전히 제정신이었다. 그저 비루하게 살고 싶지 않아 그가 택할 수 있는 최선의 방법으로 상황을 끝내기로 결정했던 것이리라.

자식들은 그때 일을 다시 꺼내고 싶어 하지 않았다. 수전은 손으로 연신 부친의 팔을 쓰다듬었다. 그녀의 눈동자는 초롱초롱했다. 프랭크는 나를 봤다가 자신의 무릎을 내려 봤다가 하면서 차분하게 말을 이어 갔다. 그는 뇌졸중으로 쓰러진 뒤 입원해 있던 병원을 좋아하지 않았다. 정확히는 그곳 사람들의 태도가 싫었다고 했다. 그리고 정신병동은 진짜 다 싫었다고 한다. 나는 그의 심기를 거스른 최악의 요인이 뭐였는지 콕 집을 수 없었다. 단지, 무력감과 수치심에 그가 좌절했다는 것만은 확실히 알 수 있었다. 그날 부부의 집에서 프랭크는 죽을 생각을 하는 속내는 끝내 부인했지만 인생만사 허무하다는 생각에 우울해져 가라앉을 때가 많다는 것은 솔직하게 인정했다. 다시는 자살 따위 생각도 안 할 거라고 못 박으면서 그는 딸과 아내를 지그시 바라봤다. 하지만 나까지 속일 수는 없었다. 속마음과는 다른 얘기를 하는 환자들에게서 익히 보아 온 눈빛이었기 때문이다.

천생연분도 그런 천생연분이 없었다. 청소, 요리, 가족 행사, 자녀 교육 등등 모든 면에서 프랭크의 까다로운 요구 조건을 다 채워줄 수 있는 여자는 오직 쿠키뿐이었다. 아담한 외모에서 풍기는 이미지대로 그녀는 예민하고 소심했다. 아니면 적어도 날 처음 만났을 즈음에 그런 성격으로 변했거나. 내 짐작에는 그런 성향이 예전부터 숨어 있다가 말년에 도드라진 것 같았다. 이런 유의 성격 변화는 노인에게 흔한 현상이다. 좋은 쪽으로든 나쁜 쪽으로든 '갈수록 더하게' 되는 것이다. 귀나 코의 모양이 수십 년에 걸쳐 서서히 달라지는 것과 비슷하다. 뼈와 근육, 지방은 어느 시점부터 합성을 멈추지만 연골은 평생에 걸쳐 계속 생성된다. 여기에 나이가 더 들어 피부와 그 주변 조직까지 쪼그라들면 혼자 비대해진 연골만 부각되는 것이다. 그럼에도, 이 집 울타리 안에서만큼은 진짜 대장은 여전히 쿠키였다. 이 사실은 방문을 거듭할수록 확실해졌다.

당시 부부는 벌써 65년째 함께 살고 있었다. 그런데 10년쯤 전인가, 아들들이 아버지를 모시고 남자들만의 가족여행을 한 적이 있다고 했다. 비행기를 타고 주 경계를 넘어가서 황야에서 캠핑을 하는, 제법 대대적인 행사였다. 집에서 수천 킬로미터 떨어진 야생의 벌판에서 텐트를 쳐 놓고 쉬면서 저물어 가는 해를 감상하는데 프랭크가 이렇게 말했다고 한다.

"오늘 편히 잠들 수 있을지 모르겠구나. 2차 대전 때 빼고는 네 엄마와 떨어져 자 본 적이 없는데."

이 얘기를 내게 들려주면서 부부의 아들은 몹시 즐거워했다. 의심이 반, 감탄이 반 섞인 그런 유의 즐거움이었다.

그때 프랭크는 걱정과 달리 며칠을 잘 먹고 잘 자며 즐겁게 보내고 무사히 귀가했었다. 그런데 이후 쿠키가 세상을 뜨고 나니 그 혼자 두 사람 몫을 하기가 너무나 버거웠다. 쿠키가 더 이상 없기 때문이 아니었다. 그 자신도 조금씩 사라지고 있기 때문이었다.

***

부부가 우리 병원의 왕진 의료 환자로 선정되기 직전에 부부의 '아이들'은 마침 부모님의 요양원 이사를 분주하게 준비하던 차였다. 쿠키는 파킨슨병 탓에 움직임이 뻣뻣한 데다 느렸고 프랭크는 뇌졸중으로 쓰러진 이후로 점점 예전만 못했다. 그런데 부부의 집에는 안팎으로 계단이 많은 데다가 두 사람 모두 이제는 샤워를 하거나 밥을 짓는 것처럼 기본적인 집안일도 몹시 힘들어했던 것이다. 수전이 설명하길, 한동안은 가사도우미를 쓰고 그녀가 남편과 함께 반조리 식품을 잔뜩 사 와 쟁여 놓기만 하면 됐지만 곧 그거로는 부족한 상황이 되었다고 한다. 쿠키가 침대에서 일어나지 못

하는 날이 하루 이틀 늘어 갔다. 심지어는 포장을 벗기고 접시에 덜어 전자레인지에 돌리는 것조차 못 해 굶는 날도 있었다. 부부가 주로 쓰는 방들은 다 한 층에 몰려 있었지만 집 자체가 계단 몇 개를 거쳐야 들락날락할 수 있는 높이였다. 그렇게 그들은 자기 집에 갇혀 버렸지만 그렇다고 또 입주 간병인을 쓸 만큼 형편이 넉넉하지도 않았다. 부부가 나와 첫 상담을 마치자마자 바로 요양원에 들어가게 된 사연은 이랬다.

일단 나는 어지럼증 부작용이 덜한 약으로 바꿔 프랭크의 처방을 조정했다. 그러면 진통 효과는 그대로이면서 어르신이 외출하거나 활동하기가 한결 편해질 터였다. 또, 나는 물리치료와 작업치료를 추가로 처방했다. 물리치료는 근력과 보행 능력을 키우기 위한 것이었고 작업치료는 최소한의 기본 일상 활동 정도는 혼자 해내도록 훈련하는 것이었는데 다 어느 정도 도움이 되긴 됐다. 몇 년, 아니 몇 달만이라도 일찍 시작했다면 효과는 훨씬 더 컸을 것이다. 그렇지만 노부부를 가장 심하게 괴롭히는 고민거리를 해결하는 데에는 별 보탬이 되지 않았다.

그 이유로는 여러 가지를 꼽을 수 있지만 일단 이 요양원이 꽤 괜찮은 곳이었음에도 어쩔 수 없이 일종의 부품 조립 공장처럼 운영되는 측면이 있었기 때문이다.

또, 이미 망가진 몸뚱이가 좋아져야 뭐 얼마나 좋아지겠냐는 당사자들의 불신도 크게 한몫했다. 당연히, 노부부도 그렇고 두 사람을 담당한 치료사들도 최선을 다하지 않았다. 두 사람이 더 많이 알았거나 더 긍정적으로 생각했다면 결과는 사뭇 달랐을 텐데 말이다. 실제로 방법, 양, 환자의 의지 등등 모든 합이 딱 맞아떨어질 경우 초고령 노인조차도 극적인 변화를 보인다는 연구 결과가 적지 않다.

마지막으로 내 쪽에서도 반성할 게 있다. 물론 다른 진료과에 비하면 여전히 훨씬 포괄적이었지만 그래도 내 접근 방식이 노인의학치고 너무 질병과 장애에 치중해 있었다는 게 내 생각이다. 담당 의사로서 내 역할은 환자의 지병과 건강 상태를 관리하는 것이지만 어떻게 해도 젊은 시절의 완벽한 건강 상태로 되돌리는 건 불가능했다. 무엇보다도 두 사람에게 가장 절실하게 필요한 것은 그게 아니었다. 지금 그들이 목말라 하는 것은 삶의 목적, 의미, 선택할 기회라는 정신적 풍요였다. 하지만 오늘날과 같은 사회와 제도 아래서는 다 그림의 떡일 뿐이다. 오직 사회가 면전에서 신체 장기와 병환으로 해부해 가며 노인들을 주눅 들게 하지 않고, 의료 제도가 건강한 상태와 행복을 질병 상태와 그 치료만큼 중요하게 취급할 때만 실현될 수 있는 가치들이기 때문이다.

세상 사람들이 노년기 하면 일단 우울해하는 것은 프랭크 부부와 같은 시나리오를 떠올리기 때문이다. 그런데 의대생, 의사, 기타 의료 계통 종사자들 역시 노인의학을 비슷한 이미지와 결부시킨다.

이것은 이해가 부족해 생긴 왜곡된 선입견이다. 병을 고치는 것과 환자를 돕는 것은 엄연히 별개이고 우울증은 슬픔과 분명히 다르다. 쉽고 편한 방법과 좀 멀리 돌아가더라도 삶의 우선순위를 함께 짚어 주는 방법 역시 마찬가지다. 그런데 각각을 구분하지 못한 것이다. 또한, 이 선입견은 우리 사회에 여전히 만연한 노년의 구시대적 기준과 그보다 몇 발은 앞선 인체 생물학이 만들어 낸 불협화음의 결과이기도 하다. 주택들은 죄다 일흔 너머까지 사는 사람은 없다는 생각으로 설계된 것 같고, 아무리 잘 포장한들 요양원도 한 꺼풀만 벗기면 감옥이나 병원과 다를 바 없다. 준비가 하나도 안 된 세상에서 인간 수명만 홀로 엿가락처럼 늘어나고 있는 것이다.

너무 부정적으로만 얘기하는 것 같다고? 나는 지금 일부러 나이 들어 가장 나쁜 점만 강조하고 있다. 유년기나 성년기도 이렇게 단점만 부각시켜 분석하는 게 가능하다. 내가 이러는 건 시설에서 지내는 초고령 노인들을 바라볼 때 사람들이 가장 먼저 떠올리는 생각이 바로 이런 것이기 때문이다. 그러다 당장이든 나중이든 잠긴 방 한구석에서 외롭게 잊혀 가는 누군가가 바로 내 부모나 친구 혹은 나 자신일 수도 있다는 사실을 깨닫는다. 그러고서야 뒤늦게 반성한다. 노인을 아무도 반기지 않는 존재로 만든 것은 편리하다는, 혹은 경제적이라는 이유로, 그도 아니면 노인의 안전을 보장하기 위해서라는 번드르르한 명분하에 우리들 개개인 혹은 우리 사회가 만든 이런저런 규칙들이 아닌가 하고 말이다.

물론, 완전히 다른 풀이도 가능하다. 긴긴 인생에서 잠깐 안 좋았던 끝부분만 구구절절 묘사하고 흡족했던 나머지 부분은 고작 몇 줄로 요약해 버리는 전형적 형식을 탈피하는 것이다. 프랭크의 경우, 실제로는 그의 90여 년 일생을 통틀어 마지막 3년만 힘들었고 나머지는 행복하고 평화로운 나날의 연속이었다. 프랭크는 무려 80여 년을 내내 행복하게 살았다. 마지막 몇 년이 그다지 평탄하지 않고 최후의 한두 해는 몹시 좋지 않았을 뿐이다. 나쁜 일이 되도록 일어나지 않게 할 필요는 있다. 말년이 힘들었다고 해서 인생이, 특히 노년기 자체가 나쁘다고 일반화하는 것은 부당하다.

부부가 요양원의 볕이 잘 드는 방 한 칸을 새로운 보금자리로 삼은 지 1년도 안 되었을 때 쿠키가 폐렴에 걸렸다. 의료진이 최선을 다했지만 그녀는 회복될 기미가 없었다. 거의 먹지도 못한 채 침대에만 누워 지내는 나날이 계속되자 욕창까지 생겼다. 의료진은 가족회의를 소집했고 결국 임종 의료에 들어간다는 결정이 내려졌다.

그로부터 몇 주 동안 프랭크는 거의 뜬눈으로 밤을 지새우며 마지막까지 아내 곁을 지켰다. 부부 침대가 치워진 자리에는 쿠키를 위한 환자용 병상과 프랭크를 위한 1인용 싱글 침대가 나란히 놓였다. 그는 두 사람을 갈라놓는 이 배치가 마음에 들지 않아 가구 교체를 끝까지 반대했지만 결국 또 지고 말았다. 하지만 요양원 입장에서도 달리 도리가 없었다. 의료계 관행과 정부 규정에 따라 이런 상황에서는 환자와 간병인 모두의 안전을 위해 의료용 침상을 사용하는 것이 의무였기 때문이다.

쿠키가 고통에 신음하면 프랭크는 자다가도 일어나서 아내를 달랬다. 그러다 두 침대 사이의 좁은 틈새에서 삐끗해 넘어진 게 한두 번이 아니었다. 대부분은 바로 툭툭 털고 일어났지만 팔로 기어가서 호출 버튼을 누르고 도우미를 기다려야 했던 적도 많았다. 언젠가 그는 내게 도우미들이 '부리나케 달려오는 건 아닌 게 분명'하다고 말했다.

그런 날은 복주머니처럼 축 처진 눈 밑 지방이 콧수염까지 내려오곤 했다. 이처럼 기진맥진한 그의 모습은 전에 본 적이 없었다. 나는 생각했다. 70년이다. 두 사람은 근 70년을 부부로 살아왔다. 당시 40대였던 나로서는 아무리 곱씹어 상상해도 가늠할 수 없는 세월이었다.

그렇게 쿠키는 세상을 떠났다. 프랭크는 모두의 우려와 달리 괜찮아 보였다. 아내 걱정에 단체 활동에는 코빼기도 비치지 않던 그가 이제는 바닷가 소풍에도 따라가고 연회장에서 열리는 뮤지컬 공연도 보러 나오기 시작한 것이다. 카드 게임 모임에도 일주일에 두 번씩 꼬박꼬박 출석했고, 새 친구들을 사귀고 식당에서 그 '친구 녀석들'과 어울려 밥도 먹었다. 또, 동네 꼬마들이 와서 부리는 재롱을 구경하는 것과 아들네 집에 가서 저녁 먹는 것도 그가 좋아한 소일거리 중 하나였다. 힘든 한 해였지만 그럭저럭 버텨 가고 있었다.

하지만 청력이 점점 더 나빠져 결국 의사도 보청기도 아무 보탬이 되지 않는 지경에 이르게 되었다. 설상가상으로 심장에도 또 다른 문제가 생겼다. 크진 않았지만 뇌졸중 발작까지 한 번 더 일어났다. 갈수록 머리가 둔해져 제대로 생각을 할 수도 없었다. 그 즈음부터 그가 총체적 내리막길을 걷는 게 내 눈에도 보였다. 내가 요양원으로 찾아갈 때마다 그는 이젠 모든 걸 하루빨리 끝내는 게 유일한 소원이라는 말만 되풀이했다.

오죽하면 내가 왕진 날 시간 맞춰 와 주십사 하고 수전과 아들들에게 따로 연락했을까. 가족이 곁에 있을 때는 좀 명랑해져서 죽고 싶다는 생각을 안 할 것 같았다. 그 대신 너희를 몹시 사랑한다고, 아버지가 더 노력하겠다고 말하겠지. 너희가 걱정하는 것만큼 아버지가 약하지 않다고 안심시키려고도 할 것이다. 이게 내가 계산한 시나리오였다.

당당하던 예전 모습을 이미 대부분 잃은 뒤였음에도 여전히 그는 자식들을 위해서라면 뭐든지 하는 좋은 아버지였다. 그 자신의 인생은 일분일초가 불행했지만 그는 자신을 걱정하고 지지하는 가족과 친구들을 생각해 끈기 있게 버텨 냈다. 유일하게 하나 있는 그의 소원을 우리가 어떻게도 들어줄 수 없다는 게 확실해졌지만 그가 먼저 가족의 기대를 저버리는 일은 없었다.

이 시대의 노년층에게 흔한 고충들에 순서를 매긴다면 프랭크의 말년을 불행하게 만든 요인들은 그 가운데 최상위권을 차지한다. 차라리 죽는 게 낫다는 생각이 들 정도로 괴롭기에 '늙는다는 것'의 공포 이미지를 부풀린 주범이기도 하다. 노인학에서는 죽음

직전의 이 마지막 단계를 '제4연령기(Fourth Age)'라 부른다. 자아의 의지, 정서적 교감, 사회활동을 모두 포기하고 출구 없는 초현실 세계로 넘어가 버리는 시기라는 뜻이다.

쿠키의 두 번째 기일을 반년 정도 앞뒀을 즈음 프랭크의 상황은 누가 봐도 바닥을 치고 있었다. 오랜 지병인 청력 저하, 무릎 관절염, 요실금이 악화된 것은 물론이고 무엇보다도 삶의 목적을 잃었다는 게 심각했다. 무슨 방도가 없겠냐고 그가 물었을 때 나는 원칙대로 대답했다. 의사가 환자를 죽도록 도울 수는 없고, 다만 의학 치료의 비중을 줄여서 여생을 조금이나마 덜 시달리게 할 수는 있다고. 그러면 질병 중심이 아닌 사람 중심의 의술을 통해 계속 보살핌을 받으면서 조금 더 일찍 생을 마감할 수 있을지도 모른다고 말이다. 그렇게 그날로 우리는 심장약 투약을 중단했다. 불과 반년 전만 해도 가족들이 펄펄 뛸 만한 결정이었다. 또, 우리는 프랭크의 상태가 심각하게 나빠지면 병원으로 이송하는 대신 바로 호스피스 간호와 모르핀 투약을 시작하기로 서약했다.

결단은 내렸지만 당장 프랭크가 어떻게 되지는 않았다. 몇 주가 지나고, 몇 달이 흘러도 상황은 똑같았다. 다른 노인 환자들의 사례에서도 흔히 그러듯 마치 애초에 그 모든 약물 치료가 불필요했던 것 아닌가 하는 의심이 들 정도였다. 하지만 착란 증세가 점점 심해지면서 프랭크는 그저 목숨만 부지한 채로 아주 천천히 죽어 가고 있었다.

인간의 삶에 의미를 부여하는 요소들은 누구에게나 공통적일까? 누군가의 인생이 의미 있고 없고를 우리는 어떻게 결정할까? 누군가가 살아갈 의미를 확실히 잃었다고 어떻게 판단할 수 있으며 그 기준은 무엇이어야 할까? 사람들에게 이런 질문을 던지면 전부 하늘의 뜻이라는 것부터 존엄사 법안을 통과시켜야 한다는 것까지 다양한 대답이 돌아온다. 그러나 신앙은 행복을 추구하는 인간의 노력을 막지 못한다. 존엄사 법 역시 한계가 있다. 프랭크처럼 기꺼이 그만 살고 싶어 하는 초고령 노인들 대부분에게는 정작 적용되지 않는 것이다.

법전에 명시된 존엄사의 대상은 예상 여명이 6개월 이내인 말기 환자로, 정신이 또렷해 논리적 판단을 내릴 수 있으면서 신체 건강이 안락사 약물을 스스로 투약할 수 있을 만큼은 양호해야 한다는 조건이 붙는다. 그런데 프랭크는 스스로 약을 복용할 수도 없고 착란 증세로 이성적 판단은 더더욱 기대할 수 없었다. 원인이 하도 많아 해결책을 찾기 힘든 상황에 언제 끝날지도 모르게 되었으니 최악의 진퇴양난에 빠진 꼴이었다.

친자식들에게야 말할 것도 없거니와 내게도 프랭크는 마지막까지 매우 특별한 존재였다. 하지만 고작 청년 혹은 기껏해야 중년인 우리들에게 그랬다는 얘기고 본인은 하루하루 저승 문턱에 가까워 가는 말년의 자기 자신이 마냥 애틋하고 사랑스러울 리 없었다. 그도 다른 젊은 사람들처럼 원하는 바를 자신의 입으로 당당히 말해 쟁취해 낼 수는 없었던 걸까? 프랭크의 말년은 공허한 껍데기뿐인 삶이었고 그에게 소중한 것들은 모두 사라진 뒤였다.

50대부터 70대까지 연배의 사람들 대부분은 가족친지 중 누군가가 프랭크와 비슷한 상황에서 돌아가신 사연 하나쯤은 가지고 있다. 관용과 다양성의 이 문명사회에서 언젠간 우리 모두 당면할 노년의 삶이 쉬쉬할 얘기라니 참으로 우스우면서도 슬픈 상황이 아닐 수 없다. 프랭크에게 그런 결말을 맞게 한 것은 다름 아닌 이 사회와 우리들의 시선일지 모른다. 만약 그렇다면 지금이라도 늦지 않았다. 고칠 부분은 과감하게 뜯어 고치면 된다. 우리는 역지사지의 마음으로 노년기를 보다 창의적으로 재해석할 필요가 있다. 비교적 정정한 노년 초기부터 임종 직전의 말기까지 전체를 말이다. 이미 끝자락에 다다른 프랭크 같은 분들에게는 별 소용 없겠지만 남은 후손들에게는 큰 힘이 될 것이다. 더불어, 쓸모없는 늙은이라는 자괴감에 시달렸던 지난 세월이 실은 세상을 바꾸기 위한 지난한 진통 과정이었음을 알게 되면 프랭크도 하늘나라에서 기뻐할지 모른다.

명성

사회와 마찬가지로 의료계에도 무엇이 혹은 누가 더 중요하다는 편견이 있다. 예를 들어 어린 환자, 정신질환 환자, 가난한 환자, 노인 환자만 보는 의사는 모든 성인을 다 보는 의사에 비해 보수도 적고 존경도 덜 받는다. 권력의 사다리에서 꼭대기에 오르는 것은 늘 수술, 신체 일부분, 어려운 시술, 최첨단 생명공학 기법, 아니면 복잡한 기계를 다룰 줄 아는 의사들이다. 반면에 인간 심리, 전인의료, 여러 장기 시스템이 다 얽힌 전신생리학, 사회적 사안들, 오랜 시간을 두고 쌓아야 하는 의사와 환자 간의 유대관계 따위를 중시하는 의사들은 가장 밑바닥에서 사다리를 붙들고 있다. 한마디로 의료계에서는 관심 범위가 좁을수록, 환자와 교류가 없을수록, 과학 기술과 친할수록 신분이 상승하는 것이다.

의료계 신분 구조의 최신 동향을 알고 싶을 땐 의사 연봉 순위를 보면 된다. 재미로 몇 가지만 예로 들어 보자:

- **예시 A**: 세계보건기구가 집계한 의료 선진국 순위에서 최상위는 국민의 건강관리를 개업의들이 주도적으로 맡게끔 의료 제도가 잘 받쳐 주는 나라들로 도배되어 있다. 반면에 37위에 오른 미국에서는 동네 병의원의 구인난이 전국적으로 심각한 수준이다. 여러 가지 이유가 있지만 평균적으로 연봉이 종합병원 전문의와 비교해 10만 달러 이상 낮다는 점이 크게 한몫한다.
- **예시 B**: 내과 전문의(모든 성인을 다 보는 의사)는 소아과 전문의보다 돈을 더 잘 번다. 정형외과를 류마티스내과와 비교하거나 신경외과를 신경정신과와 비교해도 마찬가지다.
- **예시 C**: 일반내과와 소아과만 살펴보면, 똑같은 레지던트 과정을 거쳤더라도 병원에 남은 의사가 개업의보다 연 평균 3

만~5만 달러를 더 번다. 병원 의사들에게 개업할 생각이 있냐고 물으면 십중팔구는 이렇게 대답한다. "절대 안 하죠. 시간은 엄청 잡아먹으면서 신경 쓸 부분도 많고 스트레스도 심하고 아무튼 너무 힘들어요."

- **예시 D**: 연봉 순위 최상위권 진료과들은 시술의 비중이 크고 남자 의사가 많은 반면 최하위권 진료과들은 다양한 분야의 유기적 검토를 중시하고 여자 의사가 많다는 특징이 있다. 또, 비뇨기과 전문의의 수가 산부인과 전문의의 수를 능가한다.
- **예시 E**: 노인의학과 고식적 의료는 이미 수십 년 전에 독립해 나와 이제는 미국 전역에서 시행되고 있고 수련 프로그램과 자격인증 절차도 잘 확립되었음에도 집계 대상 진료과 목록에 아예 들어 있지도 않다.

이 순위에 담긴 메시지는 명확하다. 그냥 죽 나열하면, 최첨단 기술이 최고다, 외래 환자보다는 입원 환자가 낫다, 애보다는 어른이 낫다, 여자들이 잘하는 기술보다는 전형적으로 남성적인 기술이 더 쓸모 있다, 완치는 언제나 돌봄을 이긴다, 병들고 약한 몸뚱이보다는 힘세고 쓸모 있는 육체가 바람직하다 등등이다.

이런 의료계의 가치 순위는 사회의 요구와 정반대로 가고 있다. 그래서 환자를 낫게 해야 할 의료가 때로는 정반대로 해를 입힌다. 그럴 때는 일부 환자가 크게 다치기도 하고 모든 환자가 소소하게 손해를 보기도 한다. 의료계가 자원 배분에 저희 입맛대로 차별을 둠으로써, 환자의 선택권을 제한하고 환자가 필요로 하는 것일수록 더욱 얻기 힘들게 만드는 탓이다.

의료계 사람들은 수련 기간과 고생하는 정도가 같지 않으니 보상도 다른 게 마땅하지 않겠냐는 반응이다. 혹시라도 내 두개골을 열어 뇌를 손봐야 하는 일이 생긴다면, 나는 분명 경험 많고 실력 있는 사람에게만 수술을 맡기고 싶을 것 같다. 그런데 유능한 의사가 아니면 안 된다는 마음은 내가 조현병에 걸린대도 마찬가지다. 전공의 수련 기간은 신경외과가 정신과보다 길다. 그러니 어찌 보면 신경외과 의사의 연봉이 더 높은 게 당연하다고도 말할 수 있다. 하지만 뇌 혈전이나 간질 병소를 제거하는 수술이 우울증이나 정신병을 앓는 환자의 사회 복귀를 돕는 것보다 그렇게까지 더 존경받을 일인지 나는 잘 모르겠다.

예시를 하나 더 들어 볼까. 두 살배기 환자가 있다. 그렇다면 아이가 아픈 이유를 찾아서 아이의 상태를 부모에게 설명한 다음에 검사와 치료를 시작하기까지의 전체 과정을 담당하는 의사와 이 아이의 X-ray 혹은 MRI 사진을 읽는 의사가 있을 것이다. 이 경우, 후자의 일에 두세 배 더 노련한 기술이 필요하다고들 하는데 그게 과연 진실일까? 분명 누군가는 진단방사선과 의사가 소아과 의사보다 두세 배 더 많이 버는 걸 보면 그런 거 아니냐고 생각할 것이다. 그런데 이상하지 않은가? 소아과 의사는 모든 정보를 고려해

진단을 내리고, 극도로 예민해진 부모와 자린고비 보험공단 사이에서 합리적인 절충안을 찾아 치료 방법을 결정해야 한다. 진단방사선과 의사가 판독해 보내는 사진은 신체검사 수치나 병력청취 정보와 더불어 진단 시 참고하는 수많은 근거자료 중 하나일 뿐이다. 게다가 본인도 집에서는 육아하는 부모일지도 모르는데 이렇게 손 많이 가는 환자가 한둘이 아닌 것이다.

현대 의학이 진정으로 지성을 추구하는 직종이 맞는지 의심이 든다. 어떤 의사는 증상과 검사 소견은 물론이고 환자의 표정과 몸짓, 최근 생활상, 환자가 처한 사회 환경이 은밀하게 보내는 신호들까지 종합해 분석해야 한다. 그걸 또 건강보험이 허락하는 선택지 안에서 협상한 뒤에 퍼즐 맞추듯 큰 그림을 완성해야만 임무가 끝난다. 그런데도 현대 의학은 환자의 특정 신체부위만 취급하거나 환자를 만나더라도 말 한 마디 섞지 않는 의사들보다도 이들에게 더 박하게 군다.

누군가는 의료계의 삐딱한 기준이 현대 의학사의 자연스러운 파생물이라고 주장할지 모른다. 문진과 신체 검진은 그 역사가 이미 수천 년이나 된 의료 기법이다. 반면에 최근 100년 동안에는 그 많은 혁신이 모두 기술과 시술 부문에 집중되었다고 말해도 과언이 아니다. 그리고 늘 그렇듯, 신기술은 늘 더 유혹적이고 값나가는 법이다.

또, 이런 설명도 가능하다. 연구에 의하면 남성은 논리와 기술을 중시하는 좌뇌를 더 많이 사용하고 여성은 소통과 공감대에 중요한 우뇌를 더 잘 활용한다고 한다. 하지만 익히 알려져 있듯 때로는 문화가 생물학적 특징을 조작한다. 과거에는 여성이 의대를 졸업하면 다들 신경정신과나 소아과에 가라고 추천했다. 물론 요즘은 여학생들도 적성에 따라 외과, 진단방사선학과, 응급의학과에 자유롭게 지원한다. 그런 과들에서 남자 의사와 여자 의사를 비교하면 치료를 받은 환자들의 치료 경과 면에서 아무 차이도 없거나 오히려 여자 의사 쪽이 더 낫다는 통계도 있다. 그럼에도 연봉 순위 목록을 보면 피부과만 빼고 전부 남초 성향이 강한 좌뇌형 진료과들이 최상위권을 독식하는 게 오늘날의 현실이다. 반대로 최하위권은 의료진 대다수가 여성인 우뇌형 진료과들 일색이다.

2016년, 한 연구의 흥미로운 결과가 발표되었다. 과학 기술 연구직 지원자인 척하면서 내용은 똑같은 이력서를 이름만 바꿔서 연구소 간부들에게 보내 평가를 받은 것이다. 그 결과, 남자고 여자고 할 것 없이 간부들은 이름으로 미루어 여자인 것 같은 지원자보다는 남자 이름을 가진 지원자에게 더 후한 점수를 주고 보다 높은 연봉을 제시한 것으로 분석됐다. 우리는 모두 이렇듯 비스듬한 시선을 가진 세상에 살면서 온갖 편견에 휘둘린다. 우리 스스로는 아니라고 생각하고, 그렇게 되지 말자고 발버둥치지만 결국 누구도 완전히 벗어나지는 못한다. 게다가 편견을 논하는 것 자체가 우리가 이미 편견을 갖고 있다는 증거다. 우리 생활을 풍요롭게 해주기에 내심 애착까지 느끼는 다양한 편견을 굳이 끊어 내려는 것도 공정하지는 않다는 것이다.

돈이 돈을 버는 부익부 현상은 의료계도 예외가 아니다. 특히 제약회사, 의료기기회사, 관련 IT기업들과 교류가 많은 진료과일수록 부의 편중은 한층 심해진다. 문제는 재력에는 반드시 권력이 따라온다는 것이다. 힘이 있으면 자기 입맛대로 목소리를 낼 기회가 많아진다. 그런 까닭으로 연봉 순위 선두권을 장기간 수성 중인 진단방사선학과의 전문의들은 환자 나이를 고려할 때 검사의 득보다는 실이 더 크거나 효과적인 다른 검사 기법이 얼마든지 있는 상황에서도 유독 유방조영검사만 열정적으로 홍보한다. 그들에게는 유방조영검사가 쏠쏠한 돈줄이기 때문이다. 반면, 소아과 전문의는 아이를 좋은 학교에 보내고, 잘 먹이고, 이것저것 체험시키라고 권하지만 그것은 본인을 위해서가 아니다. 그럼에도 소아과는 수십 년째 박봉에 시달린다. 아이들에게 투표권이 있는 것도, 코흘리개들 말이 정책에 반영되는 것도 아닌 데다가 육아는 여자의 일이라는 편견 탓에 시장 가치가 없었던 것이다.

연봉에 관한 담론이나 의료수가 협의를 위한 모임에서 민중의 입장은 언급되는 일이 거의 없다. 의료계 사람들이 이른바 공중보건이라는 것을 진지하게 살피기 시작한 것은 최근 들어서다. 사회적 욕구를 중시하는 것이 여러 가지 면에서 반(反)미국적 태도로 간주되어 온 탓이다. 자기 결정 우선주의가 절대적으로 작용하는 문화권에서 의사들은 어느 누구의 눈치도 볼 필요 없이 일반의로 남지 않고 진단방사선학과, 정형외과, 피부과, 마취과 등으로 빠져나갈 수 있다. 정작 시민들에게 가장 절실히 필요하고, 국민 건강을 보다 효과적으로 지킴으로써 결과적으로 의료 비용을 효율적으로 절감하는 것은 각 동네에 개업한 일반의들이지만 말이다. 그런데, 의사들이 이런 결정을 내리는 데에는 다 그럴 만한 이유가 있다.

인지상정이라고 의대생들의 마음도 대개는 더 존경받고, 더 큰 명예를 얻고, 더 많은 돈을 벌고, 더 큰 힘을 가질 수 있는 전공과 쪽으로 기운다. 이 새싹들은 의료계와 나아가 이 사회 전체의 핵인사이더들을 롤 모델 삼아 꿈을 키워 간다. 그러면서 자연스럽게 특정 신체 장기 혹은 특정 질환만 파는 전공으로 전문의를 딴 뒤 종합병원에 남는 의사가 진짜 능력 있는 의사라는 편견에 점점 더 진하게 물든다.

한편, 요즘 의대생 대다수가 학비를 대출로 충당한다는 점도 중요하다. 졸업할 즈음에는 빚이 수십만 달러로 불어나 있기 십상인데, 의대 졸업생의 학자금 상환 부담은 특히 지난 20년 새에 무서운 기세로 상승했다. 당연히, 돈 잘 버는 전공을 택하면 빚을 더 빨리 갚을 수 있다. 그러면 남들이 집을 사고 가정을 꾸리는 시점을 얼추 따라잡는 게 가능하다. 하물며 소외계층 출신의 의대생들은 졸업하기까지 재정 지원이 더 많이 필요하고 당연히 학자금 빚도 어마어마할 것이다. 그럼에도 돈 되는 전공에 매달리는 대신 가난한 이웃을 돕는 일을 하고자 한다. 그들이야말로 도움을 가장 절실히 필요로 하는 사람들이기 때문이다.

하지만 이 사회의 의료 체계는 수요가 가장 많은 전공과를 고려하는 젊은 의사들의 사기를 오히려 꺾으며 빈익빈부익부 현상을 부추기고 있다. 더불어 혈연, 학연, 지연을 따지지 않는 공정한 신입생 선발 원칙이 과연 제대로 지켜지는가에 관한 논란도 뜨겁다. 출신 배경을 보고 소수 집단의 목소리 역할을 할 지원자를 미리 거르는 게 아니냐는 것이다. 국민에게는 이들이 공중보건을 위하는 일에 제일 먼저 발 벗고 나서는 의인이지만 기득권층에게는 의대생들의 빚 부담을 키우고 사사건건 반항하는 시한폭탄 같은 존재다. 사회를 돌보려는 그들을 사회체계는 도리어 벌하고 있는지도 모른다.

복잡한 노인들

라일라 사이드는 임대료 고공행진으로 최근 들썩이고 있는 상점가와 공공임대 주택단지 사이의 오르막길 중턱에 위치한 딸네 집에서 살고 있었다. 첫 왕진일에 그녀를 방문했을 때 현관에서 나를 맞은 것은 간병인이었다. 안내를 받아 응접실로 들어서자 몸집이 작은 테리어와 스패니얼종 애완견 한 무리가 새로운 구경거리를 보러 몰려와 내 발치를 맴돌았다.

치매로 처음 진단받은 10년 전부터 거실 소파의 자기 자리를 고집하는 것은 라일라의 오랜 습관이었다. 내가 인사를 건네자 그녀는 한번 쓱 쳐다보고는 바로 고개를 돌려 버렸다. 나는 내가 누구이며 몇 가지 여쭐 게 있다고 설명했다. 여전히 그녀의 시선은 창밖에 머문 채였다. 그때부터 한 시간 내내 그녀는 미소 한번 짓지 않았고 대답을 해도 전부 단답형에 그쳤다. 다행히 내게는 환자의 병원 차트가 있었고 딸이 남겨 둔 메모도 적지 않은 도움이 됐다. 라일라에게서 나올 정보가 더 이상 없다는 판단이 들 때쯤 간병인은 복용 중인 약들을 보여 주겠다며 나를 주방으로 데리고 갔다. 그녀는 주방 문을 조용히 닫으면서 내게 일이 몹시 힘들다고 털어놓았다. 가끔씩 어르신이 너무 못되게 군다는 것이었다. 소매를 걷어 손톱에 긁힌 자국을 내게 보여 주며 그녀가 소곤거렸다.

"선생님도 조심하세요."

우리가 거실로 돌아갔을 때 라일라는 아까 모습 그대로였다. 화가 난 건지 슬픈 건지 알 수 없는 표정을 하고 앉아 있는 수척한 노인 동상 같았다. 나는 간단한 신체 검진을 하고 싶었지만 환자 놀라게 막무가내로 들이댈 수는 없는 일이었다. 그래서 노인이 잘 볼 수 있도록 일부러 앞에서 청진기를 쥐어 들고 천천히 다가갔다. 낯선 사람이 이러는 게 어색하겠지만 당신을 도우려는 거라는 뜻을 전하려는 의도였다. 그런데 내 손이 그녀의 어깨에 닿는 순간, 그 유명한 할퀴기 공격이 시작되었다.

이것은 치매를 걱정하는 사람들이 가장 두려워하는 미래 중 하나다. 환자 본인으로서는 물론이고 가족 혹은 의사나 간병인으로도 기꺼이 이 장면의 등장인물이 되겠다는 사람은 없다. 의사나 간호사라면 누구나 환자를 도우려고 한 행동들이 치매 환자를 더 요동치게 했던 경험을 갖고 있다. 환자가 아직 의사표현을 직접 할 수 있거나 미리 법정 대리인을 지정해 두었다면 일은 한결 수월해진다. 게다가 치료가 효과적이기까지 하다면 환자는 호전되는 대로 바로 사랑하는 가족 곁으로 돌아갈 수 있다. 그러나 보통은 완충장치가 하나도 되어 있지 않은 경우가 대부분이다. 사람들은 자신이 늙고 무능력하며 곧 죽을 거라는 사실을 인정하는 걸 무서워한다. 그런 까닭에 대리인을 지정하는 것도, 대리인이 될 사람과 함께 다가올 암울한 미래를 구체적으로 그려보며 대비하는 것도 차일피일 미룬다. 하지만 그럴수록 나중에 정말 필요한 보살핌을 받을 기회만 하나 둘 사라질 뿐이다.

줏대 없는 척하는 미국 의료계는 표면적으로는 '아무거나 다' 해보라고 말한다. 그런데 이 아무거나는 진짜 '모두 다'가 아니다. 환자의 미래를 주제로 상담하는 시간, 환자의 심리적 고뇌를 줄이고 마음을 편안하게 해 주기 위한 조치들, 기대 수명을 분석하고 여생을 잘 보내는 데 필요한 정보를 제공하는 것, 환자가 편안한 환경에서 치료를 받게 하는 서비스 따위는 의료 행위의 일부로 인정하지 않는다는 점에서다. 그러나 이 방법들은 모두 뒷받침하는 연구가 많고, 효과와 실효성도 검증되어 있으며, 환자와 환자 가족들도 선호한다. 오직 과학 기술이나 수익 창출에 집착하는 오늘날의 의료 제도만 외면하면서 인색하게 굴 뿐이다.

라일라가 흥분하니 개들까지 몰려드는 바람에 우리는 일보 후퇴해야 했다. 나는 청진기를 탁자에 내려놓고 차분한 어조로 천천히 말을 걸기 시작했다. 별 소용은 없었다. 도대체 어떻게 해야 이 어르신을 달랠 수 있을까 머리를 쥐어짜고 있는데 갑자기 그녀가 움직임을 멈췄다. 그러더니 처음 그 표정으로 돌아가 아까 그 자리에 똑같은 자세로 자리를 잡는 것이었다.

치매는 거의 예외 없이 분노, 슬픔, 공격성, 폭주를 일으킨다. 대개는 치매가 천천히 진행되는 동안 어쩌다 한 번씩 이런 증세들이 표출되지만, 간혹 이 증세들 중 한두 가지만 몇 년 동안 유독 심하게 드러나는 경우도 있다. 또 때로는 치매 자체가 문제가 된다. 일례로 알츠하이머성 치매 초기에는 우울감이 유독 흔하고, 혈관성 치매의 경우 뇌졸중을 원망하면서 화가 많아지기 십상이다. 한편 루이소체 치매의 대표 증세로는 들락날락하는 정신과 착란과 환각이 유명하고, 전두측두엽 치매는 성격 변화를 일으킨다.

이런 필연성이 없는 나머지 경우들은 환자를 자극하는 요인이 환경에 숨어 있다. 모르는 사람이 내 옷을 강제로 벗긴다고 상상해 보라. 당신은 어떻게 반응하겠는가? 추운데 껴입을 옷을 못 찾겠거나, 옷을 꺼내 달라고 어떻게 부탁해야 하는지 모르겠다면? 소변이 급한데 지퍼 내리는 방법을 모르거나 처음 와 본 곳이라서 화장실을 찾을 수 없을 때는 또 어떤가? 거울 속 내 모습이 너무나 낯설 때는? 집에서 생각에 잠겨 앉아 있는데 웬 침입자가 자신이 의사라고 주장하면서 답할 수 없는 질문만 해 대더니 내 몸 은밀한 부위를 만지려고 든다면 당신은 어떻게 행동하겠냐는 말이다.

라일라의 경우는 청진기와 의사의 존재가 신호탄이 되어 아픔, 혼란, 통제 상실을 불러왔을 수 있다. 왕진 의료를 시작하기 직전까지 그녀는 입퇴원을 수도 없이 반복해 왔던 터였다. 치매와 당뇨병을 함께 앓고 있던 그녀는 발에 감각이 거의 없는 탓에 지팡이를 챙기는 것을 항상 깜빡깜빡 했다. 당연히 넘어지거나 떨어지는 일이 잦았고, 자잘한 감염과 수시로 나오는 돌발행동은 매번 가족들을 당황시키기 일쑤였다. 그럴 때마다 119를 부르면 구급대원의 눈에는 의학적으로 문제가 많은 할머니가 또 사고를 친, 흔하디흔한 사례로만 비친다. 구급차는 고민할 것도 없이 환자를 바로 병원으로 이송하고 병원은 또 일말의 망설임도 없이 환자를 입원 조치한다. 라일라는 아픈 노인네였다. 그러니 병원 말고 그녀가 있을 곳이 또 어디란 말인가?

왕진 의료가 시작되자 라일라의 가족들은 매우 적극적인 태도를 보였다. 라일라에게 가장 큰 문제는 낯선 공간에서 낯선 사람들에 의해 신체적 모욕과 사생활 침해를 당했던 충격이 몹시 심했다는 것이었다. 그래서 우리는 환자가 병원 트라우마를 다시 떠올리는 일이 없도록 할 방법을 직접 만나서든 전화 통화로든 수시로 상의했다. 치매나 당뇨병을 완치시키는 것은 불가능했지만, 우리는 라일라의 발작적 행동이 무엇에서 비롯되는지 조금씩 이해할 수 있었다. 약물 치료를 병행하면서 환자 가족과 계속 대화하고 우리 병원의 자랑인 가정 방문 간호사를 파견함으로써 우리는 환자 본인뿐만 아니라 환자 가족들의 삶의 질까지 높일 수 있었다. 그 결과, 집 안에서 고성이 들리는 일은 점차 줄었고 모든 가족 구성원이 집을 편안하고 즐겁고 잠들기 좋은 보금자리로 느끼게 되었다.

라일라가 우리 병원에 등록된 게 2010년대 초였으니, 전화 상담 부분에는 보험수가가 적용되지 않던 때였을 것이다. 장기적 안목에서 삶의 질을 개선하는 데 비용 대비 효과가 이보다 더 좋은 수단이 또 없는데 말이다. 하지만 어떤 것이 의학에서 중요한지 아닌지를 가르는 기준지표를 보험적용 여부로 볼 때 전화 상담은 뒤늦게나마 중요성을 인정받은 셈이었다. 2015년에 미국 의료 제도에서 간병 코디네이션에 대한 수가코드가 신설된 것이다. 즉, 그 전에는 환자와 보호자가 환자 건강관리의 주체로 인정되지 않았다는 소리다. 더구나 미국 의료 제도가 외면하거나 시선이 닿지 않아 라일라 같은 환자들의 방치를 초래하는 사각지대는 아직도 적잖이 남아 있다. 라일라가 왕진 의료를 시작함으로써 정부가 아낀 예산 지출이 적게는 수만 달러, 많게는 수십만 달러인데도 이런 통계 분석 자체가 안 나오는 것만 봐도 정부의 심중을 분명하게 읽을 수 있다.

병원이 얼마나 잘되는지를 알고 싶을 때 가장 빠른 방법은 병상 이용률, 즉 입원실이 얼마나 가득 차 있는지를 확인하는 것이다. 내용 대비 비싼 편인 의료 체계를 가진 미국에서는 비용을 절감하기 위한 노력이 전국적으로 지속되고 2012년부터 연방 정부에서 환자를 재입원시키는 병원에 벌점까지 주는데도 이 인식은 바뀌지 않고 있다. 그도 그럴 것이, 이 벌점 제도는 가장 흔한 병명 단 여섯 가지(심장마비, 심부전, 폐렴, 만성 폐질환, 골반관절 혹은 무릎관절 치환수술, 관상동맥 우회수술)에만 적용된다. 입원이 불가피한 지경에 이르기 전에 앞서 문제를 예견하고 해결함으로써 진정으로 널리 이롭게 하는 양질의 의술을 행하도록 의료 기관들을 견인하기에는 힘이 달려도 한참 달린다. 온 국민이 건강해져 병원이 파리를 날리면 그것도 또 문제가 되는 것이다.

몇 년 뒤 라일라가 세상을 떠나는 날까지 우리 병원 의료진은 호출기가 울릴 때마다 수도 없이 그녀의 집으로 달려갔다. 언젠가는 폐렴, 또 언젠가는 장출혈 때문이었고 착란 악화 때문에 불려간 건 한두 번이 아니었다. 마지막 방문의 이유는 뇌졸중이었는데, 우리는 딸 부부에게 지난밤의 상황을 자세히 물었다. 그런 뒤 방문간호사와 사회복지사의 의견을 참고해 라일라가 계속 집에서 지내면서 치료를 받을 수 있도록 조처를 했다. 한동안은 모두가 힘들겠지만 이보다 더한 최선은 없었다.

딱 그 무렵에 우리 병원은 책임의료 기관ACO, accountable care organization제를 새롭게 도입하려던 참이었다. ACO란 전국의 의료기관들과 의료인들을 하나의 네트워크로 연결시켜 환자 개개인, 나아가 집단 수준에서 종합적인 협력 의료가 가능하게끔 하는 (적어도 취지는 그런) 제도다. 그러나 우리 병원이 ACO에 가입했다고 해서 라일라 같은 환자를 계속 병원 밖에 두는 것이 마침내 비용 절감으로 인정된 것은 아니었다. 대부분의 의료 기관은 입원 환자와 외래 환자를 여전히 별개로 취급한다. 그럼에도 우리 병원은 일찍이 왕진 의료 프로그램을 지원하기 시작했고 결국 사회복지사, 코디네이터 간호사, 행정보조 직원까지 보조 범위를 단계적으로 확대했다. 20년쯤 전에는 집에서 치료를 받는다는 것은 병원에 엄청난 금액을 기부한 재벌 환자에게만 가능한 특혜였는데 말이다.

이렇듯 앞서 기대 이상의 진취적인 행보를 보였었기에 병원이 왕진 의료 서비스를 폐지한다는 소식을 들었을 때 우리는 더욱 당혹스러울 수밖에 없었다. 왕진 의료팀은 의사, 간호사, 물리치료사, 작업치료사, 사회복지사, 영양사로 구성되어 있었다. 우리는 퇴원 후에 집에서 회복 중이거나 워낙 위중해 집 밖을 벗어날 수 없는 환자들을 전담해 완벽한 팀워크로 관리했다.

왕진 의료 서비스는 입원 기간을 줄이면서도 환자가 종전에 받던 의학적 관리를 그대로 이어 갈 수 있다는 장점이 있다. 말하자면 우리 팀 전체가 병원 의료진의 눈과 귀가 되는 것이다. 그럼에도 병원이 폐지를 통보하면서 내세운 핑계는 다름 아닌 재정 적자였다. 우리 병원 경영진은 좀 나은가 싶었건만 역시나 다른 연구 중심 종합병원들과 조금도 다를 바가 없었다. 이렇듯 파편화된 조직으로서는 간과된 혜택을 재고해 다시 반영하고 근시안적인 현행 시스템을 뜯어고치는 것보다는 그냥 프로그램을 없애는 게 훨씬 간단한 일이다. 어떤 환자들에게는 이 프로그램이 마지막 희망이라는 사실은 경영진에게 조금도 중요하지 않다.

실력으로나 인성으로나 내가 아는 최고의 노인의학 전문의 중 대표 격인 동료 두 사람은 일이 터지기 몇 주 전부터 심상치 않은 기운을 감지하고 있었다. 그래서 직접 편지를 써서 경영진에게 보내기까지 했다. 왕진 의료 센터가 특별한 이유를 자세히 설명하는 내용이었기에 편지라기보다는 보고서나 다름없었다.

이곳에서 우리 모두는 뜻한 바가 있어 한마음으로 근무하고 있었다. 불평등한 보상도 부당한 처벌도 없이 의사들로 하여금 환자에게 마땅히 해야 할 일을 하게 하는 바람직한 의료 모델에 최대한 흡사한 체계를 우리 손으로 세워 간다는 사명감이 있었던 것이다.

우선 첫 번째 편지의 골자는 우리 병원의 자체 운영 서비스가 반드시 필요한 이유, 우리 프로그램이 다른 병원이나 다른 지역들과 다른 점, 도움이 가장 절실한 환자들은 정작 외면하는 현재의 구멍투성이 의료 제도를 보완하는 데 우리의 방식이 매우 유용하다는 근거들이었다. 이 편지에서 동료는 이야기꾼답게 호소력 넘치게 얘기를 풀어내고 있었다. 그는 환자가 사망하면 환자의 인생을 글로 써서 환자를 아는 모든 의료진에게 돌리는 유의 의사였다. 레지던트와 학부생들은 그런 그를 존경심을 담아 우러러봤다. 긴 하루를 보내고도 환자를 위해 장문의 편지를 쓰느라고 그의 사무실에는 매일같이 밤늦도록 불이 켜져 있곤 했다. 그는 고용주가 원하는 모범적 의사 모델로서 으뜸 중의 으뜸이었다. 그렇기에 그의 편지에 보인 병원의 무관심은 정말 의외였다.

편지를 쓴 다른 동료 한 명도 충직한 성격의 소유자인 점은 마찬가지였다. 그녀의 그런 진심은 편지 곳곳에서 드러난다:

작년에 [왕진 의료 서비스 부문에서] 적자가 컸다고 들었습니다.

제 생각이 짧은 건지도 모르지만, 자세한 자초지종을 좀 알아 두고 싶습니다. 프로그램 실적을 평가하는 분석가께서 어느 부분을 이해하기 어려워하고 어떤 점을 힘들어하는지 저희가 알면 …… 저는 서비스 운영 비용에서 보험수가 상환금을 차감한 단순 계산 결과보다는 임상 현장 최전방에서 [왕진 의료 서비스가 내는] 현실적인 비용 절감 효과가 꼭 반영되었으면 하는 바람입니다. (이 절감 효과는 화폐로 다 환산할 수 없는 가치를 가집니다.) 전략을 잘 짠다면 위기를 극복할 방법은 반드시 있을 것입니다 ……

…… 환자와 의사들을 지원하고 국가 의료 자원의 불필요한 낭비를 피한다는 의도에 부합하기에 적지 않은 돈이 들더라도 명맥을 유지하는 프로그램과 진료과가 여전히 많습니다. [왕진 의료 서비스는] 그런 것들과 조금도 다를 바 없이 ……

창의적 사고력을 가진 그녀는 우리 병원만의 특별한 왕진 의료 서비스를 포기하지 않고도 비용을 절감하고 효율을 높일 네 가지 기획안까지 내놨다.

하지만 편지봉투에 수신인으로 적혀 있던 병원 먹이사슬 꼭대기의 그분은 이 편지에 답하지 않았다. 그의 비서가 귀하의 노고와 고견에 감사드리며 복잡한 문제를 안고 있는 우리 노인 환자들에게 가능한 모든 옵션을 제공하기 위해 경영진도 총력을 다하고 있다는 내용의 형식적인 대필 서신을 보내왔을 뿐이다. 그리고 다음 달, 병원 최고경영자는 관련된 전 직원에게 단체 이메일로 서비스

종결을 일방 통보했다.

공개 토론회 한 번 없이 내려진 조치였다. 생산성이나 경영지표 재검토도 이루어지지 않았다. 병원이 '다른 옵션'을 고심한 흔적은 어디에도 없었다.

단체 이메일은 병원 재정난을 호소하면서 이 지역에서 운영되는 다른 왕진 의료 프로그램들을 소개하고 있었다. 이메일에서 경영진은 이런저런 프로그램들이 더 있으니 환자들이 서비스받을 기회를 박탈당하는 게 아니라고 주장했다. 몇 주 뒤 증거 자료, 환자들의 이야기, 의료진이 병원 밖에서 직접 보고 들은 뒤 들려준 진술은 완전히 다른 얘기를 하고 있었지만 말이다.

메일은 이미 결정이 끝난 사항을 통보하는 형식적 절차일 뿐이었다. 절대다수의 직원들에게 이 사건은 소통 없이 불투명한 상의하달식 경영이 환자들과 의사들에게 지울 수 없는 상처를 입힌 또 다른 사례였다. 경영진의 가치판단 기준은 의사가 해야 할 일을 하도록 보장하는 게 아니라 경영 컨설턴트가 건네준 체크리스트였던 것 같았다. 현장에서 고생하는 의사들이나 왕진 의료 서비스가 없으면 안 되지만, 입이 있어도 항변 같은 건 할 줄 모르는 환자들은 안중에도 없었던 게 분명했다. 오늘날 의료 체계는 잘못된 증거와 조각 난 데이터를 바탕으로 특정 의료 행위와 특정 환자 유형 혹은 특정 진료과 의사만 편애한다. 그런 한편 실정 모르는 우두머리들은 오직 탁상공론으로 환자들에게 해가 되는 결정을 내려놓고 무조건 따르라고 강요한다. 이런 시스템 아래에서 도의를 지키면서 의사 혹은 의료관계자로 살아가는 것은 여간 고된 일이 아니다.

방전되다

나는 임계점을 넘어서는 마지막 볏단이 올라갈 때 낙타 허리가 부러지는 순간을 종종 상상하곤 했다. 등이 꺾이고 다리가 휘청거리더니 곧 육중한 몸뚱이가 그대로 쿵 내려앉는다. 사방에서는 먼지구름이 일어난다.

그런데 직접 겪어 보니 붕괴의 순간은 전혀 이런 식이 아니었다. 실제로는 아주 조용하고 은밀했다.

그 일이 일어났을 때 나는 6층 회의실에 홀로 남아 휴대폰으로 이메일을 확인하던 중이었다. 의사로서도 교수로서도 괜찮은 한 해였고 이날도 별다른 일 없는 평온한 하루가 펼쳐지고 있었다. 얼마 전에 명예로운 직함이 두 개나 늘었고, 최근에 큼지막한 국가 연구비를 따냈으며, 이 새 연구 프로젝트 때문에 열린 오늘 회의에서는 모든 안건이 잘 처리되었다. 아까 외래에서는 임종 직전의 환자도 죽고 싶다는 환자도 하나 없었다.

전화가 울렸을 때 원래는 받을 생각이 없었다. 그런데 발신자를 보니 꼭 받아야 하는 전화였다. 그래서 나는 통화 버튼을 눌렀다.

일에 관한 중요한 용건을 해결하고 간단한 인사치레까지 주고받고 나서 상대방이 무슨 말을 또 했던 걸로 기억한다. 의사들 사이에서는 아주 흔하고 가벼운, 정말 별것 아닌 얘기였다. 볏단 한 묶음처럼.

바로 그때 내 안의 심지가 툭 부러졌다. 내 정신력의 척추 내지는 의사 자아가 먹통이 되는 순간이었다.

내가 손목시계를 바라보던 걸 기억한다. 그러면서 속으로 '아, 이런 젠장'이라고 말했었다. 그러고는 정중하게 통화를 마무리했던 것까지도 나는 기억한다.

전화를 끊고 나니 갑자기 주변 소음이 엄청 크게 들리기 시작했다. 키보드 두들기는 소리, 닫힌 회의실 문 밖에서 웅성대는 사람들의 목소리, 복사기가 윙윙대는 소리. 모두 여느 평일 오후와 다를 바 없는 풍경이었다. 그런데도 갑자기 모든 게 너무나 낯설게 느껴졌다. 25년 넘게 하루도 빠짐없이 반복해 온 현실이 완전히 산산조각 난 것 같았다. 도자기 화병이 떨어져 깨지는 식이 아니다. 도자기는 그러모아 조각을 맞추면 접착제로 이어 붙일 수 있다. 그보다는 정면충돌한 차량의 전면유리와 흡사했다. 전체적인 큰 틀은 그대로지만 그 안은 완전히 가루가 되어 복구불능 상태가 된 것이다.

비유하자면 그렇다는 소리다. 영혼의 심지가 부러지면 온갖 생각과 감정이 다 쏟아져 나와 머릿속이 뒤죽박죽이 된다. 이것은 자신의 삶을 되돌아보고 세상을 다른 각도에서 살피는 전화위복의 기회가 될 수 있다. 하지만 처음에 나는 너무 당황해서 그 사실을 깨닫지 못했다. 대신에 내가 한 생각은 미국 의사들 절반 이상이 경험한다는 그 일이 내게도 일어났다는 것이었다. 바로 번아웃 burnout 증후군이다. 번아웃 증후군의 증세는 상상을 초월할 정도로 심각해서 환자 본인뿐만 아니라 환자를 치료하는 의사까지 힘들게 한다.

문제의 그 사람이 하필 그 순간 전화를 건 것은 날 응원하려는 좋은 뜻에서였다. 날 후려친 그 단어들도 우리 두 사람의 협업이 좋은 성과를 내길 바란다는, 뭐 그런 의례적인 얘기를 하다가 나온 것이었다. 그런데 이 말을 듣는 순간, 그런 일은 기대할 수 없을 거라는 불안한 예감이 몰려와 나를 통째로 집어삼켰다. 당시 나는 행복하지 않았고 몸 여기저기가 아팠으며 항상 지쳐 있었다. 병원에서 일할 때는 대부분 환자가 아니라 컴퓨터와 함께였다. 사생활과 건강을 저당 잡는 대신 내게 유명세를 안겨 준 연구들 때문이었다. 그럼에도 나는 내가 '계속 수고해 주세요' 같은 별것 아닌 말 한마디에 와르르 무너질 일촉즉발의 상태라는 것을 깨닫지 못하고 있었다. 오늘날 의료 사회에서는 모름지기 능력 있는 의사라면 심신이 아무리 힘들어도 아랑곳없이 오직 앞으로만 나아가야 한다. 나도 바로 그렇게 몇 개월, 어쩌면 몇 년 동안 나 자신을 질질 끌고 왔던 셈이다.

번아웃 증후군으로 진단하기 위해서는 세 가지 기준을 반드시 충족해야 한다.

첫째는 정서적 탈진이다. 정서적으로 탈진한 사람은 하루 일과를 마치고 퇴근해 쉬어도 충분히 회복되지 않는다. 나도 그랬다. 2015년 초 무렵, 나는 자기 전에 책을 읽는 것을 그만뒀다. 대신 하루의 마무리는 늘 소파에 벌러덩 누워 TV를 켜는 것이었다. 언제부턴지 누군가 잡아끌어 주지 않으면 뭔가 생산적인 일은 아무것도 할 수가 없었다. 우울증은 분명 아니었다. 나는 여전히 환자들과 보내는 시간이 즐거웠고, 가정생활도 친구관계도 좋았다. 음식들도 맛있고, 하고 싶은 것도 많았다. 그럼에도 미세한 소음에 화들짝 놀라거나 산책을 하다가 남들은 눈치채지 못할 정도로 미묘한 위험 징후를 보고, 순하디순한 우리 집 강아지의 목줄을 거칠게 잡아당기는 나 자신을 발견하곤 했다. 나는 하루에 적게는 10시간, 많게는 12시간까지 병원에 매여 있으면서 일할 때는 거의 먹지 않았고 대리만족이라도 하듯 휴대전화가 하루 종일 울어 대도 내버려 두었다. 허기와 부산스러움은 내 일상이었고, 어느 사이엔가 이 상태가 내 몸의 모든 신경과 무의식에 새겨져 항상 긴장을 놓지 않도록 도와주었다. 그러다 밤이나 주말에는 폭식으로 빈 위장을 채우고 수면제의 도움을 받아 잠 속에서 모든 시름을 잊었다. 그러는데도 체중이 정상 범위였기 때문에 나는 내가 워크-라이프 밸런스를 유지하는 나만의 방법을 찾았다고 생각했다.

물론 내 짝꿍은 전혀 다른 얘기를 할 것이다. 아마 이런 식이겠지. 사람이 점점 날카로워진다. 환자나 동료를 대할 때는 더없이 침착하고 상냥하다가도 아주 사소한 일에 돌변해 불같이 화를 낸다. 온 세상이 나를 잡아먹으려 호시탐탐 노리는 것처럼 군다. 앞에 가던 차는 내가 못 본 틈을 노려 막 노란색으로 바뀐 신호에서 급정지를 한다. 빌어먹을 컴퓨터는 내가 원하는 형식으로 문서를 보도록 순순히 허락하지 않는다. 옆집 여자는 저렇게 성질 더러운 개를 목줄도 없이 풀어 놓는다. 세상 사람들이 죄다 자기 할 일을 제대로 안 하는 것 같다. (다행히, 나는 좋은 사람들의 도움으로 많이 달라졌고 우리 부부는 여전히 행복하게 잘 살고 있다.)

내 내과 주치의는 우울증 부분에 관한 내 얘기를 믿지 않는 듯했다. 한창 전자 차트를 기록하던 중에 그녀가 모니터를 돌려 내게 우울증 자가평가 설문지를 작성하게 했다. 나는 빠르게 읽으며 답을 체크해 내려갔다.

"엇."

빠진 데가 없나 확인하던 그녀가 입을 열었다.

"여기 우울증이 아니라고 표시하셨네요."

하지만 서로 미소를 지어 보였을 뿐 바로 시력과 관절염, 피로감, 기침 부분으로 넘어갔다.

다 끝난 것 같아 일어서려는데 의사가 나를 붙잡았다.

"잠깐만요. 이거 하나만 더 합시다."

불안감 자가평가 설문지였다. 나는 또 휘리릭 끝내 버렸다.

이번에도 의사는 내가 놓친 문항이 없는지 검토했다. 이 설문지는 총점을 불안감 없음부터 경증, 중등증, 중증, 매우 중증의 다섯 단계로 매기게 되어 있었다. 아무래도 나는 마지막에 속하는 것 같았다.

의학에서는 치아 법랑질이나 피부처럼 겉을 단단히 둘러싸 내용물 전체를 보호해 주는 조직 표면이 화학작용이나 물리작용에 의해 서서히 파괴되어 상처가 생기는 것을 미란靡爛 혹은 짓무름이라고 한다. 그런데 상처를 자연치유할 여력이 없을 만큼 몸이 좋지 않을 때는 피부가 반복적으로 눌리고 쓸리면서 환부가 궤양으로 발전하기 쉽다. 꼬리뼈, 골반, 발뒤꿈치, 발목 같은 곳이 요주의 부위다. 한편 치아에서는 구강 박테리아가 당분을 먹고 만들어 낸 산성 치석물질이 법랑질을 손상시켜 충치가 생긴다. 순수한 의학 용어로서의 미란은 물리적 현상에 지나지 않는다. 하지만 실천력과 의지력, 긍정적 사고, 심리, 자아 등등 번아웃 증후군 환자의 내면이 짓무르게 되는 과정 역시 이 미란과 크게 다르지 않다.

요즘 의사들은 환자와 얼굴을 맞대는 시간의 두 배를 전자의료기록electronic medical record, 일명 EMR 작업에 들이는 게 일상이다. 퇴근해도 업무는 끝난 게 아니다. 잠옷으로 갈아입고 침대에 파묻혀도 품에는 차트를 정리할 노트북 컴퓨터를 껴안은 채다. 많은 의사들이 이런 현실을 한탄한다. 그러면서도 과학 기술이 의료 효율성을 오히려 떨어뜨리고 있으며 의사와 환자 사이를 더욱 멀어지게 한다고는 생각하지 않는다. 너무나 다른 가치판단 기준에 따라 만들어져 의료 당사자인 의사나 환자의 입장은 거의 반영하지 못하는 EMR 시스템을 의료계는 도대체 무슨 의도로 도입했는지, EMR 보급 후 의사들이 상처 입는 사례들을 목격하면서 왜 의료 소송이 끊이지 않는지 역시 따져 보려 하지 않는다. 그 대신 병에 걸리거나, 약에 빠지거나, 이혼하거나, 일을 그만두는 의사가 급증한다는 뉴스나 의사의 자살률이 전체 인구 집단에 비해 더 높다는 통계에만 촉각을 곤두세운다. 의료계는 의료들의 복지와 정신적 회복을 돕는다는 이런저런 프로그램들을 개발해 내놓는다. 그런 프로그램이 제대로 자리 잡아 효과를 거두기 위해서는 기본부터 달라져야 할 터다. 다만 그 바탕이 되는 가치 기준과 체계는 예전 그대로다. 그러면서 모든 책임을 피해자들의 나약함으로만 돌리는 것이다.

미국의 병원들은 대부분 정해진 형식의 전자 차트를 사용한다. 의료 활동이 아니라 보험수가 청구를 편하게 할 수 있도록 설계된 시스템이다. 이 시스템의 최대 장점은 회계부서가 실시된 의료 행위마다 수가를 계산하는 데 필요한 정보를 빠르게 찾을 수 있다는 것이다. 그런데 곳곳에 거울과 함정이 설치되어 있고 문 하나를 열면 또 다른 문이 나오는 놀이공원 유령의 집처럼 시스템 구조가 여간 복잡한 게 아니다. 그런 까닭에 의사는 시간 낭비를 줄이려면 줄줄이 열리는 입력창에서 지정된 칸에 딱 요구되는 데이터를 입력해야 한다. 이때는 표준 용어를 사용하는 게 좋다. 시력 감퇴나 암 수술이나 염증성 관절염이나 죄다 똑같은 무게로 느껴지게끔 말이다. 아니면 의사의 시각이 모든 환자에게 자로 잰 듯 항상 일정했던 것처럼. 그런데 그러기 위해서는 지정된 칸에 지정된 용어로 방대한 양의 정보를 입력해야 한다. 그러다 보니 시간 절약을 위해 기존 입력 내용을 복사해 그대로 붙이다가 진짜 중요한 정보를 새로 넣는 것은 깜빡하기 십상이다. 그런 까닭으로 오늘날 의료 차트는 현장에서 무슨 일이 있었는지 이해하기 불가능하게 만드는 외계어와 헛소리만 가득하다.

어느 날 밤, 병원 검사실로부터 호출을 받은 적이 있다. 나도 잘 모르는 어느 암 환자의 검사 수치가 위험 수준으로 이상하다는 것이었다. 나는 기록을 읽고 또 읽었지만 차트에 적힌 암 진단명 세 가지 중 어느 게 환자의 현재 병명인지 알 수가 없었다. 사실 이런 사례는 드물지 않다. 수가를 받을 수 없다는 이유로 환자와의 병력 상담도 의사의 재분석도 대개 이루어지지 않기 때문에 생기는 일이다.

의사를 지치게 만드는 게 EMR만은 아니지만, EMR이 오늘날 의료 제도의 불합리성을 더욱 부추기는 현물 도구임은 분명한 사실이다. 미국 최대의 EMR 업체는 환자, 의사, 간호사 등 의료 당사자들의 고충은 대놓고 무시한다. 그들에게 우리의 의견은 잔소리에 불과하다. 우리는 고객이 아니기 때문이다. 반면에 그들의 제품을 꾸준히 구매해 주는 병원과 보건기관은 소중한 고객님이다. 그런 기관 수장들은 EMR 업체를 변호라도 해 주려는 듯 신뢰도 높고, 컴퓨터만 있다면 장소의 구애를 받지 않으며, 연구에 응용하거나 의료품질 향상을 도모하는 데에도 도움이 된다며 입이 마르도록 EMR을 칭찬한다. 물론 그런 장점이 있긴 있다. 그러나 중복되거나 낡은 정보가 넘쳐난다는 점이나 자칫 환자의 생명을 위협할 수도 있는 시스템상의 심각한 정보 공백이 자주 생긴다는 지적은 왜 단 한 번도 나오지 않는 걸까. 바보천치가 아닌 한 어떤 기업체나 개인 소비자도 이런 결함이 있는 소프트웨어를 묵묵히 써 줄 수는 없다. 데이터를 다루는 사람이라면 누구나 공감하겠지만, 새 쓰레기가 생길 때 최소한 그만큼의 묵은 쓰레기는 버려 줘야 하는 법이다.

차트를 손으로 쓰던 아날로그 시대에 내가 특별히 낭만을 느끼는 건 아니다. 수기 노트는 알아보기 어렵고, 보관하거나 한참 뒤에 찾기도 힘들며, 여러 사람과 공유하는 것은 사실상 불가능하다. 그럼에도 EMR 방식으로 바뀌면서 우리가 뭔가 아주 중요한 걸 잃어버렸다는 느낌은 지울 수 없다. 사이버 공간에 데이터를 모아 두는 이 방식은 의사와 환자 관계의 본질을 무자비하게 훼손했다. 의사가 마음으로 이어져 환자의 미묘한 감정과 생각을 읽고, 서로 먼저 배려하고 존중하는 그런 사람 냄새 나는 관계가 이제는 멸종 위기에 처했다. 새로운 과학 기술 시대에는 진료 시간에 환자의 전반적 건강이나 생활에 대해 묻거나 진단명과 직접적으로 관련 없는 화제로 깊은 대화를 나누면서 유대를 쌓는 것 같은 일은 시간낭비 취급을 받는다. 환자가 당뇨병과 고혈압으로 그렇게 고생하면서 체중 감량에 번번이 실패하는 진짜 이유가 그런 배경에 숨어 있는데 말이다.

내가 환자가 될 때는 의사들에게 가장 간절히 바라고 의사의 자리로 돌아와서는 내 환자들에게 제공하기 위해 최우선적으로 노력하는 것들이 있다. 몇 가지 예를 들면 얘기를 집중해서 들어 주고, 함께 상의한 뒤에 결정을 내리고, 환자마다 개개인 사정에 맞춘 치료 처방을 짜는 것 등이다. 하지만 이제는 이런 게 더 이상 중요하지 않은 시대가 되었다. 그런 시각을 가진 의료 체계에서 만약 의사가 강력 권고 사항이라는 EMR 메시지를 무시하고 환자에게 내시경을 지시하지 않으면 병원 경영진은 진료 내역을 추적해 의사에게 벌점을 매긴다. 그런 한편, 환자와 보호자에게 상황을 이해시키거나 근거를 납득시키기 위해 나눈 대화를 기록할 공간은 EMR 구석구석을 다 뒤져도 찾기 힘들다. 환자의 상태와 연세를 고려할 때 단순한 기초 검사로 내시경을 하는 것은 환자에게 득보다 실이 클 거라는 설명을 자세히 하느라 무려 30분을 들였음에도 말이다.

진료 시간 내내 컴퓨터 스크린만 보고 있는 의사에게는 태도가 불성실하다거나 오만하다는 컴플레인이 자주 들어온다. 요즘 의사의 80퍼센트 이상이 업무량이 개인 한도에 달했거나 이미 초과했다고 말하고, 50퍼센트는 수험생들에게 의대 진학을 추천하지 않는 여러 가지 이유 중 하나다. 오늘날 의사들 사이에서 퍼지고 있는 자기 환멸감은 심각한 수준이다. EMR이 의료계 역사상 유례없던 이 현상의 유일한 원인은 아니다. 그러나 EMR이 이런 현실의 중심에 있는 것은 확실하다.

미란은 일부분만 파이고 문드러져 흉물스러워진 조각상처럼 흉한 흔적을 남긴다. EMR이 들어온 지 얼마 안 되었을 무렵, 내가 이 신식 시스템을 제대로 잘 사용할 방법을 한창 고심하고 있을 때 병원 윗분들은 훈련을 돕겠다며 청년 하나를 우리에게 보냈다. 청년은 우리 의사들 앞에서 첨단기술을 멋지게 시연해 보였다. 그런데 그는 정작 본인이 말한 그 임상 인터페이스에서의 경험은 전무인 사람이었다.

그로부터 몇 달 뒤, 나는 우리 부서의 서열 1인자를 찾아갔다. 시도 때도 없이 생성되는 EMR 메시지들은 하나도 쓸모가 없기에 진짜 필요한 체크박스와 컴퓨터 자동생성 텍스트, 환자 면담 사항 기술란을 내가 직접 만들어 넣으려고 도움을 청하기 위해서였다. 하지만 상관의 눈빛과 몸짓으로 나는 알 수 있었다. 그녀는 지금 나를 성격까지 비뚤어져서 괜한 트집으로 남의 귀한 시간이나 잡아먹는 구제불능의 기계치로 여긴다는 걸 말이다.

번아웃 증후군 진단을 위한 두 번째 기준은 비인격화이다. 비인격화는 냉소주의나 업무에 대한 부정적 태도로 표출되곤 한다. 내 안의 심지가 부러졌을 때 그 틈새로 가장 먼저 탈출해 내 영혼을 잠식한 것이 바로 이 부정적 사고였다. 그 순간부터 내게는 나를 둘러싼 모든 상황이 절망적으로 느껴졌다. 당시 우리 병원은 전단과 옥외간판 그리고 지역 라디오 광고를 통해 홍보에 열심이었다. 그런데 정작 환자들은 한 시간여를 전화통을 붙잡고 기다려서 간신히 연결된 상담원으로부터 진료 예약이 꽉 차 빈자리가 없다는 소리나 듣기 일쑤였다. 내가 콜센터 책임자에게 연락했을 때 그는 경영진도 사정을 잘 알고 있다고 말했다. 그런데 환자들의 대기 시간 단축과, 보다 성실한 응대가 가능하려면 상담사가 더 필요하지만 현재는 인력 확충 계획이 없다는 것이었다. 이와 대조적으로 우리 왕진 의료 프로그램은 별도의 마케팅 활동을 전혀 하지 않았다. 그런데도 항상 대기자 명단이 기본으로 아홉 달 치는 꽉 차 있어서 도중에 돌아가시는 어르신이 적지 않을 정도였다.

인간의 뇌에는 주어진 단편적 정보를 가지고 이야기를 지어내는 능력이 있다. 종합병원 최고경영자의 연봉이 수십 억 달러 규모라는 뉴스가 지역 신문에 실린다. 그리고 바로 그달에 안 그래도 입에 풀칠만 간신히 하는 수준이던 병원 청소부의 월급은 절반으로 깎인다는 기사가 보도된다. 이게 소재가 되어 이야기 하나가 만들어진다.

한편, 의대 교수진은 말로는 "흑인의 삶도 소중하다Black Lives Matter(2013년에 결성되어 제도적 인종차별을 반대하는 사회운동 조직의 표어. 동명의 웹사이트도 운영되며 줄여서 BLM이라 한다_옮긴이)"고 학생들을 가르친다. 그런데 교과 과정을 보면 생명과학 이론이 거의 전부를 차지하고 보건사회학 강의는 체면치레로만 살짝 끼워 넣은 게 눈에 보인다. 이때 아까 만들어진 이야기가 입에서 입으로 퍼져 나간다.

그런데 정신 못 차린 의료 기관들이 다시 입으로는 가치 중심의 의료가 최우선 과제라 주장하면서 뒤돌아서는 딴짓을 한다. 환자들의 진료 만족도는 깡그리 무시한 채 진료 건수를 단순 집계한 생산성 지표만 따진다. 사람 대 사람으로서 의사와 환자의 관계를 축

소시키는 EMR 시스템을 도입한다. 의사들의 번아웃 발생률과 직능 불만족도가 기록적으로 급증함에도 업무 환경의 근본적인 개혁 노력을 조금도 보이지 않는다. 그렇게 환자들뿐만 아니라 의사들조차도 모든 희망을 놓은 이 의료 사회에서 결국 일찍이 오웰(조지 오웰. 대표작으로 《동물농장》, 《1984》 등이 있다_옮긴이)이 예견했던 잿빛 전체주의가 현실화되는 것이다.

진단 기준에 공식적으로 언급되어 있지는 않지만 나를 탈진시킨 또 다른 요인 하나는 평생 충성해 온 직장이 내 가치관과 목표를 이해해 주지 않는다는 단절감이었다. 병원 경영진은 국민 건강, 최전방 의료, 환자 중심 같은 표현을 앵무새처럼 매일같이 사용하지만 정작 의료 자원과 예산은 엉뚱한 곳에 퍼붓는다. 그 결과는 참된 의술의 중심축이 될 가치들을 공염불로 만드는 것이다. 부와 권력을 독점한 소수의 지배층이 의료 체계를 이렇게 비딱하게 운영할 때 시민들은 그런 기형적 정책에 어쩔 수 없이 자신의 목숨을 맡길 수밖에 없다. 피고용인인 의료인들 역시 생계와 직업윤리를 계속 담보 잡히는 것은 마찬가지다. 그런 식으로 질질 끌려가다 급기야 처음 의사 가운을 입고 선서를 하던 날 꿈꿨던 그런 의술은 평생 펼칠 수 없다는 결론에 도달하는 것이다. 전국의 많은 양심적 의사들이 이런 현실에 치를 떤다. 이 감정은 그들의 일, 인생, 건강을 해친다. 결국 상당수의 의사가 어렵게 입은 의사 가운을 스스로 벗고 만다.

번아웃 증후군의 세 번째 기준은 성취감 상실이다. 무슨 일에도 보람을 느끼지 못하는 것이다. 내 경우는 환자들을 보러 다니고, 의대 수업 커리큘럼을 재차 보완하고, 내가 막 연구비를 따낸 촉망받는 프로젝트를 진행하는 것이 죄다 무의미해 보였다. 어느 순간 내게는 모든 게 밑 빠진 독에 물 붓기만큼이나 헛된 짓이 되어 버린 것이다.

섹시

텔레비전은 우리 사회의 집착, 허영, 장밋빛 판타지를 드러내 보여 주는 거울 역할을 한다. 그리고 이 거울의 최신 화두 중 하나가 바로 노년기의 삶이다.

TV 시리즈 〈그레이스와 프랭키Grace and Frankie〉의 주인공을 맡은 배우는 제인 폰다Jane Fonda(시즌 3 촬영 당시 79세)와 릴리 톰린Lily Tomlin(77세)이다. 두 여인은 귀가 잘 안 들리고 기억이 왔다 갔다 하는 것을 서로 대놓고 농담거리 삼는 절친한 사이이다. 두 여자의 전 남편이자 지금은 파트너로 동거 중인 마틴 쉰Martin Sheen(76세)과 샘 워터스턴Sam Waterston(마찬가지로 76세)은 게이지만 오랜 세월 가족과 친구들에게 쉬쉬해 오다 얼마 전에야 공개 선언을 했다. 나이를 먹을 만큼 먹고 나니 평생 얽매 왔던 규범으로부터 벗어날 수 있게 된 것이다. 그리하여 마침내 남편들은 자신의 진짜 성 정체성과 자아를 떳떳하게 드러낼 수 있었다.

이 드라마에서는 남자가 여자보다 연하로 나온다. 나이 차가 그리 크지는 않다. 그래도 할리우드의 남녀 커플이 여자가 적게는 10년에서 많게는 30년까지도 어린 경우가 일반적이라는 점을 감안하면 이례적인 설정이다. 나이가 들고 또 들어 이 정도 연배가 되면 게임의 규칙이 달라지는 게 분명하다.

할리우드가 작품에서 이성을 짝짓는 전형적 공식은 이렇다. 10대는 10대에게 반하고 20~30대는 같은 나이 또래의 청춘과 사랑에 빠진다. 중년으로 넘어가면 조금 달라진다. 남자는 자신보다 어린 여자에게 매혹되고 여성은 여자보다는 엄마나 직장 상사로서 중년의 삶을 살게 된다. 중년 여성의 경우, 엄마든 직장 상사든 성적 매력이나 로맨스 사건 따위와는 전혀 얽히지 않는 캐릭터가 태반이다. 그러다 노년기가 되면 다시 남녀가 대등해진다. 어떤 면에서는 여자에게 약간 더 유리해진다고 볼 수도 있다. 그런데 억울한 것은 여자만이 아니다. 남성성과 정력을 동일시하는 선입견이 지나치게 강한 탓에 늙은 남자는 어느 쪽으로도 불리하게만 해석되기 때문이다. 말 그대로 불능인 안쓰러운 노인네 아니면 징그럽게 넘치는 성욕을 주체 못 하는 주책바가지가 되는 것이다. 그래서 영화 〈인턴Intern〉의 한 장면처럼 로버트 드니로Robert De Niro 정도의 어르신이 "할아버지가 해냈어!" 같은 대사를 칠 때 10대 사이에서 유행하는 제스처 하나 정도 뒤따라 줘야 뭔가 허전하지 않다.

〈그레이스와 프랭키〉가 잘 만들어진 드라마임은 분명하지만 그 안에 담긴 메시지가 마냥 반갑지만은 않다. 주인공은 모두 매력적인 인물이다. 하지만 폰다와 톰린은 평생 피부 관리를 꾸준히 받아 온 게 아니고서야 현실적으로 그 나이에 그런 외모를 가질 수는 없다. 또, 어느 캐릭터도 완전 백발로 등장하지 않는 것도 이상한데 두 남자주인공의 풍성한 모발은 더더욱 거슬린다. 미국 노년층 남성 중 대머리의 비중을 고려할 때 두 배우의 모습은 아무리 봐도 건강관리를 잘하고 있다는 단순한 증표로만 여기고 넘길 수가 없다. 성적 매력을 반드시 젊음과 결부시키거나 여자 나이는 무조건 남자보다 더 깎고 들어가는 것은 아직 완치되지는 않은 오랜 고질병인 것이다.

일찍 과부가 된 지인이 한 분 있다. 그분은 실제 나이인 70대보다 훨씬 젊어 보인다는 소리를 자주 듣는다. 그녀는 명석하고, 유머 감각도 좋고, 옷도 잘 입고, 부지런해서 즐겁게 잘 살고 있다. 그럼에도 더 이상 남자들은 그녀에게 눈길을 주지 않고 그녀는 그런 현실을 몹시 못마땅해한다. 가장 최근에 만났을 때 그녀는 인터넷 소개팅 사이트에서 겪은 흥미진진한 얘기를 내게 들려주었다. 그때 그녀가 내린 결론은 이랬다.

"나는 간호사나 엄마가 되고 싶지 않아. 그런데 그런 역할을 해줄 여자를 찾는 남자들만 내게 말을 걸더라고."

정작 그녀의 관심을 끌었을 남자들의 시선은 아마도 오직 연하에게만 향해 있었을 것이다.

이성애자인 또 다른 지인 하나는 반대로 늙은 덕분에 작업 사정거리에서 제외된다는 데에 안심하는 쪽이었다. 성욕이 없어져서가 아니었다. 한껏 가꾸고 나가서 남자들의 시선을 잡아끎으로써 자신의 가치를 증명해야 했던 나날들에 지쳐 버린 것이었다. 물론 여전히 기본적인 몸단장은 하지만 매력 어필을 걱정하지 않아도 되므로 적당히 만족하고 그 시간을 다른 용무에 더 알차게 활용할 수 있었다. 그렇게 바깥세상에 다닐 때 안전을 보장받으면서도 겉과 속이 같은, 솔직한 나 자신을 더욱 사랑하며 사는 것이다.

혹자는 주장한다. 남자 게이 하면 몸매가 좋고 성적 매력이 넘치는 젊은 미남이 떠오르도록 동성애 문화가 편중된 탓에 평범한 게이 남성의 노후는 더욱 초라해지기 쉽다고 말이다. 특히 가족과 절연했거나 에이즈 유행 초기에 많은 동지를 잃은 사람들은 늙어가는 것이 개인적으로 견디기 힘든 일이 된다. 이런 주장에는 추측에 불과한 부분이 없지 않다. 성적 소수자 노인들의 성적 매력과 활동을 조사한 연구가 거의 없는 탓이다. 이 주제로 데이터베이스를 검색할 때 나오는 논문들은 죄다 성적 정체성과 노년기 건강 문제로 인한 성생활의 어려움에 관한 것뿐이다. 성적 매력을 반감시키는 두 가지 조건을 모두 갖춘 레즈비언, 트랜스젠더, 양성애자 노인들은 그 가운데서도 더욱 소외되어 처참한 노후를 보낸다는 건 요즘 모두가 아는 상식이다. 그럼에도 이들 사회집단에 관한 연구 자료를 찾기는 정말 말 그대로 하늘의 별 따기다.

흔히, 성적 정체성과 상관없이 남자는 더 넓은 선택권을 가진다고들 말한다. 그게 사실인 듯도 하지만 로맨틱한 황혼의 그들도 그

나름의 고충을 토로한다. 남자들은 한때 백발백중이었던 자신의 매력이 먹히지 않을 때 혹은 단순히 귀엽다거나 썰렁하다는 평을 받을 때 실망감을 숨기지 못한다. 남자들의 바람은 참으로 한결같다. 기자이자 수필가인 로저 에인절Roger Angell은 이 심정을 90대의 나이에 다음과 같이 표현했다:

> 원하는 건 더 많은 쾌락이다. 사랑, 친밀감, 두 육체의 결합, 로맨스는 아무리 가져도 부족하다. 나이가 몇이든, 전부 다 돌려받기를 원한다. 시몬 드 보부아르(프랑스의 실존주의 사상가_옮긴이), 앨리스 먼로(캐나다 현대문학의 거장_옮긴이), 로런스 올리비에(영국의 배우이자 연출가_옮긴이)를 비롯해 우리 시대의 많은 동지들이 이미 수차례 이 내면의 처절한 울부짖음을 재혼 혹은 재결합을 통해 증명해 보인 바 있다. 로런스 올리비에가 어느 인터뷰에서 한 말이 내 머릿속을 떠나지 않는다. "마음은 우리 모두 앵두 같은 입술을 가진 열일곱이죠."

물론, 모든 남자가 이런 것은 아니다. 그냥 세월에 순응하는 사람도 있다. 그들은 턱수염이 비죽배죽 자라도록 내버려 두고 옷도 잘 갈아입지 않는다. 그러면서 언제나 이렇게 살고 싶었지만 지금까지는 사회생활을 하느라 그럴 수 없었던 거라고 유쾌하게 말한다. 한편 또 어떤 이들은 자신의 정체성에 외모를 어떻게든 끼워 맞추려고 무던하게 애쓰며 살아간다. 한 남자 간호사는 1970년대부터 꾸준히 보러 다니는 게이 뮤지컬 팀의 공연 얘기를 내게만도 여러 번 했다. 그는 이 팀의 뮤지컬을 보는 게 너무나 좋다면서도 진담 반 농담 반으로 관객 중에 늙은이가 얼마나 많은지 아느냐고 늘 투덜댔다. 실은 그 자신도 내일모레 일흔을 바라보는 나이면서 말이다.

노년을 주제로 한 심리학 문헌들은 이 모든 반응이 일반적이라고 평가한다. 여기서 주의할 점은 늙은이가 된다는 것은 곧 성별이 없어지는 것이라고 오해하기 쉬운데 그게 아니라 성적 매력이 희미해진다는 뜻이라는 것이다. 자신의 지위가 성적인 존재에서 늙은이로 강등될 때 사람들이 보이는 반응은 그가 여전히 육체관계에 흥미를 갖고 있는지, 로맨스에 대한 기대가 아직 큰지, 성역할에 대해 어떤 가치관을 갖고 있는지에 따라 달라진다. 그런 까닭에, 이번에도 마찬가지로, 젊은이들 사이에서는 특정 경향이 크게 두드러지는 반면에 노년층에서는 반응의 개인차가 크다. 어느 90대 노인 커플의 결혼식이 전국구 뉴스로 보도된다. 마치 그 연세에 로맨스나 동반자를 기대하는 것이 엄청난 금기를 깨는 일이라도 되는 양 말이다.

한편 도널드 홀은 테스토스테론 수치가 바닥을 친 뒤 더 이상 시가 써지지 않는다고 고백했다. 또, 다이애나 애실Diana Athill은 70대 중반 즈음 이제는 성적인 존재로 사는 것을 그만두기로 했다고 적고 있다. 아주 잠깐 방황했지만 곧 마음의 평화를 찾았고, 얼마 뒤에는 자신을 굳이 침대로 끌어들이려 하지 않는 남자와 다시 연애도 시작할 수 있었다고 한다. 그녀는 이것을 새로운 형태의 자유라고 표현했다.

언젠가는 자매 환자를 동시에 맡은 적이 있다. 동생은 80대 후반이었고 언니는 90대 초반이었는데, 먼저 와 있던 동생은 언니가 아직도 형부와 잠자리를 갖는다면서 의사 선생이 한소리 해야 하지 않겠냐고 내게 계속 압력을 넣었다. 그러고 곧 언니가 방에 들어섰는데, 눈을 피하는 걸 보고 나는 그녀도 평소에 똑같은 잔소리에 시달린다는 걸 알 수 있었다. 그런데 잠시 대화를 나눠 보니 이 내외가 참 행복한 부부생활을 하고 있다는 생각이 들었다. 나는 그녀에게 어르신에게는 의학적으로도 다른 어떤 면에서도 현재의 생활방식을 바꿀 이유가 하나도 없다고 말해 주었다. 그러자 그녀의 두 눈동자가 초롱초롱 빛을 냈다.

섹시하지 않다는 것은 사람들 눈에 보이지 않는다는 뜻이기도 하다. 내가 더 이상 사람들 눈에 띄지 않는다는 사실을 처음 깨달은 순간에 나는 집 근처 공원에서 개를 산책시키던 중이었다. 녀석이 한 젊은 여자 발치 쪽으로 가더니 땅에 떨어진 젖은 나뭇잎에 코를 박고 킁킁거렸다. 그런데 여자가 휴대전화에 대고 이렇게 말하는 것이었다.

"아니, 여기 아무도 없어."

내가 개 목줄을 쥐고 불과 1~2미터 거리에서 서 있었는데 말이다.

전해 들은 얘기인데, 영업사원이 계속 50대 딸에게만 말을 걸자 노인은 뿔이 단단히 났다. 딸이 재차 80대 노모에게 답할 기회를 넘겨도 영업사원이 눈치 없이 군 것이다. 결국 노인은 소리를 버럭 질렀다.

"나한테 얘기하라고, 내 딸이 아니라!"

한편, 언제였던가, 인기 작가의 출판기념 행사가 시작되기 전에 나와 엄마는 간단히 요기를 하려고 근처의 새로 생긴 최신식 레스토랑에 들어갔다. 앉아서 음식을 기다리는데 엄마가 바로 옆에 자리 잡은 커플의 옷차림이며 행동거지를 하나하나 평하기 시작했다. 나는 그들이 듣고 기분 상하지 않을까 걱정되어 엄마를 쿡 찌르며 말했다.

"엄마아."

그러자 엄마는 대수롭지 않다는 듯 대꾸했다.

"걱정 마. 난 투명인간이거든."

이성애자인 젊은 백인 남성은 가장 부각되는 존재라는 게 서구 사회의 오랜 통념이다. 그런 그들은 노년기에 접어들어 비로소 편견과 차별의 피해자가 되는 생애 최초의 경험을 하게 된다. 늙어감에 따라 영향력과 사회적 지위가 약해지면서 섹시함도 함께 사라지기 때문이다. 그들은 '투명인간이 되는 것을 유색인종과 여성은 오래전부터 시달려 왔기에 이미 몸에 밴 상황에 뒤늦게 적응하는 것'이라고 묘사한다. 같은 경험을 한 로저 에인절은 자신보다 젊은 친구들과 갖는 저녁 식사 자리를 이렇게 표현했다:

대화가 한 박자 쉰다. 이때 내가 몇 마디 거들며 맞장구친다. 그러면 이 친구들은 나를 공손하게 한 번 쳐다본 다음 정확히 아까 끊겼던 바로 그 부분에서 다시 얘기를 이어 간다. 나는 생각한다. 뭐지? 이보게들? 방금 내가 무슨 말을 한 것 같은데? 나도 기억하지 못하는 사이에 내가 어디 나갔다 오기라도 했나? …… (듣기로는 여자들의 경우 쉰만 넘어도 이런 일이 시작된다고 한다.) 내 또래의 친구들에게 이 일을 얘기하면 그들은 고개를 끄덕인다. 그러고는 미소 띤 얼굴로 말한다. 그래, 우리는 투명인간이야. 존경스럽고 왠지 마음도 가지만 진지하게 얘기를 들어 줄 가치는 없는 존재인 거지.

에인절이 말한 친구들은 그를 어려워할 만큼 새파랗게 젊은 것도 아니었다. 그들도 다 환갑을 넘긴 처지였다. 이 사례에서 보듯 나이로 부리는 허세는 노년기를 목전에 두고 있거나 노년기에 갓 진입한 사람들이 가장 심하다. 슬프면서도 역설적인 일인데, 저희도 진짜 젊은이들에게 똑같이 찬밥 취급당하면서 같이 늙어 가는 처지에 아주 조금 더 나이 먹은 사람들과 선을 딱 그어 버리는 것이다.

도널드 홀 역시 비슷한 경험이 있었다. 대학생 손녀가 친구라며 룸메이트를 가족 모임에 데려왔다. 그런데 초면의 그 여자아이는 마치 나란 사람이 그 자리에 존재하지 않는 양 내 코앞에서 의자를 쏙 빼고는 내게 등을 보이며 앉아 버리는 것이다.

홀과 에인절의 경험담은 모두 판매 부수 순위가 높은 잡지에 실렸다. 덕분에 유명세를 얻어 나중에는 따로 책으로 나오기까지 했다. 이 책들을 읽어 보면 후배들의 무례함과 현실의 잔인함에도 두 저자가 마음의 평정을 유지할 뿐만 아니라 그 와중에 재치와 통찰을 즐기는 여유까지 부리고 있음을 알 수 있다(내게는 이것도 꽤 섹시하게 느껴진다). 얼굴 멀끔하고 사지육신 멀쩡한 왕년의 유명인사도 늙으면 그저 평범한 동네 할아버지가 되기 십상이다. 하물며 진정한 의미로 섹시하지 않은 투명인간, 즉 청력 저하나 치매 등의 이유로 모든 관계에서 소외되는 노인들은 시시각각 얼마나 무서울까.

섹시한 게 좋은 것이라는 사고방식을 가진 것은 의료계도 마찬가지다. 의사들 사이에서는 도전 의욕을 불러일으키는 질환, 환자, 치료법을 일컬을 때 흔히 '섹시하다'는 서술어가 붙곤 한다. 예를 들어, 심장질환과 암은 섹시하다. 외과시술은 종류 불문 모두 섹시하다. 반면에 노화는 섹시하지 않다. 객관적으로 따지면 심장질환과 암은 가지고 있어야 좋을 게 하나 없는 중병이므로 섹시하다는 표현에 숨은 의미는 심미적인 게 아니다. 의료계와 사회에 쓸모가 있다는 뜻이다.

소위 섹시하지 않은 병들 다수는 노화에 따라오는 것들이다. 사람들은 요실금, 낙상, 관절염, 불면증, 시력 감퇴, 청력 저하 때문에 직장을 잃고 취미생활을 포기한다. 자신감과 심리적 안정을 상실한 그들은 결국 친구들까지 하나 둘 떠나보낸다. 그런 그들은 검증되지도 않은 물건을 어디에도 좋고 어디에도 좋다면서 팔아 치우기에 급급한 장사꾼 기업들의 먹잇감이 되기 십상이다. 이런 노년층의 몰락은 개인의 문제로 그치지 않는다. 우리 사회 전체가 정서적으로도 경제적으로도 함께 휘청거리는 것이다. 두려움과 수치심은 사람을 움츠러들게 만들고 사람의 활동 반경을 좁힌다. 늘 우울한 기분으로 운동도 안 하고 먹고 누워만 있으면 건강이 나빠지는 건 당연한 결과다. 그에 따라 조만간 사회비용 지출이 급증하리라는 건 안 봐도 비디오다.

요실금을 상상해 보자. 시도 때도 없이 속옷이 축축하게 젖는다. 그대로 더러운 속옷을 계속 입고 있으니 피부가 가렵다. 냄새가 배는 것도 걱정이다. 언제 일을 저지를지 몰라 늘 불안하다. 그래서 오랫동안 움직일 수 없거나 화장실 사용이 편치 않은 곳에서는 약속을 잡지도 가지도 않는다. 그러다 언제 한번 크게 창피를 당한 뒤로는 외출 자체를 그만둔다.

현재 미국의 요실금 환자 수는 1,300만 명에 달한다. 환자가 아니더라도 65세 이상 인구의 절반은 실금을 경험한 적이 있다고 고백한다. 요실금은 사람의 발을 집 안에 묶어 두고 종국에는 시설 신세를 지게 만드는 가장 큰 요인 중 하나다. 하지만 더 심각한 문제는 요실금 자체가 아니라 그로 인한 부자유 탓에 다른 건강과 삶의 질까지 망가진다는 것이다. 흔히 환자 앞에서 요실금에 관한 질문을 꺼내는 것은 다른 평범한 증상들에 대해 물어볼 때와는 다르게 조심스럽다. 환자가 먼저 이 문제를 거론하는 경우도 좀처럼 없다. 말해 봤자 별 방도가 없을 거라는 지레짐작에서다. 사실 그 말도 맞다. 특정 전공과가 아닌 한, 요실금 관리법을 정확히 아는 의사는 소수에 불과하기 때문이다.

사실, 노년기에 유독 흔한 모든 문제에는 효과적인 치료법이 여럿 존재한다. 다만 대개 완치를 기대하기는 무리일 뿐이다. 백내장은 완치가 가능한 몇 안 되는 노인성 질환인데, 환부를 잘라 내는 백내장 수술은 섹시한 치료법이라 일컬어진다. 하지만 덜 섹시한 치료법들도 삶의 질을 높이는 데에는 여전히 큰 도움이 된다. 이런 노인성 질환들도 고혈압이나 운동 부상만큼 중요하게 취급되었다면, 완치까지는 안 되는 치료법에도 동등한 지원이 제공되었다면 어땠을지 한번 상상해 보라. 카스트 제도가 천민층을 빈곤과 고된 육체노동의 지옥에 영원히 가둬 두듯, 미국 의료계의 섹시함 순위는 자국민 수만 명에게서 보다 건강하고 능동적인 삶을 살 기회를 박탈하고 있다.

어느 여름, 나는 이제 비키니를 그만 입어야겠다고 결정한다. 이듬해에는 조깅할 때 더 이상 핫팬츠를 입지 않는다.

나는 내 또래 혹은 그 이상의 다른 여자들도 나와 똑같이 느낀다는 것을 알아챘다. 한두 해 뒤에는 민소매 상의를 입고 밖에 나가는 게 불편해진다. 나는 그런 옷들을 전부 모아 자선단체에 기부한다. 몇몇 친구는 너 혼자 그렇게 생각하는 것뿐이라며 나를 달랜다. 내가 아직 충분히 젊고 예쁘다면서. 그 말에 60대 중반인 동료 하나가 떠오른다. 그녀는 내 강의를 듣는 학부 학생이 입는다면 귀엽다는 소리를 들었을 요즘 스타일의 옷들만 고집하지만, 내 눈에는 어딘가 어색하고 때로는 당황스럽기까지 하다. 서른셋에 열세 살짜리처럼 입지는 않잖아. 나는 생각한다. 그렇게 따지니 나도 이제 분위기를 바꿔 가는 게 나을 것도 같다.

옷은 자아를 표현하는 수단이다. 따라서 시간이 지날수록 체형이나 성격이 달라지듯 사람의 옷차림도 변해 갈 수밖에 없다. 아무리 근육 관리를 철저히 해 온 남자라도 50대에는 턱을 비롯해 여기저기 붙은 나잇살을 숨기지 못한다. 소싯적 완벽한 몸매를 자랑하던 여자에게도 폐경 후에는 그 증표가 드러나기 마련이다. 80대로 넘어가면 더 볼 것도 없다. 피부는 쭈글쭈글해지고 온 몸이 쪼그라들면서 구부정해진다. 허리나 다리가 더 곧았던 몇 년 전에는 딱 맞았던 옷이 이제는 어울리기는커녕 들어가지도 않는다. 과거 청교도 사회에서는 노인의 복장 규정이 매우 엄격했다. 기록에는 나이 든 남자가 또래보다 어려 보이도록 화려하게 차려 입거나 나이 든 여자가 소녀처럼 옷을 입는다면 질책받아 마땅하다고 적혀 있다. 이 말은 곧 세상 사람들 눈에는 20대의 몸으로 유행을 따르는 것과 환갑이 넘어 패션에 관심을 갖는 것이 다르게 비친다는 뜻이기도 하다.

그런데 섹시함과 비가시성非可視性이 갈리고 외모 가꾸기와 체면 관리가 나뉘는 이 갈림목에는 문화와 생물학이 모두 얽혀 있다. 고전학자 메리 비어드Mary Beard는 《여성, 전적으로 권력에 관한》에서 남녀를 또렷하게 구분하는 언어문화와 비대칭적 권한 분배의 기원이 고대 그리스에 있다고 분명하게 제시한 바 있다. 비슷하게, 노인이 된다는 것 그리고 그 나이에 어울리는 게 무엇인지에 관해 내가 지금껏 믿어 온 기준들은 미국 청교도에 뿌리를 두고 있는 것 같다. 내 나름으로는 아주 현실적이면서도 신중하게 판단해 내린 결론이라고 자부했었는데 말이다. 이걸 깨닫고 나니 궁금하지 않을 수가 없었다. 노화에 따른 신체 변화가 보편타당한 현상이라는 이유만으로, 어느 정도 나이를 먹으면 자기 개성과 성적 매력이 드러나게 입고 다니는 게 그렇게 큰일 날 일인 걸까? 아마도 그건 아닐 것이다. 아니, 당연히 아니다. 오히려 노년층은 형평성뿐만 아니라 수익성을 따져도 오늘날 패션 시장에서 무한한 잠재력을 지닌 신흥 수요 집단이다.

평소 알고 지내던 한 청년을 카페에서 만났다. 유명 IT 대기업에 다니는 그는 회사가 곧 실버산업에 진출한다고 했다. 그쪽이 돈이 되고 기회가 많다는, 소위 점점 섹시해지고 있다는 것이다. 그의 말로는, 인구 고령화 현상과 그에 따른 회사 방침 조정의 필요성을 고려할 때 적어도 임원들의 판단은 그렇다고 했다. 하지만 먹이사슬 맨 아래에 있는 말단 직원들은 회사의 새로운 계획을 별로 내키지 않아 한단다. 신규 사업부 발령 명령을 가장 피하고 싶은 좌천 혹은 처벌로 여길 정도라고 하니까.

청년은 그럼에도 자신이 이 프로젝트에 자원한 데에는 오직 이 분야의 진출 기회를 잡기 위한 목적밖에 없었다고 분명하게 말했다. 그런데 실제 노인들과 얘기를 나눠 보고 — 예전의 그라면 절대로 하지 않았을 행동이다 — 두 가지를 깨달았다고 한다. 첫째, 면전에서 노인이라는 단어를 꺼내는 청년을 보고 어르신의 배우자나 친구들은 하나같이 화들짝 놀라곤 했다. 청년의 눈에 어르신은 의심의 여지없이 늙은 게 분명한데 말이다.

둘째, 청년은 중년 연배인 회사 선배에게조차 이 프로젝트를 객관적으로 납득시킬 수 없었다. 그럴 때마다 선배들은 부모님이나 조부모님의 안쓰러운 노후 얘기를 꺼내며 핀잔만 줄 뿐이었다. 사내 기획팀들도 반응은 비슷했다. 보통은 오로지 사실 데이터만을 바탕으로 모든 논의를 하는 소위 엘리트들이 이번만큼은 청년이 검토를 부탁한 분석 보고서는 본체만체하고 근거 없는 비방성 소문만 주고받았다고 한다. 끝내 그들은 자신이 아는 사례가 다가 아님을 이해하려 하지 않았다. 다른 때는 그렇게 개방적이고 영민하던 사람들이 노년이라는 주제가 던져지니 시작부터 마음을 닫아버린 것이다.

의료계 안에서는 노인의학도 종종 똑같은 취급을 받는다. 미국에서 가장 영향력 있는 의사 중 한 명은 노인의학을 어려운 데다가 끔찍할 정도로 제한적인 전공과라고 표현했다. 나도 관계자라 과민 반응하는 걸로 보일 수도 있겠지만, 도대체 어떻게 의사씩이나 돼서 사람이 거의 30년 세월 동안 겪는 모든 의학적 문제를 다루는 분야를 제한적이라고 말할 수 있을까? 반대의 경우를 생각해 볼까. 외과가 힘들다는 얘기는 귀에 못이 박이도록 들려오는데도 외과 수련의를 뽑을 때는 항상 지원자로 넘쳐난다. 하지만 내게는 잘랐다가 잇고 떼었다 붙이는 외과 수술의 반복 작업이 지루하게만 느껴진다. 하루 종일 그런 것만 하면서 보낸다니 상상만으로도 끔찍하다. 그럼에도 나는 외과가 환자들과 이 세상에 얼마나 큰 힘이 되어 주는지 안다. 그래서 그 점은 감사하게 생각한다.

이처럼 의료계 안에서 전공과의 인기는 극과 극이다. 그러나 진짜 문제는 비인기 전공과가 담당하는 환자 집단까지 그대로 이 순위에 끌려간다는 것이다. 죄 없는 환자들을 폄하하고 무시하는 것은 그들의 인간성을 우습게 여기는 것과 같다. 이것은 그만큼 나 자신의 인격을 깎아먹는 짓밖에 안 된다.

환멸감

번아웃 증후군이 터지기 직전 몇 달 동안, 나는 두 가지 큰 문제로 고생 중이었다. 하나는 신체적 문제였고 다른 하나는 정신적 문제였는데, 돌이켜 생각하니 둘이 서로 긴밀하게 연결되어 있었던 것 같다. 가장 심각한 몸의 이상은 눈이 잘 보이지 않는다는 것이었다. 특히 컴퓨터 작업이나 운전 같은 기본적인 일과에 지장이 많았다. 또, 걸을 때는 한 발 한 발 내디딜 때마다 통증이 올라왔다. 심란한 마음을 털어 내는 데 최고인 조깅도 포기해야 할 정도였다. 그런 까닭으로 언젠가 아무것도 못 하게 될지도 모른다는 스트레스와 불안감은 나날이 커져만 갔다. 나 스스로 혹은 병원에서 해 준 조치들은 별 도움이 되지 않았다. 그저 착한 의사답게 무식하게 버틸 뿐이었다. 대부분의 의사들이 그러듯 나 역시 웬만하면 혼자서 모든 걸 끌어안고 감당하려 했다.

참아 보다가 어쩔 수 없어서 컴퓨터 화면을 보기가 힘들다고 보고했을 때 위에서 내린 조치는 내 사무실에 대형 모니터를 들여 놓고 사람을 시켜 컴퓨터 설정을 이리저리 손보는 것이었다. 설치에만 이틀 넘게 걸렸고, 적응해서 능숙하게 사용하게 되기까지는 몇 개월이 더 소요됐다. 이런 데다가 낭비하기에는 너무나 금쪽같은 시간이었다. 내가 오더를 새 컴퓨터에 입력할 때마다 눈치 100단인 우리 행정 직원이 신경 안 쓰는 척하면서 옆에서 도와준 게 그나마 다행이었다. 같은 의사인 내 직장 상사는 안 그래도 바빠 죽을 것 같은 나를 붙잡고 위로랍시고 잔소리를 늘어놓은 것과는 사뭇 대조되는 모습이었다. 심지어 새 컴퓨터는 내 심신 상태를 나아지게 하는 데 아무 소용이 없었다. 의료계 안에서는 업무의 생리상 의사 하나가 뒤처지면 다른 의사 여럿이 불편해진다. 그 사실을 너무나 잘 알기에, 이럴 때일수록 나라는 의사의 쓸모를 더욱 부각시킬 필요가 있었다. 그런 한편 저들의 과실은 너그러이 용서하는 대인배가 되어야 했다.

물론 실제로 그러지는 못했다. 당시 내게는 그럴 여력이 없었기 때문이다. 그 대신 나는 소심한 반항을 하기 시작했다. 가령, EMR에 새 업무 지시 메시지가 떠도 모르는 척 무시해 버리고 확인하지 않았다. 그래 놓고 화면이 너무 작아서 못 읽었다는 핑계를 대고 내 태만을 정당화해 버렸다. 좋은 의사가 되겠다는 사람이 성실한 나머지 동료들에게 피해를 주면서까지 할 행동은 아니다. 솔직히 나도 인정한다.

'번아웃'이라는 말은 어떻게 유명해졌을까. 1970년대 초, 독일계 미국인 심리학자 헤르베르트 J. 프로이덴베르거Herbert J. Freudenberger가 유독 의사들이 직장에서 스트레스에 시달리는 것을 목격하고 이 현상을 설명하는 데 사용한 것이 시작이었다. 그는 한때 뜨거운 이상주의자였던 의사들이 매사에 부정적인 냉소주의자로 변해 버리는 사례가 너무 많다는 사실을 알아챘다. 자세히 조사해 보니, 의업에 환멸을 느낀 의사들에게는 몇 가지 공통점이 있었다. 바로, 기본적으로 직업윤리가 투철하고 성취욕이 강하다는 것이다. 이런 부류는 직업과 개인의 정체성을 동일시하는 경향이 있다. 그런 사람들이 번아웃 증후군에 빠지면 잠을 잘 이루지 못하고, 감정의 동요가 심해지고, 어떤 일에도 집중이 안 되어 힘들어한다. 만성적 스트레스가 그들의 숨통을 꽉 쥐고 놓아주질 않아 몸과 마음 모두 황폐해진 탓이다. 팽팽한 긴장 상태에 끊임없이 쏟아지는 과중한 업무가 겹치면 자기비하, 가치관 왜곡, 행동 변화, 인간관계 악화, 은둔, 그리고 내적 공허의 악순환만 반복된다.

내 경우, 갈수록 작은 일에도 괜히 화들짝 놀라곤 했고 간단한 단어와 숫자도 기억하지 못하는 일이 잦아졌다. 온갖 걱정에 새벽

3, 4시까지 잠들지 못하는 날도 다반사였다. S의 딸이 과연 올까? H에게 처치를 제대로 했던가? M이 또 넘어지면 어떻게 하지? 앞으로 해야 할 일들 목록과 인생의 눈엣가시 같은 인간들을 한 번 쭉 훑고, 그날 했던 말이나 행동을 돌아보는 것 역시 언젠가부터 습관이 되어 버린 의식이었다. 마무리로는 뒤늦게나마 다른 퇴로를 상상했다. 손가락이 부러져 자판을 치지 못하게 되었다면, 죽지는 않을 정도의 암에 걸려 한동안 휴직할 수밖에 없었다면, 내가 꼭 있어야 하는 경조사가 집안에 터졌다면……. 그런 공상을 하다가 스르르 선잠에 빠져들 때쯤이면 어김없이 휴대폰 알람이 울어 새날이 밝았음을 알리곤 했다. 그러니 자고 일어났는데 오히려 더 피곤한 느낌이 반복될 수밖에. 게다가 아침마다 메일함에는 새 메일이 한가득이었고, 섬세한 노트 필기는커녕 기본 책무만 다 하는 데도 벅차게 일정이 빡빡했으며, 외래 진료는 정해진 시간에 끝내느라 의술이라 부르기에 민망할 정도로 수박 겉핥기식이 되기 일쑤였다.

내가 목격하는 것들은 비단 내 주변만의 일이 아니었다. 사실은 전국 도처에서 똑같은 현상이 벌어지고 있었다. 점점 더 많은 의사들이 용기를 내어 그런 현실을 말로, 글로 알렸기 망정이었다. 가령, 오마하의 이식수술 전문 외과 의사 바이어스 쇼는 딱히 할 일도 없는데 퇴근하지 못하고 있는 자신을 발견하고는 과감하게 사직서를 던졌다. 수술칼을 드는 게 겁나서가 아니었다. 자리를 비우는 것 자체가 불안해 그러고 있었던 것이다. 한편, 보스턴의 내과전문의 다이앤 섀넌은 자신이 '꿈꾸던 믿을 수 있고 안전하며 인간적으로 소통하는' 의학과 모든 것에 순번을 매기는 의료 제도 사이의 괴리에 한참을 고민했다. 그러고는 결국 의사 가운을 벗었다. 또, 종합병원에 근무한다는 한 익명의 의사는 공영라디오 방송에서 이렇게 말했다.

"제가 만약 처음에 의사가 되기로 결심했던 시절의 순수한 열정으로 환자들과 제대로 된 대화를 나누는 데 시간을 썼다면, 매번 일이 밀려 퇴근해서도 밤새 컴퓨터를 붙들고 데이터를 입력하는 게 일상이었을 겁니다."

그 밖에, 개업해 나간 내 동료 하나도 성격이 좀 다르지만 그 나름의 압박감을 호소했다. 늘 퇴근 전에 차트 정리를 마치는데도 환자나 간호사, 약사에게 온 이메일이나 전화 혹은 문자 메시지가 없나 확인하는 데 저녁 시간과 주말을 포함해 거의 매일 2~3시간씩은 허비한다. 그런다고 어떤 보상이나 인정을 받는 것도 아닌데 말이다. 이 잡무는 진료가 있는 날과 없는 날을 가리지 않는다. 도망갈 방법도, 잠시 쉴 핑계도 없다. 의사의 의지가 환자와 그들의 돌봄을 향할 때, 컴퓨터와 절차를 우선시하는 시스템은 의사들을 다시 그쪽으로 잡아당긴다. 그런 가운데 어느 하나도 의사의 근무 시간으로 인정되지는 않는다.

미국의학협회와 메이요 클리닉Mayo Clinic이 2015년에 공동 진행한 조사에 의하면, 미국 의사의 무려 절반 이상이 번아웃 증후군에 빠져 있다고 한다. 이 비율은 학력과 근무 시간이 비슷한 다른 직종에 비해 이미 확연하게 높은 것인데, 최근에 증가세가 더욱 가팔라지기까지 했다. 프로이덴베르거가 이 현상에 처음 주목한 이래로 의료계에서 번아웃 증후군을 호소하는 의사들이 요즘처럼 많은 시대는 또 없었다. 연구 보고서의 저자들은 이것이 미국 사회 전체에 위협이 될 수 있다고 경고한다. 개인 경력에 흠집을 내고 의사 자살률을 높인다는 점은 차치하더라도 번아웃 증후군은 의료의 질을 떨어뜨리고 숙련된 의사의 수를 제한해 의료 체계 전체를 심각하게 퇴화시킨다는 것이다. 이것이 안 좋은 소식인 것은 환자들에게도 마찬가지다. 그리고 우리는 모두 환자이거나 앞으로 언제든 환자가 될 사람들이다. 정부 역시 바짝 긴장해야 한다. 점점 더 많은 의사들이 근무 시간을 줄이거나, 병원 문을 닫거나, 조기 은퇴하는 작금의 현실에 미국 보건복지부는 2025년이 되면 인구 대비 일반의 4만 5,000명 내지 9만 명이 부족해질 것으로 내다본다.

환자가 어떤 약이나 치료의 심각한 부작용을 겪을 때 담당 의사로서 마땅히 할 일은 처방과 치료 방법을 바꾸는 것이다. 그럼에도 그냥 그대로 가겠다면 그것은 다른 대안이 전혀 없고 이 고생을 감수할 가치가 있다는 데에 환자도 의사도 동의하는 경우뿐이다.

이처럼 번아웃 증후군 같은 현행 제도의 부작용들 때문에 환자와 의료인 모두 속까지 문드러지고 있는데도 저 윗분들은 눈 하나 깜짝하지 않는 것 같다. 국회의원들도 마찬가지다. 그들은 제 주머니에 들어갈 특별 의정 수당은 한 푼도 건드리지 않고 국민의 건강보험 보장 범위만 줄이면서 마치 국민들이 분수에 맞는 복지 혜택을 받는 것처럼 떠벌린다.

세상은 의사들에게 탄력성과 자기관리 능력 같은 소양을 길러 번아웃 증후군을 극복하라고 강권한다. 하지만 사실 이 단어들은 실패가 근본적으로 의사 개개인의 탓임을 암시하기 위해 치밀하게 엄선된 것이다. 즉, 의사들이 주어진 자원을 계획성 없이 소진해 버렸고 약해 빠져서 자기 관리를 철저히 못한 탓에 이 사달을 냈다는 것이다. 번아웃 증후군은 전공과와도 지역과도 무관하게 도처에서 목격된다. 이는 의사들의 고충이 그만큼 크다는 것을 보여 주는 증거인 동시에 의료 제도의 근간에 치명적인 결함이 있음을 경고하는 신호다. 심장마비가 올 때 연결된 큰 동맥이 막혀 팔부터 저린 것처럼, 번아웃 증후군은 오늘날 의료 제도의 개혁이 긴급하게 필요함을 의사들의 이탈을 통해 호소하는 일종의 예고편인 셈이다.

번아웃 증후군을 주제로 한 에세이를 아무거나 몇 편 골라 읽어 보면 의사들 대부분은 그런 절망적인 상황에서도 여전히 의사로 남고 싶어 한다는 것을 알 수 있다. 나 역시 그랬는데, 내게 의사 일은 직업보다는 소명에 가까웠다. 그런데도 나로서는 도저히 납득할 수 없는 체계와 명령을 강요하며 소명으로서 의술을 펼치지 못하도록 훼방 놓은 것은 언제나 제도였다.

우선순위

이후 나는 몇 달에 걸쳐 병원 검진 예약을 줄줄이 잡았다. 그런 어느 한 주에는 이틀 공백을 두고 일반내과와 정형외과 진료를 받기로 되어 있었다. 둘 다 실력 좋기로 꽤 이름난 병원이었다. 날짜가 붙어 있었기에 나는 이 주에 겪은 두 병원에서의 상반되는 경험을 유독 또렷하게 기억한다. 오늘날 미국 의학의 현주소를 보여 주는 좋은 예가 될 것 같아 여기서 소개하고자 한다.

예약은 내과가 먼저였다. 이 병원은 구도심에 있었다. 보험 처리가 안 되는 어마어마한 주차비 때문에 노면 주차된 차들을 종종 볼 수 있는 곳이었다. 나는 그나마 여유가 있는 형편이라 다행이었다. 건물 자체는 칙칙했지만 병원은 깔끔했고 상당히 효율적으로 운영됐다. 안내 데스크에는 접수와 수납을 위한 창구가 각각 마련되어 있었다. 친절한 간호사는 바로 나와 나를 안쪽으로 안내하고 혈압과 체온 따위를 잰 뒤 내 처방전 목록을 살폈다.

10분 뒤 나는 비좁은 검사실에 앉아 있었다. 그렇게 13분쯤 기다리니 의사가 나타났다. 예의 그 푸근함은 여전했지만 피곤한 기색이 역력한 그녀는 늦어서 미안하다고 사과했고 나는 괜찮다고 대답했다. 이 고작 20분 진료를 받으려고 매번 한 시간 반씩 일정을 비워야 한다는 사실을 굳이 알리지는 않았다. 우리는 그녀가 질문을 하면 내가 답하는 식으로 통상적 진료를 시작했다. 중요한 결정이나 검사, 타과 의뢰가 요구되는 주제가 나오면 그녀의 신경이 곤두서는 게 내 눈에도 보였다. 오늘 그녀는 나 때문에 예정보다 훨씬 늦게 퇴근할 게 뻔했다. 말은 안 했지만 우리 둘 다 그 사실을 알고 있었다.

처음에 그녀는 내 얘기에만 온전히 집중하는 듯했다. 그러나 곧 키보드 위에서 손가락이 이리저리 날아다니거나 말을 하면서도 눈은 컴퓨터 스크린에 가 있는 등 몹시 분주해졌다. 나는 그녀가 내 상태 정보를 빠짐없이 입력하기 위해 복잡한 구조의 메뉴를 들락날락하면서 전자 파일 형식의 의료 기록과 씨름하고 있음을 짐작할 수 있었다. 그런데 이 메뉴 확장 방식과 우리의 대화 진행 순서가 완전히 달라 애꿎게 중간에 낀 그녀만 바쁜 것이었다. 설상가상으로, 나도 겪고 있는 일이라 너무나 잘 아는데, 그러면 그럴수록 잡무 목록도 비례해 길어지고 있을 터였다. 죄다 근무 시간으로 인정되지도 않으면서 시간만 엄청 잡아먹는 일들이다.

물론 이날 내가 목격한 이 내과 의사의 고충은 비단 개업의들에게만 국한된 것은 아니다. 조금 이따가 같은 주에 정형외과에 가서 겪은 일을 얘기할 때 다시 설명하겠지만, 일부 병의원들이 효율을 높이고자 중간관리자 혹은 대리인을 두는 게 바로 이 이유에서다.

똑같은 1차 의료 기관임에도 내과와 대조적으로 정형외과 의원은 최근 뜨는 재개발 지구의 유리벽으로 마감된 신식 고층 건물에 입주해 있었다. 불법 주차 차량이 통행을 방해하곤 하던 1층 공간에는 카페가 들어와 신선한 샐러드와 유기농 드립커피를 팔았다. 이날 내가 정형외과를 찾은 것은 물론 진료 목적이 주였지만 홈페이지 게시판에 아무리 글을 올려도 묵묵부답이라 직접 물어보기 위해서이기도 했다. 알고 보니 원인은 어처구니없는 곳에 있었다. 환자 질의응답 게시판을 정작 담당 의사들은 보지 않았던 것이다. 나는 똑같은 글을 여러 번 올렸는데 거의 매번 나와 안면이 없는 간호사가 내 글을 확인했다고 한다. 간호사는 자기 환자가 아니니 그대로 까맣게 잊은 게 당연하다. 설령 운 좋은 날 게시판 담당자가 날 아는 간호사였더라도 차트 열람 권한이 없다면 돕고 싶어도 그럴 수 없었을 테고 말이다.

의원 로비에 들어서서 예약한 누구누구라고 말하자, 안내 데스크 사람은 바로 X-ray부터 찍어야 하니 검사실 앞에서 잠시 앉아 기다리라고 했다. 그래서 나는 X-ray는 안 찍어도 된다고 말했다. 그랬더니 데스크 사람 왈, X-ray는 누구나 찍는다는 거였다.

"의사를 보기도 전에 X-ray가 필요한지 아닌지 알 수는 없지 않을까요?"

나는 화를 억누르면서 최대한 공손하고 명랑한 목소리로 물었다. 그러고는 이 병원에서 같은 문제로 같은 담당 의사의 진료를 받으면서 최근에 찍은 X-ray 사진이 이미 있다고 덧붙였다. 그때서야 그는 내선번호로 상사에게 전화를 걸더니 환자가 X-ray를 거부하는데 진료 안내를 계속해도 되냐고 문의했다.

다행히도 허락이 떨어진 모양이었다. 그는 다른 말 없이 나를 들여보내 주었다. 대기실에 앉아 있으니 곧 내 이름이 호출되었다. 검사실에서 나를 기다리고 있는 것은 코디네이터였다. 그녀는 어디가 어떻게 불편하다는 내 설명을 컴퓨터에 입력하고는 어디까지 옷을 벗고 어디에 앉아 있으라고 일러 주었다.

의사가 노트북 컴퓨터를 껴안은 젊은 여직원을 대동하고 나타났을 때 나는 막 옷을 갈아입을 채비를 하던 찰나였다. 의사는 가벼운 인사를 건넨 뒤 기록 담당자라며 직원을 소개했다. 한쪽 구석에 자리 잡고 앉은 기록 담당자는 키보드 위의 열 손가락만 분주하게 움직일 뿐 마지막까지 아무 말이 없었다.

대신 손이 되어 주는 사람이 있어서인지 의사는 진료 보는 내내 환자에게 온전히 집중하는 모습이었다. 미소 띤 얼굴로 눈을 맞추면서 딱 필요한 신체검사만 콕 집어서 하고 내 모든 질문에 성실하게 답해 주었다. 원래 준비해 온 것뿐만 아니라 불현듯 떠오른 궁금증까지 포함해서 말이다. 단, 이 의사에게 질문을 할 때는 그녀의 전공과 관련된 것만 물어야 했다. 그녀는 내가 X-ray 검사를 건너뛰었다고 섭섭해하지 않았지만 내 다른 건강 문제들이나 다른 신체 부위 이상 소견에는 완전히 무관심했다. 때로는 정형외과와 무관해 보이는 그런 것들이 전체적인 치료 순위와 회복 속도를 좌우함에도 말이다. 나는 의사에게 약간 떼를 써서 약이나 수술 말고 물리요법이나 운동요법을 권하게 하는 데 성공했다. 라디오, TV, 전광판 등 각종 매체를 통해 광고해 대는 신약이며 최신 수술 같은 것들은 소문만 요란할 뿐 내 고민을 해결하지 못할 것임을 나는 알고 있었던 것이다.

앞으로의 계획을 다 정한 뒤 의사는 내게 코디네이터가 올 때까지 잠깐 기다리라고 말하고는 검사실을 나갔다. 코디네이터가 추가 주의사항을 알려 줄 거라고 했다. 이날 의사가 한 일은 잠깐 머물며 나와 말 몇 마디 나눈 게 전부였다. 그런데 모든 전후 조치가 시간 맞춰 다 이루어지고 기록까지 완벽하게 남았다. 그 결과, 편안한 분위기에서 환자도 의사도 만족하는 진료가 가능했다. 기적 같은 일이었다.

이 주에 내가 만난 내과 의사와 정형외과 의사는 둘 다 비슷하게 실력 있고 성실한 전문가다. 두 사람의 연봉이 정확히 얼마인지는 잘 모른다. 다만 미국 의료그룹지원협회AMGA, American Medical Group Management Association가 2013년부터 2017년까지 조사한 수가상환액 통계를 참고하면, 보험이 되는 항목만 따져도 연간 수입이 내과의 경우 19만 3,776달러에서 25만 9,765달러 사이(우리 돈으로 약 2억~3억 원_옮긴이) 그리고 정형외과의 경우 52만 5,000달러에서 75만 9,086달러 사이(약 6억~9억 원_옮긴이)로 집계된다. 다시 말해, 두 전공과의 수련 기간 차이와 내과 전문의의 더 풍부한 임상 경험이 무색하게 수입은 반대로 정형외과 전문의가 2~3배 더 많은 셈이다.

이것은 지나치게 복잡한 현행 보험수가 제도가 빚어낸 불합리한 현실의 단상이다. 특히, 현행 제도가 외래보다는 입원 설정에서 이루어지는 의료 행위와 외과 시술에 더 높은 가산점을 준다는 점이 무관하지 않아 보인다.

이처럼 분명 정황은 의심스럽다. 그렇긴 해도 의사들의 진료과별 연봉 격차가 미국 국민건강 불평등을 초래하는 직접적인 원인이라 단정하기에는 아무래도 무리가 있다. 단지 미국 의료 제도가 비효율적이면서 비싸기만 하고 때로는 의학의 이상에 역행에 환자에게 해를 끼친다는 편견이 단순한 헛소문만은 아니라는 간접 증거는 된다.

의료 사회의 불평등을 논할 때 보통 우리는 수요자인 환자들을 가장 먼저 떠올린다. 그런데 불평등은 의사들 사이에서도 문제다. 앞에서 든 내과와 정형외과의 사례처럼 시설이나 서비스 접근권을 두고 뒤로 밀리는 의사가 생기는 것이다. 이 역시 편파적인 제도의 부추김으로 우리 사회 전반에 고착화된 편견들을 여실히 드러내는 현상이다. 이처럼 특정 전공과, 특정 진단명, 특정 치료법에 쏠리는 편파성은 20세기에 유례없는 성공을 거둔 의학이 갑자기 비대해진 제 몸뚱이를 스스로 제어하지 못해 생긴 부작용이었다.

과학 기술 발전은 인류에게 건강과 장수라는 기대 이상의 선물을 안겨 주었다. 이에 따라 현대인은 더 새롭고 더 자극적이고 더 어려워 보이는 기술이 곧 좋은 의료라고 여기게 된다. 사람들의 이런 믿음은 바로 제도로 녹아들었고, 그런 유의 의술을 보다 권장하고 더 후하게 보상하는 것은 공공연한 행태가 되었다. 그러나 어쩌다 한 번 기적적 성공을 거두는 기술을 선불리 필수치료 항목감이라 떠받든 것은 치명적인 실수였다. 그런데도 잘못 끼운 첫 단추가 재정 적자와 의료사고의 원인이 되고 있다는 그 많은 증거를 다 무시하는 바람에 일이 더 커졌다. 그런 식으로 의술을 점점 더 사업으로 여김으로써 인간을 마치 상품처럼 취급하는 사회가 되어 버린 것이다. 의료 체계의 편견은 의사 연봉뿐만 아니라 의료 기관, 의학 교육, 생명과학 연구의 서열에도 영향을 미친다. 한마디로 의학계 자체에 대대적인 지각변동을 일으키는 셈이다.

하버드 의과 대학 동문회의 최근 한 모임에서 누군가 본과 1학년생에게 학자금 빚이 얼마냐고 물었다. 학생은 고개를 절레절레 저으며 엄청나다고 대답했다. 학부 시절에 받은 대출까지 합하면 더 어마어마하다고 했다. 동문회장이 다시 물었다.

"그래서 학생은 앞으로 어떻게 할 생각인가요?"

학생이 씨익 웃으며 말했다.

"아, 그건 별로 걱정 안 합니다. 정형외과로 갈 거거든요."

동네 의원, 즉 1차 의료 기관의 활동이 활발할수록 전국적으로 각종 질환의 발병률, 사망률, 의료 비용은 낮아지고 환자들의 만족도는 높아진다는 것은 거듭되는 연구로 익히 증명된 사실이다. 이에 비해, 현재 미국 사회의 의료 제도는 최첨단 기기를 이용한 시술 위주의 특정 진료과를 편애하는 까닭에 심각한 자원 낭비를 자초하고 적지 않은 환자들을 다치게 하는 것으로 조사되었다. 바깥으로 눈을 돌리면 1차 의료 기관들이 의료 체계의 기반을 탄탄하게 받치고 있는 국가일수록 온 국민이 더욱 건강하고 여유로운 것을 알 수 있다. 동네 의원들이 여전히 찬밥 신세인 미국과는 대조되는 모습이다.

1차 의료 기관의 진료 예약 방식은 몹시 단순하다. 처음 방문하는 환자인지 아니면 전에 온 적이 있는 환자인지만 구분할 뿐이다. 비교적 건강한 사람과 다른 지병도 많은 사람을 나누는 식이 아니다. 이것만 봐도 의사가 가장 중시하는 의료 활동은 진단, 처방, 시술임을 짐작할 수 있다. 서비스 목록을 줄여도 너무 줄인 것 같다. 원래, 환자가 치료 계획을 잘 따르도록 돕고 이 치료로 실질적 효과를 볼 확률을 조금이라도 더 높이려면 환자의 현재 배경 상황과 개인적 선호도에 딱 맞게 재단하는 종합적 접근이 필요하다. 이를 위해 의사가 갖추어야 할 기본 소양은 환자의 말을 잘 알아듣고, 눈짓과 몸짓에서 보이는 행간까지 읽고, 말과 반대되는 속내를 알아채는 능력이다. 동시에, 환자에게는 스스로 정보를 흡수하고, 궁금한 점을 물어보고, 자신의 여생을 현실적으로 그려 볼 시간을 충분히 주어야 한다. 그뿐만 아니라 환자의 진술이 보호자 설명 혹은 기록과 일치하는지 점검하는 것도 중요하다. 처음 만나는 환자라면 지금까지 어떤 관리를 받아 왔는지, 아니라면 환자가 중간에 입원했었거나 다른 병원에서 진료를 받았는지 기록을 검토해 확인하는 작업도 필요하다. 충분한 정보를 제공한 뒤 동의를 구하고, 환자의 주 언어와 읽고 쓰기 능력을 파악하고, 의학 용어를 어느 난이도까지 이해하는지도 확인해야 한다. 그 밖에 환자가 매기는 가치 순위를 파악하고, 처방전을 검토 및 조정하고, 동기 부여를 위한 상담과 교육을 실시하는 것 등등 할 일은 끝이 없다.

구조적 폭력과 구조적 불평등의 문제가 제기되는 것이 바로 이 대목이다. 의사면서 인류학을 연구하는 폴 파머Paul Farmer는 폭력과 불평등을 '사회가 개개인과 집단들을 그들에게 해를 끼치는 방식으로 배치하는 하나의 방식'이라고 설명하면서, "이 배치가 정치, 경제의 밑바탕에 깔린다면 그것은 구조적인 것이 된다"고 말했다. 우리 사례의 경우, 이 정치적, 경제적 틀은 미국 의료 체계가 된다.

2013년부터 2016년까지 국가별 의료비 지출 실태를 분석한 연구가 있다. 이 연구에 의하면, 해마다 미국은 상위 11개 선진국과 비교해 훨씬 많은 돈을 병원비와 약값으로 들이붓지만 영아 사망률, 비만율, 기대 수명 등 다수 건강지표의 순위 측면에는 오히려 크게 뒤진다고 한다. 원인이 뭐냐고? 바로 가격이다. 가격 분포를 분석하면 제도의 가치관과 구조를 파악할 수 있는데, 구체적으로는 운영비(체계가 덜 잡혀 있거나 독과점 상태인 품목의 경우 중간 서류 작업과 조정 절차가 복잡하다), 자재비(아직 특허에 묶인 제품은 더 비싸다), 인건비(소수 고소득 진료과에 거의 전적으로 책임을 돌려도 좋을 정도다) 이렇게 삼총사의 죄목이 가장 크다. 한 마디 더 보태면, 관절치환수술이나 MRI 영상 검사처럼 비싸면서 꼭 필요하지는 않은 시술을 굳이 수가 적용 목록에 올려놓은 탓도 적지 않다.

돈과 광고의 흐름을 추적하면 미국 의료계가 확실히 예방보다는 치료를 좋아한다는 사실을 알게 된다. 의료 체계의 시선에서는 이름과 감정을 가진 어린이와 노인보다 이들의 뼈가 훨씬 더 중요하다. 또, 어떤 치료나 시술을 시행하기에 앞서 환자에게 유익할지 아닐지 고민하는 것은 쓸데없는 짓이다. 미국 의료계는 운동보다 약이 더 효과적이라고 말하고, 환자가 아니라 컴퓨터를 잘 다루는 의사를 더 신뢰한다. 믿거나 말거나, 제도의 지시만 잘 따른다면 곧 죽음도 예방 가능한 보통의 병이 된단다. 그러니 아플 거면 병원에 들어와서 앓다 가라고 한다. 평범한 대다수 국민에게는 잘 듣고 잘 먹고 잘 걷는 게 훨씬 더 중요하고 그저 그럴 수만 있으면 만족이다. 그런데 제도는 그것보다도 이 주름살과 검버섯들 어쩔 거냐며 난리법석이다.

이런 현실은 찰스 디킨스Charles Dickens의 소설 속 한 구절을 떠올린다(프랑스 혁명 직후를 비평한 《두 도시 이야기》를 말한다_옮긴이). 오늘날은 미국 의료계 역사상 최고의 시대이자 최악의 시대이기도 하다. 첨단기술과 혁신이 화려하게 만개했지만 한편에서는 불평등과 의료 노동자의 피로도가 최고조에 이른 것이다. 그뿐만 아니다. 신세대 투사들이 사회연락망에 #blacklivesmatter라는 꼬리표를 퍼뜨리는 동안 이에 질세라 기업식 의료 기관은 막대한 예산을 마케팅에 아낌없이 쏟아붓는다. 21세기의 의학 기술로는 균 감염을 치료하는 것부터 상한 관절과 장기를 새것으로 갈아 끼우는 것까지, 못할 게 없다. 그런데 그렇게 똑똑한 의학이 환자들에게 더 큰 도움이 되는 것부터 순서대로 차례를 매기라는 간단한 숙제 하나 못 하는 바람에 온 사회의 시간과 의료 자원이 줄줄 새고 있다.

공감

전화 한 통이 바늘이 되어 간신히 팽팽함을 유지하던 정신에서 바람이 빠지기 시작한 그날 이후, 나는 일주일 동안 출근하지 않았다. 일을 하고 싶지 않은 마음도 있었지만 할 수 없기 때문이기도 했다. 그러다 그다음 주 월요일에 잠시 복귀하긴 했는데 긴 휴가에 들어가기 전에 밀린 일을 처리하고 인수인계를 마무리하기 위해서였다. 그 두 주가 다 끝나 갈 즈음에야 나는 비로소 깨달았다. 내게는 휴식이 절대적으로 필요했다는 걸. 그동안 환자들에게 당부해 온 것들을 나 자신을 위해서도 실천했었어야 했다. 하지만 나는 건강이나 행복보다는 늘 일이 먼저였다.

돌이켜 보니 나는 동료들에게 개인적 얘기를 한 적이 거의 없었다. 나는 웬만하면 사석에서 사람 만나는 것을 피했고 내 얘기가 나와도 별일 아니라는 듯 웃는 얼굴로 신체 증상만 얼버무리고 말았다.

최근, 《뉴잉글랜드 저널 오브 메디슨》에서 깊은 공감을 자아내는 에세이 한 편을 읽은 적이 있다. 외상 전문 외과 의사 마이클 S. 바인슈타인Michael S. Weinstein이 개인적 경험을 바탕으로 쓴 이 글은 번아웃 증후군에 빠진 그에게 동료들이 손을 내밀었지만 그는 마음의 빗장을 걸어 잠그고 꽁꽁 숨어 버렸다는 내용이었다.

수술실과 병원 안에서 그의 일거수일투족은 모두의 관심 대상이었다. 환자 집을 직접 찾아다니고 나머지 시간에는 후원받은 연구비로 문 닫힌 사무실에 혼자 처박혀 있을 뿐인 나와는 정반대다. 그럼에도 나는 저자의 심정을 충분히 짐작하고도 남는다. 맘씨 고운 동료들의 따뜻한 눈빛은 때로 말보다 더 날카로운 질문을 던지는 법이니까. 내 손과 발이 되어 준 행정 직원들과 같은 팀의 한참 후배 젊은 의사들도 내게 그랬었다. 직접 들를 짬이 안 나는 다른 동료들은 약속이라도 한 듯 격려의 이메일을 보내왔다. 그러나 나는 다 무시해 버렸다. 말 그대로 나는 단단히 고장 났었다.

왜 이렇게 계속 화가 나고 절망감이 드는지 알 수 없었다. 나는 안정된 직장에서 높은 연봉을 받고 의미 있는 일을 하고 있었다. 가정도 화목했다. 그렇기에 오늘의 위기는 절대 다른 누구의 탓도 아니었다. 나를 소홀히 한 건 바로 나 자신이었다. 게다가 의료 제도와 그 제도가 요구하는 의사의 임무는 하루하루 달라지는데도 나는 여전히 내 스타일을 거의 그대로 고수하고 있었다.

휴가가 시작되고 처음 몇 주 동안 가장 견디기 힘든 부분은 남들을 돌보는 게 아니라 내 건강을 챙기는 데 시간을 쏟아야 한다는 점이었다. 나는 상당히 괜찮은 직장 건강보험에 가입되어 있었다. 우리 병원이 직원에게 제공하는 옵션 중에서 가장 좋은 것이었으니까.

나는 내 1차 주치의 병원에 연락해 일정을 물었다. 그랬더니 6주 뒤에나 시간이 빈다고 했다. 한두 달 기다리면 기다렸지 내 이력을 하나도 모르는 의사를 새로 수소문해 만나기는 싫었다. 그래서 나는 예약한 진료일이 다가올 때까지 가끔 이메일을 통해 그녀에게 상담을 받았다. 둘 다 의사였기에 가능한 일이었지만, 기회는 모든 환자에게 균등해야 하므로 어떤 면에서는 불공평한 처사였다. 어쨌든 그녀는 내 고민들을 해결해 주려고 최선을 다했다. 그럼에도 내 정신적 문제가 전문가의 영역이라는 것은 우리 둘 다 인정할 수밖에 없었다. 다행히 내 보험으로는 정신의학과 상담도 지원이 됐다. 전산망을 통해 1차 기관에 접수되면 2차 네트워크로 올라가고 다시 3차 네트워크로 취합되는 식이었다. 절차는 복잡한 데다 느렸고 곳곳에 장해물과 함정투성이였다. 막다른 길은 또 왜 그리 많은지. 아무래도 건강보험이 실현하려는 바는 국민의 건강이 아니라 보험 계약서의 약관 자체인 것 같았다.

목록을 보니 내 보험이 적용되는 정신의학과 의원은 몇백 개나 됐다. 일단은 병원 위치—내가 운전을 할 수 없는 상황이었기 때문에 위치도 중요했다—를 확인하고, 구체적 진료 항목이 뭔지 알아보고, 의사에게 새 환자를 받을 여력이 있는지를 따져 걸러 낼 필요가 있었다. 환자 공석이 있는지부터 확인했더니 후보 목록은 금방 줄어들었다. 대부분 예약이 꽉 차 있었던 것이다.

사람이 위기에 처하면 아주 사소한 일도 몹시 힘겹게 느껴진다. 사방이 막힌 미로에 갇힌 기분이었던 나는 모든 것에 저주를 퍼붓고 분개했다. 하지만 미국에서 영어를 유창하게 하면서 의료 제도를 정확히 이해하는 의사가 최고의 건강보험으로도 어떤 문제를 해결하지 못한다면, 이 세상에 그 문제를 해결할 수 있는 사람은 없는 게 아닐까?

신경내과 전문의들은 환자가 보이는 징후와 증상을 국소 병변 위주로 설명하곤 한다. 나는 궁금했다. 어떤 병변이 내게 번아웃 증후군을 일으킨 걸까? 병변이 여럿이라면 그중 하나가 유독 크게 작용했을까? 이것은 내가 사비까지 들여 따로 받은 상담 시간에 정신의학과 의사에게 물은 수많은 질문 중 하나였다. 그 밖의 상담 내용에는 이런 게 있었다. 나는 여전히 의사 일을 하고 싶은 걸까? 만약 아니라면 지병을 한 보따리 안고 있는 두 사람을 부양하기에 충분한 수입과 건강보험을 보장받으면서 내가 할 수 있는 일로 달리 어떤 게 있을까?

내 신체 증상들은 마음의 상처에 비하면 아무것도 아니었다. 내 마음은 여전히 시궁창이었음에도 내 눈과 무릎은 곧 다시 정상 작동하기 시작했다. 근본적인 문제가 해결되어서가 아니었다. 괜찮은 척하기에 충분한 에너지가 다시 비축되었기 때문이었다.

그렇게 몇 달의 휴식기를 보낸 뒤 나는 업무에 복귀했다. 현실은 내가 자리를 비우기 전이나 후나 크게 다를 바 없었지만 나는 쉬었다가 돌아와서야 중요한 핵심을 깨달을 수 있었다. 제도는 사람이 만든다. 그리고 나는 그 주체가 된 소수의 몇 명에게 격노했다. 그들 눈에는 이 의료 시스템이 비효율적이면서 편파적인 주제에 쓸데없이 비싸다는 게 정말 보이지 않는 걸까 아니면 알면서도 모르는 체하는 걸까. 어쩌면 번아웃 증후군은 연구나 논문에서 떠드는 그 어느 요인과도 아무 상관 없는지 모른다. 어쩌면 정말 오로지 공감의 문제일 수도 있다.

즉, 번아웃 증후군은 이 의료 사회와 그 지도계층의 공감 부재 현상이 낳은 부작용이라고 볼 수 있을 것이다. 나는 번아웃 증후군이 급증하는 작금의 현실이나 나도 그 희생양 중 하나가 되었다는 사실에는 일말의 동정도 느끼지 않았다. 그 대신 내가 실패했고 한심하게 약해졌으며, 더 이상 쓸모없는 사람이 되었고, 내 생각과 주장이 인정받지 못했다는 것이 내게는 훨씬 더 충격적이었다.

주변인들의 반응이 당사자에게 미치는 영향은 번아웃 증후군을 논의할 때 흔히 간과되기 일쑤인 주제 중 하나다. 사실은 쉬운 일인데 잘 실행되지는 않는 것들이 있다. 예를 들면 입에 발린 위로 말고 그들의 내적 갈등을 진심으로 이해해 주는 것 같은 일 말이다. 너무 간단하고 뻔한 해결책은 피하는 것도 마찬가지다. 그런 방법들은 십중팔구 똑똑한 자들이 이미 시도해 보고 별 도움 안 되거나 핵심 가치에 위배됨을 다 확인한 것들이다. 상대를 배려하는 동시에 손해를 최소화하는 식으로 변화를 꾀하는 것은 말처럼 어렵지 않지만 실제로 이렇게 대응하는 사람은 보기 드물다. 융통성 있게 굴고 개개인의 개성을 존중하는 것 역시 잘 지켜지지 않는 기본 중의 기본이다. 상대가 의사인지, 환자인지, 간호사인지, 환자 가족인지는 상관없다.

적절한 지원이 받쳐 준다면 번아웃 증후군에 빠진 의사라도 가운을 벗지 않아도 된다. 반면, 모두의 냉대 속에 방치된 의사는 긴 휴가를 떠나거나, 무기한 휴업에 들어가거나, 자살을 시도한다.

지난 2017년과 2018년은 의사들의 번아웃 증후군과 의사가 의료 사회를 떠나 구할 수 있는 직업들에 관한 기사가 유독 숱하게 쏟아져 나온 해다. 관심의 증가는 우리 사회가 올바른 방향으로 가고 있다는 청신호다. 하지만 조직과 지도층의 태도가 바뀌어야 한다는 것은 여전히 숙제로 남아 있다. 탈진해 쓰러진 사람에게 손을 내밀며 위로는 못 할망정 배를 걷어차고 욕설을 퍼붓는 것은 너무 잔인하다. 밤낮으로 고민하다가 동료에게 상처를 내보였는데 그가 거기다 소금을 뿌리며 비웃을 때 밀려오는 배신감은 이루 말할 수 없다. 한번 깨진 신뢰는 제2차 세계 대전 당시 폭격을 맞은 독일 드레스덴이나 허리케인 카트리나가 휩쓴 뉴올리언스와 같다. 초토화된 도시를 재건할 수는 있지만 절대로 예전과 똑같아지지는 않는다.

10 젊은 노인

이제는 달라질 때

나이

1960년, 프랑스 파리의 열대 과일 응용연구소 소장을 맡고 있던 무정부주의 성향의 왕당파 필립 아리에스Philippe Ariès가 화제의 인물로 떠올랐다. 오늘날 사회학의 고전이 된 저서 아동의 탄생에서 바나나, 파파야, 망고스틴 따위와는 전혀 상관없는 혁신적 주장으로 온 세상에 충격을 안긴 것이다. 이 책에서 그는 중세에는 유년기라는 아이디어가 존재하지 않았다고 말했다.

늘 그렇듯 프랑스의 반응은 비교적 침착했다. 반면 미국에서는 책이 2년 늦게 발간됐을 때 유년기의 발견 소식에 대환영하는 측과 맹비난하는 측이 뒤섞여 전국이 들썩였다. 이런 극명한 온도차는 언어 선택의 탓도 있었다. 아리에스는 관념과 감정 모두를 함의하는 쌍띠망sentiment(우리말로는 '감성' 내지 '정서'쯤으로 번역된다_옮긴이)이라는 프랑스어를 사용했지만, 이것이 영어 번역본에서는 아이디어idea로 바뀌면서 저자의 본래 의도가 크게 퇴색한 것이다. 그의 주장은 17세기 이전에는 '아동'이라는 인식이 아예 없다가 이후 정치, 문화, 경제의 변화에 이끌려 유년기가 하나의 인생 단계로서 가치 있게 다뤄지기 시작했다는 게 '아니'었다. 그는 이런 사회 변화를 동력으로 인정하지 않았다. 하지만 이 내용도 번역 과정에서 증발하고 말았다.

솔직히, 아리에스의 주장과 화법에는 논란의 여지가 있다. 그럼에도 그의 연구는 가족이라는 개념을 어엿한 학술 주제로 끌어올리는 데 큰 공을 세웠다. 그의 연구 덕분에 많은 역사적 사례가 세상에 널리 알려졌고 사람이 인생 단계마다 어떤 경험을 하는지는 때와 장소에 따라 달라진다는 인식이 보편화될 수 있었다. 과학과 마찬가지로 역사도 모든 게 들리고 보이는 것들만으로 심판되는 법이다. 생몰일자, 납세 기록, 재산 목록, 부동산 거래 내역과 같은 구식 역사 자료가 겉으로 드러나는 얘기를 들려줄 때 편지, 신문, 미술품, 문학작품, 교과서는 또 다른 얘기를 속삭인다. 아리에스가 후자 쪽에 치중하는 경향이 있긴 했지만 둘 다 진실인 것은 분명하다.

사람의 나이를 생각해 보자. 요즘 세상에 자신이 몇 살인지 모르는 사람은 거의 없다. 그러나 서양에서 생일을 꼬박꼬박 챙기는 게 당연한 일이 된 것은 겨우 18세기부터다. 그 전에는 자신의 정확한 나이를 아는 사람이 극소수뿐이었다. 고대 그리스, 로마 저술가들이 그 예다. 나머지 대다수는 젊은이인지 아니면 늙은이인지가 외모와 행동거지로 판가름 났다. 태어나고 나서 시간이 얼마나 흘렀는지가 아니라 말이다. 그런 연유로 마흔은 청년이 될 수도, 노인이 될 수도 있었다.

사실, 인생 단계에 대한 세상의 인식이 바뀌는 데에는 100년까지 필요하지도 않다. 1950년대 초, 외할아버지는 아직 20대 초반인 우리 엄마가 노처녀로 늙을까 전전긍긍하셨다. 설상가상으로 엄마 친구들이 하나 둘씩 먼저 유부녀 대열에 합류하면서 엄마가 나무랄 데 없는 신랑감 후보들을 만났다가 헤어질 때마다 외조부모님의 맘고생은 이만저만 아니었다. 그러다 엄마가 성숙하다 못해 과숙한 나이 스물넷에 마침내 아빠와 약혼하고 나서야 외할아버지는 비로소 한시름을 덜 수 있었다. 그런데 내가 엄마 나이가 되었을 때는 20대에 결혼하는 친구들이 손에 꼽을 정도로 드물었다. 우리 세대에 결혼 적령기는 30대였다. 이 30여 년 동안 우리 가족의 가치관은 크게 달라진 게 없었다. 사회에서 정상이라 여겨지는 것을 따르면 그걸로 충분했다.

시선의 폭을 넓히면 변화는 한층 드라마틱해진다. 만약 우리 모녀가 중세 후기나 르네상스 초기(즉, 14~15세기_옮긴이)에 태어났다면 우리는 열두 살에 시집을 가야 했을 것이다. 그 옛날에는 초경이 곧 어른이 되었다는 신호였다. 청소년이라는 개념은 말할 것도 없고 경력 개발에 전념하는 고학력 젊은 여성이나 결혼을 전제로 하지 않는 연애 역시 이 시대에는 있을 수 없는 일이었다. 그런데 나는, 당시였다면 장수한다 축하받으며 손주를 봤을 30줄의 나이에 적어도 엄마처럼 꼬맹이 둘 정도 낳아 기르지는 못 할망정 여전히 미혼인 채로 의사 일을 하며 살고 있었다. 어떤 삶이 정상인가는 시대에 따라서도 달라지지만, 어디서 살고 있는지 그리고 그곳에서 딱 그 시간을 살아가는 그가 어떤 사람인지에 따라서도 좌우된다.

인간의 뇌는 본능적으로 카테고리를 분류한다. 중국, 이란, 그리스의 저술가들이 소년, 성인 남성, 노인을 구분해 기술해 온 것도 그런 맥락이다. 그런데 최근 50~60년 사이에 인간이라는 생물종의 연령 분포도가 유례없이 급변했다. 그런 반면 우리의 언어와 사회제도는 이 변화를 따라잡지 못하고 있다. 그뿐만 아니라 새로 깔린 인간사의 드넓은 캔버스에 개개인과 각 인간 집단의 잠재력을 다채롭게 그려 내지도 못한다.

프랑스 사람들은 모두 언어 영역에 뛰어난 재능을 타고난 듯하다. 프랑스는 일찍이 1970년대에 은퇴자를 위한 교육 및 재고용 프로그램을 시작했는데, 이름도 어찌 그리 찰떡같이 붙였는지 '제3연령기를 위한 대학'이라는 것이었다. 여기서 이 제3연령기Third Age라는 표현과 개념은 곧바로 영국으로 건너가 역사학자 피터 래슬릿Peter Laslett에 의해 널리 전파된다. 래슬릿이 노인을 지칭하는, 아직 오염되지 않은 새로운 용어를 향한 오랜 목마름을 해소해 주었다는 평을 받는 이유다. 나아가 래슬릿은 여기에 직접 창안한 혁신적 이론 하나를 추가했다. 즉, 제3연령기가 인생의 정점이라는 것이다.

그는 인생 단계들이 보통은 시간 순서로 진행되긴 하지만 반드시 살아온 햇수로 나눠는 건 아니라고 본다. 그 대신, 사람에 따라 제1연령기나 제2연령기와 제3연령기가 겹칠 수도 있다고 주장한다. 여자 체조 선수처럼 인생 최고의 순간을 어릴 때 맞거나, 일하면서 가족을 부양하는 사람들이 그런 경우다. 이와 달리, 그의 판단으로 제3연령기와 제4연령기는 중복될 수 없었다. 그런데 지금부터가 좀 복잡하다. 래슬릿은 처음 두 인생 단계는 나이를 먹어감에 따라 하게 되는 사회활동을 기준으로 정의한다. 그런 반면에 세 번째 단계는 개인적 성취와 나이를 초월하는 몇몇 행동 요소들을 판정 기준으로 삼는다. 그런데 또 네 번째 단계는 생물학이 잣대가 된다. 이처럼 기준지표가 일관성 없이 오락가락하는 탓에 연령 집단 구분에 명확성과 정당성이 떨어지는 것은 한계점으로 지적된다.

물론, 단순하게 절대 나이만 보고 젊은 노인과 늙은 노인, 이런 식으로 제3연령기와 제4연령기를 가르지 말란 법은 없다. 그래도 이 두 시기를 경계 짓는 가장 큰 기준은 역시 건강 상태와 소비력이다. 즉, 누군가 이른바 성공적으로 늙고 있다면 그는 제3연령기에 있는 것이고 쇠약하고 무능력하기만 하다면 이미 제4연령기로 넘어간 것이다. 래슬릿은 은퇴하고 자녀들까지 다 독립시켜 내보낸 직후의 인생 단계를 삶의 정점이자 자아실현과 성취의 시기라 칭했다. 몇 년에서 길게는 몇십 년까지 이어지는 이 제3연령기는 근래에 추가된 새로운 개념이다. 따라서 이 집단의 사회적 의무와 그들을 위한 제도부터 확립하고 유지 및 발전시키는 게 우선이라고 래슬릿은 주장한다.

그는 제3연령기가 부상함에 따라 현대 사회가 앞으로 해결해야 할 과제를 다섯 가지로 정리한다. 첫째는 인구 구성도의 변화를 파악하는 것이고, 둘째는 급증하는 비노동 고령 인구를 부양할 방안을 마련하는 것이고, 그다음은 불명확하거나 그릇된 통념을 바로잡아 사회 전체에 올바른 도덕관념을 정착시키는 것이다. 또한 넘쳐나는 시간에 사람들이 허송세월하지 않도록 적절한 지침과 제도적 장치를 개발해야 하며 마지막으로 제4연령기에 닥칠 문제들도 대비해야 한다. 래슬릿이 사회, 경제적 환경이 그 사람의 제3연령기에 어떤 영향을 미치는지 자세히 분석한 적은 없다. 하지만 그는 누구든 환갑만 넘기면 현대 사회가 무조건 붙이는 꼬리표들이 제4연령기를 쓸데없이 앞당길 수 있다는 우려를 분명히 인지한다. 그래서 두 연령기를 구분한 본래 의도는 각각을 최대한 선용하게 하는 것이었다고 분명하게 밝히기도 했다.

일각에서는 사회가 제4연령기보다는 제3연령기에 더 신경 써야 한다는 의견을 제시한다. 그러나 이것은 노인의학을 무시하는 처사다. 장단점이 다 있겠지만 예로부터 노인의학은 제3연령기보다 제4연령기에 더 큰 관심을 기울여 왔다.

제3연령기 집단은 이 대량 소비 시대를 지탱하는 어엿한 중심축이다. 그들 중 다수가 이미 은퇴했거나 은퇴하는 중이지만 그들은 여전히 자신의 인생에 완전한 주도권을 쥐고 있다. 스스로 결정하고 행동하는 이 능력은 제3연령기를 정의하는 가장 중요한 두 가지 특징 중 하나다. 제3연령기에 들어선 부유층은 각종 안티에이징 제품을 사들이고 헬스클럽과 사교모임 입회비에 돈을 아끼지 않는다. 그들은 여행도 자주 다니고 기부에도 열심이다. 이쯤 되면 사회사학적 관점에서 소비중심 문화의 시대인 작금에 제3연령기는 돈 많은 중산층만이 누릴 수 있는 특유의 생활양식과 흡사해 보인다. 아니면 젊음, 외적 아름다움, 선택권, 자기표현을 강조하던 1960년대 사상의 확장판이라 표현할 수도 있을 것이다. 혹은, 철든 인간들이 자기 자신 그리고 같은 처지의 동족들을 그냥 늙은이가 아닌 다른 존재로 정의하고자 노력해 가는 과정 그 자체이기도 하다.

하지만 모든 사람이 중년기에서 제3연령기를 거쳐 가는 건 아니다. 적지 않은 이들이 자기 생각을 품고 있어도 제3연령기의 정의에 부합하는 방식으로 행사하지 못하는 것이다. 그런데도 제3연령기는 흔할 거라는 느낌이 든다. 구성원이 대부분 글을 읽고 쓰고 예술을 감상할 줄 아는 문명인이라는 점과 물건을 팔려고 이들을 치켜세우기만 하는 시장의 마케팅 탓이다.

다음 제4연령기의 경우, 래슬릿이 규정한 특징은 생물학에 의해 결정되고 정해진 기한이 없다는 것이었다. 사람이 충분히 오래 살면 언젠가 제4연령기에 이르게 된다. 제4연령기는 한 인격체로서 수치를 느낄 수준까지 모든 신체 기능이 쇠퇴하는 시기다. 크리스 길리어드Chris Gilleard와 폴 힉스Paul Higgs는 제4연령기가 '자기관리에 실패한 민중과 이 실패를 악용한 의료 제도의 합작품'이라고 말한다. 현대 사회가 '그렇게 애지중지하는 사회, 문화 자본이 바닥났을 때 사람이 이르게 되는 종착점'이 바로 이 인생 단계라는 것이다.

두 사람은 "20세기에 누군가 제4연령기를 언제 맞게 되는가는 …… 그 사회의 보건복지 정책이 얼마나 잘 받쳐 주는가에 달려 있었다"고 분석한다. 또한, 제4연령기는 노년층의 이미지를 사회에 도움이 되는 호감 가는 존재로 갈아입히고자 한 제3연령기의 부단한 노력이 맺은 '쓰디쓴 열매'이기도 하다.

래슬릿은 적대적이고 모욕적인 탓에 당사자들의 현실 부정과 자존감 상실만 부추기는 노년기의 정의를 뜯어고치고자 했다. 참 훌륭한 뜻이다. 이것으로 모든 고령 노인이 사회적 지위와 자존감을 회복하는 게 가능하다면 말이다. 그런데 만약 늙은 노인을 희생시켜 훨씬 정정한 젊은 노인에게 몰아주는 꼴만 된다면 래슬릿은 괜한 헛수고를 한 셈이다.

성경 마태복음 12장 25절을 보면 예수는 '스스로 분쟁하는 나라마다 황폐해질 것'이라 말했다. 또, 에이브러햄 링컨Abraham Lincoln은 1858년 6월 16일에 열린 전당대회 연설에서 '스스로 분쟁하는 집은 바로 설 수 없다'고 토씨만 살짝 다른 구호를 외쳤다. 비슷하게, 노년기를 굳이 제3연령기와 제4연령기로 딱 잘라 나눈다면 맥이 끊길 것이다. 인생 후반부 반백년이라는 기존 개념보다 득 될 게 전혀 없는 데다가 괜히 제3연령기의 공갈 마케팅에 혹했다가 제4연령기에 낭떠러지로 추락하면서 더 큰 충격만 받을 뿐이다. 편견에 기초한 차별은 사회 붕괴를 재촉한다. 우리 사회는 그게 얼마나 큰 위험을 자초하는 일인지를 아는지 모르는지 사람들의 목숨에 순번을 매긴다. 그럼에도 반드시 우선순위를 따져야겠다면 양심에 손을 얹고 최소한 이것 하나는 꼭 고민해 봐야 한다. 그런 분류 후에도 모든 인간이 차별 없이 동등하게 대우받을 것인가, 아니면 누군가는 피해를 보게 되는가? 혹자는 완벽한 평등은 있을 수 없다고 둘러댈지 모른다. 하지만 그게 곧 특정 개인 혹은 특정 집단을 무자비하게 깎아내려도 된다는 뜻은 아니다.

흔히 고령 하면 안 좋은 점들부터 떠오르곤 한다. 나날이 징그러워지는 겉모습, 하나 둘 망가져 성한 곳이 없는 몸뚱이, 소득 감소와 사회적 열등감, 뜻을 표현하고 활동에 참여해 인격체임을 인정받을 기회조차 박탈당했다는 소외감 등등. 이처럼 궁지에 몰린 사람은 자신을 그대로 인정하지도, 사실과 다른 모습으로 우기지도 못하는 어정쩡한 상황이 된다. 간혹 용감한 몇몇은 희망사항을 소리 내어 말하기도 하지만 그러지 못하는 노인이 더 많다. 게다가 말하더라도 반영되는 경우는 극히 드물다. 최악의 경우, 노인들이 할 수 있는 일은 고래고래 소리를 지르거나 울음을 터뜨리고, 잠으로 시름을 잊으려 하고, 주변의 물건을 발로 차거나 물어뜯어 화를 가라앉히는 게 고작이다. 그런데 그런 그들에게 돌아오는 것은 괴팍한 노인네라는 비난뿐이다. 그런 일이 반복되면 노인은 벌을 받거나, 버려지거나, 시설로 보내진다. 일단 시설에 들어가면 투명인간 취급을 받거나 팔다리가 묶이거나 약에 취해 늘 비몽사몽인 상태가 되기 십상이다. 그 지경까지 갈 경우를 대비해 저 나름 준비를 철저히 해 뒀더라도 그 뜻이 존중될지는 확신할 수 없다. 고령 노인의 거취는 늘 타인의 손에서 결정된다. 그런 그들에게 탈출구는 오직 죽음뿐이다.

나는 이 지경에 처한 제4연령기의 사람들을 아까부터 계속 그들이라 지칭하고 있다. 여기에는 의도적인 면도 좀 있다. 나는 (아직) 이 정도는 아니지만 언젠가 나 역시 그렇게 될 게 유력하다는 걸 표현하고 싶었기 때문이다. 우리들 대부분은 훗날 그들이 될 것이다. 정확히 며칠 후가 될지 아니면 몇 주, 몇 달, 몇 년이 될지는 아무도 모른다. 제4연령기의 정의가 바뀌고 이 시기의 난제들을 해결할 참신하고 혁신적인 방법을 찾아낸다면 모를까. 그 자체로 보편적이고 구조적이며 체계적인 것으로 말이다. 누군가는 노화의 생물학을 조작하면 될 거라고 생각한다. 그리고 그것이 가능하다고도 믿는다. 그런데 그쪽만 기대하는 대신 제4연령기를 잘 보내는 정공법에 비슷한 수준의 관심과 지원을 쏟으면 안 되는 걸까? 설혹 제4연령기가 정말로 길리어드와 힉스의 주장처럼 블랙홀과 같아서 내내 암흑 속에 도사리고 있다가 다른 요소들이 표면화되어야 뒤늦게 모습을 드러내는 것일지라도 여전히 희망은 있다. 온 사회가 힘을 합해 노력한다면 관련 요소들 사이의 인력을 강화해 블랙홀의 반향이 보다 정확하게 감지되도록 만들 수 있을지 모른다.

엄마는 치매로 오락가락하거나 제 몸뚱이 하나 못 가눌 지경이 될 때까지 오래 살고 싶지는 않다고 말씀하신다. 그러면서 만약 치매가 그렇게 심해지면 다른 건강 문제가 생겨도 치료하지 말고 놔두라고 벌써부터 신신당부다. 이 얘기를 할 때 엄마는 "설사 그게 날 죽이더라도"라고 말하지 않는다. 오히려 그게 시간을 단축해 주길 바라기에 치료를 받지 않을 작정이란다. 엄마가 걱정하는 것은 치매로 정신이 온전치 않은데 몸은 멀쩡해서 껍데기만 남는 것이다. 생김새만 똑같을 뿐 더 이상 내가 아닌 것이다. 그때의 엄마가 그 사실을 자각하는지 못 하는지는 중요하지 않다. 그런 미래는 당사자에게도 끔찍하지만 가족에게도 못할 짓이다. 그런 연유로 차라리 고마워할 줄 아는 다른 이에게 그 돈을 쓰는 게 낫다는 게 엄마의 생각이다.

나는 종종 치매 환자들을 생각한다. 중증 치매 환자는 본인은 행복할지 몰라도 객관적으로는 의미 없이 하루하루 연명하는 것에 더 가깝다. 대부분의 사람들은 사랑하는 이의 치매 진단을 재앙으로 받아들인다. 치매 환자를 부양하는 것은 심신이 모두 고통스러운 일이다. 그런데 모든 가족이 그런 식으로 받아들이는 것은 아니다. 또, 어떤 종교는 모든 생명은 어떤 상황에서든 존엄하다고 가르친다. 노년층이 중요한 사회집단이라는 인식이 빠르게 확산됨에도 그들을 위한 사회복지 제도를 만드는 것은 이런 입장 차 탓에 쉽지 않다.

아빠 역시 생전에 치매에 걸리면 살고 싶지 않을 것 같다고 말하곤 했다. 그러다 진짜 치매가 덜컥 발병했는데 대체로는 생각보다 즐겁게 지내셨다. 병원 침상에 누워서도 아빠는 평소의 둥글둥글한 성품에 어울리게 말씀하셨다.

"꽤 괜찮은 인생이었어."

힘든 일도, 안 좋은 기억도 있었지만 다 잊었고 이제는 신경 안 쓴다는 거였다. 모르긴 몰라도, 아마 아빠를 힘들게 했던 각종 시술과 수술도 포함해서 한 말이었으리라. 아니, 분명 그럴 거다. 하지만 훨씬 전에 아빠가 살고 싶지 않을 정도의 치매를 얘기할 때 상상했을—아직 정정하던 아빠의 생각으론 사는 재미가 하나도 없을 거라고 믿어 의심치 않았던—지경까지 병세가 진행되자 아빠는 이제 더 이상 말뿐인 자기위안조차 하지 못하게 되었다. 삶의 의미라든가 사람이 자존감을 포기하는 최후의 순간 같은 주제를 다루는 추상적 사고력이 완전히 소멸한 것이다. 엄마가 자꾸 모진 말을 하는 것은 이처럼 급격한 상태 악화가 당사자뿐만 아니라 우리 가족 전체를 바싹바싹 말렸던 아빠의 말년을 기억하기 때문일 것이다. 간병은 그만큼 고된 일이다. 반면 가족이란 무엇인가를 되새기게 하는 중요한 계기이기도 하다. 비슷한 상황이 다시 생긴다면 나는 주저 없이 똑같은 일을 반복할 것이다. 엄마도 그런 미래를 피할 수 없고 그때가 되면 내가 나설 걸 잘 안다. 그렇기에 더더욱 그런 날이 오지 않기를 간절히 소망한다.

변화와 병 사이

2013년 봄, 나는 의사 한 명과 의료인문학자 한 명이 주관한 어느 콘퍼런스에 발표자로 초청을 받았다. 급진적 기술부터 이야기 치료까지 모든 것이 미래의 의학을 어떻게 변모시킬 것인가라는 주제를 조망하는 하루짜리 짧고 굵은 행사였다. 이날의 대미를 장식하는 만찬 연회에서 머리가 희끗희끗한 키 크고 마른 남자가 내게 다가와 자기소개를 하며 악수를 청했다. 그의 입에서 나온 이름이 왠지 귀에 익었지만 나는 아직 풀리지 않은 여독에 방금 마신 와인의 알코올 기운이 겹쳐 제대로 생각할 수 없었다.

당연히 대화는 어색하게 흘러갔다. 그는 자신이 노화를 연구하는 문화사학자이고, 무슨무슨 유명 의료인류학 프로젝트를 이끌고 있으며, 내 사무실 책장에도 최소 한 권 이상 꽂혀 있는 선집의 편집위원임을 내게 재차 상기시켜야 했다. 안타깝게도 나는 그의 연구를 잘 몰랐고 저서나 논문을 제대로 읽은 적은 더더욱 없었다. 기껏해야 기사나 서평 정도만 접했을 뿐이었다. 근무하면서 가뭄에 콩 나듯 생기는 소중한 여유 시간에, 대학교 강의 같은 인문과학 서적에는 도통 손이 가지 않았다. 문장이 아무리 아름다울지라도 말이다.

그와의 대화는 곧 어색함을 넘어 굴욕적으로 느껴지기 시작했다. 나는 그의 이름을 알았지만 그의 연구에 대해서는 아는 게 전혀 없었다. 그 사실을 눈치채지 못했을 리 없는 그는 처음에는 놀랐고 그다음에는 실망했을 게 틀림없었다. 결국 우리는 영양가 없는 잡담으로 몇 분을 더 때운 뒤 슬며시 더 큰 무리에 섞여 들었다.

그로부터 몇 주가 지났을까. 책 두 권이 내 사무실로 배달되었다. 내가 이 책을 진작 독파했었어야 하는 이유는 많았다. 나라는 인간의 그릇이 내가 착각했던 만큼 컸다면 마땅히 그랬어야 했다. 나는 바로 감사하다는 내용의 정중한 이메일을 써서 저자에게 전송했다. 지금도 책장 한편을 차지하고 있는 그 책들을 보면 얼굴이 화끈거린다.

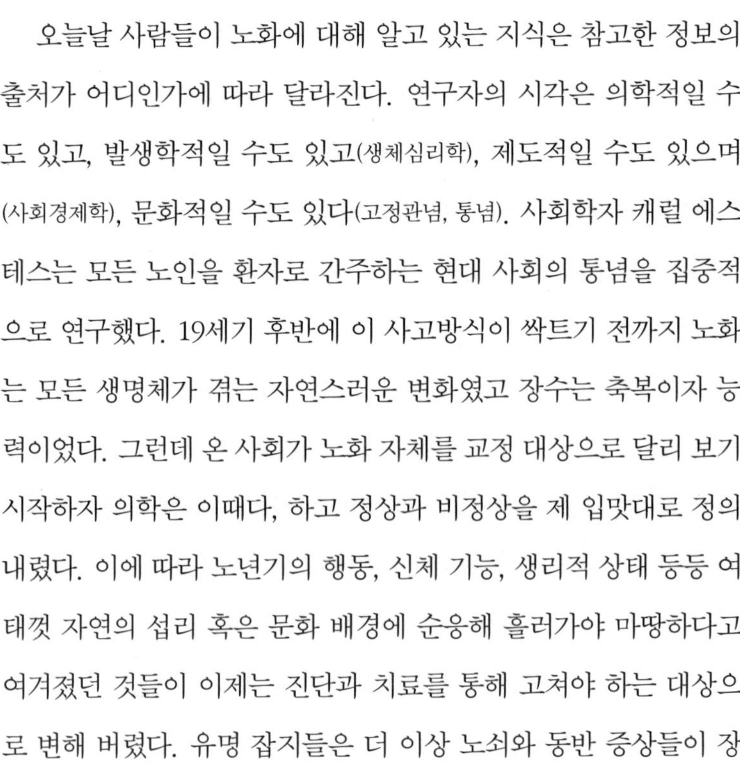

오늘날 사람들이 노화에 대해 알고 있는 지식은 참고한 정보의 출처가 어디인가에 따라 달라진다. 연구자의 시각은 의학적일 수도 있고, 발생학적일 수도 있고(생체심리학), 제도적일 수도 있으며(사회경제학), 문화적일 수도 있다(고정관념, 통념). 사회학자 캐럴 에스테스는 모든 노인을 환자로 간주하는 현대 사회의 통념을 집중적으로 연구했다. 19세기 후반에 이 사고방식이 싹트기 전까지 노화는 모든 생명체가 겪는 자연스러운 변화였고 장수는 축복이자 능력이었다. 그런데 온 사회가 노화 자체를 교정 대상으로 달리 보기 시작하자 의학은 이때다, 하고 정상과 비정상을 제 입맛대로 정의내렸다. 이에 따라 노년기의 행동, 신체 기능, 생리적 상태 등등 여태껏 자연의 섭리 혹은 문화 배경에 순응해 흘러가야 마땅하다고 여겨졌던 것들이 이제는 진단과 치료를 통해 고쳐야 하는 대상으로 변해 버렸다. 유명 잡지들은 더 이상 노쇠와 동반 증상들이 장수의 불가피한 결과임을 두둔하는 기사를 싣지 않았다. 어느덧 고령은 모든 영역에서 중대한 사회 문제로 인식되고 있었다. 이제 언론의 화두는 사람이 늙으면서 생기는 신체적 문제와 정신적 문제, 빈곤, 의존성과 같은 고령의 병리였다.

이런 사회인식의 가장 큰 문제점은 이른바 이 질병 퇴치에 앞장서겠다는 모험가들을 응원하고 같은 편인 현대 의학에 권위를 부여함으로써 노화라는 섭리에 인간이 개입하는 것을 정당화한다는 것이다. 게다가, 완전히 강제적인 건 아니어도, 사회가 미리 정해 놓은 모범답안을 고르도록 시민들을 은근히 압박한다. 그리하여, 의학적인 선택을 위해 실용적인 방책을 포기해야 하는 상황이 드물지 않게 연출된다.

고령 자체가 치료받을 병이라고 주장하는 측이 내세우는 정상의 정의는 힘 있고 젊은—혹은 자신이 아직 젊다고 믿는—자들이 저희 생각에 그럴 거라고 지레짐작한 것에 지나지 않는다. 그래서 노인들을 싸잡아 매도하는 것에 반대하는 혹자는 노년기에 정상의 기준은 일반 성인들의 그것과 다르다고 주장한다. 예를 들어, 노년기에는 흔히들 피부가 얇아진다. 그래서 젊은 시절보다 긁히고 멍드는 등 이래저래 상하기가 더 쉽지만 그걸 비정상이라고 말하지는 않는다. 눈이 흐려지고 귀가 어두워지는 것도 마찬가지다. 그런데, 작은 글씨를 못 보고 큰 소리도 잘 못 듣는 게 그 연세에는 다 흔한 일이니 본인이 아무리 불편해해도 신경 쓰지 말고 무조건 모른 척해도 되는 걸까? 또, 미국의 80세 이상 남성 중 과반수의 당사자들에게 물어보라. 노년기의 전립선 비대가 이렇게 흔한데 이게 정상이냐, 비정상이냐고. 아마 대부분은 후자 쪽 답을 택할 것이다. 화장실에서 일을 시원하게 보고 싶어 하지 않는 사람은 없다. 찝찝함이 조금이라도 남는다면 그건 지금 정상이 아니라는 소리다. 그리고 정상이 아닌 것은 곧 문제라는 게 현대인의 사고방식인 것이다.

미국 노년층의 문화사를 심도 있게 해석한 인문서 《삶의 여정에서The Journey of Life》를 보면 역사학자 토머스 콜은 이런 현실을 정상과 병리의 양극화 패러다임이라 부른다.

내가 이렇게 아는 척을 하고 책 제목과 특정 구절까지 정확하게 인용하는 데에는 다 이유가 있다. 그가 선물한 이 걸작을 마침내 읽은 것이다. 내친김에 생각할 거리까지 던져 본다.

수천 년 동안 학자들은 정상적 노화와 병적 노화 사이의 모호한 경계를 두고 고민해 왔다. 고대 로마의 극작가 테렌스Terence가 기원전 161년경에 쓴 연극 〈포르미오〉에는 다음과 같은 대화 장면이 나온다.

데미포 어떻게 그렇게 오래 버티고 계신 겁니까?
크레메스 병 때문이지.
데미포 어떻게요? 무슨 병이기에?
크레메스 그것도 질문이라고 하는가? 늙음 자체가 병이지.

만약 크레메스의 마지막 대사가 옳다면, 현대 의학은 마땅히 가야 할 길을 가고 있는 셈이다.

하지만 만약 그냥 나이만 많은 것과 진짜 병이 든 것을 구별하는 게 쉽지 않다면, 고령이 문제일까 아니면 훨씬 더 근본적인 다른 원인이 있는 걸까? 그러니까, 현재 우리가 사용하는 분류 기준이라든지 인간들을 특정 방식으로 분류해야 한다는 우리의 강박관념이 잘못된 건 아닐까? 만약 그렇다면 정상과 비정상의 이분법은 애초에 유효한 것이었을까?

나이 들수록 아픈 데가 많아지는 건 사실이다. 하지만 그것은 모든 생명의 자연스러운 진행 과정이기도 하다. 의학적 측면에만 얽매이면 생명의 전 과정을 진정으로 이해할 수 없다. 삶을 충실하게 살아 내는 데에는 가치관과 경험도 중요하다.

커뮤니케이션의 기술

늦은 오후에 내가 도착했을 때 응급실의 분주함은 절정에 달해 있었다. 조지는 오전에 실려 왔으니 목록 앞쪽에 있을 터였다. 나는 컴퓨터 모니터에서 그의 이름을 발견했다. 이름 옆에는 대문짝만 하게 '입원'이라고 적혀 있었다.

조지가 옮겨진 병실은 자그마했다. 그의 아내 베시는 의사들이 들어갈 수 있도록 복도에 나와 있었다. 베시와 내가 인사를 나누는 동안 의료진은 침상을 병풍처럼 둘러싸고 서서 의례적인 문답을 시작했다. 조지는 낙상 사고로 병원에 실려 오게 된 과정을 설명해 나갔고 그런 그를 우리는 문지방 너머에서 잠자코 지켜봤다.

"저이는 저렇게 주목받는 걸 좋아한다니까요."

베시가 속삭였다.

흰색 상의가 의사 가운보다 짧은 것으로 보아 의대생인 듯한 청년이 조지에게 질문을 던졌다.

"그럼 바로 그때 어지럽다는 느낌을 받으신 건가요?"

"맞아요."

조지가 대꾸했다.

"공방을 둘러보러 종종 다니곤 했죠. 목공은 내 전공이 아니지만 늘 좋아했어요. 젊었을 적에는 솜씨가 그리 나쁘지도 않았고."

그는 고개를 돌려 베시를 쳐다봤고 아내가 고개를 끄덕이자 미소를 지었다.

"직접 만들어 본 적은 한 번도 없었지. 왜 그런 거 있잖습니까. 교회 제단이랑 신도들이 앉는 긴 의자 같은 것들 말입니다. 하지만 과정을 보는 것만으로도 충분히 신명나더이다."

"죄송한데요."

이때 키는 작았지만 우두머리인 게 분명한 듯 보이는 여자가 끼어들었다.

"기절하기 직전부터 얘기만 다시 해 주시겠어요?"

베시는 내게 시선을 던졌다. 확실히 묻고 싶은 게 있는 표정이었지만 나는 일단은 더 지켜보기로 결정했다. 사고 직후 소식을 전하려고 내게 전화한 병원 직원으로부터 상황 설명을 듣긴 했는데, 지금 보니 조지의 상태는 걱정했던 것보다 괜찮아 보였다. 다행히 다음 일정 장소가 바로 옆 건물이라 여기에 조금 더 있다 가기로 했다. 먼발치에서 대충 파악한 바로, 그는 크게 다친 데 하나 없이 젊은이들의 관심을 십분 즐기는 여유까지 보여 주고 있었다.

"예, 예, 그럼요."

그가 쾌활하게 말했다.

"그러니까 작품을 자세히 보려고 상체를 앞으로 숙였는데 그대로 바닥에 고꾸라진 겁니다."

그는 그리고 바로 다음 순간 사방이 암흑으로 돌변했다고 묘사했다. 이 얘기를 할 동안 그는 당시의 충격을 강조하기 위해 의료진 한 사람 한 사람과 눈을 맞추면서 두 팔을 휘젓기까지 했다.

"있죠, 여기 와서 처음 만난 의사에게 했던 얘기의 내용은 저것과 완전히 달랐어요."

베시가 내게 말했다. 처음 만난 의사란 응급실 당직을 말하는 것이었으리라.

"저 사람들도 지금 저이가 얘기를 지어내고 있는 걸 눈치챘겠죠?"

나는 고개를 가로저었다. 인턴과 의대생의 손은 메모하느라 쉴 틈 없이 움직였고 레지던트는 진심으로 귀 기울여 듣는 게 내 눈에는 보였던 것이다. 담당 환자가 응급실로 실려 갔다는 소식에 내가 종종 부리나케 따라가는 게 바로 이런 이유에서였다. 조지는 치매 환자여서 쓰러진 전후 사정을 기억하지 못했다. 그런데 상당히 논리적인 가짜 사연을 지어내 모두를 속일 능력은 될 정도로 아직 심하지 않다는 게 또 문제였다.

"가슴이 조이거나 아프지는 않으셨어요?"

레지던트가 물었다.

"아뇨. 그런 건 전혀 없었어요."

"심장이 너무 빨리 뛴다거나 뛰는 간격이 일정하지 않다는 느낌은요?"

조지가 미간을 살짝 찌푸리며 기억을 더듬는 시늉을 했다. "그랬었던가……"라는 한 마디를 던진 후 팔짱까지 끼고 시선을 아래로 떨궜다. 그 자세로 잠시 생각하던 그가 다시 입을 열었다.

"아, 확실히 그랬던 것 같군. 이걸 까먹고 있었다니! 그때 기분이 참 요상했었는데 말입니다."

조지의 얼굴에 다시 미소가 떠올랐다. 다음 질문을 받을 준비가 됐다는 표시였다.

진짜 어떤 일이 있었는지 기억하지 못하는 치매 환자는 진짜 같은 가짜 현실을 만들어 내곤 한다. 그 증거는 질문에 대답하기 전에 한참 생각하고 디테일에 집착하는 것이다. 이번에도 바로 이 행동을 단서로 나는 조지가 이야기 하나를 창작했다고 거의 100퍼센트 확신했다.

방 안의 의사들 중 출입구에 가장 가까이 있던 건 인턴이었다.

나는 어깨를 슬쩍 건드려 그를 조용히 복도로 불러냈다.

"아하."

내가 환자의 상태를 간략하게 일러 주자 그가 보인 반응이었다. 바로 베시가 남편은 기절한 게 아니라 그냥 넘어진 거라고 덧붙이며 설명을 이어 갔다. 부부는 산책을 나갔다가 평소처럼 교회에 들렀다고 한다. 화장실이 급했던 아내는 남편을 잠시 혼자 두어야 했다. 그래서 로비 벤치에 앉혀 뒀는데 돌아와 보니 보조제단 근처 바닥에 쓰러져 있더라는 것이다. 머리에서는 피가 흐르는 채로. 마침 현장을 목격한 한 동네 주민의 말로는 그가 신도용 의자 사이에 난 좁은 통로에서 앞쪽으로 가다가 발이 턱에 걸리면서 넘어졌다고 했다. 조지의 지팡이는 여전히 로비 벤치에 대롱대롱 매달려 있었다. 그가 지팡이를 다른 곳에 흘리고 다니는 것은 자주 있는 일이었다.

천만다행으로 의료진은 조지의 영웅담이 아니라 베시의 정확한 진술을 더 믿었다. 그러고는 이 정보를 토대로 빠른 판단을 내려 환자의 치료 계획을 짰다. 덕분에 조지는 쓸데없이 오래 입원해, 존재하지도 않는 건강 이상에 대한 이런저런 검사와 치료를 받지 않아도 되었다.

만약 정말로 심장의 어떤 문제가 노인을 기절시켰는지 알아내야 하는 상황이었다면 그는 갖가지 검사에 시달려야 했을 것이다. 게다가 검사에서 이상 소견이 하나라도 발견되었다면 병원에서는 당장 치료하자며 환자를 더 붙잡아 두었을 게 분명하다. 연세를 고려할 때 심장 기능이 예전만 못한 건 당연하니 별다른 증상이 없다면 그저 지켜보는 것만으로 충분할 텐데 말이다. 치매 환자인 그가 병원에 그렇게 오래 머물렀다가는 괜히 섬망 증세만 심해질 게 뻔했다. 안 그래도 전적이 있는 그였으니. 그뿐만 아니라, 사고의 진짜 이유를 모르고 넘어갔다가 후유증을 키우는 꼴이 되었다면 그것만큼 위험한 일이 또 없었다. 하지만 우리는 진실을 알았고 그래서 환자를 바로 그날 저녁에 귀가시킬 수 있었다. 노부부가 원하는 것도 바로 그것이었다.

그날 조지와 문답을 했던 의료진은 그가 치매 환자임을 놓칠 만도 했다. 그 자리에 있던 의사들 중 대다수가 수련 중이거나 아직 정식 수련을 시작하지도 않은 햇병아리였으니 말이다. 아니면 어느 누구도 '알츠하이머' 한 단어가 조그맣게 적힌 저 뒷장까지 환자 차트를 꼼꼼하게 읽을 틈이 없었거나. 실제로, 어느 과든 아무리 훈련이 잘된 의사라도 치매 자체를 놓치거나 치매 단계를 오판하는 일이 잦다는데, 실태 조사 자료에 의하면 어떻게 된 게 시간이 흘러도 개선될 기미는 전혀 보이지 않는다. 그런데 바로 그 의사들이 심장이나 신장처럼 목숨과 직결된 장기의 문제들을 잘못 진단하는 경우는 거의 없다. 통계적으로 환자 수는 대동소이한데 말이다. 이런 장기 질환들도 치매처럼 여러 가지 요인에 의해 발병할 수 있고 하나 이상의 중증도 척도로 평가된다. 그럼에도 노년기에 흔한 수많은 문제들 중 유독 치매만 등한시되는 이유는 뭘까.

누군가 신장이 안 좋다고 말할 때 그의 차트에는 당뇨병성 신장 경화증 혹은 3기 신장질환이 병명으로 적혀 있다. 또, 어떤 환자는 친구들에게 자신이 유방암에 걸렸다고 얘기하지만, 의사는 세포 유형, 수용체 돌연변이 유무, 등급, 병기까지 콕 집어 그녀의 상태를 구분한다. 그런데 치매는 그런 게 없다. 현대 의학의 정보 편식 습성을 잘 보여 주는 현상이다. 현재 치매 진단은 환자가 보이는 증상들을 종합적으로 고려해 내리는 게 일반적이다. 조직병리학 검사보다 덜 미덥다는 평이 많지만, 숙련된 의사가 맡으면 이런 방식의 치매 진단도 상당히 정확해질 수 있다. 유일한 걸림돌은 환자를 파악하는 데 오랜 시간이 걸리는 데 비해 의사에게 돌아가는 보상이 거의 없다는 것이다. 조직을 떼어 내는 생검 시술도 오랜 시간이 소요되는 건 마찬가지지만 클릭 몇 번이면 검사실에서 누가 대신 해 주는 데다가 책정된 수가도 높다. 그러니 경영진 입장에서는 생검 오더가 많이 나오는 쪽을 더 예뻐하는 게 당연하다. 환자가 출혈, 감염, 흉터의 위험을 감수해야 한다는 점은 안중에 없다. 의사가 진료 시간에 면담만 충실히 해도 환자의 신뢰를 얻고 중요한 정보는 웬만큼 다 알아낼 수 있다지만 그것도 번거롭다. 그런 까닭으로 정확히 무슨 형의 몇 기라는 분류도 없이 막연히 치매라는 선고만 덜렁 내리고 마는 바람에 환자 본인과 가족들은 앞날이 막막해진 채로 방치되는 일이 비일비재하다.

다른 만성질환이었다면 근거가 부족하다는, 혹은 적절하지 않다는 이유로 거부되었을 여러 가지 시도가 치매 같은 노인성 질환에는 종종 허용된다. 소아과에는 기구를 들이대기 전에 영유아를 달래는 요령이, 다문화 의료 센터에는 통역 서비스를 활용하는 절차가, 산부인과에는 자궁경부 검사 전에 환자의 긴장을 풀어 주는 방법이 아주 구체적으로 정해져 있다. 하지만 치매 환자와의 소통법은 가르치는 사람도 배운 의사도 찾아보기 힘들다. 그 결과로 의료 차트와 보호자만 애꿎게 심문을 당하기 일쑤다. 간혹, 치매 환자를 아기 취급하면서 당사자가 눈앞에 있는데도 진지한 얘기는 동행한 보호자와만 나누는 의사도 있다. 그러나 말기가 아닌 한, 치매 환자도 자신이 무시와 모욕을 당한다는 걸 안다.

대화의 기술이 부족한 의료인이 워낙 많은 탓에 세상 사람들은 의료계에는 그런 기술이 원래 없는 줄 알고 있다. "불행한 가족은 모두 저마다의 무게로 불행하다"는 톨스토이Tolstoy의 말처럼, 오늘날 모든 치매 환우 가정은 미래에 대한 불안과 사랑하는 사람과의 소통 단절이라는 기약 없는 전쟁을 홀로 치르는 중이다. 고맙게도 민간단체들은 제도와 의료 기관이 손 놓은 정보 공백을 웹사이트와 현장교육 프로그램을 통해 메우고자 노력한다. 그럼에도 불구하고 대다수 시민들은 이미 대형 병원의 문화에 길들여진 지 오래다. 그런 까닭에 효과 있는 치료란 응당 의사가 직접 시술하거나 최소한 처방이라도 의사 손에서 나와야 되는 거 아니냐는 반응이다.

조지의 사례에서 의료진이 적어도 대화를 시작하긴 했다는 점은 칭찬받을 만하다. 일찌감치 인지능력 검사부터 실시해서 환자에게 믿을 만한 정보 제공 능력이 있는지 없는지부터 확인했다면 더 좋았겠지만 말이다. 사실 그들도 저 나름 훈련받은 내용을 성실하게 실천했을 뿐이긴 하다. 시간 절약을 위해 미리 마련된 표준 입원 절차에 따라 각본에 적힌 문답부터 한 것이다. 다만 그러는 바람에 인지능력 평가는 나중으로 미뤄졌다. 입원 프로토콜에 따르면 필수가 아닌 선택 항목이기 때문이었다. 만능 절차가 만능이 되는 것은 그 배경 조건에 부합하는 사람에게 절차를 적용할 때뿐이다.

자유

100세를 넘긴 세이디 딜레이니Sadie Delany(미국의 교사이자 인권운동가. 1999년에 109세를 일기로 사망했다_옮긴이)는 어느 인터뷰에서 말했다.

"이 나이가 되면, 당장 내일 아침에 눈을 못 뜨더라도 전혀 이상할 게 없어요. 그래도 나는 죽는 게 무섭지 않다우. 베시 언니도 마찬가지고. 우린 이미 초월했거든."

자매가 돌아본 100년의 인생은 이랬다.

"우리는 사랑하는 사람이 땅에 묻히는 걸 지겹도록 봤어. 너무 오래 살면 그런 게 힘들지. 이제는 지인 대부분이 한 줌 흙으로 변해 버린 지 오래야."

로저 에인절 역시 비슷한 어조로 말한다. 나이가 세 자리 숫자로 바뀌고 더욱 확실히 알겠는데, 늙으니 아무리 충격적인 사건 소식에도 별 감흥을 못 느낀다는 게 씁쓸하다.

그런데 세상사가 다 그렇듯 늙는 것 역시 마냥 단점만 있는 것은 아니다. 에인절 같은 사람이 이런 말도 남긴 걸 보면 말이다. 70대 중반 이후의 인생이 이렇게 즐거울 줄은 꿈에도 몰랐다는 사람이 많다. 나도 그중 하나이고 말이다. 이 고백은 의사이자 작가였던 올리버 색스Oliver Sacks가 자신의 80세 생일에 『뉴욕 타임스』에 기고한 짧은 수필 한 편을 떠올리게 한다. 제목은 《늙음이 선사한 참된 기쁨The Joy of Old Age》이다. 제목만으로도 주제가 뭔지 딱 감이 오는 이 글에는 다음과 같은 구절이 있다.

「아버지는 아흔넷에 돌아가셨는데, 생전에 80대가 당신 인생에서 가장 즐거운 10년이었다고 입버릇처럼 말하곤 했다. 딱 요즘 내 심경처럼 당시의 아버지는 정신세계와 통찰력이 쪼그라들지 않고 정반대로 넓고 깊어진다는 걸 알아챘던 것 같다. 인생을 오래 살았고 타인의 삶에도 두루 감응한 사람만이 이를 수 있는 경지다.」

이 문인들이 한 목소리로 어필하는 이야기의 정수를, 나는 환자들의 입을 통해 매일 조금씩 다른 버전으로 들어 왔다. 환자가 대학은 나왔는지, 글을 읽고 쓸 줄 아는지, 부유한지 가난한지, 이민자인지 아니면 미국 국적자인지는 중요하지 않다. 잠깐만 방황하다 지나갈 고민을 평생의 역경으로 부풀리고 만사를 다 늙은 내 탓이라 자학하게 만드는 것은 나이가 많다는 사실 자체가 아니다. 노인을 모욕하고 소외시키는 이 시대의 문화와 노인에게서 자율성과 인간성을 체계적으로 박탈하는 사회가 진짜 범인이다.

못 믿겠다면 평소에 젊은이들이 노인을 '깨알 공격'할 때 사용하는 표현들을 떠올려 보라. 아직 멀쩡히 잘 다니시네요! 어르신은 늙지 않았어요! 아니 진짜로 잘 지내고 계신 거예요? 혹은 저 할머니 좀 귀엽지 않니? 오늘 할아버지께 뭘 해 드리면 좋을까? 거기 젊은 언니, 안녕? 이런 거 묻는 게 실례라는 거 알지만, 연세가 어떻게 되세요? 같은 것들 말이다. 고민해 볼 건 또 있다. 바로, 깨알 공격에 사용되는 비언어 표현들이다. 무시하기, 넘겨짚기, 잘난 체하기, 부탁하지도 않았는데 도움을 자처하기, 길에서 밀치고 지나가기, 난간 없는 계단, 팔걸이 없는 의자. 노년기 체형을 고려한 상품은 만들지 않는 기성복 브랜드, 다섯 손가락 각각 혹은 좌우 눈이나 귀를 따로따로 쓰도록 만들어진 첨단기술 제품, 노인이 지나갈 때 킬킬거리거나 흘깃대거나 수군거리거나 아예 대놓고 죽 훑어보는 사람들. 아기를 어르는 듯한 혀 짧은 말투. 나는 어땠는지 한번쯤 생각해 보길 권한다.

늙는 게 싫다는 사람은 노인이 되는 것도 원치 않을 게 분명하다. 요즘 노인들과 비슷한 노후를 보내게 되는 건 더더욱 끔찍할 것이다. 사람들은 나중에 늙어서 몸도 마음도 약해지면 세상의 울타리 밖으로 내쳐져 친구 하나 없는 외톨이로 전락할까 두려워 몸서리를 친다. 그러다 세월이 흘러 우려가 현실이 되면 이럴 줄 알았다며 애통해한다. 뭘 해 보려 해도 잘 안 되고 듣기 거북한 꼬리표만 자꾸 늘어 가는 건 누구도 달가워할 상황이 아니다. 할 줄 아는 게 하나도 없는 구제불능의 노인네가 되어 시설에 갇히는 것 역시 아무도 원하지 않는다.

하지만 대부분의 인간은 언젠가는 그런 상황 최소 한 가지 이상에 맞닥뜨린다. 그런데 노년기의 그런 상황들에만 집착하는 것은 아이를 낳아 봤자 젖먹이 때는 밤낮없이 울어 젖혀 매일 잠도 못 자게 하고 10대가 되면 저 혼자 큰 것처럼 굴 게 뻔하니 부모가 되기 싫다며 떼쓰는 것과 같다. 노후를 걱정하는 게 다 괜한 짓이라는 소리가 아니다. 다만 단점보다는 장점이 생각 이상으로 많다는 얘기를 하려는 것이다.

철학적 만화나 인생을 통찰한 유명 인사들의 어록을 모아 보면 두 가지 선입견을 갖기 쉽다. 하나는 태어나서 청장년기까지가 일생의 딱 절반이라는 선입견이다. 그리고 나머지 하나는 초반에는 사는 게 더없이 신나고 즐겁다가 중년기가 무르익을 때쯤 혼란과 실망만 가득한 급경사 내리막길이 시작된다는 것이다. 중년의 위기에 관해서는 현대인의 현상 파악이 꽤 정확한 편이다. 그런데 노년기에 대해 떠도는 온갖 설들은 중심을 보기 좋게 빗나간다.

미국에서 수행된 한 대규모 연구에 의하면, 남녀 모두 일생을 통틀어 가장 불안하고 불행하다고 느끼면서 삶에 대한 만족도가 가장 낮은 시기는 바로 중년기라고 한다. 그러다 예순을 전환점으로 그래프는 다시 상승 곡선을 그리기 시작한다. 소위 젊은 노인층의 이미지 개선 노력이 반짝 효과를 발휘했기 때문이 아니다. 여론

조사기관 갤럽Gallup이 조사한 바로는 전 세계 국가들을 비교했을 때 부자 나라의 경우 삶에 대한 만족도 그래프가 알파벳 대문자 U 모양을 그리는 것으로 확인됐다. 기타 국가들의 경우는 그래프 모양이 조금 달랐다. 미국과 서유럽만 살펴보면 예순 전후 인구 대부분이 20대 연령층과 비슷한 수준으로 자신의 삶에 만족한다고 응답했는데, 놀랍게도 이 비율은 예순부터 꾸준한 오름세를 보였다.

이처럼 노년기에 삶의 만족도가 다시 높아지는 현상은 막상 노년기에 들어서면 부정적 인식은 줄고 긍정적 인식은 늘어나는 복합적 결과로 여겨진다. 최근 완결된 또 다른 연구에 의하면 불안감 그래프는 10대부터 계속 증가하다가 35~59세 사이에서 정점을 찍는 모양새를 그린다. 그러다 60대 초반에 뚝 떨어진 뒤 65세에 다시 한번 껑충 내려가고 그런 다음에는 평생 최저치 수준이 유지된다. 행복과 만족감의 경우는 정반대 양상을 보였는데, 60~64세 집단의 점수가 20~59세 집단에 비해서는 더 높았고 65세 이상 집단과 비교하면 별반 다르지 않았다. 특이한 점은 90세 이상이 중년보다 훨씬 높은 점수를 기록했다는 것이다. 시인 메리 루플Mary Ruefle은 말했다.

"늙는다는 것은 절대로 두려워할 일이 아니다. 늙음이 선사하는 절대자유가 얼마나 놀랍고 감동적인지 아는가. 다른 사람들이 어떻게 생각하건 개의치 말라. 투명인간이 되는 순간 — 이때는 남성보다는 여성에게 더 빨리 찾아온다 — 눈앞에는 무한한 자유의 세상이 펼쳐진다. 내게 이래라저래라 할 만한 인물들은 다 사라진지 오래다. 부모님도 이미 돌아가셨다. 부모의 죽음은 가슴 아픈 일이지만 해방의 결정적 계기이기도 하다."

그렇게, 60대 후반 내지 70대 초반쯤부터는 모든 면에서 젊은 세대들을 능가한다. 스트레스를 받거나 우울, 불안, 분노할 일은 거의 없고 즐거움, 행복, 만족감은 배가된다. 이 연구들에 다수의 유사 연구를 더해 종합적으로 내려진 결론은 다음과 같았다. 평균적으로 개개인의 삶의 만족도가 가장 높은 연령 집단은 65~79세였고 그다음이 80세 이상 그리고 18~20세 순이었다.

이런 패턴은 흥미롭게도 전 세계 모든 집단에서 공통적으로 목격되는데, 또 신기하게 대중의 통념을 보기 좋게 빗나가는 구석이 있다. 바로, 오늘날 가장 불행하다는 사람들이 아이러니하게도 이 사회를 이끄는 지배계층인 중간 연령대 집단이라는 것이다. 온 사회에 노년기에 관한 비틀린 인식을 심은 장본인이 바로 이들이라는 점을 고려할 때 이 조사 결과가 단순한 우연은 아닐 것이다.

늙어 가는 과정은 다 제각각이지만 사람이라면 누구나 늙는 것만은 분명하다. 늙었다는 것 자체는 괴로운 일이 아니다. 오히려 그 반대인 경우가 많으니까. 사회가 반기지 않는 인물이라는 낙인과도 같은 삶의 목적 상실, 빈곤, 괄시, 소외 등등 역시 노화의 필연적인 결과가 절대로 아니다. 인간은 더 나은 노년기를 고민하고 준비할 수 있으며 그 열쇠는 데이터와 가치관 사이에 감춰져 있다. 이것은 그렇게 새로울 것도 없는 사실이다. 플라톤이 쓴 국가론의 시작 부분에서 세팔루스는 소크라테스에게 말한다.

내 동년배 몇몇은 늙은 탓에 이래 괴롭고 저래 괴롭다며 늘 울상이지. 하지만 내 생각에 그건 …… 엉뚱한 데 가서 화풀이 하는 거네. 만약 나이가 많다는 사실만으로 비난받아 마땅하다면 나도 지금 그들만큼 힘들어야 하고 다른 노인들도 다 그래야 할 거야. 그런데 지금까지 겪어 본 바로는 완전히 다른 생각을 가진 친구들이 오히려 더 많았다네.

수많은 현대 노년층의 기운을 북돋는 선현의 말씀이다. 이 안의 나는 그대로인데 껍데기만 늙어 간다는 느낌은 요즘이나 고대 그리스나 똑같았나 보다. 변화는 스스로 이뤄 내는 것이다. 여러 가지 시나리오 중에서 축복받는 노년기를 목표로 정해 신념을 가지고 행동한다면 그것이 현실이 되게 할 수 있다.

나는 왜 이럴까

사람 몸뚱이를 절단하고, 해체했다가 다시 이어 붙이고……. 나는 이런 걸 해낼 만한 강심장이 아니다. 또, 위기상황에서 팀을 지휘하면서 신속한 판단력으로 베테랑 팀원들에게 이런 저런 지시를 내리고……. 그런 걸 할 수 있으려면 사람이 오만하다 싶게 자신감 넘치고 사리판단과 행동이 재야 한다. 더불어 주관적으로도 객관적으로도 자신이 상황을 충분히 이해했다고 확신할 줄도 알아야 한다. 일촉즉발의 순간에는 딱 필요한 정보만 알면 충분하다. 그게 어느 선까지인지 판단하는 게 어려워서 그렇지. 안타깝게도 죄다 내게는 없는 재능이다. 아니 더 정확하게는 있긴 있는데 전문적인 위기관리자가 되기에는 한참 모자란다.

아주 어릴 적 일이다. 유치원에서 친구들과 놀고 있었는데 바로 붙어 있는 초등학교 쪽으로 공이 굴러가 버렸다. 하필 학교 운동장에 언니오빠들이 잔뜩 나와 있을 때였다. 또래 중에 가장 작았던 나는 늘 구석에 숨어서 용감한 누군가가 공을 가져오기만을 기다리곤 했다. 그런데 이번에는 그럴 수가 없었다. 이미 모두가 나만 쳐다보고 있었던 것이다. 하는 수 없이 나는 호랑이 굴에 들어가는 심정으로 걷다 뛰다 하면서 운동장 쪽으로 향했다. 그러고서 공을 찾았는지 못 찾았는지는 생각 안 나는데, 여기저기서 날아드는 주먹이며 다리 따위에 맞지 않으려고 외투를 머리끝까지 푹 뒤집어쓴 채 돌아왔던 게 기억난다. 큰 아이들이 작정하고 날 때리려던 건 아니었다. 그저 작은 꼬마가 지나가고 있다는 사실을 눈치채지 못했을 뿐이다. 하지만 운동장 전체를 쓰는 팀 경기가 한창 벌어지던 중이었기에, 나는 언제 무슨 일이 벌어질지 몰라 조마조마했다. 다행히 언니들이 내 목숨을 구해 줬지만 말이다.

어린 시절, 내게 나무 타기는 신나면서도 겁나는 놀이였다. 내 문제는, 올라가긴 하는데 내려오질 못한다는 것이었다. 그럴 때마다 친구들은 내게 소리쳤다.

"뛰어내려!"

"배로 미끄러져 내려와 봐!"

저마다 회심의 노하우를 아낌없이 방출하는 아이들의 성의가 가상했지만 내게는 어느 하나 시도할 용기도 의지도 없었다. 둘 다 너무 빠르고 위험해 보였다. 구경하는 것만으로 오금이 저릴 정도였다. 듣기로는, 응급의학과 의사들 중에 취미로 스카이다이빙을 즐기는 사람이 그렇게 많다고 한다. 반면 나는 그런 쪽에 조금도 끌리지 않는다. 낙하산 하나만 메고 비행기에서 뛰어내리다니, 스릴은커녕 무섭기만 하다. 난 왜 이런 걸까?

고등학교 때는 이런 일도 있었다. 모의 수능을 치는 날이었다. 문제를 절반밖에 못 풀었는데 감독 선생님이 시간 다 됐다며 시험지를 그대로 걷어가 버렸다. 같은 성격의 상황이 한두 번이 아니었다. 때문에 술술 읽히기로 소문 난 책이 있을 경우, 오래전부터 나는 사람들이 몇 시간이라고 말하면 내 맘대로 며칠이라고 바꾸고 거기에 또 분량이나 난이도에 따라 최소 2~3을 곱해 시간을 넉넉하게 잡는다. 그렇다, 나는 읽는 게 느리다. 내가 이렇게 말하면 사람들은 호들갑스럽게 대꾸한다.

"저도 그래요. 그런데 이 책은 진짜 순식간이라니까요."

아니, 내겐 그럴 리 없다.

대학생이 되어서는 좀 달라지고 싶은 마음에 여자 럭비팀에 들어가려고도 했었다. 그 결과 아무리 스포츠라도 내 깜냥으로는 전력을 다해 사람을 들이받을 줄 아는 인물은 못 된다는 걸 깨달았을 뿐이다. 목전에서 누군가의 목숨이 위협받는 상황이 펼쳐지면 초인적인 힘이 나온다는데 나도 그랬으면 좋겠다는 생각은 한다. 하지만 그런 일을 겪어 본 적이 없으니 증명할 길은 없다. 그렇다고 살면서 단 한 번도 주먹을 휘둘러 본 적이 없는 건 아니다. 어린 내게 폭력 본능이 일 때 가장 큰 피해를 본 건 거의 매번 제일 가까이에 있는 여동생이었다. 그러다 어른이 되어서는 물리적 폭력이 특정인을 겨냥한 비난과 상상으로 변형되었다. 대상은 내 가족, 내 환자, 내 친구, 모든 사회적 약자에게 해를 가하거나 날 무시하는 것 같은 사람들이었다. 그러나 어릴 때 여동생과 자주 치고받으며 싸우긴 했어도 철이 들고 나서는 폭력을 제대로 행사해 본 적이 단 한 번도 없었다. 의사의 몇몇 의료 행위를 폭력으로 간주하지 않는 한 말이다.

세상에는 내가 두려워하는 것들이 몇 가지 있다. 아무리 작은 임무라도 제대로 되어 있지 않으면 나는 좀 심하다 싶을 정도로 예민해진다. 또, 어떨 때는 상황 파악이 빠르지만 또 어떨 때는 따지고 재는 게 많아 결정이 굼벵이보다 느리다. 그러니 만약 누군가 자살 소동을 벌이고 있는데 상황의 특수성을 고려하되 표준 절차를 다 지켜 가면서 환자를 구할 방법과 바로 이어서 시작할 응급처치의 내용까지 모두 지금 당장 결정해야 한다면, 나는 그 일을 맡을 적임자가 아니다. 그런 일을 해 보긴 했다. 이 바닥에 오래 있으면 안 그럴 수가 없다. 그러나 그런 일들도 의사로서의 내 재능과 열정을 빼앗지는 못했다. 물론, 나는 충분한 시간 여유를 갖고 일을 종합적으로 풀어 가는 것을 좋아한다. 확신의 호르몬 아드레날린이 솟구치면 자신감이 커져서 좋다는 사람도 있지만 내 경우는 지속적 흥분 상태가 판단력만 흐린다. 그러면 일이 제대로 처리된 건지, 더 나은 다른 해결책이 있었는데 내가 놓친 건 아닌지, 그 결과로 환자와 가족이 손해를 보지는 않았는지 알 수가 없다.

그런 한편, 나는 다른 사람들이 자신 없어 하는 부문에서는 오히려 무모할 정도로 용감하다. 한때는 또래 여자애들뿐만 아니라 보통 사람도 웬만해서는 잘 가지 않는 오지만 골라서 배낭여행을 열심히 다녔다. 그런 식으로 태국과 캄보디아 국경지대, 인도네시아, 세네갈, 말리, 과테말라, 니카라과 변두리 등등 별별 곳을 다 가봤다. 기차와 버스를 셀 수 없이 갈아타 가면서 중국을 횡단해 겨우겨우 파키스탄 국경에 도착했을 때 출입국사무소 직원으로부터 들은 말은 '오늘은 더 이상 기차가 없다'는 날벼락 같은 소식이었다. 그날 나는 오줌 지린내가 진동하는 복도에서 쪽잠을 자면서 날이 밝기를 기다리는 수밖에 없었다. 스코틀랜드를 일주한 여행에서는 히치하이크를 했다. 한번은 친구와 내가 술집부터 따라오는 술꾼 아저씨들을 피해 계속 도망치다가 오밤중에 밀밭에 숨어야 했던 적도 있다. 또, 벨리즈(멕시코와 과테말라와 국경을 맞대고 있는 중미 카리브 해 연안 국가_옮긴이)에서는 어떤 섬에 가려고 배를 탔는데, 가만히 있자니 지루하기에 선상에서 만난 한 청년과 가족 안부나 장래희망 같은 평범한 주제로 수다를 떨었다. 그런데 우리는 이 일로 청년으로부터 자신을 '사람대접 해 준 친구'로 인정을 받아 소매치기를 면할 수 있었다. 나중에 알았는데 그때 우리 배에 동승한 다른 승객들은 전부 그에게 지갑을 털렸다고 했다.

왕진을 다니는 것도 어떤 면에서 본질은 같다고 할 수 있다. 환자의 본거지로 직접 찾아가지만 나는 의사의 권위를 잃지는 않았다. 의사가 존경받기 위해 반드시 흰 가운 차림이어야만 하는 것은 아니다. 나도 레지던트 시절 이후로는 진료할 때 가운을 잘 입지 않는다. 병원이 아닌 자기 집에서 환자들은 환자이기 이전에 한 인격체로 존재한다. 나는 이 점이 너무나 맘에 든다. 왕진 의료팀에 있는 동안 나는 의사가 안 됐다면 절대 올 일 없었을 동네와 골목들을 누볐다. 가끔 동행하는 레지던트들에게는 조언했다. "누군가 총을 들고 가는 게 보이면, 멈추지 말고 엑셀을 계속 밟아요"라고. 차트나 검사 수치를 들여다보는 것보다 환자가 사는 모습을 직접 보는 게 훨씬 중요하다는 점을 하루가 멀다고 재차 깨닫던 시절이었다. 만약 양자택일해야 한다면, 나는 새로운 수술 기법이나 첨단기기 작동법을 익힐 시간에 진짜 사람들이 살아가는 현실 세계의 다양한 난관을 극복할 창의적인 타협안을 찾을 것이다. 몇 주가 걸리든 몇 년이 걸리든 상관없다. 다른 많은 이들처럼, 나는 내 가치관에 가장 근접하면서 내 적성을 최대한 살릴 수 있는 일을 평생의 업으로 택했다.

그러나 모든 의사가 저 하고 싶은 일을 하는 것은 아니다. 그런 점에서 나는 늘 감사해야 한다고 생각은 한다. 그럼에도 가끔은, 그래도 지금보다 더 나아질 수 있을 텐데 싶어서 아쉬운 현실들이 눈에 밟힌다.

다섯 달 뒤 나는 복직했지만 연구 사업단이나 왕진 의료팀으로는 돌아가지 않았다. 옛 환자들의 근황을 간간이 전해 듣기는 했다. 그들이 그리웠지만 그렇게 다 내팽개치고 갑자기 떠나 버린 주제에 얼굴을 볼 면목은 없었다. 게다가 다시 누군가의 인생을 책임질 마음의 준비도 되어 있지 않았다. 나는 여전히 약물 치료에 의지해 내 인생을 수습하는 중이었고 다시 의사 일을 할 수 있을지, 앞으로 몸도 마음도 건강해질 수 있을지 결론을 내리지 못한 상태였다.

날 시달리게 하다가 결국 무너뜨린 그곳으로 돌아가 그때의 일상을 똑같이 반복하는 대신, 나는 연구비 관리와 프로젝트 보조 같은 일에만 소소하게 관여하면서 시간제 연구직으로 남은 한 해를 보냈다. 임상 경험과 행정 경험을 고루 갖췄다는 점을 인정받아 강의도 여럿 맡았다. 이 책을 본격적으로 준비한 것 역시 바로 이 시기다.

그렇게 평온한 하루하루를 보내며 달력이 넘어갈수록 나는 안팎으로 기력이 차오르는 것을 느꼈다. 다시 맥 빠지고 답답해지는 것은 의사들에게 번아웃 증후군을 일으키는 것이 확실히 제도와 조직이라는 생각이 들 때뿐이었다. 최근 10년 동안 임상의학은 납득되지 않는 너무나 많은 것들을 내게 요구했다. 그중 내가 실행에 옮긴 것은 당연히 몇 되지 않았다. 나도 최근 다른 의사들이 그러는 것처럼 해야 할까 심각하게 고민한 적이 한두 번이 아니었다. 의사 가운을 영원히 벗고 의료계 안에서든 밖에서든 완전히 다른 성격의 일자리를 알아보는 것이다.

인생은 흐르는 물 같아서 한시도 정체되는 법이 없다. 젊을 때도 늙어서도 마찬가지다. 번아웃 증후군이 나를 무너뜨린 지 정확히 1년 반 뒤인 2017년 봄, 확연하게 회복된 내게 때마침 스카우트 제의가 들어왔다. 우리 병원에 노인의학 전문팀이 새로 생기는데 맡아 보지 않겠느냐는 것이었다. 이렇게 외래에 꼽사리 낀 채로는 죽도 밥도 안 된다는 생각에 질식할 것만 같던 차에 숨통이 탁 트이는 기분이었다. 만약 그 자리에 간다면 나는 환자 진료를 다시 시작할 수 있을 터였다. 그것도 이 사회의 의료 체계가 예뻐하는 입원 환자를 말이다. 물론, 이게 가장 이상적인 해결책이라고는 볼 수 없었다. 하지만 적어도 환자의 니즈를 포기하거나 내 존엄을 해치지 않고도 모두가 만족하는 중재안은 될 것 같다는 판단이 들었다. 출범은 가을 예정이라고 했다. 너무 오래 잠재워 둔 내 의사 자아를 깨운다는 상상만을 하니 잘할 수 있을까 긴장됐다. 그러나 그보다도 기쁜 마음이 훨씬 더 컸다.

수명

우리는 인간의 평균 수명이 현존하는 모든 역사 기록을 능가하는 시대를 살고 있다. 늘어난 시간만큼 형편도 좋아져서, 오늘날 노년층의 빈곤율은 몇십 년 전과는 비교도 안 되게 낮다. 또한, 워낙 다들 관리를 잘하는 덕분에 비만 같은 만성질환에 뒤따르는 심각한 기능장애로 다 늙어서 고생하는 인구 역시 갈수록 줄고 있다. 1750년에는 전체 미국 국민 중 일흔에도 살아 있는 사람은 다섯 중 한 명꼴이었다. 하지만 오늘날에는 다섯 중 넷 이상이 칠순 잔칫상을 받을 정도로 상황이 역전됐다. 기대 수명 연장에 출생률 급감 현상이 맞물리면서 현대 사회에서 노년층은 점점 더 수적으로 우세해지는 추세다. 1800년대에는 전체 미국 인구의 2퍼센트에 머물렀던 노년층의 비중은 1970년대에 10퍼센트를 찍으며 두 자리 숫자로 올라서더니 2017년에는 또 15퍼센트로 껑충 성장했다. 그런데 노인의 수가 늘면 늘수록 사회는 그들을 향해 더욱 날카롭게 날을 세운다. 노년층뿐만 아니라 성장세의 모든 소수집단이 흔히 겪는 일이다. 오늘날 여섯 명이 있으면 그중 하나는 반드시 노인일 정도로 노년층은 다수집단이 되었음에도 노화는 여전히 조롱거리이자 차별과 기피의 대상에 머문다.

사회의 그런 반응이 어느 정도는 변화에 저항하는 집단본능 탓이려니 하고 눈감아 준다고 치자. 그런데도 찝찝한 기분이 남는 데에는 다 이유가 있다. 아무리 골몰해도 필요한 단어나 정보가 떠오르지 않을 때, 흔히 '나도 이제 늙었다'고들 말한다. 그러나 노인이 뛰어난 감성지능과 경험에서 우러난 지혜를 발휘해 현명한 결정을 내리는 수많은 순간들에 '늙으니 역시 다르다'며 칭송하는 일은 거의 없다. 그런데 젊은이가 적절한 단어를 못 찾아서 하던 말을 끝맺지 못할 땐 어느 누구도 어려서 그렇다며 나무라지 않는다.

스탠포드 대학교의 경제학자 존 쇼번John Shoven은 "사람 나이를 세는 방법으로는 태어나서 지금까지 살아온 햇수만 따져 단순하게 매기는 방식과, 생명 주기 중 지금 올라 있는 단계로 매기는 방식이 있다. 현재 전자가 사회적으로도 법적으로도 더 널리 통용되지만 이 방식은 은퇴, 노후자금 저축, 노인 부양률에 관한 논의와 같은 중요한 인간행동을 왜곡시킨다"고 지적한다. 또한, 그는 만약 연령대별 연간 사망자 비율을 기준으로 고령을 정의한다면 고령의 범위는 앞으로도 더 넓어질 수 있다고 주장한다. 하지만 수명은 길어지는 한편 노년에 몸이 아파 투병하며 보내는 기간은 오히려 단축된다는 일명 '질병압축compression of morbidity' 가설이 분명히 실재하는 현상이라는 증거는 없다. 현대 의학은 아랑곳 않고 요란스레 자화자찬 중이지만 말이다.

쇼번은 이듬해에 죽을 확률이 2퍼센트 이상이면 노인이고, 4퍼센트 이상이면 고령 노인이라는 분류 방식을 제안한다. 이 기준에 따르면, 1920년에 미국에서 살았던 사람들은 50대 중후반에 노인이 된 셈이다. 그런데 같은 척도를 요즘 사람들에게 적용하면 이 기준 나이가 남성의 경우 65세, 여성의 경우 73세로 훌쩍 올라간다. 평균이 이렇고, 그 안에서도 백인은 형편이 더 좋은 반면 흑인은 비교적 열악하고 나머지 인종들은 중간 어디쯤에 있다. 쇼번의 이 연구는 많은 것을 시사한다. 일단, 40년 동안 일한 뒤에 은퇴해 또 30~40년을 노는 것이 타당한 시간 분배일까? 당연히 아니다. 우리는 아직 그렇게 늙지 않았다. 게다가 목적과 사회 참여와 재정

소득이야말로 인간 행복의 핵심 요소 아닌가. 직종을 바꾸거나 근무 시간을 단축할 수는 있겠다. 어느 쪽이 됐든 나이 들어서도 계속 일을 하는 사람은 삶의 만족도가 높고 몸도 더 건강하다. 말뿐인 의학의 질병 치료와 달리 질병 비중을 진짜로 '압축시키는', 다시 말해 사람들을 더 오래 건강하게 살게 할 사회학적, 공중보건학적 대책은 이것 말고도 많다.

사람들은 실버 쓰나미라는 표현을 자주 쓴다. 마치 아무 전조 증상도 없이 노인의 수가 갑자기 불어나는 바람에 우리 사회가 아무 대비도 할 수 없었다는 듯이 말이다. 하지만 실상은 그렇지 않다. 선진국들은 이미 100년 전부터 온 나라가 빠른 속도로 늙어 가는 현상을 근심 어린 눈으로 지켜보고 있었다. 미국의 경우, 비슷한 지적이 1930년대와 1940년대에 한참 나오다가 잠시 뜸한 듯싶더니 60~70년대에 다시 이슈화되었다. 이 시기에 연령차별주의를 옹호하는 광고, 서적, 영화가 쏟아져 나왔고 노인들이 나라와 온 세상을 망칠 거라는 온갖 풍문이 전국을 휩쓸었다. 그런 한편에는 지각 있는 학자들과 그레이 팬서 같은 시민단체들도 있었다. 지금으로부터 50년 전은 여권신장 및 인종차별 철폐와 더불어 연령차별주의 타파까지, 시민의 목소리가 동시다발적으로 울려 퍼진 시대였다. 이들은 노화에 관한 그릇된 사회통념을 깨부수고 노인의 이미지를 쇄신하고자 열성을 다했다. 노인의 권리와 약점을 옹호한 것도 그런 일환의 활동이었는데, 열렬한 지지를 받은 동시에 그만큼 격렬한 반대에 부딪혔다. 때로는 타당한 반발도 있었다. 노인 인권단체가 노인과 젊은이는 나이 면에서만 다르다고 가정하는 오류를 범했을 때가 그런 경우였다. 이 시기는 제3연령기라는 개념이 탄생한 시기이기도 했다. 인간 수명의 추가 연장 가능성을 열어두는 의미도 있었지만, 이 개념의 기본 의도는 신체 기능은 멀쩡한 노인을 골골대는 동년배나 진짜 고령 노인과 구분하는 것이었다. 이처럼 다양한 조직들이 저마다의 이론과 전략을 내세워 활동을 펼쳤다. 하지만 중심을 관통하는 근간의 가치철학은 늘 하나였다.

노인은 어느 시대에나 존재했다. 여든이나 아흔은 물론이고 백 살을 넘긴 상노인의 기록도 심심찮게 발견된다. 역사를 되짚어 보면 지역별로 노인 인구의 비중이 유독 높았던 시기도 종종 있었다. 요즘 같은 15~20퍼센트까지는 아니더라도 10퍼센트에 근접할 정도는 됐다. 과거의 사회들은 과학 기술 수준이나 정부 예산, 국가 자원 등 모든 면에서 현대에 비해 크게 약소했음에도 수많은 노인 인구를 부양해 냈다. 그때와 지금이 다른 점은 노인의 수와 비중이 더 커졌다는 것뿐이다. 20세기 말 즈음에는 노년기에 들어선 뒤에도 한참을 더 사는 게 대다수 인간에게 당연한 일인 세상이 됐다. 미국 국민의 평균 기대 수명은 1900년에 46세였던 것이 2016년에는 무려 79세로 늘어났다. 이는 곧 80세까지 살아 낸 사람은 앞으로 10년 이상 더 살 공산이 크다는 뜻이다. 이처럼 나이 숫자가 세 자리로 올라가는 인구는 꾸준히 느는 추세다. 그런데 인간이 120

년을 넘기는 것만은 절대적으로 희귀한 일인 듯하다. 인류학계 역시 적어도 지난 1만 년 동안 사람이라는 동물종의 수명에 변화가 없었다고 설명하며 근거를 제시한다.

그렇긴 해도 까마득한 옛날 옛적에 젊은이가 사회 구성원 대부분을 차지하는 시기가 분명 있긴 있었다. 이런 사회의 인구분포를 그래프로 그리면 피라미드 모양이 된다. 절대다수를 차지하는 청년층이 가장 밑바닥에 깔리고 거기서 연령대 순서로 한 칸씩 올라갈수록 폭이 급격하게 좁아지는 식이다. 이 경우, 나이가 많을수록 생존자 수가 적다는 뜻이 된다. 그런데 이처럼 삼각형 형태이던 그래프는 세월이 지나면서 점점 뭉툭해지더니 직사각형에 가깝게 변해 갔다. 즉, 모든 연령대의 인구수가 점점 비슷해진 것이다.

20세기는 인간의 수명이 가장 큰 폭으로 연장된 역사적인 시대다. 사람들은 이것이 의학 발전 덕분이라고 말한다. 하지만 진정한 공훈은 국제경제 부흥과 세계적으로 크게 개선된 공중보건 수준에 있다. 정확히는 위생적 환경, 풍족한 식량, 예방접종의 대중화가 모든 성과를 이끌어 냈다는 소리다. 그 흔적은 세계 수명 지도에도 그대로 드러난다. 가령, 이 모든 조건을 갖춘 지역에서는 그렇지 못한 곳들에 비해 사람들이 훨씬 오래 산다. 의학이 현대적 구색을 갖추기 훨씬 전부터 역사를 지배해 온 진실이다. 그뿐만 아니라 한 나라 안에서 여러 사회집단을 비교해 봐도 똑같은 현상이 목격된다. 미국의 극빈층은 아프가니스탄이나 사하라 사막 이남 아프리카 국가들은 꿈도 못 꾸는 현대적 치료를 메디케이드를 통해 거의 무상으로 제공받을 수 있는데도 더 쉽게 병들고 일찍 절명한다. 근본적으로 주거 환경이 열악하고 사회적 스트레스가 극심한데 가공식품에만 의존하니 영양 상태는 불량하고 희망도 기회도 없이 사는 탓이다.

일본의 오키나와, 이탈리아의 사르디니아, 미국 캘리포니아의 로마 린다는 모두 세계에서 이름난 장수 마을로, 블루 존blue zone이라는 별명으로도 불린다. 오키나와 주민들은 건강하게 소식하는 습관이 몸에 밴 덕에 가벼운 몸무게를 평생 유지한다. 지역 평균 BMI가 대략 20에 불과할 정도다. 한편, 고립된 섬이라는 지리적 특징을 가진 사르디니아는 근친결혼의 전통을 통해 집단으로 장수 유전자를 갖게 되었다. 이곳에서는 남자들도 여자만큼 오래 살아 백 살을 넘기는 경우가 흔하다. 성년이 되자마자 독립해 육지로 나가더라도 어디서든 여전히 유별난 노익장을 과시한다. 마지막으로 로마 린다의 경우, 동네 전체가 그런 것은 아니고 안식일재림교도들이 지역 평균보다 5~10년 더 오래 사는 것으로 파악된다. 이들은 마약은 물론이고 술과 담배를 평생 멀리하며 채식을 고집한다. 신도들 간의 끈끈한 유대 속에 영적인 삶을 추구하는 생활방식 때문인지 피검사를 하면 혈중 스트레스 호르몬 수치 자체가 낮게 측정된다고 한다. 신실한 종교인들이 대개 그러듯, 이 기독교 종파 역시 속세 사람들에 비해 장수를 누린다.

최근 미국에서는 일명 베이비부머 반짝 효과에 관한 논의가 뜨겁다. 생쥐가 뱀에게 잡아먹힌 것처럼 인구 피라미드에서 베이비붐 세대가 지나가는 길목마다 기이한 혹이 불거졌다 사라지는 현상을 일컫는 표현이다. 하지만 노인 집단만은 이후로도 계속 인구 분포도에서 점점 더 큰 비중을 점령해 갈 것이다. 다시 말해, 사람이라는 생물종의 본질과 수명을 재정의하는 대대적인 지각변동에 어쩌다 보니 베이비붐 세대가 선봉장 역할을 하게 되었다는 게 보다 정확한 설명이다.

베이비붐 세대는 현재 노인들의 모습을 바탕으로 노후를 설계할 필요가 있다. 그렇다고 여기에만 마냥 기대서는 안 된다. 둘은 많은 면에서 너무나 상이한 집단이기 때문이다. 오늘날 베이비붐 세대에 비해 미국 노년층 집단은 백인 비중이 월등히 높고 학력이 상대적으로 낮다. 그런데 이 격차는 급격히 좁혀지는 추세다. 일례로, 대학 졸업장을 딴 노인의 비중은 1985년부터 현재까지 30년 만에 세 배나 껑충 뛰었다. 요즘 60~74세 인구 셋 중 하나는 대학졸업자인 셈이다.

변화의 바람은 의료계에도 불고 있다. 흔히 대공황 세대(출생연도가 1900년에서 1920년대 후반 사이인 사람들_옮긴이)로 일컬어지는 현재 최고령 세대는 어떤 의료 행위를 제안받든 최우선 관심사는 통증을 최소화하는 것이다. 그런데 고고한 어르신을 설득하기 위해 때때로 의사는 통증이라는 노골적 단어 대신 불편하다 혹은 힘들다는 식으로 돌려 말해야 한다. 게다가 센 약을 쓰는 것은 대다수가 끝까지 거부한다. 그런데 베이비붐 세대는 다르다. 그들은 자신의 상태와 요구를 직설적으로 표현하는 데 그렇게 당당할 수가 없다.

게다가 어떤 약도 겁내지 않는다. 젊은 시절, 1960년대를 주름잡았던 그들 아니던가. 내가 담당하는 환자들이 대부분 노쇠한 초고령 어르신인 까닭에 지금까지 나는 마약이나 환각제 사용한 경험이 있는지 물을 필요가 없었다. 그러나 앞으로는 상황이 달라질 것이다.

인구 구성의 전례 없는 격변으로 사실상 모든 사회층위가 구조와 가치관을 시대에 맞게 뜯어고치는 진통을 겪고 있다. 그리고 근본적인 변화를 이끌어 내는 데에는 시간이 한참 더 걸릴 것으로 보인다. 특히 시급한 조치는 한참이나 비뚤게 뿌리 박혀 있던 사회통념을 이 기회에 바로 세우는 것이다. 집계에 따라 그때그때 변하는 기대 수명과 달리 인간 수명(즉, 최장수 연령)은 인류 역사를 통틀어 거의 처음 그대로 박제되어 있었다. 혹자는 그루지아 사람들이나 볼리비아 산악인들을 보라며 이의를 제기할지 모른다. 하지만 122세를 넘어 생존한 인간의 검증된 기록은 현재까지 단 한 건도 없었다. 그래프상에서 노화에 따른 사망률은 성년기가 시작되는 시점부터 꾸준히 상승하다가 노년기 구간의 중간 어느 즈음부터는 수평선을 그린다. 그렇더라도 사람들은 꾸준히 죽는다. 누구도 예외는 아니다.

오늘날 이 주제로 연구에 매진하는 학자들과 두뇌 집단은 한둘이 아니다. 하지만 과연 그들이 인간 수명을 연장하는 데 성공할 것인가, 무엇보다도 '인간 수명 연장이 진정한 발전인가'라는 물음에는 아직 어느 누구도 선뜻 답하지 못한다. 다만, 이 대목에서 나는 개인적으로 코미디언 세라 실버먼Sarah Silverman의 의견에 동의한다는 의향만 살짝 밝혀 두고 싶다.

거대기업 아마존의 최고경영자 제프 베이조스Jeff Bezos는 전국에 계산원 없는 매장을 실현할 신기술을 확보했다는 소식을 자랑스럽게 공표했다. 뉴스가 나오던 날, 미국 계산 직원들의 일당을 모두 합한 금액은 약 2억 1,000만 달러였다. 이것은 베이조스 한 사람이 이날 하루 번 돈 28억 달러의 10분의 1에도 못 미치는 액수다. 베이조스는 회사의 최신 동향을 알리면서 안 그래도 이미 가난한 이 말단 직원들이 모조리 실직한 후 겪게 될 일에 대해서는 일언반구도 없었다. 이에 실버먼은 이런 댓글로 일갈했다.

「당신네 과학자들은 가능한지 아닌지에만 정신이 팔려서 해도 되는 일인지 해서는 안 되는 일인지 고민할 짬은 없는 모양이다.」

오늘날 과학계와 의학계에서 이런 일은 하루가 멀다고 일어난다. 목숨을 구하는 기술은 무조건 좋은 것이라고들 한다. 그래서 너도나도 투자하겠다며 달려든다. 문제는 그렇게 탄생한 기술로 인해 추후 불어닥치는 부작용들에는 모든 투자 세력이 나 몰라라 한다는 것이다. 그 여파로 괜한 날벼락을 맞은 노인들을 살피는 것은 온전히 노인의학의 몫이다.

어린이 보호 포장

〈브루클린의 멋진 주말〉은 뉴욕의 한 노부부가 엘리베이터가 없는 오래된 집을 팔기로 하면서 벌어지는 일들을 그린 영화다. 모건 프리먼Morgan Freeman이 연기한 남편 알렉스는 뚜껑이 열리지 않는 약병과 한참을 씨름한다. 밀어도 보고 당겨도 보고 비틀고 흔들기도 하지만, 순백색 플라스틱 병은 꿈쩍도 하지 않는다.

집을 보러 온 사람들이 자꾸 들락날락하는 바람에 한껏 예민해져 있는 그에게 약병까지 스트레스를 돋우는 이 순간, 한 여자아이가 그에게 다가간다. 머리를 쫑쫑 땋아 내린 아이는 열 살쯤 된 것 같고 똘똘이 안경을 쓰고 있다.

금세 상황을 알아챈 아이는 알렉스의 손에서 병을 낚아채더니 인상 한번 쓰지 않고 뚜껑을 연다.

"어린이 보호childproof 뚜껑이에요."

아이가 젠체하며 물건을 돌려준다. 알렉스는 고개를 절레절레 젓는다.

재미를 노린 감독의 연출이었겠지만 이 나라의 의약품 안전 규제가 얼마나 근시안적인지를 생각하면 그저 웃고 넘길 수만은 없는 장면이다. 누군가를 보호하고자 만든 규칙이 예상치 못한 다른 이에게 해를 끼치는 일은 드물지 않다. 소수에게만 문제가 되는 상황에 보편적 잣대를 들이댄 게 애초에 잘못이다. 이 소수 — 여기서는 어린이가 되겠다 — 에게 보호받을 권리가 있다는 것은 반론의 여지없는 진실이다. 그러나 보호 조치의 효과는 목표 집단(즉, 어린이)에서만 검증되었지, 나머지 대다수 어른들에게는 아니다.

아기를 돌봐 본 사람이라면 누구나 알 텐데, 돌쟁이 아이는 눈에 들어오는 모든 사물을 만져 보고 보이는 구멍마다 다 기어들어가고 손에 집히는 모든 물건을 입으로 가져가야 직성이 풀린다. 어린애를 키우는 집집마다 콘센트 구멍에 안전마개를 꽂아 두고, 계단 입구에는 아예 중문을 달고, 아무리 좁은 난간기둥 틈도 판을 덧대 막는 게 다 그래서다.

1960년대에 가정 내 약화 사고로 인한 어린이 사망 건수는 공식 집계만 따져도 엄청났다. 유아는 물론이고 말귀를 알아듣는 소아들 중에도 집에서 큰일을 당하는 경우가 상당했다. 집 안 구석구석에 숨겨진 알록달록한 알약들이 사탕인 줄 알고 먹거나 단순한 호기심에서 꿀꺽 삼키는 것이다. 그런 경위로 1970년 미국에서는 아이들을 우발적 약물 과량 투여의 위험으로부터 지킨다는 취지로 '중독예방을 위한 포장법Poison Prevention Packaging Act'이라는 법안이 국회를 통과한다. 제약회사들은 발 빠르게 어린이 보호용 용기를 사용하기 시작했다. 새로운 포장재의 '어린이 보호' 효과가 완벽하다고 확신하는 이는 한 명도 없었다. 법이 시행된 후 5세 이하 소아의 약물중독 사고사가 종전의 절반 정도로 줄긴 했지만 말이다.

어린이 보호용 용기 사용이 제약업계의 표준이 된 지는 어언 50년이 다 돼 간다. 그런데 불행히도 이런 법적 제재조차 갈수록 영악해지는 아이들을 이기지는 못하는 듯하다. 심지어 요즘에는 두 세 살짜리도 이런 약 포장들을 어렵지 않게 해체한다고 한다. 벌써 법안의 약발이 다한 셈이다. 이런 기대 이하 성적의 가장 큰 원인은 의약품 포장 자체에 있다. 어린이의 접근을 막고자 설계된 약병의 개폐 시스템은 정작 약을 필요로 하는 당사자, 그러니까 병환으로 팔다리에 힘이 없는 환자들과 신체장애나 고령 탓에 손이 둔한 사람들에게도 여간 버거운 게 아니다. 그런 탓에 한번 힘들게 연 다음에는 절대로 다시 닫아 두지 않는 것이다.

미국 소비자 제품안전위원회Consumer Product Safety Commission는 이 문제를 해결하고자 다방면에서 머리를 쥐어짰다. 그리하여 1995년에는 생후 42~51개월 유소아에게만 시행하던 의무적 포장 실용성 테스트의 대상을 50~70세 연령층까지 확대하도록 규정이 개정되었다. 중년과 젊은 노인을 추가로 우대한다는 점에서 이 조치는 개선이 분명하다. 그러나 고령 노인 대부분은 여전히 고려 대상에서 배제되어 있다.

어린이 보호 용기의 최대 피해자인 어른들이 건강한 젊은이와 달리 연구 대상으로 부적합하다는 것은 사실이다. 하지만 그것은 그들이 테스트에 참여하려면 새 약병을 어려워하는 것과 정확히 같은 이유로 많은 것을 감수해야 하기 때문이기도 하다. 무슨 말이냐 하면, 어린이 보호 약병을 열기 위해서는 일단 숨을 크게 들이쉰 뒤 손바닥으로 뚜껑을 있는 힘껏 누르고 그 상태로 비틀어 돌려야만 한다. 이 동작은 좀 큰 아이들에게는 놀이가 되지만 다쳤거나 손에 힘이 없는 환자에게는 고통과 짜증과 좌절감만 안긴다. 같은 맥락으로 관절염 환자, 노쇠한 어르신, 움직임이 자유롭지 못한 장애인은 테스트가 실시되는 연구기관에 왔다 갔다 하는 것 자체가 엄청나게 부담스러운 일이다.

테스트 대상 확대 말고도, 개정된 규정은 또 있다. 겉면에 '어린 자녀가 없는 가정에서만 사용하십시오'라는 경고를 표시한다는 조건하에 제약사들이 기존 디자인의 용기를 다시 사용할 수 있게 된 것이다. 새 규정에 따르면 약국 역시 의사나 환자가 요구할 경우 처방약을 일반 용기에 담아 교부할 수 있게 되었다. 그러나 개정안 발효 후 20여 년이 흘렀음에도 의사나 환자나 할 것 없이 규칙 개정 자체를 모르는 이가 아직 많은 것으로 여겨진다. 그러니 어린이 보호를 위해 환자의 이용까지 방해하는 용기 디자인이 여전히 무분별하게 사용될 수밖에. 시도는 좋았으나 뒷심이 부족했던 셈이다. 안 그랬다면 70대 원로배우가 약병 뚜껑을 못 여는 몸개그나 하는 영화가 나올 일도 없었다.

이게 얼마나 큰일인지 감이 잘 안 잡히는가? 그렇다면 잠시 통계를 따져 보자. 관절염은 전 세계적으로 매우 흔한 만성질환 중 하나다. 2012년에 미국 CDC는 언제든 병원에서 관절염 진단을 받은 환자의 수를 전국 성인 인구의 23퍼센트에 해당하는 5,250만 명으로 추정했다. 65세 이상 성인만 따지면 거의 절반이 여기에 포함됐다. 게다가 콕 집어 손가락 관절염이 아니더라도 다양한 지병이 전신 근력을 약화시키고 섬세한 손동작을 저해하는 게 일반적이다. 다시 말해, 혹자에게는 약병 뚜껑을 여는 것이 그저 진땀 나게 어렵고 귀찮기만 한 일이 아니다. 때로는 목숨을 걸어야 한다.

사별 후 내내 홀로 지내다 심장마비로 입원했던 니나를 그녀의 집에서 다시 만났을 때, 나는 그녀가 퇴원하면서 받아 온 약이 포장도 뜯지 않은 그대로인 것을 발견했다. 전부 병원이 처방 환자 수를 직접 관리할 정도로 중요한 약들이었다. 그런데 하필 어린이를 보호한답시고 고령 환자의 접근까지 막는 약병에 담아 니나에게 들려 보낸 것이다.

에드워드와 카르멘의 집에서는 더 황당한 얘기를 들었다. 매번 병뚜껑을 열고 닫는 게 곤혹이라 노부부는 한 달에 한 번 오는 아들에게 부탁해서 병에 든 약을 그릇에 쏟아 놓는다고 했다. 한동안은 이게 꽤 괜찮은 타협안 같았다. 치매가 심해진 에드워드가 약을 잘못 복용하기 전까지는 말이다.

노인들의 시련은 약병을 못 여는 것에서 그치지 않는다. 인터넷을 뒤지면 이 주제에 관한 사이트만 수십 개인데, 어린이 보호 뚜껑을 열기 쉬운 것으로 바꿔 끼우는 요령까지 친절하게 알려 준다. 맹점은 이 정보가 절실한 어르신들 대부분이 컴맹이라는 것이다.

다수의 생명을 구할 수 있다면 정부 보건당국이 나서는 게 옳다. 하지만 안전포장 규정을 우회하는 탈법 요령이 양지 커뮤니티에 버젓이 돌아다니는 현실과 2세대 이상 거주 가정이 계속 증가하는 전국적 추세를 고려할 때, 보다 현실적인 다음 대책이 시급하게 요구된다. 그리고 이 새 대책은 반드시 전 연령대의 안전과 행복을 배려하는 것이 되어야 한다. 그런 맥락에서 가장 중요한 선결 과제는 어린이 약화 사고를 막으면서도 어른들이 필요한 약을 손쉽게 꺼낼 수 있게 할 방법을 찾는 것이다.

또한, 새 전략은 단순한 용기 디자인 개량을 넘어 의약품 유통 경로 전체를 포괄하는 것이어야 할 것이다. 1970년대부터면 강산이 변해도 서너 번은 더 변했을 세월이다. 달라진 시대상을 반영하고 발전한 기술을 활용해 지문, 얼굴, 음성을 인식하는 스마트폰 앱을 약제 교부 시스템에 적용하는 방법도 고려할 만하다. 그러면 전 국민이 아니라 마침내 딱 목표 집단에게만 안전강화 포장을 적용하게 될지 모른다. 특히 중요한 점은, 어린이 보호 포장 정책이 실패한 원인은 처음부터 잘못된 가정에 있었음을 잊지 말아야 한다는 것이다. 최초 법안의 문구는 '포장이 *보통 성인들이* 다루기에 어렵지 않은 것이어야 한다'였다(기울임꼴로 강조된 단어에 주목하라). 즉, 법이 의약품 시장의 최대 소비층인 고령 성인 집단은 애초에 염두에 두지 않은 것이다.

중독 예방을 위한 포장법이 생기고 벌써 45년이나 흘렀다. 하지만 초고령 노년층을 배려한 새 의약품 포장 개발은 여전히 차일피일이다. 이 나라에서 일인당 약제비 지출이 가장 큰 연령층은 바로 이들인데 말이다. 그뿐만 아니다. 연령대를 불문하고 이 안전강화 뚜껑 때문에 부상을 입는 성인이 생각 외로 많다는 사실을 알고 있는가? 어린이 사고만큼 주목받지 못해 묻힐 뿐, 어른이라고 안 다치는 건 아니다.

제자리 찾기

50대 이상 미국 국민 다수는 아마 미국 은퇴자협회 AARP, American Association for Retired Persons라는 민간단체의 이름을 한 번쯤 들어 봤을 것이다. 은퇴라. 첫 성경험, 첫 월급, 첫 자식만큼은 아니지만 그래도 인생이 또 한 번 전환점을 맞는 중요한 시기라는 느낌은 든다.

내 경우, 이 단체와의 생애 첫 접촉은 우편을 통해서였다. 신청한 적도 없는 통신판매 카탈로그처럼 대부분 미개봉 상태로 쓰레기통으로 직행하는 우편물들 사이에 학술잡지 구독권 갱신 안내문, 각종 고지서 등과 함께 낯선 편지봉투 하나가 끼어 있었다. 처음에는 빨간색, 흰색, 파란색의 세 줄이 물결치는 모양의 로고가 시선을 사로잡았고 그런 다음 발신인이 눈에 들어왔다. AARP였다.

나는 봉투 겉면에 'OMG'라고 적은 다음 짝꿍이 들어오면 보라고 현관 탁자 위에 올려놨다. 우편물을 받았을 때 우리는 마흔여덟, 아무리 박해도 실리콘밸리 혹은 할리우드 기준으로나 늙었다고 말할 수 있는 나이였다. 지금도 AARP는 제3연령기와 더불어 곧 제3연령기에 합류할 중년 집단의 목소리가 되겠다며 홍보에 열심이다. 아마도 그래서 우리 부부가 타깃이 된 모양이었다.

이 편지는 '너도 별수 없이 조만간 노인이 될 거'라는 세상의 경고장이기도 했다. 전에 없던 일이라 큰 충격을 받은 나는 처음에는 거리를 두고 부정하기만 했다.

나를 비롯해 대다수 현대인이 처음에 이런 반응을 보이는 심리를 《노년Vieillesse》에서 시몬 드 보부아르는 이렇게 해설한다.

「눈앞의 노인에게서 미래의 내 모습이 보일 때 우리는 그것을 믿으려 하지 않는다. 대신 내면의 목소리가 속삭인다. 그런 일은 절대 일어나지 않을 거라고, 만약 그런 일이 일어난다면 그땐 이미 내가 나 자신이 아니게 된 뒤일 거라고 말이다.」

이처럼 현재의 나와 미래의 나를 분리하려는 심리는 '노년기는 생물학적으로도 사회적으로도 쇠퇴하는 시기'라는 통념에서 기인한다. 그렇게 이해하면 이것은 지극히 인간적인 반응이다. 잠시라도 이런 생각을 갖지 않는 사람은 아무도 없을 것이다. 자고로, 나와 비슷한 이에게 정이 더 가고 내 전성기는 지금도 현재진행형이라고 느껴지게 해 주는 사람에게 마음이 기우는 게 인지상정이니 말이다.

'노인'이라는 꼬리표를 가장 격하게 거부하는 것은 자신이 전형적인 노인의 이미지와 (아직은) 안 어울린다고 굳게 믿는 사람들이다. 실제 나이가 60대인지 혹은 80대인지는 상관없다. 그들의 항변을 들어 보면 내용이 다 똑같다. "나는 여전히 왕성하게 활동 중이고 앞날이 창창한데 내게 노인이라니 무슨 말도 안 되는 소리냐"는 식이다. 다시 말해, 자신은 아픈 데도 없고 몸 어디가 불편하지도 않다, 늘 의기소침하지도 않고 보호자 없이는 아무것도 못 하는 사람도 아니다, 그러니 노인이 아니라는 뜻이다.

노인의 정의가 특정 생존 연수 — 보통은 육십이나 칠십 — 를 기준으로 내려지면서부터 우리 사회는 '노인'이라는 말이 끔찍한 꼬리표로 인식되는 곳이 되었다. 오죽하면 보행보조기 없이는 외출하지 못하는 80대 노인조차 자신은 노인이 아니라고 한사코 부인할까. 분명, 생명 주기 자체는 문제가 아니다. 사회적 편견이 워낙 심하고 노인은 쓸모도, 존중할 가치도 없다는 인식이 팽배한 탓에 어르신들도 명백한 진실을 부정하고 싶어지는 것이다.

그런데 노인이 노인임을 부정하는 행동은 미래의 나 자신을 스스로 돌팔매질하는 꼴과 같다. 가령 이런 식이다.

실버타운에 한 부부가 이사 온다. 두 사람은 건강하고 성격도 밝아 금세 모두의 친구가 되고 이런저런 사교활동으로 바빠진다. 그러다 둘 중 한 사람에게 일이 터진다. 뇌졸중, 치매, 암, 심부전 같은 것 말이다. 그렇게 한쪽만 갑자기 '늙은이'가 되어 버린다. 당장 식사부터 여간 불편한 게 아니다. 더 이상 부부는 평범하게 식탁에서 사람들과 어울려 먹을 수 없게 되었다. 두 사람의 고난은 아픈 배우자의 병에서 비롯된 게 아니다. 오직 건강한 입주자만이 식당에서 식사할 수 있다고 제한한 실버타운의 규칙 탓이다. 즉, 건강한 한 사람은 자유롭게 식당에 가서 끼니를 해결해도 되지만 그 반대는 허락되지 않는다. 아니면 서로 다른 시간대에 각자 따로 따로 가서 먹는 수밖에 없다. 바로 이런 식으로, 사회에서 흔히 지배계층의 위치에 서는 노익장의 소유자들은 자신의 암울한 미래를 앞서 보여 주는 이들과 현재의 자신 사이를 분명하게 선 긋는 데 사활을 건다. 그러면 그럴수록 나중에 똑같은 상황에 처할 때 그들 역시 냉정하게 내쳐질 가능성만 높이는 셈인데도 말이다.

"내가 어른이라고 믿고 싶지 않아. 난 그저 어린애 상태로 좀 오래 머무는 거라고 생각할래"라고 말하는 40~50대를 상상해 보라. 혹은 어린이라는 말이 미숙하다는 인상을 준다며 어린이 병원에서 모두가 이 단어 대신 무직 상태의 작은 사람이라는 표현을 쓴다면? 터무니없지 않은가?

세상은 앞으로 할지 안 할지도 모를 일에 설레발치며 젊은 사람들을 칭찬하면서, 어르신들이 확실히 할 수 있거나 이미 해낸 것들은 완전히 등한시하곤 한다. 시작부터 노인은 할 줄 아는 게 없으니 아무 짝에도 쓸모가 없다고 단정 짓고 들어가는 것이다. 보통, 나이가 중년 이상이면 이런 생각에 길들여진 뒤이기 십상이다. 그런데 이 공멸共滅의 사고방식은 개인의 인생뿐만 아니라 사회 전체의 잠재력까지 갉아먹는다. 그뿐만 아니다. 이 사고방식이 지배하는 세상에서는 노년기 안의 여러 세부 범주가 하나로 대충 뭉뚱그려지고, 모두가 선망해 마땅할 시절이 평가절하되며, 긴 세월을 살아 낸 위인들이 도리어 공공의 적이 된다.

오늘날은 환갑을 기점으로 나이 앞자리 숫자가 네 번 넘게 바뀌는 게 더 이상 그리 신묘한 일이 아니게 된 100세 시대다. 그런 점에서 노년기의 개념을 제자리, 즉 평행선상에서 유년기와 성년기 바로 다음 자리로 돌려놓기에는 지금이 딱 적기다. 3막짜리 연극과도 같은 사람의 일생에서 볼거리 가득한 세 번째 무대가 되는 셈이다. 그런데 영유아와 청소년은 모두 유년기로 분류된다. 만약 이게 가능하다면, 노년기도 그 안에서 젊은 노인부터 고령 노인까지 여러 범주로 다시 세분하는 것 역시 전혀 이상하지 않다. 사람 인생 3막 중 가장 길고 최고로 드라마틱한 이 시기에 적절한 이름을 지어 주는 것은, 작지만 중요한 일이다. 이 첫 단추를 잘 끼워야 인생 전체의 궤적을 바르게 인식하고 똑바로 살아갈 수 있다.

그런 의미에서 생명 주기 도표를 독립성과 의존성에 초점을 맞춰 새롭게 그려 봤다.

21세기의 노년은 다채로운 군상을 보이고 많은 기회를 얻게 될 것이다. 이 점을 고려할 때, 인생 3막을 준비하는 이들과 이미 막을

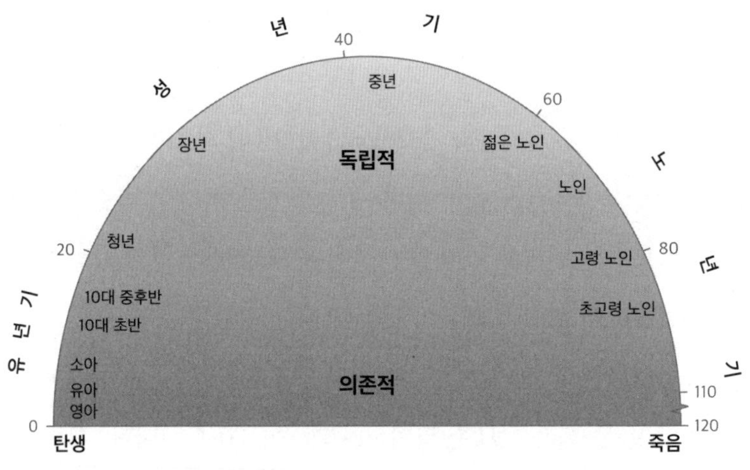

올린 이들에게 역사의 선례를 본받기를 추천하고자 한다. 흑인 인권운동도, 여권운동도, 성적 소수자 평등권운동도 모두 자아를 정의하는 용어를 새로 만들거나 가다듬는 것으로 활동을 시작했기에 최종 성공을 거둘 수 있었다. 그렇게 세상의 인식은 흑색은 아름다운 것이라고 바뀌었고 여사장님은 사장님으로, 남승무원은 승무원으로 불리게 되었으며 동성애 축제는 세계인이 즐기는 명물 행사이자 하나의 문화 코드로 자리 잡았다. 저항 세력이 여전히 남아 있긴 해도, 이런 언어문화 변화는 희망의 신호가 아닐 수 없다. 앞으로 10년 뒤면 나도 명백한 노인의 범주에 들어가게 될 것이다. 만약 나의 노년이 막 마친 두 인생 무대만큼 흥미진진하면서 개인적으로 흡족하고 사회적으로도 인정받는 것이 된다면, 그런 노년기는 두 팔 벌려 환영하겠다.

노년기

늙음이란, 겉모습만 달라질 뿐 젊음 못지않은 기회이니

헨리 워즈워스 롱펠로Henry Wadsworth Longfellow

11 노인

유년기, 성년기, 그다음에 노년기

특별한 노인

여든하고도 한 살이 되던 해, 엄마가 공항 보안검색대에서 의도치 않게 작은 소동을 일으킨 일이 있었다. 공항까지는 내가 차로 모셔다 드렸지만 그다음은 온전히 엄마 몫이었다. 엄마는 가방과 외투를 바구니에 넣어 무빙벨트 위에 올리고 줄을 서서 차례를 기다리고 있었다. 그런데 보안직원이 엄마를 막아서며 말했다.

"부인, 신발도 벗으셔야 합니다."

"아뇨, 저는 그럴 필요가 없어요."

엄마가 미소 띤 얼굴로 대답했다. 그러나 직원은 단호했다. 탈화(脫靴)는 보안을 위한 의무사항이며 예외는 없다는 것이었다.

"그렇지만 나는 늙었는걸요."

엄마가 항변했다.

"부인, 신발을 신고 있으려면 75세 이상이어야 합니다."

직원의 말에 하는 수 없이 엄마는 그에게 나이를 알려 주었다. 직원은 엄마를 빤히 쳐다보며 중얼거렸다.

"믿을 수 없군요."

그러고는 그대로 통과하라는 손짓을 해 보였다. 신발은 여전히 엄마의 두 발을 단단히 감싼 채였다.

보안직원은 노인이라면 누구나 병약한 티가 나는 게 당연하다고 여긴 모양이었다. 그때까지 그가 살면서 봐 온 노인들이 죄다 그랬던 게 틀림없었다. 그날 그는 엄마의 신분증을 굳이 확인하지 않았다. 다른 대다수 사람들과 비슷하게, 늙은 게 뭐 자랑스러운 일이라고 도대체 누가 나이를 실제보다 더 많다는 거짓말까지 하겠냐고 생각했겠지. 어려 보이는 20대 후반의 사람이 신분증을 제시해야만 주류를 구입할 수 있는 것과 달리(미국에서는 만 21세가 돼야 주류 구입이 허용된다_편집자 주), 노인은 늙었음을 증명하려고 신분증을 꺼내야 할 일이 거의 없다. 실제로, 60대 초반의 사람이 영화관에 가서 자신이 예순다섯이라고 말할 때 직원이 증거를 요구하지 않고 바로 할인표를 끊어 주는 사례가 꽤 많다고 한다. 다들 결국은 제정신으로 아무 이유 없이 늙은이 행세를 할 사람이 어디 있겠냐는 생각인 것이다.

***

건강, 외모, 신체 기능의 개인차는 다른 시기보다도 노년기에 특히 현격하게 벌어진다. 그렇기에 노년기에는 나이 먹는 것만 골치가 아니다. 외모와 몸동작까지 신경 쓰지 않으면 안 된다. 겉모습과 움직임이 나쁘면 자연스럽게 활동 반경이 좁아지고 삶의 기대치도 확 낮아지기 때문이다.

그런 가운데 '성공적 노화'를 찬양하는 사회 분위기는 고령에도 놀라운 정신적 탄성을 보여 준 여러 실존 인물을 세계적인 스타로 만들었다. 이를 통해 사회가 전파하려는 메시지는 몹시도 노골적이다. 그래서 이해하기 편하긴 한데 같은 이유로 부작용 또한 엄청나다.

사실, 처음에는 성공적 노화의 의미가 이런 게 아니었다.

1997년, 성공적 노화를 주제로 한 주목할 만한 연구 결과가 발표됐다. 맥아더 재단의 후원으로 존 W. 로John W. Rowe와 로버트 L. 칸Robert L. Kahn이 공동 진행한 연구였는데, 논문에서 두 사람은 노년기 삶의 질을 좌우하는 3요소를 꼽고 있다. 바로, 건강에 유익한 생활 습관을 통해 되도록 아플 일이 없게 하고, 사회활동에 더 적극적으로 참여하고, 신체 기능과 인지기능을 평균 이상 오래 보존하는 것이다.

나이 들어도 놀라운 활약상을 펼치는 어르신을 목격했을 때 우리는 그 나름 잘 설명한다는 게 외모가, 혹은 몸놀림이 그 나이로 보이지 않는다거나 노화나 노년 앞에 성공적이라거나 이례적이라는 수식어를 달아 주는 게 고작이다. 하지만 이런 비루한 표현의 바탕에는 그릇된 전제 하나가 깔려 있다. 본디 노인은 그런 것들을 다 해내지 못하는 게 정상이라는 선입견의 반어법인 것이다.

성공적 노화의 개념이 생겨난 것은 아주 오래전이다. 일각에서는 에덴동산에서 추방당한 순간을 시작으로 보는 의견까지 있다. 말하자면 사람이 늙어 겪는 고난들이 타락의 죗값이라는 것이다. 기독교 교리에 따르면 조물주는 인간을 완벽한 불멸의 존재로 창조했으며 선악과를 먹기 전에는 질병도 죽음도 존재하지 않았다. 이 논리대로라면 사람의 생사는 신이 다 정해 놨기 때문에 인간이 어찌할 수 없는 게 된다. 즉, 사람이 무병장수할 유일한 방법은 그리스도를 믿음으로써 죄 사함을 받는 것뿐이었다.

한편, 아리스토텔레스가 쓴 《수사학Rhetoric》을 보면 'eugeria'라는 단어가 나온다. 바람직한 방식을 뜻하는 접두사 'eu'와 노인 치료를 뜻하는 'geria'가 합쳐져 '바람직한 노년'이라는 의미가 된다. 고대 그리스에서 바람직한 노년은 로와 칸이 정의한 성공적 노년보다 훨씬 넓은 범위를 함축했던 것 같다. 어원으로 추측컨대 이 단어는 성공적 노년의 3요소가 모두 사라진 시점에도 안락한 환경에서 세심한 보살핌을 받으며 노후를 보내는 노인들까지 포괄한다고 말할 수 있다.

***

영국 여왕 엘리자베스 2세는 어느 모로 보나 이례적인 노년의 모범 사례다. 아흔 번째 생일을 즈음해 왕실은 지난 해 여왕이 341차례 일정을 소화했다고 발표했다. 영국 역사를 통틀어 독보적인 기록이다. 그렇지만 이런 성과가 그녀를 성공한 군주로 만들지는 몰라도, '이례적인 노년'의 충분조건으로서는 부족하다. 이례적인 노년이란 건강하고 활동적이며 늘 부지런히 뭔가를 하는 이들을 말하기 때문이다.

그런 맥락에서 80대인 내 엄마 역시 이례적인 노년에 속한다. 엄마는 일주일에 거의 매일 운동을 하고, 과학박물관에서 해설사로 자원봉사 중이며, 근처 대학교에서 운영하는 평생학습 프로그램에 학기마다 등록해 수업을 몇 개씩 듣는다. 여기에 친구들과 밥을 먹거나 영화 혹은 공연을 보러 가거나 산책을 가는 약속들까지 더하면 외려 내가 게으르다고 느껴질 정도다. 사고방식, 노력, 운까지 삼박자가 착착 들어맞은 덕분에 엄마는 '특별한' 사람이 되었다.

건강한 식단이 세계인의 화두로 떠오르기 수십 년 전부터 엄마는 채소, 과일, 양질의 단백질, 견과류를 엄청나게 드셨다. 그런 것들을 좋아하기도 했지만 몸에 좋다는 것을 알았기 때문이었다. 하지만 안타깝게도 다른 영역들에는 그만한 예지력을 갖추지 못했다. 엄마가 운동을 시작한 것은 환갑이 지나서였다. 어느 날부터 유리병 뚜껑을 열지 못해 끙끙거렸고, 한번은 등산을 갔다가 부축해 주는 식구들이 없었다면 내려오지 못할 뻔한 것이다. 여전히 많은 사람들이 대수롭지 않다는 듯 말한다. 이미 더 이상 젊지 않은

데 뭘 기대하겠냐고 말이다. 그런데 엄마는 달랐다. 엄마는 신세를 한탄하는 대신 걷기 모임에 들어가고 헬스클럽에 등록해 근력 강화와 균형 감각 훈련을 시작했다.

그런데 이런 행동력보다 더 감탄스러웠던 것은 변화에 대처하는 엄마의 태도였다. 일전에는 친하게 지내는 손아래 친구의 여든 번째 생일을 축하하는 저녁 모임을 엄마가 책임지게 되었다. 그런데 예전보다 손발이 느리고 쉽게 지친다는 사실을 스스로 잘 아는 엄마는 애초에 준비 기간을 넉넉하게 일주일로 잡고 하루에 중요한 일 한 가지씩 차근차근 처리해 나갔다. 그뿐만 아니다. 이듬해에는 이제 슬슬 운전대를 놔야겠다고 결심하고는 일부러 버스를 타거나 걷거나 지인의 차를 얻어 타고 다니기 시작했다. 엄마 말로는 운전을 포기할 때 무엇보다도 안 좋은 점이 가장 편한 이동수단을 갑자기 잃는 상실감이라는 게 엄마 친구들의 한결같은 경험담이라고 했다. 그래서 지금 미리 연습 중이라는 것이었다. 조만간 그날이 올 테니까 말이다.

의지력 면에서 나는 엄마보다 몇 수 아래라, 아마 내가 같은 입장이었다면 나는 마음으로만 동경할 뿐 엄마처럼 실행에 옮기지는 못했을 것이다. 그런 엄마의 전략이 얼마나 현명하고 예리한 것이었는지는 믿기지 않을 정도다.

다만, 개인의 노력만으로 다 되는 일이었다면 얼마나 좋았을까.

얘기를 여기까지만 들으면 마치 성공적 노화가 오직 의지력과 현명한 판단만의 문제인 것처럼 착각하기 쉽다. 그러나 현실적으로 이 두 가지는 기본 중의 기본에 지나지 않는다. 엄마의 경우, 이 기본기가 탄탄하기도 했지만 성공의 일등공신은 따로 있었다. 엄마도, 엘리자베스 여왕도 이 세 가지 요소를 모두 갖춘 것은 하늘의 축복이 아니었을까 싶다.

첫째, 두 분 다 소위 특권층 출신이다. 선진국의 유복한 가정에서 태어나 고등교육을 받은 백인이라는 점에서다(물론 엄마를 여왕에 비할 바는 못 되지만 큰 맥락에서는 두 분을 같은 부류로 볼 수 있다).

둘째, 어느 나라든 통계적으로 남자보다는 여자가 더 오래 산다. 게다가 앞서 아흔을 넘긴 친척이 최소 한 분 이상 계신 걸로 보아 유전적으로 장수하는 체질을 물려받았을 확률이 높다.

셋째, 두 분 모두 평생 고약한 암이나 끔찍한 교통사고 등으로 고통받거나 시달린 적이 한 번도 없었다. 이런 사건사고에서 살아남더라도 그 후유증이 평생 따라다니기 십상이다.

이 세 요소는 개개인의 타고난 성격과는 아무 상관도 없다. 엄밀히 따지면 의지력과 판단력도 경제적 여유의 부산물인 경우가 많다.

성공적 노화라는 표현의 의미는 말이 사용되는 상황에 따라 달라진다. 의사나 과학자가 이 말을 언급할 경우 그것은 앓는 병이 없고, 신체 기능과 인지기능이 온전하며, 주체적인 일상생활이 가능하다는 뜻이다. 한편 심리학과 사회과학에서는 이 표현이 삶의 질, 사교활동, 심리적 탄력성과 더 밀접하게 연결된다. 그런데 노인 본인의 입에서 이 두 단어가 나온다면 얘기가 또 달라진다. 이 경우는 독립성, 정신력, 마음의 위로, 적응력, 두터운 인간관계, 사회참여 등을 말한다. 정리하면 첫 번째 정의는 신체에, 두 번째 정의는 심리에, 세 번째 정의는 생활 면면에 초점을 맞춘다. 그런데 행복을 위해서는 세 가지 중 어느 하나 버려도 되는 게 없다. 비단 노인들뿐만이 아니라 모든 인간이 그렇다.

인간의 노후는 개개인의 노력으로 어느 정도 바꿀 수 있다. 하지만 여전히 대부분은 유전자와 당시의 시대상에 의해 좌지우지된다.

엄밀히는 지금 나이가 많다는 것 자체를 잘 늙고 있다는 증거라고도 볼 수 있다. 또, 젊은 시절에 어떻게 살았든 '이례적인 노인'이 될 기회는 누구에게나 열려 있다. 건강한 습관, 노력, 긍정적인 태도가 중요하다는 점은 인정한다는 소리다. 그런데 한편으론 노년층과 더 젊은 연령대를 비교하면 '성공했다' 혹은 '이례적이다'라는 훈장에 몇 가지 전제조건이 필요한 것도 같다. 즉, 있는 가문 출신이고, 좋은 동네에서 풍족한 성장기를 보냈으며, 노화를 촉진하는 스트레스 요인들에 노출될 일 없이 본인이 내 삶의 주인이 되어야 한다는 것이다.

성공적 노화를 겪는다는 게 얼마나 부러운 일인지 아는 사람은 다 알 것이다. 사람들은 누구나 나도 내가 사랑하는 모든 이도 그렇게 곱게 나이 들기를 소망한다. 혹시 아는가? 이미 특별한 노인이라 불리는 분들 가운데 놀라운 반전 사연의 소유자가 엄청나게 많을지 말이다. 같은 이치로, 이런 타이틀을 얻지 못한 어르신이라고 해서 함부로 손가락질해서도 안 된다. 우리 사회에는 장애인은 곧 오래 살 가치가 없는 존재이고 노화는 무조건 안 좋은 일이라는 그릇된 통념이 여전히 짙게 깔려 있다. 그러나 몸이 불편하다고 해서, 나이가 많다고 해서 사람이 행복하지 말란 법은 없다.

여러 해 전, 103세 노인이 피아노를 연주하는 동영상이 큰 화제가 된 적이 있었다. 이례적인 노년이 얼마나 큰 매력을 발산하는지를 잘 보여 주는 대표적인 사례다. 사람들은 한 목소리로 감탄했다. 저 연세에 아직도 저런 연주가 가능하다니, 놀라운걸! 그리고 알리스 헤르츠좀머Alice Herz-Sommer의 인생 역정을 알게 되면 놀라움은 배가 된다. 유복한 집안 덕분에 그녀는 어린 시절 프란츠 리스트Franz Liszt의 제자로부터 레슨을 받으며 유망 피아니스트로 성장했다. 결혼하고 나서는 아들을 얻는 등 그녀 인생에는 꽃길만 계속되는 듯했다. 그러다 아돌프 히틀러Adolf Hitler가 역사에 깜짝 등장한다. 그녀는 이 전쟁으로 남편을 비롯한 가족 대부분을 잃었다. 다행히 외아들은 살렸지만 훗날 예순다섯의 나이에 돌연사하고 만다. 그렇게 그녀는 아들이 생전에 마련해 준 타국의 방 한 칸짜리 아파트에 홀로 남았다. 피아노를 연주하는 그녀의 표정을 다시 자세히 보라. 노인의 손끝에서 흘러나오는 곡조를 귀 기울여 들어 보라. 더없이 행복하고 평온해 보이지 않는가.

알리스처럼 잔인한 인생 역정을 이겨 낼 수 있는 사람은 흔치 않다. 온갖 고난과 시련을 겪고도 어떻게 저럴 수 있나 싶게 긍정적인 인물 역시 드물다. 반면에 금수저를 물고 태어났어도 아주 작은 시험에 무너지는 사람이 사방에 널린 게 오늘날의 세상이다. 과거 청교도인들은 바른 마음가짐이 행복과 건강을 가져다준다고 믿었다. 그런 까닭에 누군가 불행하거나 병들거나 가난한 것은 그가 죄를 지었거나 신앙이 약하다는 증거였다. 성공과 행복이 오직 스스로의 노력과 품성이 맺은 결실이라 믿으며, 많은 현대인이 3루에서 태어나고는 3루타를 친 것처럼 구는 오늘날의 현실도 본질은 다르지 않다. 그러나 모든 일은 사회 기반이 먼저고 개개인의 노력이 그다음이다. 초중등 의무교육과 점심 무상급식이 그 증거인데, 굶주림이 배움을 가로막는다는 기조를 바탕으로 시작된 두 정책이 어떤 효과를 불러왔는지 생각해 봄 직하다. 바른 마음가짐은 중요하다. 백 살 넘게 사는 어르신이 하나같이 스트레스 상황에 훨씬 초연하고 뛰어난 재치와 해학을 자랑한다. 반면 다 체념하고 하루하루 늙어 감을 한탄하는 사람들은 걷도 속도 더 빨리 병들기 쉽다. 하지만 마음가짐은 큰 그림의 아주 작은 단편일 뿐 전부는 아니다.

미래를 위해?

페이스북의 창업자 마크 저커버그Mark Zuckerberg와 그의 아내 프리실라 챈Priscilla Chan은 2016년에 30억 달러라는 엄청난 규모의 신규 투자 계획을 발표했다. 모든 어린이가 아프지 않고 자랄 수 있는 미래를 위해 기초의학 연구를 장기적으로 집중 지원한다는 내용이었다. 그리고 그로부터 몇 달 뒤, 챈-저커버그 바이오허브 연구소에서 구체적인 1차 연구 계획이 공개된다. 이 소식에 온 학계가 반색했지만 의료 기관들과 정부 조직은 머리가 복잡해져 그럴 수가 없었다.

연구소 개소식 행사에서 저커버그는 사람들이 병에 걸리고 난 뒤에야 부랴부랴 치료를 시작하면서 미리미리 예방할 생각은 안 한다는 현실을 지적했다. 그 말도 맞다. 그러나 이 연구 사업의 목표, 즉 질병 없는 미래 건설은 현행 의료 체계의 구조를 예방 위주로 재편할 가장 빠른 지름길도, 최선의 방법도 아니다.

질병과 부상을 예방할 방법은 이미 여럿 존재한다. 게다가 효과가 좋고 가성비도 뛰어나다는 증거도 많다. 그럼에도 사람들이 병에 걸리고 다치는 것은 의료계의 홍보와 정부의 지원이 부족하기 때문이다. 그런데도 바이오허브 연구소는 여전히 과학만이 인류를 진정한 평생 건강으로 인도할 유일한 길이라 주장한다. 과학 발전이 인류 건강을 증진하긴 한다. 문제는 언제나 그런 건 아니라는 것이다. 어떨 때는 골칫거리 하나를 해결하는 대신 더 큰 새 골칫거리를 남겨 놓고 사라진다. 현대에 들어 각종 만성질환이 급증하는 현상을 목도하면서 우리 모두 진작 깨달은 사실 아닌가. 의료업에 몸담아 봤거나 이 사회의 의료 서비스를 이용해 본 사람이라면 누구나 알 것이다. 과학은 인간의 건강을 좌우하는 수많은 변수들 중 하나일 뿐이라는 걸 말이다.

이미 나와 있는 질병 예방 및 관리 전략들을 일일이 나열하자면 한도 끝도 없다. 운동, 교육, 1차 의료 기관의 역할 강화, 금연 캠페인, 양질의 영양소 섭취, 빈민가 근처에는 유해 화학물질을 배출하는 산업 시설 입주를 금지하는 정책, 인종차별주의 타파, 설탕이 다량 함유된 음료에 높은 세금을 매기는 것, 각자 집에서 스스로 건강관리하기, 싱겁게 먹기 운동, 긍정적인 언어 습관 등등. 기본만 언급해도 이 정도다. 젊은 억만장자 부부의 통 큰 행보에 나 역시 탄복하지 않는 건 아니다. 하지만 결국은 과학이 모든 것의 열쇠라는 이 분위기에는 동조하지 못하겠다. 인간의 손으로 모든 질병을 퇴치한다고 상상하면 가슴 설레기까지 한다. 그런데 당장의 실천으로 확연한 성과를 낼 수 있는 방법은 이미 존재한다. 우리는 아직 갖지 못한 것에 욕심부리지 말고 지금 가진 것을 십분 활용하기만 하면 된다. 이 전략의 놀라운 효과는 게이츠 재단이 후원한 연구를 통해 일찍이 검증된 바 있다.

누군가는 내가 요점을 놓치고 있다며 반박할지 모른다. 바이오허브 연구소의 사명은 과학 기술 발전을 이끄는 것이니 내가 제기한 문제는 다른 이들이 맡으면 된다고 말이다. 그 말도 일리는 있다. 다만, '인간 잠재력을 고양하고 평등한 사회를 만든다'는 챈-저커버그 투자 사업단의 출범 이념을 되새겨 보자. 미래의 후손들을 위한다는 명목으로 이미 검증된 방법들을 죄다 무시함으로써 정작 우리 세대는 방임하고 있으면서 평등을 어떻게 도모한다는 말인가.

한편, 사업단이 저지르고 있는 두 번째 실수는 질병 완치가 반드시 좋은 일이라고 가정하고 있다는 것이다. 만약 대상을 한 개인으로 국한한다면 그럴지도 모른다. 내가 암에 걸리거나 아버지에게 심장 문제가 있거나 하는 식으로 말이다. 그런데 설사 그렇더라도 병을 완치시키는 것과 투병 과정의 고통을 없애는 것은 별개임을 잊어서는 안 된다. 게다가 역사적으로 문제 하나를 해결하고 나니 다른 더 큰 골칫거리가 부상한 선례가 어디 한두 번이었던가. 만약 모든 질병 퇴치가 전 인류의 수명 연장을 의미한다면, 질병 퇴치를 목표로 하는 프로젝트에 앞서 더 시급한 연구 과제는 따로 있다. 아무리 다들 건강하더라도 그 많은 인구를 다 부양해야 할 테니 지역사회, 국가, 나아가 지구촌 전체 규모에서 철저한 대비책부터 마련해야 할 것이다.

인간 수명이 125세로 늘어나면 세상은 어떻게 달라질까? 본인의 유년기뿐만 아니라 2세를 낳아 또 그만큼 키우는 기간까지 더해야 고작 일생의 첫 3분의 1이 된다면? 인류 역사를 통틀어 과거 평균 연령의 세 배를 살게 되어 지구가 인간으로 그 어느 시대보다도 북적거린다면? 기억할는지 모르지만, 수명이 두 배까지 오는 과정도 그리 순탄하지만은 않았다. 일자리, 식량, 집, 전쟁, 크고 작은 경쟁들, 인간의 탐욕을 생각해 보라. 전부 지금도 이미 부족하거나 넘쳐나 탈인데, 앞으로 얼마나 더 심각해질 것인가. 이 점을 주지한다면 의학은 여태껏 고집해 온 근시안적 태도를 당장 버리고 현행 정책이 전체 사회에 불러올 결과를 더 멀리 내다봐야 하지 않을까?

어느 동물종이 큰 병치레 없이 홀로 번성한다는 것은 철학적으로도 고민해 볼 필요가 있는 중대한 주제다. 무병(無病)이 정말 가능할까? 무병장수하는 생명의 주기는 어떻게 시작되어 어떤 중간 과정을 거쳐 어떻게 마무리될까? 이 인류의 소망이 우리에게, 다른 동물 종들에게, 그리고 지구 생태계에는 어떤 의미를 가질까?

이런 철학 논제들은 휴먼 게놈의 염기서열을 밝히고 인간세포 지도를 완성하는 과학 연구와는 완전히 동떨어진 것처럼 보인다. 하지만 적은 비용으로 질병을 효과적으로 예방하는 기존 방법들을 줄기차게 무시하고 보조금 요청에 퇴짜를 놓는 것 역시 과학이 아니라 도덕과 정치적 판단에 기반을 둔 것은 마찬가지다. 과거에도 기술 발전만 맹목적으로 추구하다 나중에 막대한 부작용으로 무고한 시민들과 사회 전체가 애를 먹어야 했던 역사적 선례가 적지 않았다. 분명, 저커버그도 그런 일화들을 모르지는 않을 것이다.

나는 과학 기술이나 변화를 무조건 반대하는 게 아니다. 다른 사람들과 마찬가지로 나 역시 일터에서도 생활에서도 과학과 첨단 기술을 스스럼없이 받아들이고 활용한다. 다만, 내가 소망하는 바는 우리가 이런 것들을 발전시켜 갈 때 당장 눈앞의 이익보다는 각각의 혁신이 우리 동네, 우리나라, 이 세상, 그리고 무엇보다도 사람들에게 어떤 결과를 초래할 것인지 생각해 볼 수 있지 않겠느냐는 것이다. 물론, 여기서 사람들이란 특정인 몇 명이 아니라 인류 전체를 뜻한다.

이게 현실적으로 어렵다는 건 나도 안다. 그러나 일단 노력하지 않는 한 인간적인 미래 창조는 영원히 꿈으로만 남을 것이다.

더 좋은 세상을 만들 방법은 하나만이 아닐 것이다. 지금도 앞으로도 마찬가지다. 그렇다면 사회지도층, 투자자, 조직 높은 곳에 계신 분들이 한번쯤 과감하게 나설 만도 하지 않을까? 그래서 의료 체계를 병들게 하는 진범인 구닥다리 제도, 편견, 불합리한 장려책에 멋지게 한 방 날리는 것이다.

절망 속에서 희망을 발견하다

나는 2017년 10월부터 새 직책을 맡아 우리 병원에 신설된 부서로 옮겨 일하게 되었다. 외래 진료를 그렇게 오래 봤으면서 20여 년을 매일 쪽문으로만 다닌 터였다. 그러다 실로 오랜만에 동작감지 센서로 감지해 알아서 열리고 닫히는 정문을 당당히 통과해 출근했다. 25년하고도 4개월 전, 설레는 마음을 안고 첫 출근하던 날 이후로 처음이었다.

실내에 들어서자 모든 게 익숙하면서도 낯설었다. 이 건물은 변한 게 거의 없다. 장판 깐 바닥, 연한 아이보리색으로 칠한 벽, 눈이 시릴 정도로 밝은 조명, 수술복이나 흰 가운 혹은 유니폼을 입고 분주히 어디론가 향하는 사람들. 오히려 평범한 옷을 입은 사람들만 다들 겁을 먹거나 얼이 빠지거나 길을 잃은 듯한 표정이었다.

나는 복도를 한참 걸어가 엘리베이터 앞에 섰다. 내 사무실이 있는 곳은 꼭대기 층이었다. 그전에는 15층에 가 본 적이 딱 두 번 있었다. 첫 방문은 50년쯤 전의 일이다. 그 층이 산부인과였던 시절이었는데 엄마가 그곳에서 날 낳았다. 아쉽게도 산부인과는 지난 2015년에 새 보금자리인 신관으로 이사 나가고 없었다. 한때 늪이었지만 지금은 신도심으로 개발된 부지 위에 신축된 멋들어진 신관 건물은 친환경 인증까지 받았다고 했다.

그리고 바로 지난 달, 태어나서 두 번째로 여기 15층에 올라올 일이 생겼다. 곧 내 일터가 될 새 부서를 미리 둘러보기 위해서였다. 정식 명칭은 '고령 환자 전용 응급의학센터Acute Care for Elders'였지만 병원 사람들끼리는 첫 글자만 따 에이스ACE라 불렀다. 실패를 모르는 최정예 전문가들이라는 뉘앙스를 풍기는 이름이었다.

사실, 서비스의 개념 자체는 우리가 처음이 아니다. 1990년대 초에 오하이오주 클리블랜드 대학병원에서 건물 한 층을 통째로 전세 내 고령 노인 환자 전용으로 시범운영한 게 최초였다. 노인들에게 특히 필요한 서비스를 한 장소에 모음으로써 치료 경과를 개선하고 삶의 질을 높인다는 것인데, 구성원만 다를 뿐 원리는 어린이 병원과 다르지 않았다. 이 아이디어는 상당한 호응을 얻었고 실제로도 효과적이었다. ACE팀이 담당했던 환자들은 대부분 신체 기능과 생활력을 크게 회복한 상태로 퇴원했고, 전체적으로 장기 입원율과 재입원율이 눈에 띄게 낮아졌다. 덕분에 병원도 환자도 재정 손실을 줄일 수 있었고 병원의 고객만족도는 수직상승했다. 이 장점들 중 내가 앞에 언급한 항목은 고령 환자가 가장 중시하는 것들이고 뒤에 든 항목은 의료 기관 경영진이 사업의 지표로 삼는 것들이다. ACE 사업의 최초 분석 보고서가 나온 뒤로 지금까지 20여 년이 흘렀다. 그동안 수많은 후속 연구가 서비스의 이점을 널리 입증해 보였고 전국의 수백 개 의료 기관이 앞다퉈 비슷한 서비스를 창설했다. 그리고 이제는 마침내 우리 병원도 그 대열에 합류한 참이었다.

언젠가 노인의학과 과장님이 데이터를 뽑아내 논문 재료로 삼을 만한 우리 병원만의 독창적 요소가 없다면 ACE를 신설한들 아무 의미 없을 거라며 회의적인 반응을 보였던 기억이 떠올랐다. 과장님은 환자들에게 돌아가는 혜택만으로는 부족하다고 판단했던 것 같다. 그런데 불과 몇 년 전만 해도 이랬던 높은 분들의 마음을 뭔가가 돌려놓고 있었다. 요즘 부쩍 노인이나 노화라는 단어가 병원과 의대에서 미래 전략의 표제로 등장하는 것 역시 내가 이 병원에 몸담은 지 25년 동안 한 번도 없던 일이었다. 우리 병원이 남들보다 뒤처져서 그런 건 아니었다. 미국 영토 전체를 통틀어 5,000개가 넘는 병원 중에는 ACE팀도 그와 흡사한 노인의학 전문 클리닉도 두지 않은 곳이 여전히 대다수니까.

병원 구관 건물은 지금도 내가 수련의 시절 기억하던 모습 거의 그대로였다. 15층은 기본적으로 긴 직사각형 모양으로 생겼는데, 바깥쪽으로 세 면을 빙 둘러 환자 병실을 내고 가운데에 간호사 데스크, 약제실, 탕비실, 레지던트 의국, 의사 진료실을 죄다 모아 놓은 배치로 꾸려져 있었다. 최근에 벽면 페인트칠을 싹 새로 한 것 같았고 복도를 쭉 따라 설치된 난간도 전에 못 보던 시설이었다. 한쪽에는 푹신한 의자들을 들여 놓은 다목적 휴게실이 있었다.

한데 따로 안내 표지도 없고 너무 구석진 곳이라 과연 환자와 보호자들이 잘 활용할 수 있을지 의심스러웠다. 무엇보다도, 모두의 극찬을 받은 신관 건물과 대조적으로 이곳에는 진짜 식물은 고사하고 녹색 비슷한 것 하나 없었다. 아무리 좋게 봐줘도 방문자들이 여기가 늘 열려 있고 앞서가며 즐거운 곳이라는 인상을 받을 것 같지는 않았다. 창문도 문제였다. 도심의 신관과 달리 이곳 병실은 자연채광이 전혀 안 되어 밤낮을 구별할 수 없을 정도였다. 게다가, 노인들에게는 지나치게 길기만 한 복도에 걷다가 힘들 때 앉아서 쉴 의자를 중간중간 배치하는 건 당연한데 그런 기본조차 되어 있지 않았다.

실내장식 소품은 어느 병원에서나 흔히 보는 뻔한 것들이었다. 다만, 게시판에 이례적인 노년 모델의 포스터가 붙어 있는 게 특이하다면 특이한 점이었다. 그런데 환자들을 놀리는 것도 아니고 포스터 내용이 좀 그렇다. 사진 속에서는 100세 노인이 마라톤을 달리고, 쭈그렁 할머니가 한 다리를 가로등 기둥에 올리고 나머지 다리로만 지탱해 서 있는 180도 다리 찢기 묘기를 선보인다. 내 경우 지금 꿈도 못 꾸는 건 당연하고 열여덟, 아니 여덟 살 때도 못 했던 동작이다.

간호사 데스크 쪽으로 가 보니 사람들이 컴퓨터를 중심으로 옹

기종기 모여 있었다. 나는 표정 관리를 하면서 뒤로 돌아가 슬쩍 그들 곁에 섰다. 어느 누구도 내 존재를 눈치채지 못했다. (나는 평소에도 종종 이런 장난을 친다. 병원마다 환자와 보호자를 어떻게 대접하는지를 단번에 파악하는 좋은 방법이기 때문이다.) 마지막으로 나는 복도를 따라 한 바퀴 둘러보기로 하고 발걸음을 옮겼다. 그런데 한 방에서는 환자가 욕지거리를 하는 소리가 흘러나왔고 건너건너 방에서는 누군가 끙끙대며 신음하고 있었다. 높낮이도 다양한 각종 기계음은 말할 것도 없었다. 이런 삭막한 환경에서 사람들이 회복되어 집에 돌아간다니, 나는 새삼스럽게 또 기함하고 말았다.

ACE는 나이만 많은 게 아니라 병까지 든 노인들, 즉 제4연령기를 위한 서비스다. 제3연령기의 정정한 노인들이 아니라 말이다. ACE팀은 일선에 나설 수도 있고 자문만 하기도 하는데, 우리 병원은 후자 쪽이었다. 원칙적으로 ACE의 특징은 크게 네 가지로 압축된다. 바로 노인 친화적 환경, 독립성을 독려하는 설계, 입원 기간 최소화 주의, 그리고 입원 중 합병증을 줄이기 위한 팀 관리감독 시스템이다.

노인 전문 병동이라 하면 카펫 깔린 바닥과 식사나 가족 면회를 위한 공동 휴게실 이렇게 두 가지는 기본으로 갖추고 있는 게 보통이다. 카펫 위에서는 다리에 힘이 없는 사람도 발이 미끄러지지 않을뿐더러 신발굽 딱딱거리는 소리가 흡수되어 한밤중에 잠을 깰 일이 없다. 무엇보다 카펫의 최대 장점은 병원이 아니라 집에 와 있는 기분을 주기에 환자를 심리적으로 안정시킨다는 것이다. 또 식사가 사교의 일부가 될 때 사람은 더 잘 먹기 마련이다. 혼자 있지 않아도 되고 훨씬 즐거우니 환자는 배가 안 고파도 식사 시간을 기대하게 된다. 하지만 우리 ACE 병동에는 두 가지 요소가 모두 빠져 있었다. 기껏해야 활동 면에서 환자들의 홀로서기를 돕기 위한 인테리어 장치 몇 가지가 고작이었다. 붙잡고 걸어 다니도록 복도 난간을 새로 설치하고, 달력과 일정표처럼 환자가 봐야 할 원내의 모든 게시글에 활자를 크게 인쇄하고, 환자가 혼자서도 편하게 사용할 수 있도록 좌변기 높이를 높여 놓는 식으로.

일반적으로 이런 유의 서비스에서는 환자가 입원하면 바로 퇴원 대비 계획을 시작하는 게 원칙이며, 이때 사회복지사는 환자가 귀가하기 전에 마쳐야 할 조치들이 무엇인지 파악하는 작업에 들어간다. 그런데 출근 첫날, 나는 팀 회의 시간에 사회복지사의 얼굴을 볼 수 없었다. 나중에 알고 보니 그들의 최우선 임무는 환자를 하루빨리 퇴원시키는 것이라고 했다. 환자의 다음 행선지가 집인지 아니면 요양 시설인지 여부는 관심 밖인 것 같았다.

성공적인 ACE 운영을 위한 최후의 핵심 요소는 다자간의 긴밀한 협력이다. 간호사, 의사, 의료조무사, 영양사, 사회복지사, 재활치료사 등 모든 팀 구성원이 참석해 환자 관리에 관한 의견을 나누는 자리를 정기적으로 갖는 게 다 이 목적을 위해서다. 우리 병원도 예외는 아니다. 음, 어쨌든 비슷하게 모이긴 했었다. 그렇지만 재활 치료사에게는 참석 권한이 아예 없었고, 간호사는 늘 바쁘다며 코빼기도 보이지 않았으며, 나머지도 기타 등등의 핑계로 불참하는 일이 다반사였다. 우리 병원은 증거에 입각한 의학 연구를 허구한 날 노래하면서 노인 환자들에게는 이렇게 꼼꼼하게 할 필요가 없다고 여기는 게 분명했다.

"막 시작했잖아요."

동료들은 다들 희망적이었다.

"그것만으로 이미 장족의 발전이야. 앞으로 5년만 더 두고 보자고요."

틀린 말은 아니다. 그건 나도 알고 있었다. 그런데 특별히 암 환자, 어린이, 혹은 임신부만을 위해 최근 신설된 전용 클리닉들 가운데에도 이처럼 기준 미달인 곳이 있었던가. 아니, 없다. 노인 환자들에게만 유독 느긋하게 구는 건 우리 병원 말고도 많았다. 게다가 전체적으로 비교하면 우리는 꽤 잘해 나가고 있는 편이었다. 그럼에도 시설은 부적합하고, 담당자는 죄 고집불통에, 증거 입각 원칙은 유명무실이고, 환자 돌봄 관리에는 빈틈투성이인 게 내 눈에는 다 보였다. 상황이 이 꼴인데도 다들 찬사 일색이라니 도무지 이해할 수 없었다.

첫날은 완벽했다. 환자들은 더없이 사랑스러웠고, 작업치료사와 물리치료사는 회의 참석 자격까지는 얻지 못했어도 다들 실력자였다. 모든 게 새롭고 신났고 꿈이 이뤄지는 것만 같아서 흥분하지 않을 수 없었다.

그런데 다음 날, 나는 작업치료사들과 물리치료사들 말고는 누구도 신설된 ACE 서비스를 썩 맘에 들어 하지 않는다는 사실을 눈치챘다. 우리 팀에 흥미를 보인 간호사는 병원 전체를 통틀어 딱 두 명뿐이었다. 그럴 만도 한 게, 일거수일투족 감독받으면서 주치의도 아닌 사람들에게 사사건건 보고해야 하는 자리가 탐날 리는 없었다. 우리에게 상담을 받고 간 환자들의 주치의 몇몇은 월권은 하지 말라며 불쾌해했고 나머지 대다수는 묵묵부답으로 의지를 전달했다. 이런 반응으로 나는 분명하게 알 수 있었다. ACE 신설이 성사되긴 했지만 여전히 대세 의견은 반대쪽이며 그것도 상당히 강경하다는 것을 말이다. 그들은 ACE가 해결하려고 애쓰는 문제들은 인식하지 못했다. 그런 마당에 고루한 관료주의에 젖어 ACE 팀의 발목을 잡고 시간만 허비하게 만들고 있었다.

이날 오후, 한 간호사가 내게 급히 도움을 요청했다. 환자의 상태와 의료진의 치료 방향이 안 맞는 것 같다는 것이었다. 간호사 뒤를 따라 병실에 들어가니 침대에서 반 혼수상태의 노부인이 고통에 신음하면서 자그마한 몸을 꿈틀거리고 있었다. 원래는 까무잡잡했을 피부색은 마치 제 살갗이 아닌 양 노랗게 떠 있었다.

딱 한눈에도 조지아는 죽어 가고 있는 게 보였다. 나는 컴퓨터에서 차트 파일을 찾아 열었다. 기록에는 그녀가 벌써 몇 개월째 입원 중이고 대부분은 집중치료실에 있었던 것으로 나왔다. 신체 장기가 하나씩 차례대로 부전 상태에 빠지는데, 예전에 조지아가 시도할 수 있는 모든 치료를 다 해 달라는 뜻을 밝혀 뒀었기 때문에 지금 그 말대로 하는 중이라고 했다. 자주 들여다볼 형편이 못 되는 가족들은 본인의 의사를 존중한다는 입장이었다. 그런 사연으로, 그녀는 최소한도의 통증 관리만 하는 고식적 의료에 만족하는 대신 지금 정맥수액 줄을 주렁주렁 달고 이러고 있는 것이었다. 나는 조지아의 주치의에게 전화를 걸어 이것저것 질문했다. 그는 아직 희망이 있으며 포기하기는 이르다고 했다. 나는 그를 설득하려고 애썼지만 별 소용은 없었다. 이날만도 여러 차례 병실을 들여다봤는데 조지아는 매번 아까 그 상태 그대로였고 늦은 오후에는 의사가 카테터까지 삽입하고 있었다. 이틀 뒤, 소식을 듣고 병원에 온 자식들은 어머니가 '이런 식'으로 살아남길 원한 건 아니라며 안타까워했다. 그 말은 병원 방식의 '간병'이 환자를 더 비참하게 만들었다는 뜻이었다. 조지아는 그날로 호스피스 병동으로 옮겨졌고 그곳에서 평온하게 숨을 거뒀다.

셋째 날, 나는 출근길에 바로 의국으로 직행해 컴퓨터 하나를 붙잡고 앉았다. 때마침 통증에 정신줄을 놓은 젊은 환자 하나가 복도에 나와 고래고래 소리를 지르며 소란을 피우고 있었다. 이른 아침이면 으레 보는 광경이었다. 암세포는 건강했던 신체조직뿐만 아니라 이성까지 갉아먹는 것이다. 나는 습관대로 뭐 도울 게 있나 싶어서 밖으로 나갔지만 이미 진압이 끝났다는 얘기만 들었다. 다시 컴퓨터 앞으로 돌아온 나는 일단 안경을 고쳐 썼다. 전자 차트는 여전히 눈에 설었다. 부서도 옮긴 김에 이제는 끝장을 봐야겠다는 결심이 선 나는 먼저 IT팀에 연락했다. 하지만 자신들이 해결할 수 있는 문제가 아니라는 답만 들어야 했다. 그래서 이번에는 설비팀에 전화를 걸었다. 그들은 요청하면 우리 팀 전체의 컴퓨터 장비를 교체 받을 수 있다고 알려 주었다. 다만 모든 절차를 마치고 물건이 오려면 6개월이 걸린다는 거였다. 최후의 수단으로 제조사 소비자 센터에 연락해 임시방편을 전수받았다. 그러나 이것마저 우리 병원 컴퓨터에서는 효과가 없었다. 밖에서는 진압됐다는 청년이 내지르는 욕지거리가 여전히 온 복도에 쩌렁쩌렁 울리고 있었다. 문틈으로 살짝 엿보니 병실 하나가 유난히 수선스럽고, 유니폼과 침대 시트와 환자복 사이로 세포가 죽어 시커멓게 변한 환자의 살갗이 간간이 보였다. 아무래도 점심 전에 환자가 진정되는 건 불가능할 것 같았다. 그래도 포기하지 말고 계속 수고해 달라고 나는 혼잣말로 중얼거렸다. 그러고는 책상으로 돌아가 미간을 잔뜩 찌푸린 채 다시 일에 몰두했다.

그러다 점심 직전에 진료 한 건이 새로 잡혔다. 열혈 야구광인 80대 후반의 노신사였다. 운동 삼아 매일 공원을 산책한다는 얘기에 처음에는 라파엘이 건강한 줄 알았다. 그런데 간단한 신체검사에서 오른쪽 다리의 근육에 힘이 전혀 들어가지 않는다는 걸 발견했다. 나는 그의 주치의에게 전화를 걸어 증상을 설명했다. 그런 뒤 도움이 될 만한 치료법을 제안하려는 찰나, 주치의가 내 말을 단칼에 잘랐다.

"아뇨! 지금부터는 제가 알아서 처리하겠습니다."

그렇게 그녀는 제 할 말만 하고는 먼저 전화를 끊어 버렸다. 10

분 뒤, 라파엘이 짐을 잘 풀었는지 확인하러 찾아간 나는 병실 밖 복도에서 그녀를 만나 내 소개를 했다. 그녀는 예의상 내가 청한 악수에만 응하고는 쌩 뒤돌아 가 버렸다.

ACE가 문을 연 지 나흘째, 나는 비탄에 빠졌다. 첫날의 의욕도 미래에 대한 희망도 온데간데없었다. 그래도 겉으로는 아무렇지 않은 척 추적관찰 중인 환자들에 관한 간밤의 경과 보고서를 읽고 재활 치료사들과 의견을 나눴다. 그러는 내내 레지던트들이 방 안을 들락날락했지만 어느 하나 우리에게 알은체하지 않았다. 젊은 암 환자는 오늘도 자신의 처지를 온 병원에 광고하고 있었다.

나는 환자 선별 기준을 정하는 데 참고할 만한 게 있나 보려고 유사 연구 논문 여러 편을 꼼꼼히 읽었다. 우리 병원에는 아직 제대로 된 기준이 없기 때문이었다. 그러다 오전 중에 새 환자가 몇 명 더 들어왔기에 그들의 차트를 검토했다. 그런 다음 내가 한 일은 ACE팀의 우두머리를 찾아가는 것이었다. 하지만 나를 기다리는 것은 불 꺼진 채 잠겨 있는 사무실이었다. 그가 해외출장 중이라는 사실을 깜빡 잊은 것이다. 할 수 없이 나는 그의 직무대리에게 전화를 걸어 정말 진심으로 면목 없지만 더 이상 ACE에서 일하지 못하겠다고 선언했다.

친절하게도 과장님은 그런 나를 위로하고 달랬다. 그녀가 내게 상냥하게 대할수록 내 머릿속은 점점 몽롱해졌다. 그러다 어느 순간부터 내가 왜 의사가 되었는지 알 수 없게 되어 버렸다. 의사로서 목격하거나 직접 했던 잔인한 일들도, 의료진 전원이 최선을 다

하는데도 환자와 그 가족이 여전히 고통받던 상황들도 하나하나는 작은 생채기라고 무시하고 넘겼는데 쌓이고 쌓이니 어느새 감당할 수 없는 정신적 외상으로 커져 버린 것이다. 나는 최근에 환자 입장도 되어 봤고 환자의 딸이기도 했었다. 경험자로서 장담하건대 그런 상황에서는 소리, 시각, 냄새, 감정 같은 것들이 한데 어우러져 오히려 강도 약한 고문 효과를 낸다. 병원에 있는데도 치유되는 게 아니라 더 고통을 받는 것이다. 내 경우, 번아웃 증후군이 아직 진행 중이었고 더 이상 쌩쌩한 청년이 아닌지라 나는 한꺼번에 닥쳐온 시련에 도저히 꿋꿋한 척할 수가 없었다.

병원에 실망한 것과 별개로 나는 의료윤리와 철학 면에서도 고민이 많았다. 우리 병원이 마침내 노인을 주목하기 시작했다는 것은 분명 엄청난 발전이었다. 그뿐만 아니라 훨씬 더 윗분들이 소위 고령 친화적 의료 체계라는 표어를 밀기 시작했다는 소식도 그렇게 반가울 수가 없었다. 세계보건기구는 고령 친화적 의료 체계를 노년층의 니즈를 충족시켜 주는 체계라 정의하면서 다음과 같이 분석한다:

> 사람이 나이를 먹으면 각종 신체 기능은 점점 떨어지는데 만성질환은 하나 둘 늘어 간다. 그런 점에서 노년기의 건강관리는 갈수록 복잡하고 어려워진다. 그런데 일반적으로 현대 의료 기관들이 최우선적 목표로 삼는 바는 급성 질환과 당장의 증상부터 완치시키는 것이다. 게다가, 환자에게 건강 문제가 발생하면 그때그때 단편적 사

건으로 간주해 처리하는 방식에 여전히 안주하고 있다. 배경 상황이나 시간 추이를 고려하지도, 분야 간 공조를 도모하지도 않는다. 오늘날의 의료 체계에는 개혁이 필요하다. 새로운 의료 체계는 효과 확실한 중재치료를 합리적인 가격으로 널리 보급하는 통로가 되어야 한다. 그리하여 노년층의 니즈를 충족시키고 노후에 의료 기관에 들락거릴 일을 최소화할 수 있어야 한다.

이제 우리 병원도 고령 환자들에게 눈길을 준다는 게 좋은 징조임은 틀림없었다. 그러나 ACE팀을 향한 타 진료과들의 싸늘한 반응과, 아직은 제한적인 활동 범위가 노인의학에 대한 편견을 오히려 악화시킬 수도 있다는 생각에 나는 불안했다. 실제로, ACE에 협진 의뢰가 들어오는 건들은 거의 노인성 장애에 그치고 있었다. 더구나 주치의팀에게 이런저런 제안을 해도 늘 쇠귀에 경 읽기일 뿐 임상에 반영되는 일은 드물었다.

그런데 이 현실이 거슬리는 건 오직 나뿐인 것 같았다. ACE의 동료들은 노인의학과가 아예 없는 다른 병원들에 비하면 우리는 얼마나 좋은 형편이냐며 마냥 낙관적이었다. 그 말도 맞다. 문화란 하루아침에 바뀌는 게 아니니까. 그럼에도 나는 이 자기위안에 다른 속뜻이 있다는 느낌을 지울 수 없었다. 동료들의 말이 꼭 내게는 가정폭력에 시달리는 여자가 이렇게 중얼거리는 소리로 들렸다. '점점 살 만해지는걸. 저이가 여전히 손찌검을 하긴 해도 올해는 기절할 때까지 팬 적은 없잖아.'

첫 주를 마무리한 내 자리를 다음 주에는 다른 동료가 맡아 들어왔다. 대학병원에서는 워낙 일이 많아 이렇게 돌아가면서 역할을 바꾸는 경우가 흔하다. ACE에서 보낸 첫 주가 의사로서도 한 인간으로서도 그다지 유쾌했다고 말할 수는 없다. 그런데 지금 돌이켜보니 이 시기의 경험이 일종의 중년의 위기 같은 것이었다는 생각이 든다. 그렇게 치열하게 고뇌하다가 노년기에 들어서서 비로소 자신의 정체성과 가치를 발견하고는 깨달음의 환희를 즐기는 것이다. 그렇게 해서 내가 깨달은 나의 진가는 이렇다. 나는 환자들의 불평불만을 들어 주는 데에 도가 튼 베테랑 외래 의사이고, 창의적 사고를 독려하면서 서로 협력하는 환경에서 최고의 실력을 발휘한다. 중간에 방황했던 건 그런 환경을 찾지 못해 헤매느라 그런 것이었다. 나의 무대는 생각보다 아주 가까이에 있었다. 살짝 다른 각도에서 다시 한번 꼼꼼히 살펴보니 이 세상과 의료계와 우리 병원 곳곳이 다 그런 기회의 땅이었던 것이다.

인간의 값어치

어느덧 80대에 접어든 엄마가 치즈를 자르고 있다. 원래 아담했지만 크게 넘어져 척추가 골절된 이후로 더 자그마해진 엄마에게 주방 작업대는 너무 높다. 엄마는 안 그래도 딱딱한 거대한 삼각형 모양의 고다 치즈 위에 올려놓은 칼을 있는 힘껏 내리누르지 못해 애를 먹고 있다. 자칫 칼이 미끄러져 엄마가 다칠까 걱정이다. 내가 재빨리 껍질만 대신 벗겨 줄까 잠시 고민한다. 그러다 이 주방의 총사령관은 엄마임을 기억하고는 마음을 고쳐먹는다. 게다가 우리가 당장 굶는 것도 아니고 엄마가 진짜 주방에서 다쳐서 붕대를 칭칭 감고 나타난 적도 여태 없지 않았는가. 나는 크게 심호흡을 한다. 급할 건 없다. 오후에 가족이 다 모일 시간을 대비해 간식거리로 미리 잘라 놓으려던 거니까. 게다가 잘린 치즈의 모양이 말끔하든 좀 비뚤배뚤하든 무슨 상관이랴. 지금 상황에서 유별나게 구는 건 나쁜이다. 물론 신속 정확하지 않으면 안 되는 일도 있다. 하지만 치즈 자르기는 거기에 속하지 않는다.

현대인의 삶은 모든 게 속도전이고 멀티태스킹은 선택이 아닌 필수다. 그런 까닭에 나이 든 사람들은 실정에 어둡다거나 시대에 뒤처졌다는 비웃음을 사기 일쑤다. 소셜미디어가 불안감을 증폭시킨다는 연구 자료와 더불어 스트레스 해소 앱들이 해마다 쏟아져 나오는 걸 보면 현대인이 얼마나 스스로를 혹사시키고 있는지 잘 알 수 있다. 그러니 요즘 사람들은 죄다 불행하고 일찍 늙을 수밖에. 나이 든 사람들이 젊은이에 비해 느릴 수는 있다. 그런데 그건 우리가 반드시 재빨라야만 할 때와 그저 속도를 내면 더 좋은 때를 구분할 줄 알아야 한다는 뜻 아닐까. 해결이 필요한 진짜 골칫거리가 따로 있고, 손보면 나아지겠지만 지금 이대로도 별문제는 없는 게 따로 있다는 소리다.

집단 수준에서는 노년층의 자산 규모가 다른 연령 집단에 비해 큰 것도 사실이지만, 더 이상 수입이 없는 평범한 개개 노년층은 형편이 그리 넉넉하지 않다. 소득 상위계층은 돈이 남아 저축에 더욱 열심인 한편 저소득층은 그럴 여유가 없어 갈수록 더 가난해지고 어쩔 수 없이 계속 일을 나간다. 한데 최근에는 부유하든 가난하든 모든 노년층이 근로 연수를 최대한 연장하는 추세다. 그러는 이유는 두 소득계층이 서로 다르지만, 오늘날 정년 후 재취업은 더 이상 화젯거리 축에도 못 낄 정도로 흔해졌다.

최근 연구들에 의하면 60대 남성이 은퇴하면 2년 이내에 사망할 위험이 크게 증가한다고 한다. 더불어, 앞 세대 조상들이 같은 나이였을 때와 비교해 건강 상태가 훨씬 좋은 60대 이후 노년층의 40퍼센트 이상은 아직 일을 하고 있는 것으로도 조사됐다.

IT 업계는 서른이면 노땅, 마흔이면 고대 조상님 취급당하는 문화가 지배하는 세계다. 그런 IT 업종의 입김이 갈수록 세지는 우리 사회에서 최근 70대 어른들이 어엿한 하나의 노동인구 집단으로서 무섭게 급부상하는 흥미로운 광경이 펼쳐지고 있다. 혹자는 전공을 살려 예전 일터로 돌아가고 혹자는 새로운 분야에 도전하기도 하지만, 전반적인 경향은 근무 시간을 전성기 시절보다 짧게 잡는다는 것이다. 단축 근무는 본인이 계약서를 그렇게 쓰는 것일 수도 있고 공론에 의해 관행이 된 것일 수도 있다. 후자의 경우 노년층의 실업률을 낮추면서도 완전고용까지 가지는 않게 한다는 게 목적이다. 사람들은 지쳤다고 느낄 때 스스로 은퇴를 준비하거나 후대를 위해 물러나 주어야 한다는 의무감에 은퇴를 받아들인다. 하지만 그를 기다리고 있는 것은 삶의 목적도 넉넉한 수입도 없이 어디서도 낄 자리를 찾지 못하는 하루하루다.

"나태함만큼 노화를 재촉하는 것은 없다."

16세기에 프랑스 의사 앙드레 뒤 로랑스André du Laurens가 남긴 말이다. 로랑스는 늙어서도 쓸모 있는 사람으로 남으려면 육신의 노화에 굴복하지 말고 삶의 목적과 몸을 움직일 거리를 계속 찾아야 한다고 믿었다. 그로부터 한 세기 뒤 후손들은 노인 간호의 필요성을 옹호했지만 로랑스의 논리를 부정해서가 아니라 그럼에도 한계가 있기 때문이라는 식이었다. 대표적인 인물이 프랑스의 의사 프랑수아 랑신이다. 1627년에 랑신은 의학이 노년층의 건강관리에 보다 적극적으로 나서야 한다고 주장했다. 이것이 쉽지 않은 일임은 그도 인정한 바였다. '의사뿐만 아니라 노인을 상대하는 자라면 누구나 노인들이 불평불만투성이에 괴팍하고 까다롭다는 걸 너무나 잘 알기' 때문이었다. 그런 점을 들어 랑신은 노인 간호가 '힘들고 어렵지만 …… [사회에] 큰 보탬이 되고 필수적인 …… 숭고하고 중요한 일'이라고 강조했다.

1930년대에 이그나츠 내셔는 뉴욕 시립 구빈원인 시티팜콜로니의 의학 과장으로 재직하는 동안 실천으로 시민들을 교육했다. 그가 펼친 활동은 구빈원에서 지내는 고령 빈민층에게 '구직을 장려하고, 점점 늙어 가는 외모에 떳떳하라고 자극하고, 삶에 임하는 마음가짐을 바로잡도록 돕고, 구빈원 안에 독서실과 휴게실을 새로 꾸미고, 근로자 소모임을 지원하고, 소모임들끼리의 건전한 경쟁을 자극하는' 등 실로 다양하다.

동부에 내서가 있다면 서부 샌프란시스코에는 아동심리학자 릴리엔 J. 마틴이 있었다. 동시대 인물인 마틴은 집 안에 성질 고약한 노인이 있으면 어린아이가 영향을 받아 행동장애 증세를 보이기도 한다는 것을 알아냈다. 단, 노인들이 괴팍해지는 것은 몸이 불편하거나 병이 있어서가 아니라 삶의 목적과 존재가치를 상실한 탓이 컸다. 그런 까닭으로 마틴은 노인을 위한 심리치료에서 "밖으로는 [노년기에 우리를 기다리고 있는 것은 노쇠 현상과 절망뿐이라는] 그릇된 사회통념을 타파하고 그와 동시에 안으로는 그런 통념도 인정하면서 늙어 감과 함께 따라오는 어떤 고난도 수용할 수 있는 품으로 인격을 수양하는 이중의 작업이 요구된다"고 강조했다. 마틴의 연구에 따르면 지난 수백 년 동안 자식들과 의사들이 괴팍한 늙은이에게 내리 괴롭힘당해 온 것은 사실 사회가 자초한 결과라는 분석이다. 정서적 갈증은 연령 불문 모든 인간의 본능적 욕구인데 이 헛헛함을 채울 기회를 유독 노인들에게서만 박탈한 대가인 것이다.

하찮음, 쓸모없음, 짐 덩어리, 못난이, 열등함. 여기까지 듣고 어떤 이미지가 떠오르는가? 전부 오늘날 노인을 가리킬 때 흔히 사용되는 표현들이다. 그런데 여기서 '노인' 자리에 갓난아기, 장애인, 혹은 특정 인종을 갖다 놓더라도 말의 앞뒤는 여전히 막힘이 없다. 요즘 세상에 태어나서 죽을 때까지 단 한 번도 이 중 어느 하나에도 걸리지 않고 지나가는 사람은 없을 것이다. 그런 의미에서 지금부터 이 단어들을 하나씩 뜯어볼까 한다.

뭔가가 '하찮은지 아닌지' 여부는 현재 내가 누구이고 어디에 있으며 얼마나 가치 있는 사람인가에 좌우된다. 한마디로, 판정 결과가 심판관에 따라 달라진다는 소리다. 같은 사람인데도 어떤 분야에서는 별 볼 일 없지만 다른 분야에서는 주요 인사로 대우받는 것처럼 말이다. 이 개념은 자신이 하는 일, 자신이 속한 세계, 자신의 세계관이 남들 것보다 중요하다는 사람들의 믿음 때문에 생겨난다. 자연스럽게 이 개념이 언급되는 상황의 배경에는 화자話者가 존재함을 암묵적으로 알 수 있다. 샌프란시스코만 봐도 그렇다. 이 도시에 유난히 몰려 사는 젊은 IT 개발자들은 평범한 대화에도 괜히 전문용어를 남발한다. 이것은 나와 남 사이의 경계선을 분명하게 긋는 의지의 표현이자 사회 구성원을 요즘 사람과 '노인네'라는 딱 두 종류로 양분하는 행위이기도 하다. 평범한 90세 노인이 최첨단 공학 기술에 빠삭하다면 정상은 아닐 것이다. 하지만 그건 약관 청년도, 마흔 장년도, 예순 중년도 보통 사람이라면 누구나 마찬가지다. 샌프란시스코 시민들은 관련 상품 한두 가지를 매일 사용하긴 해도 대부분 IT 기술을 잘 모른다. IT 개발자들의 시선에서는 이 사람들 전부 하찮은 인간인 셈이다. (그렇다면 묻고 싶은데, 위대한 IT 천재님들은 애초에 누구를 위해 제품을 개발하는 건지?)

또, 이건 어떤가. 경제지 『이코노미스트』에 보도된 바 있듯, 최근 실리콘밸리는 새로운 도약의 발판으로서 실버 경제에 주목하고 있다. 구직 웹사이트와 택시 호출 앱부터 도우미 로봇과 스마트 보청기까지 노년층을 겨냥한 각종 유망 기술이 연일 쏟아진다. 그러나 실제 노인 사용자를 모집해 실용성 테스트를 거치고 개량 작업을 반복하지 않는 한 어떤 아이디어도 시장에서 끝까지 살아남지는 못할 것이다. 아무리 그들을 위해 개발되었다고 해도 최종적으로 실사용자가 잘 써먹는 것만이 성공한 기술이다.

언뜻 '쓸모없음'은 하찮음과 똑같은 것 같다. 중요성과 가치의 정도를 따진다는 면에서다. 만약 '쓸모있다'는 표현의 정의가 노동을 통해 사회에 기여한다는 것이라면, 이 맥락에서는 어린이도, 주부도, 장애인도, 떠돌이 노숙자도, 무직자도 전부 사회에서 쓸모없는 잉여인간이 된다. 이때 앞의 세 잉여인간 유형은 대개 가족이라는 울타리의 보호를 받는다. 우리 모두 그걸 당연한 일로 받아들이고 혹자는 그런 가족의 순기능에 찬사까지 보낸다. 그렇다면 그런 '쓸모없음'의 정의는 뭔가 이상하다. 자고로 보살핌을 필요로 하는 구성원이라면 누가 됐든 돌보는 게 가족이기 때문이다. 돌볼 대상이 누구인지는 그때그때 달라진다.

일각에서는 어린이는 나라의 미래라는 상투적 미사여구를 내세우며 자녀 양육은 특별하다고 주장한다. 한데 어린이가 자라 성인이 되었을 때 그런 어른 대다수는 어린 시절 한 몸에 받았던 세상의 기대에 반도 못 미친다.

반면, 고령 성인 집단 안에서는 사회발전에 혁혁한 기여를 한 공로자가 상당수다. 그렇다면 노인이 어린이보다 훨씬 낫지 않으냐는 주장이 나올 법도 하다. 지난날 그들의 헌신에 이제는 사회가 보상할 차례라고, 게다가 풍요로운 노후를 '쟁취'하려면 일찍부터 정진하라고 젊은이들을 부추길 자극제도 되니 일석이조 아니냐고 말이다. 그런데 여기서 또 짚고 넘어갈 게 있다. 어떤 활동이 사회 기여로서 얼마나 의미 있는지 판정하는 과정에서 신중하지 않으면 안 된다는 것이다. 여기서 나오는 탈락자는 남은 평생 심각한 곤경에 빠지게 될 테니 말이다.

다음 표현은 '짐 덩어리'다. 좋은 친구 혹은 존경 받는 부모 혹은 잘 자란 자식 혹은 듬직한 부하직원 입장에 한 번이라도 서 본 적이 있는 사람이라면 누구나 모든 인간관계가 서로에게 어느 정도씩 짐을 지우는 것임을 잘 알 것이다. 우리는 이 짐을 때로는 의무감에 지고, 때로는 일자리가 필요해서 혹은 그저 좋은 사람이 되고자 떠맡는다. 아니면 모두가 만족하는 관계를 이어 가기 위해 약간의 부담이 불가피한 상황도 있다. 만약 우리 인생에서 짐 덩어리의 기준에 부합하는 항목을 하나씩 제한다면 마지막 순간에는 허울만 남게 될 것이다.

'못난이'라는 말에는 상대성이 있다. 혹자의 눈에는 못난이인데 또 누군가는 귀엽다고 말하는 식이다. 항상 그런 것은 아니고 진짜 못생겨서 못난이라고 불릴 때도 있다. 또, 몇몇 인구 집단은 전체가 특출한 외모로 정평 나 있다. 에티오피아인, 북유럽인, 동남아시아인이 그 예다. 사실 따지고 들면 인종, 지역, 연령대 할 것 없이 어느 집단이나 미모 우열의 경향이 존재한다. 갓난아기들은 대부분 못난이다. 10대 아이들도 마찬가지다. 노년층의 경우는 미(美)와 어떻게든 연결되는 특징을 찾지 못하겠다는 이유로 못난이 판정이 내려지는 일이 흔하다.

마지막으로, '열등함'이라는 단어는 계급 구조의 존재를 암시한다. 나머지는 전부 일인지하에 있고 하나뿐인 만인지상의 우월한 존재가 군림하는 이상한 계급 구조다. 그런데 인류 전체에서든 한 나라 안에서든 막상 그런 존재를 대라고 하면 딱 떠오르지는 않는다. 정의대로라면 어느 잣대로도 우리는 모두 열등한 종자다. 그럴진대 돈을 못 번다고 해서, 경제에 보탬이 되지 않는다고 해서 노년층이 중년층보다 열등하다고 감히 말할 수 있을까? 보유자산이 아니라 현재 월 소득만 따지면 그럴 수도 있겠다. 하지만 그러면 그들이 지난 수십 년 동안 나라를 이만큼 키워 놓은 모든 공로를 우습게 여기는 것이나 다름없다. 그런데도 정말 노년층 전체가 복지 혜택을 누릴 자격이 없는 걸까?

생명의 값어치를 오직 쓸모 있고 없고로만 매기는 것만큼 경솔한 짓은 없다. 그럼 어린이는 어떻게 되는가? 타고나기를 행동이 굼뜬 사람은? 재주가 부족하거나 원래 하는 일마다 재수가 없다면? 몸이 아픈 환자라면? 명석하지만 약삭빠르지도 않고 출세 욕심도 없는 사람은? 특히, 이른바 '나약한 성별' 혹은 '열등한 인종'은? 인간이 가진 온갖 편견을 다 갖다 대서 이래 제하고 저래 빼다 보면 멀쩡한 사람은 몇 남지 않는다. 나머지는 모두 무용지물 낙인을 받고 버려졌다. 게다가 살아남은 극소수도 몇 년 뒤에는 똑같은 신세로 전락할 게 뻔하다. 만약 경제 생산성이 보살핌과 동정을 받아도 좋다는 누군가의 자격을 정하는 유일한 기준이라면, 우리는 모두 큰일 난 셈이다.

사랑받는 사람

빌 헤이스Bill Hayes의 《인섬니악 시티》는 나이도 성별도 초월한 아름다운 사랑 이야기를 담은 걸작 중의 걸작이다. 이 책에서 올리버 색스는 말한다.

「나는 적극적인 병리에 더 흥미를 느끼는 것 같더군.」

첫 번째 파트너 스티브 번Steve Byrne이 마흔넷의 젊은 나이에 돌연사한 일로 크게 상심한 헤이스는 뉴욕으로 건너와 색스를 만났다. 둘은 나이차를 극복하고 연인이 되었는데, 색스가 여든둘에 세상을 떠났을 때 헤이스는 50대 초반이었다. 두 연인 모두 먼저 떠나보냈다는 점에서는 이게 슬픈 얘기라고 착각하기 쉽다. 그러나 사실 이 책은 재치와 유머로 충만해 눈이 부실 정도다. 마찬가지로, 번의 사망 당시 나이와 색스가 세상을 떠났을 때의 나이를 나란히 놓고 보면 자칫 전자의 죽음이 더 비극적이라고 단정하기 십상이다. 물론, 재능을 펼칠 수십 년의 기회를 잃었다는 점에서는 번에게 안타까운 일이었다. 그리고 번의 죽음으로 갑자기 홀로 남겨져 앞날이 막막해진 헤이스에게도 어쩌면 그랬을지 모른다. 하지만 훗날 헤이스는 모두 자신보다 앞서 보낸 두 연인을, 어느 하나가 다른 하나보다 낫다고도 밀린다고도 할 수 없이 그저 각자 자신만의 개성을 지닌 두 사람으로 묘사한다. 아무래도 사별한 지 얼마 안 된 데다가 훨씬 흥미로운 인물이라는 점에서 색스가 약간 우위를 차지한 듯하긴 하지만 말이다.

적극적 병리를 언급하는 색스에게 바로 헤이스는 그게 뭐냐고 묻는다. 나는 그가 그렇게 해 줘서 안도했다. 나 역시 그게 궁금했기 때문이다. 이에 색스는 의학의 통상적 주제인 상실이나 부재가 아니라 생리 기능이 과도해지고 '비정상으로 비대해지는' 현상이라고 답한다. 노년기를 묘사하는 헤이스의 방식이 얼마나 적확한지 내가 감탄을 금치 못했던 여러 대목 중 하나가 바로 여기였다. 그는 균형을 잡을 때, 양말을 벗을 때, 취침 전 먹을 약을 챙길 때 누군가의 도움을 필요로 하는 색스의 상황을 담담한 어조로 기술한다. 이건 골칫거리도 아니고, 능력의 상실도 아니고, 불편한 일도 아니다. 그렇기에 단순한 사실로서 슬쩍 흘리고 넘어가면 그뿐이다. 아니면 색스의 별난 성격을 더 부각시켜 그를 더 그다워 보이게 하거나.

이 에세이에서 헤이스는 노년기는 수많은 상실이 축적된 결과물이라는 사회통념과 정반대되는 시각을 보여 준다. 그에게는 나이와 상관없이 모든 인생이 중심부의 존재와 여백 이렇게 딱 두 가지 요소로만 정의되는 하나의 예술품이다. 노년기에는 주목할 가치도 없는 먼지 파편밖에 남지 않는다는 일반적인 사회통념과는 대조적이다. 헤이스는 상식적이지 않은 자신의 가치관을 구구절절 해명하지 않는다. 대신 일화와 사진을 통해 직접적으로 보여 준다. 독자들로 하여금 있는 그대로의 진실을 단번에 흡수하게 만드는 더없이 효과적인 전략이다. 분명, 색스는 헤이스가 '비대해졌다'고 묘사한 삶을 살았다. 당시에 그 정도로 건강하게 장수했다면 상당히 이례적인 케이스다. 그럼에도 헤이스는 특유의 화법에 걸맞게 독자들에게 한 마디 사과도 변명도 없이 있는 그대로의 현실을 무미건조하게 풀어낸다.

서른 살 연상인 색스가 먼저 세상을 떠날 거라는 건 두 사람 모두 진즉 예상했을 것이다. 그렇긴 해도, 색스는 시한부 선고를 받기 두 주 전까지만 해도 본인이 완벽하게 건강하다고 여겼다. 급작스러운 소식은 두 사람에게 크나큰 충격과 슬픔을 안겼지만 그의 나이를 고려하면 터무니없는 일도 아니었다. 그가 나이를 크게 신경 쓰지 않았다는 점만 빼고는 말이다. 색스는 의사들에게 자신의 뜻을 확실하게 못 박는다. 자신은 하고 싶은 일을 다 하면서 살 만큼 오래 살았다고, 그에게 중요한 것은 '시간이 얼마나 남았느냐가 아니라 하루든 한 달이든 남은 시간을 어떻게 쓰느냐'라고 말이다. 그는 얼마 남지 않은 마지막 순간을 그가 가장 사랑하는 것들에 쏟아붓기를 원했다. 여든둘의 나이에 오토바이로 고속도로를 질주하거나, 다시 의사 노릇을 하지는 못하겠지만 그렇다고 해서 그가 즐겁고 의미 있는 여생을 포기할 이유는 없었다.

이 에세이에서 무엇보다도 감탄을 자아내는 부분은 장황한 설명 없이도 핵심을 깊은 울림으로 전달하는 헤이스의 필력이다. 국경도 나이도 초월하는 보편적 사실을 단순히 나열할 뿐이지만 모두 진실이기에 더 긴 설명이 필요 없는 것이다. 색스의 나이는 그들에게 중요하지 않았다. 사랑하는 이의 죽음은 사랑하는 이의 죽음 자체일 뿐 그 이상도 이하도 아니다.

사는 곳

"저 침대보 좀 봐요!"

캐런이 감탄하며 말한다.

"이 꽃들은 또 어떻고요. 여기 정말 근사하네요. 그냥 내가 들어와 살아도 되겠어요."

나는 심호흡을 하고 단어를 신중히 고른다. 에밀과 릴리의 수양딸인 그녀를 실망시키고 싶지는 않다. 그녀가 묘사한 대로 요양원 단지가 아름다운 것도 사실이다. 구석구석에서 관리에 신경 쓴 티가 났다. 내가 아끼던 지인 몇몇이 여기서 지냈었기에 이미 나는 이곳을 잘 알고 있었다. 그래도 부모님을 이곳으로 모시는 것은 별개의 문제다. 그런 까닭에 나는 선불리 그러라고 추천할 수가 없다.

"왜 안 돼요?"

캐런이 묻는다. 나는 후보지가 수십 군데나 더 있으며, 이곳은 보이는 것에 비해 정작 의료 서비스는 떨어지는 단점이 있다고 설명한다.

"다른 날 다른 시간대에 와서 한 번 더 둘러보세요."

내가 조언한다.

"담당자에게 미리 알리지 말고 불시에 쓱 와서요. 입주민들과 직원들이 실제로 어떻게 지내는지 잘 살펴보세요. 식사 시간이나 특별활동 시간에 사람들이 활발하게 대화를 나누고 잘 웃는지, 복도에서 마주치는 입주민들이 당신에게 반갑게 인사를 건네고 일상 얘기를 미주알고주알 풀어내는지 확인하는 게 좋아요."

여기까지만 하고 나는 말을 멈춘다. 그녀에게 생각할 시간을 주기 위해서다. 요양 시설 입주민들의 모습이 평범한 가정집과 직장, 식당, 대학교 같은 대중시설에서 흔히 보는 우리네들의 모습과 다를 바 없어야 한다는 내 말뜻을 이해했기를 바라면서. 눈치를 보니 내 제안에 기분이 언짢아진 것도 같다. 스스로를 건사할 수 없거나 가족의 보살핌만으로는 모자란 어른에게 딱 맞는 요양 시설을 찾는 것은 상당한 시간과 머리싸움을 요하는 골치 아픈 일이다. 캐런은 이곳을 첫눈에 맘에 들어 했지만 나는 더 신중하게 결정하라고 설득하는 중이다.

"알겠어요."

마침내 그녀가 입을 연다.

"그 밖에 다른 건요?"

"직원이 입주민들에게 친근하게 말을 건네는지 아니면 저희끼리 수다만 떨거나 늘 전화기를 붙들고 있는지 살펴보시고요. 입주민이 직원을 대하는 태도가 어떤지, 입주민과 직원들이 오랜 친구처럼 편안한 사이로 보이는지도 중요하고요."

한마디로 내가 캐런에게 당부하고 싶은 건 직원들이 자신이 돌보는 환자를 잘 알고 진심으로 좋아하는지 아니면 그저 수많은 오늘의 할 일들 중 하나로만 취급하는지를 확인하라는 것이다. 그런 관계는 쌍방이어서 정말 괜찮은 요양원에서는 입주민들도 직원을 이름으로 부르며 반기고 아이들의 안부를 궁금해하고 퇴근 후 계획을 묻는다. 그런 곳에서는 입주민이 직원에게 하인 부리듯 명령하거나 소모품 다루듯 무시하는 일 역시 상상할 수 없다.

반대로 정말 형편없는 요양원의 경우, 입주민 절반은 자신을 늙고 병들었다는 '죄목'으로 감옥에 갇힌 죄수라 여기고 나머지 절반은 스스로 창고에 방치된 결함품인 양 자학한다. 나는 캐런이 그런 곳에 부모님을 보낼 리가 없다는 걸 잘 안다.

어느 누가 안 그렇겠냐만 에밀과 릴리도 관심사가 겹치고 비슷한 인생 배경을 가진 사람들과 함께 사는 게 더 행복할 것이다. 꼭 같은 부류끼리만 어울려야 하는 건 아니지만, 사람은 누구나 동류가 많은 곳에서 더 잘 적응하는 법이고 마음이 편할수록 하루하루가 즐겁기 마련이다. 캐런이 맘에 들어 한 그 시설도 이 기준은 통과한다. 문제는 입주민들의 사기를 꺾고 개개인의 잠재력과 성향을 무시하는 분위기라는 것이다. 다른 건 다 제쳐 두고 부모님이 사람대접 받으면서 덤으로 친구도 사귈 수 있는 곳이어야 한다는 것을 내가 재차 강조한 것도 그런 이유에서다. (게다가 최근에 만났을 때 에밀이 한 말도 있었다. "내 친구들은 다 먼저 갔어. 이제는 새 친구 사귀는 법도 몽땅 잊었는데.")

캐런이 내게 묻는다.

"그럼, 우리 예산으로 모든 조건을 충족하는 곳이 있을까요?"

이런 조언을 내게 구해야 할 정도면 그것은 이미 현실적으로 이 가족이 기대하는 답을 얻기는 힘든 상황임을 뜻한다. 노인들을 잘 돌보겠다고 문을 연 시설들이 널렸지만 일을 제대로 하는 곳은 손에 꼽힌다. 그나마 좀 괜찮다 싶은 시설은 무시무시한 월세 탓에 평민들은 엄두도 못 낸다. 그간 노후자금을 모으긴 했어도 에밀과 릴리가 그 정도 부자는 아니다.

하버드 대학교의 정신과전문의 로버트 월딩어Robert Waldinger의 TED 강연 동영상은 1,100만 건이 넘는 조회 건수를 기록하고 있다. 그는 '어떻게 하면 행복하고 건강한 삶을 살 수 있을까?'라는 물음에 인간의 행복에 관한 최장 기간 연구의 자료를 근거로 들어 답한다.

하버드에서 이 연구가 시작된 것은 1938년이었다. 이 해부터 무려 80년 동안 쌓인 데이터를 토대로 월딩어가 내린 결론은 단순했다. 바로, 행복하고 건강한 인생의 열쇠는 인간관계라는 것이다.

아무 인간관계나 다 되는 건 아니고 양보다는 질이 중요하며, 절친한 지인이 많을수록 그리고 결혼생활이 안정적이고 만족스러울수록 행복이 배가된다고 한다.

세상을 살 만큼 살아 본 어른에게 일단 의식주와 같은 기본 생존욕구를 해결한 뒤 삶의 만족도는 근본적으로 두 가지 요소에 의해 좌우된다. 하나는 사회 참여(즉, 인간관계)이고 다른 하나는 의미(즉, 삶의 목적)다. 두 요소는 항상 그런 건 아니어도 서로 이어지는 경우가 흔하다. 하지만 요양 시설 운영진, 정책 입안자들, 가족들, 의료 제도 자체를 비롯해 거의 모든 구성원이 이 점을 간과하는 게 우리 사회의 현주소다. 설상가상으로 평이 좋은 요양 시설조차 둘 중 어느 하나 보장해 주지도 않는다.

청결한 침구와 신선한 생화 장식이 유지되는 고급 요양 시설에서 여생을 보낼 수 있는 것은 오직 상위 1퍼센트 부유층뿐이다. 돈은 젊을 때나 늙어서나 삶의 질을 높인다. 그렇다고 돈이 진정한 인간관계를 대신 맺어 주거나 해 뜨면 침대에서 기어 나올 의욕을 불어넣어 주지는 않는다.

인간은 혼자가 아닐 때도 고립되고 외롭다고 느낄 수 있다. 특히 노인의 경우는 외로움이 불행의 감정뿐만 아니라 기능 쇠퇴와 수명 단축까지 불러오곤 한다. 공동체 환경이 흡사하게 조성되는 시설 안에서도 자신이 혼자라고 생각하는 노인은 신체활동량은 적고 우울증 성향은 높다. 건강에 미치는 악영향 면에서 이와 같은 사회적 고립감의 심각성은 하루에 열다섯 개비의 담배 흡연량과 맞먹는다고 한다. 또, 다른 조건들이 다 같다는 가정하에 외로움은 사망의 위험을 26퍼센트 높이는 것으로도 조사됐다.

인간은 본능적으로 자신과 닮은 사람에게 더 정이 가게 되어 있다. 하지만 노인들이 시설에 들어가는 것은 그런 자발적인 이유에서가 아니다. 그들의 마음까지 헤아리는 제대로 된 시설은 몇 되지 않기에 별수 없이 끌려가는 것이다. 아니면 자식들이나 배우자가 힘들까 봐 꾹 참고 '들어가 주는' 것이거나. 사회가 생활 구역을 강제적으로 한정하는 집단은 또 있다. 바로 범죄자, 정신질환자, 장애인, 미성년자다. 목격되는 생활상 자체는 어느 집단이든 다 고만고만하다. 그러나 이 집단들은 직업군, 사회조직, 종교집단 등과 근본적으로 다르다. 소속의 성격이 전자는 강제적이고 후자는 자발적이기 때문이다.

노인요양 시설은 여기에 더해 몇 가지 독자적인 특징을 더 보여준다. 릴리와 함께 시설로 거처를 옮긴 뒤 에밀이 했던 말이 있다.

"여기서 이렇게 죽음을 자주 목격하게 될 줄 전에는 미처 몰랐다오. 아무도 얘기를 해 주지 않았으니까."

주거형 노인요양 시설치고 누군가 병원으로 실려 가거나 영원히 방을 빼는 일 없이 조용하게 한 주가 흘러가기는 쉽지 않다. 이런 시설에서 죽음은 일상이다. 한 달에 한 명은 기본이고 한 주에 여럿이 한꺼번에 떠나기도 한다. 건강한 몸으로 들어왔던 사람들은 갈수록 기억이 깜빡깜빡하거나 언젠가부터 지팡이 없이는 돌아다니지 못한다. 이런 외적 변화는 대개 인간관계 단절로 이어진다.

괜히 옆에 있다가 같은 노인네 취급당하는 게 싫은 지인들이 발길을 끊거나 본인이 불안감 혹은 수치심을 못 이기고 사람들을 피해 다니기 때문이다. 굳건하고 오랜 신뢰와 애정이 인간의 행복을 좌우하는 열쇠라는데, 끊임없이 동네 사람들이 변하고 사라지고 죽어 나간다면 남은 이들은 도대체 어떻게 해야 하는 걸까?

이 동네 '밖'에도 여전히 친구들이 남아 있다면 다행일 것이다. 하나, 나이 많은 사람의 안부는 장담할 수 없는 법. 며칠 전에 멀쩡하게 만났는데 바로 실망스러운 소식이 날아오기 일쑤다. 병원에 입원했다든지 다른 요양원에 들어갔다든지 하는 식이다. 누군가는 훗날을 대비해 자식들과 가까운 지역으로 거처를 옮기기도 한다. 믿고 기댈 사람 가까이에 자리를 잡으면 심리적으로 안심되긴 할 터다. 하지만 친숙한 동네의 안락함을 포기하고 그동안 쌓아 온 인맥과 경력도 희생해야 하는 경우가 대부분이다. 간혹 그런 손실을 모험, 새 친구, 또 다른 기회를 통해 극복하는 사람도 있다. 그렇더라도 나머지 대다수는 이런저런 시도에 다 실패하고 별다른 소득 없이 힘만 뺀다. 혹자는 어느 오지에 떨어져도 살아남을 타고난 친화력을 발휘하기도 한다. 그러나 노년에 치매에 걸리고, 귀가 어두워지거나 눈이 침침해지고, 걸음걸이가 구부정해지거나 다리가 아파 활동반경이 확 좁아지고 나면 그런 재능마저 얼마 남지 않게 된다.

아무리 최고급 시설을 자랑하는 곳이라도 요양원에 들어가는 것은 노년기의 어른들이 가장 두려워하는 결말 중 하나다. 내 인생의 주인이 나이고자 하는 인간의 열망은 젊어서나 늙어서나 변함이 없다. 그런데 소위 노인을 돌본다는 시설들의 운영 방식은 그런 인간 자주권과 완전히 대척점을 이룬다. 사회학 분석도 개인 체험담도 죄다 혹평 일색인 게 그 증거다. 보통은 자기 집에서 지내는 게 더 이상 안전하지 않다고 판단될 때 사람들은 노인을 요양원으로 보낸다. 안전이 제일이라고 고집할 뿐, 가기 싫다는 당사자의 말은 귓등으로도 듣지 않는다. 그렇게 요양원에 갇혀 지내게 된 사람들은 자신이 사회로부터 격리되었다는 느낌을 지울 수 없다. 명줄이 너무 길다는 죄목으로.

요양원을 기피하는 것은 공통 현상이지만 거부감의 표현 강도는 사람마다 천차만별이다. 내가 아는 80대 노부인이 있다. 휠체어가 없으면 꼼짝 못 하는 그녀에게는 함께 살던 친척이 있었는데 친척이 아들네 집으로 이사 나가면서 그러더란다. 혼자 지내다가 쓰러졌는데 몇 시간이고 며칠이고 아무도 도우러 나타나지 않으면 어떡하느냐고 말이다. 자식이 없는 또 다른 90대 노부인은 몸이 아파도 절대 의사를 찾아가지 않았다. 하나같이 병원에 입원시키려고 하거나 그렇게 계속 혼자 사시면 안 된다고 잔소리를 늘어놓기 때문이었다. 조카손녀의 설득으로 우리 팀이 왕진 다니는 것은 간신히 승낙받았지만, 내가 이러저러하게 불편하지 않느냐고 물을 때마다 결코 인정하는 법이 없었다. 얼핏 봐도 증상이 명백한데 말이다. 그녀가 고분고분했던 순간은 딱 한 번, 발톱을 잘라 주는 동안뿐이었다. 손이 닿지 않아 1년 넘게 그냥 길렀다는 것이었다. 그녀는 요양원에 들어가느니 차라리 죽는 게 낫다고 말했다. 가족들에게 등 떠밀려 입주한 친구들이 지내는 모습을 보고 더더욱 그런 확신이 들었다는데 나도 반박할 수가 없었다.

그런 반면에 이런 분도 있었다. 처음에는 깡말라서 거지 같은 몰골이었던 한 노부인이 시설에 들어왔다. 그곳에서 시간 맞춰 꼬박꼬박 끼니를 챙겨 먹고, 직원의 도움으로 자주 씻고, 사람들과 얘기도 하면서 그녀는 얼굴이 피고 비로소 사람다워졌다고 한다. 한편, 어린 시절부터 나는 아버지가 가정을 꾸리고 자식들을 다 키워 독립시킨 이 보금자리에서 살다 죽을 거라고 입버릇처럼 말하는 걸 귀에 딱지가 앉도록 들어왔다. 아파트 형식의 특수 요양 보조 시설로 이사한 지인의 집들이에 갔다 온 날에도 똑같은 선언을 할 정도로 아버지의 결심은 확고했다. 그리고 그로부터 몇 년 뒤, 아버지는 바로 그 시설의 새 식구가 되었다.

아무리 좋은 시설도 내 집만 할 수는 없다. 물론 화목하게 서로를 애지중지하지 않는 가정도 많고, 모든 시설이 시궁창인 것도 아니다. 그래도 시설과 달리 가족의 집에는 본질적으로 사람의 마음을 잡아끄는 힘이 있다. 어느 집안은 피붙이끼리 사이가 남보다도 못하다지만, 대부분의 사람들은 그저 가족이기에 조건 없는 사랑과 친절을 베푼다. 이와 달리 시설은 비용과 효율에 의해 지배되는 일종의 관료 조직이다. 자연히 입주민들은 조직이 정한 규칙과 조직의 손발 노릇을 하는 직원들에게 직간접적으로 휘둘린다. 한마디로, 시설에는 과잉과 결핍의 이중과제가 존재하는 셈이다.

결정적으로, 시설의 가장 큰 문제점은 따로 있다. 요양 시설이 노년층뿐만 아니라 모든 사회 구성원에게서도 범세대적 교류의 기회를 박탈한다는 것이다. 하지만 타인의 현실을 내 일처럼 대면할 때 우리는 판단에 보다 신중해지고 독단과 편견으로 미리 답을 내는 오류를 피할 수 있다. 모든 세대가 어우러져 사는 세상에서는 서로가 서로에게 깨달음과 창조의 원천이 되고 분노, 갈등, 두려움, 사랑의 대상이 된다. 전부 사람과 사람 사이에서 움트는 지극히 정상적인 감정들이다. 이런 어울림과 긴장이 공존하는 가운데에서만 우리는 미래를 꿈꾸고 추억을 감상하며 인간성을 보존할 수 있다.

마음으로 응원하다

일요일 오후에 핑으로부터 연락이 있고서 바로 다음 돌아오는 화요일 저녁, 캐시는 세상을 떠났다.

핑은 몹시 속상해하고 있었다. 30년 넘게 이웃사촌으로 지낸 옆집의 딱한 사정 때문이었다. 캐시가 자신 없이는 못 산다는 팔불출 남편을 두고 죽을병에 걸렸는데, 하필 막내딸은 임신 중이고 두 아들은 국토 반대쪽 끝 해안 도시에 살고 있었던 것이다.

"그들을 도와줘야 해요."

핑이 말했다.

"호스피스만으로는 부족해요."

핑은 의사도 간호사도 아니었지만 할아버지와 할머니 모두 돌아가시는 날까지 돌봤던 경험 덕에 지금 캐시 부부에게 필요한 게 뭔지 정확하게 알고 있었다.

캐시가 암 진단을 받은 것은 5년 전이었다. 초반 2년 정도는 통원을 계속하면서 직장을 다닐 정도로 치료가 효과 있었다. 하지만 암이 재발하면서 그녀는 시간제 근무로 옮겨야 했고, 암이 온몸으로 퍼져 앓아누울 지경이 되었을 때는 그마저도 그만둬야 했다. 그게 두 해쯤 전의 일이다. 그리고 지금 캐시는 몇 주 전부터 호스피스 서비스의 관리를 받고 있었다.

기력 없는 캐시가 침실이 있는 2층까지 올라가지 못하자 남편은 아예 침대를 해가 잘 드는 널찍한 주방으로 옮겨 버렸다. 지난주, 그러니까 핑이 우리에게 연락하기 하루인가 이틀 전만 해도 캐시는 가족들과 아무 문제 없이 얘기를 나누고 부축을 받으면 집안에서 좀 걷기도 했었다. 끼니는 늘 거르다시피 했지만 말이다.

그러다 금요일에 갑자기 통증이 심해졌다. 호스피스 간호사는 바로 모르핀을 수시로 투여하기 시작했다. 캐시는 병든 닭처럼 계속 비몽사몽이긴 해도 한결 편안해졌다. 그러나 이제부터가 문제였다. 주말에는 간호사가 근무하지 않는 것이다.

핑의 말로는 집에 아무것도 없더란다.

"제가 약국에 가서 성인 기저귀랑 구강세척제 같은 걸 사다 줬어요. 이따가 들러서 캐시를 어떻게 붙잡고 어떻게 씻기는지도 시범 보일까 해요. 아마 그것 말고도 필요한 게 더 있을 거예요."

한때는 호스피스가 그런 부분까지 전부 책임지던 시절이 있었다. 환자의 상태가 나빠질 때마다 대처도 신속했다. 긴급 검사를 하고, 약을 조정하고, 필요한 물품을 지급하고, 가족에게 현재 상황과 앞으로의 예상 시나리오를 자세히 설명함으로써 마음의 준비를 시키는 것이다.

지금도 그런 곳이 남아 있긴 하다. 하지만 호스피스의 성질이 소명에서 하나의 사업 아이템으로 변질된 뒤로, 나는 샌프란시스코에서 이 일을 제대로 하는 믿을 만한 업체를 하나도 못 봤다. 어떤 업체는 이게 미래 유망업종이라며 어떻게든 돈 나올 곳 찾는 데에 혈안이고, 나머지는 법이 규정한 최소한도의 기본 의무만 실행하면서 근근이 버틸 뿐이다. 이런 상황에서 환자가 어떤 간병을 받게 될지는 이제 다 복불복이 되어 버린 것 같다. 어떤 간호사를 배정받는가, 업체가 얼마나 바쁜가, 응급 상황에 연락되는 의사가 누구인가에 따라 희비가 엇갈린다는 얘기다. 캐시의 경우, 무슨 일이 벌어지고 있는지 나는 알 수 없었지만 이 호스피스 업체가 일을 제대로 못 하고 있는 것만은 분명했다.

모르핀이 필요할 정도로 통증이 심해졌다는 건 캐시의 상황에 변화가 생겼다는 명백한 증거였다. 업종의 특수성을 고려하더라도 임종이 임박하지 않은 한은 다들 쉬는 주말에 보호자들이 그렇게 뻔질나게 전화를 해 대지는 않는다.

그런데도 관계자는 월요일에 정규 방문 간호사가 들를 예정이니 너무 걱정하지 말라는 말뿐이었다. 누구 하나 말기질환 환자를 간병해 본 경험이 없는 가족들은 업체의 조언을 철석같이 믿었다. 아무도 성인용 기저귀 가는 방법을 몰랐다니, 그럴 만도 했다. 캐시의 입술이 쩍쩍 갈라지는 걸 보고도 가족들은 그게 사소한 증상인지 아니면 뭔가를 암시하는 것인지 알 도리가 없었다. 급기야 캐시가 몸부림을 치며 괴로워했지만 다들 멀뚱멀뚱 서서 안절부절못할 뿐이었다.

그렇게 업체에 전화를 걸고 간호사가 월요일에 간다는 대답만 메아리처럼 되돌아오는 상황이 수차례 반복되자 그들은 호스피스 사무실에는 더 이상 연락해 봤자 아무 소용 없겠다는 결론을 내렸다. 방문 간호사도 전화를 받은 관계자도 곤란한 입장인 게 눈에 보였다. 담당 환자는 너무 많아서 보호자들의 질문에 친절하게 답하거나 구조 요청에 응할 여유가 없는 것이다. 대타로 이전 주치의를 잠깐 떠올렸지만 그에게 연락할 수는 없었다. 그는 캐시가 호스피스에 등록한 뒤로 자신은 손 떼겠다는 뜻을 분명하게 밝힌 터였다. 그렇다고 마냥 손 놓고 있을 수만도 없었기에, 캐시의 딸이 옆집 핑 아줌마를 찾아가게 된 것이었다.

세상에 아이를 돌볼 줄 아는 식구가 한 명도 없는 가정은 드물다. 반면에 사랑하는 가족의 마지막 길을 어떻게 배웅해야 하는지 모르는 사람들은 너무나 많다. 사람은 누구나 태어나면 언젠가는 죽기 마련인데도 말이다. 그런데 불과 얼마 전까지는 이러지 않았다. 원래 인류에게는 제 집에서 숨을 거두는 게 당연한 운명이었다. 그러다 제2차 세계 대전 이후 상황이 달라진다. 노화와 죽음이 몹쓸 병처럼 취급되면서다. 1980년대에 이르면 여섯 명 중 다섯 명이 병원에서 사망 선고를 받았고, 그걸 보고 자란 아이들은 죽음을 병원에서 맞지 않으면 큰일 나는 줄 아는 어른이 되었다. 그러다 1990년대에 분위기가 다시 바뀌었다. 미국에서 1974년에 최초로 문을 연 호스피스 전문 기관의 수는 2013년이 되어 5,800개로 늘어났다. 오늘날에는 세 명 중 한 명꼴로 자택에서 최후를 준비한다고 한다. 현재 호스피스에 등록된 미국인 중 65세 이상이 차지하는 비중은 80퍼센트 이상이다.

환자와 가족들은 죽음을 앞두고 어떤 것들을 대비해야 하는지 막막해하는 경우가 흔하다. 그런 까닭에 본인이 의사나 간호사가 아닌 한 도와주는 전문가의 말만 전적으로 믿고 따르게 된다. 아이러니한 것은, 죽음의 의학적 관리 방법은 점점 체계화됨에도 정작 의사들은 전문적인 호스피스 수련을 따로 받지 않는다는 것이다.

의료계는 인생사의 이정표적 사건을 편안하게 넘기도록 돕는 협력자의 자리에 충분히 설 수 있는데도 여전히 죽음을 오랜 숙적이라도 되는 양 나쁘게만 보는 경향이 있다. 힘든 결정, 비보, 임종 등 부정적인 주제로 환자와 가족을 상대해야 할 때를 대비해 대화의 기술을 함양하는 의대 수업이 2010년대에 들어서야 겨우 개설되었을 정도다. 그나마도 레지던트 과정으로 올라가면 이 수업 이수를 의무화한 전공과가 아직 하나도 없지만 말이다.

내가 캐시의 집에 도착했을 때 그녀는 누가 봐도 본격적인 절명기에 들어간 상태였다. 다행히, 우리는 신속하게 움직여 캐시에게 필요한 기본 조치를 다 취할 수 있었다. 일단, 그녀가 덩어리는 전혀 삼키지 못했기에 모든 약을 잇몸으로 흡수시키는 액상 제형으로 바꿨다. 이제는 알약이든 음식이든 목을 넘겨야 하는 모든 것이 그녀를 질식시킬 위험만 있을 뿐이었다. 그다음으로는 상체를 높여 기대 누울 수 있도록 등 밑에 두꺼운 담요를 덧깔았다. 그러면 캐시가 혼자 혹은 가족의 부축을 받아 어렵지 않게 자세를 바꿀 수 있었다. 또, 성인용 기저귀를 갈 때는 환자를 옆으로 돌려 누이면 된다는 것도 가족들에게 알려 주었다. 더불어 입술이 갈라지는 것은 목이 말라서가 아니라 건조하다는 신호라는 걸 이제는 모두가 알게 되었다. 이제 그럴 때마다 남편이나 딸이 면봉으로 바셀린이나 립밤을 입술에 발라 주면 캐시는 한결 편해질 터였다.

죽음을 잘 맞이하기 위해 필요한 것은 의학 박사 학위도, 빨리 끝내고자 하는 자포자기의 심정도 아니다. 경험과 편안한 환경, 이 두 가지만 있으면 된다. 죽음이 있기에 삶이 빛나는 것임을, 그렇게 생각하면 죽음을 부정적으로만 받아들여서는 안 됨을 이해해야 한다.

첨단기술

닷에게 왕진을 가면 매번 나는 계획보다 오래 머물게 된다. 닷이 내 손을 꽉 잡은 채 수다를 멈추지 않으면 나는 도저히 그녀를 뿌리치고 일어날 수가 없다. 레퍼토리는 한결같다. 어릴 적에 마사 고모가 머리를 밀어 버리는 바람에 학교에서 너 남자냐고 놀림 받았던 얘기나, 아버지의 실직으로 전기가 끊기고 젖먹이 동생까지 울어 댈 때 엄마가 불붙인 솔방울을 조명 삼아 춤을 춰서 가족들을 웃게 만들었다는 얘기는 나도 외운다. 가끔은 보여 줄 게 있다면서 붙드는 날도 있다. 그런데 그걸 가지러 가려면 일단 온몸을 부들부들 떨면서 의자에서 일어나야 한다. 그런 다음에는 지팡이를 짚고 아슬아슬하게 한 발씩 옮겨 돼지우리 같은 주방과 좁은 복도를 지난다. 마침내 침실에 도착하면 약한 조명에 의지해 여기저기를 뒤진다. 나는 안다. 그녀는 내가 검사실로 활용하는 주방의 눈부신 조명 아래서도 거의 보지 못할 정도로 눈이 나쁘다는 것을.

나는 닷이 가진 여러 가지 건강 문제에 이런저런 약들을 처방하고 있다. 하지만 단 두 가지는 내가 뭘 해도 해결해 줄 수가 없다. 바로 외로움과 신체장애다. 그녀에게는 사람 좋은 딸이 하나 있지만 형편이 어렵고 너무 멀리 사는 탓에 도움이 안 된다. 그 밖에는 일주일에 두 번 오는 간병인과 자주 들러 안부를 확인하는 친구 하나가 있다. 그리고 정기적으로 전화를 걸어 말동무를 해 주는 봉사자들도 있다.

하지만 이것으로는 충분하지 않다.

그렇다고 또 — 노인들 대부분이 그러듯 — 시설에 끌려 들어가는 건 싫단다. 그녀가 진정으로 원하는 것은 늘 곁에 있을 사람이다. 모든 게 힘겨운 그녀를 위해 손과 발이 되어 주고 눈과 귀를 빌려주는 사람, 그녀의 얘기를 들어 주고 미소 띤 얼굴로 손을 잡아 줄 누군가 말이다. 딱 그런 게 있긴 있다. 바로, 간병 로봇이다.

유토피아에서는 누구나 나이 들었을 때 각자의 신체적 사회적 정서적 욕구를 완벽하게 만족시키는 유능한 사람 간병인을 하나 이상 둘 수 있다. 그런 세상의 인력시장에서는 늘 공급과 수요가 정확하게 맞아떨어진다. 이런 세상이 현실에는 존재하지 않는다는 게 안타까울 뿐이다. 그렇다면, 곁에 아무도 없는 것보다는 간병 로봇이라도 있는 게 훨씬 나을 것이다. 무능한 간병인보다 충성스러운 로봇이 백 배 천 배 뛰어날 거라는 건 말할 것도 없다.

간병은 고된 일이다. 재미난 일도 아닌데 잘 모르는 사람과 계속 붙어 있어야 하고 체력과 감정의 소모도 엄청나다. 때로는 위험이나 혐오 상황도 감수해야 한다. 대개는 하루 24시간, 주 7일 근무지만 보수는 쥐꼬리만 하거나 가족이라는 핑계로 한 푼도 기대하지 못한다. 그러니 아픈 사람을 돌보다가 간병인까지 골병들기 일쑤다.

요즘도 우리 사회의 인식은 간병인이 여자 혹은 이민자의 직업이라는 것이다. 간병인은 대다수가 체력 부족으로 감당하지 못하거나 고되다는 이유로 원치 않는 기피 직종 중 하나이기도 하다.

이 현실을 분명하게 직시한 선진국들은 너도나도 로봇 개발에 열을 올리고 있다. 로봇이 이야시癒し, 즉 힐링의 매개체로 인정받는 일본에서는 정부가 나서서 간병 로봇의 활용을 장려하기 시작했다. 인력 부족 문제를 해결하는 동시에 노인의 부상을 예방한다는 1석 2조의 효과를 노린 정책이다.

로봇은 기본적으로 환자의 거동을 돕는 임무를 맡는데, 예의 바른 데다가 감정까지 표현할 줄 안다. 또한 '공동체를 지원'하기 위해 설계된 로봇도 있다. 가령, 로봇이 마을 복지센터 체조 교실에서 강사 역할을 하는 식이다. 이 로봇은 회원 한 명 한 명 이름을 불러 가며 반갑게 맞고 담소를 주고받는 동시에 남몰래 출석체크까지 한다. 기업과 대학교 여덟 곳이 머리를 맞댄 한 유럽 산학 컨소시엄은 사용자가 필요에 맞게 프로그래밍할 수 있는 터치스크린 기반의 '생활 도우미' 로봇을 개발하기로 뜻을 모았다. 이 휴머노이드형 로봇은 사용자의 건강한 생활을 위해 매일의 일정을 챙기고 사회활동 참여, 영양가 있는 음식 섭취, 적절한 운동을 독려하게 될 것이다. 한편에서는 스웨덴 연구팀이 마치 전신거울 겸 진공청소기처럼 생긴 로봇을 개발해 세상에 선보였다. 이 로봇은 인간의 혈압과 활동량 같은 건강 지표를 모니터링하고 이상이 감지되면 가상인물인 의사를 모니터에 불러 온다.

미국의 경우, 간병 로봇의 시험 모델은 이미 여럿 개발된 상태다. 그런데 왠지 그 이후 단계의 진척은 더디기만 하다. 그도 그럴 것이, 간병 로봇이 각종 언론매체와 학술잡지에 처음 등장했을 때

세간의 반응은 싸늘했다. 지금 가장 목마른 입장인 의료계에서조차 회의론과 걱정은 기본이고 격노하는 인물까지 있었다.

일례로, 텍사스주 샌안토니오에서 활동하는 노인의학 전문의 제럴드 위나쿠르Jerald Winakur는 지적한다.

"우리 디지털 세대 부모들은 놀아 달라고 계속 보채는 아이를 아이패드에 맡긴다. 그렇다고 그게 과연 우리가 늙고 병들어 상냥한 보살핌을 필요로 하게 될 때 우리에게도 그렇게 해 주면 된다는 뜻일까? 나도 사랑받는 존재라는 걸, 내 인생이 헛되지 않았다는 걸, 내가 그냥 이대로 잊히지는 않을 거라는 걸 확인받고 싶을 때는?"

간병 로봇은 인류에게 몇 가지 본질적인 질문을 던진다. 우리 사회에서 가장 중요한 구성요소는 무엇인가, 사회의 우선순위는 어떻게 매겨지고 강화되는가, 우리는 진보를 어떻게 정의해야 하는가 등등. 위나쿠르는 태블릿을 베이비시터 정도로만 묘사했지만 이런 양육 방식이 사회성, 정서, 지능, 언어 등등 모든 면에서 어린이의 발달에 부정적인 영향을 미친다는 증거는 차고 넘친다. 과학기술은 성인의 건강 역시 해치고 있다. 불면증, 시력 저하, 손 근육과 관절의 손상, 불안, 나르시시즘, 집중력 장애, 순간의 만족만 갈구하는 성향이 현대인에게 급증하는 건 우연이 아니다.

일부 의료인이 간병 로봇의 도입을 주저하는 것은 미국 의료계 전체가 로봇 공학을 불신해서가 아니다. 미국 병원들은 로봇 수술을 적극 활용하며 기본 보행이 가능한 로봇에게는 원내에서 약이

나 물품 배달을 시키기도 한다. 얼굴 없는 모델이 더 흔하지만 어린이 병원에서는 여러 가지 표정을 지을 줄 아는 인간형 로봇이 인기다. 그뿐만 아니다. 몇몇 장기요양 시설에서는 신형 간병 로봇에게 사람을 안아 들게 하거나 집 청소를 시키는 테스트가 이뤄지기도 한다. 뇌졸중처럼 심각한 후유증으로 고생하는 환자들의 재활에도 로봇은 점점 더 큰 힘이 되고 있다.

로봇이 병원 복도를 돌아다니며 침대보를 운반한다. 진드기보다도 작은 어떤 로봇은 인간이 마취제에 취해 있는 동안 몸속에 들어가 막힌 동맥을 시원하게 뚫는다. 또, 어떤 로봇은 침대에서 휠체어로 힘 하나 안 들이고 옮겨 가도록 인간을 도우라는 사명을 띠고 만들어진다. 이 로봇들이 진짜 친구나 사람 간병인과 똑같을 수는 없다. 그래도 로봇이 적지 않은 물리적 요구의 해결책이라는 점에는 아무도 이견이 없을 것이다. 하지만 과연 로봇이 — 그러니까 기계 덩어리가 — 인간의 실존적 갈증까지 채워 줄 수 있을까?

처음에 내 반응은 절대 그럴 리 없다는 것이었다. 일단 선언은 그렇게 했는데, 이상하게 속으로는 로봇이 점점 마음에 들기 시작했다. 유튜브를 검색하면 일본의 치매 노인들이 미소 띤 얼굴로 로봇과 즐겁게 대화를 나누는 동영상이 주르륵 나온다. 작은 바다표범처럼 두루뭉술하게 생겨서 딱 눈코입만 뚫린 로봇은 노인이 쓰다듬으면 반응하고 노인이 거는 말마다 찰떡같은 대답을 내놓는다. 웹사이트에는 알록달록한 미니 로봇으로 치료를 받는 지체장애 어린이의 동영상도 있다. 로봇은 아이들의 놀이 상대가 되어 주는 동시에 실시간으로 정보까지 수집한다.

길을 걷거나, 레스토랑에 앉아 있거나, 사무실에서 일을 한다. 셋 중 어느 상황이든 요즘 세상에 손바닥 위나 눈앞의 기계에 몰두하고 있지 않은 사람을 찾기란 하늘의 별 따기다. 물론 몇몇은 기계를 다른 인간과 소통하는 데 사용하는 것일 테지만, 어쨌든 1차적 연결 지점이 사람과 기계라는 건 분명한 사실이다. 일각에서는 이런 접촉으로는 의미 있는 교감관계가 형성되지 않는다고 항변한다. 일리 있는 주장이다. 그러나 수십 억 세계인이 기계를 통해 적지 않은 자극과 대리만족을 얻는다는 해석 역시 근거 있어 보인다. 어쩌면 당신도 그중 하나일지 모르겠다. 만약 지금 휴대장치에 전자 파일을 띄워 이 글을 읽고 있는 거라면 말이다.

로봇은 절대로 사람과 대등한 위안을 줄 수 없다고 주장하는 이들은 세 가지 중요한 사실을 간과하는 것이다.

첫째, 모든 보호자가 환자에게 위로와 평안을 주는 존재인 것은 아니다. 실제로는 그 반대의 효과를 내는 경우가 드물지 않다. 때로는 좋은 의도로 한 행동이 예상을 빗나가 실패한다. 혹은 파렴치한이 처음부터 방임과 학대를 작정했을 때도 있다.

둘째, 간병 로봇과 사람 간병인은 서로 배타적인 관계가 아니다. 우리가 꼭 양자택일할 필요는 없다는 소리다. 그 대신 둘 다 적절히 활용하면 각각의 장점을 극대화시키는 방향으로 모두 발전시킬 수 있다. 로봇은 사람을 대체하는 게 아닌, 보조하는 존재가 되어야 한다.

셋째, 지금도 이미 수요 초과라 간병 인력이 턱없이 부족한 실정이다. 물론, 로봇은 최후의 보루로 두고 더 많은 인재가 이쪽으로 마음을 돌리도록 변화를 꾀하는 방법도 있다. 다만 그러려면 임금을 올리고, 교육 프로그램 개발하고, 보상을 확대하고, 고된 직종이라는 인식을 개선하는 것 같은 다각적인 노력이 필요하다. 급속한 고령화와 출산율 저하라는 이중의 위기에 직면한 가운데, 그 어느 때보다도 창의적인 타개책이 절실한 시점이다.

과학자들은 앞으로 10년 뒤 로봇 공학 기술이 더욱 발전해 물리적 보조와 더불어 정서적 돌봄 기능까지 갖춘 간병 로봇이 상용화되면 고령 환자들의 일상이 훨씬 편해질 거라고 내다본다. 카네기멜론 대학교 부속 생활 기술 개발 연구소의 소장으로 있는 제임스 오즈본James Osborne의 설명에 따르면, 유망한 비즈니스 모델을 못 찾고 있을 뿐 지금도 기술적으로는 부족함이 전혀 없다고 한다. 그는 자신이 은퇴할 때쯤이면 사람 수발을 들 로봇이 나와 있을 거라 믿어 의심치 않는다면서 '다만 그 로봇을 계속 옆에 두기 위해 연금을 탈탈 털어야 하는 일은 생기지 않길 바랄 뿐'이라고 덧붙였다.

그런 세상에서라면 새 동무 덕분에 닷의 여생이 조금이나마 덜 외로워질까? 아마도 그럴 것이다.

간병 로봇은 잠도 안 자고 주말에 쉬지도 않는다. 밤늦도록 책을 읽고 해가 중천에 걸려야 일어나는 닷에게는 딱이다. 특히 탁월한 것은 사고 예방 효과다. 로봇은 닷이 자는 동안 집안일을 다 처리한 다음 닷이 눈을 뜨면 진짜 사람 같은 상냥한 목소리로 미소까지 지으며 인사를 건넬 것이다. 그것으로 끝이 아니다. 잠이 덜 깬 닷을 부축해 침대에서 화장실까지 데려다준다. 덕분에 닷은 발이 어딘가에 걸리거나 다리에 힘이 풀려 넘어질 염려를 하지 않아도 된다. 닷이 세수를 하는 내내 로봇은 바로 옆에서 대기한다. 그러고 나서 닷이 건네받은 수건으로 얼굴을 닦는 동안 로봇은 바닥을 포함해 화장실 곳곳의 물기를 말끔하게 치운다. 청결은 기본이고 닷이 미끄러져 넘어지는 일이 없도록 하기 위해서다. 또, 로봇은 시간마다 양을 딱딱 맞춰 약을 챙긴다. 식사를 준비하는 것도 로봇의 몫이다. 아침마다 직접 따뜻한 식사를 만들거나 갓 배달 온 도시락을 적당한 온도로 데워 놓고 닷을 기다린다. 닷이 식사를 시작하면 로봇은 마주 앉아 날씨나 뉴스 얘기로 담소를 나누면서 함께 시간을 보낸다. 내장된 라디오를 통해 실시간으로 정보를 수집하기에 로봇은 모르는 게 없다.

닷의 시력이 나쁘다는 걸 아는 로봇은 종종 그녀의 눈이 되어 준다. 아니면 책 페이지를 디스플레이에 확대 전송해 보여 주거나 조명을 닷의 눈 상태에 딱 맞게 조절해 줄 때도 있다. 읽다가 막히면 닷이 묻는다.

“여기 두리안이라는 게 무슨 뜻이지?”

그러면 로봇이 대답한다.

“냄새는 고약하지만 맛은 끝내주는 아시아의 열대과일이에요.”

닷이 말한다.

“아이고, 얘 표정이 아주 가관이겠구만.”

소설 속 여주인공 얘기일 터다. 그걸 다 알아들은 로봇은 닷과 동시에 웃음을 터뜨린다.

잠시 뒤, 로봇이 닷에게 알린다.

"독서는 나중에 다시 하고 슬슬 옷을 갈아입는 게 좋겠어요. 오늘 따님이 오기로 한 날이잖아요. 예쁘게 준비하고 있어야죠."

인간이 자신의 책무를 포기한 미래가 닷과 같은 어르신에게 오늘날보다 더 안전하고 행복한 생활을 선사한다니 마음이 심란해진다. 왠지 로봇 공학자들 중에 진정한 인간적 보살핌이 뭔지 가장 모를 것 같은 문화권 출신의 비중이 높다는 사실이 무관하지 않다는 생각도 든다. 그들이 만든 전자제품이 잘 팔릴수록 그 사람들만 점점 더 부유해지고 있다. 특정 집단의 독보적인 지위 격상은 소득 격차와 사회 갈등을 부추긴다. 공교롭게도 이 현상은 의사들이 환자 얘기 들어 주랴, 그 얘기를 전자 차트에 칸 맞춰 입력하랴 혼이 쏙 빠지곤 하는 의료계에서 번아웃 증후군이 급증하는 작금의 시대와 절묘하게 맞물린다. 현대인이 단단히 착각하고 있는 게 하나 있다. 과학 기술이 인심, 평등, 정의와 절대로 양립할 수 없다는 건 진실이 아니다. 그동안 그렇다고 잘못 믿어 왔을 뿐이다.

사람이 큰 병에 걸리거나 병환이 깊어지면 보통은 바깥출입을 잘 안 하게 된다. 누군가는 병세 때문에 혹은 투병하느라 기력이 쇠해서 집 안에 발이 묶인다. 또 누군가는 그저 내키지 않는다고 말한다. 때로는 이런 경우도 있다. 밖에 나가려면 누군가의 도움을 받아야 하는데 사람을 구할 수 없어서 그냥 포기한다. 그도 아니면 사람들의 노골적인 응시나 정반대로 부자연스러운 시선 회피가 싫어서일 수도 있다. 그런 까닭에 나만 없어지면 사람들도 안 불편하고, 나도 주눅들 일 없다며 회피하는 것이다. 세상은 예나 지금이나 각종 파티로 시끌벅적하지만 투병 중인 환자가 초대되는 일은 드물다. 정신없는 와중에 환자까지 챙겨야 한다니 너무 번거롭다거나, 어차피 초대받아도 초라해 보이기 싫어 거절할 게 뻔하다는 계산에서다. 그러다 세월이 흘러 본인도 그분들과 같은 입장이 되고 나서야 비로소 지난날 자신이 얼마나 사람들의 마음에 생채기를 내 왔는지 깊이 뉘우칠지 모른다. 하지만 이미 때는 너무 늦다.

돌봄 기능을 과학 기술에 전가시키는 것의 위험성은 의사들이 돌봄의 의무를 완전히 저버릴 수도 있다는 우려에 그치지 않는다. 우리는 어떤 과학 기술 아이디어는 가부장주의와 노인의 자율성 상실 상태를 고착시킨다는 점 역시 경계해야 한다. 이런 아이디어 중 일부는 '자아 수치화quantified self' 운동(무선 웨어러블 전자장치를 통해 숫자를 기반으로 심신의 상태를 스스로 추적하고 자기관리를 하는 것. 개념은 1970년대에 나왔지만 대중의 일상에 널리 자리 잡은 것은 2000년대에 들어서다_옮긴이)의 일환으로 이미 상용화되었고 더 많은 후보가 줄줄이 대기 중이다. 기업들은 노인의 건강 상태와 활동량을 가족에게 원격으로 통보해 주는 다양한 제품을 출시했다. 대개는 몸이나 정신이 온전치 못한 노부모를 둔 다 큰 자식들의 걱정을 덜어 주려는 거라고 선의를 표하지만 때로는 소비자를 낚으려고 살짝 겁을 주기도 하면서. 이런 장치가 있으면 멀리서도 부모의 맥박과 혈압, 혈당 수치, 수면 패턴 등을 확인하는 게 가능하다. 어떤 제품은 착용자가 아침 몇 시 몇 분에 침대에서 나왔고, 지금 냉장고 문을 열었다는 것까지 알려 준다.

어떤 면에서는 지나친 사생활 침해 아닌가 하는 느낌도 든다. 젊은 사람 같았으면 벌써 폭발해 길길이 날뛰었을 것이다. 사생활의 개념은 세대마다 다르고 나이를 먹어 가면서도 조금씩 바뀐다. 그러나 남이 자신의 일거수일투족을 주시하는 것이 사생활 침해라는 데에는 이미 노인인 사람들도, 조만간 노인이 될 사람들도 같은 의견인 듯하다. 어르신이 그런 장치를 자유자재로 활용하고 스크린에 뜨는 메시지를 완벽하게 이해할 줄 알려면, 일단 문맹이 아니어야 하고 컴퓨터와 친해야 하며 치매에 걸리지도 않았어야 한다. 현실 세계의 노인들 대부분은 이 세 가지 조건 중 하나 이상에서 반드시 걸린다. 능력자 어르신이 차고 넘치는 세상을 상상해 보자. 이런 상황에서라면 남의 개인정보를 굳이 누출시킬 필요가 있을까?

우리는 이런 식의 어린애 취급과 호의적 지원을 구별할 수 있어야 한다. 현대 사회에는 나이 든 사람은 기본적으로 무능력하다는 통념이 뿌리 깊다. 그러다 노인이 기대 이상의 실력을 선보이면 그때야 화들짝 놀라는 것이다. 연결되는 맥락으로, 젊은이들의 방식이 최선이거나 유일한 해결책이라는 것도 다 편견이다. 혼란이 가중되는 것은 '적절하다'는 표현을 잘못 해석하기 쉽다는 점 탓이기도 하다. 당사자의 입장을 고려하는 게 아니라 구경꾼의 시선에서 충분한 듯하면 그냥 그대로 합격 도장을 찍는 것이다. 복약 시간과 방법을 알려 주는 앱들이 다 그런 식으로 설계된다. 몸살로 쓰러지지 않는 한 평소에 약 먹을 일이 없는 청장년의 눈높이에서 말이다. 사회가 노년층에게만 유독 야박하다는 진실은 이런 부분에서도 드러난다. 노인들에게는 세상의 잣대가 턱없이 높기만 하다.

전직 간호사였던 한 알코올 중독 환자는 65세 생일을 하루 앞두고 당황한 기색이 역력한 목소리로 반문했었다.

"지금까지 내내 내가 매일 말술을 마시든 말든 아무도 상관하지 않았는데, 내일부터는 나 사는 꼴이 보기 싫다고 동네 사람들이 복지국에 신고할지도 모른다고요?"

미안하지만, 그렇다. 그게 현실인 걸 어쩌겠는가. 누가 등 떠밀기 전에 알아서 조심하는 게 본인에게도 여러 모로 이득이긴 하다. 사람이 오래 살다 보면 신체 기능과 인지기능이 점점 떨어지는데, 그런 기능 저하는 70대부터 급격히 빨라지는 게 보통이니까.

한편으로는 모든 정책의 기준 나이를 65세로 잡는 게 시대착오라는 것도 분명한 사실이다. 현대인의 수명을 생각해 보라. 게다가 합리적인 인사들 사이에서도 종종 올바른 해결책을 두고 의견이 갈린다는 것 역시 문제다. 누군가의 현답이 또 누군가에게는 우답으로 보이는 걸까. 하지만 내 생각과 다르다고 해서 남의 말을 무조건 틀렸다고 비난할 수는 없는 일이다. 모든 것에는 중간 지대라는 게 존재하는 법이니까. 단, 타인에게 해가 될 일에는 분명한 선을 그을 수 있으며 또 마땅히 그래야 한다. 그렇다면 스스로를 해하는 일은 어떻게 해야 할까? 코가 비뚤어지도록 마시고, 토할 때까지 먹고, 몇 날 며칠을 씻지도 않고 뒹굴고, 집 안을 쓰레기장으로 만들고……. 성인이 된 뒤 한 번쯤 일탈 삼아 이런 짓을 저질러 보지 않은 사람은 없을 것이다. 그런데 만약 평생이 이런 식이었다면? 그럼 그의 65세 생일날은 곧 오랜 세월 한결같은 반항에 벼르고 벼르던 사회가 마침내 언제든 그를 응징할 권한을 거머쥐게 되는 기념비적 순간이 될 터다.

오늘날은 디지털 기술 덕분에 지구 반대편에서도 집안 살림을 통제하는 시대다. 같은 방식으로 집안 어른의 민감한 건강 정보를 무선 통신망을 통해 가족, 간병인, 의사에게 전송하기도 한다. 이때 당사자는 어쩔 수 없이 자율성과 사생활을 일부분 희생해야 한다. 이처럼 잘 뜯어보면 불안증에 시달리는 다 큰 자식들이 위안을 얻고자 연로한 부모를 팔아 이룩한 기술혁신이 한둘이 아니다. 노인들이 별로 필요로 하지도, 원하지도 않는 것들만 쏙쏙 골라 만들어 내는 개발자들의 안목은 경탄스러울 따름이다. 청장년층을 위한 첨단기술 제품들은 흔히 자가 모니터링을 주목적으로 갖는다. 반면에 소위 노년층용이라고 나오는 제품들을 보면 착용자 본인선에서 끝나는 법이 없다. 최소 한 명 이상이 연결되어야 하고, 착용 당사자는 정보 공유 통제권을 갖지 못한다. 가족 구성원 간에 마찰 없이 의견을 조율하도록 돕는 대화법 지침 따위도 마련되어 있지 않다. 게다가 업계는 착용자가 반드시 초고령 노인일 거라는 고정관념을 버리지 못하고 있다. 그 바람에 IT용품을 능숙하게 다루는 노인이 급증하는 현상을 눈치채지 못하는 것은 물론이고 노년층의 사용 편이성 개선을 위한 노력 역시 조금도 하지 않는다.

개중에는 상당한 잠재력이 엿보이는 기술도 있긴 있다. 젊고 늙고를 떠나서 약을 제때 꼬박꼬박 챙겨 먹기는 쉽지 않다. 특히, 양과 횟수가 많으면 머리가 복잡해진다. 이때 알림 시스템은 나이 많은 환자들에게 큰 도움이 된다. 노인들은 갖가지 이유로 대개는 여러 종류의 약을 상시 복용해야 하는데, 머리가 맑지 않아 잘 헷갈리기 때문이다. 운동과 활동량을 관리하는 소프트웨어도 기대되는 유망주다. 운동 앱은 사람을 기분 좋게 부추기는 재주를 발휘한다. 개개인의 나이와 체력 수준을 고려해 딱 맞는 운동 처방을 짜주고, 동기부여 효과를 비교 분석해 가장 좋은 보상을 미끼로 활용할 줄도 안다.

이런 기술을 활용하는 것이 안전과 독립성을 사생활 일부와 맞바꾸는 것과 같다고 생각하는 이도 있을 것이다. 그런데 만약 의지 박약이라 혼자서는 아무것도 실천하지 못하는 사람이 전자기기와 원격 코치의 도움으로 생활 습관을 고쳐 실질적인 효험을 본다면? 그렇다면 디지털 기술을 활용하는 것도 하나의 보조수단으로 충분히 고려해 볼 만하지 않을까.

사생활과 안전을 양끝에 놓았을 때 가치를 분배하는 정도는 사람마다 제각각이다. 다 큰 자식들이 안전이 최고라며 연로한 부모를 시설로 보내려 할 때 자주권을 포기할 수 없는 당사자는 위험을 감수할지언정 내 집을 떠나려 하지 않는다. 내 환자 중 한 분도 비슷한 일로 하소연을 쏟아 냈다. 예전에 한 번 집에서 넘어진 뒤로 아들이 자꾸 손목에 추적기를 채우거나 온 복도에 난간을 달려고 한다고 했다. 그런데 당신이 아들에게 위험하니 오토바이를 그만 타라고 어르면 이렇게 대꾸한다는 것이다.

"제가 알아서 해요."

어느 연령대나 마찬가지겠지만, 노인들에게 과학 기술은 상상을 뛰어넘는 편의와 공포 수준의 해악을 동시에 안겨 주고 있다. 앞으로 과학 기술이 인간 삶의 질을 높이는 방향으로 가도록 유도하기 위해 지금 우리가 가장 먼저 할 일은 도덕적 경계선을 정하는 것이 되어야 한다. 요양원에 안 가겠다는 노부모에게 원격 추적기를 달아 24시간 감시하고 간섭하는 게 아니라 말이다.

의미 있는 인생

제케 이매뉴얼Zeke Emanuel은 저명한 암 전문의이자 생명윤리학자이며 국가 정책에 관여하는 보건 의료 전문가이기도 하다. 형인 전前 시카고 시장 람 이매뉴얼Rahm Emanuel과 막내인 인기 TV 시리즈 〈앙투라지Entourage〉의 기획자 아리 이매뉴얼Ari Emanuel과 함께 이매뉴얼 삼형제로도 전국에서 유명하다. 그가 『애틀랜틱Atlantic』지에 《내가 일흔다섯에 죽고 싶은 이유Why I Hope to Die at Seventy-Five》라는 제목으로 기고한 글이 있다. 이 글에서 이매뉴얼은 그의 나이 일흔다섯이 되면 의료 조치 대부분을 중단하겠다고 선언한다. 보청기 같은 것은 계속 착용하고 진통제까지도 맞겠지만 예방 목적의 투약이나 시험적 치료 등으로 수명을 연장하려는 어떤 시도도 하지 않겠다는 것이다.

그렇다고 이매뉴얼이 자살할 거라는 얘기는 아니다. 그는 벌써 수십 년째 존엄사를 반대해 온 인물이니까. 다만 그는 어느 순간 의료의 역기능이 순기능을 압도하기 시작하고 의학 치료가 환자가 진정으로 원하는 것은 주지 않으면서 허무한 시간만 연장시키는 때가 온다고 주장한다. 나를 비롯해 다른 많은 의사들 역시 익히 목격해 온 현상이다. 그는 또 이렇게 적고 있다:

> 모두가 인정하길 거부하는 단순한 진실이 하나 있다. 너무 오래 살아도 손해라는 것이다. 이미 장애인이 아니라면 나이를 먹을수록 점점 온몸이 시들고 쇠하기 마련이다. 그러다 종국에는 목숨만 제외하고 모든 걸 빼앗기는 지경에 이른다. 창의력은 말라 버려 흔적조차 남지 않는다. 세계는커녕 일터나 동네에도 내 한 몸 보탬 되게 쓰일 곳이 없다. 그렇게 나를 바라보는 사람들의 시선과 나를 대하는 사람들의 태도가 달라진다. 특히, 가장 심각하게 왜곡되는 건 사람들의 기억이다. 생기 넘치고 늘 적극적이던 나는 사라지고 없다. 이제 그들이 기억하는 나는 힘없고 무능해 불쌍할 정도인 늙은이에 지나지 않는다.

노년기에 관한 중요한 진실을 아주 개성적인 세계관으로 짚어 낸 기사다. 그런 한편으로 나는 글 곳곳에서 맹점을 발견할 수 있었다. 그는 장애가 있거나 기력이 쇠한 사람은 일터, 동네, 세계에 절대로 공헌할 수 없다고 굳게 믿는 것 같다. 자신이 쌓은 사회적 업적에 대한 긍지가 너무나 큰 나머지 심신이 쇠약한 보통 사람들과도 의미 있는 관계를 맺을 수 있다는 사실을 간과하는 것도 문제다. 더불어 그는 그가 말하는 '유산legacy'과 어떻게도 연결되지 않는 대다수 타인의 삶을 과소평가하고 있다.

한편, 나중에 같은 주제로 가졌던 한 인터뷰에서 이매뉴얼은 일본의 전문가와 얘기를 나눠 보면 사람은 누구나 100세가 되기 전에 언제든 치매에 걸린다는 걸 알게 될 거라고 호언장담했다. (물론 이건 사실이 아니다. 나이를 먹을수록 뇌도 함께 늙어 가긴 하지만 말이다.) 개인적으로 그에게 가장 두려운 미래가 치매에 걸리는 것이어서일까? 만약 그런 까닭으로 치매를 최악의 시나리오로 상정한 거라면, 일단 이걸 경계석으로 삼고 앞으로 늙어 가면서 의료를 대하는 태도를 차근차근 조정할 만도 하다. 아마 그러는 내내 속으로는 치매가 오기 전에 죽기를 기도하겠지. 꽤 합리적인 전략이다. 다만 살 가치가 있는 인생에 심신미약이 낄 자리는 없다고 단정하는 그의 태도는 좀 아쉽다. 심신이 미약한 초고령 환자들 위주로 수십 년을 이 바닥에 있었던 경험을 바탕으로 내가 터득한 게 몇 가지 있다.

첫째, 몸뚱이가 좀 닳고 망가져도 인생은 의미를 가질 수 있다.

둘째, 이 지경을 넘어서면 죽는 게 낫겠다고 여기는 마지노선은 사람마다 다르다.

셋째, 진보에 집착하는 의료계의 근시안 탓에 너무나 많은 노년층이 각자 의지대로 부담 없이 딱 감내할 만큼에서 멈추지 못하고 의학의 '돌봄'에 강제로 끌려 다니면서 한계를 넘어 무리하게 연명하는 게 오늘의 현주소다.

제케 이매뉴얼이라는 사람에게는 오직 특정 종류의 일을 해내는 능력과 관련된 것만 의미 있다. 바로 그 자신이 평생 해 왔고 가장 가치 있다고 여기는 일들 말이다. 멋진 생각이다. 그걸 남들에게도 강요하지 않는다면 말이다. 인터뷰에서 이매뉴얼은 75세 이후 일터에서 생산성을 유지하는 사람은 극히 드물다고도 언급했다. 그러나 이것은 근거 있는 사실이 아니다. 게다가 인간 수명 연장이 직업과 사람의 관계를 어떻게 변화시키고 있는지 충분히 숙고하지 않은 경솔한 발언이었다. 그뿐만 아니다. 이 말은 소위 여자들의 일, 그러니까 간병이나 자원봉사 같은 활동을 무시하는 것이기도 하다. 이런 일들은 너무나 자주 박봉에 머물거나 아예 무급으로 은근슬쩍 넘어가기 일쑤지만 개개인에게는 물론이고 사회에도 크게 기여한다. (미국의 경우, 무급 간병인 4,000만 명 중 4분의 1이 75세 이상이고 그중 대부분이 여성으로 파악된다는 점에 주목하라.) 하지만 이매뉴얼은 '의미 있는 일'이란 곧 월급봉투를 뜻하고, 목소리가 널리 퍼지는 자리여야만 중요하다고 쳐 주는 듯하다. 다시 말해, 그가 지금 하는 것 같은 일은 의미 있고 나머지 남자들이나 대부분의 여자들이 하는 일은 그렇지 않은 것이다. 이런 사고의 바탕에는 가장 중요한 것은 생산성이라는 근대적 경제 개념이 깔려 있다. 그러니 배움과 예술과 관계 구축이 모두 비생산적이고 쓸데없는 짓으로 보일 수밖에.

이매뉴얼의 거침없는 가치 평가는 계속된다.

"중요한 일과라고는 놀러 다니거나, 십자말풀이에 매달리거나, 책 한 권을 몇 주씩 붙잡고 읽거나, 때때로 손자손녀를 보러 자식들 집에 들르는 것뿐이라니……. 그런 건 의미 있는 삶이 아니다. 나는 그렇게 살고 싶지 않다. 그런 여생이 흡족하고 행복할 리 없다."

본인의 노후를 자신의 바람대로 설계하는 것은 모든 사람의 마땅한 권리다. 그러나 마지막 문장에서 그는 도를 넘었다. 본인에게는 당연한 것, 즉 자기 인생의 가치를 스스로 정할 권리를 타인에게서는 박탈하고 있기 때문이다. 또한, 마지막 문장은 남녀노소를 통틀어 평범한 소시민 대부분의 일상을 깎아 내리는 동시에 소소한 하루에서 기쁨을 느끼는 대다수 인류를 손가락질하는 것이기도 하다. 마음이 심란해지는 발언은 또 있다.

"그런 게 진정으로 의미 있는 인생이라는 거냐고, 갈수록 감퇴하는 신체 기능 내지는 정신기능에 맞춰 의미 있음의 정의를 가볍게 만듦으로써 현실과 타협하는 건 아니냐고 나는 감히 따져 묻고 싶다"는 부분이다. 만약 이런 적응 기전이 트집거리가 된다면, 우리는 모두 진즉 마흔쯤에 스스로 목숨을 끊었어야 한다.

이매뉴얼처럼 사회적으로 큰 성공을 거둔 사람은 늘 말의 무게를 생각해야 한다. 문화적 상황이 애초에 자신에게 유리했다는 점이나 근원은 사회 불평등과 비효율적 정책에 있다는 점은 인정하지 않고 경솔하게 발언한다면 무슨 수를 써서든 피하고 싶다는 노년기를 제 손으로 실체화해 불러들이는 꼴이 될 것이다. 본인만이 아니라 다른 사람들, 특히 아무개가 인생을 잘 살았네 어땠네 할 힘이 없는 수억 지구촌 이웃에게까지 말이다.

이매뉴얼의 글에는 오늘날 미국 사회에서 현대 의학이 노년층에 대해 갖고 있는 생각이 그대로 투영되어 있다. 노인의학 전문의 린다 프리드Linda Fried는 이와 달리 자연의 섭리를 따르자는 입장이다. 콜롬비아 대학교 보건대학원 학장을 맡고 있는 프리드가 이매뉴얼보다 고작 몇 달 앞서 정확히 같은 잡지에 기고한 글에 이런 구절이 있다:

> 아침마다 눈 뜰 이유가 더 이상 존재하지 않는다는 사실이 주는 고통은 물리적 경계를 넘어 훨씬 깊고 넓게 파고든다. 나는 너무나 많은 환자가 그런 괴로움에 몸부림치는 모습을 지켜봐 왔다. 환자들은 할 수만 있다면 세상을 바꾸고 싶어 했다. 하지만 되돌아온 건 이곳에 자신이 설 자리는 없다는 뼈아픈 깨달음과 그들을 무용지물의 투명인간 취급하는 온 사회의 푸대접뿐이었다.

프리드는 20세기 중반 영국의 노인의료에 변화의 바람을 몰고 왔던 마저리 워런을 계승하는 듯하다. 유사한 맥락의 사명을 실천하고자 프리드는 자원봉사 단체를 조직하고 사회인식 개선과 정책

수립을 위한 다양한 활동을 펼쳐 오고 있다. 그녀의 목표는 사회는 노년층으로부터 평생 축적된 노하우를 얻고 사회는 노인에게 참여 기회를 제공하는 상생 관계를 구축하는 것이었다. 프리드는 생물학적 변화는 인간이 살아가면서 겪는 다양한 경험 중 하나일 뿐이라는 입장이다. 젊을 때는 젊은 대로, 나이 들어서는 나이 든 대로 말이다.

흔히 적응력은 생각이 열려 있고 창의적이며 기지가 뛰어나다는 증거로 여겨진다. 그런데 인류학자 마거릿 클라크Margaret Clark는 노화를 동시 적응이 쉬지 않고 일어나는 과정이라 정의했다. 신체 변화뿐만 아니라 개개인이 처한 사회, 문화적 상황에도 발 빠르게 맞춰 가는 게 바로 노화라는 것이다.

클라크는 건강한 노인들과 늘그막에 정신질환으로 병원 신세를 지고 있는 노인들을 인터뷰했다. 그 결과, 중요한 사실 하나를 발견했다. 처한 환경은 극과 극을 이뤘지만 인생 목표는 전부 비슷했다는 것이다. 즉, 두 집단 중 어느 쪽에 속하든 노인들은 저마다 늙었어도 독립해서 사회에 잘 섞여서 재능을 적당히 써먹으면서 목표지향적으로 의미 있게 여생을 보내는 것이 소원이라고 대답했다. 더불어, 변화의 위협에 대비하는 능력과 변화 자체에 대처하는 능력도 잃지 말아야 할 중요한 요소로 꼽았다. 그런데 자신이 그 목표를 이룰 것 같은지 물었을 때 두 집단에서 나온 응답은 상반된다. 건강한 노인 집단은 몸은 쇠했어도 친화력, 경험에서 나오는 지혜, 침착한 자기수용 능력이 있으니 가능할 거라고 낙관했다. 반면에 입원해 있는 노인 집단은 정신질환 환자라는 처지나 사회의 시선 같은 속세의 잣대만으로 이미 실패를 점치고 있었다.

이 연구에서 클라크는 노년기에 잘 적응하기 위한 열쇠는 세상을 주름잡던 중년 시절 따르던 사회규범들은 과감하게 버리는 것에 있다고 결론을 내린다. 그런 다음 노년기의 신체 능력, 자산, 사회적 역할에 맞게 가치관을 재정립해야 적응에 성공할 수 있다고 조언한다.

의료인류학자 샤론 코프먼도 한 연구에서 비슷한 사고 전환의 필요성을 제안했다.

“내가 연구한 바로, 미국 노인들은 노화 자체가 뜻하는 바는 잘 모르는 듯하다. 그러면서도 나이가 들어도 자기 자신으로 존재하는 것의 의미는 자각하고 있다.”

코프먼은 인간은 자신의 정체성을 수시로 업데이트한다고 설명하면서, 인간의 자아인식은 생물학적 나이와 무관하기에 자아상과 타인의 눈에 비치는 모습이 불일치하는 일이 드물지 않은데 그럴 때 깊은 상처를 받는다고 분석한다. 또, 그녀는 계속 성숙하면서 조금씩 변해 갈 뿐 과거의 나와 현재의 내가 결국은 같은 사람임을 인지해야만 높은 자존감을 유지할 수 있다고 말한다. 사람들은 다리에 힘이 풀려 넘어지거나 한창 때였다면 별것 아니었을 병으로 입원하거나 친한 친구들이 우르르 앞질러 세상을 하직하고 나서야 지금까지는 자신이 늙었다는 실감을 못 하고 살았다고 말하곤 한다. 이 현실 자각의 순간에 혹자는 체념하고 혹자는 절망감에 좌절한다. 그런 한편 또 누군가는 대담하게 거울 앞에 서서 나는 누구인가라는 개념을 재정립하는 것이다.

내가 똑같은 거리를 지팡이를 짚고 걷는 연습을 시킨 환자 둘이 있었다. 물론 둘 다 마뜩잖아 하긴 했다. 특히 헬레나는 이 꼴을 온 동네에 보일 수는 없다며 지팡이 사용을 끝까지 거부했다. 노인 이미지로 굳는 걸 원치 않았던 것이다(사실 내 눈에는 지팡이가 있든 없든 이미 명백한 노부인이었는데 말이다). 반면 에스더는 조금 달랐다. 하루는 예약한 진료 시간을 조정할 수 있냐고 내게 물어 왔다. 친구와 영화를 보러 가려는데 좀 오래 걸릴 거라서 확실히 도착할 시간으로 옮기고 싶다는 것이었다. 나중에 직접 들은 사연은 이랬다. 지팡이를 벽에 기대 세워 두려면 복도 끝 좌석이 아니면 안 되는데, 몹시 고대하던 영화라 그렇게라도 반드시 가서 봐야 했단다. 낡은 육신이 활동 반경을 제한하는 것은 사실이다. 하지만 사람이 스스로를 어떻게 인식하고 얼마나 인정하는가, 다시 말해 자아정체성과 그 사람이 속한 시대의 사회적 상황 역시 인간 삶의 질에 못지않게 중요한 요소다.

모든 인간은 각자의 행동, 미래 계획, 자아상을 그때그때 상황에 맞게 보수개량하면서 살아간다. 그런 면에서는 이전 인생 단계들과 비교해 노년기에 특별히 다른 점은 없는 것 같다.

상상력

어느 해인가는 졸업 축하 연설을 맡게 됐다. 태어나서 처음 하는 큰 연설이었기에 나는 21세기를 사는 현대인 대부분이 촉박하게 아이디어를 구할 때 벼락치기로 하는 걸 똑같이 했다. 즉, 인터넷을 폭풍 검색해 남들이 했던 연설의 원고와 동영상을 참고하는 것이다.

나중에 청중들에게도 말했지만, 결과적으로는 다 시간낭비였다. 일단 나는 스티브 잡스Steve Jobs, J. K. 롤링J. K. Rowling, 엘렌 드제너러스Ellen DeGeneres(미국의 유명 방송인. 2003년부터 자신의 이름을 건 토크쇼를 진행하고 있다_옮긴이), 달라이 라마Dalai Lama 같은 유명 인사들의 별점 만점짜리 연설을 다 다운로드 받았다. 그런데 유머와 감동과 교훈이 어우러진 이 완벽한 연설의 동영상을 재생시켜 놓고 나는 할 수 있는 딴짓은 다 했다. 이메일을 확인하고, 블로그에 댓글을 달고, 잠든 게 분명한 개를 산책시키라는 어느 바보의 잔소리에, 있는 짜증 없는 짜증을 다 부렸다. 그러니 연설이 귀에 들어올 리가 있나.

그런데 그건 모두 밖에 답이 있으니 일단 산책을 나가라는 하늘의 뜻이었던 것 같다. 어쩌면 운동이 창의력을 자극했던 걸지도 모르겠다. 아무튼 다리를 움직이며 걷는 동안 연단에서 바로 이 사람들 얘기를 해야겠다는 생각이 번뜩 뇌리를 스쳤다. 배경도 활약 분야도 다 달랐지만 그들에게는 공통점이 하나 있다. 비단 이들뿐만 아니라 세상을 바꾼 영웅들 대부분이 그러한데, 그들이 성공한 것은 단지 똑똑하고 근면성실하기 때문만은 아니었다. 그들은 세상을 새로운 각도에서 바라볼 줄 알았다. 그런 능력은 오직 상상력에서만 나오는 것이다. 그렇게 연설의 주제는 상상력으로 결정됐다.

하지만 마지막 문제가 하나 남아 있었다. '상상력'은 졸업을 계기로 진짜 어른으로 발돋움하려는 청년들에게 용기를 주기에 알맞은 소재이긴 하다. 하지만 고학력 이과 집단이라는 특수상황을 고려할 때 아직 면허증은 안 나왔어도 어쨌든 어엿한 의사인 의대 졸업생들과 의대 교수들에게는 자칫 뜬구름 잡는 헛소리로만 들릴 수도 있었다.

어떤 의사와 과학자는 의학과 과학에서 상상력이 필수라고 굳게 믿는다. 아마도 그들이 원래 상상력을 타고난 인재들이라 그럴 것이다. 그런 한편 또 어떤 의사와 과학자는 보다 확실한 증거를 요구한다. 상상력이 없는 사람이어서가 아니다. 과학에 상상력 같은 건 필요하지 않다는 강경주의라서도 아니다. 사람 목숨을 다루는 진지한 일에 몸담은 지 너무 오래되어 써먹을 일이 없다 보니 상상력이 퇴화했기 때문도 아니다. 상상력은 눈에 보이지도 않고 측정 검사로 점수를 매길 수 있는 것도 아니다. 그렇기에 21세기를 견인한 양대 산맥 의학과 과학에서는 거의 거론되지 않고 늘 인류애나 예술과만 얽혀 왔다. 그러면서 자연스럽게 상상력이 2등 시민의 특징이라는 고정관념이 생긴 것이다. 그러나 이런 시각은 완전히 사실무근이다.

내가 하려는 말은 터무니없는 판타지를 꿈꾸라는 게 아니다. 그보다는 창조, 통찰, 혁신, 공감이 모두 기본적으로 상상하는 능력에서 나온다는 것이다. 자신의 연구나 인생에 상상력 따위 한 톨도 필요하지 않다고 주장하는 고지식한 사람이 있다면, 유명한 조상님 한 분의 충고를 새겨들을 필요가 있다. 알베르트 아인슈타인은 말했다.

"지식보다 중요한 것은 상상력이다. 지식은 이미 아는 것에만 제한되지만 상상력은 온 세상과 우리가 앞으로 알게 될 모든 것을 아우른다."

만약 어떤 학자가 오직 지식만을 바탕으로 연구를 한다면, 몹시 뻔하고 상식적인 결과만 나올 것이다. 그렇지만 여기에 상상력을 가미한다면 그는 못 이룰 게 없다. 상상력은 가설과 아이디어를 낳고, 보이지 않던 것을 보게 한다. 상상력은 먼지 조각에 불과하던 정보를 조직화하고, 인간과 인간이 서로를 이해하고 공감하게 하는 기틀이 되어 준다. 소설가, 화가, 요리사, 디자이너, 광고기획자에게 상상력은 단순한 도구 그 이상이다.

상상력이 결정적 한 방이 되어 세상을 바꾼 사례는 한둘이 아니다. 쇳조각과 플라스틱 부품을 볼품없이 이어 붙인 괴물체를 본 스티브 잡스의 한 마디가 그런 예다. 컴퓨터가 예쁘면서 재미도 있고 청바지 뒷주머니에 쏙 들어갈 정도로 작지 말란 법은 없잖아? 또, 1940년대에 시드니 파버Sidney Farber는 영양결핍성 빈혈 치료법을 백혈병에도 적용할 수 있지 않을까 상상한다. 이 작은 아이디어 하나가 오늘날 수많은 소아 백혈병 환자에게 완치의 기적을 선사하고 있다.

과학과 의학의 발전을 위해서는 상상력을 현명하게 사용할 줄 알아야 한다. 하지만 건강하고 행복한 인생을 보장하기 위해 필요한 것이 상상력만은 아니다.

게다가 1순위가 아닐 때도 많다.

내게는 의대 진학을 준비 중인 오촌 조카가 하나 있다. 편의상 이 아이를 마크라고 부르겠다. 마크는 지난 여름방학에 한 의대 연구실의 실습생으로 들어가 일하면서 틈나는 대로 의사들을 그림자처럼 따라다녔다고 한다. 누군가의 생일을 핑계로 일가친척이 뭉친 8월의 어느 날 저녁, 녀석은 이 경험담을 푸느라 한껏 들떠 있었다. 우리는 모두 수저까지 내려놓고 아이의 얘기에 귀를 기울였다.

병원에 실려 온 젊은 남자는 교도소에서 복역 중인 죄수였다. 벙커 침대에서 떨어졌는데 그때부터 다리에 감각이 없고, 움직이지도 않더라는 거였다.

조카가 손가락을 까딱이며 말했다.

"함정은, 환자의 자리가 침대 2층이 아니라 1층이었다는 거죠."

응급실 의사들은 환자의 다리를 찌르기도 하고 꼬집기도 했다. 그런데 아무 반응도 없었다.

"아무것도 안 느껴져요."

환자는 같은 말만 되풀이했다. 그의 표정에는 지나치게 안절부절못하는 기색이 역력했다. 그러다 의사들이 묘안을 하나 냈다. 한 의사가 환자의 주의를 다른 곳으로 돌리는 동안 다른 의사가 몰래 뒤로 다가가 등을 쿡 찌르는 작전이었다. 환자는 "으악!" 하는 비명과 함께 펄쩍 뛰어오르며 다리를 버둥거렸다. 전부 연기였다는 게 탄로 나는 순간이었다. 응급실이 밝은 웃음소리로 왁자지껄해진 건 실로 오랜만이었다.

"이 모든 게 5분도 안 되는 사이에 벌어졌어요."

마크가 개구쟁이처럼 웃으며 말했다. 하지만 나는 얘기를 다 듣고 마음이 복잡해졌다. 내가 왜 그랬는지 알고 나면 아마 나 같은 사람은 생일 파티에 다시는 초대하고 싶지 않아질지도 모른다. 나는 격분했다.

그래서 마크를 조용히 따로 불러 천천히 설명했다. 너희 병원 의사들의 행동은 프로답지 못하고 몹시 위험천만했다고 말이다. 나는 환자의 부상이 진짜였다면 어떤 결과가 벌어졌을지 생각해 보면 좋겠다고 조카를 타일렀다. 무엇보다도 나는 만약 이 남자가 범죄자 신분이 아니라 자신과 똑같은 대학생이었대도 일이 이렇게 가벼운 코미디로 끝났을지 조카가 진지하게 고민해 주길 바랐다. 마크는 잠시 생각하더니 의료진이 환자를 의심해 시험하는 대신 늘 하던 대로 진지하게 표준 절차를 따랐을 것 같다고 대답했다. 내 생각도 그랬다.

마지막으로 나는 마크에게 환자를 거짓으로 다친 척하게 만드는 근본적 원인들을 짚어 볼 필요가 있다고 당부했다. 이 죄수는 함께 수감 중인 조폭의 심기를 실수로 건드려 생명의 위협을 느꼈을지도 모른다. 혹은 정신질환 때문에 환청을 듣는 걸 수도 있다. 이번 명령은 고작 침대에서 뛰어내리라는 것이었지만 다음은 뭐가 될지 모른다. 아니면, 사는 게 팍팍해서 이 지경까지 왔을 뿐 사실 사람은 괜찮아서 누군가 애정을 갖고 이끌어 주면 완전히 개과천선해 나중에 출소한 뒤에 법의 편에 서는 사회의 인재로 다시 태어날지도 모를 일이다.

물론, 진짜 그냥 시시껄렁한 사기꾼이었을 수도 있다. 무엇이 진실인지는 영영 알 수 없을 것이다. 임상적 지혜, 공감력, 윤리의식을 전혀 발휘하지 못한 응급실 의사들이 기회를 날려 버렸기 때문이다.

그런데 그런 의사는 그들만이 아니었다. 나 역시 처음에는 분위기에 휩쓸렸었던 것이다. 마크의 얘기에 나도 다른 식구들과 똑같이 하하호호 하면서 내 무의식에 자리한 사회의 편견이 주도권을 잡도록 방관했다. 장차 신뢰받는 의사가 되겠다면서 이 얘기가 우습다고 신나 있는 이 철없는 아이와 무고하게 휩쓸린 식구들에게 내가 뭘 해 줄 수 있나 고민할 생각도 없었다. 상상력을 써먹지 못한 건 나도 마찬가지였다. 더 진작 정신 차렸어야 했는데 말이다.

사실 나는 의사로서 소질은 꽝인 사람이다. 20대까지 내내 수학과 과학이 싫어서 줄곧 도망만 다닐 정도였다. 고등학교 때는 과목 하나를 추가 수강해도 좋다는 허락을 받을 정도로 성적이 우수

했지만 고등수학만큼은 한 번도 A를 받지 못했다. 어차피 나도 애초에 기대하지 않았었다.

시간이 더 흘러 의대생으로서의 생활이 본격적으로 시작된 첫날, 나는 고향에 전화를 걸었다. 지금도 기억하는데, 그때 나는 부모님에게 교수님들 입에서 나오는 단어들 네댓 개 중 하나 꼴로만 알아듣겠는데 그나마도 대부분은 관사나 접속사뿐이라고 징징댔었다. 마치 알아듣지도 말하지도 못하는 광둥어로 지시를 받고 연기하는 배우가 된 심정이었다.

설상가상으로 내 사고방식이 전혀 의사답지 않다는 사실도 새롭게 깨닫게 되었다. 내가 속한 스터디 그룹의 다른 친구들을 보면 모두 미리 짠 것처럼 늘 생각의 전개가 비슷했다. 어떤 주제가 던져졌을 때 얘네들은 항상 입을 모아 이렇게 물었다.

"그게 어떻게 가능해?"

"기전이 뭐야?"

"그럼 무슨 검사를 해야 할까?"

늘 나만 다른 답을 내놨다.

"가족에게는 어떻게 얘기해야 해?"

"이식수술 대기자 명단에 올려야 할까?"

우리가 자습한 내용의 시시비비를 가리는 건 중요하지 않았다. 단지, 친구들의 답은 주입된 것이고 내 것은 그렇지 않다는 것만은 분명했다.

그러다 나 역시 서서히 대세를 따르기 시작했고 곧 자연스럽게 그들 중 하나로 녹아들었다. 어느덧 나도 적시에 올바른 질문을 던지고 과학적으로 합리적인 순서를 따질 줄 알게 되었다. 과학자처럼 생각하는 것은 그 나름대로 재미있었다. 이 바닥의 필수 생존 기술이기 때문만은 아니었다. 모든 생명의 바탕에 과학이 있음을 지금까지 내가 너무나 격렬하게 외면해 왔음을 깨달았기 때문이었다. 게다가 이 신선한 사고방식 덕분에 나는 많은 이의 인생을 변화시킬 중요한 기술을 습득할 수 있었다.

그렇게 나는 기어코 의사가 되었다. 이건 내 평생의 자랑인 동시에 수시로 내게 겸손을 일깨우는 마음의 짐이기도 하다. 날 훈련시킨 의학은 의사로서 할 일과 하지 않아도 되는 일이 따로 있는 한편, 의사가 관심을 가져야 할 분야와 그러지 말아야 할 분야도 따로 있다고 가르쳤다. 그런데 청개구리인 나는 꼭 하지 않아도 되고 관심 두지 말아야 할 곳에 너무나 자주 마음이 끌렸다. 그래서 나는 서글펐다.

20대에 시작한 수련 과정은 30대를 훌쩍 넘겨 끝이 났다. 덕분에 짬이 좀 생기자 나는 옛 취미를 다시 시작했다. 바로, 틈틈이 소설을 꺼내 든 것이다. 어떤 면에서는 당연한 결과였다. 어쨌든 나는 문예창작 전공으로 석사 학위를 먼저 땄었으니. 소설을 쓰는 것이 의사 일과 무슨 상관이냐 싶을 것이다. 나도 처음에는 그렇게 생각했다. 하지만 내가 의사로서 성공할 수 있었던 건 다 이 글쓰기 내공 덕택이었다.

작문 기술이 있었기에 나는 연구비를 딸 수 있었고 실력 좋은 의사라는 이미지까지 얻었다. 내 세부 전공의 희소성에 창의적 글쓰기라는 특기가 더해지니 유수의 언론과 학술잡지들마다 원고를 보내는 족족 별 지적 없이 그대로 실어 주었다. 그렇게 나는 빠른 속도로 유명인사가 되어 갔다. 그러다 보니 나는 더 이상 내 환자만 돌보는 게 아니었다. 자칫하면 내 말 한 마디가 이 바닥의 뭔가를 바꿀 수도 있을 것 같았다. 늘 의료계 바깥세상을 기웃대던 반항아적 기질이 오히려 의료계 안에서 더욱 확고한 입지를 다지게 해 주었음을 깨닫고 나자, 더 큰 용기가 생겼다. 동료들의 시선이 두려워 내내 머뭇거렸던 또 다른 얘기를 조만간 시작해도 될 것 같았다.

마침내 나는 나만이 할 수 있는 일을 하면서 있는 그대로의 내 모습으로 살고 있었다. 정말 오랜만에 나는 행복하다고 생각했다.

여기까지가 다 내 연설에 포함된 내용이다. 좋은 과학자와 참된 휴머니스트의 조건을 언급하면서 함께 엮어서 얘기했었다. 연설을 마무리할 시간이 되자, 나는 사전의 내용을 인용했다. 라틴어 어원을 보면 상상력이라는 단어에는 마음속에 그린다는 뜻이 담겨 있다는 걸 후배들에게 알려 주고 싶었기 때문이다. 나는 여러분이 배운 것은 큰 그림의 일부분임을 잊지 말라고 당부했다. 아인슈타인이 말했듯 전체 그림에서 공개된 부분은 인간이 보유한 지식 범위까지만이라고. 그러니 여러분의 손으로 의술과 의료 체계를 발전시키고자 한다면 지금껏 배운 지식과 함께 상상력도 잘 활용하라고 말이다.

그날 오후, 집으로 돌아오는 비행기 안에서 불현듯 뇌리를 스치는 깨달음 하나가 있었다. 지금까지는 모든 게 의학이 고령 자체를 치료 대상이라 성급히 일반화한 탓이라고만 생각했는데 둘 사이의 관계가 훨씬 더 복잡할 수도 있겠다는 것이었다. 어쩌면 현대 의료 체계의 허점들과 오늘날 노년층이 겪고 있는 위기가 모두 실패한 상상의 여파일 거라는 감이 강하게 왔다. 이 모든 게 우리 인간이 자아상을 왜곡해서 그리고, 미래계획과 사회정책을 비뚤게 세우고, 할 수 있는 일을 하지 않은 건데 그 반대라고 착각하는 바람에 생긴 참사 아닐까.

노인의 몸

나이를 먹어 감에 따라 몸도 함께 달라지는 것은 의사가 아니어도 충분히 알아챌 수 있다. 특히 노후의 신체 변화는 반가운 일이 아닌데, 대개는 이 사실을 공식적인 노인이 되기 훨씬 전에 깨닫는다. 우리가 흔히 나이 탓으로 돌리곤 하는 신체 변화들은 사실 30~40대에 일찌감치 시작된다. 아주 미묘해서 알아채지 못할 뿐이다. 그러다 빠르면 60대, 늦으면 80대에 이르러 적정 기준을 넘으면서 신체적으로도, 사회적으로도, 법적으로도 명실상부한 노인이 되는 것이다. 이런 신분 변화는 인간의 삶에서 서서히 영향력을 넓혀 간다. 처음에는 내 몸이 늙어 간다는 사실을 인정하기만 하면 된다. 그러다 점점 기능 제한이 피부로 느껴지는 수준으로 발전하고 종국에는 특정 기능은 포기하거나 대안을 찾아야 하는 상황에 이른다. 지팡이나 성인용 보행기에 의지하는 제 모습이 예뻐 보일 사람은 세상에 아무도 없다. 은행 업무나 장 보기 같은 간단한 일도 누군가의 도움 없이는 처리 못하는 스스로가 자랑스러울 리도 만무하다. 구제불능의 식충이로 낙인찍혀 시설에 격리되는 것은 더더욱 원치 않을 것이다. 안타까운 사실은 세상 사람들이 떠올리는 전형적인 고령 노인의 이미지가 바로 이것이고, 그런 그림이 드물지 않게 현실로 변한다는 것이다. 존재 자체만으로 눈부시게 빛났던 10~20대나 혼자 격동의 드라마를 찍은 중년기와 다르게, 노년기는 죽기 직전의 지난한 대기 기간에 불과한 것만 같다. 이런 편견이 거듭 대물림되었으니 노년기가 오늘날과 같은 평판을 받게 된 것은 당연하다.

사지육신 멀쩡하고 신체 건강한 사람들은 종종 장애인을 보면서 만약 똑같은 처지가 된다면 자신은 살고 싶지 않을 것 같다고 종종 말한다. 그런데 막상 후천적으로 장애인이 된 사람들은 적당한 적응 기간을 거치면 새로운 생활 방식에 그럭저럭 만족한다고 한다. 이와 대조적으로, 때때로 내가 가깝게 지내는 70~80대 지인들에게 노년기에 겪는 고충들의 상당 부분이 잘못된 사회인식과 불합리한 정책이 낳은 결과라고 알려 주면 그들은 하나같이 그러냐고 두 눈을 똥그랗게 뜰 뿐 그 이상의 반응은 내보이지 않는다.

의심과 불신 가득한 눈동자에서 나는 그들의 생각을 읽는다. 이 여자는 젊어서 이해 못 해. 부정할 수 없는 사실이라는 게 있는데. 모든 인간은 늙으면 가파른 내리막으로 떠밀려 곧 잊힐 운명이라는 것 말이지.

이 얘기에 보이는 노인들의 반응은 각자의 근황에 따라 조금씩 달라진다. 몸이 한창 아프거나 최근에 친구를 떠나보내고 상심에서 벗어나지 못한 상황에서는 온 세상이 잿빛으로 보일 것이다. 그리고 나이를 먹을수록 이런 일은 더 잦아진다. 한편, 비교적 건강하지만 지병 때문에 만성 통증이나 활동 제한이 있는 사람은 내색은 안 해도 언제 무슨 일이 생길지 노심초사하며 살아간다. 그들은 고통스럽게 죽어 가는 게 두렵고, 사랑하는 이를 잃는 게 두렵고, 외톨이로 남는 게 두렵고, 그러다 본인도 한 줌 재가 되어 잊히는 게 두렵다. 이미 쇠약한 노인이거나 곧 그렇게 될 사람들 역시 근심이 이만저만 아니다. 너무 오래 살까 봐서다. 반면에 또 누군가는 지병이 하도 많아서 먹는 약만 이미 한 보따리인데도 악착같이 살려고 애쓴다. 그들에게는 원대로 오래 못 사는 게 걱정이다. 아침저녁으로 세수와 양치질을 하고 끼니를 챙겨 먹고 약을 제 시간에 복용하는 것 같은 기본 일상조차 점점 힘겨워하면서 말이다.

생활반경이 극도로 제한된 사람들, 그러니까 대표적인 예를 들자면 우리 왕진 의료 서비스의 고객 같은 고령자들이 침통해하는 것은 삶의 무대가 작아져서가 아니라 그 결과로 자신이 외톨이가 되었기 때문이다. 인간이 세상에서 활동하는 공간을 흔히 생활공간life-space이라고 한다. 누군가에게는 이 생활공간이 지구상의 모든 대륙이지만 방금 말한 어르신들에게는 자기 집 혹은 방 한 칸에 그친다. 심하면 침대 한쪽인 경우도 있다. 그들에게 가장 큰 소망이라고 해야 가끔 바깥 공기 한번 쐬는 게 고작이다. 자유롭게 여기저기 맘껏 돌아다니던 건강했던 시절의 기분을 다시 느끼고 싶은 것이다.

하지만 그들을 이렇게 힘들게 만드는 진짜 이유는 따로 있다. 그들이 가장 그리워하는 것, 가장 간절하게 갈구하는 것은 참여 기회, 사람의 온기, 대화, 그리고 유대감이다. 다시 말해, 그들에게는 매슬로Maslow의 인간욕구 이론에서 의식주와 안전 다음에 오는 세 번째 단계(즉, 애정과 소속감. 참고로 네 번째는 존경의 욕구이고 최상위 단계는 자아실현의 욕구이다_옮긴이)가 결핍된 것이다. 온기와 유대감의 부재가 어떤 재난을 불러오는지는 '루마니아 고아원 사건(1990년대 초, 정권 교체를 계기로 루마니아 고아원의 실상이 공개되었는데, 보살핌을 받지 못한 고아원 아이들 모두 두뇌 발달에 심각한 손상을 입었다는 사실이 드러났다. 영아기에 유대감의 중요성을 전 세계에 알린 의미 있는 사건이다_옮긴이)'이 다 알려 주었으니 두말하지 않겠다. 노인은 이미 다 자란 어른이니 이 아이들처럼 치명적인 피해는 없을 것이다. 그러나 따뜻하게 손 한번 잡아 주거나 귀 기울여 얘기를 들어 주는 가족도 친구도 없이 고립된 노년의 삶 역시 절망적이기는 마찬가지다. 사회적 고립과 외로움은 심신의 건강을 해친다. 그렇게 몸과 마음이 상한 어르신의 미래는 요양원에 보내졌다가 그곳에서 제 명보다 일찍 생을 마감하는 것으로 끝날 게 뻔하다.

언젠가 영국에서 홀로 일주일을 버티는 고독 체험 프로젝트의 참가자를 모집했다. 여기에 한 청년이 도전하겠다며 나섰고 출발은 순조로웠다. 시간이 흐르자 청년은 초조해하거나 무료해했고 점점 의기소침해졌다. 매일 별것 아닌 일과에 집착했고 사소한 자극에도 온 신경이 곤두섰다. 그러다 본인도 큰일 나겠다 싶었는지 그는 아예 마음을 비우기로 작정했다. 그래서 그가 한 행동은 TV를 보거나 그마저도 지겨우면 잠을 자 버리는 것이었다.

영상통화인데도 집 밖이라는 이유로 지금 엄마의 휴대폰은 입과 귀에 바짝 붙어 있다. 엄마는 공공장소에서 큰 소리로 떠드는 짓을 질색하는 사람이다. 하지만 재작년부터 청력이 급격하게 나빠진 탓에 보청기를 껴야 하나 심각하게 고민 중이다. 며칠 전에 검사했을 때는 슬슬 준비해도 좋겠다는 판결이 떨어졌다. 나는 컴퓨터에 깔아 둔 앱에 접속해 있다. 엄마의 볼, 한쪽 속눈썹, 코와 입술 일부분이 스크린을 가득 채운다. 이렇게 밀착시켜서 보니 엄마의 피부가 얼마나 부드러운지 만져 보지 않아도 알겠다. 말랑말랑하다 못해 살짝 늘어진 얇은 살갗, 주름 하나하나, 질감까지 생생하다. 색감도 의외로 다양하다. 대부분은 창백한 살구색이지만 군데군데 볕에 탄 부분도 있고 홍조 띤 부분도 있다. 잡티는 메이크업으로 가린 티가 나지만 완벽하진 않다. 말할 때마다 입술 가장자리가 어그러지는 게 눈에 거슬린다. 내 안의 의사 본능이 살아나 원인을 찾으려고 고심한다. 그러다 엄마의 늘어진 눈가가 포착되자 나도 모르게 미소를 짓는다. 물론 엄마는 싫다고 한다. 외할아버지가 지금 엄마 연세였을 때 똑같이 그랬던 것처럼. 15분 동안 나는 엄마의 옆얼굴과 화상통화를 나눈다. 최근 인상 깊게 봤던 예술영화 몇 편에 뒤지지 않는 감동적인 광경이다. 정말 아름답다.

엄마의 옆얼굴을 보면서 어째서 나는 엄마의 살결이 보드랍다고 상상했을까? 그 익숙한 뺨에 키스할 때마다 느끼는 감촉의 기억 때문에? 아니면 지난 반세기 동안 내가 가장 자주 비벼 댄 게 엄마 뺨이고 그 뺨을 매번 내주는 엄마를 내가 사랑하니까? 그것도 아니면 탁 꼬집어 설명할 수는 없는 어떤 이유로 엄마 뺨과 비슷하게 생긴 건 뭐든 분명 보드랍고 따뜻할 거라는 확신이 내 안에 있어서? 엄마 뺨을 보기만 해도 묘하게 기쁘고 위로가 되는 게 다 그래서일까? 탱탱하고 매끈한 젊은 여자의 뺨은 트램펄린 같다. 손가락을 살포시 얹으면 그대로 스윽 들어가는 게 아니라 도로 튕겨 나온다.

그날 밤 침대에 기어오르는데, 불현듯 사람의 얼굴은 한겨울의 이불과 같다는 생각이 들었다. 보통 저마다 가장 좋아하는 이불은 하도 오래 물고 빨고 해서 낡아 버렸지만 정이 흠뻑 들어 절대 버리지 못하는 부들부들한 옛날 이불이다. 빨래를 하느라 침구를 갈기라도 하면 마음이 한구석이 미어질 정도다. 보기에는 새 이불이 훨씬 근사하다. 하지만 덮어 보면 몸에 닿는 느낌은 파삭파삭하고 서늘하기만 하다.

내가 스물두 살 때 찍은 사진이 있다. 달리기 출발 전 스트레칭을 하는 모습이다. 사진 속의 나는 당시 내가 제일 좋아했던 주황색 민소매 티와 흰색 바탕에 파란색 줄무늬가 있는 짧은 반바지를 입고 있다. 요즘 같으면 복고풍이라고 딱 놀림받을 조합이다. 나는 군살 하나 없이 탱탱한 몸의 느낌이란 어떤 것이었는지 추억에 빠진다. 그때는 불시에 찾아오는 허리의 뻐근함도, 타는 듯한 발바닥 통증도, 처진 엉덩이도, 덜그럭거리는 관절도 고민할 필요가 없었다. 달리고 싶을 땐 간단한 허벅지 스트레칭 후 첫 발만 떼면 몸이 알아서 움직였다. 학교 육상팀에 들어갈 실력은 못 되어도 오르막에서 발이 느려지거나 숨을 헐떡이는 일은 단 한 번도 없었다. 그런데 지금은 옛날 사진이나 붙잡고 얄팍한 감상에 빠져 있는 이 꼴이라니. 나는 날씬해지고 싶고, 더 빨리 달리고 싶고, 더 우아해 보이고 싶다.

나이를 불문하고 모든 인간은 자신의 현재 외모에만은 유독 평가가 박하다. 이미 가진 것 이상을 원하는 것은 인간의 본능이다. 가령, 곱슬인 나는 늘 찰랑찰랑하니 긴 생머리가 부러웠다. 머릿결이 참 좋다거나 이렇게 예쁜 웨이브가 자연산이라니 복 받았다는 소리를 평소 지겹도록 들으면서 말이다. 그러나 지금의 내가 아닌 다른 사람이 되고 싶어 하는 것과 내 몸을 부정하는 것은 엄연히 다른 문제다. 대중의 눈에 당신은 하나의 독립적인 개체로 인식되는 게 아니다. 이때 당신은 당신이 속한 특정 집단의 대표 역할을 하는 셈이다. 이것은 개개인이 어찌할 수 없는 부분이다.

한 파티에 참석했을 때다. 20대 후반부터 80대 초반까지 다양한 연령대가 한 자리에 모인 이 행사에서 모든 이의 이목을 사로잡은 여인이 있었다. 분홍색 브릿지를 넣었지만 기본적으로는 백발인 머리카락과 얼굴의 주름 상태로 미루어 나이가 충분히 짐작되는 노부인이 그 주인공이었는데, 스웨터에 본인의 젊을 때 사진을 붙인 큼지막한 배지를 다섯 개나 달고 다닌 것이다. 그녀는 이런 모임에서 사람들이 자신을 제대로 보게 하기 위해 이 배지를 직접 만들었다고 했다. 사진에는 저마다 사연이 담겨 있었다. 그래서 얘기를 모두 이으면 현재의 겉모습이 주는 인상과는 다른 본모습을 알게 된다는 게 그녀의 논리였다. 누군가가 과거와 비교해 얼마나 변했는지 혹은 어쩜 그렇게 그대로인지 돌아보는 것만큼 질리지 않는 화제는 없다. 게다가 구체적인 물건이나 특별한 일화를 갖고 있다면 이 경우처럼 낯선 사람들과 친해져야 하는 상황에서 이만큼 유리한 조건이 또 없다. 하지만 배지를 달고 돌아다니며 즐거워하는 그녀를 바라보는 내 마음 한편은 몹시도 아렸다. 파티장이 제 집인 듯 즐기는 것이나 눈에 안 띄는 게 이상할 정도로 화려하게 차려 입은 것이나 당당한 태도는 분명 보기 좋았다. 그녀는 이 쭈글쭈글한 껍데기가 진짜 자기 자신이 아니라고 굳게 믿고 있었다. 이 외모만 사람들에게 내보이면 자신의 진가가 묻힌다고 생각하는 듯했다. 그런 까닭에 대왕 배지라도 달고 나오지 않으면 안 되었던 것이다. 그녀는 배지를 통해 마치 이렇게 말하려는 듯했다. 날 좀 봐, 내게도 한때는 가만히 있어도 눈부시게 빛나던 시절이 있었어.

분류

의료계 안에는 여러 이해관계자가 존재한다. 현재 가장 중요한 환자 집단이 누구이며 의료계의 주요 현안이 무엇인지가 바로 이들에 의해 결정된다. 의료 생태계의 작동 원리를 설명하기에는 백신만큼 좋은 예가 없다. 미국의 경우, 무슨 백신을 언제 접종할지 확정하는 최종 결정권은 의사에게 있다. 이때 의사는 정부 기관인 CDC의 권고안을 참고한다. 그런데 일반적으로 CDC는 백신 가이드라인을 소아청소년용과 성인용으로 나눠 두 버전으로 만든다. 분류 기준은 발생생물학적 현상과 사회적 행동 특징이다.

2018년에는 18세 이하 소아청소년을 다시 17개 구간으로 세분해 정부의 백신 가이드라인이 개정됐다. 전적으로 타당한 조치다. 생후 6개월 아기는 면역력이 거의 없고 체중도 여덟 살 어린이나 10대 청소년에 비해 훨씬 가볍다. 접촉하는 사람 유형도, 자주 방문하는 장소도 완전히 다르고 말이다. 같은 원리에 따라 새 가이드라인에서 성인은 5개 소분류로 갈라졌다. 그런데 자세히 들여다보면 미국의 65세 이상 노년층이 몽땅 하나의 소분류로 묶인 걸 발견할 수 있다. 사람은 누구나 예순다섯만 되면 죽을 때까지 몸뚱이도 행동거지도 더 이상 크게 달라지지 않는다는 건가. CDC 가이드라인은 유년기와 성년기만 애지중지하고 인생 마지막 단계의 다양성은 존중하지 않는 게 분명하다. 그런 면에서는 CDC라고 의료계나 사회보다 나을 게 없어 보인다.

사실, 60~70대를 90대 내지 100세 이상 고령 노인과 구분하는 것은 그리 어렵지 않다. 둘은 벌써 세대가 다르다. 이 두 그룹, 즉 젊은 노인과 고령 노인은 외모와 생활 모습을 보면 금세 식별 가능하고 생물학적으로도 확연하게 차이 난다.

노화는 모든 세포, 조직, 장기의 기능을 빠르게 변화시킨다. 면역기능도 예외는 아니다. 그런 까닭에 몸에 병균이 침입했을 때 맞서 싸울 능력도, 예방접종으로 인한 작은 몸살을 견뎌 낼 힘도 해가 다르게 약해진다. 그래서 고령 노인은 젊은 사람들보다 균 감염에 취약하다. 일단 균에 노출되면 제대로 감염질환을 앓기 십상이고 십중팔구는 입원으로 이어진다. 또 그중 다수는 끝내 의식을 찾지 못한다는 게 현대 의학의 실상이다.

그럼에도 정부의 획일적 정책은 면역력이 한계 수준으로 달리거나, 위험요소가 많은 생활환경에 사는 고령 노인들을 아직도 의무접종 대상에서 배제시킨다. 이들에게 아무 쓸모도 없는 다른 백신은 남발해 자원만 낭비하면서 말이다. 늙은 사람에게 치명적인 감염병과 젊은 몸에 타격이 큰 병원균은 그 종류가 다르다. 오늘날에는 이 차이가 어느 정도 밝혀져 이미 일부 가이드라인이 현실에 맞게 수정되기도 했다. 독감 백신, 폐렴구균 백신, 대상포진 백신이 대표적인 예다. 그러나 전반적으로 노년층에 대한 배려가 미흡한 것은 여전하다.

면역력은 나이가 듦에 따라 약해진다. 이것을 이른바 '면역노화immunosenescence'라 한다. 학계에서는 면역노화 현상과 더불어 급증하는 장수 인구를 감안해 감염 예방을 위한 미래 전략을 모색하는 움직임이 활발하다. 몇몇 예를 들자면 백신의 효과가 노년기까지 지속되도록 젊은 시절에 면역계를 적응시키는 것, 노년층에게 유독 흔한 감염질환에 대한 백신을 따로 개발하는 것, 기존 백신을 그대로 활용하되 면역증강물질을 더해 노년층의 백신 반응을 높이는 것, 그리고 각 감염질환마다 예방접종을 시행하는 동시에 노년기 면역계 자체를 강화하는 것 등이다.

백신 접종 프로그램이 최상의 성과를 거두기 위해서는 접종 여부와 방법을 비롯해 여타 의학적 결정을 오로지 나이만으로 내릴 수는 없다는 기본 전제가 바탕에 깔려야 한다. 다시 말해, 개개인의 건강 상태와 신체 기능도 동시에 고려해야 한다는 소리다. 건강한 80세는 겹겹의 지병으로 쇠약해진 70세보다 오래 산다. 즉, 현대인 대다수는 언젠가는 면역계가 지쳐 버린 탓에 매년 맞던 독감 백신이 소용없어지거나 백신 접종 따위 이 나이 먹어 부질없다고 느껴지는 지점에 이를 것이다.

노년기에는 인체의 다양성이 정점을 찍는다. 성인에서 노인으로 넘어가는 기준 나이가 따로 정해져 있는 것도 아니고, 노화의 속도와 폭 역시 사람마다 천차만별이다. 그래서 노인의학계에 도는 말이 있다.

"80세 노인을 지금까지 딱 한 번 만나 봤다면 당신은 세상의 모든 80세 노인 가운데 딱 한 명만 아는 것이다."

노인의 몸은 약물이나 의학 치료에 다르게 반응한다. 경우에 따라서는 질병의 생물학도 환자 연령대별로 차이가 벌어지곤 한다. 따라서 예방접종뿐만 아니라 전반적 건강관리 측면에서도 대상의 연령대를 구분하는 것은 중요하다. 이미 차고 넘치지만 꾸준히 늘고 있는 연구 논문들이 이 견해를 일관되게 지지한다.

비뇨기과에서 널리 사용되는 치료법들을 조사한 일련의 최신 연구들이 그런 예다. 이 연구들에 의하면 방광내시경, 방광 생검, 요도경유 전립선 절제술처럼 의사들이 흔히 가벼운 시술이라 말하는 외과적 기법들이 건강한 젊은 남성에게는 큰 도움을 주었다. 그러나 쇠약한 고령 남성에게는 아무 효과도 없으면서 장기 기능만 떨어뜨리고 심하면 목숨도 앗아 가는 것으로 분석됐다. 한편 림프종, 유방암, 폐암 같은 특정 암종의 경우, 환자의 연령대가 높아질수록 세포 변화와 종양 동태도 따라서 달라진다. 이와 관련해 다수 연구에 의하면 똑같이 급성 골수성 백혈병을 앓더라도 고령자들은 치료 반응이 크게 떨어지는 것으로 나타난다. (솔직히, 치료제 자체가 젊은 성인의 체내에서 관찰되는 암의 생물학을 겨냥해 개발된 탓도 있다.) 또한, 사람이 노년기에 접어들면 신장, 심장, 피부 등 각종 장기조직도 자연스럽게 변화한다. 그런데 이 자연적 신체 변화로 인해 노인 환자의 경우는 화학요법이나 방사선요법 치료 시 부작용 발생 위험이 훨씬 높아지고 내약성은 훨씬 불량해진다.

그뿐만 아니다. 고령 노인의 기능 감퇴 정도는 젊은 노인에 비해 심하다. 기능장애가 더 심하고 기대 수명이 더 짧은 노인에게는 예방조치든 집중치료든 가릴 것 없이 젊은 성인 집단을 기준으로 개발된 치료들이 아무 이점 없이 해만 끼칠 뿐이다. 의료계 전반에서 노년층이 점점 더 배려되는 추세이긴 해도, 중년이 표준이고 거기서 벗어난 변이형이 노년이라는 인식은 여전한 듯하다. 논의 주제가 노년층에서만 흔한 질환일 때조차 말이다.

그런 까닭에 초고령 노인 집단의 의학적 숙제를 해결하기 위해 연구를 시작했다면서, 평가 지표는 노인 환자가 아니라 (젊은) 연구자들의 시각을 고스란히 드러내는 경우가 많다. 예를 들어, 초고령 노인이 골반관절치환수술, 무릎관절치환수술, 혹은 대동맥판막치환수술을 받은 사례를 분석한 다수의 연구 논문에서 가장 자주 언급되는 용어는 입원 기간과 사망률 따위다. 반면 정작 당사자들에게 초미의 관심사는 '어떻게 해야 요양원에 안 들어가고 앞으로도 계속 내 힘으로 걷고 생각할 수 있을까'다.

머지않아 세계 노인 인구가 아동 인구를 추월하는 날이 올 것이다. 그런 의미에서 지금까지 유년기와 성년기를 조망하던 시선 그대로 시야만 노년기까지 확장하는 것이 21세기를 대비하는 지혜로운 자세 아닐까. 노년기에도 인간 발달은 계속되며 노년층만큼 다양성이 큰 집단은 없다. 이 두 가지 사실을 인식하지 못한다는 것은 나쁜 의학이고 문제 있는 보건정책이라는 증거다.

만성질환자들과 노년층의 의학적 니즈를 해결하기에는 현대 사회의 의료 체계가 너무나 엉망진창이라는 반성의 목소리가 안팎으로 드높다. 상황이 나아지고는 있지만 너무 느리고, 마지못해 따라가는 경우가 대부분이다. 병원 광고들을 유심히 살펴보면 촌각을 다투는 환자를 의료진이 혼신을 다해 살렸다는 식의 스토리가 여전히 애용된다는 걸 알 수 있다. 이야기가 강렬해야 마케팅 효과가 큰 건 사실이다. 하지만 요즘 세상에 의료 체계가 만성질환자와 노인 환자를 비중 있게 고려하지 않다니 교육제도가 어린이를 문전박대하는 것과 무엇이 다를까.

정부의 백신 정책을 보완하고 의과학계 및 의학계에 만연한 구조적 불평등을 해소할 길은 분명 있다. 그것도 두 마리 토끼를 동시에 잡을 간단한 방법이. 바로, 인간 집단을 나누거나 사람 일생을 구분할 때 유년기와 성년기만이 아니라 노년기도 분류 목록에 추가하는 것이다.

12 고령 노인

그럼에도, 변화는 시작되었다

투명인간

옛날이야기에 나오는 못된 노파의 전형적인 이미지가 있다. 매부리코에 앞니는 두어 개 빠져 있고 사팔뜨기로 뜬 두 눈은 튀어나올 것 같은데 백발까지 봉두난발을 한 꼬부랑 할멈이 그것이다. 영락없는 마녀의 몰골 아닌가? 그림Grimm 형제의 이름으로 발간된 북유럽 전래동화집 초판본의 삽화가 이런 식이었는데, 어린이 정서에 맞지 않는다는 항의가 나올 정도였다.

그런데 바로 이게 내가 베티 갤러거의 왕진 일정은 되도록 의대생이 실습 나오지 않는 날로 잡았던 이유이기도 하다.

게다가 마치 처음부터 그런 잔혹동화 이미지에 맞추려고 의도라도 한 것처럼 베티는 세기말적 기운 가득한 동네 안에서도 가장 음산한 집에서 살고 있었다. 이 동네에서 정원이 잘 가꿔진 집은 눈 씻고 봐도 찾아볼 수 없었다. 계속 방치해 흉물스러워진 관목들이 공포 분위기를 조성하고 앞뜰의 잔디는 다 죽어 누렇게 변한 지 오래였다. 아니면 정원이 있어야 할 자리에 시멘트로 발라 버린 차량진입로가 들어서 있거나. 그나마 관리의 손길이 닿은 집들도 전체적으로 낡고 칙칙한 분위기는 어쩔 수 없었다. 특히, 악명 높은 샌프란시스코의 안개가 온 시내에 짙게 내려앉는 날이면 때때로 나는 궁금해졌다. 이런 동네는 관광지도는커녕 지역 소식지에서조차 언급되지 않는데, 유령도시 같은 동네에서 귀신의 집 같은 곳에 사는 사람들을 바깥세상은 과연 어떻게 생각할까? 최근 샌프란시스코는 천재 공학자, 식도락가, 스타트업 유망주, 실리콘밸리 억만장자가 모여들면서 다시 한번 급변하고 있었다. 그런 가운데 같은 도시 안이지만 드물게 어느 누구도 관심을 갖지 않는 변두리 지역이 바로 우리 베티의 보금자리였다.

베티는 무례한 사람도 위험한 사람도 아니었다. 그녀는 단 한 번도 사람을 치거나 큰 소리를 내는 법이 없었다. 몸이 아파 마음까지 비뚤어진 환자들이 종종 그러는 것처럼 기분 나쁜 눈빛으로 상대를 보지도 않았다. 실명 직전임에도 베티는 누군가 자신에게 인사를 건네면 늘 미소를 지어 보였고 답례로 상대방의 안부를 묻는 것을 절대로 잊지 않았다. 내가 이것저것 캐물어도 절대로 귀찮아하지 않고 성실하게 답해 주었고 진료를 핑계로 여기저기를 만져도 불평하는 법이 없었다. 나는 피검사를 한다고 베티의 손가락을 바늘로 찌르고, 옷을 벗기고, 침대에 똑바로 눕혔다가 반대로 뒤집어 가면서 베티의 몸 여기저기 찌르고 누르기도 했다. 악, 소리 날 정도로 아프지는 않더라도 그게 유쾌한 경험일 리는 없었다. 그럼에도 베티의 반응은 기껏해야 소리 없이 두 눈을 찡긋 감는 정도뿐이었다.

내가 베티를 알고 지낸 지는 10년 정도 되는데 처음 몇 년은 거실에서 진료를 봤었다. 내가 가면 베티는 늘 색이 바래도록 낡은 안락의자에 앉아 있었다. 두 다리는 자전거 페달처럼 생긴 운동기구 위에 놓인 채였다. 내가 진료 도구를 주섬주섬 꺼내거나 노트북 컴퓨터에 왕진 일지를 기록하는 동안 베티는 나와 잡담을 하거나 라디오를 들으면서도 운동 삼아 두 다리를 쉬지 않고 움직이곤 했다.

그녀는 아침부터 밤에 자러 가기 직전까지 계속 라디오를 틀어놨다. 대개는 토크쇼가 흘러나왔는데, 죄 특정 집단을 조롱하고 깔아뭉개면서 저희끼리 하하호호 하는 내용이었다. 베티의 간병인을 포함한 캘리포니아주 주민 대다수뿐만 아니라 날 따라오는 실습생 다수가 방송 진행자들이 안주 삼는 집단 범주에 들었기에, 종종 나는 만약 베티의 눈이 멀쩡했다면 어떤 반응을 보였을까 생각하곤 했다. 베티 집에는 실습생을 되도록 데려가지 않는 게 그것 때문은 아니었지만 말이다.

베티의 겉모습은 그녀의 사람 됨됨이를 손톱만큼도 보여 주지 못했다. 두 눈은 거의 실명 수준으로 나쁘고 신체장애는 나날이 심해지는데 자식들은 다 멀리 사는 탓에 있으나 마나에, 실력 있는 간병인은 구하지 못하는 형편이었다. 그러니 도저히 못 봐줄 정도로 흉측한 건 아니었어도 몰골이 단정할 리가 없었다.

그녀에게는 보통 사람들에게는 일상이자 자아표현 수단인 이발, 다림질, 색조화장 같은 기본 자기관리를 직접 할 능력이 전혀 없었다. 그렇다고 간병인에게 그런 것까지 부탁하는 것은 꿈도 못 꿀 일이었다. 겉모습만 보면 그녀는 사람들이 가장 닮지 않고 싶어 하는 노년기 요소들의 총집합체였다. 그러나 진짜 그녀를 아는 사람들에게 베티는 그저 베티일 뿐이었다. 일찍 과부가 되었지만 자모회 회장까지 맡으며 자식들을 키웠고 연고지 프로축구팀을 몇십 년째 응원 중인 뚝심 있는 팬이기도 한 자랑스러운 할머니, 우리 베티.

그런데 아이러니하게도 베티 같은 환자는 의대생들에게 더없이 훌륭한 연구 사례다. 의과학의 관점에서 그녀가 지금 조건에서 이렇게 장수하는 것은 놀라운 일이었다. 그녀는 혈당을 유지하기 위해 인슐린 주사를 정기적으로 맞아야 했다. 혈당 수치가 지나치게 높아지면 혼수상태에 빠져 그대로 못 깨어날 수도 있었다. 그뿐만 아니었다. 당뇨병은 그녀의 두 눈을 앗아 갔고 신장과 심장을 망가뜨렸다. 이제는 손끝, 발끝의 감각도 거의 사라진 상태였다.

내가 베티를 처음 만났을 무렵은 때마침 학계에서 당뇨병과 치매가 무관하지 않음을 보여 주는 증거가 쏟아져 나오기 시작하던 시절이었다. 이게 통할지 확신은 없었지만 베티에게는 더 나은 대안도 없었기에 그때 나는 다른 건 다 제쳐 두고 일단 환자의 혈당 수치를 정상 범위로 붙잡아 두는 데 전력을 다하기로 했다. 한동안은 이 방법이 먹히는 듯했다. 어느 해, 알 수 없는 이유로 당 수치가 치솟는 바람에 겨우내 병원 신세를 지게 될 때까지는 말이다.

내가 너무 방만했나 보다. 몇 년 전부터 내가 왕진 의료를 다닌 이후로 베티는 우리 클리닉에서 관리가 가장 잘되는 환자 중 하나였다. 가끔은 시외에 사는 가족들과 따로 통화를 하기도 하지만, 보통은 입주 간병인을 통해 가장 많은 정보를 얻고 있었다. 그런데 하루는 갔더니 나를 베티에게 데려다주고 나면 늘 창고 옆 자기 방으로 사라져 버리곤 하던 필리핀 여자가 통가 사람으로 바뀌어 있었다. 그녀의 이름은 토코니였다. 토코니는 듬직한 체격만큼이나 시원시원한 성격의 소유자였다. 일단 안면을 트니 그녀는 바로 다음 방문부터 마치 오랜 친구처럼 날 껴안아 맞아 주고 스스럼없이 농담을 걸었다. 그녀에게 간병인의 의무를 지시할 때는 내 팔을 살짝 꼬집는 장난을 치기도 했다. 베티도 토코니를 맘에 들어 하는 것 같았다. 전보다 자주 웃고 몸무게도 는 걸 보면 확실했다.

내 기억에 토코니의 근무 환경 얘기를 했던 것은 우리가 두 번째 만난 날이었다. 나는 베티의 생활 기록 중 간병인란을 업데이트하기 위해 토코니에게 몇 가지 질문을 던졌다. 현재 환자의 삶에서 큰 비중을 차지하는 인물들의 이름과 연락처를 알아 두는 것은 우리 같은 의사에게 매우 중요한 작업이다.

"요즘 또 누가 여기서 일하죠?"

내가 물었다.

"아무도요."

토코니는 펑퍼짐한 허벅지를 찰싹찰싹 두드리면서 밝은 목소리로 말했다.

"저밖에 없어요."

우리 둘이 서로를 응시한 채로 일순간 정적이 흘렀다. 휴일도 없이 매일 24시간 내내 일을 시키는 것은 엄연한 노동법 위반이다. 이 집의 형편을 감안할 때 토코니가 초과수당을 제대로 챙겨 받을 것 같지도 않았다. 베티가 숙식을 제공하고 있는 데다가 입주 간병인의 경우 평소 일이 널널하다면 24시간 근무 조건이 종종 수용되기도 하지만 말이다. 그래도 최소한 입주 간병인에게 수면 시간은 보장해 주어야 할 것이다. 다행히 내 판단으로는 토코니는 걱정할 게 없는 듯했다. 베티는 밤뿐만 아니라 낮에도 잠을 엄청나게 잤기 때문이다. 아무리 그렇더라도, 토코니처럼 가방끈은 짧아도 영민한 누군가가 이런 일을 자청해서 한다면 그 이유는 딱 하나였다. 그녀는 불법노동자였던 것이다.

몇 초였는지 몇 분이었는지 모를 그 침묵의 시간에 내 머릿속은 각자의 입장과 일의 우선순위를 정리하느라 몹시 분주했다. 아마 그녀도 그랬으리라. 베티에게는 수발 들 사람이 필요하다. 자식들은 여유 있는 형편이 아니지만 그렇다고 몸으로 때울 마음도 없다. 한편 간병의 달인인 토코니에게는 일자리와 살 곳이 필요하다. 하지만 취업 비자가 없으니 양지에서 취업 활동을 하지는 못한다. 이런 상황에서 여기보다 더 나은 조건을 또 어디 가서 찾겠는가.

혹자는 값싼 불법 대체인력이 치고 들어오니 미국 국민이 어쩔 수 없이 물러난 것 아니냐고 주장한다. 그렇지만 내가 실제로 만난 저소득층 내지 평범한 소시민들 중, 쥐꼬리만 한 보수를 받아들이겠다는 미국 국적의 간병인을 기적처럼 찾은 가정은 극소수뿐이었다. 구인란이 점입가경인 가운데 좀 여유 있는 가정은 조건에 맞는 간병인을 구하려고 웃돈을 얹어 주는 출혈을 불사한다. 그렇게 오르는 서비스 비용의 인상분이 죄다 중개업체의 주머니로 들어간다는 걸 알면서 그러는 건지는 모르겠다. 문제는, 고객의 요구는 점점 많아지고 일은 고된데도 여전히 최저임금을 받는 간병인 일을 누가 하려고 하겠느냐는 것이다.

의사로서 내가 할 일은 내 환자가 보살핌을 잘 받는지, 환자와 간병인 모두 안전하고 편안한지 확인하는 것이었다. 이 시점에 중요한 건 이것뿐이었다. 원칙대로라면 간병인에게는 기본급 외에 생활비에 복지수당과 위험수당까지 더해 지급하는 게 타당하다. 그러면 간병인이 기피직종에서 선호직종으로 환골탈태할지도 모른다. 그러나 현실은 다르다. 만약 토코니를 찾지 못했다면 베티의 자식들은 어머니를 요양원에 보냈을 것이다. 그곳에서 베티가 어떻게 시들어 갔을지는 불 보듯 뻔한 일이다. 지금까지 직접 보고 들은 수많은 사례들에 근거할 때, 베티처럼 걸어 다니는 종합병원 같은 환자의 경우 그녀의 예산에 맞는 수준의 시설에 들어가면 내내 고통만 받다가 몇 개월 이내에 생을 마감하게 될 것이다. 만약 집을 판다면 그 돈으로 더 괜찮은 시설에 입주할 수 있을지 모른다. 그러나 얼마 못 가 월세 자금이 바닥날 것이고 그 부담은 고스란히 정부에게 떠넘겨질 터다. 현실을 냉철하게 파악하니 결론은 명료했다. 조용한 벌집을 들쑤셔 괜한 소란을 피울 필요는 없다. 베티가 행복하기만 하다면 말이다.

토코니가 내 생각을 읽은 모양이었다. 그녀가 두툼한 손으로 내 팔목을 따스하게 감싸며 고개를 끄덕였다. 우리 둘 사이에 무언의 합의가 이뤄지는 순간이었다.

다만, 마지막으로 확인할 게 있었다. 베티는 한시도 혼자 두면 안 되는 사람이다. 얼마 전엔 혼자 일어서려고 애쓰다가 결국 넘어져 뼈에 금이 갔다. 또 그렇다고 토코니가 죄수처럼 노부인에게만 묶여 있어도 안 되었다.

"가끔 외출도 하고 그러나요?"

내가 묻자 토코니는 내 말에 박장대소했다.

"세상에나, 당연하죠! 제 여동생이 쩌어기서 일하는걸요."

그녀가 턱을 치켜들어 남쪽을 가리켰다.

"바로 두 집 건너에서요."

우리는 마주 보며 개구쟁이처럼 킥킥거렸다. 억양이 거의 없는 그녀 특유의 말투와 웃음소리는 언제 들어도 매력적이었다. 나는 며칠 묵은 체증이 내려가는 기분이었다.

"여동생이 돌보는 분은 정신은 온전치 않지만 잘 걸어요. 그래서 거의 매일을 온종일 산책해요. 때맞춰 내가 내다보고 있으면 우리 집으로 와요. 그렇게 베티를 잠깐 맡기고 저는 장을 보거나 약을 타러 가요. 어디든 갈 수 있답니다."

"좋네요."

나는 부담 되지 않도록 잘 돌려 말했다.

"토코니도 신선한 공기도 쐬고 운동도 하면서 자신만의 시간을 가질 필요가 있어요. 당신의 건강이 곧 베티의 건강이니까요."

토코니가 내 어깨에 손을 얹었다. 얼굴에는 즐거워하는 기색이 역력했다.

"맞아요, 맞아요! 제 말이 그 말이라니까요! 저는 잘 지내고 있어요. 그러니까 걱정 마세요."

그 말이 진실인지 확신이 서지는 않았지만 더 이상은 내가 관여할 일이 아니었다. 토코니가 건강해 보이고 앞으로도 계속 베티를 잘 돌봐 주기만 한다면 나머지는 그녀를 믿고 맡겨야 한다고 나는 생각했다.

이날 이후, 나는 가끔 베티의 집에서 토코니의 여동생 엘레노아를 마주쳤다. 엘레노아는 체형도 성격도 토코니와 완전히 딴판이었다. 그녀는 몹시 내성적이었고 통가 사람치고는 놀라울 정도로 가늘었다. 둘이 친자매가 아니라 먼 친척이거나 단순히 맘 붙일 데 없는 이국땅에서 힘들 때 언니동생 삼아 서로 의지하고 지내는 사이가 아닌지 의심스러울 정도였다.

그러던 어느 해 겨울날 늦은 오후였다. 베티가 점점 더 잘 못 걷는다며 토코니가 처음으로 근심을 내비친 지 여러 달이 지난 시점이었다. 나는 물리치료를 시작할지 말지 결정하기 위해 베티를 찾아갔다. 그런데 현관문을 열어 준 것은 토코니가 아니라 엘레노아였다. 나도 모르는 사이에 둘이 자리를 맞바꿨다는 것이다.

엘레노아는 딱 그 말만 하고는 내가 집 안으로 들어갈 수 있도록 조용히 옆으로 비켜섰다. 예전에는 내가 오면 인사만 하고 소리 없이 다른 방으로 사라지거나 몰래 돌아가 버리곤 해서 잘 몰랐는데, 그녀는 옷을 상당히 잘 입었다. 옷을 입는 건지 아무거나 걸치는 건지 알 수 없을 정도로 패션센스가 꽝이던 토코니와는 달랐다.

엘레노아의 시선은 아까부터 계속 바닥에 꽂혀 있었다. 나를 불편해하는 게 보여서 나도 마음이 안 좋았다. 그녀가 알아서 입을 여는 일은 절대로 없을 걸 알기에, 내가 먼저 베티의 안부를 물었다.

"보여 줄게요."

엘레노아는 이렇게 말하고 돌아서서 베티의 침실 쪽으로 발걸음을 옮겼다.

언니보다 체구가 훨씬 작았음에도 엘레노아의 동작은 굼떴다. 그뿐만 아니라 뭘 물어도 항상 바로 대답하지 못하고 머뭇거렸다. 옆방에서 약통을 가져다 달라고 부탁했을 때는 5분이나 기다려야 했다. 일을 하기 싫은 건지, 그저 영어가 유창하지 않은 건지, 우둔한데 심하게 소심하기까지 한 성격이라 그러는지 나는 종잡을 수가 없었다. 혹은 전부 다일지도 몰랐다.

진료를 마무리한 나는 엘레노아에게 혈당 일지를 좀 보자고 말했다. 엘레노아는 눈을 몇 번 끔뻑거리더니 전화기를 집어 들었다. 그러고 몇 분 뒤, 토코니가 나타났다.

"아이고 미안해요, 미안해!"

호탕하게 웃으며 그녀가 말했다.

"제가 좀 힘에 부쳐서 말이에요! 베티는 신경을 더 많이 써야 하거든요. 그런데 동생은 나보다 젊잖아요. 그래서 우리끼리 거래를 했어요. 괜찮죠? 아니에요?"

이제야 전후 사정이 납득되었다. 자매가 말하는 이웃의 노부인은 치매가 더 심해서 말 한마디 못 했지만 베티보다 몸무게가 덜 나가고 몸도 더 건강했다. 아마 꾸준한 산책 습관이 톡톡한 효과를 냈으리라. 반면에 베티는 갈수록 비대해지고 있었다. 일어나 앉기까지는 아직 가능하지만 부축 없이 걷거나 옷을 갈아입거나 화장실을 다니는 것은 더 이상 꿈도 꿀 수 없었다. 집 안에서라도 최대한 움직이려고 노력하고, 거실에서 자전거 페달처럼 생긴 기구로 다리 운동을 규칙적으로 하긴 했다. 그런데도 아침마다 침대에서 몸을 일으키려면 의료용 특수벨트가 필요했고 집 안에서도 휠체어를 타지 않으면 안 되었다.

"동생한테 인슐린 놓는 방법을 가르쳤어요."

토코니가 말했다.

"그니까 걱정 말아요. 봐요, 베티도 좋아 보이잖아요?"

그녀는 손으로 베티의 머리카락을 쓸어 정돈하고 어깨를 두어

번 토닥인 다음 씨익 웃었다.

시간이 흘러 계절이 다시 초여름으로 바뀐 어느 날이었다. 아침 일찍 엘레노아가 우리 병원에 연락해 베티의 상태가 안 좋다는 소식을 알려 왔다. 일어나 앉지도 못하고 내내 누워만 있다는 거였다. 식사도 계속 거르고 무슨 수를 써도 일어나지 않는다고 했다. 베티가 기침을 했을까. 열이 나지는 않았을까. 소변에서 이상한 냄새가 났을지도 모른다. 전부 감염질환의 유력한 증거들이다. 하지만 엘레노아는 구체적인 단서 하나 없이 베티가 아프다는 말뿐이었다.

그녀의 응급호출을 접수한 우리 팀의 당직 의사는 베티의 손자에게 연락해 동의를 구한 뒤 베티를 병원으로 호송했다. 검사 결과, 혈당이 무려 500을 훌쩍 넘었다. 보통은 110 이하를 정상으로 간주하는데 당뇨병 환자라도 최소한 200 아래로는 유지하는 게 원칙이다. 신장 기능을 비롯해 다른 수치들도 정상 범위를 크게 벗어난 상태였다. 환자가 당뇨병 치료제를 평소대로 잘 투약했더라도 다른 병이 겹치면 일시적으로 혈당이 치솟곤 한다. 이때 제대로 대처하지 않으면 탈수 상태가 당 수치를 더 높이고, 혈액의 염분 농도와 산도까지 위험 수준으로 변하게 된다. 그러면 환자가 혼수상태에 빠지고 자칫 영영 깨어나지 못할 수도 있는 것이다. 베티의 경우, 소변과 혈액 모두에서 균이 검출되었다. 방광염이었다. 같은 감염성 질환에 걸려도 젊은 사람들과 노인들은 완전히 다른 증상을 보이기 일쑤다. 젊은 사람은 평소보다 화장실을 자주 가고 소변을 볼 때 통증을 호소하지만 노인은 잠이 늘고, 잘 넘어지고, 멍해지거나 식욕을 잃는다. 이걸 엘레노아가 놓친 것이었다. 결국 병균이 혈관을 타고 전신으로 퍼졌고 덩달아 당뇨병까지 악화되면서 이 사달이 난 것이고 말이다.

베티는 병원에 도착하자마자 집중치료실에 들어갔다. 결코 쉽지 않은 상황이었음에도 천만다행으로 수액과 항생제와 인슐린이 효과를 잘 발휘했다. 덕분에 베티는 사흘 만에 퇴원할 수 있었다.

나는 바로 다음 날 일찌감치 베티를 들여다보려고 급히 일정을 변경했다.

이른 시간에 찾아온 날 반갑게 맞아 준 엘레노아는 바로 왼편의 거실이 아니라 다른 쪽으로 길을 안내했다. 베티의 침실로 가는 방향이었다.

"베티는 좀 어때요?"

내가 자연스럽게 물었다.

지금 이 순간 이외의 일은 전혀 기억하지 못하는 까닭에 질문에 대답을 해도 그 말을 신뢰할 수 없을 정도로 환자의 치매가 상당히 진행된 상태일 경우, 나는 환자를 상대하기 전에 다른 방에서 간병인이나 가족과 따로 면담 시간을 갖는다. 그리고 지금 베티도 바로 그런 경우였다. 엘레노아가 이 방식을 별로 맘에 들어 하지 않는다는 게 문제였지만 말이다. 만약 내가 무게를 잔뜩 잡고 베티의 생활에 대해 꼬치꼬치 캐물었다면 틀림없이 그녀는 있는 그대로의 사실보다는 그녀 생각에 더 높은 점수를 받을 것 같은 답을 말했을 것이다.

"괜찮아요."

엘레노아가 말했다.

"이제 거동을 좀 하시나요?"

"아직이에요."

이제 침실이 코앞이다. 질문을 한 개 정도밖에 더 못 할 것 같다.

"뭐 좀 드셨고요?"

"어제 저녁요."

사실 내가 진짜 알고 싶었던 건 베티가 제정신을 찾았는가 하는 것이었다. 며칠이 됐든 몇 달이 됐든 고령 노인에게 병원에 머물 일이 생긴다면, 십중팔구 그것은 고쳐야 할 큰 문제가 있어서다. 베티의 경우는 통제를 벗어난 당뇨병 그리고 방광과 혈액의 감염 때문이었다. 고작 며칠이라도 병원 침상에서 못 일어날 정도로 병을 된통 앓는 경험이 누군가에게 얼마나 큰 타격을 주는지는 당사자가 아닌 한 잘 모르고, 알려고 하지도 않는다. 게다가 막 입원해 들어온 환자가 쇠약한 노인이라면 사람들은 저분이 저렇게 거동 못 하고 정신까지 흐릿한 지가 이미 오래일 거라고 단정하곤 한다. 물론 그런 경우도 있다. 하지만 모든 사람에게는 저마다 기능의 최저 한계라는 게 있다. 이 최저 한계를 정확히 모르면서 어떤 환자의 회복 여부를 단언하는 것은 무리다. 종합병원 의사들이 아무리 똑똑하더라도 말이다. 만약 정기검진을 담당하던 의사가 이 응급

상황에서도 환자를 그대로 맡는다면 판정이 가장 정확할 것이다. 그러나 그런 게 가능할 리 없는 오늘날의 의료 체계에서 의료진은 가족이나 간병인의 진술에 의지하는 수밖에 도리가 없다. 똑바로 걷는다는 말이나 제대로 이해한다는 말의 뜻이 사람에 따라 완전히 다를 수 있음에도 말이다.

베티는 잠들어 있었다. 아니었대도 그냥 그렇다고 믿고 싶었다.

나는 가방을 내려놓고 베티의 이름을 불렀다. 반응이 없었다. 나는 그녀의 어깨에 손을 얹어 살살 흔들었다.

베티는 그제야 눈을 떴다.

"안녕하세요."

오랜만에 나는 갤러거 부인이라는 호칭을 붙였다. 그러자 베티도 나를 애런슨 선생님이라 부르며 대답했다.

"안녕하세요."

힘이 없어 눈꺼풀은 바들바들 떨렸고 입 안팎이 바싹 마른 탓에 미소는 어색하기 짝이 없었다.

"오늘은 어째 일찍 오셨네요."

오전은 오전이었지만 엄청 이른 시간은 아니었다. 그보다 낮밤도 구별 못 할 정도로 눈이 안 좋은 사람이 지금이 아침인 줄은 어떻게 알았을까. 아직 뻣뻣한 혀가 그녀의 입안에서 서걱거렸다.

"물 한 잔 드실래요?"

내가 묻자 그녀가 고개를 끄덕였다. 내가 눈짓을 하자 엘레노아는 이해했다는 듯 물을 가지러 방을 나갔다.

나는 컴퓨터 전원을 켜면서 베티에게 이것저것 물었다. 지금 아픈 데는 없는지, 지난 며칠 동안 어디에 있었는지, 현재 이 나라 대통령이 누구인지, 가장 좋아하는 축구팀 이름이 뭔지 같은 간단한 질문들이었다. 퇴원 직전에 나는 혈당과 전해질 수치가 정상으로 돌아온 걸 확인했었다. 다른 당뇨병 지표도 마찬가지였다. 측정 순간의 상태만 알 수 있는 혈당과 달리, 일명 당화혈색소HbA1c라는 이 특수 항목은 지난 6주 동안의 혈당 추이를 가늠하는 단서가 된다. 혈당이 쪽지시험이라면 A1c는 기말고사인 셈이다.

그러니까 베티의 경우는 쪽지시험만 망치는 데서 그치지 않고 학기 성적 전체를 말아먹을 뻔한 셈이었다. A1c 수치가 절망적으로 나쁜 건 아니었지만 내가 그녀를 보아 온 이래로 이렇게 높았던 적은 없었다.

종합병원 의사들의 의견은 베티에게 더 센 약이 필요하다는 것이었다. 그래서 그들은 인슐린 용량을 늘릴 것을 내게 권했다. 듣는 사람에게 짜증을 유발시키는 예의 그 자신만만한 말투로 말이다. 마치, 덜떨어져서 전문의 명함 부끄럽게 일반의들이 하는 일이나 하고 다니는 주제에 이런 사고나 치다니, 그러고도 담당 주치의라고 할 수 있느냐고 질책하는 것 같았다.

하지만 베티를 아끼는 방식을 따지자면 그들은 혈당과 같고 나는 A1c와 비슷했다. 다시 말해, 그들은 근본적 원인이 아니라 눈앞의 증상만 없애려 했다. 혈당치가 높았던 건 사실이다. 그렇다면 어쩌다 그렇게 됐는지 알려고 했어야 하는 것 아닌가?

다행히 베티는 온전히 정신을 차렸다. 신체 기능도 대부분은 돌아온 것 같았다. 다만 수액 주사와 수차례의 피검사 때문에 팔 여기저기에 멍 자국은 좀 남아 있었다. 모르는 사람이 보면 베티가 어디 가서 두드려 맞고 온 줄 알았을 것이다.

물 잔을 가지고 돌아온 엘레노아는 베티를 일으켜 앉혔다. 그 자리에서 베티가 아침 식사를 하는 동안 나는 엘레노아를 주방으로 불러냈다. 혈당을 높이는 원인은 여러 가지다. 대부분의 경우는 식단, 운동량, 약 처방과 같은 기본 중의 기본에서 모든 문제가 시작된다. 엘레노아는 베티가 입원하기 전이나 후나 늘 먹던 대로 늘 먹던 양을 먹었으며 운동량 역시 변함이 없었다고 말했다. 거짓말일 가능성도 있었지만 이 상황에서 그러는 것 같지는 않았다. 게다가 아까 엘레노아가 베티를 챙기는 동안 집 안을 좀 둘러봤는데, 과일은 한 바구니 그득했고 냉장고에는 두 끼 분량의 도시락을 포함해 다양한 음식이 충분히 구비되어 있었다. 그렇다면 남은 용의자는 딱 하나, 약이었다.

엘레노아는 베티와 함께 병원에서 지내면서 공부를 열심히 한 것 같았다. 베티의 약을 챙길 때 주의할 사항들을 공책에 새로 정리했는데 두께가 무슨 책 한 권이었다. 나는 이 메모와 내가 가진 기록 그리고 엘레노아가 원래 가지고 있던 목록을 대조했다. 내 것은 여러 해 전 처음에만 출력했을 뿐, 이후로는 중간에 빠진 약은 취소선을 그어 삭제 표시하고 추가된 약은 여백에 수기로 기재해 온 바람에 누더기가 다 되어 있었다. 나는 세 가지 기록이 모두 일치하는 걸 확인하고 안도의 한숨을 내쉬었다. 시간이 오래 걸리는 탓에 생략하는 경우가 흔하지만, 환자가 병원 신세를 질 때마다 매번 거쳐야 하는 절차였다.

이어서 나는 엘레노아에게 베티의 약병을 보여 달라고 부탁했다. 어떤 약을 언제 먹게 했는지도 설명해 달라고 했다.

그녀는 병 하나를 집어 뚜껑을 돌려 열었다. 알약 하나가 그녀의 손바닥에 떨어졌다.

"이건 아침에만 먹는 거예요."

엘레노아는 병을 잠그고 다른 병을 열면서 다시 말했다.

"이건 아침하고 저녁 식후에 먹어요."

엘레노아의 건조한 손등과 눈가의 잔주름을 발견하고서야 나는 그녀의 나이가 내가 짐작했던 것보다 많다는 사실을 깨달았다. 아마도 50대 후반이나 60대 초반이지 싶었다. 지금까지 내내 그녀의 세련된 옷차림과 말끔한 피부에 나도 모르게 깜빡 속아 왔던 것이다.

그녀는 처방약부터 일반 영양제까지 각 종류별로 약병마다 정확한 복용량의 알약을 손바닥에 덜어내 보여 주었다. 그사이에 약 목록을 적어 둔 메모를 커닝하거나 약병의 라벨을 읽느라 멈칫한 적은 단 한 번도 없었다. 중간에 내 눈치를 보기는커녕 시험을 무사히 통과하고도 시선은 계속 자신의 무릎으로 떨군 채였다.

순간적으로 스치는 생각이 있었다. 아, 엘레노아가 글을 못 읽는 건가. 적어도 누가 보는 앞에서는 잘 못 읽는 게 틀림없었다. 그래서 그동안 창피해한 거였다는 걸 마침내 알았지만 나는 모르는 척해 주고 싶었다. 그래서 말했다.

"훌륭해요. 엘레노아가 아주 잘해 주고 있는 것 같네요. 먹는 약은 손 댈 필요가 없겠어요. 이건 끝났고요. 참, 인슐린도 보여 주실래요?"

엘레노아는 냉장고 쪽으로 가더니 문칸에 줄 맞춰 정리해 놓은 바이알들이 잘 보이도록 문을 활짝 열었다. 베티가 맞는 인슐린은 두 가지였다. 엘레노아는 두 가지 각각 정확히 얼마나 투약해야 하는지 잘 알고 있어야 했다.

바로 이거였다. 만약 엘레노아가 글을 읽지 못한다면 숫자도 못 알아볼 가능성이 있었다. 나는 혹시라도 생사람을 잡아 자존심만 상하게 하는 것 아닌가 해서 잠시 망설였다. 그러나 베티의 담당 의사로서 해야 할 일을 하기로 결단을 내렸다. 다만 평소보다 목소리 톤에 더 신경을 써서 입을 뗐다. 엘레노아가 영어 문맹인 게 사실일지라도 바보는 아니었으니까.

"인슐린액을 어떻게 뽑는지 보여 줄 수 있어요?"

그녀는 다소 주춤거리면서 냉장고에서 바이알 한 병을 꺼낸 뒤, 안 쓰는 그릇에 담아 놓은 빈 주사기 하나를 집어 들었다. 그런 다음 주방 작업대에 두 개를 나란히 내려놨다. 그러고는 나를 지나쳐 어디론가 가더니 정사각형 모양의 조그만 종이봉투를 가지고 돌아왔다. 일회용 알코올 솜이었다. 엘레노아는 봉투 귀퉁이를 길게 찢고 솜을 꺼내 그걸로 바이알 뚜껑을 닦아 소독했다. 그런데 더 이상 뭘 하지 않고 가만히 있는 것이었다. 솜과 봉투를 버리러 지금 갈까 있다가 한꺼번에 버릴까 고민하는 것 같았다. 다행히 엘레노아는 자리를 이동하지 않고 바로 바이알의 고무뚜껑에 주사바늘을 꽂아 넣었다. 주사기가 꽂힌 그대로 바이알을 밝은 조명 아래로 들어 올린 그녀는 그 상태에서 주사기의 손잡이만 뒤로 잡아 뺐다. 이 순간 몇 초 정도는 그녀가 미동도 하지 않는 것처럼 보였다. 마지막으로 양을 조정한 엘레노아는 역시 시선을 피하면서 내게 주사기를 건넸다.

나는 주사기를 살펴본 뒤 다시 목소리를 가다듬었다.

"그러니까 요즘 아침마다 이렇게 놔 드린 거지요?"

엘레노아가 고개를 끄덕였다. 최대한 상냥한 말투로 내가 다시 말했다.

"여기 주사기에서 20이 어디인지 손으로 짚어 보실래요?"

엘레노아는 내게서 돌려받은 주사기를 다시 조명 아래로 가져갔다. 그러고는 눈을 잔뜩 찡그린 채 주사기를 노려봤다.

"여기요."

엘레노아가 가리킨 위치는 정확히 20이었다. 문제는 주사기 한가운데에 거대한 공기방울이 동굴처럼 자리 잡고 있었다는 것이다. 내 짐작으로는 인슐린 용량이 10~12유닛 정도 될 것 같았다. 베티에게 처방된 20유닛에서 한참 모자란 양이었다.

당시 내가 어떻게 행동했는지는 잘 기억나지 않는다. 하지만 그때 속으로 이렇게 말했던 것만은 확실하다. 아이고 맙소사.

엘레노아의 문맹 여부는 끝까지 미스터리로 남게 되었지만 한 가지는 분명해졌다. 그녀는 시력이 좋지 않았다. 그렇다고 치료를 받거나 안경을 살 형편도 아니었다. 보험이 없는 데다가 쥐꼬리만 한 월급마저 버는 족족 고국의 자식들에게 부치고 있었으니 당연했다. 이건 모두 나중에 토코니를 통해 알게 된 사실이다.

"인슐린 양이 정확하지 않아요."

나는 이렇게 말하고는 일부러 보라고 안경을 벗어 가운데에 내려놨다.

"그런데 저도 이걸 끼지 않으면 똑같이 틀릴 거예요."

엘레노아가 날 똑바로 쳐다봤다. 입가에는 수줍은 미소가 걸려 있었다.

만약 엘레노아의 실수로 인슐린 투약량이 처방보다 적어졌다면 그게 베티의 혈당을 높이는 원인이 되었을 것이다. 그러면 감염, 심장마비, 착란, 실금 등등 다양한 합병증까지 줄줄이 따라올 수 있다. 그런데 만약 반대로 투약량이 너무 많았다면, 최악의 경우 베티가 바로 죽을 수도 있었다. 나는 엘레노아에게 이런 설명을 구구절절 늘어놓지는 않았다. 그녀가 충격받는 것은 원치 않았고 지금 너무 무거워진 이 분위기를 바꾸고 싶었기 때문이다. 그렇다고 이게 가볍게 넘겨도 되는 문제라는 뜻은 아니었다. 엘레노아도 그건 알고 있었다. 나는 모두가 만족할 원만한 해결책이 없을까 고민에 빠졌다. 어쨌든 베티의 자녀들은 어머니를 일정 수준 이상의 공인된 시설로 모실 형편이 되지 않는다. 한편 엘레노아에게는 잠

잘 곳과 돈이 필요하다. 눈은 좀 침침해도 엘레노아는 베티의 심중을 가장 잘 헤아리고 제 몸처럼 손발이 되어 주는 사람이다. 인슐린에 대해서는, 누르기만 하면 미리 설정된 용량이 알아서 나오는 신형으로 내가 다시 알아볼 수도 있었다. 비싸다는 흠이 있긴 해도, 조달만 된다면 엘레노아도 마음의 짐을 한결 덜 터였다.

지금 우리는 심각한 위기에 봉착해 있었다. 바로 그 순간, 엘레노아와 나 사이에 텔레파시가 통했다.

"토코니."

그녀가 말했다. 나는 천만다행이라고 생각하면서 동의한다는 뜻으로 고개를 끄덕였다.

남과 여

"이제 새로운 국면을 맞은 것 같구나."

여든네 번째 생일을 두 달 앞두고 엄마가 불쑥 말했다.

"더 이상 주변에 남자가 없어."

며칠 전, 엄마는 오랜만에 저녁 약속에 다녀왔었다. 큼지막한 친목 모임이었는데, 가서 보니 다 여자밖에 없더란다. 한 친구는 이혼한 지 오래였고, 또 다른 친구는 병석의 남편을 잠시 맡기고 나왔다고 했다. 이 둘을 제외하면 엄마를 포함한 나머지 분들은 모두 사별한 늙은 싱글이었다. 엄마가 로맨스를 원해서 모임에 나간 건 아니었다. 엄마는 당신도 평범한 사람이라는 느낌을 다시 갖고 싶었을 뿐이라고 못 박았다.

"그런데 기분이 너무 이상한 거야. 내 인생에서 큰 덩어리 하나가 뚝 떨어져 나간 것 같았어."

마음 한구석이 휑해진 채로 남은 평생을 보내야 한다는 생각에 엄마는 심란하고 서글픈 심정을 감추지 못했다.

이것은 동서양을 막론하고 어느 사회집단이든 공통적인 반응이다. 노년기만큼 성비 불균형이 극심한 연령층은 또 없다. 이 격차는 남녀 모두에게 손해를 입힌다. 그 내용은 서로 다르지만 말이다. 전체 인구에서 여성의 비중은 대략 51퍼센트로 집계된다. 이 숫자는 65세 이상만 따지면 57퍼센트로, 그리고 85세 이상만 따지면 68퍼센트로 올라간다. 100세 이상 집단의 경우, 무려 83퍼센트가 여성이다. 노년층의 성비 불균형은 어제오늘 일이 아니다. 서유럽에는 적어도 12세기부터 그런 기록이 존재한다. 여자가 남자보다 오래 살지 않는 나라도 있고 수명 차이가 수십 년씩 크게 벌어지는 것도 아니긴 하지만, 전반적으로 이런 추세가 이어지는 건 분명하다. 혹자는 이것이 고령이 여성 건강의 위험요인으로 지목되는 이유라고 말한다.

하지만 고령은 남성의 건강도 저해한다. 아니, 더 정확하게 표현하면 고령은 남성의 건강에 치명적인 타격을 입힌다. 동서고금을 통틀어 늘 남자가 여자보다 일찍 죽는 이유는 과연 뭘까? 남자라고 해서 여자만큼 장수하지 못할 결격사유는 전혀 없는데 대부분 그러지 못하는 거라면, 게다가 사회제도 역시 애초에 그 점을 염두에 두고 설계되어 있다면, 의학의 깊은 개입이 오히려 해를 끼친다는 데에 문제가 있는 것 아닐까? 혹은 사람의 장수 여부가 오직 생물학에 의해서만 결정되는 게 아니기 때문이거나? 내가 사람들 앞에서 이 얘기를 꺼낼 때 상대편이 논박이라고 드는 근거는 대개 뻔하다. 남자들은 원래 병원에 잘 안 가려 하는 족속이라거나, 절대로 약한 모습을 보여서는 안 되고 잘 견뎌야 사나이라는 게 오랜 통념이기에 남자들은 참다 참다 도저히 안 되겠다 싶을 때에야 손을 내민다는 식이다. 또는 남자들은 천성적으로 다른 사람의 지시를 따르기 싫어하니 병원의 지시를 잘 지키지 않는다는 해명도 있다. 한편 일각에서는 남자라면 모름지기 부양받는 약자가 아니라 부양하는 입장에 서야 하며 늘 남들보다 앞서야 한다는 사회적 압박이 남자들의 어깨를 짓눌러 건강까지 갉아먹는 거라고 탓한다. 또 누군가는 남자들이 평생 훨씬 더 많은 위험에 노출되기 때문이라고 말한다. 더 파고들면 끝도 없고 일단 항상 나오는 얘기만 추린 게 이 정도다. 아마도 여기에 몇 가지 사회적 인자와 생물학적 인자를 더한다면 완벽한 해설이 될 것이다. 남녀 수명의 불균형은 워낙 고질적인 현상이기에 흔히들 이 격차를 좁히는 것이 의학의 최대 사명일 거라고 추측하기 쉽다. 그런데 그렇지가 않다.

여성의 수명이 상대적으로 길다는 사실은 그동안 많은 오해를 불러일으켰다. 특히, 폐경이 곧 노화의 신호탄이라는 인식이 대두

되던 시기에 말이다. 당시 많은 의사들이 대표적 만성질환들이 남성보다 여성에게 더 일찍 시작되는 원인으로 폐경을 지목했다. 수백 년 전 제안된 체액설을 근거 삼아, 폐경은 탁한 체액이 더 이상 체외로 배출되지 못한다는 뜻이니 폐경이 시작된 여성은 점점 여기저기가 고장 나고 이런저런 지병을 얻게 된다고 설명한 것이다. 현재 체액설은 허위임이 드러난 옛 가설에 지나지 않는다. 그럼에도 의료계는 여성에게만 두드러지는 몇몇 노화 현상의 진짜 원인을 조사하는 데에 여전히 별 관심 없어 보인다. 교재를 봐도 기본형 인간의 모델은 늘 남성이었다(오늘날에도 여전히 많은 의대에서 남성의 사진만 보여 주면서 이것이 바람직한 정상 노인의 본보기라고 가르친다). 같은 맥락으로 고환과 전립선 이상에 관한 언급은 차고 넘치는 반면, 여성 생식기관의 노화는 제대로 연구되거나 정식 화두로 오른 적이 거의 없다.

남성은 업무 능력, 권력, 재력 면에서 더 높이 평가되고 외모의 구애를 덜 받기 때문에, 여성과 달리 남성에게는 나이 듦이 유리하게 작용하는 일이 많다. 옛날보다는 덜하긴 해도, 1조 달러 규모 화장품 산업이 최대 타깃으로 삼는 소비계층의 특징을 잘 살펴보면 여전히 이 사회가 유독 여성에게만 일정한 미의 기준을 얼마나 고집스럽게 강요하는지 잘 알 수 있다. 직업적으로 최고의 성공을 거둔 여성들조차 이 마수를 피해 갈 수는 없다.

뭔가가 진심으로 마음에 들어 간절히 갖고 싶어지면 사람들은 주저 없이 지갑을 연다. 의료계에서 비뇨기과 의사가 산부인과 의사보다 돈을 많이 버는 게 바로 이 심리 때문이다. 내과와 외과가 섞인 진료과라는 점은 둘 다 마찬가지인데 말이다. 비뇨기과를 찾는 환자들은 평균적으로 산부인과 환자들보다 나이가 훨씬 많다. 그런 걸 보면 가치의 순위를 매기는 일에 관한 한 성별과 나이가 모종의 유착 관계에 있는지도 모른다. 아니면 진료과별 서열 정리가 일찍이 끝난 20세기 중반에 그랬었거나. 오늘날 기계로 대체 가능한 수많은 직업이 자고 일어나면 사라지는 가운데, 우리 사회는 간병 인력이 부족하다며 걱정이 태산이다. 그러면서 간병은 여자의 일이라는 고루한 사고방식을 증명하듯 여성 인력이 대부분을 차지하는 간병인의 보수는 여전히 최저임금 수준에 머물거나 그에도 못 미친다. 바로 이런 식으로 우리는 안 그래도 심각한 사회 불평등을 악화시키고 있다. 남성은 그렇지 않은데 여성의 경우는 자녀가 있고 없고에 따라 소득이 달라지는 것처럼, 병환 중인 집안 어른의 간병인으로 지정된 — 대부분이 여성인 — 직장인은 일터에서 고연봉을 포기해야 한다. 어르신의 상태에 따라 근무 시간을 단축하거나, 꼬박꼬박 휴가를 내거나, 일찍 은퇴하거나, 금방 이직해 버린다는 이유에서다. 자연스럽게 퇴직금과 복지혜택 역시 줄어들 수밖에 없다. 이 여성들이 노년기에 가난에 허덕이기 훨씬 쉬운 건 당연하다.

한마디로, 21세기의 노년층을 정의하면 죽어 가는 남성들과 가난한 여성들로 압축될 것이다. 지금 우리가 뭔가 단단히 잘못하는 게 아니고서야 이럴 수는 없다.

의학과 환자 돌봄

"비명을 지르면서 다리가 아파 죽겠다는 말만 되풀이하네요."

호출기에 뜬 번호로 전화를 걸자 연결된 병원 의사가 내게 말했다.

"이러니 환자 본인에게서는 알아낼 수 있는 게 전혀 없겠어요. 남편분은 행방이 묘연하고요. 원래 환자 다리에 무슨 문제가 있었습니까?"

이네즈의 정기검진 주기는 한두 달에 한 번이었다. 노부부가 사는 다 허물어져 가는 원룸 아파트는 이 도시에서 열리는 각종 성소수자 행사의 심장부인 카스트로 거리에서 고작 몇 블록 떨어진 곳에 위치해 있었다. 그녀를 만나러 가는 길에는 늘 넘어야 할 관문이 많았다. 우선은 공동현관 출입구부터가 문제였다. 보통 이런 대규모 공동주택에서는 초인종을 누르면 관리자가 나와 방문객을 확인하기 마련이다. 그런데 여기는 담당자가 잠을 자는지, 사람이 있기는 한 건지 매번 묵묵부답이었다. 다행인 점은 유리문 너머 로비는 사람 왕래가 잦았다는 것이다. 그래서 끈기 있게 버티고 서 있으면 결국 날 들여보내 주는 의인이 반드시 나타났다. 때로는 맘씨 좋은 주민인 줄 알았는데 가까이서 보니 보안요원인 경우도 있었다. 매번 사람이 바뀌어 있는데, 유니폼이 제 몸에 맞지 않아 어딘가 어색한 느낌이 드는 것은 항상 똑같았다. 그들은 날 위아래로 한번 훑어보고는 신분증을 요구했다. 그들이 원하는 건 병원 사원증이 아니었다. 기어코 글씨도 작은 운전면허증을 받아 내고는 출입기록부인지 낙서장인지 모를 종이 뭉텅이에 내 이름을 또박또박 옮겨 적었다. 방문 날짜와 들어왔다가 나간 시각까지 정확하게. 그런 뒤 그들이 고개를 끄덕이면 그제야 나는 엘리베이터를 탈 수 있었다.

그쯤 소란을 피우면 무료함을 달래러 로비에 나와 있던 주민들의 관심을 한 몸에 받게 되는 건 당연하다. 현관문부터 엘리베이터 앞까지에 이르는 그 짧은 동선을 이동하는 동안 누군가 휠체어를 밀면서 다가와 친한 척을 하지 않는 날이 단 하루도 없었다. 로비에 내려와 행인들을 구경하면서 시간을 보내는 게 유일한 낙인 사람들 중 하나였다. 맞은편에 클럽이나 성인용품 전문점 같은 가게들이 밀집한 상점가가 있는데, 그 구역 초입과 반대편의 웅장한 성당이 만나는 교차로가 최고의 명당이라고 했다. 그들은 모두 대화에 굶주려 있었다. 누군가는 엘리베이터에 따라 타기까지 했다. 그러고는 드르륵거리며 답답하게 움직이는 금속 상자가 나를 위층으로 데려다주는 내내 신나서 떠들곤 했다. 마침내 엘리베이터가 멈추면 나는 어두컴컴한 복도 끝까지 직진했다. 가는 길에는 문이 활짝 열린 채 음악 소리가 요란하게 흘러나오는 집을 한두 곳은 꼭 지났다. 사람들 눈이 죄 풀린 걸 보면 한창 약에 취해 있는 게 틀림없었다. 그런 까닭에 나는 이네즈의 집 앞에서도 매번 부부의 이름을 크게 외쳐야 했다. 그러면 이네즈의 남편 에스테반이 입이 귀에 걸리게 웃으며 나와서 나를 "독또—라!(의사 선생!)"라고 부르며 반겨 줬다.

그런데 이틀 전에 들렀을 때는 에스테반의 얼굴에서 웃음기를 전혀 찾아볼 수 없었다. 그는 "빠싸(이리로 오시오)"라는 한마디만 툭 던지고 바로 침실로 안내했을 뿐이다. 부부 침대를 빼고 들여 놓은 환자용 침대에는 중증 혈관성 치매 환자인 이네즈가 누워 있었다. 입은 벌어진 채였고 숨을 쉴 때마다 가슴팍이 오르내리는 것이 확연하게 눈에 보였다. 재빨리 기본 검사를 해 보니 혈중산소 수치는 낮은데 맥박은 빠르고 혈압은 높았다. 폐에서 미세한 잡음이 들리는 것도 같았다. 비만인 데다 거동을 못 하면서 호흡 기능까지 떨어지는 그녀에게 심호흡이 필수인 폐 기능 검사는 쉬운 적이 없었다.

나는 에스테반에게 흡입기 약물 투약을 맡겨 놓고 119와 응급실에 전화를 걸었다.

이네즈는 앓고 있는 지병이 많았다. 그래서 내가 최대한 줄인다고 줄였는데도 처방전 목록은 항상 페이지를 넘기기 일쑤였다. 그리고 이제는 폐렴과 천식 발작에다가 심부전에 탈수까지 겹친 게 분명해 보였다. 하지만 내가 그녀를 봐 온 지난 2년을 통틀어 다리에 문제가 있다는 소리는 처음이었다.

"다리 통증은 전에 없던 건데요."

나는 통화 중인 병원 의사에게 말했다.

"혹시 집에서 넘어졌대요?"

"몇 년째 누워 지내는 환자예요."

내가 대답했다.

"최근에는 몸을 일으켜 앉는 것도 못 했어요. 다리가 어떻게 아픈지 자세히 설명하던가요?"

"그냥 계속 소리만 질러요. 질문에 대답은 안 하고요. 레지던트가 응급조치를 했으니 곧 제가 다시 가서 살펴보려고요."

"그건 이네즈답지 않은데요."

원래 이네즈는 그런 식으로 행동하거나 말하지 않는다는 뜻이었다.

평소 이네즈는 내가 뭘 물을 때마다 성심성의껏 답하려고 애썼다. 지나간 일은 전혀 기억하지 못해도 최소한 지금 이 순간의 일만큼은 놀라운 판단력을 보여 주었다. 자신의 병명과 약 이름도 한두 가지는 스스로 댈 수 있었다. 항상 스페인어로 말했지만 말이다. 그래도 지금 전화선 너머 의사가 묘사하는 방식으로 비명을 지르거나 이상 행동을 보인 적은 지금껏 단 한 번도 없었다. 몸이 좀 안 좋은 날조차도 날 미소로 맞으면서 내 가족의 안부를 묻던 그녀였다. 그 밖에도 뇌졸중과 치매가 발병하기 전의 그녀가 얼마나 해사한 인물이었는지 짐작하게 하는 순간이 많았다. 어쩌다 보니 입고 간 옷이 평소보다 화려했던 날이면 그녀는 정말 예쁘다며 한 바퀴 돌아 보라든지 자세히 좀 보게 가까이 오라며 손짓하곤 했다. 특히 몇 주 전이 최고였는데, 나는 우리 팀에 새로 온 남자 사회복지사를 그녀에게 인사시키려고 데려왔었다. 그런데 모델 뺨치는 키에 떡 벌어진 어깨를 가진 그에게 반한 이네즈는 에스테반이 잠깐 자리를 비운 틈에 소녀처럼 좋아 죽겠다는 몸짓을 내게만 몰래 해 보이는 거였다. 그런데 또 다음 순간, 날 보면서 눈썹을 들어 올렸다가 한쪽 눈을 찡긋하는 게 아닌가. 이렇게 멋진 청년을 대동하고 나타난 날 딱 맞춰 스커트를 입은 게 그저 우연이라고 하면 자신이 순진하게 그 말을 믿을 것 같으냐는 뜻이었다.

나는 이런 일화들 중 중요한 내용만 적절히 요약해 전달했다. 배경으로 들리는 소음으로 미루어 오늘도 병원의 하루가 바쁘게 흘러가고 있음을 알 수 있었다. 아마도 이 의사는 간호사 데스크에 기대선 채 내 말을 듣고 있는 것이리라.

"DVT일 수도 있어요."

그가 말했다. DVT란 심부정맥혈전증, 즉 다리 혈관에 혈전이 있다는 뜻이었다.

내게는 그것 말고도 걱정되는 게 또 있었다.

"환자의 체구가 육중해요. 구급대원이 그녀를 옮기는 과정에서 혹은 환자가 병원에 도착한 이후에 무슨 일이 있었을 가능성도 고려해야 해요."

내 감으로는 분명 집 안에서는 별 탈이 없었다. 에스테반은 100점짜리 간병인이었다. 요일과 시간이 표시된 거대한 정리함에 정확하게 담아 놓은 아내의 약을 두 번 세 번 점검하는 것은 그의 중요한 일과였다. 생활비가 쪼들릴 때도 본인은 통조림으로 때울지언정 아내에게만은 반드시 살코기를 대령했다. 이미 여든의 나이였음에도 강단 있는 몸동작이나 늘 밝은 표정 때문에 가끔 보면 그는 이네즈의 남편보다는 아들 같았다. 그럴 리는 없겠지만 만약 그가 이네즈를 침대에서 휠체어로 옮기다가 실수로 떨어뜨렸다면 혼자 이네즈를 일으켜 앉히는 것은 무리일 테니 도움을 요청했을 게 분명하다. 내 짐작에 에스테반은 몸무게가 64킬로그램 정도였고 이네즈는 90킬로그램이 넘었다. 그리고 진짜 그런 일이 있었다면 바로 내 귀에 들어오지 않았을 리가 없었던 것이다.

"아, 그렇군요."

저쪽 의사가 말했다. 시큰둥한 말투로 미루어 그는 이네즈의 생활 습관이나 평소 상태에는 눈곱만큼도 관심 없는 게 분명했다.

"저는 혈전, 골절, 탈구 중 하나라고 의심하고 있어요. 아니면 초진에서 놓친 광범위 타박상이 어딘가에 있을 수도 있고요."

나는 그가 열거한 것들을 빠짐없이 메모하고는 마지막 줄에 '자세 바꾸기'를 추가로 적어 넣었다. 그러고는 말했다.

"딱 꼬집어 설명할 수는 없는데, 환자는 거의 항상 오른쪽으로 돌아누워 있어요. 검진하느라 자세를 바꾸면 굉장히 불편해하더라고요. 보호자 말로는 벌써 몇 년째 그렇게 지내 왔다고 해요."

수화기 너머로 병원 의사가 골치 아프다는 듯 작게 한숨 쉬는 소리가 들렸다.

나는 설명을 이어 갔다.

"어이없는 얘기로 들린다는 거 압니다. 그래도 누군가를 보내서 이네즈가 오른편으로 기대 누워 있는지 확인하게 하고 만약 아니라면 지금이라도 자세를 그렇게 바꿔 주어야 해요."

왠지 상대가 긴가민가하면서 눈알을 굴리는 모습이 상상됐다.

"만약 이 방법이 통한다면, 선생님은 오늘 엄청난 시간을 벌게 될 거예요. 환자도 X-ray 검사에 헛돈을 쓸 필요가 없고요."

"그럼 마지막으로 치료 계획을 함께 검토해 보죠."

그는 이렇게 운을 떼고는 이네즈의 심방세동, 폐렴, 체액저류 상태를 어떻게 처치할 것인지 자세히 설명했다. 전화를 끊기 전에 나는 자세 바꾸는 것을 잊지 말라고 재차 당부했다. 이 조치만으로 통증이 사라진다면 이네즈에게 진통제를 투약할 필요도 없었다. 진통제는 착란 증세와 만성 변비를 악화시킬 우려가 있었다. 그러나 이번에도 그러겠노라는 확답은 듣지 못했다.

이런 반응은 의료계 안에서도 입원 병동 의료진과 외래 의료진 사이 그리고 내과와 노인의학과 사이에 문화적 갈등이 존재함을 보여 주는 또 하나의 증거다. 다른 전공과 의사들은 오직 질병과 검사 결과와 처방전 기록에만 의지해 모든 판단을 내린다. 하지만 노인의학은 이네즈처럼 늙고 병약한 환자들에게는 평소 상태와 주변 환경 역시 중요한 정보가 된다고 여긴다. 특히 치매라는 지병 위에 다른 응급 위기상황들이 겹친 탓에 정상적인 의사소통이 불가능할 때는 더더욱 그렇다.

병원과의 통화를 끝낸 후 나는 바로 에스테반에게 전화를 걸었다. 마침 그는 집에 들러 잠깐 눈을 붙였다가 다시 병원으로 오는 길이었다. 아내를 집에서 이틀 밤낮으로 홀로 돌보다 사흘째 밤을 응급실에서 대기하는 동안 긴장이 풀어진 모양이었다. 물어보니 지금까지 병원의 어느 누구도 그에게 연락해 이네즈의 상태를 알려 주지 않았다고 했다. 그래서 나는 그녀의 호흡이 많이 나아졌지만 통증은 여전하다고 설명했다. 그러면서 병원에 도착하는 대로 환자가 편안한 자세로 고쳐 눕도록 자리를 봐 달라고 당부했다. 에스테반은 그러마고 대답했다.

그날 저녁, 전화기를 확인하니 에스테반의 음성 메시지가 들어와 있었다. 밝고 따뜻한 목소리로 이네즈가 많이 좋아졌다는 내용이었다. 병실에 들어섰을 때 한눈에도 아내가 다리 때문에 몹시 괴로워하고 있었는데 오른쪽으로 돌려 눕혀 주자 통증이 거짓말처럼 사라졌다고 했다. 그는 간호사 여럿으로부터 다음 날 퇴원해도 되겠다는 칭찬을 들었다는 자랑까지 늘어놨다.

나는 네트워크에 접속해 이네즈의 차트를 열었다. 골반부터 무릎까지 꼼꼼하게도 찍은 X-ray 사진은 모두 정상 소견을 보이고 있었다. 그러나 병원 의사들이 남긴 기록 어디에도 이네즈의 자세를 언급한 내용은 없었다.

전인의료를 표방하는 어느 노인 전문 병원에 견학을 다녀온 한 의대생이 했던 말이 떠올랐다. 졸업반이라 곧 정식 의사가 될 예정이었던 그 학생은 이렇게 말했었다.

"이건 의학이 아니에요. 그냥 환자를 돌보는 거지."

교육

20세기의 끝자락에서 불과 십몇 년 만에 미국의 의학 교육은 유례없이 대대적인 변화를 겪었다. 한마디로, 교육의 기준이 선생이 가르치고 싶은 것에서 학생이 알아야 할 것으로 이동한 것이다. 디지털 시대의 교과서는 더 이상 일방적이 아니며 양방향 소통이 가능하고 다양한 매체를 통해 구현된다. 학생들은 삼삼오오 모여 휴대 전자기기로 원하는 강의를 골라 청취함으로써 스스로 교육의 능동적 주체가 된다. 그런 젊은이들의 이목을 끌기 위해 재미있는 일화, 게임, 비디오 영상 등의 에듀테인먼트 요소는 필수다. 이런 변화에 때마침 대두된 의료의 질 및 안전성 개선 운동이 맞물리면서, 의료계는 교육 핵심 현안들을 의료 체계에 통합시켜 시스템 보완, 범의료적 팀워크, 의료인 자질 향상을 동시에 도모한다. 개업의 부족 실태와 외래에 치중된 종합병원 의사들의 근무 시간을 의식해 외래 진료과들을 순회하는 필수 실습 과정을 신설한 것이 그런 맥락이다. 마찬가지로, 요즘 의대에서는 특정 신체 장기 너머 기능계 전체의 큰 줄기를 보라고 가르친다. 또한, 2016년부터는 모든 연령대의 인간에게 의술을 펼칠 능력을 증명해 보인 의대 졸업생들에게만 의사 면허를 내주도록 규정이 바뀌어 미국 전역에서 시행된다.

그럼에도 내가 학부 시절에 중요하다고 배웠던 것들 대부분이 의학 교육의 꽃 대접 받는 건 아직 그대로인 듯하다. 지난 세기에

이 나라 의료 체계를 지배했던 인사들의 거센 입김은 요즘 젊은 수련의들에게도 여전히 작용한다. 국민 대부분이 진짜 노인이 되기 전에 세상을 떠났던 그때와 지금은 엄연히 시대가 다른데도 말이다. 가령, 지금도 의대생들은 옛날 코스를 그대로 따라 실습 과정을 이수한다. 실습 학점을 주는 인기 진료과 목록은 내가 의대생이던 20년 전과도, 내 아버지가 의대에 다니던 1950년대와도 달라진 게 없다. 이때는 노년층의 평균 사망 연령이 68세이던 시절이었다. 1950년대와 비교해 오늘날 65세 성인은 약 25년을 더 살 것이라고 짐작된다(평균이 그렇다는 것이니 절반은 이보다도 오래 살 것이다). 또, 80대 인구의 규모는 48배나 커졌으며 노인 집단 구성원의 연령 범위가 대폭 넓어져 이제는 같은 노년층이라도 크게는 두세 세대나 차이 날 정도다. 요즘 세상에 노인 환자를 한 번도 맡아 보지 못한 의사가 거의 없는 건 바로 그래서다.

진료과별로 외래 환자의 연령대를 분석할 때 외과, 신경정신과, 신경내과에서는 65세 이상이 30퍼센트를 넘는 것으로 파악된다. 한편 내과, 정형외과, 응급의학과의 경우는 40퍼센트가 넘고 순환기내과와 안과는 무려 과반수를 차지한다. 이런 과 의사들은 모두 서로의 전공을 기본 이상은 다 공부한다. 소아과와 산부인과에는 몇 달씩 시간을 따로 빼기도 한다. 실제로 그런 환자를 진료하게 될 일은 평생 손에 꼽으면서 말이다. 반면에 노인 환자의 의료를 전문적으로 훈련받는 의사는 극소수에 머문다. 그나마도 일부는 제대로 된 노인의학 프로그램이라 할 수 없는 수준이다. 그냥 나이 들수록 점점 더 흔해지는 병들을 따로 모아 가르치는 거라면 모를까. 이런 건 노인의학이 아니다. 진정한 노인의학은 치료 대상이 누구이고 치료할 병이 무엇인지만 따지지 않는다. 노인의학에서는 의료 행위가 어떻게 그리고 어디서 이루어지며, 의사나 의학 기술 말고 또 누가 혹은 무엇이 환자의 심신 건강에 도움을 주는지도 중요하다.

부동의 1위 하버드 의과 대학부터 최근 떠오르는 신예 델 의과 대학 오스틴 캠퍼스까지 미국 전역 의대들의 교과과정을 나란히 놓고 비교하면 한 가지 공통점을 발견하게 된다. 임상실습을 신청할 때 외과와 내과, 소아과, 산부인과, 신경정신과, 신경내과는 의무로 포함시키도록 편람에 똑똑히 명시된 반면, 노화나 노인의학에 관해서는 한 마디도 언급이 없다는 점이다. 노인들을 위해 특화된 의료를 배울지 말지는 예외 없이 모든 의대가 학생 개개인의 취향과 자율적 판단에 맡기고 있는 실정이다.

머릿수 면에서도 의료 자원 소비력 면에서도 나날이 비대해져 가는 어느 집단이 의학 교육 주제 순위에서는 계속 밀려난다면 그 이유가 무엇일지 한번쯤 진중하게 생각해 볼 필요가 있다. 의료 행위마다 건강보험수가를 받는 현역 의사라면 누구나 직접적 이해 당사자의 입장에서 얽히게 될 문제니까 말이다. 또, 모든 환자에게 평등한 의술을 베풀겠다는 최고 엘리트 의대생들이 고작 열두 번의 수업으로 노인에 대해 알아야 할 건 웬만큼 다 배웠다며 의기양양할 때 이 자신감이 어디서 나오는지도 고민해야 한다.

위안이 되는 점은, 전국의 의대들이 달라지고 있다는 것이다. 그중 몇몇은 교육과 실제 모두의 발전 동력이 되는 모범 사례라 할 만하다. 그러나 의학의 고루한 가치관을 그대로 갖고 가는 한 어떤 묘안을 내놓더라도 전부 미봉책이 될 뿐이다.

의대생들을 대상으로 수행된 한 연구에 의하면, 순회할 희망 진료과 목록에 (소아과 및 일반내과와 나란히) 노인의학과를 넣어 임상실습 학점을 이수한 학생들은 그렇지 않은 학생들과 비교해 학년말에 더 많은 지식과 기술을 습득한 것으로 분석됐다. 어쩌면 당연하다고 여겨질 만도 한 결론이다. 그런데 바로 이어지는 반전이 있으니, 노인의학과 특별 실습도 노인 환자를 향한 학생들의 편견을 바꾸지는 못했다고 한다.

비슷한 다른 연구는 의사와 노인 환자의 사이를 멀어지게 만드는 것이 우리 사회와 제도임을 잘 보여 주었다. 사회가 규정한 의학과 의료의 정의 그리고 의료 체계의 비뚤어진 구조와 가치관이 그릇된 인식을 심어 준다는 것이다. 의사들이 고른 답안 열일곱 가지 중에 주목할 만한 것으로는 의료의 무가치를 실감할 때 느끼는 절망, 윤리적 딜레마를 마주할 때마다 우왕좌왕하는 미숙함, 환자의 상태 악화나 사망을 목격한 뒤 밀려드는 암울함 등이 있다. 설문에 참여한 의대생과 의사들은 의료수가가 너무 낮고 들인 시간과 노력에 비해 수련의 시절의 경험이 과소평가되는 것을 또 다른 불만족 사유로 꼽았다. 그들은 노인 환자와 대화하는 게 즐거운 건

사실이지만 한편으론 소통이 원활하지 않고 시간 낭비라는 점은 문제라고도 지적했다.

설문 결과는 오늘날 의료계의 문화, 의학 교육, 사회, 의료 제도가 총체적 난국에 빠졌음을 암시한다.

하나씩 살펴보면, 돌봄과 치료는 서로 전혀 다른 뜻을 내포하는 두 단어다. 게다가 돌봄은 완전히 무용지물이 되는 일이 절대로 없는 반면에 치료는 때로 철저하게 실패한다. 그럼에도 오늘날 두 표현은 혼동되어 잘못 바뀌 쓰이는 일이 너무 잦다.

다음은 윤리적 딜레마다. 이 문제는 중대하지 않은 법이 없고 대개는 모든 전공과에 걸쳐 넓게 그림자를 드리운다. 이 점을 감안한다면 의대 교수진 입장에서는 학생들을 자신이 금속과 플라스틱을 엮어 인간의 형상으로 만든 심장 없는 인형과도 같다는 생각에 익숙해지도록 혹독하게 훈련시키려는 게 당연할 것이다. 그러지 못한 졸업생은 아직 의사 가운을 입을 자격이 없는 게 되어 버린다.

조사해 보면, 병원에서 받은 치료가 무익했다고 혹은 오히려 해가 되었다고 말하는 미국인이 적지 않다. 부정적 어조는 환자의 나이가 많을수록 강해진다. 이처럼 자신이 제공한 의료 서비스가 환자에게 아무 도움도 되지 못할 때 의사는 책임감에 정신적 스트레스에 시달릴 수 있다. 요즘 젊은 의사들은 이런 상황을 격하게 피하고 싶어 한다. 그런 까닭으로 환자나 의사에게 해를 끼치는 제도적 병폐를 개혁하고자 힘쓴다. 그나마 위안이 되는 현상이다. 꼭

혈기 왕성한 의사가 아니더라도 사람은 누구나 쉽고 어렵고를 떠나서 일에 몰두할 때 행복을 느낀다. 거기다가 자신이 그 일을 잘한다고 자부하고 주변에서도 그의 노력을 알아준다면 무슨 할 말이 더 있으랴. 그뿐만 아니라 우리 사회에도 의료계에도 노화와 죽음을 새로운 시각으로 다루는 더 나은 체계는 분명 필요하다. 이 명백한 현실은 단순한 태도 개선이나 수가 정책 따위로는 고칠 수 없는 성질의 것이다. 이런 잔꾀가 벌어진 상처에 소금 뿌리는 격이었음을 아는 사람은 이미 다 안다.

전통적으로 수련의는 어떤 것은 중요하고 어떤 것은 그렇지 않음을 선배 의사들로부터 배운다. 지난 2016년, 늘어난 인간 수명 전체를 보다 심도 있게 다뤄야 한다는 의대 교과 과정 개정안이 발표되긴 했다. 하지만 의학 교육은 믿을 만한 증거자료를 바탕으로 전(全) 연령대 환자에게 안전하고 만족스러운 의료 서비스를 제공하는 실력 있는 의사를 양성할 수 있어야 한다. 의대와 병원이 이런 참교육의 산실로 거듭나기 위해서는 교과 개정안 이상의 변화가 필요하다. 일단, 수백 년째 우려먹고 있는 정상 노인 모델부터 교체해야 한다. 오늘날에는 어린이와 노인이 전체 인구의 40퍼센트를 차지하고 의료 자원의 절반 이상을 소비한다. 그리고 이 숫자는 앞으로도 계속 올라갈 거라는 게 전문가들의 예측이다. 그런 노인들을 계속 열외 취급하는 것은 사회적 측면에서도 생물학적 맥락에서도 옳지 않다. 정상이 있고 나머지는 다 비정상이라는 기존의 흑백논리를 버리고 어린아이와 노인 각각 중간 부류와 같은 무게로 인정해야 한다. 각 신체 장기, 병명, 진료 과목마다도 내내 그런 시각으로 접근해야 한다.

연령대를 고려하는 새 교과과정은 다음과 같은 형태가 될 수 있겠다. 의대에서 정상인의 해부학, 생리학, 약리학을 가르칠 때 정상인 모델을 세 가지 인생 단계마다 따로 세우는 것이다. 질병과 병태생리를 다루는 과목에서는 모든 연령대에 흔한 고전적 병명들과 더불어 각 인생 단계마다 고유한 '이상 건강 상태'를 함께 검토한다. 그리고 대망의 실습 시간에는 학생들에게 모든 전공과와 다양한 임상적 상황을 접할 기회를 준다. 더불어, 선배 의사들의 경쟁력은 널리 보존해 주면서도 새싹인 의대생들에게는 정확한 현실 정보를 토대로 장래를 정할 수 있도록 체험 기회를 최대한 허락한다. 이를 통해 전체적으로 시민사회의 요구에 부응해 내는 고급 노동력을 생산하는 것이다.

정신적 탄성

86세에 접어드는 엄마는 요즘 종종 이렇게 말한다.

"아침에 할 일이 너무 많아. 일단 건조한 눈에 안약을 넣어야 하고 아직 빈속일 때 갑상선약을 바로 챙겨 먹어야 해. 그래도 이것저것 하다 보면 한 시간이나 더 있어야 아침을 먹긴 하지만. 어쨌든 다음 차례는 그릇을 받치고 비강세정을 한바탕 하는 거야. 안 그러면 하루 종일 콧물이 흐르고 기침이 나거든. 얼굴에는 딸기코를 가리는 보정크림을 발라. 그뿐인가. 스트레칭을 한참 해서 굳어 있는 관절 마디마디를 풀고 돌아가게 만들어야지. 그러고 나면 보청기를 찾아서 귀에 끼고 핀으로 머리에 고정해야 해. 잘못하면 보청기선 때문에 안경을 귀에 걸칠 수가 없더라고. 눈 뜨면 세수만 하고 하루를 시작했던 시절이 마치 꿈만 같구나."

소소했던 일상이 지금의 그녀에게 꿈이 된 것은 비단 아침 기상 습관만은 아니다. 그럼에도 여전히 엄마는 불시에 놀라운 정신력을 발휘해 날 깜짝 놀라게 만든다. 평생 해로한 남편과도 사별하고 이제는 때 되면 친구들의 부고를 받는 게 연례행사가 되었지만, 엄마는 잠시 슬퍼할 뿐 절대로 우울증에 잠식당하지 않는다. 뭐라 뭐라 투덜대다가도 금방 돌아서서는 엄마의 생활을 이어 간다. 바깥세상의 이런저런 소란에 논평을 달아 가면서. 그런 자신에 대해 엄마가 내게 했던 설명이 또 일품이다.

"나는 지금 절전모드를 유지하려고 노력하는 거야. 할 수 있는 데까지는 최대한 해 보려고."

서른의 나도 엄마 같았다면 얼마나 좋았을까 나는 생각한다. 엄마의 표준이 내게는 평균 이상이라는 확신이 점점 강해지는 요즘이다. 정신의 탄성에도 개인차가 있는 것이다. 꾸준히 나아지고 있긴 해도 확실히 나는 엄마의 내적 강인함을 물려받지 못한 것 같다.

현재 의학계에서는 정신력이라는 말이 한창 유행하고 있다. 정신적 탄성이 번아웃을 물리치는 제일가는 무기라는 말이 있을 정도다. 그래서인지 요즘은 병원들이 임직원에게 정신력 강화 세미나에 참가 신청을 하라는 홍보 이메일을 발송한다. 내 경우, 그런 메일은 발견되는 족족 휴지통으로 직행이다. 나는 정신력을 병원 밖에서 살찌우는 쪽을 선호한다. 병원은 우리를 도울 수 있다고 호언장담하지만 의사를 정신적으로 무너뜨리는 조직의 구조적 불평등은 여전히 건재하기 때문이다. 의료도 사업이라는 사고방식, 마우스 클릭 몇 번으로 사람도 죽이는 전자 차트 시스템, 납득할 수 없는 의료 체계의 우선순위가 환자에게 해를 입히고, 예산 낭비를 부추기고, 의사의 사기를 꺾는 것은 전국적인 현상이다.

정신력 단련을 위해 내가 애용하는 방법은 이렇다. 규칙적인 운동과 식사, 충분한 수면, 휴일은 꼭 쉬기, 취미 만들기 등이다. 한마디로 '건강한 생활 습관'을 유지하는 게 최고다. 그런데 현대 의학은 환자들에게는 그러라고 신신당부하면서 의사들에게만큼은 건강한 생활 습관을 허락하지 않는다.

ACE팀을 나온 뒤, 나는 방향을 정하지 못해 잠시 방황했다. 나는 왕진 요청마다 출동할 정도로 예전만큼 운전을 잘하지 못한다. 노인의학과 신설을 요구하고 결재 도장까지 받아 냈던 젊은 날의 패기는 온데간데없다. 우리 병원 외래의 노인의학과 클리닉은 코딱지만 해서 지금 주인을 쫓아내지 않는 한 내가 한자리를 차지하는 건 불가능했다. 다른 병원을 알아보는 방법도 있긴 했다. 하지만 우리 병원의 동료 의료진은 모두 최선을 다했고 학생들은 하나같이 열정적이었다. 어느 모로 보나 이 병원은 떠나기보다는 머물고 싶은 직장이었다. 결국 나는 노인의학 전문의가 가장 잘할 수 있는 일을 하기로 결심했다. 평생 축적한 지식과 노하우를 그러모아 이미 잘 자리 잡은 요소는 남겨 두고 부족한 부분은 보완 목록에 올렸다. 그렇게 탄탄한 증거자료로 뒷받침되면서도 실용적이고 참신한 기획이 만들어졌다. 바로, 소아과전문의가 어린이를 대하듯이 노인의학 전문의가 노인 환자들에게 다가가는 그런 클리닉을 새로 여는 것이다. 여기서 핵심은 현대 의학의 장기와 정통 노인의학의 특기를 결합하는 것이다. 그러면 질병을 적절히 치료하면서도 환자 개개인의 상태와 우선순위를 충분히 수렴할 수 있었다. 삶의 질 향상과 건강 증진에 주안점을 두는 신생 분과인 통합의학integrative medicine(전인적 관점에서 생의학과 대체의학 모두 두루 활용하는 것. 1990년대에 처음 제안된 개념이다_옮긴이)과도 맥이 닿는 부분이다. 새 클리닉은 정정한 노인이든 쇠약한 노인이든 모든 노년층이 심신의 건강과 삶의 전반적 측면을 가능한 최상의 수준으로 유지하도록 돕는 곳이 될 터였다.

물론 아무리 기존 시스템을 최대한 활용한다고 하더라도 새 클리닉이 하룻밤 만에 뚝딱 완성될 수는 없었다. 제대로 시작하려면 적어도 병원 수뇌부의 동의를 얻고 자립 가능한 비즈니스 모델부터 세워 놔야 했다. 이 지역 노년층에 집중해 더 공부하고 새 클리닉을 샌프란시스코의 노인들에게 가장 쓸모 있게 활용할 방법을 연구할 필요도 있었다. 이 모든 준비를 나는 조금도 고생이라 못 느끼고 진심으로 신나게 해냈다. 나는 마침내 번아웃 증후군에서 벗어나고 있었다.

이 바닥에 몸담고 있는 한 정신수양 전도사를 피할 방법은 없다. 그들은 어디에나 있다. 필수라 들었던 어느 세미나의 현장도 마찬가지였다. 사회자가 다음 발표 주제는 번아웃 증후군이라는 얘기를 할 때 나는 객석 중간쯤에 앉아 있었다. 연자는 어느 의대 학장과 무슨무슨 프로그램의 리더 두 사람이었다. 그들은 정신력 강화를 위한 실전 기술과 도구들을 소개할 거라고 했다.

30분가량의 발표가 끝난 뒤 질의응답 시간이 되었다. 나는 마이크 쪽으로 가서 연단을 향해 질문을 던졌다. 조직이 번아웃을 유발한다는 견해도 논의에서 다룰 의향이 있느냐고 말이다. 그러자 두 연자 중 하나가 그럴 거라고 대답했다. 그러고서 자리로 돌아가는데, 전에 한 번도 만난 적 없는 객석의 의사들 여럿이 고개를 주억거리거나 내게 엄지를 들어 보였다. 그때 한 연자가 다시 입을 열었다. 세상을 탓하는 목소리들이 많은데 저희는 다른 방향으로 접근하려 한다는 것이다.

나는 무표정을 지킨 채 두 사람의 얘기에 계속 집중했다. 복잡한 문제를 단순하게 축소해 쉽게 해결하려 드는 것은 의료계에서 드문 일이 아니다. 교사 입장에서 가장 우려되는 학생은 힘들 때마다 늘 남 탓만 하는 유형임을 나도 잘 안다. 그런데 의사로서 지적하자면 문제의 시발점이 그 안에 있을지도 모른다는 가능성은 철저히 배제하고 밖에서만 원인을 찾는 시스템만큼 골칫거리는 또 없다. 그런 시스템은 절대로 문제를 해결하지 못한다. 내가 연자들에게 제안한 건 개개인에게 아무 책임도 물리지 말자는 게 아니었다. 나는 번아웃은 개인 수준과 함께 조직과 의료문화 수준에서도 접근하지 않으면 안 된다는 메시지를 전하고 싶었다. 현대 의료 사회에서 힘을 가진 조직은 권력자들이 하는 짓을 똑같이 하고 문화는 가치가 아니라 돈을 따른다. 그러나 정치 논리가 사람들 목숨줄을 쥐고 흔드는 게 의료의 이상향은 아니지 않은가.

모든 사람이 번아웃 증후군에 걸리는 건 아니다. 그러니 개인적 변수가 분명 작용하긴 할 것이다. 그러나 만약 전체 의사의 과반수가 번아웃을 겪는다면, 게다가 조직과 문화의 특정 요소를 원인으로 지목하는 연구 결과가 거듭 발표된다면 사정은 달라진다. 이렇게 명백한 징후가 있을진대, 개인의 정신력만큼이나 조직의 부조리 역시 토론 석상에 올라야 공평했다.

다음 순간 발표자는 새 슬라이드를 모니터에 띄웠다. '번아웃의 시대에 리더십의 중요성'이라고 적혀 있었다. 나는 재빨리 인터넷으로 두 사람의 경력 정보를 검색했다. 알고 보니 둘 다 조직에서 정책 결정권이 있는 높은 자리를 꿰차고 있었다. 그들이 조직의 문화와 구조에 기인한 문제를 오직 선의와 의지력만으로도 해결할 수 있다며 선한 양치기 행세를 하는 이유를 알 것 같았다. 자신의 주장이 근원을 뿌리 뽑는 게 아니라 표면의 증상만 덮는 일시적 미봉책에 불과하다는 걸 그들은 모르는 모양이었다. 본인들도 의사이면서 어떻게 그럴 수 있을까. 작가이자 비평가인 테주 콜Teju Cole이 인권과 사회정의를 외치는 한 기자를 저격해 쓴 글에 이런 대목이 있다.

「그는 드러난 모자람만 본다. 그 모자람을 불러온 원초적 모자람이 무엇일지는 안중에도 없다.」

이 문장을 의료계의 상황에 대입하면 드러난 모자람은 번아웃 증후군이 될 것이다. 그렇다면 원초적 모자람은 곧 미국 의료계의 비뚤어진 도덕관념과 구조다.

번아웃을 극복한 후 나는 정신적으로 훨씬 더 단단해졌다. 그래서 이날 발표 내용에 나왔던 여러 도구들을 누구보다도 잘 다룬다. 하지만 가장 쓸모 있는 건 따로 있다. 바로, 솔직해도 될 때와 거짓포장을 해야 할 때를 구별하는 것이다. 꽉대기의 의사들이 워낙 나 같은 피해자들만 나무라는 까닭이다. 요령은 간단하다. 질문하는 상대가 의사라면 거짓으로 대답한다. 반대로 다른 사람들이 물어보면 사실대로 고백한다. 의료계에는 평범한 인간의 감정은 곧 '약하다는 증거'라는 고정관념이 여전히 팽배하다.

정신적 탄성이 크다는 것이 슬픔이나 분노를 전혀 느끼지 않는다는 뜻은 아니다. 정신적 탄성은 유대감, 의미, 삶의 목적에서 비롯된 만족감과 행복에 비례한다. 나이가 들어도 탱탱한 정신력을 유지하려면 있는 그대로의 자기 자신을 받아들일 줄 알아야 한다.

몸과 마음의 변천 과정을 계속 주시하면서 인정하고 공감하는 것이다. 그러다 보면 무언가를 배우거나 다른 사람들을 돕거나 안 가본 곳으로 여행을 떠나는 것 같은 새로운 삶의 목적을 발견하게 된다. 전부 젊은 시절에는 생각조차 않던 일이다. 그러려면 우선 내 인생에 가장 중요한 것이 무엇인지 스스로 잘 알아야 한다. 또한, 그걸 사람들에게 떳떳하게 밝히는 강단도 필요하다. 그뿐만 아니라 그런 욕구를 충족시키면서 독립적이고 안락한 생활을 보장받을 수 있게 주거 환경도 받쳐 줘야 한다. 한마디로, 기본 성향은 낙관주의에 가까우나 현실감각을 유지할 만큼은 비관론적인 면이 적당히 있어야만 정신에 탄성이 생긴다.

앤 파디먼Anne Fadiman의 부친은 여든여덟 나이에 시력을 잃었다. 병원에서 그나마 보이는 눈 한쪽을 살리기 힘들겠다는 말을 들었을 때 아버지는 더 이상 살 가치가 없다며 딸 앞에서 무너졌다. 사람들은 저마다의 이유로 이 같은 참담한 심정을 호소한다. 소문난 독서광이었던 클리프턴 파디먼의 경우, 이유는 두 가지였다. 일단 아내를 고생시키기 싫고, 책을 못 읽는 것만큼 끔찍한 일이 또 없었던 것이다. 앤은 아버지에게 6개월만 좀 지켜보자고 애원했다. 간신히 마음을 다잡은 지 며칠 뒤 그는 시각장애인을 위한 프로그램에 참여하게 되었다. 그리고 첫 모임에 다녀온 그는 살아생전 최고로 흥미로운 경험이었다고 말한다. 프로그램이 그에게 주변에 폐를 덜 끼치면서 과거 즐기던 취미활동을 계속할 수 있는 자립 전략을 제시해 준 것이다. 여러 해 뒤 아버지의 장례를 치르고

나서 앤은 이 시절을 이렇게 회상했다:

> 첫 수업을 받던 날부터 임종 직전까지가 많은 면에서 아버지의 인생에서 가장 행복한 날들이었을 거라고 생각한다. 고령에, 몸이 불편하고, 꿈에서는 멀쩡한 눈으로 잘 보다가 아침에 일어나면 현실을 깨닫고 실망하는 날들의 연속일지라도 말이다. 나이 들면 외국어를 배우거나 악기 연주를 연습해 머리를 계속 굴리는 게 좋다고들 말한다. 아버지가 배운 것은 맹인으로 살아가는 법이었다. …… 아버지는 과거의 자신이 비겁했다고 했다. 그러나 나중에는 더 이상 겁쟁이가 아님을 누구보다도 당신이 가장 잘 아셨다.

눈 먼 노인이 의자에 앉아 오디오북 혹은 라디오를 듣는다. 보통 사람들은 이 광경에서 어떤 특별한 점도 못 느낄 것이다. 하지만 노년기에 들어선 지 얼마 안 되어 아직은 노인이라는 꼬리표에 거부감을 느끼는 이 시기에는, 안 된다고 그냥 포기하는 것이 비겁한 짓이고 하고 싶은 건 어떤 식으로든 해내는 것이 최고의 용기다.

태도

《그리니치빌리지에서 온 편지Letter from Greenwich Village》는 비비안 거닉Vivian Gornick이 뉴욕 맨해튼에서 겪은 일을 소재로 쓴 단편 수필이다. 맹추위에 건물도 얼어붙은 어느 겨울날 아침, 거닉은 길을 가다가 콘크리트 양생 중인 공사 구역과 맞닥뜨렸다. 자세히 보니 보행자를 위해 임시로 나무판자가 깔리고 조잡한 울타리가 세워져 있었다. 막 길을 건너려는 찰나, 반대편에서 장신에 뼈밖에 안 남은 것처럼 마르고 지독하게 늙은 남자가 이쪽으로 걸어오는 모습이 그녀의 레이더에 포착됐다. 그녀는 노인에게 다가가 아무 말 없이 손을 내밀었다. 그러자 그 역시 말없이 손을 맞잡고 길을 건넜다. 칼바람 쌩쌩 부는 겨울날 길 한복판에서 얼굴을 마주하고 선 채, 노인이 먼저 입을 뗐다. 그때 두 사람 사이에 오간 대화는 대충 이렇다:

> "고맙소." 노인이 말한다. "고마웠습니다." 괜스레 온몸이 찌릿찌릿하다. 나는 내 목소리도 차분하게 들리기를 기도하면서 대답한다. "별말씀을요." 그게 다였다. 우리는 바로 각자 목적지를 향해 발길을 돌렸다. 하지만 나는 느낄 수 있었다. 그날 하루 종일 "고맙다"는 말이 혈관을 타고 내 안에서 계속 맴도는 것을.

간결한 대화 내용으로 미루어서는 작가를 흥분시킨 게 무엇인지 짐작만 할 수 있을 따름이다. 아마도 노인에게 작가의 눈에만 보인 특별함이 있었으리라. 외모나 눈빛, 몸가짐 같은 것 말이다. 이 수수께끼는 글을 계속 읽어 내려가면 곧 풀린다:

날 사로잡은 것은 바로 그의 목소리였다. 힘 있고 침착하면서도 생기 넘치는 목소리라니! 그것은 노인의 몸에서 나올 음성이 아니었다. 노인들이 마치 지구상에서 크든 작든 공간을 차지하고 있어 송구스럽다는 듯 기본적 배려에도 지나치게 고마워할 때 목소리에 묻어나곤 하는 비굴함이 그에게는 눈곱만큼도 없었다.

이 글은 일화 속 노인의 처신뿐만 아니라 사회통념을 간파한 거닉의 뛰어난 통찰력 면에서도 특출하다. 그녀가 묘사한 목소리는 사실 평소에도 여기저기서 들려오는 매우 흔한 유형이다. 그럼에도 노인의 목소리가 특별해진 것은 예상을 깼기 때문이었다. 사람이 '지독하게 늙어' 쇠약해질 때쯤이면 목소리의 무게감과 안정감도 사라졌을 거라는 편견을 노인이 산산조각 낸 것이다. 노인은 나이를 먹을수록 목소리가 온화해지는 게 자연스러운 생물학적 변화가 아님을 암시하는 산 증거다. 다시 말해, 고령 노인을 대하는 현대 사회의 태도가 인위적인 것이며, 아직 노년기에 진입하지 않은 대다수 현대인이 이 모욕적인 관습을 모의한 세력에 의식적으로든 무의식적으로든 동조하고 있다는 뜻이다.

100세의 상수上壽를 누리며 요양원에서도 펜대를 놓지 않은 원로문인 다이애나 애실은 말했다.

"노년기에 해야 할 제일 중요한 고민은 어떻게 해야 민폐가 되지 않으면서 나 자신에게 가장 편리한 방식으로 살아갈 수 있는가다."

거닉은 더 좀스럽게 꾸몄어야 어울리는 상황임을 전혀 자각하지 못하는 목소리였다고 설명한다. 노인의 음성에서는 타인의 도움을 필요로 하는 사람은 어딘가 모자란 것이고 그렇기에 손가락질받아도 마땅한 인간이라는 식의 자괴감이 전혀 느껴지지 않았다. 인간 가치의 지표가 능력과 자립성이라는 산업혁명 이후의 기조사상에 단 한 번도 굴복한 적이 없는 듯했다. 노인은 짐이고, 급증하는 노년층은 해결하지 않으면 안 되는 사회문제이자 재앙이며, 노인을 도우려면 불편을 감수해야 한다는 오늘날 사회통념이 무색하게, 노인의 음성은 쇠약한 육신에서 관례적 사과와 궁핍의 당위성을 끊어 내고 있었다.

살얼음 길을 무사히 건넌 뒤 노인이 작가에게 드러낸 비범함은 오늘날 언론이 시끌벅적하게 찬양하는 '이례적인 노년'과는 근본적으로 다르다. 80대 할머니 체조 선수와 건물 관리인, 상점과 공장에서 단순 작업을 하거나 기업 핵심부서 혹은 회사 전체를 총괄하는 90대 노인들, 100세가 넘은 마라톤 선수까지 다양한 실존인물이 스타로 등극했다. 이들이 분명 이례적이긴 하다. 새 출발을 결행한 능력과 용기가 남다르기도 하지만 그 연세에 그런 일을 해냈다는 사실 자체가 놀랍다. 이와 대조적으로 거닉의 글에 등장하는 남자가 한 행동은 지극히 평범한 것이었다. 고령의 남자는 자기의지, 자존감, 소신을 가지고 낯선 여자가 베푼 호의의 크기를 가늠해 그에 상응하는 인사를 건넨 게 다였다. 과장 없이 담백하게 고맙다는 한 마디로.

나는 거닉이 머릿속에 메아리처럼 울려 퍼지는 노인의 목소리에서 헤어나지 못한 또 다른 이유가 있을 거라고 짐작한다. 힌트는 장면 말미에 있다. 여기서 작가는 '한쪽은 굽실대지 않고 한쪽은 굳이 생색을 내지 않는다. 이런 둘이 만났을 때 그의 얼굴에서는 노인의 가면이 흘러내렸고 내 얼굴에서는 정력의 가면이 벗겨졌다'고 적고 있다. 수필이 발표된 날짜를 고려할 때, 이 2인극에서 거닉이 노인에게 손을 빌려주면서 본인의 건재를 과시하지도, 노인을 깔보지도 않는 젊은 여자 역할을 맡았을 당시 그녀의 나이 70대 중후반이었을 것이다. 작가를 잘 모르는 사람이라면 이 발췌문만 가지고는 짐작도 못 했으리라. 바로 그런 점에서 이 수필은 보통 이야기와 차원이 다르다. 거닉은 독자들에게 생물학은 노인을 정의하는 여러 변수 중 하나일 뿐임을 활자를 통해 한 번, 그리고 행간에서 또 한 번 상기시킨다.

노년기는 길고 개인차가 있으며 상대적이다. 그런 가운데 노년에 관한 편견은 명백한 방증 앞에서도 대중의 눈을 가린다. 현대인 대부분이 심신이 현저히 쇠하기 전에는 노인 호칭을 극구 거부하는 건 분명 이 때문이다. 거닉의 체험담과 비슷한 유형의 일화들은 노년기의 신체 변화와 그로 인해 겪게 되는 경험들이 늘 필연적인 생물학적 필요로 묶이는 것은 아님을 분명하게 보여 준다. 이 대목에서 나는 공연히 움츠러들었다. 환자들을 돕고 살핀다는 핑계로 나 역시 노인들의 굴욕적 태도를 부추기고 있는 건 아닐까 하는 생각이 들었던 것이다.

그렇다면, 노인을 대하는 올바른 태도는 과연 무엇일까? 인생 제3막의 장점으로는 죽지 않고 살아 있다는 것 말고도 여럿을 꼽을 수 있다. 정신적 내공이 쌓인다는 것, 일상의 기쁨, 자기만족, 세간의 평가를 신경 쓰지 않아도 된다는 점, 그만큼 커진 자유, 또렷해진 삶의 우선순위 등등. 물론, 누구나 다 늘그막에 이런 무기를 얻는 것은 아니며 말년의 어떤 기쁨도 젊은 시절의 희열을 뛰어넘지는 못한다. 소득 수준이 높은 영어권 국가 국민을 대상으로 삶의 만족도를 조사한 연구들을 보면 한 가지 공통된 결론을 내놓는다. 고령 인구 급증에 따라 연령차별주의도 심해졌다는 것이다. 그러니 노인을 깔보지 않는 사회에서 늙어 감에 대한 시민들의 만족도가 어느 수준일지는 오직 상상 속에서나 짐작할 뿐이다.

명심해야 할 점은, 고령을 바라보는 사람들의 시각이 노인이 되는 것 혹은 노인으로 사는 것의 개인적 감상만 좌우하는 게 아니라는 것이다. 차가운 시선은 노인의 건강을 해치고, 활동 영역을 변화시키며, 수명까지 단축한다. 평소 부지런히 관리하는 습관은 남녀노소를 막론하고 모든 이의 건강을 증진한다. 그런데 이런 활동 참여율이 가장 낮은 연령 집단이 바로 노인들이다. 나이, 인종, 성별, 학력, 본인이 생각하는 건강 수준, 신체 기능을 비슷하게 맞춘 구성원들을 조사한 한 연구에 의하면, 늙어 감을 긍정적으로 수용하는 사람일수록 운동, 올바른 식습관, 정확한 복약 같은 예방 차원의 건강증진 조치를 더 적극적으로 실천한다고 한다. 주목할 만한 또 다른 연구의 결과도 비슷했다. 61세부터 99세까지 아우른 집단에서 늙어 감에 대한 보다 긍정적인 자세가 불러온 신체 기능 개선 효과가 규칙적인 운동의 효과보다 컸다.

노화에 대한 가치관은 자기최면과도 같다. 노년기의 건강과 삶의 질은 좋은 쪽으로든 나쁜 쪽으로든 각자 상상해 온 그대로의 모습으로 실현된다. 생물학은 중요한 요소지만 마음가짐, 행동, 인간관계, 사회, 문화 등 다른 굵직한 변수도 많다. 연령차별주의가 성차별이나 인종차별보다 흔하고 노소 불문 모든 구성원이 유독 노인에게만 더러운 색안경을 끼고 비딱한 시선을 던지는 사회가 있다고 생각하면 상상만으로도 소름이 끼친다. 그러나 아직 희망은 있다. 사회통념이 엎어진 역사적 선례가 적지 않고 개개인의 가치관도 철들면서 얼마든지 바뀔 수 있기 때문이다. 노년에 대한 편견이 사라지면, 노년층의 문화와 노년기 삶의 풍경도 따라서 달라질 것이다. 병원 안과 밖 모두에서 말이다.

건축 디자인

내가 신관 건물의 위용을 두 눈으로 직접 확인한 것은 완공 사실을 전해 듣고도 여러 달이 지나서였다. 지역을 대표하는 종합의료 기관이 '녹색' 건축과 디자인을 채택하고 시대가 요구하는 복지시설까지 갖췄다는 소식은 당시 큰 주목을 받았다. 아빠의 주치의도 그곳으로 옮겨 갔는데, 마침 예약했던 진료일이 되어 처음으로 신관 건물로 향하던 차 안에서 우리 가족은 미래 건축을 체험한다는 기대에 잔뜩 들떴었다.

정문에 차를 세운 나는 우선 보행보조기부터 꺼내고서 아빠를 부축해 유리로 된 미닫이문을 지나 건물 안으로 걸어 들어갔다. 실내에서 제일 먼저 한 일은 가까운 의자를 찾는 것이었다. 나는 폐품을 재활용한 게 분명한 벤치 하나를 발견했다. 그런데 팔걸이가 없었다. 균형 감각이 안 좋은 노인이 안전하게 앉고 일어서고 하려면 붙잡을 데가 있어야 하는데 말이다. 외래 진료실은 로비에서 한참이었고 차는 밖에 이중주차된 상황이었다. 나는 내가 차를 제대로 대고 돌아올 때까지 아빠가 얌전히 계시길 속으로 기도하면서 말했다.

"여기서 잠깐 기다리세요."

아빠가 고개를 끄덕였다. 이런 상황은 우리에게 일상이었다. 식당, 은행, 영화관, 공항, 병원, 관공서, 백화점 할 것 없이 어딜 가나 반드시 거치는 절차였기 때문이다. 그런 장소 대부분은 이 병원 버금가게 으리으리하다. 오랜 역사를 자랑하는 시청에는 웅장한 계단과 개보수한 돔 천장이 있고, 요즘 레스토랑들은 음식을 파는 곳인지 미술관인지 구별이 안 될 정도이며, 영화관 시설은 미래로 시간여행을 온 듯한 착각을 일으킨다.

그러나 그중 어디도 아빠 같은 사람들이 다니기 쉬운 장소는 아니었다. 어쩌면 처음부터 그걸 의도했는지도 몰랐다. 몇 년 전, 시내에 성소수자를 위한 커뮤니티 센터가 새로 문을 연다는 소식을 들었다. 그곳에서는 노인을 위한 시민강좌도 열리는데 골목 쪽에 이 수강생들만을 위한 출입구가 따로 있다는 것이다. 그런데 알고 보니 관심 있어 찾아왔던 젊은이가 노인네들을 보고 발길을 돌리지 않게 하려고 그런다는 것이었다.

장사하는 가게라면 이게 말이 된다. 적어도 최근까지는 그랬다. 연령차별주의 논란은 일단 제쳐 두더라도 노년층 증가 현상은 주택, 사업장, 병의원, 관공서 등 주요 생활편의 시설의 노인 친화적 건축을 요구하는 점점 더 현실적인 동기가 되고 있다.

신체 건강하고 배울 만큼 배운 성인이라면 건물 구조를 대강 파악하고 길을 찾는 것쯤이야 식은 죽 먹기다. 표지판이 좀 헷갈리게 되어 있거나 기타 여러 가지 불편사항이 있을 수는 있지만 결국은 어떻게든 소기의 목적을 달성한다. 그러나 거동이 불편하거나 감각 혹은 인지 기능에 문제가 있는 노인은 다르다. 겹겹의 지병으로 쇠약해진 노인도 마찬가지다. 장애인 편의 증진에 관한 법률이 약자를 배려한 건축 디자인 표준을 마련하긴 했으나, 무서운 성장세에 있는 이 사회집단 특유의 고충을 시원하게 해결하기에는 충분하지 않다.

혹자는 코웃음 칠지 모른다. 그들 역시 복잡한 현대 사회에 대해 저마다의 불만을 토로하는 수많은 이익집단 중 하나일 뿐이라고 말이다. 그런데 그렇지가 않다. 미국만 봐도 여든 이상의 고령 노인 인구가 이미 1,100만 명을 넘는다. 이들이 머릿수 면에서 성장세가 가장 빠른 연령대라는 점에 바짝 긴장해야 한다. 그뿐만 아니라 65세 이상인 미국 국민은 4,000만 명 이상으로 파악되는데, 대부분이 능동적 사회 참여가 몸에 밴 세대이고 그들 중에 권력가와 재력가가 상당하다.

건물은 신체장애를 약점으로 만든다. 절름발, 어두운 귀, 장시간 보행에는 무리인 무릎관절은 전부 개인의 흉이 된다. 레스토랑, 계단 많은 집, 큰 건물만 그러는 게 아니다. 이런 사람들을 가장 매몰차게 내치는 것은 아이러니하게도 대형 병원이다. 한창 왕진을 다니던 시절에 종종 얘기를 들었기에 확실히 안다. 노인들이 왕진 의료를 신청하는 게 대부분 집을 벗어날 수 없는 형편 탓이지만, 병원이 너무 복잡해서 다니기 힘들다는 환자가 의외로 많았던 것이다.

명성 자자한 녹색주의 병원 건물에서 아빠와 잠시 떨어지는 경험을 하고 나서 나는 중요한 사실 하나를 깨달았다. 아빠와 비슷한 내 환자들 다수가 대형 병원 안에서 길을 헤매는 것은 더 큰 문제의 전조 증상이라는 점이다. 1980년대 후반 에너지 위기에 대한 자각이 환경 친화적 건축의 도화선이 된 것처럼, 새천년을 맞이한 인류도 창의력을 발휘해 선제적으로 인구 고령화에 대처할 필요가 있다. 건축계에서는 이미 움직임이 시작됐다. 이제는 나머지 분야들도 대열에 합류할 때다.

오늘날 환경보호 의도에서 비롯됐으면서 자연친화적인 건축물에는 녹색 혹은 그린이라는 별칭이 붙는다. 나는 비슷하게 노인 친화적 건축 디자인에 어울리는 단어는 뭘까 자문했지만 답이 바로 떠오르지 않았다.

최근에 공영라디오 방송에서 실시한 어느 설문 조사에서도, 노인을 묘사하는 데 사용되는 어느 단어도 노인과 젊은 층 모두에게 별로 호응을 얻지 못하는 것으로 조사된 바 있다. 다만, 은색은 나이 듦과 연결되는 한편, 좋은 쪽으로는 아름다움과 고귀함을 함축한다. 따라서 녹색주의 운동의 전철前轍을 비슷하게 밟되 독자적인 사명을 추구하는 건축계 운동을 은색주의 건축이라 불러도 좋을 것이다.

은색주의를 표방하는 병원 건물의 제1조건은 쉽고 안전한 접근성이다. 즉, 노인 환자가 오래 걷지 않아도 되고 문을 여는 데 많은 힘이 들지 않아야 한다는 뜻이다. 진찰이나 검사를 위해 여기저기 불려 다닐 일도, 너무 오래 대기할 일도 없어야 한다. 또한, 실내 내장에서는 방음에 특히 신경 써야 하며, 인테리어 디자이너는 노인들에게 알맞은 조도를 맞추고 흥분, 주의산만, 낙상의 위험을 최소화하는 게 필수임을 잊지 말아야 한다. 더불어 문, 병실, 공용공간의 모양새는 보행보조기와 휠체어는 기본이고 두 사람이 환자를 양옆에서 부축하고도 걸림 없이 드나들 수 있는 것이어야 한다. 전체적으로 공간 활용의 최우선 순위를 탐색의 용이성과 접근성에 두되, 힘들면 잠시 한숨 돌리고 헤어진 일행과 합류하기도 편한 휴게실 같은 장소를 중간중간 확보해야 한다. 병원 시설들이 이런 식으로 변한다면 내원을 꺼리는 노년층이 크게 줄고, 더 많은 병원 관계자가 환자들의 고충에 공감하면서 노인을 소중한 고객으로 여기게 될 것이다. 더불어, 환자와 환자 가족 모두가 병원에서 며칠을 보내도 안전하고 쾌적하며 편안하다는 느낌을 받을 것이다.

노인의 건강과 복지를 고려하는 디자인은 장기요양 시설들이나 종합병원 내의 노인환자 전용 클리닉 같은 곳에서 속속 실현되는 추세다. 그러나 전체적으로는 공급이 기대에 못 미친다. 이런 디자인은 의료 시설 건축의 기본 철학이 되어야 마땅하다. 최소한 출입구, 휴게 공간, 복도를 비롯해 시민 왕래가 많은 각종 공간에는 반드시 그래야 한다. 또한, 늙었거나 아프거나 신체장애를 가진 사람의 발길이 닿는 모든 장소도 마찬가지다. 엄밀히 따지면 사실상 병원 울타리 안의 온 구석구석이 다 해당되는 셈이다.

이것은 비단 병원과 공공기관만 달라진다고 해결될 문제는 아니다. 인류 대부분이 노년기를 경험하는 100세 시대에 집도 마찬가지여야 하지 않을까? 그럼에도 여전히 주택건축업계는 노쇠한 몸뚱이 때문에 계단이 넘지 못할 장벽으로 변할 때 모든 사람이 시설로 거처를 옮길 거라고 착각하는 듯하다. 왕진을 다니면서 나는 자칭 접근성을 높였다는 아파트들에 왕왕 출입했다. 그런데 그런 건물조차도 기본적으로 보도를 맞댄 현관에서 계단 몇 칸을 올라야만 엘리베이터 앞에 이를 수 있다. 게다가 집 안에 들어가 보면 안전을 위해 미끄럼 방지 손잡이나 앉아서 씻을 수 있는 샤워실 의자가 구비된 욕실은 거의 찾아볼 수 없다. 사람들이 웬만하면 그런 장치를 집 안에 들이지 않는 것은 보기에 흉측할 거라는 우려에서다. 그러나 반드시 그렇지만은 않다. 안전장치의 경우도 서랍장,

문고리, 싱크대, 계단 같은 다른 평범한 살림살이들과 다를 바 없이 심미적 측면까지 고려한 다양한 디자인의 제품이 나온다면 어떨까. 그런 제품이 집안 인테리어와 얼마나 잘 어우러질지 상상해 보라. 모르는 사람은 그냥 수건걸이인 줄 알 정도로 그런 물건이 보기에도 예쁘다면? 다리골절 환자, 임신부, 혹은 노인이 욕실에서 삐끗했을 때 손을 뻗게 되는 바로 그곳에 예쁘고 튼튼한 손잡이가 준비되어 있다면 더할 나위 없이 좋지 않을까.

또 온갖 주제로 대화가 오가는 공공장소 역시 예외는 아니다. 새천년을 목전에 둔 시점에 전국의 요식업체들은 막바지 호객에 열을 올리느라 고막이 터지라 배경 음악을 틀어 댔다. 그런데 50대 즈음에 귀가 어두워지기 시작한 중년들과 목 아프게 고함칠 필요 없이 편하게 얘기 나누기를 원했던 젊은 사람들에게는 이게 참 견디기 힘든 곤혹이었다. 영화관의 경우, 가파른 계단이 없거나, 좌석번호가 굵고 또렷하게 적혀 있거나, 출입구가 여러 층에 나 있다면 참 좋을 것이다. 조명 또한 중요한 고려 사항인데, 나이 예순다섯의 눈동자는 약관 청년의 몸이 수용 가능한 빛의 3분의 1밖에 받아들이지 못한다. 그럼에도 60대 어른들이 자주 드나드는 많은 장소가 여전히 조명을 과용하고 있다. 시내의 모든 레스토랑이 감성을 자극하면서도 메뉴판 글씨는 읽히는 정도로만 조도를 은은하게 낮춰 주기를 소망하면서, 그런 낭만적인 광경을 떠올려 본다.

은색주의 건축 운동의 지평을 확대하기 위해 의료 시설의 디자인에 쉽게 적용하거나 응용할 수 있는 견본은 이미 여럿 나와 있다. 일례로 2018년에 한 잡지에 최근 개보수한 어린이 병원의 광고가 실렸다. 병실 사진 밑에는 어린이와 가족 모두 즐겁게 지낼 수 있다는 설명이 조그맣게 달렸다. 이어지는 페이지에서는 사진에 빨간색 점으로 표시해 둔 특장점들을 번호 순으로 설명하고 있었다. 예를 들면 회진하러 들어오는 의료진을 비추면 누가 누구인지 알려 주는 스마트 모니터가 있다. 치매나 섬망 증세가 있거나 시력 혹은 청력이 나쁜 환자에게 특히 유용할 서비스다. 그뿐만 아니다. 각 병실마다 창문이 나 있어서 바깥풍경 조망이 가능하며 붙박이 된 상자형 화분에는 생화를 심어 기를 수도 있다. 각 병실마다 접이식 소파베드와 손님용 TV가 따로 있고 무엇보다도 사생활이 보장된다는 점은 어린이 환자의 부모는 물론이고 노인 환자의 성인 자녀였대도 반길 매력 포인트다. 이런 환자 중심 디자인이 환자들의 만족도를 높일 뿐만 아니라 원내 안전과 입원 환자들의 건강까지 개선한다는 것은 연구를 통해서도 익히 증명된 사실이다.

모든 이가 가장 효과적인 병원 건축 전략이란 무엇인가를 고민하고 주지할 필요가 있다. 건축가, 도시계획가, 기업경영자는 당연하고 평범한 시민들도 예외가 아니다. 그와 동시에 의료 기관 경영진과 건축디자인 업계는 '내 집에서 늙어 가기'라는 최신 동향에 맞춰 불고 있는 개혁의 바람에 순응해야 할 것이다. 효율적이면서 경쟁력 있는 건축과 도시설계란 주민들이 원하는 곳에서 지내면서 집 안에서든 사회참여 활동에서든 삶의 주도권을 끝까지 본인이 갖도록 보장하는 것을 말한다. 건물 신축이나 개축이 결정되었을 때 사업 주체는 일자리 창출이나 교통 흐름 같은 실무사항만 검토할 게 아니라 건물 디자인의 가치 기능도 고심해야 한다. 접근성 평등, 시민 건강, 안전을 가장 높은 우선순위에 놓은 상태에서 모든 연령대 주민의 니즈를 채울 수 있는 건축물을 설계하는 게 핵심이다.

누군가는 모든 사회집단의 입맛을 다 맞추는 건물은 있을 수 없다며 반박할지 모른다. 하지만 은색주의 건축 디자인의 의도는 특정 이익집단의 사리사욕을 채우는 게 아니다. 현대인 대부분이 이르게 되는 인생 마지막 단계에 삶의 질을 극대화하고 독립성을 최대한 보장하려는 것이다.

녹색주의 건축이 환경을 배려한다면 은색주의 건축은 사람을 살핀다. 가장 이상적인 것은 둘 다 반영된 건축물일 것이다. 건물 안으로도 밖으로도 말이다.

건강

무언가를 이해하고자 하는 과학자는 그것이 가장 완전하게 체현된 사례를 찾아 연구 표적으로 삼는다. 그러니까 노인의학의 경우는 현대 사회가 아주 구체적으로 규정한 노인의 정의에 딱 들어맞는 환자가 최고의 표적인 셈이다. 현재 노인의학의 의료와 연구 활동은 노년기 전체를 살피는 게 아니라 가장 위중한 초고령 환자들의 니즈를 해소하는 데에 치중되어 있다. 게다가 대부분의 연구가 사건사고를 미연에 방지하기보다 이미 드러난 문제점을 해결하는 것을 목적으로 한다. 가령 이런 식이다:

> 현 시점에는 누구보다도 소위 노인의학의 주 대상 환자와 기타 쇠약한 고령자들에게 집중해야 할 것이다. 우리는 환자들, 동료 의사들, 그리고 이 사회에 다음과 같은 핵심 메시지를 전파해야 한다. 노인의학의 주 대상 환자를 정의하는 기준은 나이만이 아니며 …… 그들은 여러 만성질환과 …… 다약제 병용, 신체 기능 제한 등에 동시다발적으로 시달리고 있고 …… 사회 문제까지 얽히기 일쑤다.

이런 주장의 요지는 현재 노인의학 전문의가 절대적으로 부족하기 때문에 노화 전문가인 우리들은 일단 도움이 가장 절실한 집단에게 집중해야 한다는 것이다. 윤리적으로도 현실적으로도 흠잡을 데 없는 논리다. 그래서 실제로도 지지자가 많다. 그러나 최종 목표가 나이와 상관없이 혹은 연령대별 의료 전문가를 통해 전 국민에게 고품질의 의료 서비스를 제공하는 의료 체계를 확립하는 거라면, 관점 수정이 시급해 보인다.

이 전략이 비생산적인 이유는 그것만이 아니다. 오직 쇠약한 초고령 노인만을 위한 노인의학은 노년기에 관한 편견을 부추긴다. 그 결과로 노인의학과는 소아과나 내과와 나란히 서지 못하고 어느 세부 전공 중 하나 정도로 축소되어 버린다. 또, 수십 년에 이르는 노년기 내내 연령 맞춤 의료의 혜택을 누릴 수 있을 텐데도 시민들이 노인의학과 방문을 기피하게 된다. 그런 성향은 자연스럽게 이 진료과에 대한 표면적 수요 감소로 이어진다. 결국, 노인의학과는 계속 편협한 시야로 모두를 포용하지도 못하는 부속 전공에 머물게 되는 것이다. 그러나 대개 그렇듯, 이와 같은 순환논리는 발전에 아무 도움도 되지 않는다.

어처구니없게 줄어든 입지에 노인의학 전문의들이 그럭저럭 안주하는 가운데, 정작 환자들은 큰 피해를 보고 있다. 그들에게는 노년기를 배려하지 않는 이 사회의 의료 시스템에 끌려 다니는 것 말고 달리 대안이 없는 까닭이다. 현대 노인의학은 상대적으로 젊고 정정한 중간 노년층을 도외시함으로써 젊은이와 노인 간 마음의 거리를 더욱 벌린다. 게다가 예방 중심 건강관리의 효과를 무시하는 까닭에 젊고 건강한 노인들이 병들고 쇠약해질 날을 앞당긴다.

의료계는 50년에 가까운 지난 세월 내내 이처럼 앞뒤 잘린 노인의학 전략을 고수해 왔다. 오늘날 미국의 노년층이 노년기의 '노'자도 모르는 의사들에게 자신의 목숨을 의탁하는 사태가 초래된 게 다 그 때문이다. 노년기라는 대분류 안에서 안 좋은 쪽으로 극단적인 소수만 뻥튀기시켜 강조하니, 큰 그림이 보이지 않을 수밖에. 현재와 미래 사이 그리고 우리와 남들 사이를 잇는 연결고리를 보지 못한 민중은 지금까지 그 공백을 편견으로 채워 왔다. 그렇게 거의 반백년이 흐른 뒤에도 어떤 정책이 아무 성과 없이 부작용만 낳는다면, 그것은 이제 새로운 걸 시도할 때라는 신호다.

내가 노인의학을 전공으로 택한 것은 대다수 동료들과 마찬가지로 노인 환자를 돌보면 돌볼수록 재미있고 보람차다고 느꼈기 때문이었다. 물론, 치매나 노령으로 인한 심신쇠약이나 죽음은 본인과 가족은 물론 나 같은 의사까지 포함해 모두에게 슬픈 일이다. 반면 동시에 인생에서 가장 중차대한 사건 중 하나인 것도 사실이다. 출산, 졸업, 결혼, 정년퇴임처럼 떠들썩하게 축하할 일은 아니지만 이런 행사들보다 덜 중요하다고도 결코 말할 수 없다. 뜻 맞는 이들이 모여 더 많은 사람들을 위해 의미 있는 일을 할 수 있다는 점에서 나는 이 직업을 갖게 된 것이 행복하고 감사하다.

하지만 책을 쓰려니 노년기의 개념을 보다 구체적이고 정확하게 제시하기 위해서는 내 부족한 지식을 다른 서적, 언론보도, 가족 및 친구들의 경험담을 빌려 채워야 했다. 같은 맥락으로, 노년기 안의 각 세부단계를 전부 연구하고 통달한 게 아니라면 어느 노인의학 전문의도 노화 전문가를 자처해서는 안 된다. 의술 범위를 먼저 줄여 놓고 남들이 우리더러 너희는 활동영역이 왜 그렇게 좁으냐고 지적할 때 발끈하는 것은 정당하지 않다.

그렇다고 해결 방법이 없는 건 아니다. 오히려 간단한 해결책이 있다. 노인의학이란 노인을 돌보는 것을 의미한다. 여기에는 어떤 상황에 처해 있든 모든 노인이 해당된다. 만약 노인의학 전문의가 그들에게 유용한데 환자 수에 비해 부족하다면, 환자와 환자 가족들이 나라에 요구할 것이다. 국민의 목소리에 귀를 기울이는 국가라면 일단 정치인들과 의료계 수장들이 머리를 맞대고 의료 인력의 노인의학 분야 진출을 막는 구조적 재정적 장해물부터 치우는 데 힘쓰는 게 마땅하다. 그래야만 노인의학이 보다 종합적인 전인의료의 요체로 거듭날 수 있다. 동시에 의학계 전반에도 개혁이 필요하다. 지금까지는 병을 키운 뒤에 탈 난 신체 장기마다 값비싼 첨단 과학 기술로 무장한 세부 전공 전문의를 따로따로 붙이는 게 관행이었다. 그러나 이 방식을 버리지 않는 한 모든 관계부처가 부르짖는 국민 건강은 절대로 실현될 수 없다.

베이비붐 세대는 죄다 한성질 한다는 소문이 사실이라면 의료진을 미식축구팀에 비유할 때 쿼터백 없는 의료팀 혹은 농구 선수나 테니스 선수가 쿼터백을 맡은 의료팀을 신뢰할 사람은 몇 되지 않을 것이다. 베이비붐 세대 대다수는 그런 방식이 그들의 부모에게 어떤 해를 끼쳤는지 바로 옆에서 목격했다. 그런 까닭에 그들은 나는 그걸 원하지 않는다고 처음부터 분명하게 말한다. 한층 길어진 사람의 일생은 크게 유년기, 성년기, 노년기라는 세 단계로 나뉜다. 그리고 이 세 대분류 각각 전문 의사가 필요하다. 첫 번째가 소아과 의사이고 두 번째가 내과 의사라면 마지막은 노인의학과 의사가 되어야 마땅할 것이다.

시각

인구 고령화 문제에 집중된 영국 언론의 관심에 편승해 커리드웬 도비Ceridwen Dovey는 80대 말 노인이 일인칭 화자로서 이야기를 들려주는 소설을 구상하고 집필에 들어갔다. 이 일을 회상하면서 작가는 언젠가 이렇게 말했다.

"지금 내 나이 30대 중반이지만, 훗날 어떻게 늙어 갈지 충분히 상상된다. 그때가 되면 얼마나 힘들까?"

소설의 주인공은 매사에 불평불만투성이인 컴맹 할아버지다. 치매 걸린 아내를 돌보며 아무 희망도 없이 살아가던 노인은 자홍색 터번 차림의 급진주의자를 만나 사랑에 빠진다. 초고가 나왔을 때, 먼저 읽은 편집자가 작가에게 물었다고 한다.

"그런데 진짜 이 사람들이 어떤 인물인가요? 늙었다는 것 말고요."

도비는 등장인물을 노인으로 설정하면서 그들이 인간임 역시 보여 주어야 한다는 생각은 하지 않은 것이다. 대신 작가는 이야기 속에서 노인의 두 가지 전형을 자신만의 버전으로 재창조했다. 즉, 쇠약한 몸뚱이로 무미건조한 하루하루를 보내는 우울한 유형과 나이와 전혀 어울리지 않게 재기발랄한 유형이다.

《다른 방식으로 보기》에서 존 버거는 우리가 흔히 객관적 현실이라 믿는 것들이 우리 앞에 제시되는 방식에 따라 얼마나 크게 달라지는지를 여실히 보여 준다. 그러면서 그는 인간이 현상을 보는 방식은 현재 우리가 가진 지식과 믿음을 기본으로 하고 여기에 주입된 외부 정보가 더해져 전체적으로 얼마나 탄탄한 맥락으로 연결되는가에 좌우된다고 설명한다. 예를 들어 볼까. 드넓은 밀밭 위로 새들이 노니는 풍경은 한적하고 평온하기만 하다. 하지만 이것이 빈센트 반 고흐Vincent van Gogh가 자살하기 전 마지막으로 완성한 그림이라는 사실을 알고 나면 그런 감상은 한순간에 증발한다.

같은 사진을 두고 한 사람은 예술이라는 얘기를 듣고 다른 한 사람은 일상의 기록이라는 얘기를 듣는다. 이때 두 사람은 서로 완전히 다른 가치판단 기준을 가지고 그 사진을 보게 된다. 비슷하게, 한 무리의 사내들이 활발한 대화를 나누는 저녁 식사 자리는 어떤 배경음악이 깔리느냐에 따라 즐거운 회동도, 사악한 작당모의도, 분노의 토론장도 될 수 있다.

들려오는 외부 정보 때문에 결론이 완전히 달라지는 사례는 또 있다. 몹시 지친 기색의 한 꼬부랑 노인이 보인다. 이때 누군가는 그가 시골 요양원에서 탈출한 환자라고 말하지만, 또 누군가는 전례 없이 탁월하고 혁신적인 판결문을 막 완성하고 나오는 대법원 법관이라고 한다.

눈에 보이는 것은 사람이 의식해서 보는 것 외에도 여러 가지 추가 변수들의 영향을 받는다. 객관성을 유지하려고 아무리 애쓴들 우리가 '사실' 혹은 '현실'이라 여기는 것들은 전후의 모든 맥락이 어떻게 흐르는가, 나는 어떤 사람인가, 현재 나는 어디까지 알고 무엇을 믿는가, 그 현상을 목격할 때 내가 어디 있었는가, 내가 본 것이 전체인가 아니면 큰 그림의 일부인가에 따라 달라진다. 같은 사물, 같은 주제, 같은 사람이라도 접근하는 방식에 따라 완전히 다른 의미가 담기는 것이다.

한번은 친구가 모친 몸에서 나는 '늙은이 쉰내'를 어쩌면 좋겠냐고 상담해 왔다. 보시다시피 나도 별로 권장하는 언어는 아님을 피력하는 최소한의 표시로 따옴표로 묶긴 했어도, 나는 친구의 말뜻을 정확하게 이해했다. 친구는 자신의 어머니만 특별히 고약한 체취를 풍긴다는 게 아니었다. 문자 그대로 노인들에게 공통적으로 나는 냄새가 어머니에게서도 난다는 소리였다.

일반적으로 늙은이 쉰내라는 표현에는 부정적인 편견이 반, 불편한 진실이 반 숨어 있다. 깔끔한 노인의 몸에서 나는 냄새는 청결한 보통 사람들의 냄새와 조금도 다르지 않다. 근본적인 문제는 나이를 먹을수록 후각은 쇠퇴하는데 씻는 것 자체가 체력적으로 상당히 부담스러운 노동으로 변한다는 것이다. 엄밀히 따지면 체취는 노년기에 오히려 줄어든다고 한다. 성(性) 호르몬 감소 때문이다. 그러니 샤워며 빨래며 예전만큼 자주 할 필요성을 못 느끼는 게 당연하다. 노인의 시력과 후각은 막 세탁한 옷과 며칠 전에 빤 옷을 구분하지 못한다. 그렇게 곧 감은 지 오래된 머리나 계속 돌려 입는 옷가지에 배는 시큼한 냄새도 못 맡게 된다.

잘 안 씻는 노인의 체취는 땀에 더러운 10대나 청년의 그것과 다르다. 세포, 미생물, 오일 성분, 화학물질의 인체 내 분포는 호르몬과 식습관의 영향을 받아 연령대별로 조금씩 달라진다. 따라서 특유의 체취가 나이에 따라 다른 건 지극히 정상적인 현상이다. 그럼에도 몸에서 냄새가 난다는 얘기를 들으면 유독 노인들만 격노하며 민감하게 반응한다. 나도 그 입장이면 마찬가지일 것 같다. 그들은 자기 몸에서 냄새가 나는 걸 깨닫지 못한다. 그런데, 그걸 꼭 알아야 할까?

노인 특유의 쉰내가 화제로 나오면 대개 사람들은 그게 전부 나이 탓인 양 얘기한다. 개개인의 생활 습관과 그 습관을 유도하는 배경인자가 아니라 말이다. 운동시설마다 샤워실이 없는 곳이 없고 데오드란트, 발 냄새 미스트, 남성 전용 혹은 여성 전용 탈취 스프레이 제품이 다양하게 출시되는 현실과는 너무나 대조되는 모습이다. 늙은이 쉰내에 이런 해결책을 궁리하는 사람은 하나도 없다. 효과가 없지는 않겠지만 결정적인 묘안은 아니기 때문이다. 일반 성인들은 하루 종일 움직이면서 배어나는 체취를 더 강한 향으로 가리지 않으면 안 된다. 그러나 고령 노인들에게 가장 필요한 것은 그저 더 자주 씻기에 편한 환경이다.

우리는 대중의 선입견과 사회 환경의 영향력은 못 본 체한다. 그러면서 생명의 정상적인 변천사 가운데 마지막 단계가 내리막길이라는 점만 과장해 부각시킨다. 이런 태도가 그냥 다른 것을 이상한 것으로 변질시키고 있다.

내가 생각하기에 나이를 불문하고 중증 질환 환자를 돕는 과정에서 의사로서 가장 힘든 순간은 환자에게 더 이상 도움이 되지 못할 때다. 온몸에 퍼진 암, 말기 폐병, 급속한 뇌기능 저하, 좌반신 마비를 내 손으로 고치지 못함을 인정하고 자괴감에 빠지는 것이다. 사람들이 — 특히 의사 대다수가 — 병약하고 곤궁한 노인들을 외면하는 심리에 바로 이런 감정이 깔려 있다는 게 내 추측이다. 그들에게 노인은 나의 무능함을 시시각각 상기시키는 존재다. 그럼에도 우리가 이 아픈 손가락을 도덕과 친절로 어루만지는 게 아니라 정반대로 무시하고 방관하는 건 왜일까.

이미 지나간 과거를 후회하는 데 에너지를 허투루 쓰는 대신 모두가 현재에 충실해 보다 알차게 늙어 가는 세상을 상상해 보라. 그런 세상에서는 의사도 보통 사람들도 불확실성을 당연시하고 자연스럽게 입에 올릴 것이다. 사회는 역사를 관통하는 일상의 진실을 기조 삼아 구동된다. 다시 말해, 사람이 태어나서 죽는 그날까지 성장하고, 적응하고, 늙어 가면서 살아 내는 하루하루를 모두 복으로 여기는 세상이다. 그런 세상에서는 누구나 공짜로 습득 가능한 이 생존 기술을 모든 연령대에서 보다 실용적으로 활용할 수 있을 것이다. 그뿐만 아니다. 그런 세상에서는 별 재주가 없는 사람도 기죽을 필요가 없다. 실용성의 결여가 곧 무능함을 뜻하는 것은 아니다. 모든 사회 구성원이 친절과 인간적 유대를 시간낭비라고 여기지 않는 한 말이다.

왕진을 다니던 시절, 이따금 그런 생각을 했었다. 환자 집에 가서 내가 하는 가장 중요한 — 혹은 적어도 환자들이 그렇게 느끼는 — 일이란 친구가 되어 주는 것 아닐까 하는. 내가 아니면 환자들 대부분은 찾아오는 이 하나 없이 며칠이고 몇 주고 침묵 속에서 고독하게 지낼 게 뻔한 노인이었다. 나는 내 환자들을 좋아했고 그들도 그걸 알았다. 그래서인지 내게는 다들 잘 웃어 보였다. 상대에 따라 나는 우정의 표시로 환자의 팔뚝을 도닥이기도 했다. 심장이나 폐를 청진할 때 내 왼손은 거의 항상 환자의 어깨에 올라가 있었다. 친한 환자들은 내 손을 덥석 잡아끌거나 손등을 꼬집곤 했다. 우리의 인사는 대개 포옹과 볼 뽀뽀였다. 그러면서 때때로 그들은 마지막으로 사람 온기를 느껴 본 지가 언제인지 기억도 안 난다는 말을 했었다.

나이 지긋한 분들은 성적 매력이 희미하고 힘도 약하기에, 다른 상황이었다면 예의에 어긋난다고 혹은 성희롱이라고 비난받을 수도 있는 포옹과 키스가 훨씬 편해진다. 하지만 환자들이 나의 이런 행동을 반긴 것은 단지 늙었다는 사실 때문이 아니었다. 그들은 사람과 사람 간의 접촉에 굶주려 있었다. 시대와 장소를 초월해 계승되는 이 인간의 기본 욕구가 말년에만 간과되는 현상은 노화의 생물학에 필연적인 귀결이 아니라 어느 개인이나 사회의 선택이 불러온 결과다. 현대 사회는 노인을 사람 이하로 취급함으로써, 있지만 없는 존재로 만들고 있다.

오늘날 우리는 모였다 하면 늙은이의 피부가 흉측하다고 수군댄다. 세상 풍문을 수집하는 머릿속 레이더를 끄고 잘 살펴보라.

그러면 노인의 살결이 몹시도 부드럽고 따뜻해서 직접 만지면 기분이 얼마나 좋아지는지 알게 될 것이다.

당신이 아는 더없이 확실한 노인들을 떠올려 보라. 유명인사도 좋고 주변 지인도 좋다. 움직임이 더 느리고 덜 느리고의 차이는 있겠지만 당신이 아는 한 그들의 나이는 모두 최소 80대 이상이다. 그들 가운데 일부는 몹시 쇠약해서 간병인 없이는 아무것도 못 하지만, 아마 대다수는 여전히 건재할 것이다. 그럼에도 노인이라는 단어가 들릴 때 십중팔구는 전자의 이미지를 떠올리고 나머지는 절대 노인 범주에 속하지 않는다고 단정한다. 불과 최근까지도 그랬었다.

그런데 요즘은 분위기가 좀 달라졌다. 글 쓰는 사회운동가인 애슈턴 애플화이트Ashton Applewhite는 《나는 에이지즘에 반대한다》에서 이스트코스트 예술 페스티벌의 조직위원으로 활동했던 경험을 독자들에게 들려준다. 그녀의 주도로 위원회가 2012년 행사의 주제를 '노화'로 선정했을 때 지인들은 지지자가 다 떨어져 나갈 거라며 걱정했었다. 그러나 결과는 정반대였다. 페스티벌 티켓 판매량이 세 배로 급증한 것이다.

그러고서 몇 년 뒤, 나와 두 명의 내 동료도 똑같은 체험을 한다. 나파밸리에서 소규모로 계획된 한 토론회에서 '노년기에 대처하는 바람직한 자세'를 주제로 발표를 해 달라고 요청해 왔다. 행사 주최 측은 청중 수가 강연 주제에 따라 극과 극으로 달라질 수 있으니 기대도 실망도 하지 마시라며 재차 당부했다. 보아하니 그들은 오래전부터 이 주제를 염두에 뒀던 게 분명했다. 그렇지 않다면 파리 날릴 위험을 감수하고 굳이 우리를 불러와 이런 재미없는 얘기를 들을 시간을 따로 마련했을 리가 없었다. 그런데 이게 웬일인가. 강연 당일, 행사장은 만원사례로 발 디딜 틈이 없었다. 우리는 준비된 식사가 식지 않도록 질의응답도 중간에 끊어야 했다.

1995년, 이사벨라 로셀리니Isabella Rossellini는 15년이나 사수했던 랑콤의 얼굴 자리에서 물러났다. 당시 그녀의 나이 마흔 둘이었다. 당시 회사가 밝힌 광고 모델 교체 이유는 여성들이 화장품을 구입하는 것은 젊음의 아름다움을 보존하기 위해서인데 그걸 보여 주기엔 지금의 로셀리니는 너무 늙었다는 것이었다.

잠시 분명히 짚고 넘어가자. 로셀리니는 20대에도 40대에도 늘 어디서든 확연히 눈에 띄는 미인이었다. 60대에도 상황은 다르지 않지만 그건 너무 앞서가는 얘기인 듯하니 여기까지만 하겠다.

본론으로 돌아와서, 그로부터 23년이 흐른 바로 얼마 전, 랑콤은 이제 65세가 된 로셀리니에게 다시 광고 모델이 돼 줄 것을 제안한다. 이 소식에 로셀리니는 지난 세월 동안 자신이 더 늙었으면 늙었지 조금도 젊어지지 않았음을 광고주가 알아야 한다고 생각했다. 마흔둘이 화장품 모델로 어울리지 않는 나이라면 현재의 그녀가 등장할 광고가 먹힐 리는 더더욱 없었다. 계약서에 서명하기 전에 한번 직접 만나자고 로셀리니가 고집한 게 바로 그래서였다.

60대인 자신의 모습을 광고주에게 있는 그대로 보여 줄 필요가 있었다.

결전의 날, 다들 모인 자리에서 취임한 지 얼마 안 된 여성 CEO가 말문을 열었다. 젊은 모델만 고집하는 광고계의 관행이 대다수 여성을 소외시키는 게 문제라고 했다. 그래서 회사는 단순한 젊음을 넘어서서 보다 포괄적이고 울림 있게 미(美)를 새로 규정하겠단다. 어쩌면 '보거나 느끼기에 매우 즐겁거나 감탄해 칭송하게 되는 사람 혹은 사물의 어떤 성질'이라는 사전적 정의에 더 충실하고자 했던 걸지도 모르겠다.

활짝 웃으며 이 얘기를 하는 로셀리니를 보니 그녀만 한 적임자가 없었겠다는 생각이 들었다.

"뭐, 아마도 그사이에 여자들의 꿈이 변했나 보죠?"

13 초고령 노인

잘 죽는 최선의 방법

시간

어느 해 가을, 우리는 바이런을 보내 줘야 할 때가 언제인지 어떻게 알아보냐고 수의사에게 물었다. 바이런은 우리 집에서 키우는 개였다. 당시 열네 살이었는데, 사람으로 치면 눈도 귀도 반쯤 멀고 치매에 관절염에 전립선 비대까지 문제란 문제는 다 가진 할아버지나 다름없었다. 바이런은 가끔 앞을 못 보고 터벅터벅 가다가 벽에 머리를 찧기도 하고, 꼬리를 축 늘어뜨린 채 초점 없는 눈을 하고 목석처럼 서 있기도 했다. 어떤 날은 우왕좌왕하면서 계속 낑낑거렸는데 이유가 있는 것 같았지만 그게 뭔지는 도저히 알아낼 수 없었다.

바이런은 나이 탓에 건강이 좋지 않았다. 그럼에도 나가자고 하면 자다가도 벌떡 일어날 정도로 녀석은 산책 중독이었다. 바이런은 마치 표본 채집 중인 과학자라도 되는 양 풀포기나 동네 상점의 가판 따위에 코를 대고 킁킁거리고, 곁눈으로는 행인들을 살피곤 했다. 그러다 다른 개가 지나가면 꼬리와 귀를 곤두세우고 낮게 으르렁대며 경계했다. 녀석은 체중 3.6킬로그램의 요크셔테리어였기에 저 나름으로는 잔뜩 힘 준 이런 행동도 사람들 눈에는 귀엽기만 했지만 말이다.

우리는 날로 쇠약해져 가는 바이런을 지극정성으로 보살폈다. 사료를 물에 말아 다 풀고 거기다가 잘게 다진 살코기까지 섞여 먹였다. 녀석이 낑낑거리면 끌어안고 쓰다듬거나 바깥공기를 쐐 주었다. 유별나게 보채는 바람에 달밤에만 여덟 번이나 산책을 나간 날도 있었다. 그해에는 휴가 계획도 접었다. 아무리 친해도 지금 우리가 녀석에게 해 주는 것들을 다 부탁할 만한 지인은 없었기 때문이다. 그냥 우리가 남아서 직접 하는 편이 우리에게도 바이런에게도 최선이었다.

바이런을 '영원히 잠재울' 적당한 시점을 물었을 때 수의사는 50퍼센트 규칙이라는 걸 알려 주었다.

반려동물이 지금까지 살아온 날들 중 절반 이상을 행복해했는가. 혹은 좋은 날과 나쁜 날이 반반이었는가. 그도 아니면 좋은 날보다 나쁜 날이 더 많았는가. 수의사는 3번 보기가 답이라는 생각이 들면 시간이 된 것이라고 했다.

수의사의 조언은 두 가지 이유로 나를 깊은 생각에 빠지게 했다. 하나는 바이런이 진짜 원하는 게 뭔지 알 수 없다는 점이었고 다른 하나는 50퍼센트가 과연 바이런에게 충분한 기준인지 확신이 들지 않는다는 점이었다. 생각은 꼬리에 꼬리를 물어 환자들에게까지 이어졌다. 내 환자들 역시 나이가 많으면서 몸까지 아픈 사람들이다. 하지만 그중 상당수는 현재의 생활에 그럭저럭 만족하고 있다.

그런데 정말 연로하신 분들 가운데는 그러지 못한 경우가 꽤 있다. 혼자서는 거동할 수 없게 되거나 사는 낙이었던 활동을 마지막 하나까지 포기하고 나서 자신은 이제 살 만큼 살았다고 분명하게 밝힌다면 불행 중 다행이다. 그러나 자신이 뭘 원하는지, 뭐가 필요한지 말로도 몸짓으로도 표현할 수 없기에 못 하는 분들도 있다. 자리에 누워서 혹은 의자에 몸을 파묻고 앉아서 인상을 폈다 찌푸리는 게 고작이다. 지극정성의 간병과 각종 실험적 약물 치료에도 희망의 불빛은 전혀 보이지 않는다.

"하나님은 왜 아직 날 부르지 않으실까?"

아흔 번째 생일이 돌아오기 바로 전날 메이블이 한 말이다. 당시 그녀는 심한 뇌졸중 발작으로 쓰러진 4년 전부터 영양공급 튜브를 배에 꽂은 채 병석에 누워 지내는 신세였다.

여든아홉의 한 남성 환자는 내게 간청했다.

"의사 양반이 뭐라도 좀 해 주면 안 됩니까?"

몸이 성했다면 진즉 자살이라도 했을 것을 파킨슨병에 실금까지 겹친 탓에 그마저도 불가능해 마지막 지푸라기로 나를 붙잡았던 것이다.

만약 50퍼센트 규칙을 사람에게 적용할 수 있었다면, 두 분 모두 인생을 원할 때 마무리할 기회를 얻었을 것이다. 그런데 현실은 그렇지 않다. 그렇기에 그들은 명이 다하는 날까지 꾸역꾸역 살아 내야 했고 다시는 돌아오지 않을 좋은 시절은 다 갔다는 걸 매일 실감하면서 하루하루 덧없이 연명해야 했다. 그런 한편, 또 어떤 분들은 어떤 희생을 치르든 목숨은 부지하겠다는 강철 같은 의지를 보이기도 한다. 누가 봐도 분명히 절망적인 상황인데 말이다.

사람에게 적용 가능한 50퍼센트 규칙은 앞으로도 나오지 않을 것이다. 믿고 판정을 맡길 만한 인물이 딱히 없는 까닭이다. 성실하고 희생적인 보호자를 보기가 생각보다 어렵지 않은 건 사실이다. 하지만 염불보다는 잿밥(즉, 유산 혹은 정부보조금) 욕심에 심신이 미약한 집안 어른의 죽음을 재촉하거나 기 쓰고 막는 인간들이 널린 게 요즘 세상 아닌가.

게다가 모두가 방금 전에 예로 든 내 환자 두 분만큼 밑바닥까지 가는 건 아니라 해도, 그런 노인이 여전히 수백만 내지 수천만에 달한다면 어쩔 것인가? 그냥 계속 모른 체하면 그만일까? 이 세상을 사람들이 너무 오래는 살고 싶지 않다고 말하는 곳으로 만든 게 바로 우리들인데도? 똑같이 중병으로 오늘내일 하는 고령 노인과 젊은 환자가 있을 때 둘은 정말 다를까? 현실적으로든, 도덕적으로든?

말년에 바이런은 겹겹의 지병으로 고생이 이만저만 아니었다.

결국 우리는 의학적 간섭의 범위를 최소화하자는 데 의견을 모았다. 즉, 고통을 줄이는 치료만 하고 스트레스를 주는 병원 검사와 검진은 되도록 피하는 것이다. 한동안은 평온무사한 하루하루가 흘러갔다. 녀석이 모든 면에서 느리고 깨어 있는 시간보다 자는 시간이 더 많다는 점만 빼면 말이다. 그렇게 다 괜찮다고 안심하려던 찰나, 바이런이 발바닥을 다치는 일이 생겼고 우리는 녀석을 병원에 데려갈 수밖에 없었다. 그러자 기다렸다는 듯 전에 없던 문제까지 줄줄이 따라왔다.

몇 달 뒤, 녀석이 숨 가쁨 증세를 보이자 우리는 마침내 때가 온 것인가 생각했지만 수의사의 판단은 달랐다. 동물병원에서 하는 말로는, 폐렴이 의심되니 X-ray를 찍어 보면 되고 만약 짐작대로라면 산소 공급과 항생제 투약 며칠로 금세 나을 거라고 했다. 대놓고 면박 준 건 아니지만, 이 말은 분명 이렇게 간단한 병을 방치하는 건 개를 죽이는 거나 마찬가지라는 뜻이었다. 하지만 매번 바이런은 병원 가는 길임을 귀신같이 알아챘다. 그럴 때 녀석은 숨을 헐떡이면서 몸을 부르르 떨고는 우리 다리를 타고 기어오르려 하거나 그 작은 몸으로 목줄을 물고 집 쪽으로 우리를 잡아끌었다.

어느 날, 바이런과 또 그런 실랑이를 벌이던 중이었다. 순간적으로 나는 병원에서 익히 봐 왔지만 어딘가 찝찝함이 남곤 했던 어떤 장면이 이제야 완벽하게 이해될 것 같았다. 사랑하는 가족을 아껴서 그 사람의 안위가 우선이라는 판단에 한 행동들인데 세상의 시선은 곱지만은 않은 것이다.

환자를 위해 옳은 일이 과연 무엇인가를 두고 의사나 다른 가족들과 의견 일치가 안 될 경우, 이런 긴장 상황은 한층 험악해진다. 반려동물의 일이든 사람 가족이 걸린 상황이든 쉬운 치료법이 존재하는 문제는 반드시 고치는 게 당연하다는 입장에 선 의사에게 당사자의 평온을 최우선으로 배려하자고 설득하는 것만큼 어렵고 마음 불편한 일은 또 없다. 그런 상황에서 의사들 대부분은 환자의 종합적 상황을 보는 게 아니라 당장 급한 병명 하나에만 집중하기 때문에 시각이 다른 것이다.

결국 우리는 이제 정말로 바이런을 놓아주는 게 녀석을 위하는 일이라는 걸 깨달았다. 안락사 전문 수의사가 오기로 한 날, 퇴근해서 집에 들어가니 우리 가족 중 나를 제외한 나머지 인간 구성원들이 다들 모여 애처로운 표정으로 바이런을 지켜보고 있었다. 바이런은 나를 발견하고는 꼬리를 흔들며 다가와 내 발치를 계속 맴돌았다. 물어보니 녀석은 이날 하루 종일 먹은 게 없다고 했다. 나는 급한 대로 냉동실의 닭고기를 데워 주었고 녀석은 게걸스럽게 먹어 치웠다. 그때 건너편의 누군가가 말했다.

"저래 가지고 애를 보낼 수 있을지……."

그런데 잠시 후, 화장실까지 졸졸 따라 들어온 바이런은 저녁으로 먹은 닭고기를 내 발치에 토해 냈다. 그런 다음 또 꼬리를 축 늘어뜨린 채 벽을 향해 넋 놓고 서 있는 것이었다.

그날 밤, 바이런은 내 품 안에서 숨을 거뒀다.

바이런이 죽고 나서 내가 가장 후회한 건 우리가 너무 오래 머뭇거렸다는 것이었다. 우리는 수면 시간을 기준지표 삼아 바이런이 50퍼센트 규칙에서 어디쯤 왔는지 수시로 점검했었다. 사람의 경우 노인의 수면은 만성 피로, 우울증, 통증 회피의 징후일 때가 많다. 우리는 녀석을 사랑했지만 녀석이 우리 일상을 망가뜨린 것도 사실이었다. 그런 복잡한 심경에 죄책감이 들어 우리가 바이런을 계속 옆에 두고 잘해 줌으로써 심리적 위안을 받으려고 했던 건 아닐까.

주변에 죽어 가는 누군가가 있다면 비슷비슷한 상황들이 언제든 벌어질 수 있다. 갑자기 터진 작은 문제 하나를 해결하고자 입원했는데 병원에서 지내는 동안 오랜 지병들이 덩달아 나빠진다. 혹은 응급실에서 급히 진단은 받았는데 그러느라 했던 검사의 후유증과 체력 소모로부터 회복되는 데에만 몇 주가 걸린다. 수술은 또 어떤가. 의사는 간단한 수술이라며 호언장담하지만 환자가 고령이라면 십중팔구 착란 증세와 합병증을 감수해야 하고 죽어도 싫다는 요양원 신세까지 져야 한다. 물론, 비교적 단순한 문제도 분명 존재하긴 한다. 앰뷸런스까지 부를 일은 아니라고, 혹은 성년인 자녀가 조퇴하지 말고 퇴근 후에 천천히 들러도 된다고, 혹은 정부보조금보다 큰 돈을 택시비로 버려 가며 서둘러 올 필요는 없다고 생각할 경우 그렇다는 얘기다. 이럴 때 의사는 문제를 자기 선에서 해결할 수 있다고 자신할지 모른다.

그런데 말이다. 사실 그게 말처럼 단순하지만은 않다. 여러 해 전에 한 환자가 통원 치료를 관두겠다고 통보해 온 일이 있었다. 당시 환자는 굵직한 것만 따져도 열다섯 가지나 되는 병명을 관리 중이었는데, 그중 하나인 백혈병의 화학요법 치료를 중지할 것이고 앞으로도 어떤 항암 치료든 절대 시도하지 않을 거라고 했다. 그러나 한편에선 살고자 하는 마음 역시 몹시도 간절했기에 그는 의료진의 제안에 따라 대안으로 고식적 의료를 시작했다. 이 최소한도 관리법조차 그의 미움을 산 건 마찬가지였다.

그는 살기를 원했다. 다만, 병원에 갇혀 하루 24시간 약에 절어 있는 방식이 아니길 바랐을 뿐이다. 그는 오랜 투병 생활에 지쳐 있었다. 이건 살아도 살아 있는 게 아니었다. 그의 선전포고에는 주관적으로도 객관적으로도 거절할 수 없는 명분이 있었던 셈이다.

자연스러운 삶과 죽음

나는 '대중을 위한 의학 작문 교실'이라고 직접 이름 붙인 강의 하나를 맡고 있다. 의료 계통 대학생도 소수 있지만 수강생은 대부분 다양한 연령대의 의사, 환자, 작가, 간병인 등 현직 종사자들이다. 이 수업에서 나는 외과 의사이자 작가인 아툴 가완디Atul Gawande가 『뉴요커』에 기고한 글을 종종 인용한다. 《내려놓기Letting Go》라는 제목의 에세이는 이렇게 시작한다.

「병원이 사라 토머스 모노폴리에게 시한부 선고를 내렸을 때 그녀는 임신 8개월째였다.」

이 한 문장만 읽고서 나는 수강생들에게 질문을 던진다. 가완디가 이 특이한 사례를 글의 소재로 택한 이유는 뭘까?

질문에 아무도 답을 하지 않으면 나는 단어 몇 개를 살짝 고쳐서 문장을 다시 읽는다. 글의 느낌이 어떻게 달라졌는지 음미해 보라는 뜻이다.

"병원이 조앤 스턴 스미스에게 시한부 선고를 내렸을 때 그녀는 치매와 함께 말기 심장질환과 신부전을 앓는 94세 노인이었다."

가완디가 사라를 주인공으로 선택한 것은 지금 그녀가 죽는 건 누가 봐도 정상적인 상황이 아니었기 때문이었다. 냉혈한이 아니고서야 어느 누구도 만삭의 젊은 여자가 곧 죽는다는 걸 담담하게 받아들이지는 못할 것이다. 이렇듯 사람 마음을 유난히 부여잡는 죽음이 있다.

가완디가 뛰어난 이야기꾼인 것은 사실이다. 하지만 좋은 글쓰기에 중요한 요소들과 진짜 인생살이에 중요한 요소들이 언제나 일치하는 것은 아니다. 사람의 인생에서는 내 각색 버전이 표준이다. 가완디의 원본이 아니라. 도덕적 가치관으로는 그래야 마땅하다. 이쪽이 훨씬 자연스러운 상황이기 때문이다. 조앤 스턴 스미스는 모두의 부러움을 사고도 남을 만큼 천수를 누렸다. 자고로 사람이 젊어 죽는 건 흉사凶事이고 천천히 늙어 죽는 건 홍복洪福이라 했다. 그런데 이 자연의 섭리를 핑계로 의학이 고령 노인 돌보기를 소홀히 할 때는 문제가 복잡해진다.

그 연세가 되면 저승 문턱에 서는 게 당연하다는 생각에 우리는 나이를 떠나서 조앤 역시 보살핌과 애정을 필요로 하는 한 인간이라는 진실을 잊는다. 다른 사람들도 내 가족 일이 아니면 아흔넷 연세에 사경을 헤매건 말건, 중증 치매 환자이든 아니든 누군가의 곤경에 티끌만큼도 관심 갖지 않는 건 마찬가지다. 그렇게 조앤 스미스의 죽음은 지극히 자연스럽고 조금도 특이할 것 없는 일화로 무마된다. 그러나 이 죽음에 담긴 묵직한 가치까지 사라지는 것은 아니다.

세월이 한참 더 흘렀을 때 우리는 이미 이 세상 사람이 아닐 수도 있지만 산전수전 다 겪고도 여전히 꾸역꾸역 살아가고 있을 수도 있다. 사실, 이런 죽어 감의 과정은 매번 새롭고 언제나 의미심장하다. 인간 동족으로서, 누군가의 가족이자 친구로서, 의사 혹은 간호사로서, 아니면 사회를 대변하는 개체로서 우리가 내뱉는 모든 말과 행동은 좋은 죽음을 맞기 위해서만 중요한 게 아니다. 인간의 삶 전반은 물론이요, 나이가 몇이든 상관없이 죽어가는 환자의 숨이 붙어 있는 모든 순간에도 똑같이 중요하다.

현재 미국 전역에서는 소리 없는 전쟁이 한창이다. 20세기 말에 소리 소문 없이 시작된 노화와 죽음 사이의 충돌이 수십 년째 지속되는 것이다. 그런 가운데 최신 보고에 의하면 죽음 쪽의 압도적 승세로 일단락되는 것 같다.

전국적으로 각계각층에서 죽음을 스스로 선택할 수 있게 하자는 목소리가 커지는 게 그 증거다. 나이 들수록 더욱더 죽음을 주제로 많은 대화를 나누라는 조언부터 가정방문 호스피스 서비스나 존엄사법 지지 운동까지 제안된 전략도 다양하다. 이런 사회운동가 중 다수가 처음에는 노화를 지지하다가 나중에는 죽음 편으로 전향한 사람들이라는 점도 같은 맥락에서 해석된다. 또한, 이런 분위기 덕분에 요즘은 고식적 의료 서비스를 제공하는 병원이 상당히 흔해졌다. 특별히 호스피스 병동만 50년쯤 전에 유행했던 가정적인 분만실 분위기로 꾸민 병원도 있다.

죽음 쪽으로 우세하다는 말은 불사의 비법 같은 것이 곧 개발되어 죽음이 천연두나 소아마비와 함께 역사 속으로 사라질 거라는 뜻이 아니다. 의료 사각지대에 방치된 시민은 아직도 너무 많고, 최고의 의료진이 최선을 다함에도 여전히 많은 이가 고통스러운 죽음을 맞는다. 다행히 최근 들어 전해지는 사례들과 연구 자료를 토대로 제도와 인식이 개선되면서 임종의료가 진척을 보이는 분위기다. 예전에는 의학 기술 발전이 죽음을 늦추고 나아가 예방할 거라는 확신이 우세했고 그럴 듯한 실적도 종종 나왔었다. 그러나 죽음을 의료 문제화해 제도의 틀에 끼워 맞추려 한 이런 획일적 방식은 이제 과거의 발상이 되었고 최근에는 보다 현실적인 차세대 전략에 밀려나고 있다. 새 전략이 실은 전통 사상의 복고復古라는 게 아이러니지만 말이다.

지난 20년 동안 의료계가 죽음과 사투를 벌이면서 이룬 가장 의미 있는 성과는 죽음이 불가피하다는 진실을 마침내 인정했다는 것이다. 첨단과학만 앞세운 전략은 환자를 더 심하게 괴롭히기만 할 뿐이다. 이런 깨달음이 빠르게 확산되면서 의료의 무게중심은 환자의 안위를 최대한 보장하고 가족들의 임종 준비를 돕는 쪽으로 옮겨졌다. 그에 따라 오늘날 자택에서 임종을 맞는 사례는 50년 전에 비해 크게 늘었다. 물론, 죽음이 의학적 문제가 아니라 인간사의 큰 사건으로만 여겨졌던 100년 전 수준에는 아직 못 미치지만 말이다.

말조심에 특히 신경 써야 할 주체 중 하나는 바로 언론이다. 사망 사건이나 통계를 논할 때 '자연사'의 정의를 임의로 왜곡함으로써 국민 혼란을 가중시키고 있기 때문이다. 참고로 여기서 자연은 지진이나 허리케인 같은 천재지변을 뜻하는 게 아니다. 요즘 세상에 사망자가 나오면 십중팔구는 고령자이거나 적어도 그렇게 젊지는 않은 사람이다. 그런데 훨씬 젊은 사람이 예를 들어 밤에 잠든 채로 영영 깨어나지 못했다든가 해서 비슷한 경위로 죽으면 곧바로 경찰 조사가 시작된다. 동네에는 곧 약물 과다복용이니 자살이니 하는 소문이 나돈다. 사망자의 짧은 생애를 언론은 비극이라며 애도할 것이다. 이런 언어 사용의 바탕에는 생물학과 철학 모두가 깔려 있다. 냉정하게 말해서 사람이 태어나서 언젠가 죽는 것은 당연한 일이다. 우주가 만민에게 공평하게 요구하는 몇 안 되는 규칙이니까. 그런데도 어떤 죽음에는 자연적이라는 형용사를 붙이고 어떤 죽음에는 그러지 않는 것은 전부 다 인간 사회가 내린 노년기의 정의 탓이다.

1500년대 초, 레오나르도 다빈치Leonardo da Vinci는 자연사란 나이 들수록 혈관 벽이 점점 두꺼워지다가 마침내 막히면서 영양 공급이 부족해져 일어나는 결과라 규정했다. 오늘날 우리가 알고 있는 상식과는 많이 다르지만, 핵심은 신체 장기의 구조와 기능이 서서히 무너져 내린다는 이른바 노쇠 기전에서 크게 어긋나지 않는 설명이다. 그로부터 300년 뒤, 미국인 의사 벤저민 러시는 노쇠로 인식되는 많은 현상이 실제로는 하나 이상의 명확한 질병이 고령으로 인한 더 큰 신체 변화에 가려지는 것이라는 주장을 내놨다. 1793년에 출간된 그의 저서 환자와 그 치료 사례들로 알아본《노년기의 심신 상태에 관하여》에서 그는 이렇게 적고 있다.

「오로지 많은 나이 때문에 죽는 사람은 거의 없다. …… 생명의 마지막 실낱을 끊는 것은 대부분의 경우 질병이다.」

마냥 기다리기보다 빨리 해치우는 방식을 선호하는 현대 사회에서 죽음은 노화보다 다루기 쉬운 대상인 것처럼 보인다. 무엇보다도, 노화는 수십 년에 걸쳐 야금야금 진행되지만 죽음은 길어야 몇 달만 지켜보면 되지 않는가. 대중이 노화보다 죽음을 더 편안하게 받아들이는 이유 역시 이것이리라는 게 내 짐작이다.

죽음이 단거리 경기라면 노화는 마라톤이다. 이런 개념이 보편적인 의료계에서 전공과를 불문하고 점점 더 많은 의사가 고식적 의료를 양팔 벌려 환영하는 것은 당연한 현상일 것이다. 의사라는 한 직업군만 따지면 이게 별일 아닌 것처럼 보일 수도 있다. 하지만 보통 의료계의 동향은 사회 전체의 인식을 반영하는 지표가 된다. 그런 가운데 고식적 의료는 육체적 고통과 실존적 곤란을 관리하는 것을 주특기로 하는 전문가 집단을 새롭게 양성함으로써 현대 의학을 한 차원 끌어올리고 있다.

다만, 환자와 직접 접촉하는 모든 전공과의 의사가 그런 기술에 능숙할 필요는 없다는 듯한 뉘앙스를 풍김으로써 고식적 의료가 의사들에게 직무태만의 빌미를 제공한다는 건 문제다. 주치의라는 사람들이 환자나 보호자와 힘들지만 중요한 대화를 나누고, 말기 질환의 통증을 관리하고, 죽어 가는 환자에게 의지가 되어 주는 것 같은 기본 중의 기본을 죄다 타과 동료에게 떠맡긴다니. 이게 진정 선진국의 의료 체계 맞는가? 정보의 폭발적인 양적 증가를 감당하기 위해 서양 의학은 지식을 신체 장기와 병명에 따라 분류하고 각 대분류 안에 또 수많은 소분류를 만들었다. 심장 전문 의사들은 다시 박동 이상 유형별로 갈리고, 소화장기 전문 의사들 중에 간염 전문가가 따로 있으며, 어떤 안과 의사는 특히 망막에 빠삭하다는 식이다.

여러 가지 면에서 수긍 가는 설명이다. 시력 감퇴에 당뇨병과 심장 질환까지 공존하는 환자가 고관절치환수술을 받아야 할 때 일단은 하나만 파서 그거라도 완벽하게 파악하는 게 현실적으로도 심리적으로도 나은 전략 같아 보인다. 오늘날 의료 체계가 요란하게 떠드는 이른바 '환자 중심 의료' 철학과 정면으로 배치되긴 하지만 말이다.

다리 궤양으로 고생 중인 만성폐쇄성폐질환 환자 폴라가 낙상 사고로 머리를 다쳐 응급실로 실려 간다. 병원은 검사 과정에서 초기 치매 징후까지 우연히 발견하고는 그녀에게 말한다. 앞으로는 지금 다니는 호흡기내과, 피부과, 순환기외과 말고도 치매 전문 신경과 의사 한 명, 뇌 외상 전문 신경과 의사 한 명, 발작 전문 신경과 의사 한 명을 더 만나야 한다고.

현대의 고식적 의료는 죽음과 그 죽음을 초래한 질병의 연결고리만 끊는 게 아니다. 죽음과 노화도 마치 둘이 서로 완전히 별개인 것처럼 취급하고 있다. 사회 구성원 대부분이 노년기에 사망하는 작금의 시대에 소위 고식적 의료를 선도한다는 대다수 의료 기관이 노화와 고령은 그들의 관할이 아닌 체하는 것이다. 인간은 죽는 그 순간까지 많은 날을 살아간다. 특히 요즘은 노인이 될 때까지 살아남을 뿐만 아니라 노인으로 사는 기간만 수십 년에 이른다. 노년기의 삶이 평온하고 가치 있으면서 본인에게도 타인에게도 보탬 되도록 하는 것이 그 어느 때보다도 중요해졌다는 소리다.

죽음이 다가올 때 저마다의 근심, 신체 상태, 개인의 사정을 배려한 보살핌이 필요한 것은 젊은 청년이나 늙은 노인이나 마찬가지다. 그 개인 사정의 내용이 연령대에 따라 크게 달라질 뿐이다. 저희 일이 노인의학만큼이나 소아과학과도 밀접하게 관련되어 있다고 말하는 고식적 의료 전문 의사들이 많다는 현실은 의료 사회의 뿌리 깊은 연령차별주의를 드러내는 증거다. 동시에, 이슬람 수니파와 시아파 혹은 르완다 투치족과 후투족의 사례와 같은 자멸적 부족 갈등과도 통하는 맥락이 있다. 경쟁을 조장하는 더 큰 배후세력에 맞서지는 못할망정 우리 편끼리 물고 뜯지는 말자는 수준을 넘어서는 깊은 반성을 하게 한다는 점에서다.

나중에 어떻게 죽고 싶으냐고 사람들에게 물어보면, 대부분은 잠들어 그대로 깨지 않으면 좋겠다고 답한다. 성취하는 삶을 살아가다가 큰 병이나 사고라는 벼랑을 만나면 질병과 장애라는 나락으로 추락해 여생을 저당 잡힐 게 뻔하니 그 전에 끝내고 싶다는 것이다. 그런데 이 바람에는 두 가지 문제점이 있다.

첫째, 직접 떨어져 보기 전에는 벼랑 끝을 볼 수 없다.

둘째, 살벌하게 생긴 낭떠러지에서 고꾸라지고도 꽤 잘 살아가는 사람이 은근히 많다.

자꾸 자기 발에 걸려 넘어지고 집 안에서도 벽이며 가구 모퉁이에 온몸을 찧는 일이 점점 잦아질 때 프란시스코 고메스는 일흔아홉이었다. 가족 모임이 있어 방문한 딸은 그런 아버지를 보고 또 몰래 술 마신 거 아니냐며 나무라기부터 했다. 어린 시절부터 그녀가 기억하는 아버지는 늘 술에 절어 있었다. 그런 까닭에 20년이나 금주 중인 아버지가 발을 헛디뎠다는 말을 그녀는 여전히 신뢰할 수 없었다. 프란시스코는 한 시간 내내 설득하고서야 간신히 딸의 마음을 돌릴 수 있었다. 딸은 아이들을 친구 집에 데려다 주는 김에 아버지도 차에 태워 응급실로 모시고 갔다. 영상 검사 결과, 뇌종양이었다. 그로부터 석 달 뒤, 종양 제거 수술을 받은 프란시스코는 딸네 집 거실에 환자용 침대를 들여 놓고 기거하게 되었다. 상체의 기능과 정신은 멀쩡했지만 그는 더 이상 혼자 걷지 못했다. 침대에서 나오는 것도 견인장치의 도움을 받아야만 가능했고, 휠체어에 조금만 오래 앉아 있어도 곧 기진맥진이 되었다.

3년의 시간이 더 흘러 다시 방문했을 때 프란시스코는 여전히 그 집 거실에서 똑같이 침대에 발이 묶인 채로 지내고 있었다. 다만, 이번에는 뭔가 굉장히 분주해 보였다. 그동안 이곳이 동네 사랑방이 되어 있었던 것이다. 프란시스코는 놀러 오는 이웃 아이들에게 책을 읽어 주고 학교 숙제를 도왔다. 중국 출신 이민자인 우편배달부에게는 영어 과외를 해 줬다. 둘은 친구가 되었고 곧 가족끼리도 친해져서 토르티야와 볶음밥이 한 상에 오르는 주말 식사 모임을 자주 가질 정도가 되었다.

한편, 매기 길레스피는 정신없이 바쁘게 사는 와중에 식도암 진단을 받았다. 가족 이름으로 된 가게를 수십 년째 직접 관리하고, 초등학교 4학년인 손자의 학교에서 틈틈이 자원봉사 활동도 하고 있었던 것이다. 그녀는 만약 죽을병에 걸린다면 최소한의 임종 관리만 받겠다는 뜻을 오래전부터 분명히 밝혀 둔 터였다. 문제는 암 덩어리가 크긴 해도 한 곳에 뭉쳐 있기에 희망을 가져 볼 만하다는 것이었다. 수술로 잘라 낸 뒤에 방사선 치료로 보완하면 완치될 가망이 있었다. 단, 그럴 경우 남은 평생 음식을 목으로 넘겨 먹는 즐거움은 포기해야 했다. 매기는 원하면 언제든 제거한다는 조건하에 뱃가죽에 구멍을 내 영양공급 튜브를 꽂는 처치에 동의했다. 수술과 독한 방사선 치료를 연달아 받은 그녀는 하루가 다르게 쇠해 갔고 결국 요양 병원으로 보내졌다. 일곱 달 뒤 내가 그녀를 처음 만난 게 바로 그곳에서였다. 정식으로 내가 담당한 환자는 아니었고 어느 토요일에 지나가다가 마주쳤다. 나는 누군가의 대타로 하루만 간 것이고 그녀는 마침 퇴원하던 길이었다. 다가와 자기소개를 하는 매기를 처음에 나는 여기 입소한 환자의 딸인 줄 착각했다.

내가 오해했음을 알아챈 그녀는 유쾌하게 웃으며 블라우스를 걷어 올려 옆구리에 달린 영양공급 튜브를 보여 주었다.

"내 평생 이런 걸 달고 살게 될 줄은 꿈에도 몰랐지 뭐예요."

그녀가 말했다.

"예전에는 먹지 못한다는 것 말고 달라지는 게 하나도 없더라도 애초에 이런 게 필요해지기 전에 반드시 끝낼 거라고 생각했었어요."

인간은 스스로도 한계를 가늠하지 못할 정도로 놀라운 수용량의 인내력을 발휘한다. 가령, 2004년에 실시된 한 조사에 의하면 건강한 시민 집단의 경우 목숨을 구차하게 연명하고자 의술에 매달리지는 않겠다는 응답이 대다수를 차지했다. 그런데 실제로 절망적인 하루하루를 보내면서 죽어 가는 환자들은 이구동성으로 다른 얘기를 했다. 단 며칠만이라도 더 살 수 있다면 병원이 권하는 건 뭐든지 하겠다는 것이었다.

내가 주로 상대하는 환자들은 쇠약한 80대 이상 고령 노인이다. 그런 그들에게도 의미 있는 삶의 기준은 다양해서, 따지고 들면 사람 머릿수만큼이라고도 말할 수 있다. 하지만 그 가운데 문화와 사회계급을 초월한 공통 주제는 분명 존재한다. 굵직한 것만 추리면 심신의 평안, 신체 기능, 인간관계 정도로 압축할 수 있겠다.

거의 예외 없이, 이 세 가지가 모두 바닥나거나 차단될 때 한 사람의 인생은 더 이상 그의 것이 아니게 된다. 정신이나 몸의 통제권을 타인에게 빼앗기고 모든 의사 결정에서도 철저히 배제되는 것이다. 이 단계가 힘든 건 환자만이 아니다. 의사 입장에서도 환자가 죽음을 바라는 게 진심인지, 주변 사람들에게 떠밀려 마음에도 없는 소리를 하는 건 아닌지, 혹시 환자의 가치판단 기준이 그새 달라졌는지 판단하기가 어렵다.

이런 생각은 지금도 종종 날 멈칫하게 만든다. 그럼에도 짧지 않은 임상 경험으로 미루어 내가 호언하는 진실이 하나 있다. 정신은 아직 멀쩡하든 혹은 정신도 온전치 못하든 일단 신체 기능과 감각기능 대부분을 상실한 노인은 차라리 죽기를 소망한다는 것이다. 죽는 것도 두렵기는 마찬가지면서 말이다. 늙어 죽는 것은 젊어 죽는 것과 흡사하면서도 상당히 다르다.

사람들의 입에 유독 자주 오르내리는 얘기가 따로 있는 걸 보면, 우리 사회 곳곳에서 노화보다는 죽음이 이야기의 소재로 더 인기인 데에는 또 다른 이유가 있는 듯하다. 죽음의 명암은 영화, 유명 서적, TED 강연, 신문, 인터넷 블로그 등을 통해 끊임없이 성찰되어 왔다. 반면 노화가 하나의 주제로서 제대로 논의되기 시작한 것은 최근의 일이다. 설혹 언급되더라도 누구나 거치는 긴 변천 과정이 아니라 재앙 정도로만 묘사됐을 뿐이다. 사람에 따라 다르게 생각할 수도 있지만, 확실한 끝이 있으면서 짧고 강렬하다는 점에서 죽음에는 낭만적인 면이 있다. 이와 달리 구질구질한 장기전 격인 노화는 사실주의를 지향한다. 문학에서 낭만이란 신비롭고 이국적인 상황에서 겪는 특별한 경험을 말한다. 보통은 주요 등장인물이 곤궁에 처하게 되고 그를 돕고자 누군가가 명예롭게 나서면서 이야기가 전개된다. 그런데 사실주의는 인간사의 면면을 정직하게 보여 준다. 낭만주의와 사실주의 중에서 택일하라면 다수는 전자를 선택한다. 그러나 나는 노인의학 전문의를 평생의 업으로 삼은 덕분에 둘 다 누리고 있다. 의료계에서 드물게, 마지막이 가까워 온 환자들을 고식적 의료로 떠넘기지 않고 끝까지 보살피는 전공이기에 가능한 일이다.

그냥 한 사람

토머스 쿤Thomas Kuhn의 대표 연구서《과학혁명의 구조The Structure of Scientific Revolutions》는 가장 영향력 있는 20세기 출판물 중 하나로 손꼽힌다. 학문적 업적을 따지면 쿤이 미셸 푸코Michel Foucault나 지그문트 프로이트Sigmund Freud를 포함해 당대를 주름잡은 그 어느 사상가보다도 한 수 위라는 평도 나온다. 그럴 만도 하다.

표면적으로 이 책은 과학서지만 쿤이 제안한 패러다임과 패러다임 전환의 개념은 인류가 세상 전반을 바라보고 사유하는 방식의 근간이 되었기 때문이다.

쿤에 따르면, 혁신은 작은 변화들이 쌓이고 쌓여 서서히 일어나는 게 아니라 진화적 환경 조건에 딱 부합하게 된 순간에 폭발적으로 시작된다고 한다. 패러다임이란 한마디로 어떤 중요한 논제—가령 의료 체계 같은—를 두고 사람들이 갖고 있는 견해를 규정하는 인식체계라 정의할 수 있다. 이 패러다임은 소란, 불확실성, 불안이 고조된 시기에 교체되거나 전복되기 쉽다. 위기의 시대에 기존 체제의 결함이 더욱 선명하게 드러날 때 민중은 현상을 바라보는 시각을 이리저리 바꿔 가며 타개책을 모색한다. 그러다 충분한 절대다수의 구성원이 현現 패러다임은 틀렸으니 새 패러다임으로 바꾸자는 데 뜻을 모으는 순간, 혁명이 일어난다.

과학 기술이 모든 의학 문제의 해결책이라는 20세기의 패러다임에 찬동하는 세력은 여전히 건재하다. 그렇더라도 우리 모두 심각한 위기에 봉착했다는 것은 분명한 사실이다. 우리나라는 너희나라보다 덜하네, 어쩌네 하는 실랑이는 의미 없다. 이제는 확 달라질 때다. 과학을 신봉하는 현대 의학의 패러다임은 개개인에게도 사회에도 적지 않은 혜택을 안겨 주었다. 문제는 검증된 옛 방식을 잘 선용하는 것보다는 새 전략과 새 지식을, 사회제도와 인적 자원을 활용한 예방 중심 정책보다는 최첨단 치료 시술을 지나치게 편애했다는 것이다. 그런 패러다임이 수가제도, 임상 실제, 의학 교육, 학계까지 의료계 구석구석을 점령했으니 현대인이 감당해야 할 대가는 막대할 수밖에 없었다. 오늘날 이 패러다임이 미국 사회에 불러온 손실의 규모는 어느 한 국가가 혼자 메울 수 없을 정도로 어마어마하다. 현재 미국에서 병원비 때문에 신용불량자가 되거나 기본 인권도 보장받지 못하는 인구의 수는 천문학적 수준이다. 전문의 분포는 사회적 수요 순위와 정반대로 가고 있고, 의료 보조 인력의 근무 환경은 갈수록 열악해지는 모양새다. 설상가상으로 비틀린 의료 체계가 초래한 의료 및 건강 불평등은 전염병처럼 번져 가고 있다.

만약 지금보다 더 많은 복지센터를 지어야 한다면, 그것은 오늘날의 의료가 오직 질병 문제를 처리하는 데에만 급급하다는 현실의 반증일 것이다. 또, 여성 혹은 남성의 건강을 위해 특별 프로그램, 클리닉, 재정 보조가 필요하다면, 현행 의료 체계가 인구의 나머지 절반은 잘 돌보지 못한다는 뜻으로도 해석할 수 있다. 한편, 다양성과 불평등 문제를 해결하기 위해 의대에 특별 과목을 신설하고 학장들이 직접 나선다는 얘기도 들린다. 그렇다면 기존의 교육 커리큘럼이 이 주제를 제대로 다루기에 미흡하다는 소리 아닌가. 또, 새삼스럽게 '환자 중심 의료'라는 캐치프레이즈를 전면에 내세우는 의료계를 보고 있자니 도대체 지금까지 의학이 뭘 한 거였냐고 묻고 싶다. 의료의 중심은 처음부터 줄곧 환자였어야 하는 거 아닌가? 오늘날의 의료 체계와 그 바탕 패러다임에는 무언가가 빠져 있는 게 틀림없다. 중대하고 결정적인 그 무언가가.

작가 제니 디스키Jenny Diski는 2016년에 암으로 사망하기 전 마지막으로 발표한 유작《감사In Gratitude》에서 이 문제를 환자의 시각으로 날카롭게 풀어내고 있다. 우선 의사 결정 방식에서 그녀가 느낀 소회는 이랬다.

「다들 모든 사안을 통계에 기대 확률로만 얘기한다. 암은 내 몸의 일부이자 곧 나 자신이다. 하지만 내게 암이 무엇인지, 암이 어떤 상태인지, 암 덩어리와 내가 어떻게 연결되어 있는지 그들을 이해시킬 방법을 도저히 찾을 수 없다. 모든 것을 포괄하면서도 간단하게 압축된 말이 있으면 좋으련만.」

방사선 치료 후의 소감 역시 인상적이다.

「장치를 내 몸에 연결하고 기계를 작동시키는 그들의 실력을 의심하지는 않는다. 다만, 그 모든 과정에서 환자의 심정 같은 나머지 부분에는 아무 생각이 없는 것 같다. …… 매번 내 존엄성을 탈의실에 내려놓고 치료실로 들어간다. 가슴이 드러나서가 아니다. 그 공간에 발을 들이는 순간, 나는 사람이 아니라 기계 부품이 된다. 지정된 자리에 정자세로 꽂으면 마침내 기계가 작동되도록 만드는.」

더할 나위 없이 정확한 묘사다. 요즘에는 의료 체계가 받드는 의미와 가치를 포함해 병원에서 일어나는 모든 일이 숫자로 정산된다. 생산성 통계, 의료 비용 가이드라인 순응도 등등 가치를 상징하는 숫자 지표가 한둘이 아니다. 마치 인간의 건강과 삶을 좌우하는 모든 것이 수량화될 수 있다고 말하는 것 같다.

현대 사회의 임상의학과 의학 교육은 사람을 부분으로 쪼갠다. 뼈는 3층, 관절은 8층, 심장은 이번 학기 과목, 전립선은 다음 학기 과목 이런 식이다. 과학적 사고에는 변수 제어가 필요한데, 이를 위해서는 인간 연구자가 감당할 수 있는 수준까지 연구 주제를 쪼개야 하는 것이다. 이처럼 사람 몸뚱이와 질병들을 나눌 경우 생명을 다루기가 쉬워지는 것 역시 무시 못 할 매력이다. 사람은 징그럽게 복잡한 생명체다. 온전한 전체를 상대하는 일은 지지부진하고 종잡을 수 없으며 단서가 나온들 알쏭달쏭하기 일쑤다. 차라리 그런 건 안 하는 게 속 편하다. 그런 까닭에 의대생들과 수련의들에게도 은근히 그렇게 가르친다. 이 감춰진 교실 밖 수업은 약물의 부작용과도 같다. 즉, 의학 구조에 내재하는 성질인 것이다. 따라서 생각을 완전히 뜯어고치지 않는 한 장점은 남기고 단점만 지우는 것은 불가능하다.

얼마 전, 한 의대에 일이 있어 들른 김에 '사례 기반 학습'이라는 본과 2학년 수업 하나를 참관할 기회를 얻었다. 안 그래도 혁신적 교육으로 빠르게 유명세를 얻고 있는 이 대학에서 전폭 지원하는 강의라기에 호기심이 발동했던 것이다. 수업은 모두가 둘러앉게 되어 있는 큰 테이블과 화이트보드만 달랑 놓인 작은 회의실에서 진행됐다. 학생 하나가 테이블 위의 영상송출장치에 자신의 컴퓨터를 연결해 대표로 수업 내용을 필기하는 동안 나머지는 그날 주제로 나온 임상 사례들에 관해 토론을 벌이는 방식이었다. 두 시간 내내 학생들은 문제의 신체 장기에서 어떤 일이 벌어지고 있는지, 해당 환자에게 어떤 약이 효과적인지, 각 증상은 얼마나 중요한 의미를 갖는지 등등 저마다 날카로운 논리를 펼쳤다.

이날 학생들이 모니터 정지화면으로만 만난 환자는 천식 발작으로 숨이 막혀 죽음의 공포에 질려 있는 어린 소년, 사고로 다리를 절단한 뒤 하루아침에 생계가 막막해진 중년 남성, 식중독에 걸려 구토가 멈추지 않는 할머니 이렇게 셋이었다. 그런데 환자가 각 상황에서 얼마나 힘들지를 생각해 발언한 학생은 단 한 명에 불과했다. 최소 7년을 잡는 기본 수련과정 중에 고작 1년 남짓 지났을 뿐인데 이 햇병아리들은 벌써 환자의 고통을 못 본 체하는 데 익숙해진 듯했다.

수업이 끝난 뒤 나는 학과장님을 만났다. 다들 시대를 앞서가는 최고의 교육자라며 입이 마르도록 칭찬하는 이 교수님에게 나는 첫 면담에 직언부터 올렸다. 수업의 무게중심이 병태생리와 약리에만 지나치게 쏠린 것 같다고 말이다. 그러자 교수는 이 과목의 본래 개설 취지가 선택과 집중을 장려하는 것이라고 답했다. 병태생리와 임상 실제를 동시에 가르치는 것은 불가능하다면서, 자칫 학생들에게 혼란과 스트레스만 초래할 수 있으니 일단 기초부터 쌓을 필요가 있다는 것이다. 교수의 설명에 따르면, 환자의 사정에 대처하는 방법은 강의실 밖에서 다른 통로로도 충분히 배운다고 했다. 너무나 진지한 태도로 모든 걸 제자들과 의료 현장에 전가하는 그의 논리에는 빈틈 하나 없었기에, 나는 뭐라 반박하지도 못했다.

다음 일정 때문에 교정 밖으로 발걸음을 옮기면서 나는 깊은 생각에 빠졌다. 우리 의사들은 의식하지 못하지만 의료계가 부지불식간에 내보내는 메시지들을 이 세상은 얼마나 무서운 속도로 흡수하는가. 10대 자녀는 저한테는 꼭 파란 불에서만 건너라고 잔소리하는 엄마도 바쁠 땐 몰래 무단횡단을 한다는 걸 안다. 그래서 저도 똑같이 따라 한다. 현직 의사들과 의학 교육자들 역시 마찬가지다. 오늘날 선배 의사들은 교실 밖에서 말없이 행동으로 보임으로써 의사 꿈나무들에게 언제 그리고 어떻게 환자를 무시하라고 가르치고 있다.

한 인격체로서 환자가 어떤 사람인지 잘 모르는 학생들에게 의과학을 가르치는 것만큼 수월한 강의는 없다. 이런 학생들은 환자와 감정적으로 얽힐 일이 없기 때문이다. 강의에서 환자 사례를 토론의 소재로 삼을 때 이야기의 주인공인 환자들은 추상적 개념 혹은 어떤 이론이나 다름없어진다. 의사 지망생들에게 기초를 잡아주는 학습 효과 면에서는 병태생리학 교재와 환자 사례가 비등한 것이다. 강사는 화면에 신체 장기 사진 혹은 혈액검사 표 같은 것만 띄워 학생들에게 보여 주면서 수업을 진행한다. 그렇게 의학은 질병과 장기의 학문으로 둔갑한다. 본디 의학의 중심은 사람과 생명인데 말이다. 오늘날 의학 교육과 현실의 의료 사이에 접점을 하나도 찾을 수 없는 것에는 다 이유가 있었다.

그렇다면 이런 방식은 어떨까. 수업 중에 아주 잠깐 짬을 내 환자의 상황을 인간적으로 살펴보는 시간을 갖는 것이다. 나중에 우리 후배들이 괴로워하는 환자 앞에서 간단한 얼굴 표정으로 또는 흔한 말 한 마디로 교감할 줄 아는 의사가 되도록 말이다. 의사가 환자의 고난에 함께 슬퍼하는 것은 지극히 자연스럽고 어쩌면 바람직하기까지 한 반응이다. 이 사실을 학생일 때 알게 해야 한다. 의학 교육이 그마저도 하지 않는다면, 그래서 의대생들의 시선이 질식 직전의 어린 소년이 아니라 아이의 병약한 폐만을 향한다면 우리는 의사가 된다는 것은 환자의 고통을 염려하는 게 아니라 아무 반응도 하지 않는 데 익숙해진다는 뜻이라고 가르치는 꼴밖에 안 된다.

공감이란 남의 감정이나 의견을 두고 자기도 그렇다고 느끼는 기분을 말한다. 흔히 공감은 속일 수 없다고들 알고 있다. 그런데 연구에 의하면 의사가 공감의 뉘앙스를 풍기는 어떤 말이나 동작을 할 때, 환자들은 자신이 진심으로 받아들여졌다고 느낀다고 한다. 그런 환자가 심리적으로 안정되는 건 당연하다. 게다가 처음엔 공감을 가장하던 의대생들도 흉내 내는 실력이 점점 발전하면서 마침내는 진짜 공감력을 갖게 된다고 한다. 반면에 현역 의사들의 경우 이런 상황에 능숙할수록 오히려 감정이 무뎌진다. 이 글을 읽고 나는 궁금해졌다. 만약 의료 기관과 의사들이 환자를 우선으로 배려할 때마다 사회가 칭찬과 보상을 아끼지 않았다면? 만약 선배 의사들이 인턴과 레지던트에게 완치보다 돌봄이 중요하다고 가르쳤다면 의료계는 지금과 다른 모습이 될 수 있었을까? 박식한 의사라고 다 환자에게 잘하지는 않는다. 반면에 환자를 염려하는 의사는 모두 좋은 의사가 되어야겠다는 의지가 투철하다. 그런 결의는 없던 학구열도 만들어 활활 타오르게 한다.

원래 나는 책벌레에 음악광이다. 그랬던 내가 레지던트 말년 즈음에는 음악을 거의 듣지 않게 됐다. 많은 이가 고통으로 신음하고 비명을 지르는 세상에서 몇 년이나 처박혀 살다 보니 가능하면 1초라도 더 좀 조용히 지내고 싶어졌기 때문이다.

고통에도 여러 가지 종류가 있다. 육체적 고통, 감정적 고통, 실존적 고통, 재정적 곤경, 사회적 고통, 성적 고통, 영적 고통, 심리적 고통 등등이다. 그런 점에서 나는 오직 병증에만 스포트라이트를 비추는 게 과연 환자의 고통에 대처하는 올바른 자세인지 의문이 든다. 어쩌면 애초에 의학의 최대 사명이 환자의 고통을 더는 것이 아니었을 수도 있다. 환자를 잘 돌봐서든 병증을 완전히 뿌리 뽑아서든 상관없이 말이다. 만약 그렇다면 착각은 내 쪽에서 하고 있었던 셈이 된다. 응당 의사라면 본질적으로 질병 자체에 관심을 갖는 게 당연할진대 나만 엉뚱한 데에 관심 쏟는 것이었을까? 늘 두리번거리며 주변의 모든 것을 눈에 담으려는 못된 버릇 탓에 내가 괜한 마음고생을 사서 하는 걸까? 혹은, 내 경험으로 미루어 짐작하건대, 의사들도 속으로는 환자와 함께 아파하지만 표 내지 말고 감정을 드러내지 말라고 단단히 훈련받은 탓에 안 그런 것처럼 보이는 걸지도 모른다. 그렇게 이 불합리한 의료 체계 안에서 꾸역

꾸역 버티다가 속이 문드러질 대로 문드러지고 나서야 번아웃 증후군으로 고꾸라지는 것이고 말이다.

페트리 접시, 실험실, 데이터 목록 등 대부분의 변수가 쉽게 통제되는 환경에서 과학은 제법 유순하다. 하지만 실험실 안의 과학도 가끔은 인간들을 당황시킨다. 사람의 목숨을 완벽히 통제한다는 건 불가능하기 때문이다.

바로 이 인간적 요소에 의해 의학은 단순한 과학 이상의 학문이 된다. 비단 환자만이 아니라 모든 인간을 포괄해서 말이다. 그런 맥락에서 과학자가 지식 탐구를 사명으로 삼을 때 소명에 충실한 의사는 늘 환자를 바라봐야 한다. 그런데 오늘날의 의료계는 이 명확한 차이를 너무나 자주 망각하는 것 같다. 각자의 투병 경험과 사회, 문화적 상황부터 환자가 속한 세상의 정치 제도와 경제 구조까지, 인간적 성격이 강하면서 간단히 수량화할 수 없는 요소는 한둘이 아니다. 그런데 현대 의학은 너무나 자주 이 요소들이 고려 가치가 없다고 치부해 버린다. 오늘날 의료계는 구조적 불평등이라는 적폐와 의료 붕괴의 위기로 사면초가에 놓인 상황이다. 그리고 바로 그 근원에 의료보다 과학이, 건강보다 의학이 더 중요하다는 집단적 편견이 있다. 과학이 의학의 중추에 자리할 경우 의료계는 사람이 사물 아래인 곳이 된다. 그러나 반대로 우리가 의료를 의학의 중심 기조로 삼는다면 의료계의 최우선순위는 사람이 될 것이다. 본래 늘 그랬어야 마땅한 대로 말이다.

의사라면 누구나 프랜시스 웰드 피보디Francis Weld Peabody의 에세이 《의술이란 무엇인가The Care of the Patient》 마지막 구절을 한 번쯤은 들어 봤을 것이다. 거의 100년 전에 쓰인 글임에도 의사의 역할을 규정하는 피보디의 목소리는 현대인을 겨냥한다고 여기기에 전혀 어색함이 없다:

> 아픈 환자는 질병 조건을 유도한 실험동물과 완전히 다르다. 환자의 병은 인간 생의 정서적 측면에 (그리고 개인적으로 덧붙이면 사회 환경에도) 영향을 주는 동시에 역으로 받기도 하는 까닭이다. 따라서 이 특징을 무시한 채 환자를 돌보겠다는 의사는 실험에 영향을 줄 만한 어떤 변수도 단속하지 않고 실험을 강행하는 비(非)과학적 연구자만큼이나 돌팔이라 불려 마땅하다. …… 의사의 필수 자질 중 하나는 인간에 대한 관심이다. 환자를 잘 돌보기 위해서는 먼저 환자를 염려하는 마음이 있어야 한다.

나는 아픈 사람들을 돌보고 싶어서 의사가 되었다. 지금도 나는 직접적으로든 우회적으로든 깨어 있는 시간을 최대한 환자들을 위해 쓰고 싶다. 현대 의학의 나침반 바늘은 항상 이런 돌봄, 즉 사회 구성원의 '건강, 복지, 생활 유지, 보호에 반드시 필요한 것들을 제공하는' 행위를 가리키고 있어야 마땅할 것이다. 의료 조직과 제도뿐만 아니라 교육, 연구, 장학금 제도까지 포괄한 전 영역에서 말이다. 그래야만 '환자를 염려하는' 의술이 비로소 의료와 의학의 중심이라는 본래 자리로 돌아올 수 있다.

그런 의미에서 새 시대의 패러다임은 몇 가지 가정을 그 바탕에 깔고 있어야 한다. 기억하기 쉽도록 번호 매겨 정리해 봤다:

① 의학이라는 단어와 의료라는 단어가 자주 혼용되긴 하지만, 본래 둘의 의미는 완전히 다르다.
② 개개인에게도 사회에도 의학보다 건강이 훨씬 중요하다.
③ 의학과 의과학은 엄연히 다른 개념이다. 의학을 여러 범주로 세분할 때 그중 하나가 의과학인 것이다.
④ 과학은 필요하다. 하지만 건강을 보존하고 의료를 실천하기에 과학만으로는 부족하다.
⑤ 어떤 데이터가 중요하다고 밑줄을 그을 때, 우리는 (상상력을 사랑한 알베르트 아인슈타인 덕분에!) 이미 중요한 것보다 어쩌면 앞으로 중요해질지도 모르는 것에 더 집착하는 경향이 있다.
⑥ 과학 기술은 숙제 하나를 해결할 때마다 새로운 문제를 만들거나 또 다른 질문을 던진다. 과학 기술이 쓸모 있으려면 그에 앞서 지침으로 삼을 만한 큰 원칙이 있어야 한다. 또한, 기대되는 혜택뿐만 아니라 위험성과 장기적인 여파까지 신중하게 고려할 필요가 있다.
⑦ 환자와 질병을 따로 떼어 취급하는 습관을 고치지 않는다면 결국 의학과 인간은 별개의 영역이 될 것이다.

⑧ 역사는 본질적으로 보수주의 성격이 강하고 권력계층에 유리하게 서술될 수밖에 없다. 과학과 더불어, 오늘날의 의료 체계를 세운 양대 산맥 중 하나가 바로 이런 역사다.

⑨ 거대조직화가 현대 의학의 추세이긴 해도, 의학은 조직의 이해득실보다는 환자들의 권익을 우선시해야 한다.

⑩ 의학의 최대 사명은 무엇보다도 환자의 건강을 보존하는 것이다.

새 패러다임의 유일한 흠은 실행하는 데 혁명이 필요하다는 것뿐이다. 그러나 현행 의료 체계가 의사와 환자 모두에게 큰 실망을 안겨 주고 있음에도, 그런 사태를 초래한 핵심 장본인 가운데 의사들과 의료계 의사 결정권자들이 있다는 점이 일을 어렵게 만든다. 의사들 대다수는 선량한 시민이자, 이 직업군의 전통적 조직구조 안에서 성실히 일하는 노동자다. 위기가 찾아오면 그들은 머리를 맞대 이겨 내려고 애쓴다. 문제는 그런 노력이 사회정의 조직들이 사회 변화를 이끌어 내는 데 효과가 없다고 증명해 낸 전략에서 벗어나지 않는다는 것이다. 현대 서양 의학은 일이 일어나면 그때그때 처리하는 것을 기본 원칙으로 삼는다. 다들 그런 면에 끌려 의사가 된 것이고 또 그래서 이 방식에 익숙하다. 의사들 사전에 평지풍파란 없다. 의사는 위험을 무릅쓰지 않는다. 의사는 반항을 싫어한다. 의사는 입으로는 자신은 증거만 믿는다고 말한다. 그러나 증거(미국이 세계에서 37등이래! 의사들 중 절반이 번아웃 증후군에 걸린대!)가 작금의 의료 체계는 실패했으니 건물 구조공학부터 완전히 뜯어고치라고 외칠 때 실내 분위기를 바꿔야겠다며 인테리어 디자이너를 부른다.

이제는 달라져야 한다. 그러기 위한 첫 걸음은 20세기 패러다임을 과감하게 폐기하고 오늘을 사는 현대인의 니즈에 맞춰 새 판을 짜는 것이다.

과학은 분명 유용한 도구다. 그러나 오늘날의 의과학은 무게중심이 잘못된 곳에 가 있다. 의료와 의학 연구의 초점이 실제로 유용한 기법, 진즉에 검증된 것, 사람 자체보다는 지식, 더욱 새로운 것, 사람의 몸 쪽으로 지나치게 기울어 있는 것이다. 그러나 만약 과학을 버리고 그 자리를 다른 것으로 채운다고 해도, 지금까지 대안으로 제시된 패러다임들 중에는 마땅한 게 또 없다. 그나마 생물심리사회적 모델이 가망 있어 보이는데, 신체적 요소, 정신적 요소, 사회적 요소에 비중을 대등하게 할당하는 점은 높이 사지만 한 주머니에 다 넣으려다 보니 전체적으로 애매하다는 단점이 있다. 게다가 어려운 명칭을 귀에 거슬려 하는 사람이 적지 않을 것이다. 다음으로는 인본주의를 고려할 만하다. 인본주의는 모든 인류의 잠재력과 위엄을 극대화하는 것을 목표로 하며 전 생애에 일관한 전인적 접근을 강조한다. 다만 무신론적 관점 때문에 적용 범위가 넓지 않다는 게 흠이다.

사실, 지금 우리 사회에 필요한 새 패러다임은 분명하다. 한마디로 정의하면 '돌보는 의료'가 될 텐데, 완전히 생소한 개념도 아니다. 돌보는 의료는 적어도 히포크라테스 시대부터 늘 의학의 일부였기 때문이다.

돌봄 중심의 의료 패러다임은 결과가 어떻게 되든 치료부터 하자고 달려들지 않는다. 그 대신 희망적인 치료 경과를 기본으로 보장하고 시작한다. 그러려면 과학을 포용해야 할 텐데 그걸 당연시하고 그럴 능력까지 갖추고 있다. 과학 패러다임이 의료를 철저히 배제하는 것과는 대비되는 점이다.

같은 말을 쉽게 풀이해 볼까. 의료가 빠진 좋은 의과학은 있을 수 있다. 하지만 과학 없는 좋은 의료는 있을 수 없다. 사실 인류에게는 둘 다 필요하다. 어릴 때든 늙어서든 상관없이 평생 말이다.

선택의 결과

청명하고 상쾌한 어느 가을날 오후, 노인의학을 주제로 한 강의가 끝난 뒤 간호사, 사회복지사, 의사 각각 한 명이 남아 따로 자리를 마련했다. 고령 성인 환자를 수도 없이 겪은 전문가로서 각자의 경험담을 공유하기로 한 것이다. 가장 먼저 입을 연 것은 간호사였다. 그녀는 의사가 제안하는 치료법을 다 거절한 한 고령 여성 환자의 사례를 소개했다. 환자에게는 희망하는 간병 방식이 따로 있었기에 그녀가 나서서 주선해 주었다는 것이다. 덕분에 환자는 병원에 장기 입원해 각종 영상 검사와 수술을 받는 대신 그대로 귀가할 수 있었다. 그리고 두 달 뒤, 숨을 거뒀다.

"저는 제가 옳은 일을 했다고 자신해요."

간호사가 말했다.

"그런데도 왜 이렇게 자꾸 죄책감이 들고 불안한지 잘 모르겠어요. 주치의는 확실히 내가 환자를 죽게 만들었다고 생각하는 것 같지만 말이에요."

그녀의 말에 사회복지사와 의사가 고개를 끄덕였다.

다음은 사회복지사의 차례였다. 그녀가 준비한 것은 80대 후반 여성의 얘기였다. 말기 신경계 질환을 앓는 환자였는데, 아주 세세한 부분까지 미리 명시해 둔 본인의 뜻에 따라 임종 의료가 시작되었다고 한다. 합병증으로 감염이 겹쳤을 때는 항생제를 쓸 수도 있었다. 하지만 환자가 미리 당부했던 내용을 사회복지사가 담당 의사에게 전달했고 항생제 투여 계획은 취소되었다. 그러고서 바로 다음 주에 부음이 들려왔다.

마지막으로, 의사가 소개할 사연 속 주인공은 노쇠한 고령 남성이었다. 치매와 심장질환을 동시에 앓고 있던 환자는 혼자 몸을 씻지도, 글을 읽거나 TV를 보지도, 사람들의 대화에 끼지도 못하는 지경에 이르렀다. 그러다 집에서 낙상 사고를 당한 뒤 상태가 급격히 나빠지기 시작했다. 침대에 꼼짝없이 누워만 있으면서 끔찍한 고통에 시달리면서도 환자는 진통제 한번 맞지 않았다. 아직 정정했던 시절 미리 밝혀 둔 본인의 의향에 따른 조치였다. 만약 진통제를 투여했다면 일시적으로 고통을 덜었겠지만 목 넘김이 불편해져 뭘 먹지도 침을 삼키지도 못했을 것이다. 대신 의사는 바로 호스피스 서비스에 연락을 취했다.

"주치의는 환자의 뜻에 따라 오더를 내리면서도 미덥지 않다는 눈치더라고요."

의사가 전적으로 공감한다는 눈빛을 간호사와 교환하면서 말했다.

"으으, 그런 주치의가 중간에 끼면 끔찍하죠."

간호사가 말을 받았다.

"이런 대화를 나눌 상대가 있다니 믿기지 않네요."

사회복지사가 말했다. 그러자 간호사가 미소를 지으며 대꾸했다.

"굉장하지 않아요? 속이 다 후련하네요."

"우린 환자를 죽인 적이 없어요."

의사가 말했다.

"그냥 환자가 고령에 지병으로 돌아가신 거지."

세 사람의 시선이 마주쳤다. 그들은 씁쓸한 미소를 띤 채 고개를 가로저었다.

이 대화를 이렇게 자신 있게 재연하는 것은 내가 바로 그날의 의사였기 때문이다. 그리고 혹자는 나 때문에 돌아가셨다고 비난할지도 모를 사연의 고령 남성은 바로 내 아버지였다.

다시 한번 못 박지만 나는 살인을 하지 않았다. 법을 어기지도,

패륜을 저지르지도 않았으며 앞장서서 아빠를 안락사시킨 것도 아니다. 우리 셋 모두 마음이 불편했던 것은 우리가 했던 일 때문이 아니라 하지 않았던 것들 때문이었다. 치료법이 존재한다면 반드시 그것을 시도해야 한다는 서양 의학의 권장 지침을 우리는 어겼던 것이다. 이 지침에 의하면 간호사의 모친은 완치를 목표로 하는 종양제거수술을 받았어야 했다. 사회복지사의 어머니는 방광 감염이 겹쳤을 때 바로 항생제 투여를 시작했어야 했다. 또, 아빠는 배에 구멍을 내서라도 영양공급 튜브를 삽입했어야 했다. 하지만 서양 의학의 지침은 의학적 현상에만 초점을 맞출 뿐, 이 현상을 겪는 몸 주인의 심정과 그 현상 때문에 뒤죽박죽된 그의 삶은 안중에도 없다.

고인 세 분 중 누구도 특이한 죽음을 맞은 건 아니다. 저마다 지병 말기 중에서도 위독한 상태의 고령 노인이라면 누구에게나 일어날 수 있는, 흔하디흔한 상황이었다. 우리 셋은 직업상 아픈 노인들을 몇십 년 동안 겪어 도가 튼지라 평범한 사람들보다는 유리한 입장에 있었다. 샤론 코프먼이 '보통의 의학'이라 말했던 것의 효과가 노인들에게는 어떻게 변형되어 나타나는지 우리는 매일같이 목격해 온 터였다. 게다가 이미 여러 해 전부터 각자 부모와 이 주제로 깊은 얘기를 나눠 왔기에 연로한 모친과 부친이 원하는 바와 가장 두려워하는 것을 속속들이 알았다. 그런 까닭으로 결정적인 순간에 당사자의 마지막 소망을 존중해 드릴 수 있었던 것이다.

사실 나는 사회복지사와 초면이 아니었다. 여러 해 전에 한 요양원에 장기 파견된 적이 있는데 마침 그곳에 그녀의 모친이 지내고 있었다. 그렇게 각별한 모녀 사이를 어떻게 잊을 수 있을까. 사회복지사는 모친을 만나러 문턱이 닳도록 요양원을 드나들었고 입주자를 위해 기획된 다양한 활동에도 적극 참여했었다. 그런 그녀를 강의실에서 다시 봤을 때 나는 주변 사람들까지 마음 따뜻해지게 만들던 모녀의 모습이 기억났다.

사회복지사의 모친은 명랑하고 재미난 분이었는데, 안타깝게도 불치의 신경계 질환에 걸린 뒤로 병이 급속도로 진행하면서 신체장애가 날로 심해지는 상황이었다. 아직 초기였을 때 사회복지사는 관할 내에서 알아주는 병원 두 곳의 여러 전문의에게 모친을 보였었다. 그러나 어느 누구도 정확한 진단을 내리지 못했다고 한다. 시간이 흐르면서 모친은 처음엔 잘 걷지 못하다가 손발의 통제가 불가능해지더니 급기야 스스로 밥도 못 먹는 지경에 이르렀다. 그러나 정신만은 한결같이 또렷했기에 그녀가 원하는 것은 최후의 순간까지 분명했다.

모친에게 방광 감염이 왔을 때 사회복지사는 담당 의료진에게 항생제를 거부한다는 환자 본인의 의향을 전하고 그 대신 통증을 못 느끼도록 모르핀을 놔 달라고 요청했다. 그로부터 며칠 뒤, 환자는 평소에 마지막 소원이라며 입버릇처럼 되뇌었던 바로 그 방식으로 숨을 거뒀다.

자연의 섭리에 순응하자는 모친의 뜻을 따른 것은 딸이 존경하고 사랑하는 어머니에게 해 드릴 수 있는 최후의 선물이었을 것이다. 그런데 이 마지막 선물 때문에, 둘도 없는 착한 딸은 죄책감을 떠안은 채 홀로 남게 되었다.

그녀를 이렇게 만든 것은 바로 세상의 비딱한 시선이다. 병원 치료를 거부했다고 하면 앞뒤 사정을 들어 보지도 않고 피붙이라는 인간이 노인네가 빨리 죽기를 바란다고 속단하는 것이다. 물론 진짜로 그런 경우도 있다. 간혹 어린 시절에 받은 학대를 그런 식으로 앙갚음하는 자식들도 있으니까. 아니면 노부모 부양이라는 짐을 덜고 싶거나, 유산이 필요해졌거나, 내 새끼가 먹고 싶고 갖고 싶다는 것들을 부모 요양비 때문에 못 사 주는 게 싫어서일 수도 있고 말이다. 비슷한 이치로, 현대 의학에 절대적으로 의지하는 정반대 사례들 역시 모두가 선한 의도에서 비롯됐다고 확언할 수는 없다. 국가 보조금을 착복하거나 집을 지켜 내려면 보호자 지위를 유지해야 하기에 어르신을 어떻게든 살아 있게 하려는 이기적인 후손도 있고, 그저 내 손으로 장례를 치르거나 천애고아가 되는 게 끔찍하다는 비겁한 자식도 있는 것이다.

때로는 노인 환자가 학대받고 있다는 게 한눈에 확연하게 보인다. 그런 가운데 물증 없이 심증은 확실한 경우는 훨씬 더 많다. 그러나 독심술을 하는 초능력자가 아닌 한, 보호자가 정말로 부모의 마지막 소망을 들어 드리려는 건지 아니면 다른 꿍꿍이가 있는 건지 구별하기는 쉽지 않다. 마찬가지로, 부모를 살려 두는 데에 온 힘을 다하는 것이 순수한 효심이나 신앙 때문인지 아니면 다양한 복지혜택을 노린 것인지 그도 아니면 둘 다인지 판단하는 것 역시 만만치 않게 어려운 문제다. 그런데 하필 의료진이 응급의학과 소속이거나 자문 요청을 받아 임시로 맡은 경우여서 환자나 그 가족과 모르던 사이라면? 혹은 환자의 배경 사회력으로 흡연력이나 음주력 정도만 조사하면 충분하다는 사고방식을 가진 인물이라면? 엎친 데 덮친 격인 이런 시나리오에서는 진상 파악이 거의 불가능하다.

엄마는 지금도 병원이 당신의 아버지를 돌아가시게 만들었다고 말하곤 한다. 입원한 외할아버지에게 이런저런 검사를 실시한 의료진은 특별한 이상 소견을 발견할 수 없다며 그대로 귀가시켰다. 외할아버지는 바로 다음 날 침대에서 돌아가셨다. 여든 넘게 사시고 큰 고통 없이 가셨으니 제법 호상(好喪)이었음에도 엄마는 문제가 뭐였든 의사들이 찾아내지 못했다는 사실에 분개했다. 외할아버지가 돌아가시기 직전까지도 사교적이고 활동적이긴 했다. 한마디로, 나이만 많을 뿐 전반적으로는 아주 건강한 노인이었다.

그런데 30년 뒤 아빠에게도 비슷한 일이 일어났다. 아빠는 그다지 외향적이거나 활동적인 성격이 아니었다는 점만 빼면 아빠도 외할아버지처럼 말년 한 해 혹은 관점에 따라 여러 해 동안 전반적으로 꽤 건강하게 잘 지내셨다. 그러던 어느 날 저녁 아빠가 집에서 쓰러졌다. 마침 놀러 와 있던 친척과 엄마가 옆방에 있을 때였는데, 쿵 소리에 놀란 두 사람은 부리나케 달려가 아빠를 부축해 일으켰다. 아빠는 어쩌다가 넘어졌는지 전혀 기억하지 못했지만 큰 이상은 없어 보였다고 한다. 그래도 일단 엄마는 내게 전화해 자초지종을 설명했다. 나는 이것저것 자세히 물어보고 아빠에게 몸 여기저기를 움직여 보게도 했다. 다행히 당장 위험한 일은 없을 것 같았다. 전화를 끊고 바로 다음 날, 나는 부모님을 뵈러 본가에 들렀다. 그런데 내 눈 앞의 아빠는 어디가 확실하게 이상한 건 아니었지만 또 완전히 괜찮지도 않았다. 최근 아빠는 병원 갈 일이 너무 잦았다. 그래서 당시는 아빠도 가족 전체도 병원의 '병' 자만 나와도 인상부터 쓰곤 했다. 아빠는 정확히 1년 전에도 몹시 심하게 넘어져서 수술을 받았었는데 그 이후 거동이 거의 불가능해졌다. 그래서 그런지 심리적으로도 크게 위축되어서 수술 직후 한동안은 평생 즐기던 농담도 미소도 거의 잃을 정도였다.

내가 다녀가고 나서 이틀 뒤, 아빠는 여느 날과 달리 침대에서 몸을 일으키지 못했다. 엄마가 내게 연락했고 나는 앰뷸런스를 부른 뒤 곧장 아빠가 후송될 병원으로 달려갔다. 응급실 의료진은 문제의 원인을 한참 동안 찾지 못했지만 우선 입원이 반드시 필요하다는 데에는 이견이 없었다.

사고가 일어난 시점은 하필 회계연도 마감 주였다. 최고참 레지던트는 일찌감치 다른 병원에 스카우트되어 그 도시에 집까지 얻어 옮겨 가 있던 상황이었다. 어쩔 수 없이 열흘짜리 휴가에 한창 들떠 있었을 인턴이 팀장 대리 자격으로 소환되었다. 오지 못한 레지던트도 그를 대신한 인턴도 훌륭한 교육을 받은 좋은 의사들이었다.

긴급 소집된 의료진은 이런저런 검사를 돌렸지만 어떤 증거도 발견하지 못했다. 겉보기에 아빠는 멀쩡한 동시에 또 그렇지 않았고 어디가 어떻게 불편한지 본인이 설명하지도 못했다.

"다른 검사를 더 해 볼 수는 있어요."

인턴이 말했다.

"하지만 그건 낚시질이에요. 뭔가가 얻어 걸릴 수도 있고 아무것도 안 나올 수도 있죠."

내 생각에도 그런 막무가내식은 의미가 없었다. 작년과 달리 이번에는 골절도 외상도 없으니 수술이 필요한 건 아닐 터였다. 어쩌면 아빠는 그저 고통의 크기가 치료 효과의 크기를 넘어서고 손상이 재생보다 빨라지는 임계점을 넘은 것뿐인지도 몰랐다.

그렇게 의대 졸업장에 아직 잉크도 마르지 않은 신입 인턴들이 첫 출근하기 바로 전날 오후, 우리는 아빠를 모시고 그대로 집으로 돌아왔다. 아침에 집을 나섰을 때는 의식이 맑았던 아빠는 오후에 퇴원 수속을 마칠 무렵 착란 증세를 보이고 있었다. 당신답지 않게 수다쟁이가 된 아빠는 병원에서 본가까지 차로 이동하는 20분의 시간 동안 혼자 피츠버그와 시카고에 들렀다가 로마까지 찍고 돌아왔다.

"생전에 이곳들을 안 가 봤다면 땅을 치고 후회했을 거다."

차 안에서 아빠는 이 말을 몇 번이나 되풀이했다.

아빠는 지난 10년 동안 병원에 입원할 때마다 이번과 비슷한 섬망 증세를 보였었다. 그러다 집에 돌아오면 또 완전히 멀쩡해지는 패턴이 반복되는 식이었다.

다만 이번에는 다른 점이 있었다. 바로, 불편한 다리 탓에 걷지 못한다는 것이었다. 아빠는 집에서도 따로 들여놓은 환자용 침대에 누워 지내면서 방문 간호사와 방문 물리치료사의 관리를 받아야 했다. 창고에서 잠자고 있던 변기 겸용 의자가 요강과 함께 다시 방으로 들어왔다. 처음에 이 물건들을 본 아빠의 표정은 어두웠다. 화도 나고 두렵기도 했으리라. 우리가 침대를 높이거나 낮출 때마다 아빠는 이를 바득바득 갈면서 애꿎은 침대에 대고 한바탕 욕을 하곤 했다. 통증이 심해지면 소리를 질렀지만 정확히 어디가 아프다고 짚어 내지는 못했다. 체력이 현저하게 약해진 아빠의 물리치료는 침대에 누운 가장 편한 자세에서조차도 늘 금방 중단되었다. 하지만 물리치료 말고는 지금의 아빠가 효과를 볼 만한 치료가 달리 없었다. 내가 아빠를 살피고 간호사가 아빠를 살폈다. 그러고는 우리가 각자 내린 결론을 아빠의 주치의에게 알렸다. 이제부터 어떻게 해야 할지 막막할 따름이었다.

며칠 뒤 주치의가 왕진을 왔다. 그는 환자 상태를 고려할 때 썩 좋은 생각은 아니지만 X-ray 사진을 찍는 방법이 있다고 제안했다. 검사 결과가 어떻게 나오든 우리는 수술에 동의하지 않을 게 뻔했다. 게다가 수술을 받든 받지 않든 진통 치료는 바로 들어갈 게 확실했다.

주치의가 처방한 모르핀은 다행히 통증을 바로 잠재웠다. 그렇지만 약의 부작용으로 아빠는 음식을 목으로 넘기는 걸 힘들어하기 시작했다. 8년 전, 심혈관우회수술을 받았을 때도 겪었던 증세였다. 당시 아빠는 입으로 음식을 먹을 수 없는 탓에 몇 개월 동안 영양공급 튜브를 허리에 달고 살아야 했다. 굳은 성대와 식도 속근육을 재활하기 위해 발성훈련과 섭식 교육을 추가로 받아야 했던 건 말할 것도 없다. 수술 전과 비교하면 턱없이 부족했지만 각고의 노력 끝에 목 삼킴 기능이 그럭저럭 되살아나자, 마침내 아빠는 튜브를 뽑고 다른 사람들처럼 먹을 수 있을 정도가 되었다. 아빠 같은 미식가에게 이것은 엄청난 희소식이었다.

그런데 이번에는 상황이 조금 달랐다. 아빠가 음식을 안전하게 삼키지 못한다는 것은 둘 중 하나를 의미했다. 극심한 통증을 감수하고 음식을 꾸역꾸역 삼켜 내려 보내야 하거나 아니면 삼키는 건 불편하지 않은데 음식물이 위장 대신 폐로 넘어가 숨구멍을 막거나. 후자의 경우 큰 기침으로 토해 낸다면 다행이지만 기도를 막은 채로 시간이 지체되면 질식할 수도 있다. 아빠의 정신은 하루가 다르게 흐려지는 터에 선택을 계속 아빠에게 맡기는 게 과연 옳은 일인가 갈수록 의문이 들었다. 그렇다고 영양공급 튜브를 다시 넣을 수는 없었다. 배에 구멍을 뚫는 짓은 8년 전 한 번으로 족하다는 뜻을 아빠가 미리 분명하게 못 박아 두었던 것이다. 게다가 치매 환자들에게는 영양공급 튜브가 그다지 효과적이지 않다는 최신 연구 결과도 많았다.

결국은 잘게 천천히 씹어 드시라고 권하는 것 말고는 달리 뾰족한 수가 없었다. 처음에는 그게 통하는 듯했다. 하지만 모르핀 투약을 시작한 지 불과 며칠 만에 아빠는 극소량의 음식도 넘기지 못하는 상태가 되었다. 유동식 한 모금 혹은 밥알 몇 톨만 식도에 닿아도 아빠는 숨이 막혀 컥컥거리면서 팔다리를 허우적댔다. 덕분에 식사 때 아빠를 수발하는 사람은 누구든 멍투성이가 되기 일쑤였다. 우리는 이 문제를 호스피스 간호사와 상의한 뒤 모든 음식과 음료를 끊기로 결정했다. 처음 며칠 동안 아빠는 뭘 드실 수 없다는 걸 본인이 알면서도 가끔 시장기를 내비쳤다. 그래서 우리가 음식 대신 가제수건을 물에 적셔서 드리면 아빠는 그걸 아기처럼 입에 물고 쪽쪽 빨았다. 그게 동물적 본능에서 나온 행동이었는지 아니면 갈증 때문에 의식적으로 그런 것이었는지는 잘 모르겠다. 여쭤본 적이 없기에 이제 와서 확인할 길은 없다. 다만 분명한 것은 마침내 아빠가 더없이 편안해진 것 같았다는 것이다. 나는 다수 연구 논문을 통해 익히 알고 있던 내용 그대로라고 생각하며 스스로 위안을 삼았다. 임종 직전의 암 환자는 입술과 입안이 마르지 않도록 신경만 써 준다면 식사와 음료 공급을 완전히 끊어도 하루 이틀 만에 허기도 갈증도 싹 잊는다.

그렇게 1년 같은 하루하루가 잠시 이어졌다. 그리고 나흘째. 아빠는 혼수상태에 빠졌고 그로부터 며칠 뒤에 돌아가셨다. 아빠를 떠나보내는 것은 견딜 수 없이 슬픈 일이었지만 나는 알고 있었다. 만약 시간을 되돌린다 해도 아빠를 1분, 아니 1초라도 더 평온하게 해 드릴 수 있다면 나는 지금과 똑같이 했을 거라는 걸.

만약 우리가 '할 수 있는 모든 시도를 다 했다면' 내 아빠나 동료의 모친들이 더 오래 사셨을까? 아마 그러긴 했을 것이다. 간호사의 모친만은 예외로 수술 합병증 탓에 가실 날이 앞당겨졌을 확률이 반반이긴 하지만 말이다. 그런데 만약 아빠가 몇 달이든 몇 년이든 그 상태로 좀 더 연명했다면 그것은 고통과 두려움과 무료함과 무력감뿐인 여생이 되었을 게 분명하다. 아빠가 정정했던 시절, 가장 혐오하는 당신의 미래라며 누누이 강조하던 바로 그 상황이다. 그러다 감염이 겹치거나, 뇌졸중이 오거나 하는 식이었겠지.

냉정한 진실은 이렇다. 아빠는 이미 1년쯤 전부터 숨이 꺼져 가고 있었다. 20세기 후반의 현대 의학이 창조한, 길다고도 짧다고도 볼 수 없는 애매한 임종기였던 셈이다. 지금 이 순간에도 세계 곳곳에서 엄청난 자본과 아이디어들이 질병을 뿌리 뽑기 위한 프로젝트에 집중되고 있다. 당사자에게는 그것이 득이 아닌 실일지도 모른다는 배려나 이후 이어질 후유증에 대한 대비 따위는 간과한 채 말이다. 계속 이런 식이라면 결과는 안 봐도 뻔하다. 수많은 이가 애꿎은 고통에 시달리면서 목숨만 부지할 뿐 원치도 않는 삶을 그저 버텨 가게 될 것이다. 마치 아주 천천히 가라앉는 늪에 빠진 것처럼 말이다.

질병에서 완전히 해방시킨다는 것은 대단한 일이다. 그러나 이것은 인간이 초고령기에 도달할 정도로 오래 살게 된다는 뜻이기도 하다. 냉정하게 표현하면 초고령기란 삶의 안락함도 주체성도 사는 의미나 즐거움도 전혀 남지 않은 인생 종점이나 마찬가지다.

혹자는 벌써부터 그렇게 심각하게 걱정할 거 뭐 있냐고 할지 모른다. 과학이 발전하면 노화를 멈추는 게 곧 가능해질 거라면서. 그런데 과연 그럴까? 노화가 완치 가능한 사안인가 하는 논제는 일단 차치하고, 뭐 그런 완치 비법이 언젠가는 나온다고 치자. 그렇다면 그걸로 끝일까? 무미건조한 하루하루가 무기한 이어지는 긴긴 세월을 당신은 어떻게 견딜 것인가? 이상기후에 인구 과포화까지 겹겹의 문제로 온 동네가 몸살을 앓고 있는 이 행성에서 한정된 자원, 일자리, 배우자 등등을 두고 한층 격해질 경쟁에 인류는 대비가 되어 있는가? 아니면 과학 기술을 잘 쓸 만한 대상만 활용하게 해야 할까? 바이오테크 기업과 할리우드 유명 배우들이 안티에이징 테마에 투자한 만큼 혜택을 돌려받는 동안 나머지 대다수는 그냥 자연의 섭리에 따르게 두는 식으로?

생각해 볼 문제는 또 있다. 마침 이런 유의 고민을 하기에 적절한 타이밍이기도 하고. 여기, 이미 천수를 누리고 죽음을 목전에 둔 한 노인이 있다. 그런데도 노인의 생을 연장시키는 게 옳을까? 똑같은 질병과 장애도 초고령 노인의 경우는 나머지 연령 집단들과 윤리적으로 다르다고 간주하는 게 공평하지 않을까? 치매 말기 환자에게 '이미 끝났다'거나 '껍데기만 남았다'고 선고하고 싶다면 그러기에 앞서 그분들의 생과 사는 보통 사람들과 어떻게 다른가라는 성찰이 필요한 게 아닐까? 무엇보다도, 이런 걸 깊이 파고들다가 괜히 윤리적 편견만 키우는 바람에 노인들을 더 소외시키는 꼴이 되지는 않을까? 집단마다 서로 다른 잣대는 불평등의 씨앗이 될 수도 있지만 인정 어린 특별대우를 특정 집단에 집중시키는 계기가 될 수도 있다. 결말을 어느 쪽으로 유도할지는 우리의 선택에 달려 있다.

영국의 작가 퍼넬러피 라이블리Penelope Lively는 2017년에 팔순을 맞은 소회를 글로 남겼다. 이 에세이에서 라이블리는 이미 지금도 자신이 자신 같지 않으니 2030년 즈음이면 저세상 사람이 되어 있기를 소망한다고 적고 있다.

「징그럽게 대대로 장수하는 집안이라, 그럼에도 방심할 수 없긴 하다. 내 어머니는 아흔셋에 돌아가셨고 외삼촌은 100년을 꽉 채우셨다. 외할머니 역시 돌아가셨을 때 연세가 아흔일곱이었다. 이 숫자들을 생각하면 소름이 다 돋는다. 이걸로 집안 어른들과 겨뤄 이기고 싶은 마음은 추호도 없다.」

누군가 살면서 이룰 것들을 다 이뤘고 앞으로 펼쳐질 미래가 어떤 것일지 뻔히 예상될 때, 끝낼 시점을 제 스스로 정할 권리가 당사자에게 있다고 보는 게 마땅할까? 만약 그렇다면 우리는 목숨을 부지시키는 치료를 받지 않기로 하는, 이른바 '수동적 안락사'를 허용해야 할까? 또, 살아온 세월로 보나 의학적 상태로 보나 끝이 가까운 게 분명한 이들의 경우 당장 생을 끝내고자 한다면 그렇게 하도록 조처하는 '능동적 안락사'는?

현재 유럽에는 안락사가 합법인 국가가 꽤 된다. 미국 국내에서도 안락사법이 통과되는 주가 점점 느는 추세다. 단, 적용 대상에는 조건이 있다. 분명하게 죽어 가는 환자로, 우울증 소견이 없고 스스로 약을 복용할 능력이 있어야 한다. 어떤 면에서는 타당한 조항이다. 그러나 한 꺼풀만 벗기면 중증 장애나 치매를 앓는 노인에게는 이 법이 무용지물이라는 뜻도 된다. 더불어, 정신이 아직 말짱할 때 해치우려는 생각에 몇몇은 실행 시기를 지나치게 앞당기는 부작용의 우려도 있다. 기본적으로 이 법안이 문제가 되는 것은 젊은 후손들은 당연시하는 권리를 노인들은 박탈당하는 셈이기 때문이다. 그런 가운데 극소수 특권층은 재력과 권력을 동원해 어떻게든 차선책을 찾는 동안 대다수 일반인만 그대로 방치될 테니 불평등이 이중으로 심화될 게 뻔하다.

2018년에 104세의 춘추로 봄을 맞은 호주 태생 과학자 데이비드 구달David Goodall은 하루하루가 살아 있어도 사는 게 아니었다. 그래서 그는 손자들과 함께 스위스로 향하는 비행기에 몸을 실었다. 안락사가 합법인 그곳에서 결판을 지을 작정이었다. 이미 그는 휠체어 신세에 잘 보이지도 들리지도 않는 상태였다. 구달이 자기 집에서 죽을 수 있었다면 가장 좋았을 것이다. 하지만 호주 국법이 그러지 못하도록 금지했기 때문에 그는 원하는 죽음을 맞으러 대양을 건너갈 비행기 표를 사기 위해 인터넷으로 모금 운동까지 벌여야 했다.

구달의 결단에 호주 의사 협회의 회장이 밝힌 입장은 '그런 식으로 생각하는 사람이 있다니 몹시 슬픈 일'이라는 것이었다. 나는 그가 어떤 인물인지 바로 검색에 들어갔다. 현직 산부인과 전문의였다. 한 세기 가까이 살아 계신 분들을 환자로 맡아 본 경험이 있을 리 없었다. 경험자 입장에서 내가 양측을 헤아려 추측한 호주 의사 협회 회장의 속뜻은 아마도 이런 것이었으리라. 여기서는 평안도 의미도 찾을 수 없다는 이유로 누군가가 그런 생각을 갖게 되는 곳이 바로 우리 사는 세상이라는 게 슬프지 않느냐는. 그게 아니라면 아무리 살 만큼 살았고 떠날 준비가 된 노인이라도 사람이 죽는다는 게 아무렇지 않을 수는 없다는 의미이거나.

노년기는 유소년기나 성년기와 확연하게 구분된다. 앞의 두 단계와 달리 죽음을 논하는 게 당연한 시기라는 점에서다. 똑같은 위협적 질환의 치료법이라도 그 효과와 부작용은 아이와 일반 성인과 노인이 다 다르다. 또한, 인생 말년에는 각 개개인이 느끼는 체감 인생 단계가 그때그때 달라진다. 따라서 정정한 노인은 누구나 진정으로 살아 있음을 느끼게 하는 동시에 죽어 가는 노인에게는 맘대로 죽을 권리를 줄 필요가 있다. 이 두 가지를 가능하게 하는 정책과 실천이 자리를 잡는다면 세상은 젊을 때도 늙어서도 살기 좋은 곳이 될 것이다.

혹자는 종교적 이유를 들어 능동적 안락사를 강력하게 반대한다. 생명은 신성하고 고통은 만인의 타고난 숙명이라는 것이다. 꽤 설득력 있는 주장이다. 역사도 수천 년이나 된다. 과학 기술이 자연의 이치에 감 놔라 배 놔라 하기 훨씬 이전 시대부터 지지를 받아 왔다는 소리다. 그런데 말이다. 만약 발전이 인간의 삶을 개선하고 연장하는 것이라면, 생을 자연스럽게 끝맺을 시점에 죽음의 과정을 보다 짧고 평화롭게 만들어 줄 수도 있어야 하는 것 아닐까? 아직까지는 어느 나라의 존엄사법도 감히 이 사안을 공론화하지 못하고 있다. 이 법안이 불치병 말기의 젊은 성인 환자들 위주로 염두에 두고 제정된 것 역시 같은 배경 탓일 것이다. 그런 까닭에 나 같은 노인의학 의사를 붙잡고 자신이 왜 아직도 이러고 살아 있냐고 한탄하는 게 일상인 초고령 노인들은 죄다 존엄사법의 보호를 받기에 자격 미달이다.

과거, 미래, 죽음은 누구나 평생 고민하는 주제다. 하지만 성찰의 결론은 청년기와 중년기가 다르고 은퇴 직후에도 변하며 초고령 노인이 되면 또 달라진다. 여기저기 닳아 쇠하고 온 삭신이 쑤신다. 선택지는 점점 줄어들고 어린애도 비웃을 몸동작이 최대의 도전 과제가 된다. 도널드 홀이 바로 그런 예다. 안타깝게도 홀의 육신은 구달만큼 오래 버티지 못했다(큰 개인차가 노년기의 상징임을 잊지 말자):

> 80대가 되면 걷는 게 힘들어진다. 90이 가까우면 셔츠만 갈아입어도 바로 숨이 찬다. …… 삶은 감자도 씹어 먹기에 딱딱하다고 느껴지거나 우편물이 안 오는 걸 보고 일요일임을 안다면 당신은 늙은 것이다. 크리스마스 연휴라 그랬을 수도 있지만 말이다. 80대에는 낮잠을 하루에 두 번 정도 잔다. 90이 되면 횟수를 세다가 잊을 정도로 온종일 꾸벅꾸벅 조는 게 일이다. 또, 80대에는 식사량이 확연히 줄어들지만 90에는 생각날 때만 먹는다.

누군가 집배원이 오는지 안 오는지로 요일을 짐작하고 24시간 중 대부분을 자는 데 쓴다면, 십중팔구 그의 일상은 개미 새끼 한 마리 얼씬하지 않고 어느 누구와도 말 섞을 일 없는 고독한 날들의 연속일 것이다. 말하자면 사망예정자 대기실에 머무는 셈이다.

지병을 가진 나이 든 현대인 대다수는 결국 사는 낙 하나 없이 병환과 신체 기능 노화에 끌려 다니는 시점에 이른다. 이것은 의학 발전으로 인류가 각종 급성질환으로 병사하지 않고 장수하게 된 이후에 생긴 현상이다.

인류 역사를 통틀어 이런 시대는 처음이다. 그리고 유례없는 상황에는 유례없는 해결책이 필요한 법이다.

가장 어려운 첫걸음, 받아들이기

순간 뭔가가 침대 협탁을 우르르르 긁는 소리를 낸다. 나는 팔을 뻗어 호출기를 더듬더듬 찾으면서 천장을 올려다본다. 프로젝션 시계에서 쏘아 올려진 숫자는 새벽 3시 14분임을 알리고 있다. 호출기의 녹색 액정화면으로 시선을 돌리자 두 단어가 가장 먼저 눈에 띈다. '호흡'과 '힘듦'이다.

우리 클리닉 콜센터는 크게 두 종류의 환자를 응대한다. 첫 번째는 거동이 불가능해 왕진을 요청하는 노쇠한 고령 환자이고, 두 번째는 정정한 경우부터 촌각을 다투는 응급상황까지 노인의학과가 다룰 수 있는 모든 중년 이상 외래 환자이다.

호출기에 찍힌 호흡곤란 환자는 1926년생인 존을 말하는 것이다. 신고한 사람 이름을 보니 그웬이라고 나온다. 나는 안경을 쓰고 카디건을 걸치면서 전화를 건다. '힘듦'이라는 단어를 쓴 게 그웬인지 콜센터 직원인지 궁금하다. 휴대폰을 귀에 붙인 채로 거실로 나온 나는 자연스러웠던 호흡이 힘들어진 건가 짐작한다. 이런 추론을 의학에서는 감별진단이라고 한다. 의사에게 감별진단은 일상이다. 정확한 감별진단을 위해서는 한 증상의 원인 후보가 많을수록 좋다. 환자의 진술, 병력, 검진 및 검사의 소견을 바탕으로 가능성이 제일 낮은 것부터 하나씩 제한다. 그러다 보면 결국 가장 유력한 진단명만 남는다.

환자의 딸 그웬은 첫 신호음에 바로 전화를 받았다. 노인 환자의 딸이라고 하면 나이가 마흔일 수도, 여든일 수도 있다. 대개는 그 사이다. 목소리로 봐서 그웬은 딱 중간인 것 같았다.

"아버지가 몹시 힘들어하세요. 잠옷이 땀으로 흠뻑 젖을 정도로요. 이번 주 들어 매일 밤 그랬는데 오늘 특히 심하네요."

그웬의 설명으로는 존의 폐질환이 계속 진행 중이지만 누워 있을 땐 숨 쉬는 게 전혀 불편하지 않았다고 한다. 작년에 뇌졸중을 겪은 후 음식을 삼키는 게 계속 힘들긴 했다. 그것 때문에 지금까지 몸무게가 거의 3킬로그램 빠졌다. 그래도 그는 절대 병원에는 가고 싶지 않아 했다.

"문제가 하나 더 있어요."

그녀가 잠시 머뭇거린다.

"석 달 전부터 아버지가 여기 남부로 내려와서 저희와 지내고 계세요. 그사이에 아버지를 다시 샌프란시스코로 모셔다 드릴 짬이 없었고요. 아버지가 외출은커녕 침대에서 몸을 일으키지도 못 하세요. 제 남편은 허리가 안 좋은데 설상가상으로 저까지 최근에 수술을 받았고요. 그런데 여기서는 도움을 청할 사람이 아무도 없어서 이렇게 급히 연락을 드리게 됐어요. 달리 누구에게 연락해야 할지 막막하더라고요. 정말 죄송해요."

나는 너무 걱정하지 말라고 그웬을 다독였다. 환자의 호흡 상태에 관해 몇 가지 질문을 더 한 뒤, 나는 존의 집이 여기서 얼마나 먼지 확인하려고 지도 앱을 열었다. 80킬로미터다. 너무 멀다.

나는 그웬에게 이런 상황이 벌어졌을 때 바로 병원에 갈지 말지 아버지와 미리 얘기해 둔 게 있냐고 물었다.

"솔직히 저는 내키지 않는데요."

그녀가 입을 열었다.

"등록한 호스피스 업체가 있어요. 저희도 알아요. 이제 때가 된 거죠."

이 대답에 나는 이번 환자는 얘기가 잘 통하겠다는 생각을 했다. 그래도 끝까지 긴장을 놓아서는 안 되었다. 사람의 마음은 갈대와도 같아서 환자들은 종종 건강 상태가 급변함에 따라 결심을 뒤집곤 하기 때문이다. 내가 환자와 보호자에게 자택 요양과 병원 의료 각각의 장단점을 분명하게 이해시키려 애쓰는 게 다 그래서

다. 게다가 지금 나는 모든 걸 딸과 상의하지만, 결국 가장 중요한 것은 우리의 생각이 아니라 당사자인 존의 마음이다.

이 주제로 더 깊은 대화를 나눌 수도 있었지만 우리에겐 그럴 시간이 없다. 여기서도 환자가 헐떡이는 소리가 들렸다. 나는 환자의 숨소리에 집중했다. 호흡수가 정상 수준의 1.5배인 걸 보니 숨쉬기가 힘겨울 뿐만 아니라 숨이 가쁘기도 한 것 같았다. 산소를 빨아들이고자 온몸이 안간힘을 다하고 있는 듯했다. 그만큼 신속한 조치가 필요하다는 뜻이었다.

나는 그웬에게 호흡곤란의 원인이 뭔지 알 것 같다고, 의사나 간호사가 집에 들러 확인할 수 있으면 더 좋겠다고 말했다. 그러면서, 이 경우 특수 장비로 환자의 심장과 폐 내부를 살펴봐야 하기 때문에 병원에 가지 않는 한 정확한 진단은 내릴 수 없다고 솔직하게 고백했다. 그런데 존과 같은 사례에서는 문제의 원인을 밝히는 것보다 환자의 불편부터 덜어 주는 게 급선무일 때가 많다.

"아버지가 원하는 것도 바로 그거예요."

그웬이 맞장구 쳤다.

"다른 문제가 없는 건 아니지만 일단은 아버지가 지금처럼 고통스러워하지만 않으셔도……."

증세로 보아 내 판단에도 병원에는 가지 않는 게 존을 위해 나을 것 같았다. 다만 그 전에 가족들이 지금 상황 파악을 제대로 하고 있는지부터 확인할 필요가 있었다. 존이 호전될 가망은 없었다. 그는 조만간 숨을 거둘 터였다.

그웬의 말로는 예전에는 부친이 병원을 꾸준히 다녔었는데, 최근에는 검사 소견에 별 변화가 없으면 검진을 건너뛰곤 했다고 한다. 그렇게 안 좋아지면 병원에 갔다가 회복되면 다시 발길을 끊기를 반복하면서 근 2년을 버텼다는 것이다.

건강을 유지하고 병원 올 일을 안 만드는 것은 노인의학의 큰 목표이자 왕진이 중요한 이유이기도 하다. 흔히 병약한 노인들은 환자이기 이전에 사람대접을 해 주는 곳에서 예측을 뛰어넘는 회복력을 발휘한다. 환자를 한 인격체가 아닌 질환과 치료법의 표본으로만 취급하는 병원에서는 기대할 수 없는 성과다. 자택에서 요양하는 환자들은 몸이 아무리 힘들어도 총명함을 잃지 않는다. 또, 몸이 기억하는 침대에서 쉬면서 평소 가장 좋아하는 음식을 먹으니 자연스럽게 건강도 더 빨리 되찾는다.

병원 밖에서도 할 수 있는 검사와 치료는 생각보다 많다. 기본 신체 검진과 채혈은 물론이고 X-ray 촬영, 관절주사, 산부인과 검사, 정맥수액 투여, 가벼운 수술 등등 열거하자면 끝도 없다. 그뿐만 아니라 병원을 벗어났기에 예방 가능한 2차 부작용도 한둘이 아니다. 이처럼 존과 비슷한 중증의 고령 노인에게는 왕진 의료가 의학적으로도 윤리적으로도 더 나은 방식이라는 점은 다양한 연구와 정부 프로그램을 통해 점점 더 확실해지고 있다.

문제는 존이 그냥 아픈 게 아니라는 것이었다. 그는 지금 위독한 상태였다. 나는 그웬이 충격받지 않도록 단어를 신중히 골라 가며 조곤조곤 설명했다. 환자의 연세 이미 아흔에 가깝고 심장, 폐,

간, 신장 등 주요 장기 어느 하나 제대로 기능하지 못한다는 사실을 상기시키기 위해서였다. 똑같이 절망적인 상황이라도 누군가는 하루라도 더 사는 것을 간절히 바랄 때 다른 누군가는 내 집에서 맘 편히 있는 쪽을 택한다. 나는 그웬에게 강조해 말했다. 정해진 정답은 없다고, 존과 가족분들이 내리는 결정이 바로 정답이라고 말이다.

"끝이 다가온다는 걸 아버지도 아세요."

그웬이 말했다.

"그저 이 끔찍한 기분만 좀 덜하면 좋겠다고, 그것 말고는 이대로 자식들 곁에 있고 싶다고 하셨어요. 아버지 말씀이 옳다는 건 저도 알아요. 단지 이 새벽 시간에 아버지에게 해 드릴 수 있는 게 하나도 없어서 답답할 뿐이에요."

저쪽에서 먼저 끝을 언급해 준 덕분에 나는 크게 안심했다. 의사를 포함해 사람들 대부분은 죽음을 입에 올리는 걸 기피한다. 그렇게 의사로부터 미리 언질을 받지 못한 상황에서 사랑하는 가족이 세상을 떠났을 때 사람들이 당황하고 분개하는 광경이 도처에서 자주 목격된다. 그런데 죽음을 말하는 것을 회피하기만 하면 망상만 키우게 된다. 최고의 의술 앞에서 죽음은 필수가 아닌 선택이라는 이 집단적 최면은 인류 역사를 통틀어 전례 없이 오늘날 서양의학이 지배하는 사회에서만 목격되는 기현상이다. 반면에 죽음을 자꾸 말하면 달갑지는 않아도 피할 수 없는 무언가에 익숙해질 시간을 벌게 된다. 용기를 내 너무 늦기 전에 충분히 얘기를 나누고 그럼으로써 앞날을 대비하는 것이다.

고맙게도 존의 가족은 의식이 깬 사람들이었다. 환자 본인도 보호자도 죽음을 논하는 데 거부감이 없었기에 그날 우리는 불필요한 언쟁 없이 앞으로의 간병 계획을 신속하게 세울 수 있었다.

나는 지금 집에 어떤 약이 준비되어 있냐고 물었다. 호흡곤란 증상을 완화시키려면 최소한 두 가지가 필요했다. 바로 모르핀과 진정제다. 모르핀 계열은 산소요구량을 낮춰 폐의 노동량을 줄여주고 진정제는 호흡곤란과 산소 부족에 연쇄적으로 뒤따르는 부작용들을 억제한다.

"이런, 어떡하지."

그웬은 당황한 눈치다.

"그런 약은 하나도 없어요. 지금까지 한 번도 필요한 적이 없었거든요."

나는 잠시 망설이다가, 얼마 전에 수술을 받았다고 했는데 혹시 그웬 이름으로 처방받아 온 약이 뭐냐고 조심스럽게 물었다.

"아."

그녀가 내 생각을 읽었다는 듯 나지막이 한마디 내뱉었다.

"잠시만요, 금방 가져올게요."

잠이 다 달아난 나는 담요를 어깨부터 맨발까지 다 덮도록 두르고 컴퓨터 전원 버튼을 눌렀다. 영상통화 앱을 통해 환자 상태를 두 눈으로 직접 보기 위해서였다. 눈썹까지 식은땀이 송골송골 맺힌 존은 입을 벌린 채였고 흉부는 부지런히 오르내리고 있었다.

이 통화가 끊어진 뒤 부녀의 모습이 어떨지 자연스럽게 상상됐다. 그웬은 부친의 밝은 표정을 애써 유지하면서 부친 곁을 떠나지 않으리라. 그녀는 베개 각도를 고치기도 하고 아버지의 팔다리를 주무르기도 하면서 쉬지 않고 재잘거리겠지. 대화의 내용은 중요하지 않다. 아버지가 여기 계시는 한 저도 떠나지 않아요. 그녀는 이렇게 온몸으로 외칠 것이다. 내가 존을 직접 만나거나 얘기를 나눠본 적은 한 번도 없었다. 하지만 경험상 이 장면의 숨겨진 또 다른 이면이 내게는 또렷이 보였다. 의식의 마지막 남은 한 줄기마저 끊어지는 순간이 곧 찾아올 것임은 둘 다 안다. 그래도 그웬 앞에서 존은 절대로 괴로운 척하지 않을 것이다. 보호자와 피보호자의 관계가 역전된 지 이미 오래임에도 끝까지 딸을 안심시키려는 애처로운 부성인 것이다.

의사라는 직업이 재미있는 이유 중 하나는 실력 있는 의사가 되려면 환자들에게 감정이입해서는 안 된다며 특별 훈련을 받는다는 것이다. 그럼에도 나는 이 새벽녘에 홀로 방 하나에만 불을 켜 놓은 한 아담한 주택이 마치 거대한 자석과도 같아서 저 남부 지방의 어느 한적한 동네로 날 끌어당기는 듯한 착각이 들었다. 나는 이 감정의 인력을 온몸의 세포로 기억하고 있었다. 최근까지만 해도 나 역시 생명의 불이 꺼져 가는 아버지를 지켜본 딸이었기 때문이다. 지금 그웬의 심정이 어떨지는 얘기하지 않아도 알 것 같았다. 슬픔과 피로가 엄습한 가운데 뭔가를 하지 않으면 안 될 것 같은 불안감이 어깨를 짓누른다. 사랑하는 아버지는 곧 돌아가신다. 그러면 내 인생은 돌이킬 수 없는 또 한 번의 전환기를 맞을 것이다. 딸로서의 감정이 되살아나는 것을 감지한 나는 애써 마음을 다잡으며 의사로서 할 일을 계속해 나갔다.

"선생님?"

자리로 돌아온 그웬은 내게 약병 라벨을 하나하나 읽어 주었다. 그러다 어떤 화학물질의 명칭이 그녀의 입에서 나온 순간, 나는 속으로 외쳤다. 빙고. 그런 다음에는 임시방편으로 집에 있는 존의 처방약들을 활용하는 방법과 더불어 환자의 불편을 더는 데 도움이 될 만한 팁 몇 가지를 추천했다. 실제로 경험해 본 가족들은 흔히 유용하다고 생각하지만 의사들은 일반적으로 권하지 않는 것들이다. 그러면 최소한 한낮까지는 버틸 수 있을 것 같았다. 호스피스 간호사가 와서 진짜 임종 의료용 약을 투약해 줄 때까지 말이다.

"저는 왜 여태 이 생각을 못 했을까요? 선생님이 계셔서 얼마나 다행인지!"

그렇게 우리는 이날 밤과 다음 날 아침까지 대비한 임시 대비책을 급히 완성했다. 그런 다음, 나는 한 시간 이내로 존의 상태가 나아지지 않으면 다시 전화하라고 그웬에게 당부했다.

그웬은 내게 감사를 표했다. 그녀는 여전히 침통했고 슬펐지만 작별인사를 하는 목소리에 초반에는 없었던 생기가 돌고 있었다. 전화를 끊으면서 나는 세상의 선입견이 참 심각하다고 새삼스럽게 생각했다. 저희들 눈이 삔지 모르고 노인의학은 우울하다고 혹은 담당 환자가 죽어 가는 것은 의사로서 무능력하다는 뜻 아니냐고 말하는 사람들이 얼마나 많은가. 나는 부녀가 진심으로 안타까웠다. 그러나 보기 가여운 것과 보면 우울해지는 것은 완전히 다르다. 우울하다는 것은 희망도 의미도 없다는 뜻이지만 지금 부녀의 상황은 그런 게 아니었다. 물론 당시가 아마도 이 가족에게 가장 힘든 시기이긴 했을 것이다. 그러나 한편으로는 그와 동시에 두 사람 모두에게 중대하고 의미 있는 순간이기도 했다.

***

최근, 나는 부친상 소식을 듣고 위로 편지를 보냈던 친구로부터 답장 한 통을 받았다. 그중 일부를 편집해 이 자리를 빌려 나눌까 한다:

> 아버지의 죽음이 내게 일깨운 게 한둘이 아니다. 이 일로 나는 내가 그 어느 때보다도 생생하게 살아 있음을 느꼈고 성취욕이 다시금 용솟음쳤다. 그런 한편으론 잠시 멈춰 서서 늘 곁에 있었기에 오히려 몰랐던 것들의 소중함을 돌아볼 줄도 알게 되었다. …… 돌아가시기 직전 며칠 동안 …… 가냘픈 숨을 힘겹게 토해 내면서도 존엄성을 잃지 않으려는 아버지를 지켜보는 내내 우리 가족은 병원이 강권하는 프로토콜을 지금이라도 따라야 하나 깊이 갈등하고 있었다. …… 더없이 진지하면서도 견딜 수 없이 어색하고, 몹시 슬프면

서도 우스꽝스럽기 그지없었다. 다행인 점은 우리가 미리 준비하고 있었다는 것이다. …… 괜히 엄마 혼자 있다가 정신을 놓지 않도록 형제들 전부 한 주 전부터 엄마의 아파트에 집결해 있었다. 그런데 신기한 게, 초상나기 일보직전의 그 와중에도 집 안은 웃음소리로 넘쳐났다. 이럴 때 아니면 또 언제 가족이 총출동해 온전히 현재에만 집중할 수 있을까 싶은 생각도 들었다. 당시 집에 남겨 두고 온 배우자나 내팽개치고 온 직장 일에 대한 걱정은 티끌만큼도 우리의 안중에 없었다. 우리가 거기에 있는 게 그냥 당연하고 자연스러운 일로 느껴졌다. 모두 모여 앉아서 밥을 먹는다. 초인종이 울리면 아무나 나가서 확인한다. 식기세척기에 그릇을 넣고 깨끗해진 접시를 꺼내 정리한다 ……

삶에서 무엇이 가장 가치 있다고 생각하는지 물으면 사람마다 대답이 다 다르다. 그런데 성찰 주제가 죽음으로 바뀔 경우, 각자 번호 매긴 가치의 순서가 대충 엇비슷해진다. 주목할 점은 백이면 백 마음의 준비가 된 상태에서 편안하고 자연스럽게 죽는 것을 최상의 죽음으로 꼽는다는 것이다.

존이 그날이나 그 주에 당장 세상을 뜨지는 않았다. 전해 듣기로는, 몇 달 뒤 호스피스 관리를 받으면서 눈을 감았다고 한다.

죽음

내게 생과 사를 직시하고 반추할 담대함이 있었다면, 우리 아이들을 다르게 키우고 …… 죽어 가는 것도, 죽는 것도 삶의 일부임을 인정할 수 있었을 텐데.

엘리자베스 퀴블러로스Elisabeth Kübler-Ross

14 못다 한 이야기

《예순다섯》이라는 제목의 수필에서 에밀리 폭스고든Emily Fox Gordon은 최근 자신의 나이를 실감하기 시작했다고 고백한다. 그런데 바로 이어서 이런 말을 또 한다.

「근육 힘이 예전만 못하고 뼈 마디마디가 뻣뻣하긴 하지만, 나는 전혀 병약하지 않다. 오히려 그 어느 때보다도 활력 넘치고 건강하다.」

이 대목에서 이성적인 청년은 이렇게 생각하지 않을까 싶다. 어라, 잠깐. 동시에 둘 다라는 건 말이 안 되잖아. 부실한 동시에 튼튼하다니? 둘 중에 정확히 뭐라는 거야? 작가의 모순적 감상은 이뿐만이 아니다.

「내 정신은 완전히 말짱하다. 젊을 때부터 있었던 건망증이 점점 심해지는 것만 빼고는 말이다.」

작가의 모순은 글에 담긴 주제의 핵심을 알고 나면 비로소 용납

된다. 폭스고든은 체력과 일상은 확연하게 달라졌음에도 고령의 상징이라 여겨 온 특징들 대부분을 아직 체감하지 못한다는 걸 설명하려 했던 것이다. 그리고 이것은 작가 혼자만의 착각이 아니었다. '지인들도 내가 실제 나이보다 젊어 보인다'고 했으니까. 이는 아마도 그녀가 여전히 '보통' 사람처럼 보인다는 뜻이었으리라.

분명한 사실은 이렇다.

첫째, 예순다섯이면 문화적으로도 법적으로도 확실히 노년이라 규정되는 나이다. 즉, 폭스고든에게는 은퇴해서 국민연금과 메디케어의 혜택을 챙겨 받을 자격이 있다는 뜻이다.

둘째, 갈수록 몸도 마음도 작년 다르고 올해 다르다. 대부분은 점점 안 좋은 쪽으로 변해 간다.

셋째, 작가 본인도 그녀를 젊어 보인다고 칭찬한 지인들도 실은 나이 든다는 것이 마냥 나쁘기만 한 일은 아니라고 생각한다. 이 세 가지를 종합해 내릴 수 있는 가장 논리적인 결론은 노년기의 현실과 통념 사이에는 괴리가 존재한다는 것이다. 적어도 폭스고든 같은 젊은 노인 연령대에게는 그렇다.

자신이 진짜로 노년기에 접어들었다고 인식하는 나이는 사람마다 다르다. 도리스 그룸백Doris Grumbach은 70대를 목전에 둔 시점에 이런 소회를 남겼다.

"이건 다르다. 나이 일흔은 재앙과도 같다. 복구 기회조차 없는 재앙 말이다."

비슷하게, 영국의 다이애나 애실은 아흔의 나이에 자신의 젊은 노인 시절을 추억하면서 말했다.

"60대 때는 내가 아직 중년기에서 그리 멀리 밀려나지는 않았다고 생각했다. 중년이라는 육지에 더 이상 상륙은 못 해도 여전히 연안을 맴도는 중이라는 느낌이랄까. …… 70대가 되니 진짜 늙었다는 게 피부로 다가왔다. 이 사실에 압도되자 번뜩 든 깨달음은 이제는 현실을 냉정하게 판단할 때라는 것이었다."

2018년은 애실과 그룸백 두 사람 모두 100세 생일을 맞은 해다. 애실의 경우 90대 내내 그리고 그룸백의 경우 100세까지도 각자 작품 여러 편을 발표할 정도로 둘 다 꾸준한 집필 활동을 이어 가고 있다. 이 활동을 근거로 두 사람을 '이례적인 노년'이라 부를 수 있다면, 70대가 반드시 회생불능의 재앙기여야 할 이유도 없을 것이다.

물론, 70대와 60대는 다르다. 하지만 지금이 더 어렸던 시절과 다른 것은 어느 나이에나 마찬가지다. 퍼넬러피 라이블리는 여든이 되는 경험이 완전히 다른 사람이 되는 것과 비슷하다고 설명했다:

> 내 안에 또 다른 내가 있다. 느지막이 출현한 제2의 자아는 소심하고 위험을 두려워하며 우유부단하다. …… 몸과 마음이 따로 논다는 게 결정적인 문제다. 내 영혼은 새로운 경험에 여전히 목마르고 받아만 준다면 어디든 뛰어들려 한다. 그런데 몸이 따라 주지 않는다. 안타까운 사실은 최종 결정권을 쥔 게 몸뚱이라는 것이다.

타인이든 거울 속의 나 자신이든 일반적으로 눈앞의 대상을 보고 어떤 판단을 내릴 때 근거가 되는 것은 겉모습이다. 마흔넷에 요절한 도리스 레싱Doris Lessing은 무려 스물세 살이라는 젊은 나이에 몸과 마음의 이질감이 갈수록 커지는 현상을 간파하고 있었다.

"대놓고 떠들진 않지만, 노년층 대부분은 70년을 살든 80년을 살든 몸뚱이 안의 나는 젊은 시절 그대로라고 느낀다. 나는 그대로인데 몸뚱이만 변해 가는 것이다. 이것은 엄청나게 혼란스러운 일이 아닐 수 없다."

위대한 작가들이 입을 모아 하는 이 한탄을 나는 환자들에게서도 귀에 못이 박이도록 들었다. 그럴 때마다 나는 짐작하곤 했다. 노년을 가장 괴롭히는 것은, 하나의 완전한 인격체가 들어 있다는 사실은 더 이상 아무도 알아주지 않고, 늙어 가는 껍데기에만 주목하는 이 세태가 아닐까 하고 말이다.

메이 사턴May Sarton이 82세 때 글에는 이런 대목이 있다.

「내가 이 일기를 쓰기 시작한 것은 심란한 마음을 주체할 수 없어서다. 나는 이제 진짜 노인이 되어 가고 있다. 일흔다섯 시절의 나는 지금보다 훨씬 유능했다. …… 요즘에는 건망증이 너무 심해서 뭘 하다가도 멈칫 하는 일이 잦다. 평상시의 움직임도 부쩍 굼뜨다. 셔츠 단추 채우기처럼 사소한 것부터 새 작품 구상처럼 중요한 일까지 모든 게 점점 어렵고 두려워진다. 이게 요즘 나의 가장 큰 고민이다.」

이 글을 읽으면서 나는 머릿속으로 자그마한 백발 노부인이 느릿느릿 움직이는 모습을 떠올렸다. 그런 동시에 나는 글 안에서 작가의 감정과 인생사도 감지할 수 있었다. 나 역시 40대였던 7년 전에는 지금보다 쌩쌩했다. 그런데 한때는 분명 어제 일처럼 생생했던 일들이 요즘은 거의 기억나지 않는다. 또, 나도 어떻게 해서든 남은 평생 내 소명을 실천하며 살고 싶다. 그러고 보니, 연령대가 달라도 사턴과 나 사이에는 공통점이 더 많은 것 같다.

아흔을 맞았을 때 다이애나 애실은 서글픈 심정을 이렇게 기록했다.

「기력이 점점 달리는 것은 늙어 간다는 걸 따분하게 만드는 큰 요소 중 하나다. 가끔 컨디션이 좋아 다시 '정상으로 돌아왔다'는 착각이 드는 날도 있지만 늘 며칠을 넘기지 못한다. 체력에 맞춰 일을 줄이는 수밖에 달리 도리가 없다. 아니면 뭘 하든 쉬엄쉬엄 하거나.」

그런데 이 진술에도 보편성이 존재한다. 고령은 완전히 다른 상황이긴 하지만, 애실의 독백 첫 문장에서 '늙어 간다'를 임신한다 혹은 부상 입는다 혹은 과로한다로 바꿔도 문단 전체의 흐름은 여전히 자연스럽다. 인간의 보편적 반응기제가 나이에도 똑같이 통하는 것이다.

그럼에도, 노년기는 분명 특별하다. 외모와 신체 기능이 변하기 때문만이 아니다.

로저 에인절은 한 기고문에서 "지금 내 나이 아흔셋인데 나는 끝내주게 잘 지내고 있다"면서도 이런 말을 덧붙였다.

"하지만 바로 다음 주에 연락을 받고 급히 모인 자식들이 병상에 누운 나를 바라보며 가슴 아픈 결단을 내려야 하는 광경이 펼쳐진다고 해도 나는 조금도 놀라지 않을 것이다."

흔히 병과 죽음은 노년기에 그 실체를 또렷이 드러낸다. 퓰리처상을 수상한 노인의학 전문의 로버트 버틀러가 일찍이 반세기 전에 지적한 대로다.

"노년기가 끔찍한 것은 나이만 먹다가 죽을 운명이라는 사실 때문이 아니다. 늙어 가는 과정이 쓸데없이, 그리고 때로는 잔인할 정도로 고통스럽고 치욕스러우며 고독하기 때문이다."

2018년, 나는 한 달 동안 작정하고 혼자 재미있는 실험 하나를 했다. 어딜 가든 흰머리를 염색하지도, 옆머리를 반대로 크게 빗어 넘겨 대머리를 숨기지도, 흔들리는 이빨을 임플란트로 갈아 끼우지도 않은 사람들의 모습을 추측하는 것이다. 그렇게 주의 깊게 관찰하니 평균적으로 남자의 경우 서른, 여자의 경우 서른다섯 즈음부터 새치가 돋는다는 것을 알 수 있었다. 이 현상은 인종과도 빈부와도 상관없이 모두에게 공통적이었다. 한마디로, 장년부터 초고령 노인까지 내 시야에 들어온 사람들은 하나같이 현재의 자기 자신이 아닌 다른 인물이 되려고 애쓰고 있었다. 거울에 비춰 본 나 자신도 예외는 아니었다. 다 큰 어른들이 죄다 스스로를 창피해 하다니, 우리 사회가 어쩌다 이 꼴이 되었을까? 만약 이쪽에서 먼저 본모습이 부끄러워 숨기려 한 것이라면, 남들이 나를 폄하한다고 발끈하거나 실망할 자격이 과연 있는 걸까?

중년 이상의 모든 구성원이 제 나이로 보이는 사회를 상상해 보라. 버스기사, 간호사, 정치인, 교사, 가수, 투자전문가, 간병인, 경찰, 의사, IT 기업 대표, 상점 점원, 부동산중개인, 변호사, 네일 아티스트, 배우 등등. 직업을 불문하고 모든 이의 개성과 됨됨이가 겉으로 보이는 모습 그대로인 것이다. 이때 새치, 백발, 대머리는 성장기와 청춘이 다 지나갔음을 암시하는 표식이 될 것이다. 그런 외모를 가진 이는 예외 없이 그 나이에 마땅히 기대되는 연륜의 소유자일 테고, 젊은 세대는 그런 그들을 사랑하고 존경하고 동경한다. 그래서 그들을 인생의 스승으로 여기고, 그들이 더 나이 들어 도움을 필요로 하게 되면 온 사회가 손을 내밀며 말한다. '여러분은 여전히 소중해요.', '우린 여러분을 여전히 사랑하고 존경하고 여러분의 지난 생애와 현재 모습에서 많은 것을 배워요.', '여러분은 삶이라는 대업을 거의 완수해 낸 대단한 사람이에요'라고. 그런 세상에서 노인들은 '남'이 아니라 '우리'가 된다.

사람은 누구나 좋은 모습을 보이고 싶어 한다. 하지만 좋음의 의미를 젊음에 국한하는 것은 처음부터 실패를 정해 놓고 출발하는 것이나 마찬가지다. 노년을 해석하는 시각은 여러 가지임에도 현대인은 무슨 이유에선지 딱 하나에만 얽매여 있다. 내용인즉, 삶은 젊어 죽거나 오래 살아 늙어 가거나 둘 중 하나인 두 갈래 갈림길이란다. 전자보다는 후자가 낫다는 평이 대세지만, 그렇다고 만족스러울 정도는 못 된다. 머리카락 색깔과 의료비 지출액을 보면 그 사람의 노년을 가늠할 수 있다. 만약 우리가 편견에 굴복한다면 어느 순간 투명인간이 되거나 낙오된 자신을 발견하더라도 그건 다 자업자득이다.

마침표

이 글은 일부러 좀 강경한 어조로 쓴 것이다.

테리스 마리 메일핫Terese Marie Mailhot

15 기회는 열려 있다

집필하면서 나는 과학에 뒤지지 않는 비중으로 역사, 문학, 철학, 인류학, 사회학, 수필과 이야기로도 이 책의 내용을 채우려고 노력했다. 현대는 결국 희망은 과학뿐이라는 맹신적 사상이 빠르게 확산되는 시대다. 그런데 내 생각은 조금 다르다. 복잡하고 어려운 문제를 모두가 같은 시각으로만 접근할 경우 현실을 왜곡하고 진실을 외면하게 되기 쉽다. 그뿐만 아니다. 자칫 소망하던 일만 일어나게 하고 끔찍한 일은 전부 피해 가는 꿈같은 인생을 살 기회까지 스스로 포기하는 꼴이 될 수도 있다.

좋은 인생은 좋은 이야기와 같아서 발단, 전개, 결말이라는 또렷한 짜임새를 가진다. 셋 중 어느 하나라도 빠진 인생은 불완전하며 심지어 비극적이기까지 하다. 개성적인 모양새도 삶의 목적도 의미도 없다. 물론, 경우에 따라 어떤 이야기는 무거우면서 슬픈 결말을 맞기도 하고 청중의 바람보다 너무 짧게 끝나기도 한다.

하지만 그렇더라도 이야기 자체가 진정 훌륭하다면 반드시 내용이 알차고 끝맺음이 말끔하기 마련이다.

좌뇌우세형 천재들이 모인 과학 기술계가 우리에게 제공하는 것은 본질적으로 도구에 지나지 않는다. 때때로 그중 몇몇이 사람 목숨을 구하거나 생명을 연장하는 등 기특한 성과를 내긴 한다. 그러나 목표한 작은 효과에 비해 예상치 못한 부작용이 지나치게 클 때가 훨씬 많은 게 사실이다. 도구 필요성 판단과 도구 선택의 결정권이 누구에게 주어질 것인지, 누구에게 혜택이 돌아갈 것인지, 누가 심각한 피해를 입을 수 있는지 등등을 우리가 신중하게 숙고하지 않는다면, 인류는 과학 기술 덕분에 진보하는 게 아니라 발이 묶이거나 오히려 퇴보할 수도 있다. 과학 기술이 묻고 답할 수 있는 논제는 한정되어 있는 까닭이다. 이 최첨단 도구들은 오늘날 의학에서도 대중의 일상에서도 발전이라는 말과 동일시되곤 한다. 그러나 어떤 과학 기술의 결정체가 사회적, 도덕적 신뢰까지 얻기 위해서는 기본적으로 나이와 배경을 통틀어 모든 사회집단을 두루 배려해 설계된 것이었어야 할 것이다.

흔히 사건이라 함은 전체 맥락이 아닌 절정의 순간과 마지막 장면들만 가지고 정의된다. 그렇다면 사람의 인생이란 뭘까? 사람이 겪을 수 있는 일 중 가장 긴 시간에 걸쳐 일어나면서 희로애락이 수도 없이 교차하는 사건 아닐까? 그런 인생이 3부작 드라마라면 노년기는 마지막 3막이다. 이 최종 무대가 어떤 모습으로 펼쳐질지는 전부 우리 손에 달려 있다.

감사의 글

다음은 제가 빚진 마음을 갖고 있는 분들입니다.

우선, 책 본문에 언급된 수많은 작가와 학자가 계십니다. 어떤 분들은 필력으로 노년층을 위해 많은 일을 해냈습니다. 또, 어떤 분들의 빛나는 작품은 제게 글쓰기와 사고思考의 교과서이자 삶의 지침서가 되었습니다. 그 가운데서도 클라우디아 랭킨, 어슐러 K. 르귄, 앤드류 솔로몬, 메리 비어드, 매슈 데즈먼드, 매기 넬슨에게 존경을 표합니다. 불가능한 한계란 없다는 걸 깨우쳐 준 분들입니다.

빅토리아 스위트와 전화 통화를 했던 9월의 어느 날을 절대 잊지 못합니다. 그날 그녀가 결정적인 조언을 해 준 덕분에 저는 주제 접근 방식을 대폭 수정했고 책의 수준을 한 차원 높일 수 있었습니다.

저를 이 자리에 있게 한 모교 하버드 대학교와 UCSF 역시 빼놓을 수 없습니다. 나라를 대표하는 명문답게 두 의대 모두 각자의 장점을 잘 알고 있습니다. 그럼에도 혹시 제가 일부 지면에서 의학 교육과 관련해 뭔가 아쉬운 점을 내비쳤다면 그것은 이 사회를 독려해 의료 체계 전반의 환골탈태를 이뤄 낼 역량을 두 대학이 갖추고 있기 때문입니다.

또, 아무리 제가 내키는 대로 소설과 비소설을 왔다 갔다 해도 항상 그 장단에 맞춰 주는 품 넓은 우리 작문교실 멤버들이 있습니다. 캐서린 올던, 내털리 바스질, 수시 젠슨, 캐스린 마, 에드워드 포터, 보라 리드, 수잰 월지 등등. 맛있는 간식과 함께 지혜로운 충고를 아끼지 않는 여러분의 변함없는 우정에 감사드립니다.

처음에 이 책은 온갖 종이 문서와 전자 파일이 뒤죽박죽된 1년치 자료 더미에 불과했습니다. 그러던 것이 예술가 후원 조직 맥도웰 콜로니MacDowell Colony의 마법으로 비로소 뼈대가 서고 출판 도서의 구색을 갖추게 되었습니다. 고맙습니다.

빌 홀은 뛰어난 연구 업적, 깊은 학식, 인기 강의로 의학계에서 기대를 한 몸에 받는 의사이자 학자입니다. 그런 그가 제 아이디어를 적극 지지할 때마다 제가 얼마나 감동하는지 그는 절대로 모를 겁니다.

데이비드 실즈는 저의 이 괴상한 계획이 흥미롭고 의미도 있는 일이라고 말하며 응원해 주었습니다.

케이티 버틀러와 수니타 퓨리는 여러 가지 면에서 뜻이 잘 맞는 동료 의사입니다. 두 사람의 말 한 마디가 얼마나 큰 힘이 되는지 모릅니다.

이 책에 실린 내용 일부는 앞서 『뉴욕 타임스New York Times』, 『뉴잉글랜드 저널 오브 메디슨New England Journal of Medicine』, 『랜싯Lancet』, 『헬스 어페어Health Affairs』, 『워싱턴 포스트Washington Post』, 『아카데믹 메디슨Academic Medicine』, 『뉴잉글랜드 리뷰New England Review』에 한 번 실렸던 것입니다. (작정하고 조사하기 전에는 저도 출처가 여기였는지 몰랐지만 말입니다.)

한편, 저를 거쳐 간 환자들, 현재의 환자들, 그리고 제가 앞으로 만나게 될 환자들이 있습니다. 의사doctor라는 단어는 '가르치다'라는 뜻의 라틴어 docere에서 유래했습니다. 하지만 환자가 의사를 통해 지식을 구하는 것만큼이나 의사 역시 환자들로부터 많은 깨달음을 얻습니다. 절 신뢰하고 모든 걸 맡겨 준 환자들에게 고마운 마음은 말로 다 표현할 수 없습니다.

담당 에이전트 엠마 패터슨과 에디터 낸시 밀러는 제게 과분한 신뢰를 한결같이 보여 주었습니다. 말만 던지고 년도가 수차례 바뀌도록 방향본조차 감감무소식일 때도, 탈고까지 2년이 넘는 시간이 흘러가는 동안에도 말입니다. 두 사람의 끈기가 없었다면 이 책은 세상의 빛을 보지 못했을 것입니다.

내 아버지. 아버지는 모든 면에서 제 인생의 스승이셨죠. 많이 그립습니다.

항상 내 제1호 팬이 되어 주는 어머니. 어머니는 흠모하지 않을 수 없는 찬란한 노년을 살고 계십니다.

그리고 특히 제인, 항상 고마워.

○ 주석

잉태

009 "몸뚱이에 불과하지 않다" Featherstone, M., & Wernick, A. (1995). *Images of aging: cultural representations of later life*. London, UK: Routledge.

01 탄생

019 입원 환자들만 따지면 40퍼센트가 넘는다 AHRQ Reports: Healthcare Costs and Utilization Project. (2010). *Overview statistics for inpatient hospital stays*.

03 유아 - 노인의학의 결음마

역사

052 "노인을 약관의 젊은이로 되돌리는 방법에 관한 비서" Magner, L. N. (1992). *A history of medicine*. (35). New York, NY: Marcel Dekker.

053 노인도 노인 나름 Plato, Grube, G. M. A., & Reeve, C. D. C. (1992). *Republic*. Indianapolis: Hackett Pub. Co.

053 "노화에서 완전히 해방될" Buhr, S. (September 15, 2014). The $1 million race for the cure to end aging. *TechCrunch*; De Grey, A., & Rae, M. (2007). *Ending aging:*

The rejuvenation breakthroughs that could reverse human aging in our lifetime. New York, NY: St. Martin's Press; McNicoll, A. (October 3, 2013). How Google's Calico aims to fight aging and "solve death." CNN; National Academy of Medicine. (October 19, 2015). *Special session: innovation in aging and longevity.* Special session of the Symposium on Aging at the NAM Annual Meeting, Washington, DC.

054 **노년층에 대한 같은 맥락의 배려를 강제하는** Span, P. (April 13, 2018). The clinical trial is open: the elderly need not apply. *New York Times.*

055 **운동, 식이요법, 양질의 수면, 그리고 특히 변비 관리** Mulley, G. (2012). A history of geriatrics and gerontology. *European Geriatric Medicine.* 3(4), 225–227.

057 **"노쇠의 사도"** Birren, J. E. (2007). History of gerontology. In Birren, J. E. (Ed.), *Encyclopedia of Gerontology* (2nd edition). San Diego: Academic Press (Elsevier); Peterson, M., & Rose, C. L. (1982). Historical antecedents of normative vs. pathological perspectives in aging. *Journal of the American Geriatrics Society.* (30)4, 292.

057 **절제와 중용의 생활 습관** Walker, W. B. (1954). Luigi Cornaro, a renaissance writer on personal hygiene. *Bulletin of the History of Medicine.* 28(6), 525–534.

057 **프랜시스 베이컨은 장수한 사람들의 사례를 모아 그들의 특징을 분석** Peterson, M., & Rose, C. L. (1982). Historical antecedents of normative vs. pathological perspectives in aging. *Journal of the American Geriatrics Society.* (30)4, 292.

057 **이 연구는 상당히 논리적이어서** Carp, F. (1977). Impact of improved living environment on health and life expectancy. *Gerontologist.* 17(3), 242–249; Fontana, L., & Partridge, L. (2015). Promoting health and longevity through diet: from model organisms to humans. Cell. 161(1), 10–118; Gravina, S., & Vijg, J. (2010). Epigenetic factors in aging and longevity. *Pflügers Archiv—European Journal of Physiology.* (459)2, 247–258; Terracciano, A., Löckenhoff, C. E., Zonderman, A. B., Ferrucci, L., & Costa, P. T. (2008). Personality predictors of longevity: activity, emotional stability, and conscientiousness. *Psychosomatic Medicine.* 70(6), 621–627.

058 **《시력 감퇴, 우울증, 관절염, 그리고 노령에 관한 담론》** Susan, A. G., & Williams, M. E. (1994). A brief history of the development of geriatric medicine. *JAGS.* 42, 335–340.

059 **스트랄드브럭** Swift, J. (1953). Chapter 10. *Gulliver's travels, book 3.* (234–249). London/Glasgow, UK: Collins.

059 "체내 섬유 조직들이 점점 딱딱하게 굳는" Schafer, D. (2002). "That senescence itself is an illness": a transitional medical concept of age and ageing in the eighteenth century. *Medical History.* 46, 525–548.

060 "노인은 병이 없어도 병약한 게 당연하다" Parker, S. (2013). *Kill or cure: an illustrated history of medicine.* New York, NY: DK Publishing.

061 "품위 있는 겁쟁이" Cole, T. (1992). *The journey of life: a cultural history of aging in America.* Cambridge, UK: Cambridge University Press. (191).

062 치매라는 질환의 특징 Day, G. E. (1849). *Practical treatise on the domestic management and most important diseases of advanced life.* Philadelphia, PA: Lea and Blanchard.

062 젊은 시절의 생활 습관의 영향 Fothergill, J. M. (1885). *The diseases of sedentary and advanced life: a work for medical and lay readers.* New York, NY: D. Appleton & Co.

062 다중이환 Maclachlan, D. (1863). *A practical treatise on the diseases and infirmities of advanced age.* London, UK: John Churchill & Sons.

063 영국 노인의학계의 대모 Kong, T. K. (2000). Marjory Warren: the mother of geriatrics. *Journal of the Hong Kong Geriatrics Society.* 10(2), 102–105.

063 고령 환자를 위한 재활 물리치료 Matthews, D. A. (1984). Dr. Marjory Warren and the origin of British geriatrics. *Journal of the American Geriatrics Society.* 32(4), 253–258

063 치료 경과가 하늘과 땅 차이 Nevins, M. (2012). Chapter 9. *More meanderings in medical history.* (122). Bloomington, IN: iUniverse.

064 "흔히 완전 회복이 불가능하다는 낙인이 찍힌" Warren, M. W. (1943). Care of chronic sick. *British Medical Journal.* 2(4329), 822–823; Warren, M. W. (1946). Care of the chronic aged sick. *Lancet.* (247)6406, 841–843.

066 **오늘날 혁신적이라고 극찬받는 전략들** 언제나 그렇듯, 정책 실행 주체도 그 정책의 최대 수혜자도 재력과 권력의 그늘을 벗어나지 못한다. 다음 기사 참고: Friend, T. (2017). Silicon valley's quest to live forever. *New Yorker.*

084 반항적이라는 이유로 Span, P. (July 21, 2017). Another possible indignity of age: arrest. *New York Times.*

084 노인 환자를 돌보는 것은 직업상 도의적 의무 Diachun, L., Van Bussel, L., Hansen, K. T., Charise, A., & Rieder, M. J. (2010). "But I see old people everywhere":

dispelling the myth that eldercare is learned in nongeriatric clerkships. *Academic Medicine*. 85(7), 1221–1228.

085 …… 저도 모르게 해를 끼치고 있다는 자성의 목소리가 점점 커지는 추세다. 경찰서 같은 치안 기관들을 필두로 Brown, R. T., Ahalt, C., Steinman, M. A., Kruger, K., & Williams, B. A. (2014). Police on the front line of community geriatric healthcare: challenges and opportunities. *Journal of the American Geriatrics Society*. 62(11), 2191–2198; Brown, R. T., Ahalt, C., Rivera, J., Cenzer, I. S., Wilhelm, A., & Williams, B. A. (2017). Good cop, better cop: evaluation of a geriatrics training program for police. *Journal of the American Geriatrics Society*. 65(8), 1842–1847.

4. 소아 - 진퇴양난

가정교육

086 소수인종 문학 Gilman, S. L. (1998) Introduction: ethnicity-ethnicities-literature-literatures. *PMLA*. 113(1), 19–27; Le, N. (2006). Love and honour and pity and pride and compassion and sacrifice. *Zoetrope: All Story*. 10(2); Lee, K. (February 23, 2012). Should we still be using the term "ethnic literature"? Huffington Post.

091 환자를 치료할 때 가장 좋은 성과를 낸다 Macapagal, K., Bhatia, R., & Greene, G. J. (2016). Differences in healthcare access, use, and experiences within a community sample of racially diverse lesbian, gay, bisexual, transgender, and questioning emerging adults. *LGBT Health*. 3(6), 434–442; Rahman, M., Li, D. H., & Moskowitz, D. A. (2018). Comparing the healthcare utilization and engagement in a sample of transgender and cisgender bisexual+ persons. *Archives of Sexual Behavior*.

092 의학을 주제로 다룬 스테디셀러 Shem, S. (2010). The house of God. New York, NY: Berkley Books.

부활

101 연쇄 처방의 늪 Rochon, P. A., & Gurwitz, J. H. (1997). Optimising drug treatment for elderly people: the prescribing cascade. *British Medical Journal*. 315, 1096–1099.

착각

106 “언제 오는지도 모르게 다가왔다가 물러가고 나서야 모든 게 사라지고 없다는 사실을 깨닫는” Bayley, J. (1999). Chapter 7. *Elegy for iris*. (115). New York, NY: Picador.

108 “보이지 않는 적과 싸우는” Ernaux, A. (1987). *A woman's story*. New York, NY: Seven Stories Press. (71–72).

108 미국인이 암 다음으로 무서워하는 병이 바로 치매 (September 12, 2017) Why are we so afraid of dementia? *Conversation*.

109 드러나지 않은 환자들까지 합하면 실제 치매 환자의 수는 통계치의 두 배 Bradford, A., Kunik, M. E., Schulz, P., William, S. P., & Singh, H. (2009). Missed and delayed diagnosis of dementia in primary care: Prevalence and contributing factors. *Alzheimer's Disease and Associated Disorders*. 23(4), 306–314.

109 민족까지 따지고 들어가면 그 안에서도 편차가 벌어진다 Mayeda, E. R., Glymour, M. M., Quesenberry, C. P., & Whitmer, R. A. (2016). Inequalities in dementia incidence between six racial and ethnic groups over fourteen years. *Alzheimer's & Dementia: The Journal of the Alzheimer's Association* 12(3), 216–224.

110 의사들이 치매 진단을 놓치고 지나가는 일이 잦다 Valcour, V. G., Masaki, K. H., Curb, J. D., & Blanchette, P. L. (2000). The detection of dementia in the primary care setting. *Archives of Internal Medicine*. 160(19), 2964–2968; Callahan, C. M., Hendrie, H. C., & Tierney, W. M. (1995). Documentation and evaluation of cognitive impairment in elderly primary care patients. *Annals of Internal Medicine*. 122(6), 422–429; Lin, J. S., O'Connor, E., Rossom, R. C., Perdue, L. A., Eckstrom, E. (2013). Screening for cognitive impairment in older adults: a systematic review for the U.S. preventive services task force. *Annals of Internal Medicine*. 159(9), 601–612.

110 2018년 기준으로 65세 이상 성인 중 고작 3퍼센트만이 어느 유형이든 인지장애를 갖고 있다 Park, A. (March 24, 2015). Many doctors don't tell patients they have Alzheimer's. *Time;* Alzheimer's Association. (2015). 2015 Alzheimer's disease facts and figures. *Alzheimer's and Dementia*. 11(3), 332–384.

표준화

119 “…… 고문일 거예요. 저는 옆에서 그걸 다 지켜봐야 하고요.” Gabow, P. (2015).

The fall: aligning the best care with standards of care at the end of life. *Health Affairs*. 34(5), 871–874.

120 질환 치료만 중요하고 환자의 *병세* 관리는 뒷전 Kleinman, A. (1988). *Illness narratives*. New York, NY: Basic Books.

121 득보다 실이 큰 Jecker, N. S. (2017). Doing what we shouldn't: medical futility and moral distress. *American Journal of Bioethics*. 17(2), 41–43; Derse, A. R. (2017). "Erring on the side of life" is sometimes an error: physicians have the primary responsibility to correct this. *American Journal of Bioethics*. 17(2), 39–41.

선 긋기

127 "뭔가 잘못됐다는 뉘앙스의 단어들" Gross, T., & Brown, M. M. (August 4, 2017). Poet imagines life inside a 1910 building that eugenics built. Fresh Air: *NPR*. 31:18—31: 44, 32:15–33: 48, 34:01–34: 06.

127 "경험과 공감을 통해 서서히 스미도록" Cole, T. (1992). *The journey of life: a cultural history of aging in America*. (230). Cambridge, MA: Cambridge University Press.

128 젊은 사람에 비해 떨어진다 Haraven, T. K. (1976). The last stage: historical adulthood and old age. *American Civilization: New Perspectives*. 105(4), 13–27.

5. 10대 초반 - 문제를 인정하는 것이 최선의 돌파구다

정상은 정상일까

131 **서양 의학의 역사를 통틀어** 이 책에서 내가 언급한 서양 의학의 역사란 거의 전적으로 유럽과 북미의 역사에 국한된다. 일단 영문 기록이 많이 남아 있는 이 지역 문헌 자료가 내게는 참고하기 편했고, 미국의 사회구조와 통념을 잘 반영하므로 미국의 현실을 주로 다루는 이 책의 맥락과도 잘 통했기 때문이다.

132 소아 사망률을 낮추면 더 많은 군인을 양성할 수 있다 Brosco, J. P. (2012). Navigating the future through the past: the enduring historical legacy of federal children's health programs in the United States. *American Journal of Public Health*. 102(10), 1849–1857.

136 AAMC 설문지에서 노인의학, 노년, 고령 이 세 단어가 완전히 사라진 Association of American Medical Colleges. (2018). Medical school graduation questionnaire.

138 "숨겨진 교과과정" Hafferty, F. W. (1998). Beyond curriculum reform: confronting medicine's hidden curriculum. *Academic Medicine*. 73(4), 403–407.

138 의료계에서 당연시하면서 넘어가는 Esteghamati, A., Baradaran, H., Monajemi, A., Khankeh, H. R., & Geranmayeh, M. (2016). Core components of clinical education: a qualitative study with attending physicians and their residents. *Journal of Advances in Medical Education & Professionalism*. 4(2), 64–71.

138 고동색 표지의 1987년 출간본 Bickley, L. S. (2003). *Bates' guide to physical examination and history taking*. Philadelphia: Lippincott Williams & Wilkins.

다름과 틀림

142 "그것을 없애려는 노력을 시작한 것" Allport, G. W. (1954). *The nature of prejudice*. Cambridge, MA: Addison-Wesley Pub. Co.

143 "나이가 많다는 이유만으로" Butler, R. N. (1975). *Why survive?: Being old in America*. Baltimore, MD: Johns Hopkins University Press.

143 "긴 구간을 건너뛰고 바로 죽음으로" Butler, R. N. (1975). *Why survive?: Being old in America*. Baltimore, MD: Johns Hopkins University Press.

144 "연장자들은 자신들과 다른 종류의 존재" Butler, R. N. (1975). *Why survive?: Being old in America*. Baltimore, MD: Johns Hopkins University Press.

147 "무지함이 낳은 자식" Hazlitt, W. On prejudice. In *Sketches and essays*. London, UK: Richards.

148 "유약함과 오류의 결정체" Voltaire. (1984). Tolerance. In T. Besterman (Ed.), Philosophical dictionary. London, UK: Penguin Classics.

148 "증거가 …… 때마다 격렬하게 저항한다" Allport, G. W. (1954). *The nature of prejudice*. Cambridge, MA: Addison-Wesley Publishing Co.

6. 10대 - 수상스키 타는 70대 회장님과 헬스클럽의 80대 미녀

진화

160 개인적 소회가 아니라 Goldman, D. P., Chen, C., Zissimopoulos, J., Rowe, J. W., & the Research Network on an Aging Society. (2018). Opinion: measuring how countries adapt to societal aging. *Proceedings of the National Academy of Sciences of the United States of America*. 115(3), 435–437.

163 늙는 게 눈에 보일 정도로 인간 수명이 길었던 시절은 거의 없었다 Thane, P.

(2003). Social histories of old age and aging. *Journal of Social History.* 37(1), 93–111.

164 "신과 선조들의 경지에 이른" Falkner, T. M., & De Luce, J. (Eds.). Homeric heroism, older age and the end of the Odyssey in *Old age in Greek and Latin literature* (25). Albany, NY: State University of New York Press.

164 한 문장짜리 단편 Davis, L. (July 10, 2017). Fear of ageing. *New York Tyrant.*

잘못된 결정

172 득보다 실이 많을 때 Finlayson, E. (2015). Surgery in the elderly: aligning patient goals with expected outcomes. [PowerPoint slides]; Suskind, A., Jin, C., Cooperberg, M. R., Finlayson, E., Boscardin, W. J., Sen, S., & Walter, L. C. (2016). Preoperative frailty is associated with discharge to skilled or assisted living facilities after urologic procedures of varying complexity. *Urology.* 97, 25–32.

회춘

178 대중을 꾄다 Featherstone, M., & Hepworth, M. (1995). Images of positive aging: a case study of Retirement Choice magazine. In M. Featherstone, & A. Wernick (Eds.) *Images of aging: cultural representations of later life.* (29–48). London, UK: Routledge.

178 노화과학 가설 Austad, S. (2016). The geroscience hypothesis: is it possible to change the rate of aging? In F. Sierra, & R. Kohanski (Eds.). *Advances in Geroscience.* (1–36). Bethesda, MD: Springer International Publishing.

178 노화 과정 자체를 멈추는 것 Cristofalo, V. J., Gerhard, G. S., & Pignolo, R. J. (1994). Molecular biology of aging. *Surgical Clinics of North America.* 74(1), 1–21; Pignolo, R. J. (n.d.). The biology of aging: an overview. [PowerPoint slides]. Retrieved from https://www.med.upenn.edu/gec/user_documents/Pignolo-BiologyofAging2012GGRFINAL.pdf.

179 120살까지 살았다는 사람 Herodotus. (1920). Book III in A. D. Godley (Ed.) *The Histories.* (23). Cambridge, UK: Harvard University Press.

181 호르몬 주사가 인기를 끄는 현상 Gruman, G. J. (1961). The rise and fall of prolongevity hygiene, 1558–1873. *Bulletin of the History of Medicine.* 35, 221–225.

181 섭취 칼로리를 제한 Weindruch, R., & Sohal, R. S. (1997). Caloric intake and aging.

New England Journal of Medicine. 337(14), 986–994.

182 호르몬 수치 면에서 긍정적인 변화 Roth, G. S., Mattison, J. A., Ottinger, M. A., Chachich, M. E., Lane, M. A., & Ingram, D. K. (2004). Aging in rhesus monkeys: relevance to human health interventions. *Science*. 305(5689), 1423–1426.

183 이 시르투인을 바로 레스베라트롤이 활성화시킨다 Baur, J. A., Pearson, K. J., Price, N. L., Jamieson, H. A., Lerin, C., Kalra, A., et al. (2006). Resveratrol improves health and survival of mice on a high-calorie diet. *Nature*. 444(7117), 337–342.

184 "신약의 표적을 찾고 있다" Buck Institute for Research on Aging. (September 5, 2017). Ketogenic diet improves healthspan and memory in aging mice. *Eurekalert!*

184 "세놀라이틱스" Kirland, J. L., Tchkonia, T., Zhu, Y., Niedernhofer, L. J., & Robbins, P. D. (2017). The clinical potential of senolytic drugs. *Journal of American Geriatrics Society*. 65(10), 2297–2301.

184 노화의 표식을 가진 Baker, D. J., Wijshake, T., Tchkonia, T., LeBrasseur, N. K., Childs, B. G., van de Sluis, B., et al. (2011). Clearance of $p16^{Ink}4^{a}$—positivesenescentcellsdelaysageing-associateddisorders.*Nature*. 479(7372), 232–236.

185 파리의 수명을 연장시키는 Bitto, A., Ito, T. K., Pineda, V. V., LeTexier, N. J., Huang, H. Z., Sutlief, E., et al. (2016). Transient rapamycin treatment can increase lifespan and healthspan in middle-aged mice. *eLife*. 5, 16351; Bjedov, I., Toivonen, J. M., Kerr, F., Slack, C., Jacobson, J., Foley, A., & Partridge, L. (2010). Mechanisms of life span extension by rapamycin in the fruit fly *Drosophila melanogaster*. *Cell Metabolism*. 11(1), 35–46; Blagosklonny, M. V. (2013). Rapamycin extends life-and health span because it slows aging. *Aging (Albany NY)*. 5(8), 592–598; Ehningher, D., Neff, F., & Xie, K. (2014). Longevity, aging, and rapamycin. *Cellular and Molecular Life Sciences*. 71(22), 4325–4346.

185 줄기세포 Barber, G. (March 27, 2018). The Science behind the pursuit of youth. Wired.

186 호르몬이나 …… 뭘 어떻게 한다는 Perls, T. T., Reisman, N. R., & Olshansky, S. J. (2005). Provision or distribution of growth hormone for "antiaging": clinical and legal issues. *JAMA*. 294(16), 2086–2090.

187 세포분열의 유한성 Hayflick, L., and Moorhead, P. S. (1961). "The serial cultivation of human diploid cell strains." *Experimental Cell Research* 25:585–621.

187 "인체 유해성까지 우려됨" Olshansky, S. J., Hayflick, L., & Carnes, B. A. (2002).

Position statement on human aging. *Journals of Gerontology. Series A, Biological Sciences and Medical Sciences*. 57(8), B292–297.

방치된 간극

191 **약물 관련 원인 순위 4위** O'Connor, A. (November 23, 2011). Four drugs cause most hospitalizations in older adults. *New York Times*.

193 **반드시 참여시키라는 의무 조항은 …… 전무였다** National Institutes of Health (May 25, 2018). *Inclusion Across the Lifespan—Policy Implementation*.

194 **이런 현실을** Hughes, L. D., McMurdo, M. E., & Guthrie, B. (2013). Guidelines for people not for diseases: the challenges of applying UK clinical guidelines to people with multimorbidity. *Age Ageing*. 42(1), 62–69.

195 **모두를 동시에 앓는 사람은 실제로도 드물지 않다** Boyd, C. M., Darer, J., Boult, C., Fried, L. P., Boult, L., & Wu, A. W. (2005). Clinical practice guidelines and quality of care for older patients with multiple comorbid diseases: implications for pay for performance. *JAMA*. 294(6), 716–724.

196 **임상 연구에서 고령자를 배제하는 것** Shenoy, P., & Harugeri, A. (2015). Elderly patients' participation in clinical trials. *Perspectives in Clinical Research*. 6(4), 184–198.

196 **노년층에 흔한 질환** Brauer, C. A., Coca-Perraillon, M., Cutler, D. M., & Rosen, A. B. (2009). Incidence and mortality of hip fractures in the United States. *JAMA*. 302(14), 1573–1579.

196 **코크란(Cochrane) 라이브러리 데이터베이스** McCarvey, C., Coughlan, T., & O'Neill, D. (2017). Ageism in studies on the management of osteoporosis. *Journal of the American Geriatrics Society*. 65(7), 1566–1568.

197 **암 스크리닝** Walter, L. C., & Covinsky, K. E. (2001). Cancer screening in elderly patients: a framework for individualized decision making. *JAMA*. 285(21), 2750–2756.

197 **항암 수술** Suskind, A. M., Zhao, S., Walter, L. C., Boscardin, W. J., & Finlayson, E. (2018). Mortality and functional outcomes after minor urological surgery in nursing home residents: a national study. *Journal of the American Geriatrics Society*. 66(5), 909–915.

201 **자택에서 요양하는 노인 인구** American Academy of Home Care Physicians. (n.d.).

The case for home care medicine: access, quality, cost.

201 응급실 방문 1회에 드는 비용 Ornstein, K., Wajnberg, A., Wajnberg, A., Kaye-Kauderer, H., Winkel, G., DeCherrie, L., et al. (2013). Reduction in symptoms for homebound patients receiving home-based primary and palliative care. *Journal of Palliative Medicine*. 16(9), 1048–1054; Totten, A. M., White-Chu, E. F., Wasson, N., Morgan, E., Kansagara, D., Davis-O'Reilly, C., & Goodlin, S. (2016). Home-based primary care interventions. *Comparative Effectiveness Reviews, No. 164*.

성년기

211 "선한 마음과 실력을 겸비한" Mount, B. M. (1976). The problem of caring for the dying in a general hospital; the palliative care unit as a possible solution. *Canadian Medical Association Journal*. 115.

7. 청년 - 실수 투성이 레지던트

현대적 의료

222 대다수 의사들은 거의 관심을 두지 않는 Vaughan, C. P., Fowler, R., Goodman, R. A., Graves, T. R., Flacker, J. M., & Johnson, T. M. (2014). Identifying landmark articles for advancing the practice of geriatrics. *Journal of American Geriatrics Society*. 62(11), 2159–6162.

222 무인지대에서 표류 Friedman, S. M., Shah, K., & Hall, W. J. (2015). Failing to focus on healthy aging: a frailty of our discipline? *Journal of American Geriatrics Society*. 63(7), 1459–1562.

222 숙련된 간호사가 너무 부족하다 Morley, J. E. A brief history of geriatrics. *Journals of Gerontology. Series A Biological Sciences and Medical Sciences* 2004;59:1132–1152.

223 "노인들에게 시급한 현안" Bynum, W. F., & Porter, R. (Eds.). (1993). *Companion encyclopedia of the history of medicine*. (1107). New York, NY: Routledge.

225 재선을 겨냥한 빈말 Rosenthal, E. (2017). *An American sickness: how healthcare*

became big business and how you can take it back. New York: Penguin Press.

실수

240 사과하는 의사 Robbennolt, J. K. (2009). Apologies and medical error. *Clinical Orthopaedics and Related Research*. 467(2), 376–382.

241 정상적 변화라 말한다 Peterson, M., & Rose, C. L. (1982). Historical antecedents of normative vs. pathological perspectives in aging. *Journal of the American Geriatrics Society*. 30(4), 289–294.

242 "노인의 발열 증상은 그리 시급하게 처치할 필요가 없다" Gunnarsson, B. L. (2011). *Languages of science in the eighteenth century*. Berlin, DE: Walter de Gruyter GmbH & Co. (273).

242 나이 들수록 얼마나 병에 잘 걸리게 되고 Ritch, A. (2012). History of geriatric medicine: from Hippocrates to Marjory Warren. *Journal for the Royal College of Physicians of Edinburgh*. 42(4), 368–374.

242 여러 지병을 동시에 앓는 일 Banerjee, S. (2014). Multimorbidity-older adults need health care that can count past one. *Lancet*. 385(9968), 587–589; Wolff, J. L., Starfield, B, & Anderson, G. (2002). Prevalence, expenditures, and complications of multiple chronic conditions in the elderly. *Archives of Internal Medicine*. 162(20), 2269–2276.

242 특유의 특징들 Charcot, J. M. (1881). *Clinical lectures on the diseases of old age*. New York, NY: William Wood & Co.; Charcot, J. M. (1889). *Clinical lectures on diseases of the nervous system*. London, UK: The New Sydenham Society.

능력자

250 첫째는 …… 능력자*(competence)*로, …… 둘째는 유능자*(capacity)*인데 American Bar Association Commission on Law and Aging, & American Psychological Association. (2008). *Assessment of older adults with diminished capacity: a handbook for psychologists*. American Bar Association Commission on Law and Aging & American Psychological Association. (12); Leo, R. J. (1999). Competency and capacity to make treatment decisions: a primer for primary care physicians. *The Primary Care Companion to the Journal of Clinical Psychiatry*. 1(5), 131–141; Moye, J., & Marson, D. C. (2007). Assessment of decision-making capacity in older adults: an emerging area of practice and research. *Journals of Gerontology: Series B.* 62(1), 3–11; Silberfeld, M., Stevens, D., Lieff, S., Checkland, D., & Madigan, K. (1992). Legal standards and threshold of competence. *Advocates' Quarterly.* 14, 482.

250 **모두가 뜯어말리는 것일지라도** Moye, J., Marson, D. C., Edelstein, B. (2013). Assessment of capacity in an aging society. *American Psychologist.* 68(3), 158–171.

251 **어느 정도씩 귀가 어둡다** Cruickshanks, K. J., Tweed, T. S., & Wiley, T. L. (2003). The five-year incidence of progression of hearing loss: the epidemiology of hearing loss study. *JAMA Otolaryngology—Head & Neck Surgery.* 129(10), 1041–1046.

색안경

260 **《화이트 앨범(The White Album)》** Didion, J. (1979). *The white album.* New York, NY: Noonday.

262 **반응하는 방식도 환자의 성별과 피부색에 따라 차이가 벌어진다** Lewis-Fernandez, R., & Díaz, N. (2002). The cultural formulation: a method for assessing cultural factors affecting the clinical encounter. *Psychiatric Quarterly.* 73(4), 271–295; Myers, H. F., Lesser, I., Rodriguez, N., Mira, C. B., Hwang, W. C., Camp, C., et al. (2002). Ethnic differences in clinical presentation of depression in adult women. *Cultural Diversity and Ethnic Minority Psychology,* 8(2), 138–156; Takeuchi, D. T., Chun, C. A., Gong, F., & Shen, H. (2002). Cultural expressions of distress. *Health: An Interdisciplinary Journal for the Social Study of Health, Illness and Medicine.* 6(2).

263 **미국 흑인** Baldwin, J., & Peck, R. (Writers) & Peck, R. (Director). (2016). *I am not your negro.* United States: Magnolia Pictures.

264~265 **상태 변화가 섬망증 탓** Oh, E. S., Fong, T. G., Hshieh, T. T., & Inouye, S. K. (2017). Delirium in older persons: advances in diagnosis and treatment. *JAMA* 318(12), 1161–1174.

266 **의료계의 편견을 조사한 연구** FitzGerald, C., & Hurst, S. (2017). Implicit bias in healthcare professionals: a systematic review. *BMC Medical Ethics,* 18(1), 19; Shaband, H. (August 29, 2014). How racism creeps into medicine. *Atlantic.*

267 **커서 늙고 싶지 않다고** Levy, B. R. (2003). Mind matters: cognitive and physical effects of aging self-stereotypes. *Journals of Gerontology: Series B.* 58(4): 203–211.

267 **상호교차성이 중요함** Crenshaw, K., Gotanda, N., Peller, G., & Thomas, K. (1995). *Critical race theory: the key writings that formed the movement* (6th edition). New York, NY: New Press; hooks, b. (1990). *Yearning: race, gender, and cultural politics*. Boston, MA: South End; Crenshaw, K. (September 24, 2015). Why intersectionality can't wait. *Washington Post*.

268 **부끄럽기 짝이 없지만 과학적 근거로 뒷받침되는** Goddu, P., O'Conor, K. J., Lanzkron, S., Saheed, M. O., Peek, M. E., Haywood, C., & Beach, M. C. (2018). Do words matter? Stigmatizing language and the transmission of bias in the medical record. *Journal of General Internal Medicine*. 33(5), 685–691; Haider, A. H., Sexton, J., Sriram, N., Cooper L. A., Efron, D. T., Swoboda, S., et al. (2011). Association of unconscious race and social class bias with vignette-based clinical assessments by medical students. *JAMA*. 306(9), 942–951; Hall, W. J., Chapman, M. V., Lee, K. M., Merino, Y. M., Thomas, T. W., Payne, K., et al. (2015). Implicit racial/ethnic bias among health care professionals and its influence on health care outcomes: a systematic review. *American Journal of Public Health*. 105(12), e60–e76; Hamberg, K. (2008). Gender bias in medicine. *Women's Health*. 4(3), 237–243; Jackson, C. L., Agenor, M., Johnson, D. A., Austin, S. B., & Kawachi, I. (2016). Sexual orientation identity disparities in health behaviors, outcomes, and services use among men and women in the United States: a cross-sectional study. *BMC Public Health*. 16, 807; Scheck, A. (2004). Race, gender, and age affect medical care, so why does bias persist? *Emergency Medical News*. 26(5), 18–21.

269 **나이와 용모와 사회적 지위는 같은 두 환자** Kaul, P., Armstrong, P. W., Sookram, S., Leung, B. K., Brass, N., & Welsh, R. (2011). Temporal trends in patient and treatment delay among men and women presenting with ST-elevation myocardial infarction. *American Heart Journal*. 161(1), 91–97; Liakos, M., & Parikh, P. B. (2018). Gender disparities in presentation, management, and outcomes of acute myocardial infarction. *Current Cardiology Reports*. 20, 64; Vaccarino, V., Rathore, S. S., Wenger, N. K., Frederick, P. D., Abramson, J. L., Barron, H. V., et al. (2005). Sex and racial differences in the management of acute myocardial infarction, 1994 through 2002. *New England Journal of Medicine*. 353, 671–682.

269 **표준 영어를 유창하게 구사하는** Nguyen, M., Ugarte, C., Fuller, I., Haas, G., & Portenoy, R. K. (2005). Access to care for chronic pain: racial and ethnic differences.

Journal of Pain. 6(5), 301–314; Campbell, C. M., & Edwards, R. R. (2012). Ethnic differences in pain and pain management. *Pain Management*. 2(3), 219–230.

272 투석을 시작한 시점 Grubbs, V. (2017). *Hundreds of interlaced fingers: a kidney doctor's search for the perfect match*. United States: Amistad.

8. 장년 - 현대 의학의 자가당착

자각

274 《아무도 모르는 직업》 Campbell, J. Y., Durso, S. C., Brandt, L. E., Finucane, T. E., & Abadir, P. M. (2013). The unknown profession: a geriatrician. *Journal of American Geriatrics Society*. 61(3), 447–449.

278 노인에게 귀엽다고 말할 때 Whitbourne, S. K., & Sneed, J. R. (2004). Chapter 8: The paradox of well-being, identity processes, and stereotype threat: ageism and its potential relationships to the self in later life. In T. D. Nelson (Ed.), *Ageism: stereotyping and prejudice against older persons*. (247). Cambridge, MA: MIT Press.

278 "젊은 사람에게서나 나올 법한" The Old Women's Project. (n.d.). *Real-life examples of ageist comments*.

말, 말, 말

282 "자신이 마흔다섯이라고 믿는 나이 아흔의 꼬부랑 할머니라면" Le Guin, U. K. (2017). *No time to spare: thinking about what matters*. (193). Boston, MA: Houghton Mifflin.

282 "나이를 안 먹는 사람은 이 세상에 없다" Le Guin, U. K. (2017). *No time to spare: thinking about what matters*. (201). Boston, MA: Houghton Mifflin.

283 "내 존재 자체를 부정당하는 것" Le Guin, U. K. (2017). *No time to spare: thinking about what matters*. (243). Boston, MA: Houghton Mifflin.

284 행복의 상징 Sontag, S. (1972). The double standard of aging. *Saturday Review*. 29–38.

286 "'오래됐다'는 것은 곧 한물갔다는 뜻" Morris, W. (July 19, 2017). Jay-Z and the politics of rapping in middle age. *New York Times*.

286 병환의 은유적 표현들 Sontag, S. (1979). *Illness as metaphor*. (3). New York, NY: Vintage Press.

소명

290 켄 브럼멜-스미스 박사 Kemp, B., Brummel-Smith, K., & Ramsdell, J. (Eds.). (1990) *Geriatric rehabilitation*. Austin, TX: Pro-Ed Press.

291 의학 교육은 의사들의 공감력만 말려 버리는 게 아님 Dyrbye, L. N., Thomas, M. R., & Shanafelt, T. D. (2005). Medical student distress: causes, consequences, and proposed solutions. *Mayo Clinic Proceedings*. 80(12), 1613–1622; West, C. P., Huschka, M. M., Novotny, P. J., Sloan, J. A., Kolars, J. C., Haberman, T. M., & Shanafelt, T. D. (2006). Association of perceived medical errors with resident distress and empathy: a prospective longitudinal study. *JAMA*. 296, 1071–1078.

292 노년기를 뜻하는 그리스어와 의사의 일을 뜻하는 그리스어 Nascher, I. L. (1909). Geriatrics. *New York Medical Journal*. 90(17), 358–359; Nascher, I. L. (1914). *Geriatrics: the diseases of old age and their treatment*. Philadelphia, PA: P. Blakiston's Son & Co.

292 노령과 노인성 질환들이 성년기의 그것과 분명히 다름 Nascher, I. L. (1909). Longevity and rejuvenescence. *New York Medical Journal*. 89(16), 794–800.

292 나이가 많은 상태 자체 Dodd, Mead, & Co. (1916). *The new international encyclopaedia*. (703). New York, NY: Dodd, Mead and Co.; Ozarin, L. (2008). I. L. Nascher, MD (1863–1944): the first American geriatrician. *Psychiatric News*. https://doi.org/10.1176/pn.43.22.0024.

293 "세력은 늘 작고 미약했지만" Thane, P. (1993). Chapter 46: Geriatrics. In W. F. Bynum & R. Porter (Ed.), *Companion Encyclopedia of the History of Medicine* (1092). London, UK; New York, NY: Routledge.

293 "노년층의 …… 줄기차게 경시되고 있다" Freeman, J. T. (1950). Francois Ranchin contributor of an early chapter in geriatrics. *Journal of the History of Medicine and Allied Sciences*. 5(4), 422–431; Thane, P. (2005). *A history of old age*. Oxford, UK: Oxford University Press.

294 제로코미 (노인을 뜻하는 그리스어 *geron*과 돌보다는 뜻의 *komeo*를 연결해 만들어진 합성어) Bynum, W. F., & Porter, R. (Eds.). (1993). *Companion encyclopedia of the history of medicine: volume 2*. (1095). London, UK; New York, NY: Routledge.

295 의대에서 노인 환자들을 가르치지 않는 Freeman, J. T. (1961). Nascher: excerpts from his life, letters, and works. *Gerontologist*, 1, 17–26.

295 최초의 노인의학 강의 Burstein, S. R. (1946). Gerontology: a modern science with a long history. *Postgraduate Medical Journal.*

297 "통념에 맞서는" Howell, T. H. (1975). *Old age: some practical points in geriatrics* (3rd edition). London, UK: H. K. Lewis. (101).

297 의술이 노인 환자를 해치는 Gabow, P. A., Hutt, D. M., Baker, S., Craig, S. R., Gordon, J. B., & Lezotte, D. C. (1985). Comparison of hospitalization between nursing homes and community residents. *Journal of the American Geriatrics Society.* 33(8), 524–529; Graham, J. (December 8, 2016). You're not just "growing old" if this happens to you. *Kaiser Health News;* Piers, R. D., Van den Eynde, M., Steeman, E., Vlerick, P., Benoit, D. D., & Van Den Noortgate, N. J. (2012). End-of-life of the geriatric patient and nurses' moral distress. *Journal of the American Medical Directors Association.* 13(1), 7–13; Pijl-Zier, E., Armstrong-Esther, C., Hall, B., Akins, L., & Stingl, M. (2008). Moral distress: an emerging problem for nurses in long-term care? *Quality in Ageing and Older Adults.* 9(2), 29–48; Span, P. (June 22, 2018). Breathing tubes fail to save many older patients. *New York Times;* Tedeschi, B. (March 28, 2018). With the help of a loved one, a family finds what is essential in the end. STAT.

거리

310 "양로원에서 외로운 말년을 보내지 않으려면" Lynn, J. (2008). *Aging America: a reform agenda for living well and dying well.* Hastings Center Bioethics Agenda 08: America Ages.

직업의 가치

311 의사들의 직업 만족도 Leigh, J. L., Kravitz, R. L, Schembi, M., Samuels, S. J., & Mobley, S. (2002). Physician career satisfaction across specialties. *Archives of Internal Medicine.* 162(14), 1577–1584; Leigh, J. P., Tancredi, D. J., & Kravitz, R. L. (2009). Physician career satisfaction within specialties. *Biomedical Central Health Services Research.* (9, 166); Siu, A. L., & Beck, J. C. (1990). Physician satisfaction with career choices in geriatrics. *The Gerontologist.* 30(4), 529–534.

312 고령자 친화적 병원 American Geriatrics Society Expert Panel on the Care of Older Adult with Multimorbidity. (2012). *Journal of American Geriatrics Society.* 60(10), E1–E25; Capezuit, E. A. (2015). *Geriatrics models of care: bringing "best*

practice" to an aging America. New York, NY: Springer; Coleman, E. A., & Boult, C. (2003). Improving the quality of transitional care for persons with complex care needs. *Journal of the American Geriatrics Society*. 51(4), 556–557; Counsell, S. R., Holder, C. M., Libenauer, L. L., Palmer, R. M., Fortinsky, R. H., Kresivic, D. M., et al. (2000). Effects of multicomponent intervention on functional outcomes and process of care in hospitalized older patients: a randomized controlled trial of Acute Care for Elders (ACE) in a community hospital. *Journal of the American Geriatrics Society*. 48(12), 1572–1581; Fulmer, T., & Berman, A. (November 3, 2016). Age-friendly health systems: how do we get there? *Health Affairs*; Meier, D. E., & Gaisman, C. (2007). Palliative care is the job of every hospital. *Medscape General Medicine*. 9(3), 6.

312 노인의학이 어떤 의학인가를 다루어야 Sandberg, S. (2013). *Lean in: women, work, and the will to lead*. New York, NY: Alfred A. Knopf; Mody, L., Boustani, M., Braun, U. K., & Sarkisian, C. (2017). Evolution of geriatric medicine: midcareer faculty continuing the dialogue. *Journal of the American Geriatrics Society*. 65(7), 1389–1391.

314 "……에 미치지 못하는 이유" Nascher, I. L. (1914). *Geriatrics: the diseases of old age and their treatment*. (XV) Philadelphia, PA: P. Blakiston's Son & Co.

314 "이 무관심의 원인" Nascher, I. L. (1914). *Geriatrics: the diseases of old age and their treatment*. (V) Philadelphia, PA: P. Blakiston's Son & Co.

314 "노년기 질환을 신중히 다룰" Nascher I. L. (1909). Longevity and rejuvenescence. *New York Medical Journal*.

315 "경제에 보탬이 안 되는 자들" Nascher, I. L. (1914). *Geriatrics: the diseases of old age and their treatment*. (VI). Philadelphia, PA: P. Blakiston's Son & Co.

319 "온갖 문제" Higashi, R. T., Tilack, A. A., Steinman, M., Harper, M., & Johnson, C. B. (2012). Elder care as "frustrating" and "boring": understanding the persistence of negative attitudes toward older patients among physicians-in-training. *Journal of Aging Studies*. 26(4), 476–483.

진실

341 어떻게 얽히고설키는지 Steel, N., Abdelhamid, A., Stokes, T., Edwards, H., Fleetcroft, R., Howe, A., & Qureshi, N. (2014). A review of clinical practice guidelines found that they were often based on evidence of uncertain relevance to primary care patients. *Journal of Clinical Epidemiology,* 67(11), 1251–1257; Jansen, J., McKinn, S., Bonner, C., Irwig, L., Doust, J., Glasziou, P., et al. (2015). Systematic review of clinical practice guidelines recommendations about primary cardiovascular disease prevention for older adults. *BMC Family Practice,* 16, 104; Upshur, R. E. G. (2014). Do clinical guidelines still make sense? No. *Annals of Family Medicine,* 12(3), 202–203.

341 **의사들이 맞춤 전인의료를 …… 적응에 힘겨워하는 것** Bodenheimer, T., Lo, B., & Casalino, L. (1999). Primary care physicians should be coordinators, not gatekeepers. *JAMA.* 281(21), 2045–2049; Wenrich, M. D., Curtis, J. R., Ambrozy, D. A., Carline, J. D., Shannon, S. E., & Ramsey, P. G. (2003). *Journal of Pain and Symptom Management.* 25(3), 236–246.

341 **구청 사회복지과보다는 …… 나은데도 말이다** Bradley, E. H., Canavan, M., Rogan, E., Talbert-Slagle, K., Ndumele, C., Taylor, L., Curry, L. A. (2016). Variation in health outcomes: the role of spending on social services, public health, and health care, 200–209. *Health Affairs.* 35(5), 760–768; Schneider, E. C., & Squires, D. (2017). From last to first—could the U.S. health care system become the best in the world? *New England Journal of Medicine.* 377, 901–904.

342 **낙상의 원인은 엄청나게 다양하다** Delbaere, K., Close, J. C., Brodaty, H., Sachdev, P., & Lord, S. R. (2010). Determinants of disparities between perceived and physiological risk of falling among elderly people: cohort study. *British Medical Journal.* 341, 4165.

생물학

347 **일곱 단계** Shakespeare, W. (1963). *As you like it.* H. H. Furness (Ed.). New York, NY: Dover Publications.

347 **제어 능력을 서서히 상실한다** Cristofalo, V. J., Allen, R. G., Pignolo, R. J., Martin, B. G., & Beck, J. C. (1998). Relationship between donor age and the replicative lifespan of human cells in culture: a reevaluation. *Proceedings of the National Academy of Sciences of the United States of America.* 95(18), 10614–10619; Cristofalo, V. J., Gerhard, G. S., Pignolo, R. J. (1994). Molecular biology of aging. *Surgical Clinics of North America.* 74(1), 1–21; Cristofalo, V. J., Lorenzini, A.,

Allen, R. G., Torres, C., & Tresini, M. (2004). Replicative senescence: a critical review. *Mechanisms of Ageing and Development.* 125(10–11), 827–848.

349 **자가용해** Morales, A. (2016). *The girls in my town*. (92). Albuquerque, NM: University of New Mexico Press.

349 **단세포생물은 불사의 존재** Masoro, E. J. (Ed.). (1995). *Handbook of physiology Sect 11: Aging.* (3–21). Oxford, UK: Oxford University Press.

350 **성년기에 이른 뒤 또 서서히 쇠퇴해 간다** Finch, C. E. (1990). *Longevity, senescence, and the genome*. Chicago, IL: University of Chicago Press.

350 **인간의 노화** Benetos, A., Okuda, K., Lajemi, M., Kimura, M., Thomas, F., Skurnick, J., et al. (2018). Telomere length as an indicator of biological aging. *Hypertension*. 37, 381–385; Epel, E. S., Blackburn, E. H., Lin, J., Dhabhar, F. S., Adler, N. E, Morrow, J. D., & Cawthon, R. M. (2004). Accelerated telomere shortening in response to life stress. *Proceedings of the National Academy of Sciences of the United States of America*. 101(49), 17312–17315; Harley, C. B., Futcher, A. B., & Greider, C. W. (1990). Telomeres shorten during ageing of human fibroblasts. *Nature*. 345(6274), 458–460; Marniciak, R., & Guarente, L. (2001). Human genetics: testing telomerase. *Nature*. 413(6854), 370–371, 373; Rudolph, K. L., Chang, S., Lee, H. W., Blasco, M., Gottlieb, G. J., Greider, C., & DePinho, R. A. (1999). Longevity, stress response, and cancer in aging telomerase-deficient mice. *Cell*. 96(5), 701–712.

350 **진화학 가설** Bowles, P. J. (1986). *Theories of human evolution: a century of debate,* 1844–1944. Baltimore, MD: Johns Hopkins University Press.

354 **기대 수명이 아흔에 육박한다** Central Intelligence Agency. (2017). Country comparison: Life expectancy at birth. *World Factbook;* The US Burden of Disease Collaborators. (2018). The state of US health, 1990–2016: Burden of diseases, injuries, and risk factor among US states. *JAMA*. 319(14), 1444–1472

356 **"노년은 …… 대학살"** Roth, P. (2006). *Everyman*. New York, NY: Houghton Mifflin.

357 **지방정부의 인식에 따라 지역차가 벌어지기도** Ehrenreich, B. (March 31, 2018). Why are the poor blamed and shamed for their deaths? *Guardian*.

359 **"이게 마흔의 진짜 모습이랍니다"** Savan, S. (2006). *Slam dunks and no-brainers: Pop language in your life, the media, business, politics, and like, whatever.* New York, NY: Vintage.

효율을 위한 위탁일까 책임회피일까

367 전만큼 …… 일상으로 복귀하기도 American Geriatrics Society Geriatrics Healthcare Professionals. (2017). AGS extends hip fracture co-management program that sees geriatrics mending more than bones; Friedman, S. M., Mendelson, D. A., Kates, S. L., & McCann, R. M. (2008). Geriatric co-management of proximal femur fractures: total quality management and protocol-driven care result in better outcomes for a frail patient population. *Journal of American Geriatrics Society.* 56(7), 1349–1356.

369 요양 시설로 전원된 환자 사례들 Burke, R. E., Lawrence, E., Ladebue, Ayele, R., Lippman, B., Cumbler, E., Allyn, R., & Jones, J. (2017). How hospital clinicians select patients for skilled nursing facilities. *Journal of American Geriatrics Society.* 65(11), 2466–2472.

369 "창문에서 뛰어내리겠다고" Ernaux, A. (1996). *A woman's story.* New York, NY: Seven Stories Press. (73).

370 "더 이상 이 세상에 엄마가 설 자리가 없었기 때문" Ernaux, A. (1996). *A woman's story.* New York, NY: Seven Stories Press. (74).

370 "자꾸 탈출을 시도" Ernaux, A. (1996). *A woman's story.* New York, NY: Seven Stories Press. (78).

370 "자존감은 …… 온데간데없어졌다" Ernaux, A. (1996). *A woman's story.* New York, NY: Seven Stories Press. (80–81).

373 콘스탄티노플을 중심으로 Clarfield, A. M. (1990). Dr. Ignatz Nascher and the birth of geriatrics. *Canadian Medical Association Journal.* 143(9), 944.

374 빈민구제법이 …… 때까지 Kelly, M., & Ó Gráda, C. (2011). The poor law of Old England: institutional innovation and demographic regimes. *Journal of Interdisciplinary History.* 41(3), 339–366.

377 생활을 곤궁하게 만든다 San Francisco Ombudsman program, personal communication, 2018.

377 "경험의 탈사유화" Gubrium, J. F., & Holstein, J. A. (1999). The nursing home as a discursive anchor for the ageing body. *Ageing & Society.* 19(5), 519–538.

378 "멍하니 앉아 있는 것 말고는 달리 할 일이 없기 때문" Nevins, M. (2012). Chapter 9: *More meanderings in medical history* (119). Bloomington, IN: iUniverse.

379 건강하게 회복시켜 보금자리로 돌려보낸 Warren, M. W. (1946). Care of the chronic aged sick. *Lancet*. 1, 841–843.

379 "기존의 간수와 수감자 관계" Gilleard, C., & Higgs, P. (2010). Aging without agency: theorizing the fourth age. *Aging & Mental Health*. 14(2), 121–128.

379 고령 노숙자들 Knight, H. (March 5, 2016). Fast-aging homeless population may lead to public health crisis. *San Francisco Chronicle;* Sabatini, J. (April 11, 2016). Report: SF needs to adapt services for an aging homeless population. *San Francisco Examiner.*

379 "소생 불가능한 고령 환자들을 돌보는" *Here and Now.* (September 14, 2017). Florida nursing home under investigation after at least eight die. NPR.

열성분자

383 "의사가 모욕을 느끼거나 언짢게 여길까 봐" Mount, B. M. (1976). The problem of caring for the dying in a general hospital; the palliative care unit as a possible solution. *Canadian Medical Association Journal*. 115, 119–121.

383 환자에게는 득보다 실이 많은 Polite, B., Conti, R. M., & Ward, J. C. (June 2, 2015). Reform of the buy-and-bill system for outpatient chemotherapy care is inevitable: perspectives from an economist, a realpolitik, and an oncologist. 2015 *ASCO Annual Meeting;* Wynne, B. (2016). For Medicare's new approach to physician payment, big questions remain. *Health Affairs*. 35(9).

09. 중년 - 번아웃 증후군

단계들

385 보통은 3~6단계, 많게는 12단계까지 Thane, P. (1993). Chapter 46: Geriatrics. In *Companion encyclopedia of the history of medicine, volume 1*. W. F. Bynum, & R. Porter (Eds.). (1093). New York, NY: Routledge.

385 성장기, 정체기, 쇠퇴기 Higgs, P., & Gilleard, C. (2015). *Rethinking old age: theorising the fourth age*. London, UK: Palgrave Macmillan.

385 연령 집단을 총 일곱으로 Thane, P. (1993). Chapter 46: Geriatrics. In *Companion encyclopedia of the history of medicine, volume 1*. W. F. Bynum, & R. Porter (Eds.). (1093). New York, NY: Routledge.

386 "법안이 통과하고 …… 정부 기관이 창설되는" Hareven, T. K. (1976). The last

stage: historical adulthood and old age. *American Civilization: New Perspectives.* 105(4), 13–27.

387 유년기의 마지막을 청소년기가 장식하듯 Hall, G. S. (1922). *Senescence, the last half of life.* New York, NY: D. Appleton and Co.

387 "그런 지혜는 …… 노인에게만 허락된다" Hall, G. S. (1922). *Senescence, the last half of life.* (366). New York, NY: D. Appleton and Co.

387 버니스 누가르텐 Neugarten, B. (1974). Age groups in American society and the rise of the young-old. *Annals of the American Academy of Political and Social Science.* 415, 187–198.

387 급증하는 85세 이상 고령 집단 Suzman, R., & Riley, M. W. (1985). Introducing the "oldest old." *Milbank Memorial Fund Quarterly, Health and Society.* 63(2), 175–186.

387 막 가, 속도 줄임, 무조건 멈춤 Palmore, E. (1999). *Ageism: negative and positive* (2nd edition). (55). New York, NY: Springer Publishing.

388 건강한 노인, 만성적 유병 상태의 노인, 노쇠한 노인, 임종이 가까운 노인 Carey, E. C., Covinksy, K. E., Lui, L., Eng, C., Sands, L. P., & Walter, L. C. (2008). Prediction of mortality in community-living frail elderly people with long-term care needs. *Journal of the American Geriatrics Society.* 56, 68–75; Lunney, J. R., Lynn, J., & Hogan, C. (2002). Profiles of older Medicare decedents. *Journal of the American Geriatrics Society.* 50(6), 1108–1112.

389 "늘 순방향으로만 일어나며" Nascher, I. L. (1916). *Geriatrics; the diseases of old age and their treatment: including physiological old age, home and institutional care, and medicolegal relations.* (1). Philadelphia, PA: P. Blakiston's Son & Co.

390 "노년기도 비슷한 관점으로 봐야 한다" Nascher, I. L. (1916). *Geriatrics; the diseases of old age and their treatment: including physiological old age, home and institutional care, and medicolegal relations.* (11). Philadelphia, PA: P. Blakiston's Son & Co.

390 "특정 신체 상태가 아니라 한 인생 단계로" Martin, L. J. (1930). *Salvaging old age.* London, UK: Macmillan Co.

응답할 수 없는 구조 요청

394 죽음보다 나쁜 상태 Rubin, E. B., Buehler, A. E., & Halpern S. D. (2016). States worse than death among hospitalized patients with serious illness. *JAMA Internal Medicine*. 176(10), 1557–1559.

402 **모든 합이 딱 맞아떨어질 경우** Fiatarone, M. A., Marks, E. C., Ryan, N. D., Meredith, C. N., Lipsitz, L. A., & Evans, W. J. (1990). High-intensity strength training in nonagenarians: effects on skeletal muscle. *JAMA*. 263(22), 3029–34; Reid, D. F., Callahan, D. M., Carabello, R. J., Philips, E. M., Frontera, W. R., & Fielding, R. A. (2008). Lower extremity power training in elderly subjects with mobility limitations: a randomized controlled trial. *Aging Clinical and Experimental Research*. 20(4), 337–343.

402 **삶의 목적, 의미, 선택할 기회** McKnight, P. E., & Kashdan, T. B. (2009). Purpose in life as a system that creates and sustains health and well-being: an integrative, testable theory. *Review of General Psychology*. 13(3), 242–251; Stoyles, G., Chadwick, A., & Caputi, P. (2015). Purpose in life and well-being: the relationship between purpose in life, hope, coping, and inward sensitivity among first-year university students. *Journal of Spirituality in Mental Health*. 17(2), 119–134; Reker, G. T., Peacock, E. J., & Wong, P. T. P. (1987). Meaning and purpose in life and well-being: a life-span perspective. *Journal of Gerontology*. 42(1), 44–49.

407 **"제4연령기"** Gilleard, C., & Higgs, P. (2010). Aging without agency: theorizing the fourth age. *Aging & Mental Health*. 14(2), 121–128.

명성

410 **의사 연봉 순위** Kane, L. (April 11, 2018). Medscape physician compensation report 2018. *Medscape*.

410 **37위에 오른** Schneider, E. C., Sarnak, D. O., Squires, D., Shah, A., & Doty, M. M. (2017). Mirror, mirror, 2017: international comparison reflects flaws and opportunities for better U.S. health care. *Commonwealth Fund*.

411 **시술의 비중이 크고 남자 의사가 많은** Vassar, L. (February 18, 2015). How medical specialties vary by gender. *AMA Wire*.

414 **요즘은 여학생들도 …… 외과에 자유롭게 지원한다** Farber, O. N. (August 6, 2018). Women survive a heart attack more often when their doctor is female, study finds. *STAT*.

414 **이름만 바꿔서** Moss-Racusin, C. A., Dovidio, J. F., Brescoll, V. L., Graham, M. J., &

Handelsman, J. (2012). Science faculty's subtle gender biases favor male students. *Proceedings of the National Academy of Sciences of the United States of America.*

복잡한 노인들

419 대리인을 지정하는 것도 Span, P. (January 19, 2018). One day your mind may fade: at least you'll have a plan. *New York Times;* Givens, J. L., Sudore, R. L., Marshall, G. A., Dufour, A. B., Kopits, I., & Mitchell, S. L. (2018). Advance care planning in community-dwelling patients with dementia. *Journal of Pain and Symptom Management.* 55(4), 1105–1112.

419 진짜 '모두 다'가 아니다 Committee on Approaching Death: addressing key end of life issues; Institute of Medicine. (2015). *Dying in America: improving quality and honoring individual preference near the end of life.* Washington, DC: National Academies Press; Huffman, J. C., & Stern, T. A. (2003). Compassionate care of the terminally ill. *The Primary Care Companion to the Journal of Clinical Psychiatry.* 5(3), 131–136.

섹시

443 성적 매력을 반드시 젊음과 결부시키거나 Freeman, J. T. (1979) *Aging, its history and literature.* New York, NY: Human Sciences Press.

444 몸매가 좋고 성적 매력이 넘치는 젊은 미남이 떠오르도록 G. Herdt & B. deVries. (Eds.) (2004). Gay and lesbian aging: Research and future directions. New York: Springer. Fredriksen-Goldsen K. I., Cook-Daniels L., Kim H.-J., Erosheva E. A., Emlet C. A., Hoy-Ellis, C. P, et al. (2014). Physical and mental health of transgender older adults: An at-risk and underserved population. Gerontologist, 54, 488–500; Choi, S., & Meyer, I. H. (2016). *LGBT Aging: A Review of Research Findings, Needs, and Policy Implications.* Los Angeles: Williams Institute.

445 90대의 나이에 다음과 같이 표현했다 Angell, R. (February 17 and 24, 2014). This old man. *The New Yorker.*

446 "새로운 형태의 자유" Athill, D. (2008). *Somewhere towards the end.* New York, NY: W. W. Norton & Co.

448 "나한테 얘기하라고, 내 딸이 아니라!" Hawthorne, F. (May 9, 2012). Talk to me, not my daughter. *New York Times.*

451 미국의 요실금 환자 수는 1,300만 명에 달한다 Gorina, Y., Schappert, S., Bercovitz, A., Elgaddal, N., & Kramarow, E. (2014). Prevalence of incontinence among older Americans. *Vital and Health Statistics:* Series 3. 36, 1–33.

451 요실금에 관한 질문을 꺼내는 것은 …… 조심스럽다 Cochran, A. (2000). Don't ask, don't tell: the incontinence conspiracy. *Managed Care Quarterly.* 8(1), 44–52; Hahn, S. R., Bradt, P., Hewett, K. A., & Ng, D. B. (2017). Physician-patient communication about overactive bladder: results of an observational sociolinguistic study. *Public Library of Science One.* 12(11).

453 남녀를 또렷하게 구분하는 언어문화와 비대칭적 권한 분배 Beard, M. (2017). *Women and power: a manifesto.* New York, NY: Liveright Publishing.

455 "어려운 데다가 끔찍할 정도로 제한적인" Gawande, A. (2014). *Being mortal: medicine and what matters in the end.* New York, NY: Metropolitan Books.

환멸감

459 할 일도 없는데 퇴근하지 못하고 있는 Shaw, B. (2015). *Last night in the OR: a transplant surgeon's odyssey.* New York, NY: Plume.

460 꿈꾸던 의학과 …… 의료 제도 사이의 괴리 Rush, T., & Shannon, D. (2018). Why I left medicine: a young doctor's views on burnout and non-clinical transitions. *ReachMD.*

460 "매번 일이 밀려" Shannon, D. (December 2, 2015). Physician burnout: it's bad and getting worse, survey finds. *WBUR.*

460 "도망갈 방법도, 잠시 쉴 핑계도 없다" Personal e-mail communication, 2015.

460~461 번아웃 증후군에 빠져 있다 Shanafelt, T. D., Hasan, O., Dyrbye, L. N., Sinsky, C., Satele, D., Sloan, J., & West, C. P. (2015). Changes in burnout and satisfaction with work-life balance in physicians and the general US working population between 2011 and 2014. *Mayo Clinic Proceedings.* 90(12), 1600–1613.

461 학력과 근무 시간이 비슷한 Huynh, C., Bowles, D., Yen, M.S., Phillips, A., Waller, R., Hall, L., & Tu, S. P. (2018). Change implementation: the association of adaptive reserve and burnout among inpatient medicine physicians and nurses. *Journal of Interprofessional Care.*

461 "의료 체계 전체를 심각하게 퇴화시킨다" Shanafelt, T. D., Hasan, O., Dyrbye, L. N., Sinsky, C., Satele, D., Sloan, J., & West, C. P. (2015). Changes in burnout and satisfaction with work-life balance in physicians and the general US working population between 2011 and 2014. *Mayo Clinic Proceedings*. 90(12), 1600–1613.

461 일반의 4만 5,000명 내지 9만 명이 부족해질 것 Association of American Medical Colleges. (2015). *The complexities of physician supply and demand: projections from 2013 to 2025*. Washington, DC: Association of American Medical Colleges.

462 번아웃 증후군을 주제로 한 에세이 Hill, A. B. (March 23, 2017). Breaking the stigma—a physician's perspective on self-care and recovery. *New England Journal of Medicine*. 376, 1103–1105; Humikowski, C. A. (July 2018). Beyond burnout. *JAMA*. 320(4), 343–344; Métraux, E. (March 20, 2108). I experienced trauma working in Iraq: I see it now among America's doctors. *STAT*; Talbot, S. G., & Dean, W. (July 26, 2018). Physicians aren't "burning out." They're suffering from moral injury. *STAT*; Xu, R. (May 11, 2018). The burnout crisis in American medicine. *The Atlantic*.

우선순위

464 눈은 컴퓨터 스크린에 가 있는 등 Alkureishi, M. A., Lee, W. W., Lyons, M., Press, V. G., Imam, S., Nkansah-Amankra, A., et al. (2016). Impact of electronic medical record use on the patient-doctor relationship and communication: a systematic review. *Journal of General Internal Medicine*. 31(5), 548–560.

464 메뉴 확장 방식과 우리의 대화 진행 순서가 완전히 달라 Friedberg, M. W., Chen, P. G., Van Busum, K. R., Aunon, F. M., Pham, C. Caloyeras, J. P., et al. (2013). *Factors affecting physician professional satisfaction and their implications for patient care, health systems, and health policy*. Santa Monica, CA: RAND Corporation.

464 잡무 목록도 비례해 길어지고 Sinsky, C., Colligan, L., Li, L., Prgomet, M., Reynolds, S., Goeders, L., et al. (2016). Allocation of physician time in ambulatory practice: a time and motion study in four specialties. *Annals of Internal Medicine*. 165(11), 753–760; McDonald, C. J., Callaghan, F. M., Weissman, A., Goodwin, R. M., Mundkur, M., & Kuhn, T. (2014). Use of internist's free time by ambulatory care Electronic Medical Record systems. *JAMA Internal Medicine*. 174(11), 1860–1863.

464 중간관리자 Brown, D. F., Sullivan, A. F., Espinola, J. A., & Camargo, C. A. (2012). Continued rise in the use of mid-level providers in the US emergency departments,

1993–2009. *Internal Journal of Emergency Medicine*. 5(21); Liu, H., Robbins, M., Mehrota, A., Auerbach, D., Robinson, B. E., Cromwell, L. F., & Roblin, D. W. (2017). *Medical Care*. 55(1), 12–18.

464 **대리인** Soudi, A., & McCague, A. B. (2015). Medical scribes and electronic health records. JAMA. 314(5), 518–519; Yan, C., Rose, S., Rothberg, M. B., Mercer, M. B., Goodman, K., & Misra-Hebert, A. D. (2016). Physician, scribe, and patient perspectives on clinical scribes in primary care. *Journal of General Internal Medicine*. 31(9), 990–995.

467 **내과 전문의의 더 풍부한 임상 경험이 무색하게** Darves, B. (October 3, 2014). Compensation in the physician specialties: Mostly stable. *New England Journal of Medicine CareerCenter*.

468 **비효율적이면서 비싸기만 하고** Brownlee, S., Saini, V., & Cassel, C. (April 25, 2014). When less is more: issues of overuse in health care. Health Affairs Blog; Fuchs, V. R. (July 2104). Why do other rich nations spend so much less on healthcare? *The Atlantic*.

468 **접근권을 두고 뒤로 밀리는** U.S. National Library of Medicine. (2016). *Health Disparities*. Bethesda, MD: National Institutes of Health.

469 **발병률은 …… 낮아지고** Starfield, B., Shi, L., & Macinko, J. (2005). Contribution of primary care to health systems and health. *Milbank Quarterly*. 83(3), 457–302.

469 **자원 낭비를 자초하고 적지 않은 환자들을 다치게 하는** Smith, M., Saunders, R., Stuckhardt, L., & McGinnis, J. M. (Eds.). (2012). *Best care at lower cost: the path to continuously learning health care in America*. Washington, DC: National Academies Press.

471 **"정치, 경제의 밑바탕에 깔린다면"** Farmer, P. E., Nizeye, B., Stulac, S., & Keshavjee, S. (2006). Structural violence and clinical medicine. *PLOS Medicine*. 3(10), e449.

471 **미국 의료 체계** Stone, T. (December 6, 2016). Incremental fixes won't save the U.S. health care system. *Harvard Business Review*.

471 **비교해 훨씬 많은 돈을 병원비와 약값으로 들이붓지만** Papanicolas, I., Woskie, L. R., & Jha, A. K. (March 13, 2018). Health care spending in the United States and other high-income countries. *JAMA*. 319(10), 1024–1039.

471 **체계가 덜 잡혀 있거나** Parente, S. T. (2018). Factors contributing to the higher health care spending in the United States compared with other high-income countries. *JAMA*. 319(10), 988–990.

472 환자들에게 더 큰 도움이 되는 것부터 순서대로 차례를 매기라는 간단한 숙제 하나 못 하는 바람에 Yao, N., Ritchie, C., Camacho, F., & Leff, B. (2016). Geographic concentration of home-based medical care providers. *Health Affairs*. 35(8), 1404–1409; Lown, B. A., Rosen, J., & Marttila, J. (2011). An agenda for improving compassionate care: a survey shows about half of patients say such care is missing. *Health Affairs*. 30(9), 1772–1778.

472 온 사회의 …… 줄줄 새고 있다 Bodenheimer, T. (2006). Primary care—will it survive? *New England Journal of Medicine*. 355, 861–864; Beckman, H. (2015). The role of medical culture in the journey to resilience. *Academic Medicine*. 90(6), 710–712.

공감

473 꽁꽁 숨어 버렸다 Weinstein, M. S. (2018). Out of the straitjacket. *New England Journal of Medicine*. 378, 793–795.

10. 젊은 노인 - 이제는 달라질 때

나이

479 "유년기라는 아이디어가 존재하지 않았다" Aries, P. (1965). *Centuries of childhood: a social history of family life*. (R. Baldick, Trans.). (125). New York, NY: Vintage Books. (Original work published 1960).

479 쌍띠망*(sentiment)* …… 아이디어*(idea)* Ulanowicz, A. (2005). *Philippe Ariès*. Representing Childhood project, University of Pittsburgh.

480 이런 변화를 …… 인정하지 않았다 Acocella, J. (August 18, 2003). Little people. *New Yorker.*

482 인간의 뇌는 본능적으로 카테고리를 분류한다 Thomas, B. (December 26, 2012). Meaning on the brain: how your mind organizes reality. *Scientific American*.

482 "아직 오염되지 않은 새로운 용어" Laslett, P. (1991). *A fresh map of life: the emergence of the third age*. (3). Cambridge, MA: Harvard University Press.

483 **제3연령기와 제4연령기는 중복될 수 없었다** Laslett, P. (1991). *A fresh map of life: the emergence of the third age*. (4). Cambridge, MA: Harvard University Press.

483 **"삶의 정점"** Laslett, P. (1991). *A fresh map of life: the emergence of the third age*. (vii). Cambridge, MA: Harvard University Press.

484 **더 신경 써야 한다는** Gilleard, C., & Higgs, P. (2010). Aging without agency: theorizing the fourth age. *Aging & Mental Health*. 14(2), 121–128.

485 **특유의 생활양식과 흡사해** Gilleard, C., & Higgs, P. (2005). *Contexts of ageing: Class, cohort, and community*. Cambridge, UK: Polity Press.

486 **수치를 느낄 수준까지 모든 신체 기능이 쇠퇴하는 시기** Laslett, P. (1991). *A fresh map of life: the emergence of the third age*. (3–5). Cambridge, MA: Harvard University Press.

486 **"이 실패를 악용한 의료 제도"** Gilleard, C., & Higgs, P. (2010). Aging without agency: theorizing the fourth age. *Aging & Mental Health*. 14(2), 122.

486 **"그렇게 애지중지하는 사회, 문화 자본"** Gilleard, C., & Higgs, P. (2010). Aging without agency: theorizing the fourth age. *Aging & Mental Health*. 14(2), 123.

486 **"보건복지 정책이 얼마나 잘 받쳐 주는가"** Gilleard, C., & Higgs, P. (2010). Aging without agency: theorizing the fourth age. *Aging & Mental Health*. 14(2), 125.

486 **"당사자들의 현실 부정"** Laslett, P. (1991). *A fresh map of life: the emergence of the third age*. (viii). Cambridge, MA: Harvard University Press.

변화와 병 사이

492 **모든 노인을 환자로 간주하는** Estes, C. L., & Binney, E. A. (1989). The biomedicalization of aging: dangers and dilemmas. *Gerontologist*. 29(5), 587–596.

492 **장수는 축복이자 능력** Hareven, T. R. (1976). The last stage: historical adulthood and old age. *Daedalus*. 105(4), 13–27.

494 **"정상과 병리의 양극화 패러다임"** Cole, T. (1992). *The journey of life: a cultural history of aging in America*. (202). Cambridge, UK: Cambridge University Press.

494 **늙음 자체가 병이지** H. T. Riley (Ed.). (1874). Act III, scene 1 in *The comedies of Terence: Phormio*. (George Colman, Trans.). New York, NY: Harper & Bros.

자유

503 **"죽는 게 무섭지 않다우"** Delany, S. L., Delany, E., & Hearth, A. H. (1994). *Having* *our say: the Delany sisters' first 100 years*. New York, NY: Dell Publishing.

504 "아무리 충격적인 사건 소식에도 별 감흥을 못 느낀다" Angell, R. (February 17 and 24, 2014). This old man. *New Yorker.*

504 "인생을 오래 살았고 타인의 삶에도 두루 감응한" Sacks, O. (July 6, 2013). The joy of old age. (No kidding.) *New York Times*.

505 깨알 공격 Sue, D. W. (2010). *Microaggressions and marginality: manifestation, dynamics, and impact*. (229–233). Hoboken, NJ: John Wiley & Sons.

506 삶에 대한 만족도가 가장 낮은 시기 Stone, A. A., Schwartz, J. E., Broderick, J. E., & Deaton, A. (2010). A snapshot of the age distribution of psychological well-being in the United States. *Proceedings of the National Academy of Sciences of the United States of America*. 107(22), 9985–9990.

507 만족도 그래프가 알파벳 대문자 U 모양 Steptoe, A., Deaton, A., & Stone, A. A. (2018). Psychological wellbeing, health, and ageing. *Lancet*. 385(9968), 640–648; Rock, L. Life gets better after 50: why age tends to work in favour of happiness. (May 5, 2018). *Guardian*.

507 20대 연령층과 비슷한 수준으로 자신의 삶에 만족한다 Blanchflower, D. G., & Oswald, A. J. (2008). Is well-being U-shaped over the life cycle? *Social Science & Medicine*. 66(8), 1733–1749.

507 불안감 그래프는 10대부터 계속 증가하다가 Stone, A. A., Schwartz, J. E., Broderick, J. E., & Deaton, A. (2010). A snapshot of the age distribution of psychological well-being in the United States. *Proceedings of the National Academy of Sciences*. 107 (22) 9985–9990.

507 무한한 자유의 세상이 펼쳐진다 Naimon, D., & Ruefle, M. (June 3, 2015). *Between the Covers podcast*. (00:29).

509 "완전히 다른 생각을 가진 친구들이 오히려 더 많았다네" Plato. (1943). *Plato's The Republic*. New York: Books, Inc.

수명

516 형편도 좋아져서, …… 빈곤율은 …… 낮다 Engelhardt, G. V., & Gruber, J. (2006). Social security and the evolution of elderly poverty. In *Public Policy and the Income Distribution*, A. J. Auerbach, D. Card, & J. M. Quigley (Eds.) (259–287). New York, NY: Russell Sage Foundation; DeNavas-Walt, C., Proctor, B. D., & Smith, J. C. (2014).

Income and Poverty in the United States: 2013. Current Population Report P60-249. Washington, DC: U.S. Census Bureau.

517 기능장애로 다 늙어서 고생하는 인구 역시 줄고 있다 Chen, Y., & Sloan, F. A. (2015). Explaining Disability Trends in the U.S. Elderly and Near-Elderly Population. *Health Services Research*. 50(5), 1528–1549.

517 노인의 수가 늘면 늘수록 Fischer, D. H. (1978). *Growing old in America*. Oxford, UK: Oxford University Press.

518 "생명 주기 중 지금 올라 있는 단계" Shoven, J. B. (2007). New age thinking: alternative ways of measuring age, their relationship to labor force participation, government policies and GDP. *National Bureau of Economic Research*.

518 "질병압축" Fries, J. F. (1980). Aging, natural death, and the compression of morbidity. *New England Journal of Medicine*. 303(3), 130–135.

518 고령 노인 Vernon, S. (June 29, 2017). What age is considered "old" nowadays? *Money Watch*.

519 더 오래 건강하게 살게 Fried, L. P. (2016). Investing in health to create a third demographic dividend. *Gerontologist*. 56(2), S167–S177.

520 10퍼센트에 근접할 정도 Thane, P. (2005). *A history of old age*. Oxford, UK: Oxford University Press.

521 사람이라는 동물종의 수명에 변화가 없었다 Gaylord, S. A., & Williams, M. E. (1994). A brief history of the development of geriatric medicine. *Journal of the American Geriatrics Society*. 42(3), 335–340.

522 블루 존 Buettner, D. (2005). The secrets of long life. *National Geographic*.

522 속세 사람들에 비해 장수를 누린다 Ducharme, J. (February 15, 2018). You asked: do religious people live longer? *Time*.

524 122세를 넘어 생존한 인간 Deiana, L., Pes, G. M., Carru, C., Ferrucci, L., Francheschi, C., & Baggio, G. (2008). The "oldest man on the planet." *Journal of the American Geriatrics Society*. 50(12), 2098–2099; Robine, J. M., & Allard, M. (1998). The oldest human. *Science*. 279(5358), 1834–1835.

525 "해도 되는 일인지 해서는 안 되는 일인지 고민할 짬은 없는" Wang, J. (January 23, 2018). Jeff Bezos gains $2.8 billion after Amazon Go's debut, reaches highest net worth ever. *Forbes*; Silverman, S. (January 24, 2018). Retrieved from https://twitter.com/SarahKSilverman/status/956166109585063937.

어린이 보호 포장

526 〈브루클린의 멋진 주말〉 Burch, C. (Producer), & Loncraine, R. (Director). (2014). *Five flights up.* [Motion Picture]. United States: Lascaux; Latitude; Revelations.

527 약화 사고로 인한 어린이 사망 Rodgers, G. B. (2002). The effectiveness of child-resistant packaging for aspirin. *Archives of Pediatrics and Adolescent Medicine.* 156(9), 929–933.

527 중독예방을 위한 포장법 US Consumer Product Safety Commission. (2005). *Poison prevention packaging: a guide for healthcare professionals.* Washington, DC.

527 종전의 절반 정도로 Rodgers, G. B. (1996). The safety effects of child-resistent packaging for oral prescription drugs. Two decades of experience. *JAMA.* 275(21), 1661–1665.

528 유소아에게만 시행하던 …… 확대하도록 United States Environmental Protection Agency. (February 27, 1996). *PRN 96-2: changes to child-resistant packaging (CRP) testing requirements.*

529 관절염 진단 Barbour, K. E., Helmick, C. G., Boring, M., Zhang, X., Lu, H., & Holt, J. B. (2016). Prevalence of doctor-diagnosed arthritis at state and county levels—United States 2014. *Morbidity and Mortality Weekly Report.* 65(19), 489–494.

530 뚜껑을 열기 쉬운 것 How to open a child proof pill container. (2018) *wikiHow;* Whitson, G. (January 1, 2013). Turn a childproof pill bottle in an easy-open one. *lifehacker.*

531 의약품 시장의 최대 소비층인 고령 성인 집단 United States Consumer Product Safety Commission. (October 4, 2008). *Poison prevention packaging act.* (4). (Originally published December 30, 1970).

노년기

539 "늙음이란, …… 못지않은 기회이니" Longfellow, H. W. (1866). *The poetical works of Henry Wadsworth Longfellow.* (210–314). Boston, MA: Ticknor and Fields.

11. 노인- 유년기, 성년기, 그다음에 노년기

특별한 노인

542 성공적 노화를 주제로 한 연구 Rowe, J. W., & Kahn, R. L. (1997). Successful aging. *Gerontologist*. 37(4), 433–440.

543 **eugeria** Aristotle. (1926). Book 1, Chapter 5 in *Rhetoric*. J. H. Freese, Trans. Cambridge, UK: Harvard University Press.

절망 속에서 희망을 발견하다

555 건물 한 층을 통째로 전세 내 고령 노인 환자 전용으로 시범운영한 Barnes, D. E., Palmer, R. M., Kresevic, D. M., Fortinsky, R. H., Kowal, J., Chren, M. M., & Landefeld, C. S. (2012). Acute care for elders units produced shorter hospital stays at lower cost while maintaining patients' functional status. *Health Affairs*. 31(6), 1227–1236; Flood, K. L., & Allen, K. R. (2013). ACE units improve complex patient management. *Today's Geriatric Medicine*. 6(5), 28; Landfeld, C. S., Palmer, R. M., Kresevic, D. M., Fortinsky, R. H., & Kowal, J. (1995). A randomized trial of care in a hospital medical unit especially designed to improve the functional outcomes of acutely ill older patients. *New England Journal of Medicine*. 332(20), 1338–1344; Palmer, R. M., Landefeld, C. S., Kresevic, D., & Kowal, J. (1994). A medical unit for the acute care of the elderly. *Journal of the American Geriatrics Society*. 42(5), 545–552.

556 우리 병원도 그 대열에 합류 Clark, C. (April 25, 2013). If ACE units are so great, why aren't they everywhere? *HealthLeaders*.

565 "고령 친화적 의료 체계" Institute for Healthcare Improvement. (2018). *Age-friendly health systems*.

565 노년층의 니즈를 충족시켜 주는 체계 World Health Organization. (2018). *Ageing and life-course: health systems that meet the needs of older people*.

인간의 값어치

569 저축에 더욱 열심 Eisenberg, R. (March 26, 2018). Are retirees spending too little? *Next Avenue;* Ghilarducci, T. (March 2, 2018). America's unusual high rates of old-age poverty and old-age work. *Forbes*.

569 갈수록 더 가난해지고 National Council on Aging. (2016). Economic security for seniors facts.

569 은퇴하면 2년 이내에 Gallegos, D. (February 11, 2018). Why so many men die at sixty-two. *Wall Street Journal*.

569 아직 일을 하고 있는 Maestas, N., Mullen, K. J., Powell, D. von Wachter, T., & Wenger, J. B. (2017). Working conditions in the United States: results of the 2015 American working conditions survey. Rand Corporation.

569 노동인구 집단 Toosi, M., & Torpey, E. (May 2017). Older workers: labor force trends and career options. Bureau of Labor Statistics.

569 노년층의 실업률을 낮추면서도 Jaffe, I. (March 28, 2017). Older workers find age discrimination built right into some job websites. NPR; Palmer, K. (n.d.) Ten things you should know about age discrimination. *AARP: Work Life Balance*.

570 "필수적인" Parker, S. (2013). Medicine and care for the elderly in *Kill or cure: an illustrated history of medicine*. (279). New York, NY: Dorling Kindersley Ltd.

571 그런 통념도 인정하면서 Burstein, S. R. (1950). Lillien Jane Martin—Pioneer in old age rehabilitation. *Medicine Illustrated*. 4(2), 82–90; Burstein, S. R. (1950). Lillien Jane Martin—Pioneer in old age rehabilitation. *Medicine Illustrated*. 4(3), 153–158.

사랑받는 사람

576 "적극적인 병리" Hayes, Bill. (2017). *Insomniac city: New York, Oliver, and me*. New York, NY: Bloomsbury.

사는 곳

582 인간의 행복에 관한 최장 기간 연구 Waldinger, R. (November 2015). What makes a good life? Lessons from the longest study on happiness. *TEDxBeaconSteet*.

583 하나는 사회 참여이고 다른 하나는 의미 May, D. R., Gilson, R. L., Harter, L. M. (2010). The psychological conditions of meaningfulness, safety, and availability and the engagement of the human spirit at work. *Journal of Occupational and Organizational Psychology*. 77(1), 11–37; Peterson, C., Park, N., & Seligman, M. E. (2005). Orientations to happiness and life satisfaction: the full life versus the empty life. *Journal of Happiness Studies*. 6(1), 25–41.

583 불행의 감정뿐만 아니라 Perissinotto, C. M., Stikacic Cenzer, I., & Covinsky, K. E. (2012). Loneliness in older persons: a predictor of functional decline and death. *Archives of Internal Medicine*. 172(14), 1078–1083.

583 하루에 열다섯 개비의 담배 흡연량 Connect2affect. (n.d.). About isolation. AARP.

583 외로움은 사망의 위험을 26퍼센트 높인다 Holt-Lunstad, J., Smith, T. B., Baker, M., Harris, T., & Stephenson, D. (2015). Loneliness and social isolation as risk factors for mortality: a meta-analytic review. *Perspectives on Psychological Science*. 10(2), 227–237.

마음으로 응원하다

591 집에서 숨을 거두는 게 당연한 Davies, D. (2005). *A brief history of death*. Malden, MA: Blackwell Publishing.

592 여섯 명 중 다섯 명이 병원에서 사망 선고를 받았고 Institute of Medicine (US) Committee on Care at the End of Life; Field, M. J., & Cassel, C. K. (Eds.). (1997). Approaching death: improving care at the end of life. Washington, DC: National Academies Press; 2, A profile of death and dying in America.

592 세 명 중 한 명꼴로 자택에서 최후를 준비한다 Gleckman, H. (February 6, 2013). More people are dying at home and in hospice, but they are also getting more intense hospital care. *Forbes*; Teno, J. M., Gozalo, P. L., & Bynum, J. P. (2013). Change in end-of-life care for Medicare beneficiaries: site of eath, place of care, and health care transitions in 2000, 2005, and 2009. *JAMA*. 309(5), 470–477.

첨단기술

595 공급과 수요가 정확하게 맞아떨어진다 Poo, A. (2015). *The age of dignity: Preparing for the elder boom in a changing America*. New York, NY: New Press.

597 이런 양육 방식이 …… 부정적인 영향을 미친다 Walton, A. G. (April 16, 2018). How too much screen time affects kids' bodies and brains. *Forbes*.

597 순간의 만족만 갈구하는 (n.d.). Health and technology. Digital Responsibility; Cook, J-R. (March 29, 2016). Technology doesn't ruin health, people do. *Zócalo Public Square*; Pew Research Center (April 2018). The Future of Well-Being in a Tech-Saturated World. *Pew Research*.

603 "자아 수치화" 운동 Wolf, G. (n.d.). Quantified self. *Antephase*; Wolf, G. (June 2010). The quantified self. *TED@Cannes*.

606 능숙하게 다루는 노인이 급증하는 현상 Kuchler, H. (July 30, 2017). Silicon Valley ageism: "They were, like, wow, you use Twitter?" *Financial Times*.

의미 있는 인생

608 나이 일흔다섯이 되면 의료 조치 대부분을 중단하겠다고 Emanuel, E. J. (October 2014). Why I hope to die at 75. *Atlantic*.

609 다른 많은 의사들 역시 Murray, K. (March–April 2013). How doctors die. *Saturday Evening Post*; Byock, I. (June 30, 2016). At the end of life, what would doctors do? *New York Times*; Chen, P. (2007) *Final exam: a surgeon's reflections on mortality*. New York, NY: Alfred A. Knopf.

610 누구나 100세가 되기 전에 언제든 치매에 걸린다는 Remnick, D., & Emmanuel, E. (July 14, 2017). The man who would be king (of Mars), and Trumpcare revisited. *New Yorker Radio Hour*.

613 "그들을 무용지물의 투명인간 취급하는" Fried, L. P. (June 1, 2014). Making aging positive. *The Atlantic*.

612 노인들의 인생 목표 Clark, M. (1976). The anthropology of aging, a new area for studies of culture and personality. *Gerontologist*. 7(1), 55–64; Perkinson, M. A., & Solimeo, S. L. (2014). Aging in cultural context and as narrative process: conceptual foundations of the anthropology of aging as reflected in the works of Margaret Clark and Sharon Kaufman. *Gerontologist*. 54(1), 101–107.

615 "나이가 들어도 자기 자신으로 존재하는 것" Kaufman, S. (1986). The ageless self: sources of meaning in later life. (6). Madison, WI: University of Wisconsin Press.

상상력

618 21세기를 …… 2등 시민의 특징 Douthat, R. (August 8, 2018). Oh, the humanities! *New York Times*.

노인의 몸

627 후천적으로 장애인이 된 사람들 Albrecht, G. L., & Devlieger, P. J. (1999). The disability paradox: high quality of life against all odds. *Social Science & Medicine*. 48(8), 977–988; Viemero, V., & Krause, C. (1998). Quality of life in individuals with physical disabilities. *Psychotherapy and Psychosomatics*. 67(6), 317–322.

628 생활공간 Brown, C. J., & Flood, K. L. (2013). Mobility limitations in the older patient: a clinical review. *JAMA*.

629 사회적 고립과 외로움 Perissinotto, C. M., Cenzer, I. S., & Covinsky, K. E. (2012).

Loneliness in older persons: a predictor of functional decline and death. *Archives of Internal Medicine*. 172(14), 1078–1083.

629 홀로 일주일을 버티는 고독 체험 프로젝트 …… 한 청년이 도전 (September 21, 2017). The Loneliness Project. *The Campaign to End Loneliness*; Worland, J. (March 18, 2015). Why loneliness may be the next big public-health issue. *Time*.

분류

634 무슨 백신을 언제 접종할지 Centers for Disease Control. (2018). *Recommended immunization schedule for adults aged 19 years or older, United States 2018*. Atlanta, GA: U.S. Department of Health & Human Services.

635 젊은 노인과 고령 노인 Marcum, C. S. (2011). Age differences in daily social activities. *RAND Center for the Study of Aging*.

635 늙은 사람에게 치명적인 감염병 Aspinall, R., & Lang, P. O. (2014). Vaccine responsiveness in the elderly: best practice for the clinic. *Expert Review of Vaccines*. 7, 885–894.

636 노년기 면역계 자체를 강화 Del Guidice, G., Weinberger, B., & Grubeck-Loebenstein, B. (2015). Vaccines for the elderly. *Gerontology*. 61, 203–210.

637 장기 기능만 떨어뜨리고 심하면 목숨도 앗아 가는 Suskind, A., & Cox, L. C. (May 6–10, 2016). AUA 2016: baseline functional status predicts postoperative treatment failure in nursing home residents undergoing transurethral resection of the prostate (turp)-session highlights. *UroToday*.

637 림프종, 유방암, 폐암 Balducci, L. (2006). Management of cancer in the elderly. *Oncology*. 20(2), 135–143.

637 급성 골수성 백혈병 American Cancer Society. (2014). *Treatment response rates for acute myeloid leukemia*. Retrieved from https://www.cancer.org/cancer/acute-myeloid-leukemia/treating/response-rates.html.

637 고령 노인의 기능 감퇴 정도는 젊은 노인에 비해 심하다 Ansah, J. P., Malhotra, R., Lew, N., Chiu, C., Chan, A., Bayer, S., & Matchar, D. B. (2015). Projection of young-old and old-old with functional disability: Does accounting for the changing educational composition of the elderly population make a difference? *PLOS One*. 10(5).

637 기능장애가 더 심하고 기대 수명이 더 짧은 Lee, S. J., Leipzig, R. M., & Walter,

L. C. (2013). "When will it help?" Incorporating lagtime to benefit into prevention decisions for older adults. *JAMA*. 310(23), 2609–2610.

638 아무 이점 없이 Brownlee, S., Saini, V., & Cassel, C. (April 25, 2014). When less is more: issues of overuse in health care. *Health Affairs*. Retrieved from https://www.healthaffairs.org/do/10.1377/hblog20140425.038647/full/.

638 골반관절치환수술, 무릎관절치환수술 Skinner, D., Tadros, B. J., Bray, E., Elsherbiny, M., & Stafford, G. (2016). Clinical outcome following primary total hip or knee replacement in nonagenarians. *Annals of the Royal College of Surgeons of England*. 98(4), 258–264.

638 대동맥판막치환수술 Barreto-Filho, J. A., Wang, Y., Dodson, J. A., Desai, M. M., Sugeng, L., Geirsson, A., & Krumholz, H. M. (2013). Trends in aortic valve replacement for elderly patients in the United States, 1999–2015 2011. *JAMA*. 310(19), 2078–2085.

638 현대 사회의 의료 체계가 너무나 엉망진창이라는 Gawande, A. (January 23, 2017). The heroism of incremental care. *New Yorker*.

12. 고령 노인 - 그럼에도, 변화는 시작되었다

남과 여

664 여성에게만 일정한 미의 기준을 Sontag, S. (1997). Chapter 1: the double standard of aging. In *The other within us: feminist explorations of women and aging*, M. Pearsall (Ed.). New York, NY: Routledge.

교육

674~675 지난 세기에 이 나라 의료 체계를 지배했던 인사들 Association of American Medical Colleges. (2018). *Curriculum reports*. Retrieved from https://www.aamc.org/initiatives/cir/curriculumreports/.

677 순회할 희망 진료과 목록에 노인의학과를 넣어 Diachun, L., Van Bussel, L., Hansen, K., Charise, A., & Rieder, M. (2010). "But I see old people everywhere": Dispelling the myth that eldercare is learned in nongeriatric clerkships. *Academic Medicine*. 85(7), 1221–1228.

677 의사와 노인 환자의 사이를 멀어지게 만드는 Bagri, A. S., MD, & Tiberius, R.

(2010). Medical student perspectives on geriatrics and geriatric education. *Journal of American Geriatrics Society*. 58, 1994–1999.

678 치료가 무익했다고 혹은 오히려 해가 되었다고 Butler, K. (2013). *Knocking on heaven's door: the path to a better way of death*. New York, NY: Scribner; Zitter, J. N. (2017). *Extreme measures: finding a better path to the end of life*. New York, NY: Avery.

정신적 탄성

682 마우스 클릭 몇 번으로 사람도 죽이는 Eisenstein, L. (2018). To fight burnout, organize. *New England Journal of Medicine*. 379, 509–511.

686 "모자람을 불러온 원초적 모자람" Cole, T. (March 21, 2012). The White-Savior Industrial Complex. *Atlantic*.

688 "고령에, 몸이 불편하고" Fadiman, A. (2017). *The wine lover's daughter: a memoir*. New York, NY: Farrar, Straus and Giroux.

태도

688 《그리니치빌리지에서 온 편지》 Gornick, V. (2014). Letter from Greenwich Village. In J. J. Sullivan (Ed.), *The best American essays* 2014. (61–62). Boston, MA: Houghton Mifflin Harcourt Publishing Company.

690 "민폐가 되지 않으면서 나 자신에게 가장 편리한 방식으로" Athill, D. (2009). Chapter 15. *Somewhere towards the end*. (1655). Kindle ed. New York, NY: W. W. Norton & Company.

693 고령 인구 급증 Stone, A. A., Schwartz, J. E., Broderick, J. E., & Deaton, A. (2010). *Proceedings of the National Academy of Sciences of the United States of America*. (107)22, 9985–9990.

693 연령차별주의도 심해졌다 World Health Organization. (2018). Ageing and life-course.

693 평소 부지런히 관리하는 습관은 남녀노소를 막론하고 모든 이의 건강을 증진한다 Westerhof, G. J., Miche, M., Brothers, A. F., Barrett, A. E., Diehl, M., Montepare, J. M., et al. (2014). The influence of subjective aging on health and longevity: a meta-analysis of longitudinal data. *Psychology and Aging*, 29, 793–802; Kim, E. S., Moored, K. D., Giasson, H. L., & Smith, J. (2014). Satisfaction with aging and use of preventive health services. *Preventive Medicine*, 69, 176–180.

693 늙어 감을 긍정적으로 수용하는 사람 Levy, B. R., & Myers, L. M. (2004). Preventive health behaviors influenced by self-perceptions of aging. *Preventive Medicine*. 39(3), 625–629.

694 늙어 감에 대한 보다 긍정적인 자세 Levy, B. R., Pilver, C., Chung, P. H., & Slade, M. D. (2014). Subliminal strengthening: improving older individuals' physical function over time with an implicit-age-stereotype intervention. *Psychological Science*. 25(12), 2127–2135.

694 자기최면 Sargent-Cox, K. A., Anstey, K. J., & Luszcz, M. A. (2014). Longitudinal change of self-perceptions of aging and mortality. *Journals of Gerontology, Series B: Psychological Sciences and Social Sciences*. 69, 168–173.

694 연령차별주의가 성차별이나 인종차별보다 흔하고 Carretta, H. J., Sutin, A. R., Stephan, Y., & Terracciano, A. (2015). Perceived discrimination and physical, cognitive, and emotional health in older adulthood. *American Journal of Geriatric Psychiatry: Official Journal of the American Association for Geriatric Psychiatry*. 23(2), 171–179.

건축 디자인

701 환자 중심 디자인 Reiling, J., Hughes, R. G., & Murphy, M. R. (2008). Chapter 28: The impact of facility design on patient safety in R. G. Hughes (Ed.) *Patient safety and quality: an evidence-based handbook for nurses*. Rockville, MD: Agency for Healthcare Research and Quality; Siddiqui, Z. K., Zuccarelli, R., Durkins, N., Wu, A. W., & Brotman, D. J. (2015). Changes in patient satisfaction related to hospital renovation: experience with a new clinical building. *Journal of Hospital Medicine*. 10(3), 165–171.

건강

703 "……사회 문제까지" Ribera Casaro. J. M. (2012). The history of geriatric medicine. The present: problems and opportunities. *European Geriatric Medicine*. 3, 230.

시각

707 "훗날 어떻게 늙어 갈지 충분히 상상된다" Dovey, C. (October 1, 2015). What old age is really like. *New Yorker.*

707 우리가 흔히 객관적 현실이라 믿는 것들 Berger, J. (1972). *Ways of seeing*. London, UK: British Broadcast Corporation.

714 랑콤의 얼굴 Hughes, S. (July 9, 2016). Isabella Rossellini: "There is no work between 45 and 60—you're in limbo." *Guardian*.

715 "감탄해 칭송하게 되는" Merriam-Webster. (n.d.). Definition of beauty. Retrieved from https://www.merriam-webster.com/dictionary/beauty.

13. 초고령 노인 - 잘 죽는 최선의 방법

자연스러운 삶과 죽음

724 "병원이 사라 토머스 모노폴리에게 시한부 선고를 내렸을 때 그녀는" Gawande, A. (August 2, 2010). Letting go. *New Yorker.*

728 고령으로 인한 더 큰 신체 변화 Ritch, A. (2012). History of geriatric medicine: from Hippocrates to Marjory Warren. *Journal of the Royal College of Physicians of Edinburgh*. 42(4), 368–374.

728 "오로지 많은 나이 때문에 죽는 사람은 거의 없다" Rush, B. (1793). Account of the state of the body and mind in old age, with observations on its diseases and their remedies in *Medical Inquiries and Observations*, 2, Butterfield (Ed.). Edinburgh, UK: Sinclair.

729 "환자 중심 의료" What is patient-centered care? (January 1, 2017). *NEJM Catalyst.*

733 의술에 매달리지는 않겠다 Pelham, B. (April 2004). Affective forecasting: the perils of predicting future feelings. *American Psychological Association*.

그냥 한 사람

737 '환자 중심 의료'라는 캐치프레이즈 Bardes, C. L. (2012). Defining "patient-centered medicine." *New England Journal of Medicine*. 366, 782–783.

738 "기계가 작동시키는" Diski, J. (2016). *In gratitude*. New York, NY: Bloomsbury.

742 공감의 뉘앙스를 어떤 풍기는 말이나 동작 Newton, B. W., Savidge, M. A., Barber, L., Cleveland, E., Clardy, J., Beeman, G., & Hart, T. (2000). Differences in medical students' empathy. *Academic Medicine*. 75(12), 1215.

742 반면에 현역 의사들의 경우 …… 오히려 감정이 무뎌진다 Neumann, M.,

Edelhauser, F., Tauschel, D., Fischer, M. R., Wirtz, M., Woopen, C., et al. (2011). Empathy decline and its reasons: a systematic review of studies with medical students and residents. *Academic Medicine*. 86(8), 996–1009.

745 “환자를 잘 돌보기 위해서는 먼저 환자를 염려하는 마음이 있어야 한다” Peabody, F. W. (1927). The care of the patient. *JAMA*. 88(12), 877–882.

747 **전략에서 벗어나지 않는다** 이런 전략의 대표 사례로, *Race Forward*의 활동이나 다음의 기사를 들 수 있다: Murphy, T. (2017). A new way to look at race. *Brown Alumni Magazine*.

선택의 결과

752 “보통의 의학” Kaufman, S. R. (2015). *Ordinary medicine: extraordinary treatments, longer lives, and where to draw the line*. Durham, NC: Duke University Press.

759 영양공급 튜브를 다시 넣을 수는 없었다 Finucane, T. E., Christmas, C., & Leff, B. A. (2007). Tube feeding in dementia: how incentives undermine health care quality and patient safety. *Journal of American Medical Directors Association*. 8(4), 205–208; Dzeng, E., Colaianni, A., Roland, M., Levine, D., Kelly, M. P., Barclay, S., & Smith, T. J. (2016). Moral distress amongst American physician trainees regarding futile treatments at the end of life: a qualitative study. *Journal of General Internal Medicine*. 31(1), 93–99.

762 나머지 대다수는 그냥 자연의 섭리에 따르게 두는 Friend, T. (April 3, 2017). Silicon Valley's quest to live forever. *New Yorker*.

763 “겨뤄 이기고 싶은 마음은 추호도 없다” Lively, P. (October 5, 2013). So this is old age. *Guardian*.

764 스위스로 …… 안락사가 합법인 그곳 Westcott, B. (May 3, 2018). 104-year-old Australian scientist to fly to Switzerland to end life. CNN.

766 “횟수를 세다가 잊을 정도로 온종일 꾸벅꾸벅 조는 게 일이다” Hall, D. (2018). Notes nearing ninety. *Narrative Magazine*.

가장 어려운 첫 걸음, 받아들이기

771 왕진 의료가 …… 더 나은 방식 Leff, B., Carlson, C. M., Saliba, D., & Ritchie, C. (2015). The invisible homebound: setting quality-of-care standards for home-based primary and palliative care. *Health Affairs*. 34(1), 21–29.

772 존과 가족분들이 내리는 결정이 바로 정답 Sudore, R. L. (2009). A piece of my mind. Can we agree to disagree? *JAMA*. 302(15), 1629–1630.

죽음

779 "삶의 일부임을" Kübler-Ross, E. (1970). On death and dying. New York, NY: Collier Books/Macmillan Publishing Co.

14. 못다 한 이야기

780 《예순다섯》 Fox Gordon, E. On sixty-five. (2014). In Sullivan, J. J. and Atwan, R. (Ed.). *Best American essays 2014*. New York, NY: Houghton-Mifflin Harcourt.

781 "복구 기회조차 없는" Grumbach, D. (1991). *Coming into the end zone: a memoir*. New York, NY: W. W. Norton & Co.

782 "현실을 냉정하게 판단할 때" Athill, D. (2008). *Somewhere towards the end*. New York, NY: W. W. Norton & Co.

782 "최종 결정권을 쥔 게" Lively, P. (October 5, 2013). So this is old age. *Guardian*.

783 "이것은 엄청나게 혼란스러운 일" Lessing, D. (May 10, 1992). *Sunday Times*.

783 "이게 요즘 나의 가장 큰 고민이다" Sarton, M. (1997). *At eighty-two: a journal*. New York, NY: W. W. Norton & Co.

784 "뭘 하든" Athill, D. (2008). *Somewhere towards the end*. New York, NY: W. W. Norton & Co.

784 "끝내주게 잘 지내고 있다" Angell, R. (2015). *This old man: all in pieces*. New York, NY: Anchor Books.

785 "고통스럽고 치욕스러우며 고독하기 때문" Butler, R. N. (1975). *Why survive?: Being old in America*. Baltimore, MD: Johns Hopkins University Press.

마침표

789 "강경한 어조" Mailhot, T. M. (2018). *Heart berries: a memoir.* Berkeley, CA: Counterpoint.

15. 기회는 열려 있다

791 절정의 순간 Frederickson, B. L., & Kanheman, D. (1993). Duration neglect in retrospective evaluations of affective episodes. *Journal of Personality and Social Psychology.* 65(1), 45–55; Kahneman, D. (2000). Evaluation by moments, past and future. In *Choices, values, and frames,* D. Kahneman, & A. Tversky (Eds.). (693). Cambridge, UK: Cambridge University Press.

참고 문헌

Adichie, C. N. (2009). The danger of the single story. *TEDGlobal*. Retrieved from https://www.ted.com/talks/chimamanda_adichie_the_danger_of_a_single_story/transcript?language=en.

Angell, R. (2015). *This old man: all in pieces*. New York: Anchor Books.

Applewhite, A. (2016). *This chair rocks: a manifesto against ageism*. New York: Networked Books.

Aries, P. (1982). *The hour of our death: the classic history of western attitudes toward death over the last one thousand years*. New York: Vintage Books.

Athill, D. (2008). *Somewhere towards the end*. New York: W. W. Norton & Co.

Barnes, J. (2008). *Nothing to be frightened of.* New York: Random House.

Bayley, J. (1998). *Elegy for Iris: a memoir of Iris Murdoch*. London: Duckworth Overlook.

Beard, M. (2017). *Women & power: a manifesto*. New York: Liveright Publishing.

Berger, J. (1972). *Ways of seeing*. London: Penguin Books.

Blythe, R. (1979). *The view in winter: reflections on old age*. London: Penguin Books.

Booth, W. C. (1992). *The art of growing older: writers on living and aging*. Chicago: University of Chicago Press.

Brownlee, S. (2007). *Overtreated: why too much medicine is making us sicker and poorer.* New York:Bloomsbury.

Buettner, D. (2008). *The blue zones: nine lessons for living longer from the people who've lived the longest*. Washington, DC: National Geographic Society.

Butler, K. (2013). *Knocking on heaven's door: the path to a better way of death*. New York: Scribner.

Butler, R. N. (1975). *Why survive?: being old in America*. Baltimore: Johns Hopkins niversity Press.

Carstensen, L. (2011). *A long bright future*. New York: PublicAffairs.

Chast, R. (2014). *Can't we talk about something more pleasant?: a memoir.* New York: Bloomsbury.

Cicero, M. T. (1927). *De senectute, de amicitia, de divinatione*. London: W. Heinemann, G. P. Putnam's Sons.

Cole, T. (1992). *The journey of life*. Cambridge, UK: Cambridge University Press.

Cole, T. R., & Winkler, M. G. (Eds.). (1995). *The oxford book of aging: reflexions on the journey of life*. Oxford, UK: Oxford University Press.

Crenshaw, K., Gotanda, N., Peller, G., & Thomas, K. (Eds.). (1995). *Critical race theory: the key writings that formed the movement*. New York: New Press.

de Beauvoir, S. (1996). *The coming of age*. (P. O'Brian, Trans.). New York: W. W. Norton & Co. (Original work published 1970).

Desmond, M. (2016). *Evicted: poverty and profit in the American city.* New York: Crown Publishers.

Didion, J. (2005). *The year of magical thinking*. New York: Alfred A. Knopf.

Ehrenreich, B. (2018). *Natural causes: an epidemic of wellness, the certainty of dying, and killing ourselves to live longer.* New York: Hachette Book Group.

Ernaux, A. (1991). *A woman's story.* (T. Leslie, Trans.). New York: Seven Stories Press. (Original work published 1988).

Fischer, D. H. (1978). *Growing old in America*. Oxford, UK: Oxford University Press.

Foucault, M. (1994). *The birth of the clinic: an archaeology of medical perception*. (A. Sheridan, Trans.). New York: Vintage Books. (Original work published 1963).

Friedan, B. (1993). *The fountain of age*. New York: Simon & Schuster.

Gawande, A. (2015). *Being mortal: medicine and what matters in the end*. New York: Picador.

Gillick, M. R. (2017). *Old and sick in America: the journey through the health care system.* Chapel Hill, NC: University of North Carolina Press.

Groopman, J. (2007). *How doctors think*. New York: Houghton Mifflin Co.

Grumbach, D. (2014). *Coming into the end zone: a memoir.* New York: Open Road.

Hall, D. (2014). *Essays after eighty*. New York: Houghton Mifflin Harcourt.

Hall, D. (2018). *A carnival of losses: notes nearing ninety*. New York: Houghton Mifflin Harcourt.

Heilbrun, C. (1997). *The last gift of time: life beyond sixty*. New York: Ballantine Books.

Hemingway, E. (1952). *The old man and the sea*. New York: Scribner.

Kaufman, S. R. (1986). *The ageless self: sources of meaning in late life*. Madison: University of Wisconsin Press.

Kaufman, S. R. (2015). *Ordinary medicine: extraordinary treatments, longer lives, and where to draw the line*. Durham, NC: Duke University Press.

Kidder, T. (1993). *Old friends*. New York: Houghton Mifflin Company.

Kleinman, A. (1988). *The illness narratives: suffering, healing, and the human condition*. New York: Basic Books.

Kohn, M., Donley, C. C., & Wear, D. (Eds.). (1992). *Literature and aging: an anthology*. Kent, OH: Kent State University Press.

Kozol, J. (2015). *The theft of memory: losing my father, one day at a time*. New York: Random House.

Le Guin, U. K. (2017). *No time to spare: thinking about what matters*. New York: Houghton Mifflin Harcourt.

Leland, J. (2018). *Happiness is a choice you make: lessons from a year among the oldest old*. New York: Farrar, Straus and Giroux.

McPhee, J. (1984). *Heirs of general practice*. New York: Farrar, Straus and Giroux.

Mendelsohn, D. (2017). *An odyssey: a father, a son, and an epic*. New York: Alfred A. Knopf.

Mukherjee, S. (2011). *The emperor of all maladies: a biography of cancer.* New York: Scribner.

Nuland, S. B. (1994). *How we die: reflections on life's final chapter.* New York: Vintage Books.

O'Neil, M., & Haydon, A. (2015). *Aging, agency, and attribution of responsibility: shifting public discourse about older adults*. Washington, DC: FrameWorks Institute.

Pipher, M. (1999). *Another country: navigating the emotional terrain of our elders*. New

York: Riverhead Books.

Poo, A. (2015). *The age of dignity: preparing for the elder boom in a changing America.* New York: New Press.

Rankine, C. (2014). *Citizen: an American lyric*. Minneapolis: Graywolf Press.

Rosenthal, E. (2017). *An American sickness: how healthcare became big business and how you can take it back.* New York: Penguin Books.

Sarton, M. (1995). *Encore: a journal of the eightieth year.* New York: W. W. Norton.

Segal, L. (2013). *Out of time: the pleasures and the perils of ageing*. Brooklyn, NY: Verso.

Shem, S. (1978). *The house of God*. New York: Bantam Dell.

Shenk, D. (2003). *The forgetting: Alzheimer's: portrait of an epidemic*. New York: Anchor Books.

Skloot, R. (2011). *The immortal life of Henrietta Lacks*. Portland, OR: Broadway Books.

Sloan, J. (2009). *A bitter pill: how the medical system is failing the elderly.* Vancouver, CA: Greystone Books.

Solomon, A. (2012). *Far from the tree: parents, children, and the search for identity.* New York: Scribner.

Sontag, S. (1979). *Illness as metaphor.* New York: Vintage Books.

Span, P. (2009). *When the time comes: families with aging parents share their struggles and solutions*. New York: Hachette Book Group.

Sweet, V. (2017). *Slow medicine: the way to healing*. New York: Riverhead Books.

Thane, P. (2005). *A history of old age*. Oxford, UK: Oxford University Press.

Thomas, W. H. (1996). *Life worth living: how someone you love can still enjoy life in a nursing home: the Eden Alternative in action*. Acton, MA: VanderWyk & Burnham.

Weil, A. (2005). *Healthy aging: a lifelong guide to your physical and spiritual well-being.* New York: Alfred A. Knopf.

Winakur, J. (2008). *Memory lessons: a doctor's story.* New York: Hyperion.